BURT FRANKLIN: BIBLIOGRAPHY & REFERENCE SERIES 440
Essays in Literature and Criticism 171

LA

COMÉDIE-FRANÇAISE

DE

1680 A 1900

A. JOANNIDÈS

LA

COMÉDIE-FRANÇAISE

DE

1680 A 1900

DICTIONNAIRE GÉNÉRAL

DES PIÈCES ET DES AUTEURS

AVEC UNE PRÉFACE

DE

JULES CLARETIE

Ouvrage accompagné de dix-neuf fac-similés

BURT FRANKLIN
NEW YORK

Published by LENOX HILL Pub. & Dist. Co. (Burt Franklin)
235 East 44th St., New York, N.Y. 10017
Originally Published: 1901
Reprinted: 1971
Printed in the U.S.A.

S.B.N.: 8337-4190X
Library of Congress Card Catalog No.: 75-171947
Burt Franklin: Bibliography and Reference Series 440
Essays in Literature and Criticism 171

Reprinted from the original edition in the University of Illinois
at Urbana, Library.

A

HENRI CAIN

Merci!

A. J.

PRÉFACE

Les écrits consacrés à la Comédie-Française forment déjà toute une bibliothèque. Il existe de nombreux volumes consacrés à la gloire de cette admirable institution ; il en est de plus nombreux encore, livres et brochures, destinés à constater sa décadence. Décadence périodique, dont, à travers plus de deux siècles, les pamphlets les plus divers ont tour à tour entretenu le public, tandis que la Comédie, immuable dans sa renommée et dans le respect qu'elle impose, continuait à demeurer administrativement la Comédie-Française, tout en obéissant littérairement aux lois de l'évolution nécessaire.

Il y aurait à ajouter à tous ces nombreux ouvrages un livre sur l'*Histoire administrative de la Comédie-Française*. Mon très érudit et très regretté ami Henry Régnier, fils de l'éminent comédien, se proposait de l'entreprendre lorsque la mort est venue le frapper. M. G. Monval, notre archiviste à la Comédie, qui sait tant de choses, pourrait l'écrire excellemment. Peut-être est-ce l'auteur du présent Dictionnaire qui aura l'honneur de nous la donner, un jour.

M. A. Joannidès est un tout jeune homme, né à Manchester de parents grecs et venu à Paris en 1892, à l'âge de treize ans, pour étudier la peinture. Dès son arrivée, il s'enthousiasma pour la Comédie-Française et cette passion devait désormais remplir sa vie d'artiste et de lettré. Il s'adonnait aux matinées classiques, suivait assidûment le Répertoire, collectionnait les programmes, les affiches, les portraits

a

des comédiens de la Maison. Il avait un oncle, M. Coromilas, auteur dramatique fort applaudi à Athènes, son pays, et qui partageait son amour pour la maison de Molière. M. Coromilas était un grand beau garçon fanatique du Théâtre-Français en général et de M. Mounet-Sully en particulier, ami de la France, et qui gardait secrètement l'espoir d'entendre un jour une de ses pièces applaudie à Paris, rue de Richelieu, peut-être. En attendant, il endossait quelque péplon grec ou quelque tunique d'esclave thébain et figurait parfois au milieu des comparses d'*OEdipe Roi* pour prendre part au drame de Sophocle et voir de plus près l'incomparable OEdipe aux yeux sanglants. Le pauvre Coromilas est mort sans avoir goûté le miel des bravos parisiens, aussi doux que celui de l'Hymette. Et son neveu est là, M. Joannidès, ce bénédictin de vingt ans, qui patiemment élève une sorte de temple ou d'autel à la gloire de la Comédie-Française.

Je me rappellerai toujours l'étonnement un peu sceptique de M. Monval, travailleur sérieux et sûr, lorsque je lui recommandai d'accueillir dans la bibliothèque de la Comédie ce tout jeune homme presque imberbe que venait de me présenter mon ami et collaborateur d'un soir, Henri Cain. Toujours prêt à obliger, cordial et bon, Henri Cain m'avait amené ce jeune Grec devenu Parisien qui étudiait sous sa direction la peinture. A l'atelier, l'élève peintre parlait constamment des choses du théâtre avec l'auteur de la *Vivandière* et de *Cendrillon*. Il lui disait ses lectures, ses recherches, l'espèce de fièvre avec laquelle il attendait, le dimanche soir, le feuilleton de Francisque Sarcey qui constituait pour lui la chronique amicale mais sûre de la Comédie-Française. Cette passion pour le théâtre se développant chez le jeune chercheur, son maître et ami lui conseilla d'étudier plus particulièrement ce coin du théâtre qui est le Théâtre-Français, et M. Joannidès abandonna peu à peu ses études artistiques pour se consacrer à l'étude de l'histoire de ce que nous appelons la Maison. On le vit alors à la bibliothèque, interrogeant, feuilletant, lisant, annotant. Il avait constaté dans les innombrables écrits consacrés à la Comédie diverses lacunes qu'il se promettait, qu'il se promet de combler, et il commença par entreprendre un travail sur le Répertoire depuis l'année 1680 jusqu'à la dernière année du XIXᵉ siècle.

OEuvre patiente, labeur écrasant, que le jeune érudit continua avec

une volonté admirable à travers toutes les crises douloureuses de la Comédie. C'est dans la bibliothèque de la rue Richelieu que M. A. Joannidès avait commencé son travail; c'est dans la salle occupée temporairement au Louvre par la bibliothèque sauvée de l'incendie qu'il a achevé ce Dictionnaire des pièces représentées et des auteurs joués. Il y aura, quelque jour, un chapitre bien curieux et poignant à la fois à écrire sur ce sauvetage et cet exil de la Bibliothèque, et il faudra rendre justice au zèle attristé de M. Monval et à l'activité si simple, presque souriante dans sa résignation, de M. J. Coüet, le distingué sous-bibliothécaire.

M. Joannidès est fort reconnaissant à M. Monval et à M. Coüet de leur bonne grâce. Ils l'ont aidé dans l'accomplissement de sa rude tâche de mineur littéraire. Ils sont tout prêts à lui donner des documents encore lorsque le jeune auteur continuera ses études sur la Comédie. Car il veut ajouter au présent volume un ouvrage important consacré au logis et il a l'intention de publier régulièrement un volume annuel sur l'Année Théâtrale à la Comédie-Française, volume qui sera la suite naturelle de ce Dictionnaire général de 1680 à 1900.

Rien pour l'auteur n'était plus laborieux à achever, rien ne sera pour les lettrés plus utile à consulter que ce vaste répertoire où pas une œuvre, pas un à-propos n'est oublié et qui a pris plusieurs années à celui dont la tâche est aujourd'hui achevée. Quel entassement de pièces de théâtre! On ne peut s'empêcher de se sentir pris d'une certaine mélancolie devant ce cimetière d'œuvres littéraires, où l'on rencontre, vivant encore, de rares chefs-d'œuvre. Que de talent dépensé pour arriver à cette constatation toujours banale, mais toujours attristante, que le génie seul survit à toute cette production éphémère des années et des siècles! C'est un Campo Santo qu'un tel dictionnaire, mais on y salue du moins d'innombrables statues.

Ce qui est tout à fait curieux dans le travail de M. Joannidès, c'est le total que nous donne ce chercheur du répertoire de chaque auteur célèbre. On peut voir par là combien, en ce pays de France, le rire, la comédie est l'art représentatif du tempérament national. Théophile Gautier, dans un article remarquable, constatait déjà combien à la Comédie-Française le public aimait à rire, tout en accusant volontiers la moindre pièce gaie d'y tomber dans le bas vaudeville. C'est qu'il y a rire et rire, il y a gaieté et gaieté. Le rire de Molière a rendu les habi-

tués de sa Maison difficiles sur la qualité de l'esprit, — les « bustes » écoutent — et ce qui semblerait ailleurs presque délicat risque de paraître chez l'auteur même de *Monsieur de Pourceaugnac* tomber dans la grosse farce. Et c'est toujours l'affirmation de la maîtrise, de la supériorité du génie.

Molière est l'auteur qui chez Molière a été le plus joue. On se rappelle la pétition paradoxale de Léon Gozlan écrivant un mémoire pour protester contre le trop grand nombre de représentations des pièces de Molière, « de ce Molière qui empêche les auteurs vivants de prendre leur place au soleil de la rampe ». Molière a été de 1680 à 1900, représenté 20,290 fois, c'est-à-dire qu'en donnant deux pièces de Molière par jour il faudrait à la Comédie vingt-huit années pour atteindre ce total.

Après lui vient Racine qui a été joué 6,270 fois. Mais *les Plaideurs* — éternelle force du rire! — figurent à eux seuls pour 1,219 fois sur ce total. Regnard a été plus joué que Pierre Corneille. Je trouve à son actif 5,262 représentations. Corneille n'en compte que 4,717. Voltaire, au répertoire nombreux, atteint 3,950 représentations. Mais Marivaux en a, avec un bagage moindre, 2,431. Et Beaumarchais, qui n'est pas un tragique, est joué 1,811 fois en un peu plus de cent ans.

Parmi les contemporains, c'est Émile Augier qui fut joué le plus souvent, 2,616 fois. Il se plaignait parfois qu'on le sacrifiât à Dumas fils. Dumas, entré plus tard à la Comédie, il est vrai, n'eut que 1,427 représentations. Alfred de Musset en a 1,841; Victor Hugo, interdit durant l'Empire, n'en a que 1,163.

Autre travail suggestif : quelle est, de chaque auteur, la pièce la plus souvent représentée?

Pour Corneille, c'est *le Cid*. Après *le Cid*, *le Menteur*. Toujours la comédie. Pour Racine, *les Plaideurs*, et en fait de tragédie, *Phèdre*. *Les Folies amoureuses* l'emportent de beaucoup sur toutes les autres pièces de Regnard. La pièce de Molière la plus jouée, c'est *Tartuffe*, 2,058 fois. *L'Avare* ne l'est que 1,503 fois. Marivaux? *Le Jeu de l'amour et du hasard*, ce qui n'étonnera personne. Beaumarchais? *Le Barbier de Séville*, plus facile à monter que *le Mariage de Figaro*. Voltaire? *Zaïre*. *Le Gendre de M. Poirier* est la comédie d'Augier qui a paru le plus souvent sur l'affiche, *le Supplice d'une femme* celle de Dumas que la Comédie donna le

plus souvent. *Le Demi-Monde* ne vient qu'après. C'est *Il ne faut jurer de rien*, commode à donner en un spectacle coupé, qui a paru le plus fréquemment, et de tous les drames de Hugo, le plus souvent applaudi c'est *Hernani*.

Voilà de la statistique littéraire intéressante. « Non seulement, disait Goethe, les chiffres gouvernent le monde, mais ils enseignent comment le monde est gouverné. » On peut voir par les tableaux de M. Joannidès combien la Comédie-Française, en ces dernières années, a représenté de pièces nouvelles et joué d'auteurs nouveaux. Chacune de ces années remplit plusieurs pages, alors que bien des feuillets suffisent antérieurement à constater le travail annuel. On oublie volontiers son propre labeur, et il ne m'a pas déplu de le voir ainsi matériellement figuré. Vers 1789 ou 1790, la Comédie a donné jusqu'à 171 pièces dans la même année. Nous n'avons pas atteint ce chiffre, bien loin de là. Mais nous avons fait de notre mieux.

Je rencontre avec une certaine émotion dans ce volume le facsimilé du bulletin de réouverture de la nouvelle salle édifiée ou réédifiée par M. Guadet. L'écriture de ce bulletin est celle d'un bon serviteur qui me fut utile et dévoué pendant quinze années, et qui ne se doutait guère qu'un de ses autographes cursifs ferait, un jour, partie de documents historiques. Je constate avec plaisir que ce sont les pattes de mouches de Jamaux qui ferment la collection des pièces publiées par M. Joannidès et où les anciennes affiches, avec leurs noms d'artistes en vedette, nous parlent d'époques disparues. Il n'y a plus de vedette à la Comédie et Rachel, aujourd'hui, y aurait le même succès sans y tenir le rang d'étoile. C'est une sorte de démocratie où le seul titre est celui de l'ancienneté. Mais sur l'affiche comme sur la scène, le public sait fort bien reconnaître « les siens ».

M. Joannidès s'est abstenu, dans ce livre, de toute réflexion artistique ou de toute anecdote pittoresque. Il a négligé même volontairement certains de ces *menus faits*, chers à Stendhal, qu'il a rencontrés en consultant les registres, par exemple, cette anecdote qui figure à la date du samedi 19 février 1803 : — « Après la représentation de *Tancrède*, il « s'est élevé un grand tumulte dans le parterre, on demandait *Phèdre*, « par Mlle Duchénois. Les acteurs se présentèrent à plusieurs reprises « pour commencer *Crispin médecin*, mais le bruit continuant et les

« acteurs ne pouvant être entendus, et même quelques individus se
« disposant à escalader le théâtre, on fit entrer des troupes sur le
« théâtre pour le garder, et d'autres troupes étant entrées dans le
« parterre, on fit évacuer la salle, et la petite pièce ne fut pas jouée.
« Un particulier ayant monté de la salle au théâtre fut arrêté et conduit
« à la Préfecture de police. » Il m'a semblé retrouver là comme un
écho des tumultes du second soir de *Thermidor*.

A une autre date, le *mercredi* 10 *décembre* 1823, M. Joannidès rencontre cette note : « Un détachement de la garde royale, venant d'Espagne, a exécuté plusieurs manœuvres. » Puis : *Vendredi* 4 *novembre*
1825. *Adélaïde Du Guesclin*. — « Pendant le troisième acte d'*Adélaïde*,
M. Victor a passé à la scène du quatrième acte, où il commande à
Coucy d'enfermer son frère à sa tour et a contraint les acteurs à l'en-
jambement qu'il avait fait. Il n'y a eu qu'une partie du troisième et du
quatrième acte de jouée. La pièce a été comme réduite en quatre actes.
Le public ne s'en est pas aperçu (1). »

Le public était cependant fort averti alors et le « vieil amateur » dont
Sarcey fut à la fois le confident et le type, se trouvait à sa place, en son
coin, le bon coin, comme disait Talma. Je dirais que « le vieil amateur »
n'existe plus si M. Ernest Legouvé n'était encore là. Et il serait tout
prêt à constater, du reste, qu'en tout temps les mêmes reproches
furent adressés à la Comédie, qui n'en eut pas moins toujours le même
succès. Je trouvais hier dans la *Correspondance littéraire* de juin 1770, à
propos de l'*Homme dangereux*, comédie en trois actes, en vers, de Palissot
dont la représentation venait d'être interdite, ce jugement tout à fait
curieux : « Si les comédiens Français ont assigné leurs revenus de cet
été sur la recette de cette belle œuvre, il faudra qu'ils cherchent
d'autres ressources. Ils ont abandonné leur théâtre du faubourg Saint-
Germain à la rentrée des spectacles à Pâques, et ont pris possession
de la salle du théâtre des Tuileries, vacante par la transmigration de
l'Opéra dans la nouvelle salle du Palais-Royal; mais ce changement de
quartier ne leur a point réussi; on se plaint qu'on ne les entend pas
dans cette salle, et ils y sont plus mauvais que jamais. Peut-être le seul
déplacement suffit-il pour faire remarquer une quantité de défauts qu'on

(1) Reg.

n'apercevait plus dans l'autre salle. Quoi qu'il en soit, ce spectacle tombe et penche vers sa décadence totale. Le seul acteur tragique qui lui restait, Le Kain, est très sérieusement malade et aura besoin au moins d'une année de repos et de ménagement avant de pouvoir se rencontrer sur la scène. »

Et j'ai pensé, en lisant ces lignes, à ce qu'on disait et écrivait sur les comédiens français exilés, en 1900, à l'Odéon et à la rue Blanche. Rien de nouveau sous le soleil. M. Joannidès a noté ces représentations d'exil comme il a énuméré les spectacles de la Comédie dans les locaux divers occupés par la Comédie. Il a volontairement omis les triomphales représentations d'*OEdipe Roi* ou d'*Antigone* à Orange, ne voulant pas porter au compte de la Comédie-Française des pièces jouées alors que la Comédie n'était point fermée à Paris. Ainsi son travail est tout à fait complet. J'y cherche vainement une lacune. C'est bien le labeur de plus de deux siècles dont le jeune bénédictin, pour lui donner encore son titre, nous apporte le total. Que de gloire accumulée de 1680 à 1900! Notre pays a raison d'être fier d'une institution pareille. Je parlais de ce cimetière d'œuvres que représente la production de ces deux cent vingt années. Mais, au-dessus de cet amas de pièces ense-velies, comme les feux follets sur les landes brillent les flambeaux inextinguibles que les générations successives se repassent de mains en mains. Elle est immortelle, elle est indestructible, la maison de Molière, de Corneille, de Racine et de Victor Hugo qui, sur sa façade, offre désormais les profils de ces poètes à l'admiration des foules. Et c'est une pierre de plus ajoutée à sa gloire que le livre excellent et utile de M. Joannidès, historiographe de la Comédie-Française.

Pour moi ce sera l'honneur de ma vie d'avoir apporté mon dé-vouement à cette institution et, à travers bien des difficultés, des tempêtes et des désastres, d'avoir pu la rendre, quelque jour, à celui qui me succédera, aussi solide, malgré les épreuves, que je l'avais reçue de mon éminent prédécesseur.

Jules CLARETIE.

5 mai 1901.

AVERTISSEMENT

C'est pour nous un bien agréable devoir de commencer ce livre par des paroles de remerciement.

Nous n'oublierons jamais avec quelle extrême bienveillance M. Jules Claretie nous accueillit, lorsque nous allâmes lui soumettre l'idée d'un travail sur le répertoire de la Comédie-Française.

Non seulement l'éminent académicien nous a prodigué ses encouragements et ses précieux conseils pour ce travail, mais encore il veut bien aujourd'hui le présenter au public, lui accordant ainsi l'appui de sa haute autorité de littérateur et d'Administrateur général.

A M. Georges Monval, le lettré bibliothécaire-archiviste de la Comédie-Française, nous devons l'exemple de la méthode et de la conscience qu'exige la préparation d'un livre de ce genre. C'est en lisant ses ouvrages, si respectueux de la vérité historique, que nous nous sommes fait une idée exacte des difficultés de notre tâche.

Enfin, M. Jules Coüet, le sympathique sous-bibliothécaire, a mis son érudition au service de nos recherches avec une bonne grâce, une patience que rien n'a pu décourager. Dès le lendemain de l'incendie du Théâtre-Français, ne nous invitait-il pas à reprendre, au Pavillon de Flore, la compulsation des précieux registres de la Comédie, si heureusement sauvés par lui!..

Ce sont les indications fournies par ces registres, rectifiées et complétées à l'aide d'autres sources, qui ont servi de base à notre dictionnaire. Nous l'avons divisé en trois parties :

1° TABLE ALPHABÉTIQUE DES PIÈCES.

Elle contient la liste complète des œuvres jouées à la Comédie-Française depuis le 25 août 1680 (jour de la première représentation donnée par les troupes réunies de Guénégaud et de l'Hôtel de Bourgogne) jusqu'au 31 décembre 1900.

Après les indications relatives à chaque pièce et la date de sa première représentation au Théâtre-Français, nous avons signalé, quand il y avait lieu, à quelle date antérieure elle avait été jouée pour la première fois sur une autre scène publique, à Paris.

Dans cette table figurent également les à-propos, poésies et compliments, composés pour les anniversaires de Corneille, Molière, etc., ou à l'occasion d'événements intéressant directement la Comédie-Française.

Toutes les autres pièces de vers ou de prose, récitées en diverses circonstances, ont été réunies à part dans un appendice. A cet égard, les renseignements fournis par les registres sont assez incomplets, et, malgré toutes nos recherches, nous n'avons, sans doute, pas réussi à combler entièrement cette lacune.

Les fragments de pièces n'appartenant pas au répertoire, et qui ont été joués par des artistes de la Maison à des représentations de retraite, font également l'objet d'un appendice spécial.

Quant aux ballets et aux divertissements qui accompagnaient certaines comédies au XVII° et au XVIII° siècles, nous n'avons pas cru devoir les faire figurer dans notre ouvrage, non plus que les compliments qu'il était d'usage de dire, avant et après les vacances de Pâques, jusqu'en 1792.

2° TABLE ALPHABÉTIQUE DES AUTEURS.

Les noms des auteurs de toutes les pièces mentionnées dans la première table sont reportés dans celle-ci, avec le détail de leurs surnoms ou pseudonymes, et, pour chacun d'eux, la liste alphabétique de ses œuvres représentées à la Comédie-Française.

Quant aux adaptateurs, leurs noms sont accompagnés d'un renvoi à la

table alphabétique des pièces, où les changements opérés par eux sont notés brièvement.

3° TABLE CHRONOLOGIQUE DES PIÈCES.

On y trouve, année par année, la liste des pièces jouées, avec le nombre de leurs représentations, au Théâtre-Français exclusivement.

Il n'a pas été tenu compte ici des représentations à la Cour. Quant à celles données par la Comédie-Française au théâtre de l'Odéon (de 1832 à 1838), en province et à Londres, nous les avons groupées dans un appendice, avec toutes les indications qui les concernent.

Notre table chronologique conserve à chaque année théâtrale sa physionomie particulière. De plus, elle permet d'établir rapidement combien de fois une pièce a été jouée depuis sa mise au théâtre, et de suivre les fluctuations que ses représentations ont pu subir aux diverses époques.

A titre d'exemple, nous résumons, dans les onze tableaux qui suivent, les résultats obtenus par nous pour les répertoires des principaux auteurs. Les amis de la Maison de Molière y trouveront peut-être matière à d'intéressantes déductions.

A. JOANNIDÈS.

Mai 1901.

TITRES DES PIÈCES	1680 A 1690	1691 A 1700	1701 A 1710	1711 A 1720	1721 A 1730	1731 A 1740	1741 A 1750	1
AGÉSILAS (1683).........................	3	»	»	»	»	»	»	
ANDROMÈDE (1682).......................	45	»	»	»	»	»	»	
ATTILA (1685)...........................	10	2	»	»	»	»	»	
LE CID (1680)...........................	56	53	75	65	31	41	29	
CINNA (1680)............................	48	52	37	16	22	8	20	
DON SANCHE D'ARAGON (1685)..	5	5	4	4	4	»	5	
HÉRACLIUS (1680).......................	24	24	3	35	32	17	13	
HORACE (1681)..........................	35	39	32	44	25	11	15	
L'ILLUSION COMIQUE (1861)...............	»	»	»	»	»	»	»	
MÉDÉE (1763)...........................	»	»	»	»	»	»	»	
LE MENTEUR (1680)......................	33	58	61	36	22	28	37	
LA MORT DE POMPÉE (1681)...............	27	24	17	20	27	4	4	
NICOMÈDE (1680)........................	44	50	28	26	13	»	»	
OEDIPE (1681)..........................	36	25	11	17	5	»	»	
OTHON (1682)...........................	19	10	1	»	»	»	»	
POLYEUCTE (1680).......................	31	19	30	42	25	16	20	
RODOGUNE (1680).......................	41	41	39	19	20	13	35	
SERTORIUS (1680).......................	26	19	1	11	3	»	»	
SOPHONISBE (1699)......................	»	2	»	»	»	»	»	
LA SUITE DU MENTEUR (1808).............	»	»	»	»	»	»	»	
SURÉNA (1699)..........................	»	4	»	»	»	»	»	
LA TOISON D'OR (1683).............	35	»	»	»	»	»	»	

1771 A 1780	1781 A 1790	1791 A 1809	1801 A 1810	1811 A 1820	1821 A 1830	1831 A 1840	1841 A 1850	1851 A 1860	1861 A 1870	1871 A 1880	1881 A 1890	1891 A 1900	TOTAUX
»	»	»	»	»	»	»	»	»	»	»	»	»	3
»	»	»	»	»	»	»	»	»	»	»	»	»	45
»	»	»	»	»	»	»	»	»	»	»	»	»	12
34	33	25	77	48	52	48	37	21	13	42	55	47	919
28	25	6	61	39	27	80	46	23	23	15	11	8	619
»	»	»	»	»	»	18	10	»	»	»	»	»	73
11	13	6	18	22	»	»	»	»	3	»	»	»	265
17	11	4	55	55	28	35	40	9	21	16	28	27	586
»	»	»	»	»	»	»	»	»	12	»	»	»	12
»	»	»	»	»	»	»	»	»	4	2	»	»	8
24	22	1	21	39	16	17	42	27	29	40	34	11	650
3	»	»	18	9	»	»	»	4	»	»	»	»	165
10	7	»	37	20	17	13	8	»	4	»	»	»	290
»	»	»	»	»	»	»	»	»	»	»	»	»	94
»	»	»	»	»	»	»	»	»	»	»	»	»	30
7	12	»	14	13	»	10	44	37	6	15	20	22	418
24	22	7	35	24	7	»	»	6	9	»	»	»	396
5	4	»	5	»	»	»	»	»	»	»	»	»	84
»	»	»	»	»	»	»	»	»	»	»	»	»	2
»	»	»	7	»	»	»	»	»	»	»	»	»	7
»	»	»	»	»	»	»	»	»	»	»	»	»	4
»	»	»	»	»	»	»	»	»	»	»	»	»	35
													4.717

TITRES DES PIÈCES	1680 A 1690	1691 A 1700	1701 A 1710	1711 A 1720	1721 A 1730	1731 A 1740	1741 A 1750	17 1
LES AMANTS MAGNIFIQUES (1688)............	17	12	11	»	»	»	»	
L'AMOUR MÉDECIN (1680).................	39	27	49	37	10	6	»	
AMPHITRYON (1680)......................	61	83	70	69	63	46	60	
L'AVARE (1680).........................	67	88	101	92	73	45	40	
LE BOURGEOIS GENTILHOMME (1680).........	53	38	48	34	11	22	11	
LA COMTESSE D'ESCARBAGNAS (1680)........	60	47	62	101	73	40	55	
LA CRITIQUE DE L'ÉCOLE DES FEMMES (1680)..	13	3	»	»	»	»	»	
LE DÉPIT AMOUREUX (1681)...............	8	34	15	31	20	2	4	
DON GARCIE DE NAVARRE (1871)...........	»	»	»	»	»	»	»	
DON JUAN (*) (1847)....................	»	»	»	»	»	»	»	
L'ÉCOLE DES FEMMES (1680)..............	46	64	56	96	88	61	118	
L'ÉCOLE DES MARIS (1680)...............	52	63	54	65	31	45	57	
L'ÉTOURDI (1680).......................	32	46	49	61	21	10	17	
LES FÂCHEUX (1680).....................	57	41	39	33	20	3	3	
LES FEMMES SAVANTES (1680).............	36	57	61	60	29	19	11	
LES FOURBERIES DE SCAPIN (1680).........	38	53	65	49	7	17	29	
GEORGE DANDIN (1681)..................	60	75	99	87	27	88	65	
L'IMPROMPTU DE VERSAILLES (1838).........	»	»	»	»	»	»	»	
LA JALOUSIE DU BARBOUILLÉ (1833)........	»	»	»	»	»	»	»	
LE MALADE IMAGINAIRE (1680)............	65	46	38	47	33	25	14	
LE MARIAGE FORCÉ (1680)...............	53	54	69	69	47	32	116	
LE MÉDECIN MALGRÉ LUI (1680)...........	55	76	99	103	111	65	122	
LE MÉDECIN VOLANT (1833)...............	»	»	»	»	»	»	»	
MÉLICERTE (1864).......................	»	»	»	»	»	»	»	
LE MISANTHROPE (1680)..................	78	87	71	61	44	28	56	
M. DE POURCEAUGNAC (1680)..............	47	39	69	58	33	31	33	
LES PRÉCIEUSES RIDICULES (1680)..........	40	36	1	»	27	27	51	
LA PRINCESSE D'ÉLIDE (1692).............	»	23	19	10	19	»	»	
PSYCHÉ (**) (1684).....................	23	»	84	»	»	»	»	
SGANARELLE (1680).....................	54	65	80	68	80	34	20	
LE SICILIEN (1680)	16	22	25	28	23	2	9	
TARTUFFE (1680).......................	74	98	100	124	116	70	113	

(*) De 1680 à 1846 on a donné 567 représentations du *Festin de Pierre* de T. CORNEILLE.
(**) En collaboration avec P. CORNEILLE et QUINAULT.

1771 A 1780	1781 A 1790	1791 A 1800	1801 A 1810	1811 A 1820	1821 A 1830	1831 A 1840	1841 A 1850	1851 A 1860	1861 A 1870	1871 A 1880	1881 A 1890	1891 A 1900	TOTAUX
»	»	»	»	»	»	»	»	»	»	»	»	»	40
10	1	»	»	»	»	42	19	»	14	»	»	6	274
26	57	17	37	22	36	17	18	32	13	46	22	1	867
48	39	15	57	79	53	92	73	116	102	79	77	87	1.503
16	20	4	33	24	15	22	6	46	35	15	32	16	533
15	39	9	»	»	»	1	»	»	3	»	»	»	551
»	»	»	»	»	»	24	9	2	4	24	»	»	79
29	26	2	»	»	91	95	87	47	65	75	124	176	968
»	»	»	»	»	»	»	»	»	»	2	»	»	2
»	»	»	»	»	»	»	23	29	15	2	»	2	71
43	53	24	61	58	42	50	36	32	57	49	38	33	1.203
31	103	38	97	105	110	81	90	36	17	14	13	5	1.211
16	12	7	10	21	18	9	5	2	1	76	14	20	486
»	»	»	»	»	»	6	»	»	13	»	11	»	226
48	39	14	56	70	72	63	55	112	116	93	49	57	1.489
16	12	7	41	81	39	48	53	8	80	67	40	54	865
26	49	13	23	70	13	20	65	27	31	7	6	11	914
»	»	»	»	»	»	3	»	»	»	9	»	»	12
»	»	»	»	»	»	2	»	»	»	»	»	»	2
13	13	5	41	53	49	52	49	103	112	95	72	110	1.074
1	10	»	»	»	»	29	42	29	9	39	137	104	895
55	77	27	86	109	66	35	70	67	90	59	46	63	1.592
»	»	»	»	»	»	1	»	»	»	»	12	»	13
»	»	»	»	»	»	»	»	»	3	»	»	»	3
40	18	14	47	60	65	46	52	88	98	83	52	23	1.206
25	39	10	9	39	35	40	28	12	24	7	14	26	659
50	13	»	»	8	28	42	68	34	83	82	72	61	799
»	»	»	»	»	»	»	»	»	»	»	»	»	75
»	»	»	»	»	»	»	»	»	25	7	1	3	143
»	»	»	50	»	»	17	42	15	19	18	11	2	580
6	3	»	»	»	»	5	»	»	13	»	»	6	197
55	50	19	94	97	130	120	113	141	166	118	67	60	2.058
													20.290

TITRES DES PIÈCES	1680 À 1690	1691 À 1700	1701 À 1710	1711 À 1720	1721 À 1730	1731 À 1740	1741 À 1750	1
ALEXANDRE LE GRAND (1682)	19	3	3	»	»	»	»	
ANDROMAQUE (1680)	70	46	57	58	56	14	19	3
ATHALIE (1716)	»	»	»	29	27	13	25	2
BAJAZET (1680)	39	28	19	23	35	24	18	2
BÉRÉNICE (1680)	35	19	18	16	10	»	»	1
BRITANNICUS (1680)	36	50	44	38	43	28	18	2
ESTHER (1721)	»	»	»	»	8	»	»	
IPHIGÉNIE EN AULIDE (1680)	48	47	45	46	56	36	37	2
MITHRIDATE (1680)	49	49	42	60	38	25	17	1
PHÈDRE (1680)	62	59	64	63	51	41	45	3
LES PLAIDEURS (1680)	61	82	99	90	62	57	44	1
LA THÉBAÏDE (1681)	6	1	1	»	7	»	»	

ATTENDEZ-MOI SOUS L'ORME (1694)	»	48	54	65	77	32	24	3
LE BOURGEOIS DE FALAISE (1696)	»	12	»	»	»	»	»	
LA CRITIQUE DU LÉGATAIRE UNIVERSEL (1708) .	»	»	3	»	»	»	»	
DÉMOCRITE (1700)	»	17	28	55	75	39	58	3
LE DISTRAIT (1697)	»	4	»	»	»	51	27	2
LES FOLIES AMOUREUSES (1704)	»	»	51	59	58	71	72	5
LE JOUEUR (1696)	»	36	65	66	79	71	76	4
LE LÉGATAIRE UNIVERSEL (1708)	»	»	35	58	63	46	54	6
LES MÉNECHMES (1705)	»	»	38	55	94	26	40	3
LE RETOUR IMPRÉVU (1700)	»	13	2	»	13	60	23	3
LA SÉRÉNADE (1694)	»	52	49	51	65	38	108	5

1761 A 1770	1771 A 1780	1781 A 1790	1791 A 1800	1801 A 1810	1811 A 1820	1821 A 1830	1831 A 1840	1841 A 1850	1851 A 1860	1861 A 1870	1871 A 1880	1881 A 1890	1891 A 1900	TOTAUX
»	»	»	»	»	»	»	»	»	»	1	»	»	»	26
4	12	26	13	76	55	46	53	55	18	21	58	31	34	853
5	18	34	8	32	52	31	7	27	21	37	16	4	28	457
1	12	17	7	51	17	1	33	25	6	7	»	13	9	407
5	»	15	»	1	»	»	»	5	»	»	»	»	18	156
7	26	27	11	23	69	55	52	8	19	13	39	22	37	707
»	»	»	»	34	34	39	5	1	»	27	11	»	»	159
7	26	27	20	79	88	66	24	32	7	9	8	10	10	773
7	15	17	1	44	7	1	18	30	20	8	7	15	15	512
7	26	33	12	90	71	47	3	89	25	32	45	28	12	984
4	39	62	9	63	90	20	47	42	64	122	61	35	30	1.219
»	»	»	»	»	»	»	»	»	»	2	»	»	»	17
														6.270

REGNARD

1761 A 1770	1771 A 1780	1781 A 1790	1791 A 1800	1801 A 1810	1811 A 1820	1821 A 1830	1831 A 1840	1841 A 1850	1851 A 1860	1861 A 1870	1871 A 1880	1881 A 1890	1891 A 1900	TOTAUX
»	12	2	»	»	»	»	»	»	»	7	»	9	26	394
»	»	»	»	»	»	»	»	»	»	»	»	»	»	12
»	»	»	»	»	»	»	»	»	»	»	»	»	»	3
0	32	17	»	»	10	4	1	»	»	»	2	»	1	416
0	32	5	14	61	29	15	16	27	4	»	»	»	»	340
1	41	56	19	81	134	77	50	41	23	42	11	18	36	1.039
7	66	54	11	34	46	24	21	18	23	15	7	»	6	817
7	60	57	21	68	89	63	28	36	32	37	5	32	11	925
5	42	21	1	34	47	17	22	1	»	»	»	»	4	532
4	41	17	4	3	9	»	9	»	»	»	»	»	»	265
6	57	10	»	»	»	»	»	»	»	»	»	»	»	519
														5.262

TITRES DES PIÈCES	1711 A 1720	1721 A 1730	1731 A 1740	1741 A 1750	1751 A 1760	176 A 177
Adélaïde Du Guesclin (1734)	»	»	11	»	»	2¶
Agathocle (1779)	»	»	»	»	»	»
Alzire (1736)	»	»	27	45	39	32
Amélie (1752)	»	»	»	»	23	4
Artémire (1720)	8	»	»	»	»	»
Brutus (1730)	»	8	7	20	13	2¶
Le Droit du seigneur (1779)	»	»	»	»	»	»
L'Écossaise (1760)	»	»	»	»	20	54
L'Écueil du sage (1762)	»	»	»	»	»	8
L'Enfant prodigue (1736)	»	»	31	59	48	49
Ériphile (1732)	»	»	12	»	»	»
Hérode et Mariamne (1725)	»	32	10	3	10	2
L'Indiscret (1725)	»	9	1	»	3	6
Irène (1778)	»	»	»	»	»	»
Mahomet (1742)	»	»	»	3	34	24
Mariamne (1724)	»	1	»	»	»	»
Mérope (1743)	»	»	»	56	37	46
La Mort de César (1743)	»	»	»	8	»	5
Nanine (1749)	»	»	»	12	31	47
Octave et le jeune Pompée (1764)	»	»	»	»	»	1
OEdipe (1718)	42	24	14	27	24	19
Olympie (1764)	»	»	»	»	»	10
Oreste (1750)	»	»	»	9	»	17
L'Orphelin de la Chine (1755)	»	»	»	»	45	21
Rome sauvée (1752)	»	»	»	»	11	2
Les Scythes (1767)	»	»	»	»	»	9
Sémiramis (1748)	»	»	»	24	33	31
Sophonisbe (1774)	»	»	»	»	»	»
Tancrède (1760)	»	»	»	»	13	61
Zaïre (1732)	»	»	• 52	29	44	18
Zulime (1740)	»	»	8	»	»	»

71 A 80	1781 A 1790	1791 A 1800	1801 A 1810	1811 A 1820	1821 A 1830	1831 A 1840	1841 A 1850	1851 A 1860	1861 A 1870	1871 A 1880	1881 A 1890	1891 A 1900	TOTAUX
86	39	5	29	17	31	4	5	»	»	»	»	»	198
4	»	»	»	»	»	»	»	»	»	»	»	»	4
41	50	13	19	22	40	»	»	»	»	»	»	»	328
»	»	»	»	»	»	»	»	»	»	»	»	»	27
»	»	»	»	»	»	»	»	»	»	»	»	»	8
12	14	15	»	»	»	»	»	»	»	»	»	»	110
6	»	»	»	»	»	»	»	»	»	»	»	»	6
37	17	6	»	»	»	»	»	»	»	»	»	»	134
»	»	»	»	»	»	»	»	»	»	»	»	»	8
52	40	16	7	15	»	»	»	»	»	»	»	»	317
»	»	»	»	»	»	»	»	»	»	»	»	»	12
»	»	»	»	3	»	»	»	»	»	»	»	»	60
4	»	»	»	»	»	»	»	»	»	»	»	»	23
7	»	»	»	»	»	»	»	»	»	»	»	»	7
37	50	16	25	15	25	22	20	1	»	»	»	»	272
»	»	»	»	»	»	»	»	»	»	»	»	»	1
26	32	12	5	45	38	8	22	»	13	»	»	»	340
»	25	2	2	»	»	»	»	»	»	»	»	4	46
47	45	9	37	30	27	6	»	»	»	»	»	»	291
»	»	»	»	»	»	»	»	»	»	»	»	»	1
20	13	6	30	41	36	20	17	3	»	»	»	»	336
»	6	»	»	»	»	»	»	»	»	»	»	»	16
2	14	1	2	»	»	»	7	»	»	»	»	»	52
27	40	4	23	14	14	2	»	»	»	»	»	»	190
4	3	2	»	»	»	»	»	»	»	»	»	»	22
»	»	»	»	»	»	»	»	»	»	»	»	»	9
36	33	18	39	33	45	1	»	»	»	»	»	»	263
4	»	»	»	»	»	»	»	»	»	»	»	»	4
38	52	22	54	52	52	16	23	1	»	»	»	»	384
28	50	18	58	46	36	14	17	6	1	32	20	4	473
»	»	»	»	»	»	»	»	»	»	»	»	»	8
													3.950

TITRES DES PIÈCES	1711 A 1720	1721 A 1730	1731 A 1740	1741 A 1750	1751 A 1760	176 A 17
ANNIBAL (1720)	3	»	»	5	»	»
ARLEQUIN POLI PAR L'AMOUR (1892)	»	»	»	»	»	»
LE DÉNOUEMENT IMPRÉVU (*) (1724)	»	6	»	»	»	»
LA DISPUTE (1744)	»	»	»	1	»	»
L'ÉCOLE DES MÈRES (1809)	»	»	»	»	»	»
L'ÉPREUVE (1793)	»	»	»	»	»	»
LES FAUSSES CONFIDENCES (1793)	»	»	»	»	»	»
L'ILE DE LA RAISON (1727)	»	4	»	»	»	»
LE JEU DE L'AMOUR ET DU HASARD (1802)	»	»	.	»	»	»
LE LEGS (1736)	»	»	10	11	46	39
LA MÈRE CONFIDENTE (1810)	»	»	»	»	»	»
LE PETIT-MAÎTRE CORRIGÉ (1734)	»	»	2	»	»	»
LE PRÉJUGÉ VAINCU (1746)	»	»	»	11	24	10
LA RÉUNION DES AMOURS (1731)	»	»	9	»	»	»
LA SECONDE SURPRISE DE L'AMOUR (1727)	»	19	22	34	46	36
LES SERMENTS INDISCRETS (1732)	»	»	15	»	»	»

RÉPERTOIRE D

LE BARBIER DE SÉVILLE (1775)	»	»	»	»	»	»
LES DEUX AMIS (1770)	»	»	»	»	»	12
EUGÉNIE (1767)	»	»	»	»	»	26
LE MARIAGE DE FIGARO (1784)	»	»	»	»	»	»
LA MÈRE COUPABLE (1799)	»	»	»	»	»	»

(*) En collaboration avec F. PARFAICT.

…71 à …80	1781 à 1790	1791 à 1800	1801 à 1810	1811 à 1820	1821 à 1830	1831 à 1840	1841 à 1850	1851 à 1860	1861 à 1870	1871 à 1880	1881 à 1890	1891 à 1900	TOTAUX
»	»	»	»	»	»	»	»	»	»	»	»	»	8
»	»	»	»	»	»	»	»	»	»	»	»	9	9
»	3	»	»	»	»	»	»	»	»	»	»	»	9
»	»	»	»	»	»	»	»	»	»	»	»	»	1
»	»	»	2	»	»	»	»	»	»	»	»	»	2
»	»	6	49	84	23	13	23	45	22	49	68	»	382
»	»	9	51	73	52	50	15	60	16	17	11	4	358
»	»	»	»	»	»	»	»	»	»	»	»	»	4
»	»	»	48	65	43	40	77	124	82	66	77	30	652
0	34	26	51	55	51	23	39	75	82	25	11	11	619
»	»	»	2	»	»	»	»	»	11	»	»	»	13
»	»	»	»	»	»	»	»	»	»	»	»	»	2
3	16	3	»	»	»	»	»	»	14	»	»	»	91
»	»	»	»	»	»	»	»	»	»	»	»	»	9
2	24	11	3	3	»	»	»	9	»	»	3	5	257
»	»	»-	»	»	»	»	»	»	»	»	»	»	15
													2.431

…EAUMARCHAIS

…71 à …80	1781 à 1790	1791 à 1800	1801 à 1810	1811 à 1820	1821 à 1830	1831 à 1840	1841 à 1850	1851 à 1860	1861 à 1870	1871 à 1880	1881 à 1890	1891 à 1900	TOTAUX
50	65	10	76	90	88	100	91	61	60	31	12	32	766
»	2	»	»	»	»	»	»	»	»	»	»	»	14
31	40	7	11	48	14	11	»	»	4	»	»	»	192
»	111	5	30	91	53	54	64	105	81	52	60	49	725
»	»	8	16	18	26	25	21	»	»	»	»	»	114
													1.811

TITRES DES PIÈCES	1821 A 1830	1831 A 1840	1841 A 1850	1851 A 1860	1861 A 1870	1871 A 1880	1881 A 1890	1891 A 1900	TOTAUX
ANGELO (1835)...................	»	62	15	5	»	»	»	»	82
LES BURGRAVES (1843)..............	»	»	33	»	»	»	»	»	33
HERNANI (1830)...................	39	19	44	»	87	164	80	129	562
MARION DE LORME (1838)..........	»	27	24	7	»	60	2	»	120
LE ROI S'AMUSE (1832).............	»	1	»	»	»	»	51	1	53
RUY BLAS (1879)..................	»	»	»	»	»	64	119	126	309
SUR LA LISIÈRE D'UN BOIS (1895).....	»	»	»	»	»	»	»	4	4
									1.163

RÉPERTOIRE DE MUSSET

	1821 A 1830	1831 A 1840	1841 A 1850	1851 A 1860	1861 A 1870	1871 A 1880	1881 A 1890	1891 A 1900	TOTAUX
ANDRÉ DEL SARTO (1848)............	»	»	5	»	»	»	»	»	5
A QUOI RÊVENT LES JEUNES FILLES (1880).........................	»	»	»	»	»	1	»	»	1
BARBERINE (1882)..................	»	»	»	»	»	»	12	»	12
UN CAPRICE (1847).................	»	»	95	120	81	37	6	1	340
LES CAPRICES DE MARIANNE (1851)...	»	»	»	73	54	25	17	»	169
LE CHANDELIER (1850)..............	»	»	41	»	»	66	23	»	130
FANTASIO (1866)...................	»	»	»	»	30	»	»	»	30
IL FAUT QU'UNE PORTE SOIT OUVERTE OU FERMÉE (1848)..............	»	»	92	90	69	55	59	»	365
IL NE FAUT JURER DE RIEN (1848).....	»	»	63	30	70	111	83	52	409
LOUISON (1849)...................	»	»	26	»	»	»	»	»	26
LA NUIT DE MAI (1876).............	•	»	»	»	»	3	»	1	4
LA NUIT D'OCTOBRE (1868).........	»	»	»	»	25	21	11	9	66
ON NE BADINE PAS AVEC L'AMOUR (1861).	»	»	»	»	95	67	76	32	270
ON NE SAURAIT PENSER A TOUT (1849).	»	»	14	»	»	»	»	»	14
									1.841

TITRES DES PIÈCES	1841 A 1850	1851 A 1860	1861 A 1870	1871 A 1880	1881 A 1890	1891 A 1900	TOTAUX
L'Aventurière (1848)	35	22	74	123	91	96	441
La Ciguë (1845)	108	33	10	12	»	6	169
Diane (1852)	»	31	»	»	»	»	31
Les Effrontés (1861)	»	»	106	»	59	69	234
Le Fils de Giboyer (1862)	»	»	116	»	»	43	159
Les Fourchambault (1878)	»	»	»	134	42	»	176
Gabrielle (1849)	69	70	48	37	11	1	236
Le Gendre de M. Poirier (*) (1864)	»	»	49	196	92	128	465
Un Homme de bien (1845)	15	»	»	»	»	»	15
Jean de Thommeray (*) (1873)	»	»	»	44	»	»	44
La Jeunesse (1863)	»	»	23	»	»	»	23
Le Joueur de flute (1850)	5	12	»	»	»	»	17
Lions et renards (1869)	»	»	29	»	»	»	29
Maître Guérin (1864)	»	»	101	»	45	22	168
Paul Forestier (1868)	»	»	75	19	»	»	94
Philiberte (1857)	»	20	»	65	29	»	114
La Pierre de touche (*) (1853)	»	27	»	»	»	»	27
Le Post-scriptum (1869)	»	»	52	51	65	6	174
							2.616

RÉPERTOIRE DE DUMAS FILS

	1841 A 1850	1851 A 1860	1861 A 1870	1871 A 1880	1881 A 1890	1891 A 1900	TOTAUX
L'Ami des femmes (1895)	»	»	»	»	»	125	125
Le Demi-monde (1874)	»	»	»	123	84	42	249
Denise (1885)	»	»	»	»	141	57	198
Diane de Lys (1900)	»	»	»	»	»	28	28
L'Étrangère (1876)	»	»	»	129	56	36	221
Le Fils naturel (1878)	»	»	»	47	»	»	47
Francillon (1887)	»	»	»	»	126	39	165
Un Père prodigue (1893)	»	»	»	»	»	42	42
La Princesse de Bagdad (1881)	»	»	»	»	44	»	44
La Princesse Georges (1888)	»	»	»	»	15	»	15
Le Supplice d'une femme (**) (1865)	»	»	129	57	53	24	263
Une Visite de noces (1891)	»	»	»	»	»	30	30
							1.427

(*) En collaboration avec J. Sandeau.
(**) En collaboration avec E. de Girardin.

TABLE ALPHABÉTIQUE DES PIÈCES

LA PREMIÈRE DATE APRÈS LE NOM D'AUTEUR

EST CELLE DE LA PREMIÈRE REPRÉSENTATION A LA COMÉDIE-FRANÇAISE

A Alfred de Vigny, sonnet, par SULLY-PRUDHOMME. — 28 mars 1897.

A l'Auteur des Plaideurs, à-propos en vers, par d'HERVILLY. — 21 décembre 1896.

A Corneille, poésie, par PATÉ. — 6 juin 1876.

A Corneille, stances, par AICARD. — 6 juin 1878.

A Corneille, stances, par TIERCELIN. — 6 juin 1882.

A Corneille, poésie, par FABIÉ. — 6 juin 1885.

A Corneille, poésie, par GAULOT. — 6 juin 1891.

A Corneille, à-propos en vers, par PICOT. — 6 juin 1892.

A deux de jeu, comédie en un acte, en prose, par E. LEGOUVÉ. — 14 septembre 1868.

A Émile Augier, poésie, par RICHEPIN. — 5 novembre 1889.

A Molière, stances, par BAYEUX. — 15 janvier 1868.

A Molière, poésie, par GONDINET. — 15 janvier 1871.

A Molière, poésie, par PATÉ. — 15 janvier 1876.

A Molière, stances, par BORNIER. — 15 janvier 1878.

A Molière, poésie, par CLARETIE. — 15 janvier 1889.

A Pierre Corneille, à-propos en vers, par LEFEBVRE-HENRI. — 6 juin 1896.

A quoi rêvent les jeunes filles, comédie en deux actes, en vers, par MUSSET. — 29 novembre 1880. (On n'a donné que des fragments.)

A Racine, poésie, par FABIÉ. — 21 décembre 1886.

A Racine, poésie, par DORCHAIN. — 21 décembre 1887.

A Racine, à-propos en vers, par LACOUR. — 21 décembre 1888.

A Racine, à-propos en vers, par GAULOT. — 21 décembre 1889.

A Racine, à-propos en vers, par GRANGENEUVE. — 21 décembre 1890.

Abbé Corneille (l'), comédie en un acte, en vers, par TIERCELIN. — 6 juin 1895.

Abbé de l'Épée (l'), comédie historique en cinq actes, en prose, par BOUILLY. — 14 décembre 1799.

Abdélazis et Zuleïma, tragédie en cinq actes, en vers, par MURVILLE. — 8 septembre 1807. — Th. Français de la rue de Richelieu, 3 octobre 1791.

Abdir, drame en quatre actes, en vers, par SAUVIGNY. — 26 janvier 1785. (Réduit en trois actes, le 31 janvier 1785.)

Abdolonyme, ou *le Roi berger*, comédie héroïque en trois actes, en vers, par COLLET. — 6 mars 1776.

Aben-Saïd, empereur des Mogols, tragédie en cinq actes, en vers, par LEBLANC. — 6 juin 1735.

Absalon, tragédie en cinq actes, en vers, par Duché. — 7 avril 1712.

Absent (l'), drame en un acte, en vers, par Manuel. — 4 juin 1873.

Abufar, ou *la Famille arabe*, tragédie en cinq actes, en vers, par Ducis. — 1ᵉʳ juin 1799. — Th. de la République, 12 avril 1795. (En quatres actes à la première représentation à la Comédie-Française, et remise en cinq actes, par Ancelot sur un plan de Talma, pour la reprise du 27 février 1818. Première représentation de cet arrangement au Th. de l'Opéra, le 24 février 1818.)

Accommodement imprévu (l'), comédie en un acte, en vers libres, par N. Lagrange. — 12 novembre 1737.

Achille à Scyros, comédie héroïque en trois actes, en vers, par Guyot de Merville. — 10 octobre 1737.

Acrobate (l'), comédie en un acte, en prose, par Feuillet. — 18 avril 1873.

Acte de naissance (l'), comédie en un acte, en prose, par Picard. — 10 août 1833. — Th. de l'Impératrice, 2 octobre 1804.

Acteurs déplacés (les), ou *l'Amant comédien*, comédie en un acte, en prose, et un prologue, par Laffichard et Panard. — 14 octobre 1735.

Adélaïde, ou *l'Antipathie pour l'amour*, comédie en deux actes, en vers de dix syllabes, par Dudoyer de Gastels. — 10 juillet 1780.

Adélaïde de Hongrie, tragédie en cinq actes, en vers, par Dorat. — 13 août 1774.

Adélaïde Du Guesclin, tragédie en cinq actes, en vers, par Voltaire. — 18 janvier 1734. (Voy. **Amélie**, ou *le Duc de Foix*.)

Adèle de Crécy, drame en quatre actes, en vers, par Dercy. — 3 mai 1793.

Adèle de Ponthieu, tragédie en cinq actes, en vers, par La Place. — 28 avril 1757.

Adeline. Voy. **Albert Iᵉʳ**.

Adelphes (les), ou *l'École des pères*, comédie en cinq actes, en vers, par Baron. — 3 janvier 1705. (Attribuée au P. La Rue, par l'abbé d'Allainval.)

Adherbal, roi de Numidie, tragédie en cinq actes, en vers, par La Grange-Chancel. — 8 janvier 1694.

Adieu Paniers! comédie en un acte, en prose, par A. de Launay. — 30 mai 1864.

Adieux au pouvoir (les), comédie en un acte, en prose, par d'Épagny et d'Aubigny. — 6 août 1838.

Adieux du goût (les), comédie en un acte, en vers libres, par Patu et Portelance. — 13 février 1754.

Admète et Alceste, tragédie en cinq actes, en vers, par Boissy. — 25 janvier 1727.

Adonis. Voy. **les Amours de Vénus et d'Adonis**.

Adrien, tragédie en cinq actes, en vers, par Campistron. — 11 janvier 1690.

Adrienne Lecouvreur, ou *la Jeunesse du comte de Saxe*, comédie en un acte, en vers, par Charlemagne. — 2 août 1817.

Adrienne Lecouvreur, comédie-drame en cinq actes, en prose, par Scribe et E. Legouvé. — 14 avril 1849.

Æacides (les). Voy. **Pyrrhus**.

Ægiste, tragédie en cinq actes, en vers, par Séguineau et Pralard. — 18 novembre 1721.

Aëtius, tragédie en cinq actes, en vers, par Campistron. — 28 janvier 1693.

Africain (l'), comédie en quatre actes, en prose, par Charles-Edmond. — 9 août 1860.

Agamemnon, tragédie en cinq actes, en vers, par PADER D'ASSEZAN. — 20 septembre 1680. — Th. Guénégaud, 12 mars 1680. (D'après quelques auteurs cette pièce serait de BOYER, qui l'aurait fait représenter sous le nom de PADER D'ASSEZAN.)

Agamemnon, tragédie en cinq actes, en vers, par LEMERCIER. — 13 août 1799. — Th. de la République, 24 avril 1797.

Agamemnon, tragédie en cinq actes, en vers, par BORNIER. — 22 juin 1868.

Agathocle, tragédie en cinq actes, en vers, par AUBRY DES CARRIÈRES. — 10 mai 1690.

Agathocle, tragédie en cinq actes, en vers, par VOLTAIRE. — 31 mai 1779.

Agésilas, tragédie en cinq actes, en vers libres, par P. CORNEILLE. — 19 mai 1683. — Th. de l'Hôtel de Bourgogne, février (?) 1666.

Agiotage (l'), ou *le Métier à la mode*, comédie en cinq actes, en prose, par PICARD et EMPIS. — 25 juillet 1826.

Agioteurs (les), comédie en trois actes, en prose, par DANCOURT. — 26 septembre 1710. (Augmentée de scènes nouvelles le 16 octobre 1710.)

Agis, tragédie en cinq actes, en vers, par LAIGNELOT. — 6 mai 1782.

Agrippa, ou *la Mort d'Auguste*, tragédie en cinq actes, en vers, par RIUPEIROUS. — 19 mars 1696.

Agrippa, roi d'Albe, ou *le Faux Tibérinus*, tragi-comédie en cinq actes, en vers, par QUINAULT. — 11 août 1681. — Th. de l'Hôtel de Bourgogne, 1661.

Aimable vieillard (l'), comédie en cinq actes, en vers, par FAVIÈRES et CREUZÉ DE LESSER. — 25 février 1801. (A la première et unique représentation, le dernier acte n'a pas été achevé.)

Ajax, tragédie en cinq actes, en vers, par LA CHAPELLE. — 27 décembre 1684.

Ajax, tragédie en cinq actes, en vers, par L. POINSINET DE SIVRY. — 30 août 1762.

Alain Chartier, un acte en vers héroïques, par BORRELLI. — 20 mai 1889.

Albert Ier, ou *Adeline*, comédie héroïque en trois actes, en vers, par LEBLANC DE GUILLET. — 4 février 1775.

Albert et Émilie, tragédie en cinq actes, en vers, par DUBUISSON. — 30 avril 1785.

Alcade de Molorido (l'), comédie en cinq actes, en prose, par PICARD. — 2 septembre 1832. — Th. de l'Odéon, 18 janvier 1810.

Alceste, tragédie en cinq actes, en vers, par LA GRANGE-CHANCEL. — 19 décembre 1703.

Alceste converti, à-propos en un tableau, en vers, par ROGER-MILÈS. — 15 janvier 1891.

Alcibiade, tragédie en cinq actes, en vers, par CAMPISTRON. — 28 décembre 1685.

Alcibiade, comédie en trois actes, en vers, par PH. POISSON. — 23 février 1731.

Alcidonis, ou *la Journée lacédémonienne*, comédie en trois actes, en prose, par LONVAY DE LA SAUSSAYE. — 13 mars 1773.

Alexandre le Grand, tragédie en cinq actes, en vers, par RACINE. — 13 mars 1682. — Th. du Palais-Royal, 4 décembre 1665.

Alexandre et Apelle, comédie héroïque en un acte, en vers libres, par LA VILLE DE MIRMONT. — 29 avril 1816.

Algérien (l'), ou *les Muses comédiennes*, comédie-ballet en trois actes, en vers libres, et un prologue, par CAHUSAC. — 15 septembre 1744.

Alhamar, tragédie en cinq actes, en vers, par DEPUNTIS. — 14 décembre 1801.

Alibi (l'), comédie en trois actes, en vers, par LONGPRÉ. — 24 juillet 1833.

Alkestis, drame en quatre actes, en vers, par RIVOLLET. — 16 novembre 1900.

Allez voir Dominique, comédie en un acte, en prose, par PAIN. — 10 décembre 1831. — Th. du Vaudeville, 29 septembre 1801.

Alphée et Zarine, tragédie en cinq actes, en vers, par FALLET. — 19 juin 1788.

Alzaïde, tragédie en cinq actes, en vers, par LINANT. — 13 décembre 1745.

Alzire, ou *les Américains*, tragédie en cinq actes, en vers, par VOLTAIRE. — 27 janvier 1736.

Amalasonte, tragi-comédie en cinq actes, en vers, par QUINAULT. — 21 novembre 1689. — Th. de l'Hôtel de Bourgogne, novembre 1657.

Amalasonte, tragédie en cinq actes, en vers, par XIMÉNÈS. — 30 mai 1754.

Amant bourru (l'), comédie en trois actes, en vers, par MONVEL. — 13 août 1777.

Amant comédien (*l'*). Voy. les **Acteurs déplacés**.

Amant déguisé (l'), comédie en deux actes, en prose, par LA MORLIÈRE. — 26 juin 1758.

Amant indiscret (l'), ou *le Maître étourdi*, comédie en cinq actes, en vers, par QUINAULT. — 5 juin 1684. — Th. de l'Hôtel de Bourgogne, 1654.

Amant de lui-même (*l'*). Voy. **Narcisse**.

Amant masqué (l'), comédie en un acte, en prose, par DU FRESNY. — 8 août 1709.

Amant mystérieux (l'), comédie en trois actes, en vers, par PIRON. — 30 août 1734.

Amant précepteur (*l'*). Voy. le **Faux savant**.

Amant de sa femme (l'), ou *la Rivale d'elle-même*, comédie en un acte, en prose, par BOISSY. — 19 septembre 1721.

Amante amant (l'), comédie en cinq actes, en prose, par CAMPISTRON. — 2 août 1684.

Amante en tutelle (l'), comédie en trois actes, en vers, par LAVALETTE. — 17 août 1735.

Amants brouillés (*les*). Voy. la **Mère coquette**.

Amants déguisés (les), comédie en trois actes, en prose, par AUNILLON. — 7 février 1728.

Amants espagnols (les), ou *les Contre-temps*, comédie en cinq actes, en prose, par BEAUGEARD. — 23 octobre 1782.

Amants généreux (les), comédie en cinq actes, en prose, par ROCHON DE CHABANNES. — 13 octobre 1774.

Amants magnifiques (les), comédie-ballet en cinq actes, en prose, par MOLIÈRE. — 15 octobre 1688. (Avec un prologue par DANCOURT, à la reprise du 11 juillet 1704.)

Amants mal assortis (*les*). Voy. l'**Impertinent malgré lui**.

Amants malheureux (*les*). Voy. le **Comte de Comminge**.

Amants ridicules (les), comédie en un acte, en vers, par M. A. LE GRAND. — 1er juin 1711. (Voy. *Le Triomphe du temps*.)

Amants sans le savoir (les), comédie en trois actes, en prose, par Mme de SAINT-CHAMOND. — 6 juillet 1771.

Amasis, tragédie en cinq actes, en vers, par LA GRANGE-CHANCEL. — 13 décembre 1701.

Amateur (l'), comédie en un acte, en vers, par BARTHE. — 3 mars 1764.

Amazones (les), tragédie en cinq actes, en vers, par Mme DU BOCCAGE. — 24 juillet 1749.

Amazones modernes (les), comédie en trois actes, en prose, par M. A. LE GRAND et FUZELIER. — 29 octobre 1727.

Ambigu-comique (l'), ou *les Amours de Didon et d'Énée*, tragédie en trois actes, en vers (avec trois intermèdes comiques, intitulés : *Le Nouveau marié; Don Pasquin d'Avalos* et *le Semblable à soi-même*), par MONTFLEURY. — Th. du Marais, 1673. (De ce spectacle, seuls *Don Pasquin d'Avalos* et *le Semblable à soi-même* ont été représentés à la Comédie-Française. Voy. ces titres.)

Ambitieux (l'), comédie en cinq actes, en prose, par SCRIBE. — 27 novembre 1834.

Ambitieux et l'indiscrète (l'), tragi-comédie en cinq actes, en vers, et un prologue, par DESTOUCHES. — 14 juin 1737.

Ame de Racine (l'), scène dramatique en vers, par DEMENY. — 21 décembre 1892.

Amélie, ou *le Duc de Foix*, tragédie en cinq actes, en vers, par VOLTAIRE. — 17 août 1752. (Même pièce que *Adélaïde Du Guesclin* avec des changements.)

Amélie Mansfield, drame en cinq actes, en prose, par BELLIN DE LA LIBORLIÈRE. — 17 décembre 1805. (Réduit en quatre actes, le 19 décembre 1805.)

Amélise, tragédie en cinq actes, en vers, par DUCIS. — 9 janvier 1768.

Aménophis, tragédie en cinq actes, en vers, par SAURIN. — 12 novembre 1750.

Américains (les). Voy. **Alzire.**

Amestris, tragédie en cinq actes, en vers, par MAUGER. — 3 juillet 1747.

Ami Clermont (l'), comédie en trois actes, en prose, par MARSOLLIER. — 26 février 1818. — Th. de l'Opéra, 24 février 1818.

Ami des femmes (l'), comédie en cinq actes, en prose, par DUMAS fils. — 25 mars 1895. — Th. du Gymnase, 5 mars 1864.

Ami Fritz (l'), comédie en trois actes, en prose, par ERCKMANN et CHATRIAN. — 4 décembre 1876.

Ami des lois (l'), comédie en cinq actes, en vers, par J. L. LAYA. — 2 janvier 1793.

Ami de la maison (l'), comédie en un acte, en prose, par CORDIER. — 14 novembre 1839.

Ami de la maison (l'), comédie en trois actes, en prose, par RAYMOND et BOUCHERON. — 3 octobre 1891.

Ami de tout le monde (l'), comédie en trois actes, en prose, par Mme de BAWR. — 6 octobre 1827.

Ami de tout le monde (l'). Voy. le **Philanthrope.**

Ami vrai (l'), comédie en un acte, en prose (ANONYME). — 10 décembre 1802.

Amie (une), comédie en un acte, en vers, par BERGERAT. — 9 septembre 1865.

Amis à l'épreuve (les), comédie en un acte, en vers croisés, par PIEYRE. — 19 juillet 1787.

Amis de collège (les), ou *l'Homme oisif et l'artisan*, comédie en trois actes, en vers, par PICARD. — 3 juin 1799. — Th. de la République, 14 décembre 1795.

Amiral (l'), comédie en deux actes, en vers, par NORMAND. — 11 juin 1895. — En trois actes au Th. du Gymnase, 13 avril 1880.

Amitié de deux âges (l'), comédie en trois actes, en vers, par MONIER DE LA SIZERANNE. — 8 février 1826.

Amitié des femmes (l'), comédie en un acte, en vers, par LAFITTE. — 31 mai 1831.

Amitié des femmes (l'), comédie en trois actes, en prose, par MAZÈRES. — 10 février 1849.

Amitié et imprudence. Voy. **Camille.**

Amitié rivale de l'amour (l'), comédie en cinq actes, en vers, par FAGAN. — 16 novembre 1735.

Amour à Tempé (l'), pastorale en deux actes, en prose, par Mme CHAUMONT. — 3 juillet 1773.

Amour brode (l'), pièce en trois actes, en prose, par CUREL. — 25 octobre 1893.

Amour charlatan (l'). Voy. **la Comédie des comédiens.**

Amour diable (l'), comédie en un acte, en vers, par M. A. LE GRAND. — 30 juin 1708.

Amour exilé des cieux (l'), comédie en un acte, en vers, par Mme DUFRÉNOY. — 18 novembre 1788.

Amour filial (l'). Voy. l'**Honnête criminel.**

Amour français (l'), comédie en un acte, en vers, par ROCHON DE CHABANNES. — 17 avril 1779.

Amour médecin (l'), comédie-ballet en trois actes, en prose, et un prologue en vers libres, par MOLIÈRE. — 16 septembre 1680. — Th. du Palais-Royal, 22 septembre 1665.

Amour peintre (l'). Voy. **le Sicilien.**

Amour pour amour, comédie en trois actes, en vers, et un prologue, par LA CHAUSSÉE. — 16 février 1742.

Amour secret (l'), comédie en un acte, en vers, par PH. POISSON. — 5 octobre 1740.

Amour supposé (l'). Voy. **le Rendez-vous.**

Amour usé (l'), ou *le Vindicatif généreux,* comédie en cinq actes, en prose, par DESTOUCHES. — 20 septembre 1741. (Réduite en trois actes, par d'HANNETAIRE, pour la reprise du 14 juillet 1787; tombée au deuxième acte).

Amour vengé (l'), comédie en un acte, en vers, par de LA FONT. — 14 octobre 1712.

Amour et l'ambition (l'), comédie en cinq actes, en vers, par RIBOUTTÉ. — 22 novembre 1822.

Amour et les fées (l'), comédie en un acte, en vers libres, par BERNIS. — 1er octobre 1746.

Amour et l'intérêt (l'). Voy. **le Collatéral.**

Amour et l'intrigue (l'), drame en cinq actes, en prose, par LA MARTELIÈRE. — 15 janvier 1801.

Amour et le proces (l'), comédie en un acte, en vers, par GAUGIRAN-NANTEUIL. — 4 décembre 1820.

Amour et la raison (l'), comédie en un acte, en prose, par PIGAULT-LEBRUN. — 12 juin 1799. — Th. du Palais-Royal, 30 octobre 1790.

Amour et son train (l'), comédie en un acte, en vers, par O. LACROIX. — 15 septembre 1855.

Amours de Bayard (les). Voy. **le Chevalier sans peur et sans reproche.**

Amours de Didon et d'Énée (les). Voy. l'**Ambigu-comique.**

Amours de Vénus et d'Adonis (les), tragédie en cinq actes, en vers, et un prologue, par Visé. — 23 septembre 1685. — Th. du Marais, 2 mars 1670.

Amoureux sans le savoir (les), comédie en un acte, en vers, par J. Barbier et Carré. — 14 novembre 1850.

Amphitryon, comédie en trois actes, en vers libres, et un prologue, par Molière. — 8 octobre 1680. — Th. du Palais-Royal, 13 janvier 1668.

Amusements de l'automne (les), spectacle composé de deux comédies :
Le Temple de Delphes, en deux actes, en prose, ⎰ par
Le Temple de Gnide, en deux actes, en prose, ⎱ Fuzelier.
— 17 octobre 1725.

An (un), ou *le Mariage d'amour*, drame en trois actes, en prose, par Ancelot. — 8 mai 1830.

Anaximandre, ou *le Sacrifice aux Grâces*, comédie en un acte, en vers de dix syllabes, par Andrieux. — 14 octobre 1805. — Th. Italien, 20 décembre 1782.

André del Sarto, drame en trois actes, en prose, par Musset. — 21 novembre 1848.

Andrienne (l'), comédie en cinq actes, en vers, par Baron. — 16 novembre 1703. (Attribuée au P. La Rue, par l'abbé d'Allainval.)

Andromaque, tragédie en cinq actes, en vers, par Racine. — 14 septembre 1680. — Th. de l'Hôtel de Bourgogne, novembre 1667.

Andromède, tragédie en cinq actes, en vers, et un prologue en vers libres, par P. Corneille. — 19 juillet 1682. — Th. du Petit-Bourbon, janvier 1650.

Andronic, tragédie en cinq actes, en vers, par Campistron. — 8 février 1685.

Angélique et Médor, comédie en un acte, en prose, par Dancourt. — 1er août 1685.

Angelo, tyran de Padoue, drame en quatre actes, en prose, par Hugo. — 28 avril 1835.

Anglais (l'), ou *le Fou raisonnable*, comédie en un acte, en prose, par Patrat. — 6 février 1887. — Variétés-Amusantes, 9 juillet 1781.

Anglais à Bordeaux (l'), comédie en un acte, en vers libres, par Favart. — 14 mars 1763.

Anglomane (l'). Voy. **l'Orpheline léguée.**

Anne de Kerviler, drame en un acte, en prose, par E. Legouvé. — 27 novembre 1879.

Annibal, tragédie en cinq actes, en vers, par Riupeirous. — 5 novembre 1688.

Annibal, tragédie en cinq actes, en vers, par Marivaux. — 16 décembre 1720.

Annibal, tragédie en trois actes, en vers, par Denormandie. — 30 décembre 1811.

Anniversaire (l'), ou *une Journée de Philippe-Auguste*, comédie héroïque en un acte, en vers, par Rancé et Théaulon. — 16 novembre 1816.

Anniversaire (l'), à-propos en un acte, en vers, par d'Épagny. — 16 janvier 1832.

Anniversaire (l'), strophes, par Coppée. — 26 février 1882.

Antigone, tragédie en cinq actes, en vers, par Pader d'Assezan. — 14 mars 1686.

Antigone, ou *la Piété fraternelle*, tragédie en cinq actes, en vers, par Doigny du Ponceau. — 31 juillet 1787.

Antigone, tragédie en trois parties, en vers, par Meurice et Vacquerie. — 21 novembre 1893. — En cinq actes au Th. de l'Odéon, 21 mai 1844.

Antiochus, ou *les Machabées*, tragédie en cinq actes, en vers, par Nadal. — 16 décembre 1722.

Antiochus Epiphanes, tragédie en cinq actes, en vers, par Chevalier. — 21 mars 1806.

Antiochus et Cléopâtre, tragédie en cinq actes, en vers, par Deschamps. — 29 octobre 1717.

Antipater, tragédie en cinq actes, en vers, par Portelance. — 25 novembre 1751.

Antipathie pour l'amour (l'). Voy. **Adélaïde.**

Antoine et Cléopâtre, tragédie en cinq actes, en vers, par Boistel d'Welles. — 6 novembre 1741.

Antoinette Rigaud, comédie en trois actes, en prose, par Deslandes. — 30 septembre 1885.

Apelle et Campaspe, drame héroïque en un acte, en vers, par Voiron. — 16 octobre 1786.

Aphos, comédie en un acte, en vers libres, par Baragué. — 13 septembre 1747.

Apothéose, pièce en un acte, en vers, par Delair. — 15 juin 1885.

Apothéose de Beaurepaire (l'), pièce en un acte, en vers, par Lesur. — 21 novembre 1792.

Apothéose de Voltaire (l'). Voy. **les Muses rivales.**

Apparences trompeuses (les). Voy. **le Capricieux.**

Après-souper des auberges (l'), comédie en un acte, en vers, par R. Poisson. — 20 septembre 1680. — Th. de l'Hôtel de Bourgogne, 1665.

Arbogaste, tragédie en cinq actes, en vers, par Viennet. — 20 novembre 1841.

Argent (l'), comédie en cinq actes, en vers, par Bonjour. — 12 octobre 1826.

Ariane, tragédie en cinq actes, en vers, par T. Corneille. — 7 octobre 1680. — Th. de l'Hôtel de Bourgogne, 4 mars 1672.

Ariarathe, tragédie en cinq actes, en vers, par Lenfant de Saint-Gilles. — 30 octobre 1699.

Arioste (l'), comédie historique en un acte, en vers, par Lafont. — 1er juillet 1858.

Aristobule, tragédie en cinq actes, en vers (Anonyme). — 30 novembre 1685. (Attribuée par Goizet à l'abbé G. Abeille.)

Aristocraties (les), comédie en cinq actes, en vers, par Arago. — 29 octobre 1847.

Aristomène, tragédie en cinq actes, en vers, par Marmontel. — 30 avril 1749.

Aristophane et Molière, à-propos en un acte, en vers, par Bertheroy. — 15 janvier 1897.

Arlequin poli par l'amour, comédie-féerie en un acte, en prose, par Marivaux. — 16 octobre 1892. — Th. Italien, 20 octobre 1720. (Adaptation de Truffier, pour la reprise à la Comédie-Française.)

Arminius, tragédie en cinq actes, en vers, par Campistron. — 19 février 1684.

Arminius. Voy. **les Chérusques.**

Arrie et Petus, tragédie en cinq actes, en vers, par Mlle Barbier. — 3 juin 1702. (D'après quelques auteurs l'abbé Pellegrin aurait collaboré à cette pièce.)

Arsacides (les), tragédie en six actes, en vers, par Peyraud de Beaussol. — 26 juillet 1775.

Art d'aimer et de plaire (l'). Voy. **Zélide.**

Art de conspirer (*l'*). Voy. **Bertrand et Raton.**

Art et le métier (l'), comédie en un acte, en vers, par Masselin et Veyrat. — 19 avril 1843.

Artaxare, tragédie en cinq actes, en vers, par Pellegrin. — 3 mai 1718.

Artaxerce, tragédie en cinq actes, en vers, par Boyer. — 22 novembre 1682.

Artaxerce, tragédie en cinq actes, en vers, par Deschamps. — 19 décembre 1735.

Artaxerce, tragédie en cinq actes, en vers, par Lemierre. — 20 août 1766.

Artaxerce, tragédie en cinq actes, en vers, par Delrieu. — 30 avril 1808.

Artémire, tragédie en cinq actes, en vers, par Voltaire. — 15 février 1720.

Arthur de Bretagne, tragédie en cinq actes, en vers, par Aignan. — 3 février 1816.

Article 231 (l'), comédie en trois actes, en prose, par Ferrier. — 11 juillet 1891.

Artisan jaloux (*l'*). Voy. **Henriette et Raymond.**

Artisan politique (l'), ou *le Luthier de Lubeck*, ou *Chacun à sa place*, comédie en trois actes, en prose, par Barrau. — 27 décembre 1816. (Interrompue au deuxième acte à la première et unique représentation).

Artistes (*les*). Voy. **Guido Reni.**

Aspar, tragédie en cinq actes, en vers, par Fontenelle. — 27 décembre 1680.

Assaut de valets. Voy. **Marton et Frontin.**

Assemblée (l'), comédie en un acte, en vers, par Le Beau de Schosne. —17 février 1773.

Assemblée des comédiens (l'), prologue, par Procope Couteaux.—22 septembre 1724.

Assemblée de famille (l'), comédie en cinq actes, en vers, par Riboutté. — 26 février 1808.

Astarbé, tragédie en cinq actes, en vers, par Colardeau. — 27 février 1758.

Astrate, roi de Tyr, tragédie en cinq actes, en vers, par Quinault. — 18 septembre 1680. — Th. de l'Hôtel de Bourgogne, décembre 1664.

Astrologie en défaut (*l'*). Voy. **le Mariage de Robert de France.**

Astyanax, tragédie en cinq actes, en vers, par Châteaubrun. — 5 janvier 1756.

Astyanax, tragédie en cinq actes, en vers, par Richerolles d'Avallon. — 7 février 1789.

Astyanax, tragédie en trois actes, en vers, par Halma. — 9 août 1805.

Athalie, tragédie en cinq actes, en vers, par Racine. — 5 mars 1716.

Athénaïs, tragédie en cinq actes, en vers, par La Grange-Chancel. — 20 novembre 1699.

Atrée et Thyeste, tragédie en cinq actes, en vers, par Crébillon. — 14 mars 1707. (Avec un prologue en vers traduit du *Thyeste* de Sénèque, par Thierry et Bornier, à la reprise du 11 août 1866).

Attendez-moi sous l'orme, comédie en un acte, en prose, par Regnard. — 19 mai 1694.

Attente (l'), drame en un acte, en vers, par Mme Senan. — 6 avril 1838.

Attila, roi des Huns, tragédie en cinq actes, en vers, par P. Corneille.— 25 août 1685. — Th. du Palais-Royal, 4 mars 1667.

Au pays des âmes, scène dramatique en vers, par Ratisbonne. — 6 juin 1870.

Au printemps, comédie en un acte, en vers, par Laluyé. — 7 août 1865. — Th. de l'Odéon, 5 avril 1854.

Au prisonnier du Châtelet, stances, par d'Hervilly. — 15 janvier 1886.

Auberge pleine (*l'*). Voy. **le Sourd.**

Audiences de Thalie (les). Voy. **Molière à la nouvelle salle.**

Augusta, tragédie en cinq actes, en vers, par FABRE D'ÉGLANTINE. — 8 octobre 1787.

Auguste et Théodore, ou *les Deux pages*, comédie en deux actes, en prose, par MANTEUFEL. — 6 mars 1789.

Auteur et l'avocat (l'), comédie en trois actes, en vers, par N. P. DUPORT. — 2 septembre 1825.

Auteur et le critique (l'), comédie en un acte, en vers, par CHÉRON. — 13 décembre 1811.

Auteur malgré lui (l'), comédie en trois actes, en vers, par SAINT-RÉMY. — 18 octobre 1823.

Autographe (l'), comédie en un acte, en prose, par MEILHAC. — 25 janvier 1890. — Th. du Gymnase, 27 novembre 1858.

Autre motif (l'), comédie en un acte, en prose, par PAILLERON. — 29 février 1872.

Autre Tartuffe (l'), ou *la Mère coupable*, drame en cinq actes, en prose, par BEAUMARCHAIS. — 27 novembre 1799. — Th. du Marais, 26 juin 1792.

Avare (l'), comédie en cinq actes, en prose, par MOLIÈRE. — 2 septembre 1680. — Th. du Palais-Royal, 9 septembre 1668.

Avare amoureux (l'), comédie en un acte, en prose, par DUMAS D'AIGUEBERRE. — 6 juillet 1729. (Représentée antérieurement dans *les Trois spectacles*. Voy. ce titre.)

Avare cru bienfaisant (l'), comédie en cinq actes, en vers, par DESFAUCHERETS. — 15 décembre 1784.

Aventure de Charles V (une), ou *la Rosière par ordonnance*, comédie en un acte, en vers libres, par LAFITTE. — 4 novembre 1826.

Aventure du chevalier de Grammont (une), comédie en trois actes, en vers, par Mme GAY. — 5 mars 1822.

Aventure sous Charles IX (une), comédie en trois actes, en prose, par SOULIÉ et BADON. — 20 mai 1834.

Aventures du camp de Porché-Fontaine (les). Voy. **le Camp de Porché-Fontaine.**

Aventurière (l'), comédie en cinq actes, en prose, par VISÉ. — 2 janvier 1696.

Aventurière (l'), comédie en cinq actes, en vers, par AUGIER. — 23 mars 1848. (Réduite en quatre actes, à la reprise du 10 avril 1860).

Aveugle clairvoyant (l'), comédie en un acte, en vers, par M. A. LE GRAND. — 18 septembre 1716.

Aveugle par crédulité (l'), comédie en un acte, en prose, par FOURNELLE. — 31 janvier 1778.

Aveux difficiles (les), comédie en un acte, en vers, par VIGÉE. — 24 février 1783.

Avis aux maris (l'). Voy. **la Leçon conjugale.**

Avis aux mères, ou *les Deux fêtes*, comédie en un acte, en vers, par DUPATY. — 14 janvier 1813.

Avocat (l'), comédie en trois actes, en vers, par ROGER. — 12 mars 1806.

Avocat Patelin (l'), comédie en trois actes, en prose, par BRUEYS. — 4 juin 1706.

Avocat sans étude (l'), comédie en un acte, en vers, par ROSIMOND. — 3 septembre 1680. — Th. du Marais, 1670, ou 1665, d'après de Léris.

Avoué par amour (l'), comédie en un acte, en vers, par COTTINET. — 9 février 1850.

Azémire, tragédie en cinq actes, en vers, par CHÉNIER. — 6 novembre 1786.

Babillard (le), comédie en un acte, en vers, par BOISSY. — 16 juin 1725.

Babonnette, à-propos en vers, par CROZE. — 21 décembre 1900.

Bachelier de Ségovie (le), ou *les Hautes études*, comédie en cinq actes, en vers, par BONJOUR. — 31 juillet 1848. — Th. de l'Odéon, 15 octobre 1844.

Bachelier et le théologien (le). Voy. **Jacques Clément**.

Badaud (le), comédie en un acte, en prose (?) (ANONYME). — 10 mai 1687.

Badinage (le), ou *le Dernier jour de l'absence*, comédie en un acte, en vers libres, par BOISSY. — 23 novembre 1733.

Baguette (la), comédie en un acte, en prose, par DANCOURT. — 4 avril 1693.

Bailli marquis (le), comédie en un acte, en prose (ANONYME). — 24 février 1703. (Attribuée à DU FRESNY par de Léris.)

Baiser (le), comédie en un acte, en vers, par BANVILLE. — 14 mai 1888. — Th. Libre, 23 décembre 1887.

Baiser anonyme (un), comédie en un acte, en prose, par SECOND et BLERZY. — 6 mars 1868.

Bajazet, tragédie en cinq actes, en vers, par RACINE. — 3 septembre 1680. — Th. de l'Hôtel de Bourgogne au commencement de janvier 1672.

Bajazet Ier, tragédie en cinq actes, en vers, par PACARONI. — 6 août 1739. (D'après quelques auteurs cette pièce serait de l'abbé PELLEGRIN.)

Bal (le). Voy. **le Bourgeois de Falaise**.

Bal d'Auteuil (le), comédie en trois actes, en prose, et un prologue, par BOINDIN. — 22 août 1702.

Bal de Passy (le), ou *les Masques*, comédie en un acte, en prose (?), par PARMENTIER. — 17 août 1741.

Ballet extravagant (le), comédie en un acte, en prose, par PALAPRAT. — 21 juin 1690.

Bandeau de Psyché (le), comédie en un acte, en vers, par MARSOLLEAU. — 21 mai 1894.

Barberine, comédie en trois actes, en prose, par MUSSET. — 27 février 1882.

Barbier de Pézenas (le), comédie en un acte, en vers, par BLÉMONT et VALADE. — 15 janvier 1898. — Th. de l'Odéon, 15 janvier 1877.

Barbier de Séville (le), ou *la Précaution inutile*, comédie en cinq actes, en prose, par BEAUMARCHAIS. — 23 février 1775. (Réduite en quatre actes, le 26 février 1775.)

Barmécides (les), tragédie en cinq actes, en vers, par LA HARPE. — 11 juillet 1778.

Barnevelt, grand pensionnaire de Hollande, tragédie en cinq actes, en vers, par LEMIERRE. — 30 juin 1790.

Baron d'Albikrac (le), comédie en cinq actes, en vers, par T. CORNEILLE. — 3 janvier 1682. — Th. de l'Hôtel de Bourgogne, décembre 1668.

Baron de la Crasse (le), comédie en un acte, en vers, par R. POISSON. — 23 octobre 1680. — Th. de l'Hôtel de Bourgogne, juin 1662.

Baron des Fondrières (le), comédie en cinq actes, en vers, par T. CORNEILLE. — 14 janvier 1686.

Baron de Lafleur (le), ou *les Derniers valets*, comédie en trois actes, en vers, par DOUCET. — 1er août 1851. — Th. de l'Odéon, 13 décembre 1842.

Basile et Quitterie, tragi-comédie en trois actes, en vers, et un prologue en prose et en vers libres, par GAULTIER. — 13 janvier 1723.

Bataille de dames, ou *un Duel en amour,* comédie en trois actes, en prose, par SCRIBE et E. LEGOUVÉ. — 17 mars 1851.

Bataille d'Hernani (la), poésie, par COPPÉE. — 25 février 1880.

Bataille de Lutzen (la). Voy. **Gustave Adolphe.**

Bâtons flottants (les), comédie en cinq actes, en vers, par LIADIÈRES. — 24 juin 1851.

Béarnais (le), ou *la Jeunesse de Henri IV,* comédie en un acte, en vers libres, par RAMOND DE LA CROISETTE, LEDOUX et FULGENCE. — 4 novembre 1825.

Béarnais (le), comédie en trois actes, en vers, par DUGUÉ. — 23 octobre 1844.

Bélisaire, tragédie en cinq actes, en vers, par JOUY. — 28 juin 1825.

Belle fermière (la). Voy. **Catherine.**

Belle-mère (la), comédie en cinq actes, en vers, par DANCOURT. — 21 avril 1725. (C'est le **Sot toujours sot,** ou *le Marquis paysan,* comédie par BRUEYS, arrangée par DANCOURT.)

Belle-mère (la), ou *les Dangers d'un second mariage,* comédie en cinq actes, en vers, par VIGÉE. — 24 juillet 1788.

Belle-mère et le gendre (la), comédie en trois actes, en vers, par SAMSON. — 24 février 1830. — Th. de l'Odéon, 20 avril 1826.

Belle orgueilleuse (la), ou *l'Enfant gâté,* comédie en un acte, en vers, par DESTOUCHES. — 17 août 1741.

Belle Paule (la), comédie en un acte, en vers, par DENAYROUZE. — 12 mai 1874. — Th. de la Gaité, 22 décembre 1872.

Belle pénitente (la). Voy. **Caliste,**

Belle Saïnara (la), comédie japonaise en un acte, en vers, par D'HERVILLY. — 10 décembre 1893. — Th. de l'Odéon, 22 novembre 1876.

Bellérophon, tragédie en cinq actes, en vers, par QUINAULT. — 6 mai 1684. — Th. de l'Hôtel de Bourgogne, 1670.

Berceau (le), comédie en un acte, en vers, par J. BARBIER et CARRÉ. — 18 novembre 1856.

Berceau (le), comédie en trois actes, en prose, par BRIEUX. — 19 décembre 1898.

Berceau (le). Voy. **Jeanne d'Albret.**

Bérénice, tragédie en cinq actes, en vers, par RACINE. — 23 octobre 1680. — Th. de l'Hôtel de Bourgogne, 21 novembre 1670.

Bergère des Alpes (la), comédie en un acte, en vers libres, par DESFONTAINES DE LA VALLÉE. — 15 décembre 1765.

Bertrand et Raton, ou *l'Art de conspirer,* comédie en cinq actes, en prose, par SCRIBE. — 14 novembre 1833.

Beverley, tragédie bourgeoise en cinq actes, en vers libres, par SAURIN. — 7 mai 1768.

Bien et le mal (le). Voy. **Henri IV et Mayenne.**

Bienfaisance de Voltaire (la), ou *le Triomphe de la philosophie,* pièce dramatique en un acte, en vers, par WILLEMAIN D'ABANCOURT. — 30 mai 1791.

Bienfait anonyme (le), ou *Montesquieu à Marseille,* comédie en trois actes, en prose, par PILHES. — 6 octobre 1783.

Bienfait rendu (le), ou *le Négociant*, comédie en cinq actes, en vers, par DAMPIERRE DE LA SALLE. — 18 avril 1763.

Billet perdu (le). Voy. l'Impertinent.

Blaise Pascal, drame en quatre actes, en vers, par COSTA. — 25 septembre 1848.

Blanche d'Aquitaine, ou *le Dernier des Carlovingiens*, tragédie en cinq actes, en vers, par BIS. — 29 octobre 1827.

Blanche et Guiscard, tragédie en cinq actes, en vers, par SAURIN. — 26 septembre 1763.

Blanche et Montcassin, ou *les Vénitiens*, tragédie en cinq actes, en vers, par A. V. ARNAULT. — 23 juillet 1799. — Th. de la République, 16 octobre 1798.

Boîte de Pandore (la), comédie en un acte, en vers libres, et un prologue, par PH. POISSON. — 18 mars 1729.

Boîte volée (la), ou *le Garçon malade,* comédie en un acte, en vers, par LONGCHAMPS. — 11 novembre 1803.

Bon ami (le), comédie en un acte, en prose, par LEGRAND. — 4 novembre 1780.

Bon garçon (le), comédie en trois actes, en prose, par PICARD et MAZÈRES. — 18 mars 1829.

Bon gré mal gré, comédie en un acte, en prose, par J. BARBIER. — 9 janvier 1849.

Bon père (le). Voy. Julie.

Bon soldat (le), comédie en un acte, en vers, par DANCOURT. — 10 octobre 1691.

Bonhomme Jadis (le), comédie en un acte, en prose, par MURGER. — 21 avril 1852.

Bonne réputation (une), comédie en un acte, en prose, par ARNOULD. — 27 janvier 1845.

Bothwell, drame historique en cinq actes, en prose, par EMPIS. — 21 juin 1824.

Boudoir (le), comédie en un acte, en prose, par LURINE et SOLAR. — 10 septembre 1836.

Bougeoir (le), comédie en un acte, en prose, par CARAGUEL. — 26 mai 1856. — Th. de l'Odéon, 21 mai 1852.

Bouquet de bal (le), comédie en un acte, en prose, par DESNOYER. — 17 avril 1837.

Bourgeois de Falaise (le), ou *le Bal*, comédie en un acte, en vers, par REGNARD. — 14 juin 1696.

Bourgeois de Gand (le), ou *le Secrétaire du duc d'Albe*, drame en cinq actes, en prose, par ROMAND. — 29 juin 1841. — Th. de l'Odéon, 21 mai 1838.

Bourgeois gentilhomme (le), comédie-ballet en cinq actes, en prose, par MOLIÈRE. — 4 octobre 1680. — Th. du Palais-Royal, 23 novembre 1670.

Bourgeoises à la mode (les), comédie en cinq actes, en prose, par DANCOURT. — 15 novembre 1692. (Cette comédie a été attribuée à SAINT-YON.)

Bourgeoises de qualité (les), comédie en cinq actes, en vers, par HAUTEROCHE. — 26 juillet 1690.

Bourgeoises de qualité (les). Voy. la Fête de village.

Bourget (le), comédie en un acte, en prose (ANONYME) — 23 mai 1697. (Attribuée à DANCOURT, par Goizet.)

Bourru bienfaisant (le), comédie en trois actes, en prose, par GOLDONI. — 4 novembre 1771.

Bouts-rimés (les), comédie en un acte, en prose, par SAINT-GLAS. — 25 mai 1682.

Bradamante, tragédie en cinq actes, en vers, par T. Corneille. — 18 novembre 1695.

Brames (les), tragédie en cinq actes, en vers, par La Harpe. — 15 décembre 1783.

Brebis de Panurge (les), comédie en un acte, en prose, par Meilhac et Lud. Halévy. 30 septembre 1888. — Th. du Vaudeville, 24 novembre 1862.

Briséis, ou *la Colère d'Achille*, tragédie en cinq actes, en vers, par L. Poinsinet de Sivry. — 25 juin 1759.

Britannicus, tragédie en cinq actes, en vers, par Racine. — 5 septembre 1680. — Th. de l'Hôtel de Bourgogne, 13 décembre 1669.

Brueys et Palaprat, comédie en un acte, en vers, par Étienne. — 28 novembre 1807.

Brunehaut, ou *les Successeurs de Clovis*, tragédie en cinq actes, en vers, par Aignan. — 24 février 1810.

Brusque et bonne. Voy. **Pauline**.

Brutal de sens froid (le), comédie en un acte, en prose (?) (Anonyme). — 3 mai 1686.

Brutus, tragédie en cinq actes, en vers, par Mlle Bernard. — 18 décembre 1690.

Brutus, tragédie en cinq actes, en vers, par Voltaire. — 11 décembre 1730.

Bûcheronne (la), drame en quatre actes, en prose, par Charles-Edmond. — 13 novembre 1889.

Burgraves (les), trilogie en vers, par Hugo. — 7 mars 1843.

Buste de Préville (le), impromptu en un acte, en prose, suivi d'un vaudeville, par Dupaty et Chazet. — 15 janvier 1800.

Cabotins! comédie en quatre actes, en prose, par Pailleron. — 12 février 1894.

Cadet de Gascogne (le), comédie en cinq actes, en prose (?) (Anonyme). — 21 août 1690.

Cadet de Gascogne (le), comédie en un acte, en prose (?) (Anonyme). — 11 octobre 1715.

Café (le), comédie en un acte, en prose, par J.-B. Rousseau. — 2 août 1694.

Café (le). Voy. **l'Écossaise**.

Caïus Gracchus, ou *le Sénat et le peuple*, tragédie en cinq actes, en vers, par T. Dartois. — 19 avril 1833.

Caïus Marcius Coriolan, ou *le Danger d'offenser un grand homme*, tragédie en quatre actes, en vers, par Gudin de la Brenellerie. — 14 août 1776.

Caligula, tragédie en cinq actes, en vers, et un prologue, par Al. Dumas. — 26 décembre 1837.

Caliste, ou *la Belle pénitente*, tragédie en cinq actes, en vers (Anonyme). — 27 avril 1750. (Attribuée par de Léris à l'abbé Séran de La Tour et par l'abbé de La Porte au marquis de Mauprié.)

Caliste, tragédie en cinq actes, en vers, par Colardeau. — 12 novembre 1760.

Callisthène, tragédie en cinq actes, en vers, par Piron. — 18 février 1730.

Calomnie (la), comédie en cinq actes, en prose, par Scribe. — 20 février 1840.

Calvinistes (les), ou *Villars à Nîmes*, comédie historique en un acte, en prose, par Pigault-Lebrun et Dumaniant. — 29 décembre 1800.

Camaraderie (la), ou *la Courte échelle*, comédie en cinq actes, en prose, par Scribe. — 19 janvier 1837.

Camille, ou *Amitié et imprudence*, drame en cinq actes, en vers, par Mme Pipelet. — 28 février 1800.

Camille, comédie en un acte, en prose, par Gille. — 12 mars 1890.

Camille Desmoulins, ou *les Partis en 1794*, drame historique en cinq actes, en prose, par Blanchard et Mallian. — 18 mai 1831.

Camma, reine de Galatie, tragédie en cinq actes, en vers, par T. Corneille. — 6 mars 1700. — Th. de l'Hôtel de Bourgogne, 28 janvier 1661.

Camp (le). Voy. la Discipline militaire du nord.

Camp de Porché-Fontaine (le), comédie en un acte, en prose, par Grandval. — 9 octobre 1722.

Campagnard (le). — 28 mai 1681. — Probablement la comédie en cinq actes, en vers, par Gillet de la Tessonnerie, représentée au Th. de l'Hôtel de Bourgogne en 1657.

Capitulations de conscience (les), comédie en cinq actes, en vers, par Picard. — 7 juin 1809.

Caprice (le), ou *l'Épreuve dangereuse*, comédie en trois actes, en prose, par Renout. — 28 juin 1762.

Caprice (un), comédie en un acte, en prose, par Musset. — 27 novembre 1847.

Caprice et la ressource (le), prologue en vers libres, par Le Mascrier. — 1er octobre 1732. (Pour la reprise du *Comédien poète*.)

Caprices (les). Voy. Rosaline et Floricourt.

Caprices de Marianne (les), comédie en deux actes, en prose, par Musset. — 14 juin 1851.

Capricieuse (la), comédie en un acte, en vers, par Hoffman. — 2 août 1806. — Th. de l'Opéra, 30 juillet 1806.

Capricieux (le), ou *les Apparences trompeuses*, comédie en cinq actes, en vers, par J.-B. Rousseau. — 17 décembre 1700.

Captifs (les), comédie en trois actes, en vers libres, par Roy, avec un prologue par de La Font. — 28 septembre 1714.

Caractères de Thalie (les), spectacle composé d'un prologue et de trois comédies :

L'Inquiet, en un acte, en vers,
L'Étourderie, en un acte, en prose,
Les Originaux, en un acte, en prose.
} par Fagan.

— 18 juillet 1737.

Carnaval de Venise (le), comédie héroïque en cinq actes, en prose (?), par Dancourt. — 29 décembre 1690.

Caroline, ou *le Tableau*, comédie en un acte, en vers, par Roger. — 4 octobre 1800.

Carrosse (le), comédie en un acte, en prose, par Mérimée. — 13 mars 1850.

Carrosses d'Orléans (les), comédie en un acte, en prose, par La Chapelle. — 25 août 1680. — Th. Guénégaud, 9 août 1680.

Cartouche, ou *les Voleurs*, comédie en trois actes, en prose, par M. A. Le Grand. — 21 octobre 1721.

Cas de conscience (un), comédie en trois actes, en prose, par Lafont. — 9 décembre 1839.

Cas de conscience (le), comédie en un acte, en prose, par Feuillet. — 9 janvier 1867.

Cassette (la), comédie en cinq actes, en vers (?), par Brécourt. — 19 juin 1683.

Cassius et Victorinus, martyrs, tragédie en cinq actes, en vers, par La Grange-Chancel. — 6 octobre 1732.

Catherine, ou *la Belle fermière,* comédie en trois actes, en prose, par Mme Simons-Candeille. — 7 août 1799. — Th. de la République, 27 décembre 1792.

Catherine, comédie en quatre actes, en prose, par Lavedan. — 24 janvier 1898.

Catherine II, tragédie en cinq actes, en vers, par Romand. — 25 mai 1844.

Catilina, tragédie en cinq actes, en vers, par Crébillon. — 20 décembre 1748.

Caton d'Utique, tragédie en cinq actes, en vers, par Deschamps. — 25 janvier 1715.

Causerie sur Beaumarchais, par Lintilhac. — 18 mai 1899.

C'est la faute du mari, proverbe en un acte, en vers, par Mme de Girardin. — 1er mai 1851.

Célibataire (le), comédie en cinq actes, en vers, par Dorat. — 20 septembre 1775.

Célibataire et l'homme marié (le), comédie en trois actes, en prose, par Wafflard et Fulgence. — 20 novembre 1842. — Th. de l'Odéon, 16 décembre 1822.

Célimare le bien-aimé, comédie en trois actes, en prose, par Labiche et Delacour. — 25 mai 1898. — Th. du Palais-Royal, 27 février 1863.

Celle qu'on n'épouse pas, comédie en un acte, en prose, par Alexis. — 29 juin 1898. — Th. du Gymnase, 8 septembre 1879.

Cénie, pièce dramatique en cinq actes, en prose, par Mme de Graffigny. — 25 juin 1750.

Centenaire de Figaro (le), à-propos en vers, par Delair. — 27 avril 1884.

Centenaire de Molière (la), comédie en un acte, en vers et en prose, par Artaud. — 18 février 1773.

Céphale et Procris, comédie en trois actes, en vers libres, et un prologue, par Dancourt. — 27 octobre 1711.

Céphise, ou *l'Erreur de l'esprit,* comédie en un acte, en prose, par Marsollier. — 13 juin 1799. — Th. Italien, 28 janvier 1783.

Céramis, tragédie en cinq actes, en vers, par Lemierre. — 29 décembre 1785.

Cercle (le), ou *la Soirée à la mode,* comédie épisodique en un acte, en prose, par A. A. H. Poinsinet. — 7 septembre 1764.

César chez Cythéris. Voy. **le Testament de César.**

Chacun à sa place. Voy. **l'Artisan politique.**

Chacun de son côté, comédie en trois actes, en prose, par Mazères. — 25 janvier 1828.

Chaîne (une), comédie en cinq actes, en prose, par Scribe. — 29 novembre 1841.

Chamillac, comédie en cinq actes, en prose, par Feuillet. — 9 avril 1886.

Chance de Françoise (la), comédie en un acte, en prose, par Porto-Riche. — 15 décembre 1891. — Th. Libre, 10 décembre 1888.

Chandelier (le), comédie en trois actes et sept tableaux, en prose, par Musset. — 29 juin 1850. — Th. Historique, 10 août 1848.

Chanoine de Milan (le). Voy. **le Souper imprévu.**

Chant du départ (le), par Chénier. — 30 août 1900. (Au palais du Trocadéro).

Chant du siècle (le), à-propos en vers, par Blémont. — 5 mai 1889.

Charivari (le), comédie en un acte, en prose, par Dancourt. — 19 septembre 1697.

Charlemagne, tragédie en cinq actes, en vers, par Lemercier. — 27 juin 1816.

Charles VI, tragédie en cinq actes, en vers, par LA VILLE DE MIRMONT. — 6 mars 1826.

Charles IX, ou *l'École des rois*, tragédie en cinq actes, en vers, par CHÉNIER. — 4 novembre 1789.

Charles IX, drame en cinq actes, en prose, par ROSIER. — 30 septembre 1834.

Charles VII chez ses grands vassaux, tragédie en cinq actes, en vers, par AL. DUMAS. — 18 avril 1837. — Th. de l'Odéon, 20 octobre 1831.

Charlotte Brown, comédie en un acte, en prose, par Mme de BAWR. — 7 avril 1835.

Charlotte Corday, drame en cinq actes, en prose, par RÉGNIER-DESTOURBET. — 23 avril 1831.

Charlotte Corday, drame en cinq actes et huit tableaux, en vers, et un prologue en vers libres, par PONSARD. — 23 mars 1850. (Le 25 mars, on a supprimé le prologue; le 20 avril, on a supprimé l'acte de la prison ; le 10 juin, on a joué pour la première fois le tableau : *la Chambre de Charlotte*, qui avait été supprimé à la répétition générale).

Charmes de Félicie (les), pastorale en cinq actes, en vers, par MONTAUBAN. — 22 août 1681. — 1651.

Chasse aux fripons (la), comédie en trois actes, en vers, par DOUCET. — 27 février 1846.

Chasse du cerf (la), comédie en trois actes, en prose, et un prologue, par M. A. LE GRAND. — 14 octobre 1726.

Chasse ridicule (la), comédie en un acte, en prose (ANONYME). — 25 juillet 1691.

Château de cartes (un), comédie en trois actes, en vers, par BAYARD. — 13 décembre 1847.

Château de ma nièce (le), comédie en un acte, en prose, par Mme ANCELOT. — 8 août 1837.

Château et la ferme (le), comédie en un acte, en prose, par THÉAULON, GERSIN et N. P. DUPORT. — 11 juin 1825.

Châteaux en Espagne (les), comédie en cinq actes, en vers, par COLLIN D'HARLEVILLE. — 20 février 1789.

Chatterton, drame en trois actes, en prose, par VIGNY. — 12 février 1835.

Chef-d'œuvre inconnu (le), drame en un acte, en prose, par LAFONT. — 17 juin 1837.

Chêne du roi (le), comédie en trois actes, en vers, par SOUMET. — 24 avril 1841.

Chérusques (les), tragédie en cinq actes, en vers, par BAUVIN. — 26 septembre 1772.

Chevalier à la mode (le), comédie en cinq actes, en prose, par DANCOURT. — 24 octobre 1687. (Cette comédie a été attribuée à SAINT-YON).

Chevalier Bayard (le), comédie héroïque en cinq actes, en vers libres, par AUTREAU. — 23 novembre 1731.

Chevalier français à Londres (le), comédie en trois actes, en vers, par DORAT. — 21 novembre 1778.

Chevalier français à Turin (le), comédie en quatre actes, en vers, par DORAT. — 21 novembre 1778. (Réduite en trois actes le 23 novembre 1778.)

Chevalier d'industrie (le), comédie en cinq actes, en vers, par DUVAL. — 13 avril 1809.

Chevalier joueur (le), comédie en cinq actes, en prose, et un prologue, par Du Fresny. — 27 février 1697.

Chevalier sans peur et sans reproche (le), ou *les Amours de Bayard,* comédie héroïque en trois actes, en prose, par Monvel. — 24 août 1786.

Cheveu blanc (le), comédie en un acte, en prose, par Feuillet. — 15 décembre 1864. — Th. du Gymnase, 16 mars 1860.

Chez l'avocat, comédie en un acte, en vers libres, par Ferrier. — 22 juillet 1873.

Childéric, tragédie en cinq actes, en vers, par de Morand. — 19 décembre 1736.

Chirurgien de village (le), comédie en un acte, en prose, par Simon-Chauvot. — 10 août 1781. (A la première et unique représentation, la pièce n'a pas été achevée.)

Christian et Marguerite, comédie en un acte, en vers, par Mercier et É. Fournier. — 6 mars 1851.

Christiane, comédie en quatre actes, en prose, par Gondinet. — 20 décembre 1871.

Christine de Suède, drame historique en cinq actes, en vers, par Brault. — 25 juin 1829.

Chute de Séjan (la), drame en cinq actes, en vers, par Séjour. — 21 août 1849.

Cid (le), tragi-comédie en cinq actes, en vers, par P. Corneille. — 28 août 1680. — Th. du Marais, fin novembre 1636.

Cid d'Andalousie (le), tragédie en cinq actes, en vers, par Lebrun. — 1er mars 1825.

Cigale chez les fourmis (la), comédie en un acte, en prose, par E. Legouvé et Labiche. — 23 mai 1876.

Cigüe (la), comédie en deux actes, en vers, par Augier. — 29 décembre 1845. — Th. de l'Odéon, 13 mai 1844.

Cimetière Saint-Joseph (le), à-propos en un acte, en vers, par Rivet. — 15 janvier 1894. — Th. de l'Alhambra, 17 janvier 1874.

Cinna, ou *la Clémence d'Auguste,* tragédie en cinq actes, en vers, par P. Corneille. — 12 septembre 1680. — Th. de l'Hôtel de Bourgogne, 1640.

Circé, tragédie en cinq actes, en vers libres, et un prologue, par T. Corneille. — 6 août 1705. — Th. Guénégaud, 17 mars 1675. (Visé a collaboré à cette pièce pour les divertissements. A la Comédie-Française, avec un nouveau prologue par Dancourt).

Claire, ou *la Préférence d'une mère,* drame en trois actes, en prose, par Rosier. — 4 juillet 1837.

Clarisse Harlowe, drame en cinq actes, en prose, par Dinaux. — 27 mars 1833.

Cléarque, tyran d'Héraclée, tragédie en cinq actes, en vers, par Mme de Gomez. — 26 novembre 1717.

Clémence d'Auguste (la). Voy. **Cinna.**

Clémence de David (la), tragédie en trois actes, en vers, par Drap-Arnaud. — 7 juin 1825.

Clémentine et Desormes, drame en cinq actes, en prose, par Monvel. — 14 décembre 1780.

Cléopâtre, tragédie en cinq actes, en vers, par La Chapelle. — 12 décembre 1681.

Cléopâtre, tragédie en cinq actes, en vers, par Marmontel. — 20 mai 1750.

Cléopâtre, tragédie en cinq actes, en vers, par Mme de Girardin. — 13 novembre 1847.

Clotilde, drame en cinq actes, en prose, par Soulié et Bossange. — 11 septembre 1832.

Clovis, tragédie en cinq actes, en vers, par Viennet. — 19 octobre 1820.

Clovis, tragédie en cinq actes, en vers, par Lemercier. — 7 janvier 1830.

Clytemnestre, tragédie en cinq actes, en vers, par Soumet. — 7 novembre 1822.

Cocher supposé (le), comédie en un acte, en prose, par Hauteroche. — 9 juin 1684.

Cocu imaginaire (le). Voy. **Sganarelle**.

Cocu volontaire (le). Voy. l'**École des jaloux**.

Cœur et la dot (le), comédie en cinq actes, en prose, par Mallefille. — 24 décembre 1852. (Réduite en quatre actes pour la reprise du 27 juin 1860).

Colère d'Achille (la). Voy. **Briséis**.

Colin-Maillard, comédie en un acte, en prose, par Dancourt. — 28 octobre 1701.

Collatéral (le), ou *l'Amour et l'intérêt*, comédie en trois actes, en vers, par Fabre d'Églantine. — 31 janvier 1801. — Th. de Monsieur, 26 mai 1789.

Collatéral (le), ou *la Diligence à Joigny*, comédie en cinq actes, en prose, par Picard. — 10 février 1830. — Th. Feydeau, 6 novembre 1799.

Colonie (la), comédie en trois actes, en prose, et un prologue, par Saint-Foix. — 25 octobre 1749.

Comédie à Ferney (la), comédie en un acte, en prose, par Lurine et Second. — 15 juillet 1854.

Comédie des comédiens (la), ou *l'Amour charlatan*, comédie en trois actes, en prose, par Dancourt. — 5 août 1710.

Comédie latine (la). Voy. **Plaute**.

Comédie sans titre (la) (le Mercure galant), comédie en cinq actes, en vers, par Boursault. — 5 mars 1683. (Réduite en quatre actes pour la reprise du 28 octobre 1753).

Comédien poète (le), comédie en cinq actes, en vers, et un prologue en prose, par Montfleury. — 3 septembre 1682. — Th. Guénégaud, 10 novembre 1673. (Il est probable que T. Corneille a collaboré à cette pièce).

Comédienne (la), comédie en trois actes, en vers, par Andrieux. — 6 mars 1816.

Comédiens (les), comédie en cinq actes, en vers, et un prologue en prose, par Delavigne. — 13 juin 1832. — Th. de l'Odéon, 6 janvier 1820. (Représentée à la Comédie-Française, sans le prologue).

Comète (la), comédie en un acte, en prose, par Fontenelle. — 29 janvier 1681.

Comité de bienfaisance (le), comédie en un acte, en prose, par J. de Wailly et Duveyrier. — 30 janvier 1839.

Comme il vous plaira, comédie en trois actes, en prose, par Mme Sand. — 12 avril 1856.

Comme le temps passe. Voy. **Monsieur Musard**.

Comment on se débarrasse d'une maîtresse. Voy. la **Fin du roman**.

Complaisant (le), comédie en cinq actes, en prose, par Pont-de-Vesle. — 29 décembre 1732. (A été attribuée à De Launay).

Compliment, en vers, par Claretie. — 7 octobre 1896.

Compliment au public, en prose, par Claretie et Monval. — 30 mai 1899.

Compliment au public, en prose, par Claretie. — 29 décembre 1900.

Complot de famille (le), ou *le Temps passé*, comédie en cinq actes, en vers, par Duval. — 12 mai 1829.

Compter sans son hôte, proverbe en un acte, en prose, par Mlle Brohan. — 1er mai 1849.

Comte de Comminge (le), ou *les Amants malheureux*, drame en trois actes, en vers, par d'Arnaud. — 14 mai 1790.

Comte d'Essex (le), tragédie en cinq actes, en vers, par T. Corneille. — 13 août 1681. — Th. de l'Hôtel de Bourgogne, janvier 1678.

Comte de Saint-Germain (le). Voy. **une Présentation**.

Comte de Warwick (le), tragédie en cinq actes, en vers, par Cahusac. — 28 novembre 1742.

Comte de Warwick (le), tragédie en cinq actes, en vers, par La Harpe. — 7 novembre 1763.

Comtesse de Chazelles (la), comédie en cinq actes, en vers, par Mme de Montesson. — 6 mai 1785.

Comtesse d'Escarbagnas (la), comédie en un acte, en prose, par Molière. — 25 octobre 1680. — Th. du Palais-Royal, 8 juillet 1672.

Comtesse de Follenville (la), comédie en un acte, en prose, par Carcavi. — 11 octobre 1720.

Comtesse d'Orgueil (la), comédie en cinq actes, en vers, par T. Corneille. — 15 février 1687. — Th. de l'Hôtel de Bourgogne, 1670.

Concert (le), comédie en un acte, en prose, par Bret. — 16 novembre 1747.

Concert ridicule (le), comédie en un acte, en prose, par Brueys et Palaprat. — 14 septembre 1689.

Conciliateur (le), ou *l'Homme aimable*, comédie en cinq actes, en vers, par Demoustier. — 19 septembre 1791.

Conférence sur les œuvres de Ponsard, par Chasles. — 15 mai 1870.

Confidence (une), comédie en un acte, en prose, par Potton. — 31 juillet 1845.

Confidence (la), à-propos en vers, par Lavigerie. — 21 décembre 1898.

Confidences réciproques (les), comédie en un acte, en vers libres, par C. F. Simon — 3 août 1747.

Confident par hasard (le), comédie en un acte, en vers, par Faur. — 6 août 1801.

Confidente d'elle-même (la). Voy. **les Deux nièces**.

Congrégation (la). Voy. **les Intrigants**.

Conscience (la). Voy. **Falkland**.

Conscience de l'enfant (la), comédie en quatre actes, en prose, par Devore. — 11 décembre 1899.

Conseiller rapporteur (le), comédie en trois actes, en prose, et un prologue en vers libres, par Delavigne. — 17 avril 1841.

Consentement forcé (le), comédie en un acte, en prose, par Guyot de Merville. — 13 août 1738.

Considération (la), comédie en quatre actes, en vers, par Doucet. — 6 novembre 1860.

Conspiration de Cellamare (la), drame en trois actes, en prose, par d'ÉPAGNY, SAINT-ESTEBEN et VATOUT. — 7 mai 1833.

Conspiration pour la liberté (la). Voy. **Épicharis et Néron.**

Conte de Noël, pièce en un acte, en vers, par BOUCHOR. — 11 juin 1895.

Contes (les). Voy. **l'Italie galante.**

Contes de la reine de Navarre (les), ou *la Revanche de Pavie*, comédie en cinq actes, en prose, par SCRIBE et E. LEGOUVÉ. — 15 octobre 1850.

Conteur (le), ou *les Deux postes*, comédie en trois actes, en prose, par PICARD. — 4 février 1793.

Contre-temps (les). Voy. **Les Amants espagnols.**

Contre-temps (les). Voy. **l'Étourdi.**

Conversion (une), comédie en un acte, en prose, par COURCY. — 29 décembre 1890.

Coq de Micylle (le), comédie en deux actes, en vers libres, par NYON et TRIANON. — 27 mai 1868.

Coquet trompé (le). Voy. **le Rendez-vous des Tuileries.**

Coquette corrigée (la), comédie en cinq actes, en vers, par LA NOÜE. — 23 février 1756.

Coquette sans le savoir (la). Voy. **l'École du monde.**

Coquette de village (la), ou *le Lot supposé*, comédie en trois actes, en vers, par DU FRESNY. — 27 mai 1715.

Coquette et la fausse prude (la), comédie en cinq actes, en prose, par BARON. — 28 décembre 1686. (Attribuée à d'ALÈGRE, par l'abbé d'Allainval).

Coquettes rivales (les), comédie en cinq actes, en vers, par LANTIER. — 6 février 1786.

Corbeaux (les), pièce en quatre actes, en prose, par BECQUE. — 14 septembre 1882.

Corésus et Callirhoé, tragédie en cinq actes, en vers, par LA FOSSE. — 7 décembre 1703.

Corinne, drame en trois actes, en vers, par MONIER DE LA SIZERANNE. — 23 septembre 1830.

Coriolan, tragédie en cinq actes, en vers (ANONYME). — 26 novembre 1688. (Le chevalier de Mouhy croit que c'est une reprise du *Coriolan* de l'abbé G. ABEILLE, représenté pour la première fois le 24 janvier 1676, au Th. Guénégaud.)

Coriolan, tragédie en cinq actes, en vers, par CHALIGNY DES PLAINES. — 28 février 1722.

Coriolan, tragédie en cinq actes, en vers, par MAUGER. — 10 janvier 1748.

Coriolan, tragédie en cinq actes, en vers, par LA HARPE. — 2 mars 1784.

Corneille, poésie, par DÉROULÈDE. — 6 juin 1872.

Corneille à la butte Saint-Roch, comédie en un acte, en vers, par É. FOURNIER. — 6 juin 1862.

Corneille aux Champs-Élysées, comédie en un acte, en vers libres, par RIOUFFE. — 4 octobre 1784.

Corneille (4 décembre 1642,) à-propos en un acte, en vers, par FIORENTINO. — 6 juin 1893.

Corneille et le monde, stances, par É. Fournier. — 6 juin 1867.

Corneille et Richelieu, à-propos en un acte, en vers, par Moreau. — 6 juin 1883.

Corneille et Rotrou, comédie en un acte, en prose, par La Boullaye et Cormon. — 8 octobre 1845.

Cornélie, mère des Gracques, tragédie en cinq actes, en vers, par Mlle Barbier. — 5 janvier 1703. (D'après quelques auteurs, l'abbé Pellegrin aurait collaboré à cette pièce.)

Cornélie, vestale, tragédie en cinq actes, en vers, par Hénault. — 27 janvier 1713. (Représentée sous le nom et probablement avec la collaboration de Fuzelier).

Correspondance (la), comédie en un acte, en prose, par Mme de Bawr. — 16 février 1825.

Corruption (la), comédie en trois actes, en vers, par A. Lefebvre. — 6 janvier 1849.

Cosima, ou *la Haine dans l'amour,* drame en cinq actes, en prose, et un prologue, par Mme Sand. — 29 avril 1840.

Cosroès, tragédie en cinq actes, en vers, par Rotrou. — 20 novembre 1704. — Th. de l'Hôtel de Bourgogne, 1648. (Jouée à la Comédie-Française avec des changements par d'Ussé de Valentiné.)

Cosroès, tragédie en cinq actes, en vers, par Mauger. — 20 avril 1752.

Cosroès, tragédie en cinq actes, en vers, par Lefèvre — 26 août 1767.

Coup de lansquenet (un), comédie en deux actes, en prose, par L. Laya. — 30 janvier 1847.

Coup de partie (un). Voy. l'**Héritière.**

Coupe enchantée (la), comédie en un acte, en prose, par La Fontaine et Champmeslé. — 16 juillet 1688.

Coups de l'amour et de la fortune (les), tragi-comédie en cinq actes, en vers, par Quinault. — 16 août 1681. — Th. de l'Hôtel de Bourgogne 1656. (Réduite en trois actes, par Imbert, pour la reprise du 10 novembre 1790).

Course au clocher (la), comédie en trois actes, en vers, par Arvers. — 8 mars 1839.

Courses de Tempé (les), pastorale en un acte, en vers libres, par Piron. — 30 août 1734.

Courte échelle (la). Voy. la **Camaraderie.**

Courtisanes (les) Voy. l'**Ecueil des mœurs.**

Couvent (le), ou *les Fruits du caractère et de l'éducation,* comédie en un acte, en prose, par Laujon. — 16 avril 1790.

Crainte de l'opinion (la), comédie en cinq actes, en vers, par Barrault. — 4 juillet 1831.

Créole (la), comédie en un acte, en prose, par La Morlière. — 12 août 1754.

Crispin bel esprit, comédie en un acte, en vers, par La Tuillerie. — 11 juillet 1681. (Attribuée à l'abbé G. Abeille par de Léris.)

Crispin chevalier. Voy. les **Grisettes.**

Crispin médecin, comédie en trois actes, en prose, par Hauteroche. — 12 décembre 1680. — Th. de l'Hôtel de Bourgogne, juillet 1673 et peut-être antérieurement. (Réduite en un acte, par Truffier, pour la reprise du 21 septembre 1893.)

Crispin musicien, comédie en cinq actes, en vers, par Hauteroche. — 29 août 1680.
— Th. de l'Hôtel de Bourgogne, juillet 1674.

Crispin précepteur, comédie en un acte, en vers, par La Tuillerie. — 24 juin 1688.
— Th. de l'Hôtel de Bourgogne, 1679.

Crispin rival de son maître, comédie en un acte, en prose, par Le Sage. —
15 mars 1707.

Critique de l'École des femmes (la), comédie en un acte, en prose, par Molière.
— 13 septembre 1680. — Th. du Palais-Royal, 1er juin 1663.

Critique de la Fausse antipathie (la), comédie en un acte, en vers libres, par
La Chaussée. — 11 mars 1734.

Critique du Légataire universel (la), comédie en un acte, en prose, par Regnard.
— 9 février 1708.

Critique du Philosophe marié (la). Voy. **l'Envieux.**

Cromwell, tragédie en cinq actes, en vers, par Du Clairon. — 7 juin 1764.

Curieuses (les). Voy. **Siri-Brahé.**

Curieux de Compiègne (les), comédie en un acte, en prose, par Dancourt. —
4 octobre 1698.

Curieux impertinent (le), comédie en cinq actes, en vers, par Destouches. —
17 novembre 1710.

Cyrus, tragédie en cinq actes, en vers, par Danchet. — 23 février 1706.

Cyrus, tragédie en cinq actes, en vers, par Chénier. — 8 décembre 1804.

Czar Démétrius (le), tragédie en cinq actes, en vers, par Léon Halévy. —
1er août 1829.

Czarine (la), drame en cinq actes, en prose, par Scribe. — 15 janvier 1855.

Dalila, drame en quatre actes et six tableaux, en prose, par Feuillet. — 28 mars
1870. — Th. du Vaudeville, 29 mai 1857.

Dame à la mode (la), ou *la Suite de la coquette,* comédie en cinq actes, en prose,
par Dancourt. — 3 janvier 1689.

Dame et la demoiselle (la), comédie en cinq actes, en prose, par Empis et
Mazères. — 14 octobre 1830. (Réduite en quatre actes le 16 octobre 1830).

Dame intéressée (la). Voy. **l'Héritier ridicule.**

Dame invisible (la). Voy. **l'Esprit follet.**

Dames vengées (les), ou *la Dupe de soi-même,* comédie en cinq actes, en prose, par
T. Corneille et Visé. — 22 février 1695.

Danaé, ou *Jupiter Crispin,* comédie en un acte, en vers libres, et un prologue, par
de La Font. — 4 juillet 1707.

Danger d'offenser un grand homme (le). Voy. **Caïus Marcius Coriolan.**

Danger de tout dire (le). Voy. **le Portrait.**

Dangers de l'absence (les), ou *le Souper de famille,* comédie en deux actes, en
prose, par Pujoulx. — 17 juin 1804. — Th. Italien, 11 novembre 1788.

Dangers de l'opinion (les), drame en cinq actes, en vers, par J. L. Laya. —
19 janvier 1790.

Dangers d'un second mariage (les). Voy. **la Belle-mère.**

Daniel, tragédie en cinq actes, en vers, par Lafont. — 25 décembre 1848.

Daniel Rochat, comédie en cinq actes, en prose, par Sardou. — 16 février 1880.

Débauché (le), comédie en cinq actes, en prose, par Baron. — 6 décembre 1689.

Dédaigneuse (la), comédie en trois actes, en vers, par Duret. — 30 novembre 1803.

Dédit (le), comédie en cinq actes, en vers (?) (Anonyme). — 18 février 1694.

Dédit (le), comédie en un acte, en vers, par Du Fresny. — 12 mai 1719.

Défiance et malice, ou *le Prêté rendu*, comédie en un acte, en vers, par Dieulafoy. — 4 septembre 1801.

Déguisements amoureux (les), ou *la Résolution inutile*, comédie en un acte, en prose, par Patrat. — 25 juillet 1812. — Th. Italien, 18 novembre 1783.

Dehors trompeurs (les), ou *l'Homme du jour*, comédie en cinq actes, en vers, par Boissy. — 18 février 1740.

Déjeuner interrompu (le), comédie en deux actes, en prose, par Mme de Montanclos. — 17 mars 1783.

Déménagement du couvent (le). Voy. **le Mari directeur.**

Démétrius, tragédie en cinq actes, en vers, par Aubry des Carrières. — 10 juin 1689.

Démétrius, tragédie en cinq actes, en vers, par Delrieu. — 31 octobre 1815. (Reprise avec des changements le 18 mai 1820.)

Demi-monde (le), comédie en cinq actes, en prose, par Dumas fils. — 29 octobre 1874. — Th. du Gymnase, 20 mars 1855.

Démocrite, comédie en cinq actes, en vers, par Regnard. — 12 janvier 1700.

Demoiselles de Saint-Cyr (les), comédie en cinq actes, en prose, par Al. Dumas. — 25 juillet 1843. (Réduite en quatre actes pour la reprise du 8 septembre 1851.)

Denis le tyran, tragédie en cinq actes, en vers, par Marmontel. — 5 février 1748.

Denise, pièce en quatre actes, en prose, par Dumas fils. — 19 janvier 1885.

Dénouement imprévu (le), comédie en un acte, en prose, par Marivaux et Parfaict. — 2 décembre 1724.

Dépit d'amour (le). Voy. **la Femme misanthrope.**

Dépit amoureux (le), comédie en cinq actes, en vers, par Molière. — 19 août 1681. — Th. du Petit-Bourbon, décembre 1658. (Depuis le 4 janvier 1821, on représente la réduction en deux actes, faite par Valville et imprimée dès 1773.)

Député de Bombignac (le), comédie en trois actes, en prose, par Bisson. — 28 mai 1884.

Dernier Abencerage (le), drame en trois actes, en vers, par Beauvallet. — 9 octobre 1851.

Dernier des Carlovingiens (le). Voy. **Blanche d'Aquitaine.**

Dernier des Kermor (le), drame en trois actes, en prose, par Souvestre. — 10 mars 1848.

Dernier jour de l'absence (le). Voy. **le Badinage.**

Dernier jour de Tibère (le), tragédie en cinq actes, en vers, par L. Arnault. — 2 février 1828.

Dernier madrigal (le), comédie en un acte, en vers, par Marsolleau. — 6 juin 1898.

Dernier marquis (le), drame en cinq actes, en prose, par Romand. — 6 août 1842.

Dernier quartier (le), comédie en deux actes, en vers, par Pailleron. — 10 novembre 1863.

Derniers adieux (les), comédie en un acte, en prose, par J. BARBIER et CARRÉ.
— 25 octobre 1851.

Derniers valets (les). Voy. le **Baron de Lafleur.**

Dernières scènes de la Fronde, drame en trois actes, en prose, par MALLIAN. —
5 juillet 1834.

Désespoir extravagant (le), comédie en trois (?) actes, en vers (?), par SUBLIGNY.
— 27 octobre 1688. — Th. du Palais-Royal, 1er août 1670.

Désolation des joueuses (la), comédie en un acte, en prose, par DANCOURT. —
23 août 1687.

Despotisme renversé (le). Voy. la **Liberté conquise.**

Destruction des décemvirs (la). Voy. **Virginie.**

Deucalion et Pyrrha, comédie en un acte, en prose, et un prologue, par SAINT-
FOIX. — 20 février 1741.

Deuil (le), comédie en un acte, en vers, par HAUTEROCHE. — 5 septembre 1680. —
Th. de l'Hôtel de Bourgogne, 1672. (T. CORNEILLE passe pour avoir travaillé à
cette pièce).

Deuil prématuré (le), comédie en un acte, en prose, par N. B. MONVEL. — 26 novembre 1799. — Th. de la République, 17 mai 1793.

Deux amis (les), comédie bouffonne, en trois actes, en prose, par L. H. DANCOURT.
— 9 août 1762.

Deux amis (les), ou *le Négociant de Lyon,* drame en cinq actes, en prose, par
BEAUMARCHAIS. — 13 janvier 1770.

Deux amis, à-propos en vers, par T. MARTEL. — 6 juin 1899.

Deux Anglais (les), comédie en trois actes, en prose, par MERVILLE. — 30 août
1830. — Th. de l'Odéon, 3 juillet 1817.

Deux célibats (les), comédie en trois actes, en prose, par J. de WAILLY et OVERNAY.
— 5 janvier 1850.

Deux Cid (les), à-propos en vers, par NITTIS. — 6 juin 1894.

Deux cousines (les). Voy. l'**Éducation.**

Deux douleurs, drame en un acte, en vers, par COPPÉE. — 20 avril 1870.

Deux espiègles (les). Voy. **Paulin et Clairette.**

Deux fêtes (les). Voy. **Avis aux mères.**

Deux Figaro (les), ou *le Sujet de comédie,* comédie en cinq actes, en prose, par
RICHAUD-MARTELLY. — 11 août 1804. — Th. du Palais-Royal, 25 octobre
1790.

Deux frères (les), ou *la Prévention vaincue,* comédie en cinq actes, en vers, par
MOISSY. — 27 juillet 1768.

Deux frères (les), comédie en cinq actes, en vers, par ROCHEFORT. — 12 avril 1785.

Deux frères (les), comédie en quatre actes, en prose, par WEISS, JAUFFRET et PATRAT.
— 29 juillet 1799.

Deux Frontins (les), comédie en un acte, en vers, par MÉRY et SIRAUDIN. —
10 juin 1858.

Deux gendres (les), comédie en cinq actes, en vers, par ÉTIENNE. — 11 août 1810.

Deux hommes, ou *un Secret du monde,* drame en cinq actes, en vers, par
AD. DUMAS. — 25 octobre 1849.

Deux jours d'expérience. Voy. **Isabelle.**

Deux mahométans (les), comédie en un acte, en prose, par Laverpillière. — 18 mai 1835.

Deux ménages (les), comédie en trois actes, en prose, par Picard, Wafflard et Fulgence. — 29 septembre 1843. — Th. de l'Odéon, 21 mars 1822.

Deux Méricour (les), ou *la Double méprise*, comédie en un acte, en vers, par Mme Talma. — 1er décembre 1819.

Deux militaires (les). Voy. **les Projets de mariage.**

Deux nièces (les), ou *la Confidente d'elle-même*, comédie en cinq actes, en vers, par Boissy. — 24 janvier 1737. (Réduite en trois actes, par Monvel, pour la reprise du 17 janvier 1787).

Deux pages (les). Voy. **Auguste et Théodore.**

Deux Palémon (les), comédie en un acte, en prose, par Truffier — 17 juillet 1897.

Deux Philibert (les), comédie en trois actes, en prose, par Picard — 18 septembre 1831. — Th. de l'Odéon, 10 août 1816.

Deux poètes (les), comédie en trois actes, en vers, par Rigaud. — 8 juillet 1800.

Deux postes (les). Voy. **le Conteur.**

Deux seigneurs (les), comédie en trois actes, en vers, par Planard et Proisy. - 5 décembre 1816.

Deux siècles (les). Voy. **le Souper magique.**

Deux sœurs (les), comédie en deux actes, en prose, par Bret. — 20 novembre 1767.

Deux veuves (les), comédie en un acte, en prose, par Mallefille. — 14 mai 1860.

Deux vieillards (les). Voy. **le Vieux fat.**

Deux voisines (les), ou *les Prêtés rendus*, comédie en un acte, en vers, par Désaugiers et Gentil. — 4 février 1815.

Devineresse (la), ou *les Faux enchantements*, comédie en cinq actes, en prose, par T. Corneille et Visé. — 16 décembre 1680. — Th. Guénégaud, 19 novembre 1679.

Dévouement (un), drame en un acte, en prose, par Auger. — 11 octobre 1834.

Diable boiteux (le), comédie en un acte, en prose, et un prologue, par Dancourt. — 1er octobre 1707.

Diane, drame en cinq actes, en vers, par Augier. — 19 février 1852.

Diane de Lys, comédie en cinq actes, en prose, par Dumas fils. — 19 février 1900. — Th. du Gymnase, 15 novembre 1853.

Didon, tragédie en cinq actes, en vers, par Le Franc de Pompignan. — 21 juin 1734.

Didon la chaste. Voy. **la Vraie Didon.**

Diégarias, drame en cinq actes, en vers, par Séjour. — 23 juillet 1844.

Dieux comédiens (les). Voy. **la Métempsycose des amours.**

Différents caractères des femmes (les). Voy. **le Vieillard couru.**

Diligence à Joigny (la). Voy. **le Collatéral.**

Dîner de Pierrot (le), comédie en un acte, en vers, par Millanvoye. — 24 mai 1893. — Th. de l'Odéon, 26 octobre 1881.

Diogène et Scapin, à-propos en vers, par Adenis. — 15 janvier 1880.

Diplomatie du ménage (la), proverbe en un acte, en prose, par Mme Berton. — 7 janvier 1852.

Discipline militaire du nord (la), drame en cinq actes, en prose, par FRIEDEL et MOLINE. — 12 novembre 1781. (Réduit en quatre actes, le 14 novembre 1781).

Discours, par d'ALEMBERT. — 31 mai 1779.

Discours, en vers, par SAMSON. — 15 janvier 1845.

Discours , par DELAVIGNE. — 6 juin 1845.

Discours, par VALINCOURT. — 21 avril 1899.

Discours, par RACINE. Voy. **Éloge de Corneille.**

Discrétion (une), comédie en deux actes, en prose, par PLOUVIER. — 2 août 1850.

Disgrâce (la). Voy. **la Princesse des Ursins.**

Dispute (la), comédie en un acte, en prose, par MARIVAUX. — 19 octobre 1744.

Dissipateur (le), ou *l'Honnête friponne*, comédie en cinq actes, en vers, par DESTOUCHES. — 23 mars 1753.

Distrait (le), comédie en cinq actes, en vers, par REGNARD. — 2 décembre 1697.

Divorce (le), comédie en cinq actes, en vers (?), par CHAMPMESLÉ. — 6 septembre 1683.

Divorce (le), ou *les Époux mécontents*, comédie en trois actes, en vers, et un prologue, par AVISSE. — 29 avril 1730.

Divorce de l'amour et de la raison (le), ou *le Vieux monde*, comédie en trois actes, en vers libres, et un prologue, par PELLEGRIN. — 1er septembre 1723.

Docteur extravagant (le), comédie en cinq actes, en vers (?), par LECLERC, d'après le registre de La Grange, ou par BEAUREGARD d'après les frères Parfaict. — 14 janvier 1684.

Doge de Venise (le). Voy. **Faliero.**

Doigts de fée (les), comédie en cinq actes, en prose, par SCRIBE et E. LEGOUVÉ. — 29 mars 1858.

Dolorès, drame en quatre actes, en vers, par BOUILHET. — 22 septembre 1862.

Dominique, ou *le Possédé*, comédie en trois actes, en prose, par d'ÉPAGNY et DUPIN — 22 juillet 1831.

Don Bertrand de Cigaral, comédie en cinq actes, en vers, par T. CORNEILLE. — 5 mars 1681. — Th. de l'Hôtel de Bourgogne, 1650.

Don Carlos, ou *l'Inquisition*, tragédie en cinq actes, en vers, par TALABOT. — 11 décembre 1830.

Don César d'Avalos, comédie en cinq actes, en vers, par T. CORNEILLE. — 21 septembre 1707. — Th. Guénégaud, 21 décembre 1674.

Don César Ursin, comédie en cinq actes, en prose, par LE SAGE. — 15 mars 1707.

Don Garcie de Navarre, ou *le Prince jaloux*, comédie héroïque en cinq actes, en vers, par MOLIÈRE. — 26 février 1871. — Th. du Palais-Royal, 4 février 1661. (Le deuxième acte seul a été représenté à la Comédie-Française).

Don Gusman, ou *la Journée d'un séducteur*, comédie en cinq actes, en vers, par DECOURCELLE. — 22 septembre 1846.

Don Japhet d'Arménie, comédie en cinq actes, en vers, par SCARRON. — 12 octobre 1680. — 1652. (Réduite en trois actes, par TRUFFIER, pour la reprise du 12 février 1893.)

Don Juan, ou *le Festin de Pierre*, comédie en cinq actes, en prose, par MOLIÈRE. — 15 janvier 1847. — Th. du Palais-Royal, 15 février 1665.

Don Juan d'Autriche, ou *la Vocation*, comédie en cinq actes, en prose, par DELAVIGNE. — 17 octobre 1835. (Reprise en quatre actes, le 19 septembre 1866).

Don Pasquin d'Avalos, intermède comique en vers, par Montfleury. — 3 mai 1688. (Représenté antérieurement dans *l'Ambigu-comique*. Voy. ce titre.)

Don Pèdre. Voy. **le Roi et le laboureur.**

Don Ramir et Zaïde, tragédie en cinq actes, en vers, par La Chazette. — 24 janvier 1728.

Don Sanche d'Aragon, comédie héroïque en cinq actes, en vers, par P. Corneille. — 22 juin 1685. — Fin de 1649 ou commencement de 1650. (Réduite en trois actes par Planat sous le nom de Mégalbe, le 15 avril 1833. Voy. *l'Illusion comique*.)

Dorval, ou *le Fou par amour*, drame historique en un acte, en vers, par Ségur. — 29 janvier 1791.

Dot de ma fille (la), comédie en un acte, en vers, par Samson. — 13 décembre 1854.

Double extravagance (la), comédie en trois actes, en vers, par Bret. — 27 juillet 1750.

Double leçon (la), comédie en un acte, en vers, par d'Épagny. — 24 janvier 1849.

Double méprise (la). Voy. **les Deux Méricour.**

Double veuvage (le), comédie en trois actes, en prose, et un prologue, par Du Fresny. — 8 mars 1702. (Réduite en un acte, par Guillard, le 17 mai 1854).

Douceur de croire (la), pièce en trois actes, en vers, par Normand. — 8 juillet 1899.

Dragonne (la), ou *Merlin dragon*, comédie en un acte, en prose, par Desmarres. — 26 avril 1686.

Droit du seigneur (le), comédie en trois actes, en vers, par Voltaire. — 12 juin 1779. (Même pièce que l'*Écueil du sage* avec des changements).

Droits de la femme (les), comédie en un acte, en vers, par Muret. — 15 mai 1837.

Droits de l'homme (les), comédie en deux actes, en prose, par Prémaray. — 2 novembre 1852. — Th. de l'Odéon, 6 novembre 1851.

Druides (les), tragédie en cinq actes, en vers, par Leblanc de Guillet. — 7 mars 1772.

Duc de Foix (le). Voy. **Amélie.**

Duc Job (le), comédie en quatre actes, en prose, par L. Laya. — 4 novembre 1859.

Duc de Surrey (le), pièce héroïque en cinq actes, en vers, par Boissy. — 18 mai 1746. (Arrangement du *Comte de Neuilly*, représenté par les comédiens italiens le 18 janvier 1736).

Duchesse Martin (la), comédie en un acte, en prose, par Meilhac. — 16 mai 1884.

Duchesse et le page (la), comédie en trois actes, en prose, par Béraud. — 25 novembre 1828.

Duel (le), comédie en un acte, en prose, par Léon Halévy. — 29 août 1826.

Duel en amour (un). Voy. **Bataille de dames.**

Duelliste (le), drame en trois actes, en vers, par Longpré. — 9 mai 1832.

Dupe amoureuse (la), comédie en un acte, en vers, par Rosimond. — 26 septembre 1680. — Th. du Marais, 1670.

Dupe de soi-même (la), comédie en trois actes, en vers, par Roger. — 4 novembre 1799. — Th. Louvois, 11 avril 1799.

Dupe de soi-même (la). Voy. **les Dames vengées.**

Dupuis et Desronais, comédie en trois actes, en vers libres, par COLLÉ — 17 janvier 1763.

Eaux de Bourbon (les), comédie en un acte, en prose, par DANCOURT. — 4 octobre 1696.

Éclipse (l'), comédie en un acte, en prose, par DANCOURT. — 8 juin 1724.

École des amants (l'), comédie en trois actes, en vers, par JOLLY. — 18 octobre 1718.

École des amis (l'), comédie en cinq actes, en vers, par LA CHAUSSÉE. — 25 février 1737.

École amoureuse (l'), comédie en un acte, en vers libres, par BRET. — 11 septembre 1747.

École des bourgeois (l'), comédie en trois actes, en prose, et un prologue, par d'ALLAINVAL. — 20 septembre 1728.

École des familles (l'). Voy. l'**Intrigante**.

École des femmes (l'), comédie en cinq actes, en vers, par MOLIÈRE. — 13 septembre 1680. — Th. du Palais-Royal, 26 décembre 1662.

École de l'hymen (l'), comédie en trois actes, en vers, et un prologue, par PELLEGRIN. — 28 septembre 1737.

École des jaloux (l'), ou *le Cocu volontaire*, comédie en trois actes, en vers, par MONTFLEURY. — 2 septembre 1687. — Th. de l'Hôtel de Bourgogne, 1664.

École des jeunes femmes (l'). Voy. les **Mœurs du jour**.

École de la jeunesse (l'), ou *le Retour sur soi-même*, comédie en cinq actes, en vers, par LA CHAUSSÉE. — 22 février 1749.

École de la jeunesse (l'), ou *le Sage de vingt ans*, comédie en cinq actes, en vers, par DRAP-ARNAUD. — 2 août 1828.

École de la jeunesse (l'). Voy. l'**Enfant prodigue**.

École de la jeunesse (l'). Voy. le **Spéculateur**.

École des maris (l'), comédie en trois actes, en vers, par MOLIÈRE. — 9 septembre 1680. — Th. du Palais-Royal, 24 juin 1661.

École des mères (l'), comédie en cinq actes, en vers, par LA CHAUSSÉE. — 27 avril 1744.

École des mères (l'), comédie en un acte, en prose, par MARIVAUX. — 11 avril 1809. — Th. Italien, 26 juillet 1732.

École des mœurs (l'), ou *les Suites du libertinage*, drame en cinq actes, en vers, par FENOUILLOT DE FALBAIRE. — 13 mai 1776.

École du monde (l'), comédie en un acte, en vers libres, par VOISENON. — 14 octobre 1739.

École du monde (l'), ou *la Coquette sans le savoir*, comédie en cinq actes, en prose, par WALEWSKI. — 8 janvier 1840.

École des pères (l'), ou *les Fils ingrats*, comédie en cinq actes, en vers, par PIRON. — 21 octobre 1728.

École des pères (l'), comédie en cinq actes, en vers, par PIEYRE. — 1er juin 1787.

École des pères (l'). Voy. les **Adelphes**.

École des rois (l'). Voy. **Charles IX**.

École des vieillards (l'), comédie en cinq actes, en vers, par DELAVIGNE. — 6 décembre 1823.

Écolier de Salamanque (l'), ou *les Généreux ennemis,* tragi-comédie en cinq actes, en vers, par SCARRON. — 11 août 1692. — Th. du Marais, 1654.

Écossaise (l'), ou *le Café,* comédie en cinq actes, en prose, par VOLTAIRE. — 26 juillet 1760.

Écosse en 1690 (l'). Voy. **la Tour de Babel.**

Écueil des mœurs (l'), ou *les Courtisanes,* comédie en trois actes, en vers, par PALISSOT. — 26 juillet 1782.

Écueil du sage (l'), comédie en cinq actes, en vers, par VOLTAIRE. — 18 janvier 1762. (Voy. *le Droit du seigneur*).

Edgard, roi d'Angleterre, ou *le Page supposé,* comédie en deux actes, en vers, par CHÉNIER. — 14 novembre 1785.

Édouard III, tragédie en cinq actes, en vers, par GRESSET. — 22 janvier 1740.

Édouard en Écosse, ou *la Nuit d'un proscrit,* drame historique en trois actes, en prose, par DUVAL. —18 février 1802.

Éducation (l'), ou *les Deux cousines,* comédie en cinq actes, en vers, par BONJOUR. — 10 mai 1823.

Effet de la prévention (l'), comédie en un acte, en prose (ANONYME). — 10 février 1731. (D'après quelques auteurs cette pièce serait la même que *les Effets de la Prévention* de T. CROQUET, publiée dans *les Saturnales françaises* de Labaume-Desdossat).

Effets du caractère (les), comédie en cinq actes, en vers, par DU ROULLET. — 3 février 1752.

Effets et les causes (les). Voy. **le Verre d'eau.**

Effrontés (les), comédie en cinq actes, en prose, par AUGIER. — 10 janvier 1861.

Égérie, comédie en un acte, en prose, par SAINT-FOIX. — 9 septembre 1747.

Égoïsme (l'), comédie en cinq actes, en vers, par CAILHAVA. — 19 juin 1777.

Égyptus, tragédie en cinq actes, en vers, par MARMONTEL. — 5 février 1753.

Électre, tragédie en cinq actes, en vers, par CRÉBILLON. — 14 décembre 1708.

Électre, tragédie en cinq actes, en vers, par LONGEPIERRE. — 22 février 1719.

Élisabeth d'Angleterre, tragédie en cinq actes, en vers, par ANCELOT. — 4 décembre 1829.

Élisabeth de France, tragédie en cinq actes, en vers, par SOUMET. — 28 avril 1828.

Éloge de Corneille, par RACINE. — 6 juin 1861.

Embarras du bonheur (les). Voy. **un Lendemain de fortune.**

Embarras du choix (l'), comédie en cinq actes, en vers, par BOISSY. — 11 décembre 1741.

Embarras de la comédie (les), épître en vers, par DERVILLE. — 15 janvier 1863.

Émilia, drame en cinq actes, en prose, par SOUMET. — 1er septembre 1827.

Empire des coutumes (l'). Voy. **la Veuve du Malabar.**

Empiriques (les), comédie en trois actes, en prose, par BRUEYS. — 11 juin 1697.

Emploi des richesses (l'). Voy. **la Tutrice.**

Endymion, tragédie en cinq actes, en vers (ANONYME). — 22 juillet 1681.

Enfant gâté (l'), comédie en un acte, en vers (?) (ANONYME). — 23 août 1697.

Enfant gâté (l'). Voy. **la Belle orgueilleuse.**

Enfant prodigue (l'), ou *l'École de la jeunesse,* comédie en cinq actes, en vers de dix syllabes, par VOLTAIRE. — 10 octobre 1736.

Enfant trouvé (l'), comédie en trois actes, en prose, par PICARD et MAZÈRES. — 14 octobre 1833. — Th. de l'Odéon, 13 décembre 1824.

Enfants (les), drame en trois actes, en prose, par RICHARD. — 20 septembre 1872.

Enfants d'Édouard (les), tragédie en trois actes, en vers, par DELAVIGNE. — 18 mai 1833.

Enfants de Paris (les). Voy. la **Famille à la mode.**

Engagements indiscrets (les), comédie en un acte, en prose, par DEVAUX. — 26 octobre 1752.

Enlèvements (les), comédie en un acte, en prose, par BARON. — 6 juillet 1685.

Ennemis de la maison (les), comédie en trois actes, en vers, par DOUCET. — 29 novembre 1854. — Th. de l'Odéon, 6 décembre 1850.

Enseignement mutuel (l'), comédie en cinq actes, en prose, par DESNOYER et NUS. — 20 septembre 1845. (Réduite en trois actes le 29 septembre 1845).

Entêté (l'), comédie en un acte, en prose (ANONYME). — 3 juin 1694.

Entêtement ridicule (l'), comédie en un acte, en vers (ANONYME). — 15 octobre 1699.

Enthousiaste (l'), comédie en cinq actes, en vers, par VALMALETTE, — 6 décembre 1809.

Entrevue (l'), comédie en un acte, en vers, par VIGÉE. — 6 décembre 1788.

Envieux (l'), ou *la Critique du Philosophe marié*, comédie en un acte, en prose, par DESTOUCHES. — 3 mai 1727.

Envieux (l'), comédie en cinq actes, en vers, par DORVO. — 6 juillet 1830. — Th. de l'Odéon, 17 mars 1799.

Éphémères (les), *ou la Vie en un jour*, comédie en trois actes, en prose, avec un prologue et un épilogue, par PICARD et DERCY. — 2 mars 1834. — Th. de l'Odéon, 14 février 1828.

Épicharis, ou *la Mort de Néron*, tragédie en cinq actes, en vers, par XIMÉNÈS. — 2 janvier 1753.

Épicharis et Néron, ou *la Conspiration pour la liberté*, tragédie en cinq actes, en vers, par G. LEGOUVÉ. — 11 juin 1799. — Th. de la République, 3 février 1794.

Épître à Racine, par BOILEAU-DESPRÉAUX. — 22 décembre 1899.

Éponine, tragédie en cinq actes, en vers, par CHABANON. — 6 décembre 1762.

Épouse à la mode (l'), comédie en trois actes, en vers, par LA PLACE. — 25 octobre 1760.

Époux mécontents (les). Voy. le **Divorce.**

Époux par supercherie (l'), comédie en deux actes, en vers, par BOISSY. — 9 mars 1744.

Époux réunis (les), comédie en trois actes, en vers, par GUYOT DE MERVILLE. — 31 octobre 1738.

Épreuve (l'), comédie en un acte, en prose, par MARIVAUX. — 20 juillet 1793. — Th. Italien, 19 novembre 1740.

Épreuve dangereuse (l'), comédie en cinq actes, en vers (?) (ANONYME). — 4 août 1688.

Épreuve dangereuse (l'). Voy. le **Caprice.**

Épreuve délicate (l'), comédie en trois actes, en vers, par GROUVELLE. — 20 juin 1785.

Épreuve délicate (l'), comédie en un acte, en vers, par Roger. — 15 juillet 1799. — Th. Feydeau, 13 janvier 1798.

Épreuve électorale (l'). Voy. **Naissance, fortune et mérite**.

Épreuve imprudente (l'), comédie en trois actes, en vers libres, par Mauger. — 4 décembre 1758.

Épreuve indiscrète (l'), comédie en deux actes, en vers, par Bret. — 30 janvier 1764.

Épreuve inutile (l'). Voy. **Raymond V, comte de Toulouse**.

Épreuve réciproque (l'), comédie en un acte, en prose, par M. A. Le Grand et Alain. — 6 octobre 1711.

Épreuves (les), comédie en un acte, en vers, par Forgeot. — 29 janvier 1785.

Épreuves de la vertu (les). Voy. **le Fils naturel**.

Éricie, ou *la Vestale*, tragédie en trois actes, en vers, par Dubois-Fontanelle. — 19 août 1789.

Érigone, tragédie en cinq actes, en vers, par La Grange-Chancel. — 17 décembre 1731.

Ériphile, tragédie en cinq actes, en vers, par Voltaire. — 7 mars 1732.

Erreur de l'esprit (l'). Voy. **Céphise**.

Esclavage des noirs (l'), ou *l'Heureux naufrage*, drame en trois actes, en prose, par Mme de Gouges. — 28 décembre 1789.

Ésope à la cour, comédie héroïque en cinq actes, en vers, et un prologue, par Boursault. — 16 décembre 1701.

Ésope à la ville. Voy. **les Fables d'Ésope**.

Ésope au Parnasse, comédie en un acte, en vers, par Pesselier. — 14 octobre 1739.

Espion (l'), drame en cinq actes, en prose, par Ancelot et Mazères. — 13 décembre 1828.

Espion du mari (l'), comédie en un acte, en prose, par Comberousse et Fulgence. — 28 septembre 1831.

Esprit de contradiction (l'), comédie en un acte, en prose, par Du Fresny. — 27 août 1700.

Esprit follet (l'), ou *la Dame invisible*, comédie en cinq actes, en vers, par Hauteroche. — 22 février 1684. (La Grange indique T. Corneille comme l'auteur de cette pièce).

Essai du mariage (l'), comédie en un acte, en prose, par Méry. — 6 mars 1855.

Esther, tragédie en trois actes, en vers, et un prologue, par Racine. — 8 mai 1721.

États de Blois (les), tragédie en cinq actes, en vers, par Raynouard. — 31 mai 1814.

Été des coquettes (l'), comédie en un acte, en prose, par Dancourt. — 12 juillet 1690.

Été de la Saint-Martin (l'), comédie en un acte, en prose, par Meilhac et Lud. Halévy. — 1er juillet 1873.

Étéocle et Polynice, tragédie en cinq actes, en vers, par G. Legouvé. — 19 octobre 1799.

Étincelle (l'), comédie en un acte, en prose, par Pailleron. — 13 mai 1879.

Étourderie (l'), comédie en un acte, en prose, par Fagan. — 22 février 1738. (Représentée antérieurement dans *les Caractères de Thalie*. Voy. ce titre.)

Étourdi (l'), ou *les Contre-temps*, comédie en cinq actes, en vers, par Molière. — 19 septembre 1680. — Th. du Petit-Bourbon, novembre 1658.

Étourdis (les), ou *le Mort supposé*, comédie en trois actes, en vers, par Andrieux. — 22 juin 1799. — Th. Italien, 14 décembre 1787.

Étranger (l'), comédie en un acte, en vers, par Bonnet de Chemillin. — 9 août 1745.

Étrangère (l'), comédie en cinq actes, en prose, par Dumas fils. — 14 février 1876.

Étrennes de l'amitié, de l'amour et de la nature (les), comédie en un acte, en vers, par Dorvigny. — 1er janvier 1780.

Étrennes de l'amour (les), comédie en un acte, en prose, par Cailhava. — 1er janvier 1769.

Étrennes de la liberté (les). Voy. le Réveil d'Épiménide à Paris.

Eudore et Cymodocée, tragédie en cinq actes, en vers, par Gary. — 21 juillet 1824.

Eudoxie, ou *le Meunier de Harlem*, comédie en un acte, en prose, par Théaulon. — 18 juillet 1840.

Eugénie, drame en cinq actes, en prose, par Beaumarchais. — 29 janvier 1767.

Évasion (l'), comédie en trois actes, en prose, par Brieux. — 7 décembre 1896.

Ève, drame en cinq actes, en prose, par Gozlan. — 4 novembre 1843.

Fables d'Ésope (les), ou *Ésope à la ville*, comédie en cinq actes, en vers, et un prologue en vers libres, par Boursault. — 18 janvier 1690.

Fabricant de Londres (le), drame en cinq actes, en prose, par Fenouillot de Falbaire. — 12 janvier 1771.

Fâcheux (les), comédie-ballet en trois actes, en vers, et un prologue, par Molière. — 9 septembre 1680. — Th. du Palais-Royal, 4 novembre 1661.

Façons du temps (les). Voy. les Mœurs du temps.

Fais ce que dois, drame en trois actes, en vers, par Decourcelle et Lacretelle. — 17 septembre 1856.

Faliero, ou *le Doge de Venise*, drame en cinq actes, en vers, par Gosse. — 1er octobre 1821.

Falkland, ou *la Conscience*, drame en cinq actes, en prose, par J. L. Laya. — 13 novembre 1821. — Th. Feydeau, 25 mai 1798.

Famille (une), comédie en quatre actes, en prose, par Lavedan. — 17 mai 1890.

Famille à la mode (la), ou *Finette*, comédie en cinq actes, en vers libres, par Dancourt. — 18 décembre 1699. (A la représentation du 3 octobre 1704, sous le titre : *les Enfants de Paris*).

Famille arabe (la). Voy. Abufar.

Famille au temps de Luther (une), tragédie en un acte, en vers, par Delavigne. — 19 avril 1836.

Famille extravagante (la), comédie en un acte, en vers, par M. A. Le Grand. — 9 juin 1709.

Famille de Lusigny (la), drame en trois actes, en prose, par Soulié et Bossange. — 15 octobre 1831.

Famille Poisson (la), ou *les Trois Crispins*, comédie en un acte, en vers, par Samson. — 15 décembre 1845.

Famille de Sibérie (la). Voy. Fœdor et Wladamir.

Fanatisme (le). Voy. Mahomet.

Fantasio, comédie en trois actes, en prose, par Musset. — 18 août 1866.

Fantasque (la), comédie en trois actes, en prose, par Leroy. — 17 novembre 1825.

Fantôme, à-propos en vers, par Gruyer. — 21 décembre 1895.

Fat (le), comédie en cinq actes, en vers, par Lattaignant de Binville. — 5 mars 1751.

Fat puni (le), comédie en un acte, en prose, par Pont-de-Vesle. — 14 avril 1738.

Faucon (le), comédie en un acte, en vers, par Mlle Barbier. — 1er septembre 1719. (D'après quelques auteurs l'abbé Pellegrin aurait collaboré à cette pièce).

Faune (le), pastorale en un acte, en vers, par G. Lefèvre. — 8 octobre 1895.

Fausse Agnès (la), ou le Poète campagnard, comédie en trois actes, en prose, par Destouches. — 12 mars 1759.

Fausse antipathie (la), comédie en trois actes, en vers, et un prologue, par La Chaussée. — 2 octobre 1733.

Fausse apparence (la), ou le Jaloux malgré lui, comédie en trois actes, en vers, par Imbert. — 24 avril 1789.

Fausse comtesse (la), comédie en un acte, en prose, par d'Allainval. — 27 juillet 1726.

Fausse coquette (la), comédie en trois actes, en vers, par Vigée. — 6 novembre 1784.

Fausse honte (la), comédie en cinq actes, en vers, par Longchamps. — 11 avril 1804.

Fausse inconstance (la), comédie en trois actes, en vers, par Pellegrin. — 15 septembre 1732. (C'est le Père intéressé, réduit et retouché).

Fausse inconstance (la), comédie en cinq actes, en prose, par Mme de Beauharnais. — 31 janvier 1787. (A la première et unique représentation, interrompue au troisième acte).

Fausse méprise (la). Voy. la **Fête d'Auteuil.**

Fausse veuve (la), ou le Jaloux sans jalousie, comédie en un acte, en prose, par Destouches. — 20 juillet 1715.

Fausses apparences (les), comédie en un acte, en prose, par Bellecour. — 17 août 1761.

Fausses confidences (les), comédie en trois actes, en prose, par Marivaux. — 15 juin 1793. — Th. Italien, 16 mars 1737.

Fausses infidélités (les), comédie en un acte, en vers, par Barthe. — 25 janvier 1768.

Fausses présomptions (les), ou le Jeune gouverneur, comédie en cinq actes, en vers, par Robert. — 12 août 1789.

Faute de s'entendre, comédie en un acte, en prose, par Duveyrier. — 16 juin 1838.

Faux ami (le). Voy. l'**Hôtellerie.**

Faux bonhomme (le), comédie en trois actes, en vers, par Lemercier. — 25 janvier 1817. (A la première et unique représentation, interrompue au troisième acte).

Faux bonhomme (le), comédie en cinq actes, en vers, par Duval. — 7 avril 1821.

Faux bonshommes (les), comédie en quatre actes, en prose, par Barrière et Capendu. — 30 juillet 1895. — Th. du Vaudeville, 11 novembre 1856.

Faux enchantements (les). Voy. la **Devineresse.**

Faux Gascon (le), comédie en un acte, en prose, par Raisin. — 28 mai 1688.

Faux généreux (le), comédie en cinq actes, en vers, par Bret. — 18 janvier 1758.

Faux honnête homme (le), comédie en trois actes, en prose, par Du Fresny. — 24 février 1703.

Faux insouciant (le), comédie en cinq actes, en vers, par Maisonneuve. — 5 juillet 1792.

Faux instinct (le), comédie en trois actes, en prose, par Du Fresny. — 2 août 1707.

Faux ménages (les), comédie en quatre actes, en vers, par Pailleron. — 7 janvier 1869.

Faux noble (le), comédie en cinq actes, en vers, par Chabanon. — 15 novembre 1788.

Faux savant (le), comédie en cinq actes, en prose, par Du Vaure. — 21 juin 1728. (Reprise en trois actes, le 13 août 1749, sous le titre : *l'Amant précepteur*).

Faux sincère (le), comédie en cinq actes, en vers, par Du Fresny. — 16 juin 1731.

Faux somnambules (les), comédie en un acte, en vers, par Révérony de Saint-Cyr. — 26 novembre 1806.

Faux Tibérinus (le). Voy. **Agrippa, roi d'Albe.**

Fées (les), comédie en trois actes, en prose, et un prologue en vers libres, par Dancourt. — 29 octobre 1699.

Fées et les chevaliers (les). Voy. **Lanval et Viviane.**

Feint polonais (le), ou *la Veuve impertinente*, comédie en trois actes, en prose, par Hauteroche. — 5 juillet 1686.

Feinte par amour (la), comédie en trois actes, en vers, par Dorat. — 31 juillet 1773.

Femme fille et veuve (la), comédie en un acte, en vers, par M. A. Le Grand. — 26 mai 1707.

Femme d'intrigues (la), comédie en cinq actes, en prose, par Dancourt. — 30 janvier 1692.

Femme jalouse (la), comédie en cinq actes, en vers, par P. J. B. Desforges. — 5 février 1800. — Th. Italien, 15 février 1785.

Femme juge et partie (la), comédie en cinq actes, en vers, par Montfleury. — 9 janvier 1681. — Th. de l'Hôtel de Bourgogne, 2 mars 1669. (Réduite en trois actes par Leroy, le 8 mars 1821).

Femme misanthrope (la), ou *le Dépit d'amour*, comédie en trois actes, en vers, par Duval. — 22 avril 1811.

Femme de quarante ans (une), comédie en trois actes, en vers, par Galoppe d'Onquaire. — 21 novembre 1844.

Femme de Tabarin (la), tragi-parade en un acte, en prose, par Mendès. — 21 juillet 1894. — Th. Libre, 11 novembre 1887.

Femme têtue (la), ou *le Médecin hollandais*, comédie en un acte, en vers, par Robbe. — 9 octobre 1685.

Femmes (les), comédie en quatre actes, en vers, par Demoustier. — 19 avril 1793. (Réduite en trois actes le 22 avril 1793).

Femmes à la mode (les). Voy. **les Bourgeoises à la mode.**

Femmes coquettes (les). Voy. **les Pipeurs.**

Femmes impressionnables (les). Voy. **un Procès criminel.**

Femmes politiques (les), comédie en trois actes, en vers, et un prologue, par

Gosse. — 14 mai 1819. — Th. des Victoires Nationales, 16 septembre 1799. (Réduite en un acte le 21 mai 1819).

Femmes savantes (les), comédie en cinq actes, en vers, par Molière. — 30 octobre 1680. — Th. du Palais-Royal, 11 mars 1672.

Fénelon, ou *les Religieuses de Cambrai,* tragédie en cinq actes, en vers, par Chénier. — 10 septembre 1799. — Th. de la République, 9 février 1793.

Fernand Cortez, ou *Montézume,* tragédie en cinq actes, en vers, par Piron. — 8 janvier 1744.

Festin de Pierre (le), comédie en cinq actes, en vers, par T. Corneille. — 24 octobre 1680. — Th. Guénégaud, 12 février 1677.

Festin de Pierre (le). Voy. **Don Juan.**

Fête d'Apollon (la). Voy. **Melpomène et Thalie.**

Fête d'Auteuil (la), ou *la Fausse méprise,* comédie en trois actes, en vers libres, par Boissy. — 23 août 1742.

Fête de Henri IV (la), comédie en un acte, en vers libres, par Rougemont. — 23 août 1816.

Fête interrompue (la), ou *le Rival de lui-même,* comédie en un acte, en vers libres, par La Chaussée. — 20 avril 1746.

Fête de Molière (la), comédie épisodique en un acte, en vers, par Samson. — 15 janvier 1833. — Th. de l'Odéon, 15 janvier 1825.

Fête de Néron (une), tragédie en cinq actes, en vers, par Soumet et Belmontet. — 5 décembre 1832. — Th. de l'Odéon, 29 décembre 1829.

Fête de village (la), comédie en trois actes, en prose, par Dancourt. — 13 juillet 1700. (Reprise sous le titre : *les Bourgeoises de qualité,* le 25 septembre 1724).

Fêtes du cours (les), comédie en un acte, en prose, et un prologue en vers libres, par Dancourt. — 5 septembre 1714.

Feu au couvent (le), comédie en un acte, en prose, par Barrière. — 13 mars 1860.

Feu Lionel, ou *Qui vivra verra,* comédie en trois actes, en prose, par Scribe et Potron. — 23 janvier 1858.

Fiammina (la), comédie en quatre actes, en prose, par Uchard. — 12 mars 1857.

Fidèle, comédie en un acte, en prose, par Wolff. — 11 juin 1895.

Fielding, comédie en un acte, en vers, par Mennechet. — 8 janvier 1823.

Fiesque, tragédie en cinq actes, en vers, par Ancelot. — 18 janvier 1826. — Th. de l'Odéon, 5 novembre 1824.

Figaro en prison, comédie en un acte, en vers, par Lesguillon et Monrose. — 9 février 1850.

Fille d'Aristide (la), comédie en cinq actes, en prose, par Mme de Graffigny. — 29 avril 1758.

Fille capitaine (la), comédie en cinq actes, en vers, par Montfleury. — 12 janvier 1685. — Th. de l'Hôtel de Bourgogne, novembre 1671 d'après les frères Parfaict, ou en 1669 d'après de Léris.

Fille du Cid (la), tragédie en trois actes, en vers, par Delavigne. — 20 octobre 1841. — Th. de la Renaissance, 27 mars 1840.

Fille d'honneur (la), comédie en cinq actes, en vers, par Duval. — 30 décembre 1818.

Fille médecin (la), comédie en un acte, en prose (Anonyme). — 9 mars 1697.

Fille du Régent (une), comédie en quatre actes, en prose, et un prologue, par AL. DUMAS. — 1er avril 1846.

Fille de Roland (la), drame en quatre actes, en vers, par BORNIER. — 15 février 1875.

Fille supposée (la), ou *l'Héroïne de roman*, comédie en trois actes, en vers, par LA GRANGE-CHANCEL. — 11 mai 1713.

Fille supposée (la). Voy. le **Mariage interrompu**.

Fille valet (la), comédie en trois actes, en vers, par ABEILLE neveu. — 5 septembre 1712.

Fils (le), comédie en quatre actes, en prose, par VACQUERIE. — 30 octobre 1866.

Fils de l'Arétin (le), drame en quatre actes, en vers, dont un prologue, par BORNIER. — 27 novembre 1895.

Fils de Corneille (le), à-propos en vers, par DELAIR. — 6 juin 1881.

Fils de Cromwell (le), ou *une Restauration*, comédie en cinq actes, en prose, par SCRIBE. — 29 novembre 1842.

Fils de Giboyer (le), comédie en cinq actes, en prose, par AUGIER. — 1er décembre 1862.

Fils ingrats (les). Voy. l'**École des pères**.

Fils naturel (le), ou *les Épreuves de la vertu*, comédie en cinq actes, en prose, par DIDEROT. — 26 septembre 1771.

Fils naturel (le), comédie en cinq actes, en prose, dont un prologue, par DUMAS fils. — 2 décembre 1878. — Th. du Gymnase, 16 janvier 1858.

Fils naturel (le). Voy. le **Vieux garçon**.

Fin du roman (la), ou *Comment on se débarrasse d'une maîtresse*, comédie en un acte, en prose, par GOZLAN. — 31 mai 1851.

Financier (le), comédie en un acte, en prose, par SAINT-FOIX. — 20 juillet 1761.

Finette. Voy. la **Famille à la mode**.

Flatteur (le), comédie en cinq actes, en prose, par J.-B. ROUSSEAU. — 24 novembre 1696.

Flatteur (le), comédie en cinq actes, en vers libres, par LANTIER. — 15 février 1782.

Flatteur (le), comédie en cinq actes, en vers, par GOSSE. — 6 avril 1820.

Flibustier (le), comédie en trois actes, en vers, par RICHEPIN. — 14 mai 1888.

Florentin (le), comédie en un acte (?), en vers, par LA FONTAINE. — 23 juillet 1685. (Quelques auteurs prétendent que CHAMPMESLÉ a collaboré à cette pièce.)

Florinde, tragédie en cinq actes, en vers, par LEFÈVRE. — 10 novembre 1770.

Fœdor et Wladamir, ou *la Famille de Sibérie*, tragédie en cinq actes, en vers, par DUCIS. — 24 avril 1801. (Réduite en trois actes le 26 avril 1801).

Foire de Besons (la), comédie en un acte, en prose, par DANCOURT. — 13 août 1695.

Foire Saint-Germain (la), comédie en un acte, en prose, par DANCOURT. — 19 janvier 1696.

Foire Saint-Laurent (la), comédie en un acte, en vers, par M. A. LE GRAND. — 20 septembre 1709.

Folie du jour (la), comédie en un acte, en vers libres, par BOISSY. — 5 juillet 1745.

Folie et l'amour (la), comédie en un acte, en vers libres, par Yon. — 2 octobre 1754.

Folies amoureuses (les), comédie en trois actes, en vers, et un prologue en vers libres, et suivie du *Mariage de la folie,* divertissement en un acte, en vers libres, par Regnard. — 15 janvier 1704.

Folle enchère (la), comédie en un acte, en prose, par Dancourt. — 30 mai 1690.

Folle gageure (la). Voy. le **Roman d'une heure.**

Folle journée (la), ou *le Mariage de Figaro,* comédie en cinq actes, en prose, par Beaumarchais. — 27 avril 1784.

Folliculaire (le), comédie en cinq actes, en vers, par La Ville de Mirmont. — 6 juin 1820.

Fonds perdus (les). Voy. le **Notaire obligeant.**

Fontanges maltraitées (les), ou *les Vapeurs,* comédie en un acte, en prose, par Baron. — 11 mai 1689.

Force de la loi (la). Voy. le **Maire de village.**

Force du naturel (la), comédie en cinq actes, en vers, par Destouches. — 11 février 1750.

Fossiles (les), pièce en quatre actes, en prose, par Curel. — 21 mai 1900. — Th. Libre, 29 novembre 1892. (Pour la reprise à la Comédie-Française l'auteur a modifié le troisième acte).

Fou par amour (le). Voy. **Dorval.**

Fou de qualité (le). Voy. le **Fou raisonnable.**

Fou raisonnable (le), comédie en un acte, en vers, par R. Poisson. — 16 avril 1681. — Th. de l'Hôtel de Bourgogne, 1664.

Fou raisonnable (le). Voy. l'**Anglais.**

Fouquet, comédie en cinq actes, en prose, par Gain de Montaignac. — 5 janvier 1814.

Fourbe (le), comédie en trois actes, en prose, par Lenoble. — 14 février 1693.

Fourberies de Scapin (les), comédie en trois actes, en prose, par Molière. — 4 septembre 1680. — Th. du Palais-Royal, 24 mai 1671.

Fourchambault (les), comédie en cinq actes, en prose, par Augier. — 8 avril 1878.

Fous divertissants (les), comédie en trois actes, en vers, par R. Poisson. — 14 novembre 1680.

Fragments de Molière (les), comédie en deux actes, en prose, par Champmeslé. — 30 septembre 1681. — Probablement au Th. de l'Hôtel de Bourgogne, dès 1677.

Frais de la guerre (les), comédie en trois actes, en prose, par Guillard. — 10 juin 1848.

Français à Londres (le), comédie en un acte, en prose, par Boissy. — 3 juillet 1727.

Français dans le Tyrol (les), fait historique en un acte, en prose, par Bouilly. — 1er février 1806.

Française italienne (la), comédie en un acte, en prose, par M. A. Le Grand. — 11 novembre 1726. (Représentée antérieurement dans *l'Impromptu de la folie.* Voy. ce titre).

France à Corneille (la), strophes, par E. des Essarts. — 6 juin 1887.

Francillon, pièce en trois actes, en prose, par Dumas fils. — 17 janvier 1887.

François le Champi, comédie en trois actes, en prose, par Mme SAND. — 22 septembre 1888. — Th. de l'Odéon, 25 novembre 1849.

Françoise de Rimini, drame en cinq actes, en vers, par DROUINEAU. — 28 juin 1830.

Frédégonde, drame en cinq actes et six tableaux, en vers, par DUBOUT. — 14 mai 1897.

Frédégonde et Brunehaut, tragédie en cinq actes, en vers, par LEMERCIER. — 5 novembre 1842. — Th. de l'Odéon, 27 mars 1821.

Frêle et forte, drame en un acte, en prose, par VEYRIN. — 8 juillet 1899.

Frères ennemis (les). Voy. **la Thébaïde.**

Frondeur (le), comédie en un acte, en vers, par ROYOU. — 18 novembre 1819.

Frontin, gouverneur du château de Vertigililinguen, comédie en un acte (ANONYME). — 11 octobre 1703.

Froufrou, comédie en cinq actes, en prose, par MEILHAC et LUD. HALÉVY. — 21 mai 1892. — Th. du Gymnase, 30 octobre 1869.

Fruit défendu (le), comédie en trois actes, en vers, par DOUCET. — 23 novembre 1857.

Fruits du caractère et de l'éducation (les). Voy. **le Couvent.**

Gabinie, tragédie en cinq actes, en vers, par BRUEYS. — 14 mars 1699.

Gabrielle, comédie en cinq actes, en vers, par AUGIER. — 15 décembre 1849.

Gabrielle de Vergy, tragédie en cinq actes, en vers, par P. L. de BELLOY. — 12 juillet 1777.

Gageure imprévue (la), comédie en un acte, en prose, par SEDAINE. — 27 mai 1768.

Gageure de village (la), comédie en un acte, en prose, par SEILLANS. — 26 mai 1756.

Galant coureur (le), ou *l'Ouvrage d'un moment*, comédie en un acte, en prose, par M. A. LE GRAND. — 11 août 1722.

Galant jardinier (le), comédie en un acte, en prose, par DANCOURT. — 22 octobre 1704. (SAINT-YON passe pour avoir eu part à cette comédie).

Galilée, drame en trois actes, en vers, par PONSARD. — 7 mars 1867.

Garçon malade (le). Voy. **la Boîte volée.**

Garin, drame en cinq actes, en vers, par DELAIR. — 8 juillet 1880.

Gascons (les). Voy. **Monsieur de Crac dans son petit castel.**

Gaston et Bayard, tragédie en cinq actes, en vers, par P. L. de BELLOY. — 24 avril 1771.

Gâteau des reines (le), comédie en cinq actes, en prose, par GOZLAN. — 31 août 1855.

Gâteau des rois (le), ou *Monsieur Petau*, comédie en un acte, en vers, et un prologue, par IMBERT. — 6 janvier 1775.

Gazette de Hollande (la), comédie en un acte, en prose, par DANCOURT. — 14 mai 1692.

Gendre d'un millionnaire (le), comédie en cinq actes, en prose, par LÉONCE et MOLÉRI. — 25 février 1845.

Gendre de Monsieur Poirier (le), comédie en quatre actes, en prose, par AUGIER et SANDEAU. — 3 mai 1864. — Th. du Gymnase, 8 avril 1854.

Généreux ennemis (les). Voy. l'Écolier de Salamanque.

Gênois (le), comédie en un acte, en prose (?) (ANONYME). — 6 juin 1695.

Gentilhomme meunier (le), comédie en un acte (ANONYME). — 14 septembre 1680. — Th. Guénégaud, 9 mai 1679.

Geôlier de soi-même (le), ou *Jodelet prince*, comédie en cinq actes, en vers, par T. CORNEILLE. — 15 septembre 1681. — Th. de l'Hôtel de Bourgogne, 1655.

George Dandin, ou *le Mari confondu*, comédie en trois actes, en prose, par MOLIÈRE. — 17 février 1681. — Th. du Palais-Royal, 9 novembre 1668.

Germanicus, tragédie en cinq actes, en vers, par PRADON. — 22 décembre 1694.

Germanicus, tragédie en cinq actes, en vers, par A. V. ARNAULT. — 22 mars 1817.

Géta, tragédie en cinq actes, en vers, par PÉCHANTRÉ. — 29 janvier 1687.

Gladiateur (le), tragédie en cinq actes, en vers, par SOUMET et Mme d'ALTENHEYM. — 24 avril 1841.

Glorieux (le), comédie en cinq actes, en vers, par DESTOUCHES. — 18 janvier 1732.

Gouvernante (la), comédie en cinq actes, en vers, par LA CHAUSSÉE. — 18 janvier 1747.

Grâces (les), comédie en un acte, en prose, par SAINT-FOIX. — 23 juillet 1744.

Grand'maman (la), comédie en quatre actes, en prose, par CADOL. — 17 mai 1875.

Grands et les petits (les), comédie en cinq actes, en prose, par HAREL. — 23 mai 1843.

Gratis (le). Voy. les Réjouissances publiques.

Grève des forgerons (la), scène dramatique en vers, par COPPÉE. — 26 janvier 1897.

Gringoire, comédie en un acte, en prose, par BANVILLE. — 21 juin 1866.

Grisélidis, mystère en trois actes, en vers libres, avec un prologue et un épilogue, par SILVESTRE et E. MORAND. — 15 mai 1891.

Grisettes (les), ou *Crispin chevalier*, comédie en un acte, en vers, par CHAMPMESLÉ. — 16 janvier 1682. — Th. de l'Hôtel de Bourgogne, 1671.

Grondeur (le), comédie en trois actes, en prose, et un prologue en vers libres (intitulé *les Sifflets*), par BRUEYS et PALAPRAT. — 3 février 1691.

Grondeuse (la), comédie en un acte, en prose, par FAGAN. — 11 février 1734.

Gros lot de Marseille (le), comédie en un acte, en prose (ANONYME). — 23 septembre 1700.

Grosse fortune, comédie en quatre actes, en prose, par MEILHAC. — 15 février 1896.

Guelfes et les Gibelins (les). Voy. le Proscrit.

Guerre ouverte, ou *Ruse contre ruse*, comédie en trois actes, en prose, par DUMANIANT. — 5 janvier 1825. — Th. du Palais-Royal, 4 octobre 1786.

Guerrero, ou *la Trahison*, tragédie en cinq actes, en vers, par E. LEGOUVÉ. — 4 janvier 1845.

Guido Reni, ou *les Artistes*, pièce en cinq actes, en vers, par BÉRAUD. — 6 février 1833.

Guillaume le Conquérant, drame historique en cinq actes, en prose, et un prologue en vers, par DUVAL. — 4 février 1804.

Guillaume Tell, tragédie en cinq actes, en vers, par LEMIERRE. — 17 décembre 1766.

Guillery, comédie en trois actes, en prose, par ABOUT. — 1er février 1856.

Guinguette de la finance (la), comédie en un acte, en prose, et un prologue, par DANCOURT. — 19 mai 1716.

Gustave Adolphe, ou *la Bataille de Lutzen*, tragédie en cinq actes, en vers, par L. ARNAULT. — 23 janvier 1830.

Gustave Wasa, tragédie en cinq actes, en vers, par PIRON. — 3 février 1733.

Gustave Wasa, tragédie en cinq actes, en vers, par LA HARPE. — 3 mars 1766.

Habis, tragédie en cinq actes, en vers, par Mme de GOMEZ. — 17 avril 1714.

Haine dans l'amour (la). Voy. **Cosima**.

Hamlet, tragédie en cinq actes, en vers, par DUCIS. — 30 septembre 1769.

Hamlet, drame en cinq actes et treize tableaux, en vers, par AL. DUMAS et MEURICE. — 28 septembre 1886. — Th. Historique, 15 décembre 1847.

Hautes études (les). Voy. le **Bachelier de Ségovie**.

Hector, tragédie en cinq actes, en vers, par LUCE DE LANCIVAL. — 1ᵉʳ février 1809.

Hécube et Polyxène, tragédie en cinq actes, en vers, par d'HERBIGNY. — 13 janvier 1819.

Hélène, tragédie bourgeoise en trois actes, en vers, par PAILLERON. — 14 novembre 1872.

Henri VIII, tragédie en cinq actes, en vers, par CHÉNIER. — 27 janvier 1801. — Th. de la République, 27 avril 1791.

Henri IV et Mayenne, ou *le Bien et le mal*, comédie en trois actes, en prose, par RANCÉ et THÉAULON. — 10 février 1816.

Henri III et sa cour, drame historique en cinq actes, en prose, par AL. DUMAS. — 10 février 1829.

Henriette, drame en trois actes, en prose, par Mlle RAUCOURT. — 1ᵉʳ mars 1782.

Henriette Maréchal, drame en trois actes, en prose, par E. et J. de GONCOURT. (Prologue en vers, de GAUTIER). — 5 décembre 1865.

Henriette et Raymond, ou *l'Artisan jaloux*, comédie en un acte, en prose, par CHAUMONT. — 29 décembre 1832. (Attribuée aussi à CASIMIR DELAVIGNE, à GERMAIN DELAVIGNE, et à GERMAIN DELAVIGNE et LIADIÈRES).

Héraclides (les), tragédie en cinq actes, en vers, par BRIE. — 5 février 1695.

Héraclides (les), tragédie en cinq actes, en vers, par DANCHET. — 29 décembre 1719.

Héraclides (les), tragédie en cinq actes, en vers, par MARMONTEL. — 24 mai 1752.

Héraclite et Démocrite, comédie en deux actes, en vers, par FOUSSIER. — 31 août 1850.

Héraclius, empereur d'Orient, tragédie en cinq actes, en vers, par P. CORNEILLE — 3 octobre 1680. — Th. de l'Hôtel de Bourgogne, fin de 1646 ou commencement de 1647.

Hercule, tragédie en cinq actes, en vers, par LA TUILLERIE. — 7 novembre 1681. (D'après quelques auteurs cette pièce serait de l'abbé G. ABEILLE).

Hercule, tragédie en cinq actes, en vers, par RENOUT. — 28 février 1757.

Hercule au mont Œta, tragédie en cinq actes, en vers, par LEFÈVRE. — 24 mai 1787.

Hercule et Omphale, comédie en cinq actes, en vers, par PALAPRAT. — 7 mai 1694.

Héritage (l'), comédie en cinq actes, en vers, par MENNECHET. — 7 mai 1825.

Héritier ridicule (l'), ou *la Dame intéressée,* comédie en cinq actes, en vers, par SCARRON. — 28 septembre 1680. — 1649.

Héritière (l'), ou *un Coup de partie,* comédie en cinq actes, en prose, par EMPIS. — 4 septembre 1844.

Héritière (l'), comédie en un acte, en prose, par E. MORAND. — 2 décembre 1885.

Héritiers (le Naufrage ou **les),** comédie en un acte, en prose, par DUVAL. — 18 juillet 1799. — Th. de la République, 28 novembre 1796.

Herman et Verner, ou *les Militaires,* fait historique en trois actes, en prose, par FAVIÈRES. — 17 mai 1803.

Hernani, ou *l'Honneur castillan,* drame en cinq actes, en vers, par HUGO. — 25 février 1830.

Héro et Léandre, drame antique en un acte, en vers, par RATISBONNE. — 14 décembre 1858.

Hérode, tragédie en cinq actes, en vers, par NADAL. — 15 février 1709.

Hérode et Mariamne, tragédie en cinq actes, en vers, par VOLTAIRE. — 10 avril 1725. (C'est la même pièce que *Mariamne,* avec des changements).

Héroïne (l'), comédie en un acte, en vers (?) (ANONYME). — 10 septembre 1685.

Héroïne de roman (l'). Voy. **la Fille supposée.**

Héroïsme français (l'). Voy. **les Héros français.**

Héros français (les), ou *le Siège de Saint-Jean-de-Lône,* drame héroïque en quatre actes, en prose, par d'USSIEUX. — 21 août 1780. (Réduit en trois actes le 26 août 1780).

Heure du berger (l'), comédie en un acte, en prose, par BOIZARD DE PONTEAU. — 12 novembre 1737.

Heure propice (l'). Voy. **Minuit.**

Heureuse comme une princesse, comédie en deux actes, en prose, par ANCELOT et LABORIE. — 17 juillet 1834.

Heureuse épreuve (l'). Voy. **Julie.**

Heureuse erreur (l'), comédie en un acte, en prose, par PATRAT. — 20 juin 1800. — Th. Italien, 22 juillet 1783.

Heureuse gageure (l'), divertissement en un acte, en vers libres, par DÉSAUGIERS. — 25 mars 1811.

Heureuse rencontre (l'), comédie en un acte, en prose, par Mmes CHAUMONT et ROZET. — 7 mars 1771.

Heureuse rencontre (l'), comédie en trois actes, en vers, par PLANARD. — 1er juin 1821.

Heureusement, comédie en un acte, en vers, par ROCHON DE CHABANNES. — 29 novembre 1762.

Heureux échange (l'), comédie en cinq actes, en vers (ANONYME). — 22 octobre 1740.

Heureux imaginaire (l'). Voy. **le Présomptueux.**

Heureux naufrage (l'). Voy. **l'Esclavage des noirs.**

Heureux retour (l'), comédie en un acte, en vers, par FAGAN et PANARD. — 6 novembre 1744.

Hirza, ou *les Illinois,* tragédie en cinq actes, en vers, par SAUVIGNY. — 27 mai 1767.

(Reprise avec des « changements relatifs aux circonstances » le 22 janvier 1780 et le 24 décembre 1791).

Histoire ancienne, comédie en un acte, en prose, par About et Najac. — 31 octobre 1868.

Histoire du vieux temps, scène en vers, par Maupassant. — 2 mars 1899.

Hommage à Alexandre Dumas, poésie, par Delair. — 24 décembre 1871.

Hommage à Alexandre Dumas, poésie, par Aicard. — 4 novembre 1883.

Hommage à Corneille, poésie, par Beauvallet. — 6 juin 1851.

Hommage à Corneille, poésie, par P. Boyer. — 6 juin 1855.

Hommage à Corneille, ode, par Bornier. — 6 juin 1871.

Hommage à Molière, stances, par Bergerat. — 15 janvier 1867.

Hommage à Molière, poésie, par Ferrier. — 15 janvier 1869.

Hommage à Racine, poésie dialoguée, par Rolland. — 21 avril 1860.

Hommage à Racine, poésie, par Aubryet. — 21 décembre 1871.

Hommage à Racine, poésie, par Bornier. — 21 décembre 1876.

Hommage de Flipote, à-propos en vers, par d'Hervilly. — 15 janvier 1896.

Hommage de la muse tragique à Jean Racine, à-propos en vers, par Bouchor. — 21 décembre 1891.

Homme à bonnes fortunes (l'), comédie en cinq actes, en prose, par Baron. — 31 janvier 1686. (Attribuée à d'Alègre, par l'abbé d'Allainval.)

Homme à sentiments (l'), ou *le Tartuffe de mœurs*, comédie en cinq actes, en vers, par Chéron. — 4 avril 1805. — Th. Italien, 10 mars 1789.

Homme aimable (l'). Voy. le **Conciliateur.**

Homme aux convenances (l'), comédie en un acte, en vers, par Jouy. — 13 avril 1808.

Homme aux scrupules (l'), comédie en cinq actes, en vers, par Richard. — 15 février 1823.

Homme de bien (un), comédie en trois actes, en vers, par Augier. — 18 novembre 1845.

Homme content de tout (l'). Voy. **l'Optimiste.**

Homme dangereux (l'). Voy. **le Satirique.**

Homme de guerre (l'), comédie en cinq actes, en vers (?) (Anonyme). — 6 décembre 1686.

Homme indépendant (l'), comédie en cinq actes, en vers, par Boissy. — 3 mars 1741. (Représentée sans titre). (Voy. *le Sage étourdi*.)

Homme du jour (l'). Voy. **les Dehors trompeurs.**

Homme de lettres par paresse (l'). Voy. **le Paresseux.**

Homme oisif et l'artisan (l'). Voy. **les Amis de collège.**

Homme personnel (l'), comédie en cinq actes, en vers, par Barthe. — 21 février 1778.

Homme singulier (l'), comédie en cinq actes, en vers, par Destouches. — 29 octobre 1764.

Homme et ses écrits (l'). Voy. **le Sophiste.**

Hommes (les), comédie-ballet en un acte, en prose, par Saint-Foix. — 27 juin 175?

Honnête criminel (l'), ou *l'Amour filial*, drame en cinq actes, en vers, par Fenouillot de Falbaire. — 4 janvier 1790.

Honnête friponne (l'). Voy. **le Dissipateur.**

Honnêtes femmes (les), comédie en un acte, en prose, par BECQUE. — 27 octobre 1886. — Th. du Gymnase, 1er janvier 1880.

Honneur et l'argent (l'), comédie en cinq actes, en vers, par PONSARD. — 21 janvier 1862. — Th. de l'Odéon, 11 mars 1853.

Honneur castillan (l'). Voy. **Hernani.**

Horace, tragédie en cinq actes, en vers, par P. CORNEILLE. — 28 février 1681. — Th. de l'Hôtel de Bourgogne (?), 1640.

Horace et Lydie, comédie en un acte, en vers, par PONSARD. — 19 juin 1850.

Hôtel garni (l'), ou *la Leçon singulière*, comédie en un acte, en vers, par DÉSAUGIERS et GENTIL. — 23 mai 1814.

Hôtellerie (l'), ou *le Faux ami*, drame en cinq actes, en vers, par BRET. — 30 septembre 1785.

Housards (les). Voy. **le Maréchal médecin.**

Hylas et Sylvie, pastorale en un acte, en vers, par ROCHON DE CHABANNES. — 10 décembre 1768.

Hypermnestre, ou *Lyncée*, tragédie en cinq actes, en vers, par RIUPEIROUS. — 13 février 1704.

Hypermnestre, tragédie en cinq actes, en vers, par LEMIERRE. — 31 août 1758.

Idée de belle-mère (une). Voy. **Madame de Lucenne.**

Idoménée, tragédie en cinq actes, en vers, par CRÉBILLON. — 29 décembre 1705.

Idoménée, tragédie en cinq actes, en vers, par LEMIERRE. — 13 février 1764.

Il faut que jeunesse se passe, comédie en trois actes, en prose, par ROUGEMONT. — 1er juillet 1839.

Il faut qu'une porte soit ouverte ou fermée, proverbe en un acte, en prose, par MUSSET. — 7 avril 1848.

Il ne faut jurer de rien, comédie en trois actes, en prose, par MUSSET. — 22 juin 1848.

Il y a une bonne justice. Voy. **le Paysan magistrat.**

Ile déserte (l'), comédie en un acte, en vers, par COLLET. — 23 août 1758.

Ile de la raison (l'), ou *les Petits hommes*, comédie en trois actes, en prose, et un prologue, par MARIVAUX. — 11 septembre 1727.

Ile sauvage (l'), comédie en trois actes, en prose, par SAINT-FOIX. — 8 juillet 1743.

Illinois (les). Voy. **Hirza.**

Illusion comique (l'), comédie en cinq actes, en vers, par P. CORNEILLE. — 6 juin 1861. — Th. du Marais (?), 1636. (Réduite en quatre actes, par THIERRY, avec un fragment de *Don Sanche d'Aragon* intercalé au quatrième acte, le 6 juin 1861 ; et en trois actes, le 9 septembre 1861).

Illustres voyageurs (les). Voy. **le Menuisier de Livonie.**

Ilote (l'), comédie en un acte, en vers, par MONSELET et ARÈNE. — 17 juin 1875.

Impatient (l'), comédie en cinq actes, en vers, et un prologue, par BOISSY. — 26 janvier 1724.

Impatient (l'), comédie en un acte, en vers, par A. A. H. POINSINET. — 9 juillet 1757.

Impatient (l'), comédie en un acte, en vers libres, par LANTIER. — 3 septembre 1778.

Impertinent (l'), ou *le Billet perdu*, comédie en un acte, en vers libres, par Desmahis. — 31 août 1750.

Impertinent malgré lui (l'), ou *les Amants mal assortis*, comédie en cinq actes, en
vers, par Boissy. — 14 mai 1729.

Important de cour (l'), comédie en cinq actes, en prose, par Brueys. — 16 décembre 1693.

Imposteur (l'), ou *Tartuffe*. Voy. **Tartuffe.**

Impromptu de campagne (l'), comédie en un acte, en vers, par Ph. Poisson. —
21 décembre 1733.

Impromptu de la folie (l'), spectacle composé d'un prologue et de deux comédies :
Les Nouveaux débarqués, en un acte, en prose, ⎰   par
La Française italienne, en un acte, en prose, ⎱ M. A. Le Grand.
— 5 novembre 1725.

Impromptu de garnison (l'), comédie en un acte, en prose (Anonyme). (Retouchée
par Dancourt.) — 26 juillet 1692.

Impromptu de Suresnes (l'), comédie-ballet en un acte, en prose, et un prologue en vers libres, par Dancourt. — 24 mai 1713.

Impromptu de Versailles (l'), comédie en un acte, en prose, par Molière. —
10 mai 1838. — Th. du Palais-Royal, 4 novembre 1663.

Inauguration du Théâtre-Français (l'), pièce en un acte, en vers, par Imbert. —
9 avril 1782.

Inconnu (l'), comédie en cinq actes, en vers, et un prologue en vers libres, par
T. Corneille. — 6 novembre 1680. — Th. Guénégaud, 17 novembre 1675. (A
la reprise du 21 août 1703, avec un nouveau prologue en vers libres de Dancourt. D'après La Grange, Visé aurait collaboré à cette pièce).

Inconséquent (l'), ou *les Soubrettes*, comédie en cinq actes, en prose, par Laujon.
— 24 septembre 1777.

Inconséquent (l'), comédie en cinq actes, en vers, par Lantier. — 31 mai 1788.
(A la première et unique représentation, interrompue avant la fin du second
acte).

Inconsolables (les), comédie en un acte, en prose, par Scribe. — 8 décembre
1829.

Inconstant (l'), comédie en cinq actes, en vers, par Collin d'Harleville. — 13 juin
1786. (Réduite en trois actes pour la reprise du 30 décembre 1802).

Indécis (l'), comédie en cinq actes, en vers, par Dufaut. — 2 août 1759.

Indécis (l'), comédie en un acte, en vers, par Charbonnières. — 17 novembre 1812.

Indépendant (l'). Voy. **l'Homme indépendant.**

Indépendants (les), comédie en trois actes, en prose, par Scribe. — 20 novembre
1837.

Indifférent corrigé (l'). Voy. **les Noms changés.**

Indiscret (l'), comédie en un acte, en vers, par Voltaire. — 18 août 1725.

Inès de Castro, tragédie en cinq actes, en vers, par La Motte. — 6 avril 1723.

Ingrat (l'), comédie en cinq actes, en vers, par Destouches. — 28 janvier 1712.

Innocence reconnue (l'). Voy. **Irène.**

Ino et Mélicerte, tragédie en cinq actes, en vers, par La Grange - Chancel. —
10 mars 1713.

Inquiet (l'), comédie en un acte, en vers, par FAGAN. — 15 décembre 1738. (Représentée antérieurement dans *les Caractères de Thalie*. Voy. ce titre).

Inquisition (l'). Voy. **Don Carlos.**

Insulaires de la Nouvelle-Zélande (*les*). Voy. **Zoraï.**

Intéressé (l'). Voy. **la Rapinière.**

Intérieur d'une famille (l'). Voy. **le Tyran domestique.**

Intrigant (l'). Voy. **Roséïde.**

Intrigant dupé par lui-même (l'), comédie en cinq actes, en prose, par RICHAUD-MARTELLY. — 7 juillet 1801. (Réduite en quatre actes, le 15 juillet 1801).

Intrigante (l'), ou *l'École des familles*, comédie en cinq actes, en vers, par ÉTIENNE. — 6 mars 1813.

Intrigants (les), ou *la Congrégation*, comédie en cinq actes, en vers, par LA VILLE DE MIRMONT. — 10 mars 1831.

Intrigue épistolaire (l'), comédie en cinq actes, en vers, par FABRE D'ÉGLANTINE. — 6 juin 1799. — Th. de la République, 15 juin 1791.

Intrigue et l'amour (l'), drame en cinq actes, en vers, par LA VILLE DE MIRMONT. — 1ᵉʳ avril 1826.

Intrigues de cour (les), comédie en cinq actes, en prose, par JOUY. — 18 novembre 1828.

Invitation à la valse (l'), comédie en un acte, en prose, par AL. DUMAS. — 24 janvier 1887. — Th. du Gymnase, 18 juin 1857.

Iphigénie en Aulide, tragédie en cinq actes, en vers, par RACINE. — 27 septembre 1680. — Th. de l'Hôtel de Bourgogne, fin de 1674 ou commencement de 1675.

Iphigénie en Tauride, tragédie en cinq actes, en vers, par GUYMOND DE LA TOUCHE. — 4 juin 1757.

Irène, ou *l'Innocence reconnue*, tragédie en cinq actes, en vers, par BOISTEL D'WELLES. — 6 novembre 1762.

Irène, tragédie en cinq actes, en vers, par VOLTAIRE. — 16 mars 1778.

Irrésolu (l'), comédie en cinq actes, en vers, par DESTOUCHES. — 5 janvier 1713.

Irrésolu (l'), comédie en un acte, en vers, par LEROY. — 15 juillet 1819.

Isabelle, ou *Deux jours d'expérience*, comédie en trois actes, en prose, par Mme ANCELOT. — 14 mars 1838.

Isabelle de Bavière, tragédie en cinq actes, en vers, par LAMOTHE-LANGON. — 10 janvier 1829.

Isule et Orovèse, tragédie en cinq actes, en vers, par LEMERCIER. — 23 décembre 1802. (A la première et unique représentation, interrompue au commencement du troisième acte.)

L'Italie galante, ou *les Contes*, spectacle composé d'un prologue et de trois comédies :

> **Le Talisman**, en un acte, en prose, ⎫
> **Richard Minutolo**, en un acte, en prose, ⎬ par LA MOTTE.
> **Le Magnifique**, en deux actes, en prose, ⎭
> — 11 mai 1731.

Jacques II, drame historique en cinq actes, en prose, par VANDERBURCH. — 13 juillet 1835. (Réduit en quatre actes le 15 juillet 1835).

Jacques Clément, ou *le Bachelier et le théologien,* drame en cinq actes, en prose, par d'ÉPAGNY. — 17 août 1831.

Jalouse d'elle-même (la), comédie en cinq actes, en vers, par BOISROBERT. — 29 juin 1681. — Th. de l'Hôtel de Bourgogne, 1649.

Jalousie du Barbouillé (la), comédie en un acte, en prose, par MOLIERE. — 15 janvier 1833.

Jaloux (le), comédie en cinq actes, en vers, par BARON. — 17 décembre 1687.

Jaloux (le), comédie en cinq actes, en vers, par BRET. — 15 mai 1755.

Jaloux (le), comédie en cinq actes, en vers libres, par ROCHON DE CHABANNES. — 11 mars 1784.

Jaloux désabusé (le), comédie en cinq actes, en vers, par CAMPISTRON. — 13 décembre 1709.

Jaloux honteux de l'être (le), comédie en cinq actes, en prose, par DU FRESNY. — 6 mars 1708. (Réduite en trois actes, par COLLÉ, et reprise le 11 juin 1772).

Jaloux invisible (le), comédie en trois actes, en vers, par BRÉCOURT. — 14 octobre 1692. — Th. de l'Hôtel de Bourgogne, août 1666.

Jaloux malgré lui (le), comédie en un acte, en vers, par DELRIEU. — 16 février 1824. — Th. Français de la rue de Louvois, 3 avril 1797.

Jaloux malgré lui (le). Voy. **La Fausse apparence.**

Jaloux masqué (le), comédie en trois actes, en prose (?) (ANONYME). (Probablement par DU FRESNY.) — 16 avril 1695.

Jaloux sans amour (le), comédie en cinq actes, en vers libres, par IMBERT. — 8 janvier 1781.

Jaloux sans jalousie (le). Voy. **La Fausse veuve.**

Jamais à propos, comédie en trois actes, en prose, par PICARD et EMPIS. — 29 mai 1828.

Japhet, ou *la Recherche d'un père,* comédie en deux actes, en prose, par SCRIBE et VANDERBURCH. — 20 juillet 1840.

Je vous prends sans verd, comédie en un acte, en vers, par LA FONTAINE et CHAMPMESLÉ. — 1ᵉʳ mai 1693.

Jean Baudry, comédie en quatre actes, en prose, par VACQUERIE. — 19 octobre 1863.

Jean de Bourgogne, tragédie en cinq actes, en vers, par GUILLEAU DE FORMONT. — 4 décembre 1820.

Jean de Bourgogne, drame en trois actes, en vers, par GALOPPE D'ONQUAIRE et PITRE-CHEVALIER. — 7 février 1846.

Jean Calas, tragédie en cinq actes, en vers, par J. L. LAYA. — 18 décembre 1790.

Jean Dacier, drame en cinq actes, en vers, par LOMON. — 28 avril 1877.

Jean Darlot, drame en trois actes, en prose, par LEGENDRE. — 22 novembre 1892.

Jean-Jacques Rousseau dans l'île de Saint-Pierre, drame en cinq actes, en prose, et un prologue, par Mme de GENLIS. — 15 décembre 1791. (Représenté sous le nom de BOISJOLIN).

Jean de Thommeray, comédie en cinq actes, en prose, par AUGIER et SANDEAU. — 29 décembre 1873.

Jeanne Iʳᵉ, reine de Naples, tragédie en cinq actes, en vers, par LA HARPE. — 12 décembre 1781.

Jeanne d'Albret, ou *le Berceau,* comédie en un acte, en vers, par THÉAULON, CARMOUCHE et ROCHEFORT. — 30 avril 1821.

Jeanne d'Angleterre, tragédie en cinq actes, en vers, par LA PLACE. — 8 mai 1748.

Jeanne d'Arc, tragédie en cinq actes, en vers, par SOUMET. — 4 mars 1846. — Th. de l'Odéon, 14 mars 1825.

Jeanne d'Arc à Rouen, tragédie en cinq actes, en vers, par d'AVRIGNI. — 4 mai 1819.

Jeanne de Flandre, ou *Régner à tout prix,* tragédie en cinq actes, en vers, par BIS. — 29 octobre 1845.

Jeanne Gray, tragédie en cinq actes, en vers, par BRIFAUT. — 28 février 1815.

Jeanne Shore. Voy. **Richard III et Jeanne Shore.**

Jeu de l'amour et du hasard (le), comédie en trois actes, en prose, par MARIVAUX. — 25 août 1802. — Th. Italien, 23 janvier 1730.

Jeu de la fortune (un), ou *les Marionnettes,* comédie en cinq actes, en prose, par PICARD. — 3 février 1831. — Th. de l'Impératrice, 14 mai 1806.

Jeune épouse (la), comédie en trois actes, en vers, par CUBIÈRES PALMEZEAUX. — 4 juillet 1788.

Jeune femme colère (la), comédie en un acte, en prose, par ÉTIENNE. — 26 septembre 1821. — Th. de l'Imperatrice, salle Louvois, 20 octobre 1804.

Jeune gouverneur (le). Voy. **les Fausses présomptions.**

Jeune homme (le), comédie en un acte, en prose (?) (ANONYME). — 14 octobre 1694.

Jeune homme (le), comédie en cinq actes, en vers, par BASTIDE. — 17 mai 1764. (A la première et unique représentation, interrompue au troisième acte.)

Jeune homme qui ne fait rien (un), comédie en un acte, en vers, par E. LEGOUVÉ. — 3 avril 1861.

Jeune hôtesse (la), comédie en trois actes, en vers, par FLINS DES OLIVIERS. — 15 septembre 1799. — Th. Français de la rue de Richelieu, 7 janvier 1792.

Jeune indienne (la), comédie en un acte, en vers, par CHAMFORT. — 30 avril 1764.

Jeune mari (le), comédie en trois actes, en prose, par MAZÈRES. — 24 novembre 1826.

Jeune ménage (un), drame en cinq actes, en prose, par EMPIS. — 6 septembre 1838.

Jeunes amis (les), comédie en trois actes, en prose, par SOUQUES. — 20 février 1811.

Jeunes gens (les), comédie en trois actes, en prose, par L. LAYA. — 10 mars 1855.

Jeunesse (la), comédie en cinq actes, en vers, par AUGIER. — 30 juillet 1863. — Th. de l'Odéon, 6 février 1858.

Jeunesse du comte de Saxe (la). Voy. **Adrienne Lecouvreur.**

Jeunesse du duc de Richelieu (la), ou *le Lovelace français,* comédie en cinq actes, en prose, par DUVAL et MONVEL. — 12 juin 1799. — Th. de la République, 26 décembre 1796.

Jeunesse de Henri IV (la). Voy. **le Béarnais.**

Jeunesse de Henri V (la), comédie en trois actes, en prose, par DUVAL. — 9 juin 1806.

Joconde, comédie en un acte, en prose, par FAGAN. — 5 novembre 1740.

Joconde (la), comédie en cinq actes, en prose, par FOUCHER et RÉGNIER. — 19 novembre 1855.

Jodelet, ou *le Maître valet*, comédie en cinq actes, en vers, par SCARRON. — 13 mars 1681. — Th. de l'Hôtel de Bourgogne, 1645.

Jodelet prince. Voy. le Geôlier de soi-même.

Joie fait peur (la), comédie en un acte, en prose, par Mme de GIRARDIN. — 25 février 1854.

Jonathas, tragédie en trois actes, en vers, par DUCHÉ. — 26 février 1714.

Joscelin et Guillemette, comédie en un acte, en prose, et un prologue en vers, par d'ÉPAGNY. — 15 novembre 1831.

Joseph, tragédie en cinq actes, en vers, par GENEST. — 19 décembre 1710.

Joseph en Égypte. Voy. Omasis.

Joueur (le), comédie en cinq actes, en vers, par REGNARD. — 19 décembre 1696.

Joueur de flûte (le), comédie en un acte, en vers, par AUGIER. — 19 décembre 1850.

Joueurs (les), comédie en cinq actes, en vers (?), par CHAMPMESLÉ. — 5 février 1683.

Joueuse (la), comédie en cinq actes, en prose, par DU FRESNY. — 22 octobre 1709.

Journaliste des ombres (le), ou *Momus aux Champs-Élysées*, pièce héroïque nationale, en un acte, en vers, par AUDE. — 14 juillet 1790.

Journalistes anglais (les), comédie en trois actes, en prose, par CAILHAVA. — 20 juillet 1782.

Journée d'Agrippa d'Aubigné (une), drame en cinq actes, en vers, par FOUSSIER. — 5 novembre 1853.

Journée de Charles V (une), comédie en un acte, en prose, par N. P. DUPORT et F. A. DUPORT. — 2 novembre 1824.

Journée d'une conspiration (la). Voy. Pinto.

Journée des dupes (la). Voy. Richelieu.

Journée d'élection (une), comédie en trois actes, en vers, par LA VILLE DE MIRMONT. — 22 mai 1829.

Journée lacédémonienne (la). Voy. Alcidonis.

Journée de Philippe Auguste (une). Voy. l'Anniversaire.

Journée d'un séducteur (la). Voy. Don Gusman.

Journée de Tartuffe (la). Voy. la Maison de Molière.

Juan Strenner, drame en un acte, en vers, par DÉROULÈDE. — 9 juin 1869.

Judith, tragédie en cinq actes, en vers, par BOYER. — 4 mars 1695.

Judith, tragédie en trois actes, en vers, par COMBEROUSSE. — 16 avril 1825.

Judith, tragédie en trois actes, en vers, par Mme de GIRARDIN. — 24 avril 1843.

Jugurtha, tragédie en cinq actes, en vers, par PÉCHANTRÉ. — 17 décembre 1692.

Juif polonais (le), drame en trois actes et cinq tableaux, en prose, par ERCKMANN et CHATRIAN. — 19 septembre 1892. — Th. Cluny, 15 juin 1869.

Julie, ou *l'Heureuse épreuve*, comédie en un acte, en prose, par SAINT-FOIX. — 20 octobre 1746.

Julie, ou *le Triomphe de l'amitié*, comédie en trois actes, en prose, par MARIN. — 3 mars 1762.

Julie, ou *le Bon père*, comédie en trois actes, en prose, par DENON. — 14 juin 1769.

Julie, ou *une Séparation,* comédie en cinq actes, en prose, par Empis. — 2 mai 1837.

Julie, drame en trois actes, en prose, par Feuillet. — 4 mai 1869.

Julien dans les Gaules, tragédie en cinq actes, en vers, par Jouy. — 17 mars 1827.

Juliette et Belcourt, comédie en trois actes, en vers libres, par Lombard de Langres. — 8 juin 1802.

Jupiter Crispin. Voy. **Danaé.**

Jurons de Cadillac (les), comédie en un acte, en prose, par Berton. — 5 décembre 1890. — Th. du Gymnase, 23 avril 1865.

Klephte (le), comédie en un acte, en prose, par Dreyfus. — 20 mai 1889. — Th. de l'Odéon, 15 mars 1881.

Laboureur (le), ou *Tout pour le Roi! Tout pour la France!* comédie en un acte, en prose, par Théaulon, Dartois et Rancé. — 24 août 1823.

Lady Tartuffe, comédie en cinq actes, en prose, par Mme de Girardin. — 10 février 1853.

La Fontaine chez Fouquet, comédie en un acte, en prose, par Dumolard. — 21 février 1809.

La Fontaine chez Madame de la Sablière, comédie en un acte, en vers, par Naudet. — 13 novembre 1821.

Lambert Simnel, ou *le Mannequin politique,* comédie en cinq actes, en prose, par Picard et Empis. — 24 mars 1827.

Lanval et Viviane, ou *les Fées et les chevaliers,* comédie-féerie héroïque en cinq actes, en vers de dix syllabes, par Murville. — 13 septembre 1788.

Laodamie, reine d'Épire, tragédie en cinq actes, en vers, par Mlle Bernard. — 11 février 1689.

Laquais fille (le), comédie en un acte (?) (Anonyme). — 30 avril 1681.

Laquelle des trois?, comédie en trois actes, en prose, par Mme Talma. — 20 juillet 1816.

Larmes de Racine (les), ode, par Sainte-Beuve. — 21 décembre 1868.

Latréaumont, pièce en cinq actes, en prose, et un prologue, par Dinaux et Sue. — 26 septembre 1840.

Laurent de Médicis, tragédie en trois actes, en vers, par Bertrand. — 24 août 1839.

Laurette, comédie en deux actes, en vers, par Dudoyer de Gastels. — 14 septembre 1768.

Laurette, comédie en trois actes, en vers libres, par d'Oisemont — 2 août 1779.

Lavater, drame en cinq actes, en prose, par Rochefort, Brisset et Naigeon. — 14 septembre 1835.

Law, drame en trois actes, en prose, par Mennechet. — 10 décembre 1831.

Leçon (la). Voy. **Le Mari à bonnes fortunes.**

Leçon conjugale (la), ou *l'Avis aux maris,* comédie en trois actes, en vers, par Sewrin et Chazet. — 5 novembre 1804.

Leçon singulière (la). Voy. **l'Hôtel garni.**

Lecture de Clarisse (la), comédie en un acte, en prose, par Roger. — 13 octobre 1812.

Légataire universel (le), comédie en cinq actes, en vers, par Regnard. — 9 janvier 1708.

Legs (le), comédie en un acte, en prose, par MARIVAUX. — 11 juin 1736.

Lendemain de fortune (un), ou *les Embarras du bonheur*, comédie en un acte, en prose, par PICARD. — 16 janvier 1811.

Léonidas, tragédie en cinq actes, en vers, par PICHAT. — 26 novembre 1825.

Léonie, tragédie en cinq actes, en vers, par DELRIEU. — 17 septembre 1836.

Liaison (une), comédie en cinq actes, en prose, par EMPIS et MAZÈRES. — 21 avril 1834. (On a changé le dénouement le 23 avril 1834.)

Liberté conquise (la), ou *le Despotisme renversé*, drame héroïque en cinq actes, en prose, par HARNY. — 4 janvier 1791.

Liberté du nouveau monde (la). Voy. **Washington**.

Ligne droite (la), comédie en un acte, en prose, par MONNIER. — 17 septembre 1855. — Th. de l'Odéon, 24 octobre 1854.

Ligue des amants (la), comédie en un acte, en vers, par DES ESSARTS. — 18 août 1849.

Lion amoureux (le), comédie en cinq actes, en vers, par PONSARD. — 18 janvier 1866.

Lions et renards, comédie en cinq actes, en prose, par AUGIER. — 6 décembre 1869.

Loge d'opéra (une), comédie en un acte, en prose, par LECOMTE. — 12 juin 1863.

Loi du cœur (la), comédie en trois actes, en prose, par L. LAYA. — 6 mars 1862.

Loi de l'homme (la), pièce en trois actes, en prose, par HERVIEU. — 15 février 1897.

Lord Byron à Venise, drame en trois actes, en prose, par ANCELOT. — 6 novembre 1834.

Lord Davenant, drame en quatre actes, en prose, par VIAL, GENSOUL et MILCENT. — 8 octobre 1825.

Lord impromptu (le), comédie en quatre actes, en vers libres, par LUCE DE LANCIVAL. — 19 janvier 1800.

Lord Novart, comédie en cinq actes, en prose, par EMPIS. — 27 février 1836.

Lorédan, drame en quatre actes, en vers, par DUBOIS-FONTANELLE. — 17 février 1776.

Lorenzino, drame en cinq actes, en prose, par AL. DUMAS. — 24 février 1842.

Lot supposé (le). Voy. **la Coquette de village**.

Loterie (la), comédie en un acte, en prose, par DANCOURT. — 10 juillet 1697.

Louis IX, tragédie en cinq actes, en vers, par ANCELOT. — 5 novembre 1819.

Louis XI, tragédie en cinq actes, en vers, par DELAVIGNE. — 9 février 1832.

Louis XI à Péronne, comédie historique en cinq actes, en prose, par MÉLY-JANIN. — 15 février 1827.

Louis XII, père du peuple, tragédie en trois actes, en vers, par RONSIN. — 12 février 1790. (A la première et unique représentation, interrompue au dernier acte).

Louise, ou *la Réconciliation*, comédie en cinq actes, en prose, par Mme SIMONS-CANDEILLE. — 14 décembre 1808.

Louise de Lignerolles, drame en cinq actes, en prose, par DINAUX et E. LEGOUVÉ. — 6 juin 1838.

Louison, comédie en deux actes, en vers, par MUSSET. — 22 février 1849.

Lourdaud (le), comédie en un acte, en prose (?), par Brie. — 8 mai 1697.

Lovelace, comédie en cinq actes, en vers, par Lemercier. — 20 avril 1792.

Lovelace français (le). Voy. **la Jeunesse du duc de Richelieu.**

Lucas et Perrette, ou *le Rival utile,* comédie en un acte, en prose, par Fagan. — 17 novembre 1734.

Lucius Junius Brutus, tragédie en cinq actes, en vers, par Andrieux. — 13 septembre 1830.

Lucrèce, tragédie en cinq actes, en vers, par A. V. Arnault. — 4 mai 1792.

Lucrèce, tragédie en cinq actes, en vers, par Ponsard. — 24 mars 1848. — Th. de l'Odéon, 22 avril 1843.

Lundis de Madame (les), comédie en un acte, en prose, par Allart et Gozlan. — 1er avril 1853.

Luthier de Crémone (le), comédie en un acte, en vers, par Coppée. — 23 mai 1876.

Luthier de Lubeck (le). Voy. **l'Artisan politique.**

Luxe (le), comédie en quatre actes, en prose, par Lecomte. — 10 novembre 1858.

Luxe et indigence, ou *le Ménage parisien,* comédie en cinq actes, en vers, par d'Épagny. — 29 mai 1833. — Th. de l'Odéon, 17 janvier 1824.

Lyncée. Voy. **Hypermnestre.**

Lys dans la vallée (le), drame en cinq actes, en prose, par Barrière et Art. de Beauplan. — 14 juin 1853.

Lysimachus, tragédie en cinq actes, en vers, par G. de Caux de Montlebert et son fils. — 13 décembre 1737.

Ma place et ma femme, comédie en trois actes, en prose, par Bayard et G. de Wailly. — 2 novembre 1832. — Th. de l'Odéon, 30 avril 1830.

Macbeth, tragédie en cinq actes, en vers, par Ducis. — 12 janvier 1784.

Machabées (les), tragédie en cinq actes, en vers, par La Motte. — 6 mars 1721.

Machabées (les). Voy. **Antiochus.**

Madame Artus, comédie en cinq actes, en vers, par Dancourt. — 8 mai 1708.

Madame Desroches, comédie en quatre actes, en prose, par L. Laya. — 18 décembre 1867.

Madame de Lucenne, ou *une Idée de belle-mère,* comédie en trois actes, en prose, par Mme Comte. — 11 avril 1845.

Madame de Sévigné, comédie en trois actes, en prose, par Bouilly. — 6 juin 1805.

Madame de Tencin, drame en quatre actes, en prose, et un prologue, par M. Fournier et Mirecourt. — 8 août 1846.

Mademoiselle Aïssé, drame en cinq actes, en prose, par Foucher et Lavergne. — 25 avril 1854.

Mademoiselle de Belle-Isle, drame en cinq actes, en prose, par Al. Dumas. — 2 avril 1839.

Mademoiselle de Montmorency, comédie en trois actes, en prose, par Rosier. — 4 septembre 1834.

Mademoiselle de la Seiglière, comédie en quatre actes, en prose, par Sandeau. — 4 novembre 1851. (Régnier a collaboré à cette pièce).

Mademoiselle du Vigean, comédie en un acte, en vers, par Mlle Arnaud. — 28 juin 1883.

Magie de l'amour (la), comédie pastorale en un acte, en vers libres, par AUTREAU. — 9 mai 1735.

Magister (le), comédie en un acte, en vers, par d'HERVILLY. — 15 janvier 1877.

Magnifique (le), comédie en deux actes, en prose, par LA MOTTE. — 30 novembre 1731. (Représentée antérieurement dans *l'Italie galante*. Voy. ce titre).

Mahomet, ou *le Fanatisme*, tragédie en cinq actes, en vers, par VOLTAIRE. — 9 août 1742.

Mahomet II, tragédie en cinq actes, en vers, par BAOUR-LORMIAN. — 9 mars 1811.

Mahomet second, tragédie en cinq actes, en vers, par CHÂTEAUBRUN. — 13 novembre 1714.

Mahomet second, tragédie en cinq actes, en vers, par LA NOÜE. — 23 février 1739.

Maire du palais (le), tragédie en cinq actes, en vers, par ANCELOT. — 16 avril 1823.

Maire de village (le), ou *la Force de la loi*, comédie en un acte, en prose, par LAUS DE BOISSY. — 22 février 1793.

Maison à deux portes (la). Voy. le **Tuteur dupé**.

Maison de campagne (la), comédie en un acte, en prose, par DANCOURT. — 27 août 1688.

Maison donnée (la), comédie en un acte, en prose, par DUVAL. — 16 octobre 1801.

Maison de Molière (la), ou *la Journée de Tartuffe*, comédie en quatre actes, en prose, par MERCIER. — 20 octobre 1787.

Maison de Molière (la), poésie, par COPPÉE. — 21 octobre 1880.

Maison de Pénarvan (la), comédie en quatre actes, en prose, par SANDEAU. — 15 décembre 1863. (DECOURCELLE a collaboré à cette pièce).

Maître étourdi (le). Voy. **l'Amant indiscret**.

Maître Guérin, comédie en cinq actes, en prose, par AUGIER. — 29 octobre 1864.

Maître valet (le). Voy. **Jodelet**.

Maître et valets, à-propos en un acte, en vers, par BERTOL-GRAIVIL. — 15 janvier 1884.

Majorat (le), drame en cinq actes, en vers, par COURNOL. — 23 septembre 1829.

Malade imaginaire (le), comédie-ballet en trois actes, en prose, et un prologue en vers libres, par MOLIÈRE. — 6 septembre 1680. — Th. du Palais-Royal, 10 février 1673.

Malade sans maladie (la), comédie en cinq actes, en prose, par DU FRESNY. — 27 novembre 1699. (Interrompue à la première et unique représentation).

Mal'aria (la), drame en un acte, en vers, par A. de BELLOY. — 25 février 1853.

Malentendu (le). Voy. **La Rupture**.

Malheureux imaginaire (le), comédie en cinq actes, en vers, par DORAT. — 7 décembre 1776. (Réduite en trois actes le 1er juillet 1778).

Manco Capac, premier Inca du Pérou, tragédie en cinq actes, en vers, par LEBLANC DE GUILLET. — 13 juin 1763.

Manie des arts (la), ou *la Matinée à la mode*, comédie en un acte, en prose, par ROCHON DE CHABANNES. — 1er juin 1763.

Manie des grandeurs (la), comédie en cinq actes, en vers, par DUVAL. — 21 octobre 1817.

Manie de l'indépendance (la), comédie en cinq actes, en vers, par CREUZÉ DE LES-

SER. — 9 septembre 1811. (A la premiere et unique représentation, interrompue au quatrième acte).

Manlius Capitolinus, tragédie en cinq actes, en vers, par LA FOSSE. — 18 janvier 1698.

Mannequin politique (le). Voy. Lambert Simnel.

Manon Roland, drame en cinq actes, en vers, par BERGERAT et SAINTE-CROIX. — 4 mai 1896.

Manteau (le). Voy. le Rêve du mari.

Manteau (le), ou *le Rêve supposé*. Voy. le Rêve du mari.

Marcel, tragédie en cinq actes, en vers, par ROUGEMONT. — 28 novembre 1826.

Marcel, drame en un acte, en prose, par SANDEAU et DECOURCELLE. — 18 mai 1872.

Marchand de Smyrne (le), comédie en un acte, en prose, par CHAMFORT. — 26 janvier 1770.

Maréchal de l'empire (le), comédie en un acte, en prose, par MERVILLE. — 30 décembre 1836.

Maréchal médecin (le), ou *les Housards*, ou *le Médecin de Mantes*, comédie en un acte, en prose (ANONYME). — 12 mai 1696.

Maréchale d'Ancre (la), drame en cinq actes, en prose, par VIGNY. — 18 juin 1840. — Th. de l'Odéon, 25 juin 1831.

Margot, comédie en trois actes, en prose, par MEILHAC. — 18 janvier 1890.

Mari à bonnes fortunes (le), ou *la Leçon*, comédie en cinq actes, en vers, par BONJOUR. — 30 septembre 1824.

Mari à la campagne (le), comédie en trois actes, en prose, par BAYARD et J. de WAILLY. — 3 juin 1844.

Mari à la mode (le). Voy. le Rendez-vous du mari.

Mari confondu (le). Voy. George Dandin.

Mari curieux (le), comédie en un acte, en prose, par d'ALLAINVAL. — 17 juillet 1731.

Mari devin (le). Voy. le Tambour nocturne.

Mari directeur (le), ou *le Déménagement du couvent*, comédie en un acte, en vers, par FLINS DES OLIVIERS. — 25 février 1791.

Mari égaré (le), comédie en un acte, en prose, et un prologue, par AUDIERNE. — 14 novembre 1739.

Mari honteux de l'être (le). Voy. le Philosophe marié.

Mari de ma femme (le), comédie en trois actes, en vers, par ROSIER. — 14 août 1833. — Th. de l'Odéon, 14 juillet 1830.

Mari qui pleure (un), comédie en un acte, en prose, par PRÉVEL. — 13 octobre 1869.

Mari qui trompe sa femme (le). Voy. Oscar.

Le Mari retrouvé (le), comédie en un acte, en prose, par DANCOURT. — 29 octobre 1698.

Mari sans femme (le), comédie en cinq actes, en vers, par MONTFLEURY. — 3 octobre 1695. — Th. de l'Hôtel de Bourgogne, 1663. (« Raccommodée » par CHAMPMESLÉ pour la reprise à la Comédie-Française).

Mari de la veuve (le), comédie en un acte, en prose, par AL. DUMAS, DURIEU et A. BOURGEOIS. — 4 avril 1832.

Mari et l'amant (le), comédie en un acte, en prose, par VIAL. — 15 février 1821.

Maria Padilla, tragédie en cinq actes, en vers, par ANCELOT. — 29 octobre 1838.

Mariage d'amour (le). Voy. **un An**.

Mariage d'argent (le), comédie en cinq actes, en prose, par SCRIBE. — 3 décembre 1827.

Mariage de Bacchus et d'Ariane (le), comédie héroïque en trois actes, en vers libres, et un prologue, par VISÉ. — 11 novembre 1685. — Th. du Marais, 7 janvier 1672.

Mariage blanc, drame en trois actes, en prose, par LEMAÎTRE. — 20 mars 1891.

Mariage clandestin (le), comédie en trois actes, en vers libres, par LE MONNIER. — 12 août 1775.

Mariage fait et rompu (le), comédie en trois actes, en vers, par DU FRESNY. — 14 février 1721.

Mariage fait par lettre de change (le), comédie en un acte, en vers, par PH. POISSON. — 13 juillet 1735.

Mariage de Figaro (le). Voy. **la Folle journée**.

Mariage de la folie (le). Voy. **les Folies amoureuses**.

Mariage forcé (le), comédie en un acte, en prose, par MOLIÈRE. — 12 septembre 1680. — Th. du Palais-Royal, 15 février 1664.

Mariage interrompu (le), ou *la Fille supposée*, comédie en trois actes, en vers, par CAILHAVA. — 10 avril 1769.

Mariage par dépit (le), comédie en trois actes, en prose, par BRET. — 13 juin 1765. (A la première et unique représentation, interrompue au deuxième acte).

Mariage raisonnable (un), comédie en un acte, en prose, par Mme ANCELOT. — 4 novembre 1835.

Mariage de rien (le), comédie en un acte, en vers, par MONTFLEURY. — 10 septembre 1680. — Th. de l'Hôtel de Bourgogne, 1660.

Mariage de Robert de France (le), ou *l'Astrologie en défaut*, comédie en un acte, en vers libres, par VIEILLARD. — 22 juin 1816.

Mariage secret (le), comédie en trois actes, en vers, par DESFAUCHERETS. — 10 mars 1786.

Mariage sous Louis XV (un), comédie en cinq actes, en prose, par AL. DUMAS. — 1er juin 1841. (Réduite en quatre actes pour la reprise du 21 mai 1861).

Mariage sous la Régence (un), comédie en trois actes, en prose, par GUILLARD. — 21 septembre 1850. (En 1851, on a donné une représentation du premier acte sous le titre *Sous la Régence*.)

Mariage supposé (le), comédie en trois actes, en vers, par LOURDET DE SANTERRE. — 12 décembre 1800.

Mariage de Victorine (le), comédie en trois actes, en prose, par Mme SAND. — 7 mars 1876. — Th. du Gymnase, 26 novembre 1861.

Mariamne, tragédie en cinq actes, en vers, par VOLTAIRE. — 6 mars 1724. (Voy. *Hérode et Mariamne*).

Mariamne, tragédie en cinq actes, en vers, par NADAL. — 15 février 1725.

Mariane (la), tragédie en cinq actes, en vers, par TRISTAN L'HERMITE. — 9 octobre 1680. — Th. du Marais, 1636.

Marie, ou *la Pauvre fille*, drame en trois actes, en prose, par Mme GAY. — 9 novembre 1824.

Marie, ou *les Trois époques,* comédie en trois actes, en prose, par Mme ANCELOT. — 11 octobre 1836.

Marie de Brabant, reine de France, tragédie en cinq actes, en vers, par IMBERT. — 9 septembre 1789.

Marie Stuart, tragédie en cinq actes, en vers, par LEBRUN. — 6 mars 1820.

Marie Stuart, reine d'Écosse, tragédie en cinq actes, en vers, par BOURSAULT. — 17 décembre 1683.

Marie Stuart, reine d'Écosse, tragédie en cinq actes, en vers, par TRONCH'N. — 3 mai 1734.

Marié sans le savoir (le), comédie en un acte, en prose, par FAGAN. — 8 janvier 1740.

Marinette (la), ou *le Théâtre de la farce,* comédie en un acte, en vers, par DE-COURCELLE. — 1ᵉʳ janvier 1848.

Marino Faliero, tragédie en cinq actes, en vers, par DELAVIGNE. — 25 janvier 1836. — Th. de la Porte-Saint-Martin, 30 mai 1829.

Marins (les), ou *le Médiateur maladroit,* comédie en cinq actes, en vers, par P. J. B. DESFORGES. — 30 juillet 1783.

Marion de Lorme, drame en cinq actes, en vers, par HUGO. — 8 mars 1838. — Th. de la Porte-Saint-Martin, 11 août 1831.

Marionnettes (les). Voy. **un Jeu de la fortune.**

Marius, tragédie en cinq actes, en vers, par G. de CAUX DE MONTLEBERT. — 15 novembre 1715.

Marius à Minturnes, tragédie en trois actes, en vers, par A. V. ARNAULT. — 19 mai 1791.

Marquis de l'Industrie (le), comédie en cinq actes, en vers (?) (ANONYME). — 25 janvier 1698. (A la première et unique représentation, la pièce n'a pas été achevée).

Marquis paysan (le). Voy. **le Sot toujours sot.**

Marquis de Pomenars (le), comédie en un acte, en prose, par Mme GAY. — 18 décembre 1819.

Marquis de Rieux (le), comédie en trois actes, en prose, par d'ÉPAGNY et DUP'N. — 17 juillet 1833.

Marquis de Villemer (le), comédie en quatre actes, en prose, par Mme SAND. — 4 juin 1877. — Th. de l'Odéon, 29 février 1864.

Marquise d'Aubray (la), drame en cinq actes, en prose, par LAFONT. — 28 avril 1848.

Marquise imaginaire (la), comédie en un acte, en vers (?) (ANONYME). — 23 septembre 1699.

Marquise de Senneterre (la), comédie en trois actes, en prose, par MÉLESVILLE et DUVEYRIER. — 24 octobre 1837.

Marton et Frontin, ou *Assaut de valets,* comédie en un acte, en prose, par DUBOIS. — 12 juin 1857. — Th. Louvois, 16 janvier 1804.

Martyre (la), drame en cinq actes, en vers, par RICHEPIN. — 18 avril 1898.

Mascarille, ou *la Sœur supposée,* comédie en cinq actes, en vers, par MAURICE. — 24 avril 1812. (Arrangement de *la Sœur,* de ROTROU).

Mascarille, à-propos en vers, par AICARD. — 15 janvier 1873.

Masques (les). Voy. le **Bal de Passy**.

Mathilde, drame en cinq actes, en prose, par Monvel. — 27 juin 1799.

Mathurin Régnier, drame en trois actes et cinq tableaux, en vers, par Dugué. — 22 août 1851.

Matinée à la mode (la). Voy. la **Manie des arts**.

Matinée de contrat (une), comédie en un acte, en prose, par Desvallières. — 7 décembre 1883.

Matinée de grand seigneur (une). Voy. **1760**.

Matinée d'une jolie femme (la), comédie en un acte, en prose, par Vigée. — 29 décembre 1792.

Matrone d'Éphèse (la), comédie en un acte, en prose, par La Motte. — 23 septembre 1702.

Maucroix (les), comédie en trois actes, en prose, par Delpit. — 4 octobre 1883.

Maurice de Saxe, drame en cinq actes, en vers, par Amigues et Desboutin. — 2 juin 1870.

Maximien, tragédie en cinq actes, en vers, par La Chaussée. — 28 février 1738.

Méchant (le), comédie en cinq actes, en vers, par Gresset. — 15 avril 1747.

Méchant malgré lui (le), comédie en trois actes, en vers, par Dumersan. — 29 mai 1824.

Mécontents (les), comédie en trois actes, en vers libres, par La Bruère. — 1er décembre 1734. (Réduite en un acte, avec un prologue, le 15 décembre 1734).

Médecin de l'esprit (le), comédie en un acte, en prose, par Guyot de Merville. — 14 octobre 1739. (C'est évidemment par erreur que les frères Parfaict indiquent cette représentation à la date du 19 août 1739. — D'après de Léris, cette comédie aurait été attribuée à l'abbé Desfontaines).

Médecin hollandais (le). Voy. la **Femme têtue**.

Médecin malgré lui (le), comédie en trois actes, en prose, par Molière. — 31 octobre 1680. — Th. du Palais-Royal, 6 août 1666.

Médecin de Mantes (le). Voy. le **Maréchal médecin**.

Médecin par occasion (le), comédie en cinq actes, en vers, par Boissy. — 12 mars 1745.

Médecin de village (le), comédie en un acte, en prose (Anonyme). — 24 septembre 1704.

Médecin volant (le), comédie burlesque en un acte, en vers, par Boursault. — 13 mai 1685. — Th. de l'Hôtel de Bourgogne, 1661.

Médecin volant (le), comédie en un acte, en prose, par Molière. — 21 mars 1833. — Th. du Petit-Bourbon, 21 février 1660.

Médée, tragédie en cinq actes, en vers, par Longepierre. — 13 février 1694.

Médée, tragédie en cinq actes, en vers, par P. Corneille. — 5 janvier 1763. — Th. du Marais, 1635.

Médée, tragédie en trois actes, en vers, par Clément. — 20 février 1779.

Médiateur maladroit (le). Voy. les **Marins**.

Médiocre et rampant, ou *le Moyen de parvenir*, comédie en cinq actes, en vers, par Picard. — 7 février 1809. — Th. Louvois, 19 juillet 1797.

Médisant (le), comédie en cinq actes, en vers, par Destouches. — 20 février 1715.

Médisant (le), comédie en trois actes, en vers, par Gosse. — 23 septembre 1816.

Médus, tragédie en cinq actes, en vers, par Deschamps. — 12 janvier 1739.

Mégare, tragédie en cinq actes, en vers, par de Morand. — 19 octobre 1748.

Mégère apprivoisée (la), comédie en quatre actes, en prose, par Delair. — 19 novembre 1891.

Mélanide, comédie en cinq actes, en vers, par La Chaussée. — 12 mai 1741.

Mélanie, ou *la Religieuse*, drame en trois actes, en vers, par La Harpe. — 28 novembre 1801. — Th. de la République, 7 décembre 1791.

Melcour et Verseuil, comédie en un acte, en vers, par Murville. — 8 août 1785.

Méléagre, tragédie en cinq actes, en vers, par La Grange-Chancel. — 28 janvier 1699.

Méléagre, tragédie en cinq actes, en vers, par Lemercier. — 29 février 1788.

Mélicerte, pastorale héroïque en deux actes, en vers libres, par Molière. — 27 juin 1864.

Melpomène et Thalie, ou *la Fête d'Apollon,* comédie en un acte, en vers, par Chazet et Dubois. — 12 janvier 1803.

Ménage de Molière (le), comédie en un acte, en vers libres, et un prologue, par Gensoul et Naudet. — 15 janvier 1822.

Ménage parisien (un), comédie en cinq actes, en vers, par Bayard. — 23 janvier 1844.

Ménage parisien (*le*). Voy. **Luxe et indigence.**

Ménechmes (les), comédie en cinq actes, en vers, et un prologue en vers libres, par Regnard. — 4 décembre 1705.

Ménestrel (le), comédie en cinq actes, en vers, par Bernay. — 13 août 1838.

Mensonge et vérité. Voy. **le Puff.**

Menteur (le), comédie en cinq actes, en vers, par P. Corneille. — 23 septembre 1680. — Th. du Marais, 1642, ou 1643.

Menteurs qui ne mentent point (*les*). Voy. **les Nicandres.**

Menuisier de Livonie (le), ou *les Illustres voyageurs*, comédie en trois actes, en prose, par Duval. — 2 juillet 1829. — Th. Louvois, 9 mars 1805.

Menuisier de Londres (*le*). Voy. **l'Orphelin anglais.**

Méprise (la), comédie en un acte, en prose, et un prologue, par Audierne. — 14 novembre 1739.

Méprise (la), comédie en un acte, en prose, par Mme de Bawr. — 22 novembre 1815.

Méprises (les), comédie en un acte, en vers libres, par P. Rousseau. — 25 avril 1754.

Méprises (les), ou *le Rival par ressemblance*, comédie en cinq actes, en vers, par Palissot. — 7 juin 1762.

Mercadet, comédie en trois actes, en prose, par Balzac. — 22 octobre 1868. — Th. du Gymnase, 24 août 1851. (Arrangée pour la scène par d'Ennery).

Mercure galant (*le*). Voy. **la Comédie sans titre.**

Mère confidente (la), comédie en trois actes, en prose, par Marivaux. — 16 janvier 1810. — Th. Italien, 9 mai 1735.

Mère coquette (la), ou *les Amants brouillés*, comédie en cinq actes, en vers, par Quinault. — 17 janvier 1681. — Th. de l'Hôtel de Bourgogne, 1665.

Mère coupable (*la*). Voy. **l'Autre Tartuffe.**

Mère jalouse (la), comédie en trois actes, en vers, par BARTHE. — 23 décembre 1771.

Mère ridicule (la), comédie en un acte, en vers (?), par MONTFORT. — 8 mai 1684.

Mère rivale (la), comédie en trois actes, en vers, par BONJOUR. — 4 juillet 1821.

Mère et la fille (la), comédie en cinq actes, en prose, par EMPIS et MAZÈRES. — 16 juin 1834. — Th. de l'Odéon, 11 octobre 1830.

Merlin déserteur, comédie en un acte, en prose, par DANCOURT. — 8 août 1690.

Merlin dragon. Voy. la **Dragonne**.

Merlin gascon, comédie en un acte, en prose, par RAISIN. — 7 octobre 1690.

Merlin peintre, comédie en un acte, en prose, par LA TUILLERIE. — 20 juillet 1687.

Mérope, tragédie en cinq actes, en vers, par VOLTAIRE. — 20 février 1743.

Métamorphose amoureuse (la), comédie en un acte, en prose, par M. A. LE GRAND. — 6 août 1712.

Métempsycose (la), comédie en trois actes, en vers libres. et un prologue, par YON. — 16 mai 1752. (Réduite en un acte le 20 mai 1752).

Métempsycose des amours (la), ou *les Dieux comédiens*, comédie en trois actes, en vers libres, et un prologue, par DANCOURT. — 17 décembre 1717.

Métier à la mode (le). Voy. l'**Agiotage**.

Métromanie (la), ou *le Poète*, comédie en cinq actes, en vers, par PIRON. — 10 janvier 1738.

Meunier de Harlem (le). Voy. **Eudoxie**.

Mieux vaut douceur, un acte en prose, par PAILLERON. — Voy. *Mieux vaut douceur... et violence.*

Mieux vaut douceur... et violence, proverbe en deux parties, en prose, par PAILLERON. — 29 janvier 1897.

Mieux vaut violence, un acte en prose, par PAILLERON. — 15 mars 1897. (Représentée antérieurement dans *Mieux vaut douceur... et violence*. Voy. ce titre).

Migraine (la), comédie en un acte, en vers, par VIENNET. — 7 juin 1850.

1802, dialogue des morts, en prose, par RENAN. — 26 février 1886.

1760, ou *une Matinée de grand seigneur*, comédie en un acte, en vers, par LONGPRÉ. — 24 novembre 1830.

Militaires (les). Voy. **Herman et Verner**.

Ministre anglais (le), comédie en cinq actes, en vers, par RIBOUTTÉ. — 26 février 1812.

Minuit, ou *le Moment propice*, comédie en un acte, en prose, par DESAUDRAS. — 31 décembre 1791.

Misanthrope (le), comédie en cinq actes, en vers, par MOLIÈRE. — 27 août 1680. — Th. du Palais-Royal, 4 juin 1666.

Misanthropie et repentir, drame en cinq actes, en prose, par BURSAY et Mme MOLÉ. — 30 août 1800. — Th. de l'Odéon, 28 décembre 1798.

Misanthropie et repentir, drame en cinq actes, en prose, par NERVAL. — 28 juillet 1855. (Réduit en trois actes, le 13 août 1855).

Mithridate, tragédie en cinq actes. en vers, par RACINE. — 10 septembre 1680. — Th. de l'Hôtel de Bourgogne, janvier 1673.

Mœurs du jour (les), ou *l'École des jeunes femmes*, comédie en cinq actes, en vers, par COLLIN D'HARLEVILLE. — 26 juillet 1800.

Mœurs du XIVe siècle (*les*). Voy. la **Rançon de Du Guesclin.**

Mœurs du temps (les), comédie en cinq actes, en prose, par SAINT-YON. — 13 décembre 1685.

Mœurs du temps (les), comédie en un acte, en prose, par SAURIN. — 22 décembre 1760.

Moi, comédie en trois actes, en prose, par LABICHE et MARTIN. — 21 mars 1864.

Moineau de Lesbie (le), comédie en un acte, en vers, par BARTHET. — 22 mars 1849.

Molière, comédie épisodique en un acte, en vers, par DERCY. — 15 janvier 1828.

Molière, strophes, par BEAUVALLET. — 15 janvier 1857.

Molière, stances, par CARCASSONNE. — 15 janvier 1870.

Molière, stances, par JOLIET. — 15 janvier 1879.

Molière, à-propos en vers, par BERTAL. — 15 janvier 1892.

Molière à la nouvelle salle, ou *les Audiences de Thalie*, comédie en un acte, en vers libres, par LA HARPE. — 12 avril 1782.

Molière avec ses amis, ou *la Soirée d'Auteuil*, comédie en un acte, en vers, par ANDRIEUX. — 5 juillet 1804.

Molière en prison, comédie en un acte, en vers, par d'HERVILLY. — 15 janvier 1886.

Moment d'imprudence (un), comédie en trois actes, en prose, par WAFFLARD et FULGENCE. — 17 mai 1835. — Th. de l'Odéon, 1er décembre 1819.

Moment propice (*le*). Voy. **Minuit.**

Momus aux Champs-Élysées. Voy. **Le Journaliste des ombres.**

Momus fabuliste, ou *les Noces de Vulcain*, comédie en un acte, en prose et en vers libres, par FUZELIER. — 26 septembre 1719.

Mon étoile, comédie en un acte, en prose, par SCRIBE. — 6 février 1854.

Monde où l'on s'amuse (le), comédie en un acte, en prose, par PAILLERON. — 6 décembre 1892. — Th. du Gymnase, 11 novembre 1868.

Monde où l'on s'ennuie (le), comédie en trois actes, en prose, par PAILLERON. — 25 avril 1881.

Monsieur de Crac dans son petit castel, ou *les Gascons*, comédie en un acte, en vers, par COLLIN D'HARLEVILLE. — 4 mars 1791.

Monsieur de Maugaillard, ou *le Premier jour des noces*, comédie en un acte, en prose, par ROSIER et ARNOULD. — 18 février 1842.

Monsieur Musard, ou *Comme le temps passe*, comédie en un acte, en prose, par PICARD. — 10 mai 1809. — Th. Louvois, 23 novembre 1803.

Monsieur Petau. Voy. **le Gâteau des rois.**

Monsieur de Pourceaugnac, comédie-ballet en trois actes, en prose, par MOLIÈRE. — 11 septembre 1680. — Th. du Palais-Royal, 15 novembre 1669.

Monsieur Scapin, comédie en trois actes, en vers, par RICHEPIN. — 27 octobre 1886. (Réduite en deux actes, le 9 décembre 1888).

Montesquieu à Marseille. Voy. **le Bienfait anonyme.**

Montézume, tragédie en cinq actes, en vers, par FERRIER DE LA MARTINIÈRE. — 14 février 1702.

Montézume. Voy. **Fernand Cortez.**

Montjoye, comédie en cinq actes, en prose, par FEUILLET. — 2 octobre 1896. —

Th. du Gymnase, 24 octobre 1863. (Pour la reprise à la Comédie-Française, on a modifié les 4e et 5e actes.)

Montmorenci, tragédie en cinq actes, en vers, par CARRION-NISAS. — 1er juin 1800.

Monument de Molière (le), poésie, par Mme COLET. — 15 janvier 1844.

Monument de Ponsard (le), stances, par BORNIER. — 21 novembre 1868.

More de Venise, Othello (le), tragédie en cinq actes, en vers, par VIGNY. — 24 octobre 1829.

More de Venise (le). Voy. **Othello.**

Mort d'Abel (la), tragédie en trois actes, en vers, par G. LEGOUVÉ. — 6 mars 1792.

Mort d'Alcide (la), tragédie en cinq actes, en vers, par DANCOURT. — 17 octobre 1704.

Mort d'Alexandre (la), tragédie en cinq actes, en vers, par LOUVART. — 26 mai 1684.

Mort d'Auguste (la). Voy. **Agrippa.**

Mort de Bajazet (la). Voy. **Tamerlan.**

Mort de César (la), tragédie en cinq actes, en vers, par Mlle BARBIER. — 26 novembre 1709. (D'après quelques auteurs l'abbé PELLEGRIN aurait collaboré à cette pièce).

Mort de César (la), tragédie en trois actes, en vers, par VOLTAIRE. — 29 août 1743. (Reprise le 22 septembre 1892, avec le dénouement de GOHIER).

Mort de Cicéron (la). Voy. **le Triumvirat.**

Mort de Du Guesclin (la), drame héroïque en trois actes, en vers, par DORVO. — 27 juin 1807.

Mort de Figaro (la), drame en cinq actes, en prose, par ROSIER. — 9 juillet 1833.

Mort de Henri IV, roi de France (la), tragédie en cinq actes, en vers, par G. LEGOUVÉ. — 25 juin 1806.

Mort de Molière (la), pièce en trois actes, en vers, par CUBIÈRES PALMEZEAUX. — 19 novembre 1789.

Mort de Néron (la), tragédie en cinq actes, en vers, par PÉCHANTRÉ. — 21 février 1703.

Mort de Néron (la). Voy. **Épicharis.**

Mort d'Othon (la), tragédie en cinq actes, en vers, par BELIN. — 5 janvier 1699.

Mort de Pompée (la), tragédie en cinq actes, en vers, par P. CORNEILLE. — 18 avril 1681. — Th. du Marais, 1641, ou 1643.

Mort de Socrate (la), tragédie en trois actes, en vers, par SAUVIGNY. — 9 mai 1763.

Mort supposé (le). Voy. **les Étourdis.**

Mort d'Ulysse (la), tragédie en cinq actes, en vers, par PELLEGRIN. — 29 décembre 1706.

Mots à la mode (les), comédie en un acte, en vers, par BOURSAULT. — 19 août 1694.

Moulin de Javelle (le), comédie en un acte, en prose, par DANCOURT. — 7 juillet 1696. (Cette pièce est d'un nommé MICHAULT, arrangée pour la scène par DANCOURT).

Moyen de parvenir (le). Voy. **Médiocre et rampant.**

Muet (le), comédie en cinq actes, en prose, par BRUEYS et PALAPRAT. — 22 juin 1691.

Muet par amour (le), comédie en un acte, en vers, par ALLIOT. — 20 octobre 1751.

Murillo, comédie en trois actes, en vers, par AYLIC-LANGLÉ. — 18 octobre 1853.

Muse héroïque (la), ode, par BANVILLE. — 6 juin 1854.

Muses comédiennes (les). Voy. l'Algérien.

Muses de Molière (les), strophes dialoguées, par P. BOYER. — 15 janvier 1856.

Muses rivales (les), ou *l'Apothéose de Voltaire*, comédie en un acte, en vers libres, par LA HARPE. — 1er février 1779.

Mustapha et Zéangir, tragédie en cinq actes, en vers, par BELIN. — 20 janvier 1705.

Mustapha et Zéangir, tragédie en cinq actes, en vers, par CHAMFORT. — 15 décembre 1777.

Myrtil et Mélicerte, pastorale héroïque en trois actes, en vers libres, et un prologue, par GUÉRIN D'ETRICHÉ. — 10 janvier 1699.

Nadir, ou *Thamas Kouli-Kan*, tragédie en cinq actes, en vers, par DUBUISSON. — 31 août 1780. (Le 21 octobre 1780, on a donné un nouveau cinquième acte).

Naissance, fortune et mérite, ou *l'Épreuve électorale*, comédie en trois actes, en prose, par BONJOUR. — 13 mai 1831.

Namir, tragédie en cinq actes, en vers, par THIBOUVILLE. — 12 novembre 1759. (A la première et unique représentation, interrompue au quatrième acte).

Nanine, ou *le Préjugé vaincu*, comédie en trois actes, en vers de dix syllabes, par VOLTAIRE. — 16 juin 1749.

Nany, comédie en quatre actes, en prose, par MEILHAC et NAJAC. — 12 avril 1872.

Narcisse, ou *l'Amant de lui-même*, comédie en un acte, en prose, par J. J. ROUSSEAU. — 18 décembre 1752.

Naufrage (le), ou *la Pompe funèbre de Crispin*, comédie en un acte, en vers, par de LA FONT. — 14 juin 1710.

Naufrage (le), ou *les Héritiers*. Voy. les Héritiers.

Ne jouez pas avec l'amour. Voy. Rosalinde.

Négligent (le), comédie en trois actes, en prose, et un prologue, par DU FRESNY. — 27 février 1692.

Négociant (le). Voy. le Bienfait rendu.

Négociant de Lyon (le). Voy. les Deux amis.

Nègre (le), drame en quatre actes, en vers libres, par OZANEAUX. — 30 octobre 1830.

Niais de Sologne (le), comédie en un acte, en prose, par RAISIN. — 3 juin 1686.

Niaise (la), comédie en cinq actes, en prose, par MAZÈRES. — 10 novembre 1854. (Réduite en quatre actes, le 13 novembre 1854).

Nicandres (les), ou *les Menteurs qui ne mentent point*, comédie en trois actes, en vers, par BOURSAULT. — 25 septembre 1683. —En cinq actes au Th. de l'Hôtel de Bourgogne, 1664.

Nicomède, tragédie en cinq actes, en vers, par P. CORNEILLE. — 24 septembre 1680. — Th. de l'Hôtel de Bourgogne, 1651. (ANDRIEUX et TALMA ont fait quelques changements pour la reprise du 3 janvier 1805.)

Nièce supposée (la), comédie en trois actes, en vers, par PLANARD. — 22 septembre 1813.

Ninus II, tragédie en cinq actes, en vers, par BRIFAUT. — 19 avril 1813.

Nitétis, tragédie en cinq actes, en vers, par DANCHET. — 11 février 1723.

Nitocris, tragédie en cinq actes, en vers, par LA TUILLERIE. — 10 mars 1683.

Noce interrompue (la), comédie en un acte, en prose, par DU FRESNY. — 19 août 1699.

Noce de village (la), comédie en un acte, en vers, par BRÉCOURT. — 21 octobre 1682. — Th. de l'Hôtel de Bourgogne, 1666.

Noces houzardes (les), comédie en quatre actes, en prose, par DORVIGNY — 30 janvier 1780.

Noces de Vulcain (les). Voy. **Momus fabuliste.**

Nœud gordien (le), drame en cinq actes, en prose, par Mme de CASAMAJOR. — 5 novembre 1846.

Noms changés (les), ou *l'Indifférent corrigé*, comédie en trois actes, en vers, par BRUNET. — 21 octobre 1758.

Notaire obligeant (le), ou *les Fonds perdus*, comédie en trois actes, en prose, par DANCOURT. — 8 juin 1685.

Notre ami Drolichon, comédie en un acte, en vers, par d'HERVILLY. — 21 décembre 1897.

Notre fille est princesse, drame en cinq actes, en prose, par GOZLAN. — 23 mars 1847.

Nouveau monde (le), comédie en trois actes, en vers libres, et un prologue, par PELLEGRIN. — 11 septembre 1722.

Nouveaux débarqués (les). Voy. **l'Impromptu de la folie.**

Nouveauté (la), comédie en un acte, en prose, par M. A. LE GRAND. — 13 janvier 1727.

Nouvellistes (les), comédie en un acte (ANONYME). — 16 octobre 1686. (Probablement la pièce de DANCOURT imprimée à Lille en 1683).

Nuit au Louvre (une), drame en trois actes, en prose, par VANDERBURCH. — 11 mai 1846.

Nuit de juin (la), pièce en un acte, en prose et en vers, par LE CORBEILLER. — 11 décembre 1887.

Nuit de mai (la), scène en vers, par MUSSET. — 1er avril 1876.

Nuit d'octobre (la), scène en vers, par MUSSET. — 2 mai 1868.

Nuit d'un proscrit (la). Voy. **Édouard en Écosse.**

Obstacle imprévu (l'), ou *l'Obstacle sans obstacle*, comédie en cinq actes, en prose, par DESTOUCHES. — 18 octobre 1717. (Réduite en trois actes, par MONROSE et HOSTEIN, et reprise le 5 octobre 1838).

Obstacle sans obstacle (l'). Voy. **l'Obstacle imprévu.**

Octave et le jeune Pompée, ou *le Triumvirat*, tragédie en cinq actes, en vers, par VOLTAIRE. — 5 juillet 1764.

Octavie, tragédie en cinq actes, en vers, par SOURIGUÈRES DE SAINT-MARC. — 9 décembre 1806.

Ode à Racine, par GOUDALL. — 21 décembre 1867.

Odmar et Zulma, tragédie en cinq actes, en vers, par MAISONNEUVE. — 2 janvier 1788.

Œdipe, tragédie en cinq actes, en vers, par P. CORNEILLE. — 2 janvier 1681. — Th. de l'Hôtel de Bourgogne, 24 janvier 1659.

Œdipe, tragédie en cinq actes, en vers, par VOLTAIRE. — 18 novembre 1718.

Œdipe, tragédie en cinq actes, en vers, par LA MOTTE. — 18 mars 1726.

Œdipe chez Admète, tragédie en cinq actes, en vers, par DUCIS. — 4 décembre 1778.

Œdipe roi, tragédie en cinq actes, en vers, par J. Lacroix. — 18 septembre 1858.

Œillet blanc (l'), comédie en un acte, en prose, par Daudet et Manuell. — 8 avril 1865.

Officieux (l'), comédie en trois actes, en prose, par La Salle. — 11 juillet 1812. — Th. Italien, 18 août 1780. (Cette pièce a été attribuée à Mme Benoist).

Olga, ou *l'Orpheline moscovite*, tragédie en cinq actes, en vers, par Ancelot. — 15 septembre 1828.

Olympie, tragédie en cinq actes, en vers, par Voltaire. — 17 mars 1764.

Omasis, ou *Joseph en Égypte*, tragédie en cinq actes, en vers, par Baour-Lormian. — 13 septembre 1806.

Ombre de Molière (l'), comédie en un acte, en prose, et un prologue, par Brécourt. — 23 septembre 1682. — Th. de l'Hôtel de Bourgogne, 1674.

Ombre de Molière (l'), prologue en vers libres, par Voisenon. — 14 septembre 1739.

Ombre de Molière (l'), intermède en vers, par J. Barbier. — 15 janvier 1847.

On ne badine pas avec l'amour, comédie en trois actes, en prose, par Musset. — 18 novembre 1861.

On ne saurait penser à tout, proverbe en un acte, en prose, par Musset. — 30 mai 1849.

Oncle de Sicyone (l'), comédie en un acte, en vers, par R. Clément. — 26 septembre 1858. — Th. de l'Odéon, 19 avril 1855.

Oncle et le neveu (l'). Voy. **Le Retour.**

Oncle et les tantes (l'), comédie en trois actes, en vers, par La Salle. — 25 novembre 1785.

Opéra de village (l'), comédie en un acte, en prose, par Dancourt. — 20 juin 1692.

Opérateur (l'), comédie en un acte, en prose (Anonyme). — 24 octobre 1685.

Opérateur Barry (l'), comédie en un acte, en prose, et un prologue, par Dancourt. — 11 octobre 1702.

Ophis, tragédie en cinq actes, en vers, par Lemercier. — 13 janvier 1800. — Th. de la République, 22 décembre 1798.

Opiniâtre (l'), comédie en trois actes, en vers, par Brueys. — 19 mai 1722.

Optimiste (l'), ou *l'Homme content de tout*, comédie en cinq actes, en vers, par Collin d'Harleville. — 22 février 1788.

Oracle (l'), comédie en un acte, en prose, par Saint-Foix. — 22 mars 1740.

Oracle de Delphes (l'), comédie en trois actes, en vers, par Moncrif. — 17 décembre 1722.

Oreille de Denys (l'). Voy. **Pythias et Damon.**

Oreste, tragédie en cinq actes, en vers, par Le Clerc et Boyer. — 10 octobre 1681.

Oreste, tragédie en cinq actes, en vers, par Voltaire. — 12 janvier 1750.

Oreste et Pylade, tragédie en cinq actes, en vers, par La Grange-Chancel. — 11 décembre 1697.

Orgon, premier acte, en vers, d'une comédie inachevée, par Balzac et Pommier. — 21 mai 1899.

Orgueil et vanité, comédie en cinq actes, en prose, par Souques. — 1er avril 1819.

Original (l'), comédie en un acte, en vers, par Hoffman. — 5 février 1800. — Th. Feydeau, 30 juillet 1796.

Originaux (les), comédie en un acte, en prose, par Fagan. — 19 février 1738.

(Antérieurement dans *les Caractères de Thalie*. Voy. ce titre). (Arrangée par Dugazon « avec trois scènes de sa composition » pour la reprise du 28 octobre 1802. A la reprise du 12 mars 1890, la poésie italienne a été refaite par P. Delair.)

Orphanis, tragédie en cinq actes, en vers, par Blin de Sainmore. — 25 septembre 1773.

Orphelin anglais (l'), ou *le Menuisier de Londres*, drame en trois actes, en prose, par Longueil. — 26 janvier 1769.

Orphelin de la Chine (l'), tragédie en cinq actes, en vers, par Voltaire. — 20 août 1755.

Orpheline léguée (l'), comédie en trois actes, en vers libres, par Saurin. — 6 novembre 1765. (Le 23 novembre 1772, en un acte, sous le titre : *l'Anglomane*).

Orpheline moscovite (*l'*). Voy. **Olga.**

Oscar, ou *le Mari qui trompe sa femme*, comédie en trois actes, en prose. par Scribe et Duveyrier. — 21 avril 1842.

Oscar, fils d'Ossian, tragédie en cinq actes, en vers, par A. V. Arnault. — 5 mars 1800. — Th. de la République, 2 juin 1796.

Othello, ou *le More de Venise*, tragédie en cinq actes, en vers, par Ducis. — 8 novembre 1800. — Th. de la République, 26 novembre 1792.

Othello, le More de Venise, drame en cinq actes et six tableaux, en vers, par Aicard. — 27 février 1899. (On avait donné des fragments des 4ᵉ et 5ᵉ actes le 27 février 1878).

Othello. Voy. le **More de Venise, Othello.**

Othon, tragédie en cinq actes, en vers, par P. Corneille. — 8 octobre 1682. — Th. de l'Hôtel de Bourgogne, novembre 1664.

Ouvrage d'un moment (*l'*). Voy. le **Galant coureur.**

Ouvriers (les), drame en un acte, en vers, par Manuel. — 17 janvier 1870.

Page supposé (*le*). Voy. **Edgard, roi d'Angleterre.**

Paix à tout prix (la), comédie en deux actes, en vers, par Serret. — 19 mars 1849.

Paix du ménage (la), comédie en deux actes, en prose, par Maupassant. — 6 mars 1893.

Paméla, comédie en cinq actes, en vers, par La Chaussée. — 6 décembre 1743.

Paméla, ou *la Vertu récompensée*, comédie en cinq actes, en vers, par François de Neufchâteau. — 1ᵉʳ août 1793.

Pamphlet (le), comédie en deux actes, en prose, par E. Legouvé. — 7 octobre 1857.

Pan et Doris. Voy. **les Trois spectacles.**

Pandore, comédie en un acte, en prose, par Saint-Foix. — 13 juin 1721.

Paniers (les), comédie en un acte, en prose (comprise dans *le Ballet des vingt-quatre heures*), par M. A. Le Grand. — 25 février 1723.

Panurge, comédie, par Montauban. — 21 octobre 1683. — Th. Guénégaud, 3 août 1674.

Papillonne (la), comédie en trois actes, en prose, par Sardou. — 11 avril 1862.

Par droit de conquête, comédie en trois actes, en prose, par E. Legouvé. — 7 juin 1855.

Par le glaive, drame en cinq actes et sept tableaux, en vers, par Richepin. — 8 février 1892.

Parasite (le), comédie en cinq actes, en vers, par Tristan ` l'Hermite. — 27 avril 1681. — Th. de l'Hôtel de Bourgogne, 1654.

Paravent (le), comédie en un acte, en vers, par Planard. — 12 décembre 1807.

Pardon (le), comédie en trois actes, en prose, par Lemaître. — 11 février 1895.

Paresseux (le), comédie en trois actes, en vers, et un prologue en vers libres, par De Launay. — 28 avril 1733.

Paresseux (le), ou *l'Homme de lettres par paresse*, comédie en trois actes, en vers, par Marignié. — 3 octobre 1820.

Parfaite égalité (la), ou *les Tu et les Toi*, comédie en trois actes, en prose, par Dorvigny. — 30 août 1900. (Au palais du Trocadéro.) — Th. National, 23 décembre 1793.

Parisien (le), comédie en cinq actes, en vers, par Champmeslé. — 7 février 1682.

Parisien (un), comédie en trois actes, en prose, par Gondinet. — 23 janvier 1886.

Parisienne (la), comédie en un acte, en prose, par Dancourt. — 13 juin 1691.

Parisienne (la), comédie en trois actes, en prose, par Becque. — 11 novembre 1890. — Th. de la Renaissance, 7 février 1885.

Parleur contrarié (le), comédie en un acte, en vers, par J. de Launay. — 3 janvier 1807.

Paros, tragédie en cinq actes, en vers, par Mailhol. — 21 janvier 1754.

Part du roi (la), comédie en un acte, en vers, par Mendès. — 20 juin 1872.

Parthénice, à-propos en un acte, en vers, par Moreau. — 21 décembre 1877.

Partie de chasse de Henri IV (la), comédie en trois actes, en prose, par Collé. — 16 novembre 1774.

Partie et revanche, comédie en un acte, en vers, par Rancé. — 18 septembre 1818.

Partis en 1794 (les). Voy. **Camille Desmoulins**.

Parvenue (la), comédie en quatre actes, en prose, par Rivière. — 30 août 1869.

Passant (le), comédie en un acte, en vers, par Coppée. — 29 novembre 1888. — Th. de l'Odéon, 14 janvier 1869.

Passe-temps de duchesse, comédie en un acte, en prose, par Montheau. — 15 août 1849.

Passion secrète (la), comédie en trois actes, en prose, par Scribe. — 13 mars 1834.

Pastor Fido (le), pastorale héroïque en trois actes, en vers libres, et un prologue, par Pellegrin. — 7 septembre 1726.

Pattes de mouche (les), comédie en trois actes, en prose, par Sardou. — 21 octobre 1884. — Th. du Gymnase, 15 mai 1860.

Paul Forestier, comédie en quatre actes, en vers, par Augier. — 25 janvier 1868.

Paulin et Clairette, ou *les Deux espiègles*, comédie-opéra en deux actes, en prose, par Dezède. — 5 janvier 1792.

Pauline, comédie en deux actes, en vers, par Mme Claret de Fleurieu. — 2 juillet 1791.

Pauline, ou *Brusque et bonne*, comédie en trois actes, en prose, par Dumersan. — 10 juin 1826.

Pauvre fille (la). Voy. **Marie**.

Pauvres d'esprit (les), comédie en trois actes, en prose, par L. Laya. — 27 novembre 1856.

Paysan magistrat (le), ou *Il y a une bonne justice*, comédie en cinq actes, en prose, par Collot d'Herbois. — 7 décembre 1789.

Pélopée, tragédie en cinq actes, en vers, par PELLEGRIN. — 18 juillet 1733.

Pendant le bal, comédie en un acte, en vers, par PAILLERON. — 5 mars 1881.

Pénélope, tragédie en cinq actes, en vers, par GENEST. — 22 janvier 1684.

Pensée d'un bon roi (la), tableau villageois en un acte, en prose, par DUBOIS. — 29 juin 1816.

Pépa, comédie en trois actes, en prose, par MEILHAC et GANDERAX. — 31 octobre 1888.

Père désabusé (le), comédie en un acte, en prose, par CÉROU. — 10 juillet 1758.

Père de famille (le), comédie en cinq actes, en prose, par DIDEROT. — 18 février 1761.

Père intéressé (le), ou *les Vrais amis*, comédie en cinq actes, en vers, par PELLEGRIN. — 26 novembre 1720. (Voy. *la Fausse inconstance*).

Père prodigue (un), comédie en cinq actes, en prose, par DUMAS fils. — 13 janvier 1893. — Th. du Gymnase, 30 novembre 1859.

Père supposé (le), comédie en un acte (ANONYME). — 4 juillet 1699.

Pères créanciers (les), comédie en un acte, en vers, par PLANARD. — 3 octobre 1811.

Péril en la demeure, comédie en deux actes, en prose, par FEUILLET. — 19 avril 1855.

Persifleur (le), comédie en trois actes, en vers libres, par SAUVIGNY. — 8 février 1771.

Pertinax, ou *les Prétoriens*, tragédie en cinq actes, en vers, par A. V. ARNAULT. — 27 mai 1829.

Péruvienne (la), comédie en cinq actes, en vers libres, par BOISSY. — 5 juin 1748.

Petit homme de la foire (le), comédie en un acte, en prose, par RAISIN. — 20 mai 1687.

Petit hôtel (le), comédie en un acte, en prose, par MEILHAC et LUD. HALÉVY. — 21 février 1879.

Petit Jean, à-propos en vers, par TRUFFIER. — 21 décembre 1878.

Petit-maître de campagne (le), ou *le Vicomte de Génicourt*, comédie en un acte, en prose (ANONYME). — 26 juillet 1701.

Petit-maître corrigé (le), comédie en trois actes, en prose, par MARIVAUX. — 6 novembre 1734.

Petite maison (la), comédie en trois actes, en prose, par MÉLESVILLE. — 24 février 1826.

Petite pluie..., comédie en un acte, en prose, par PAILLERON. — 4 décembre 1875.

Petite ville (la), comédie en quatre actes, en prose, par PICARD. — 28 décembre 1829. — En cinq actes à la salle Louvois, par les artistes du Th. de l'Odéon, 9 mai 1801. (Réduite en quatre actes le 12 mai 1801).

Petites marques (les), comédie en deux actes, en prose, par BONIFACE. — 20 février 1895.

Petits hommes (les). Voy. l'Ile de la raison.

Petits-maîtres d'été (les), comédie en un acte, en prose (ANONYME). — 30 août 1696.

Petits oiseaux (les), comédie en trois actes, en prose, par LABICHE et DELACOUR. — 21 juillet 1890. — Th. du Vaudeville, 1er avril 1862.

Phaéton, comédie en cinq actes, en vers libres, par BOURSAULT. — 28 décembre 1691.

Pharamond, tragédie en cinq actes, en vers, par CAHUSAC. — 14 août 1736.

Pharamond, tragédie en cinq actes, en vers, par LA HARPE. — 14 août 1765.

Phèdre de Pradon (la), à-propos en vers, par TRUFFIER. — 21 décembre 1885.

Phèdre et Hippolyte, tragédie en cinq actes, en vers, par RACINE. — 25 août 1680 — Th. de l'Hôtel de Bourgogne, 1er janvier 1677.

Philanthrope (le), ou *l'Ami de tout le monde*, comédie en un acte, en prose, par M. A LE GRAND. — 19 février 1724.

Philiberte, comédie en trois actes, en vers, par AUGIER. — 1ᵉʳ août 1857. — Th. du Gymnase, 19 mars 1853.

Philinte de Molière (le), ou *la Suite du Misanthrope*, comédie en cinq actes, en vers, par FABRE D'ÉGLANTINE. — 22 février 1790.

Philippe III, tragédie en cinq actes, en vers, par ANDRAUD. — 13 juillet 1838.

Philoctète, tragédie en cinq actes, en vers, par CHÂTEAUBRUN. — 1ᵉʳ mars 1755.

Philoctète, tragédie en trois actes, en vers, par LA HARPE. — 16 juin 1783.

Philosophe marié (le), ou *le Mari honteux de l'être*, comédie en cinq actes, en vers, par DESTOUCHES. — 15 février 1727.

Philosophe sans le savoir (le), comédie en cinq actes, en prose, par SEDAINE. — 2 décembre 1765.

Philosophes (les), comédie en trois actes, en vers, par PALISSOT. — 2 mai 1760. (Reprise avec un nouveau dénouement, le 20 juin 1782).

Philosophes amoureux (les), comédie en cinq actes, en vers, par DESTOUCHES. — 26 novembre 1729.

Phocion, tragédie en cinq actes, en vers, par CAMPISTRON. — 16 décembre 1688.

Phocion, tragédie en cinq actes, en vers, par ROYOU. — 16 juillet 1817.

Phraate, tragédie en cinq actes, en vers, par CAMPISTRON. — 26 décembre 1686.

Physicienne (la), comédie en un acte, en vers, par LA MONTAGNE. — 16 mars 1786.

Pièce à l'étude (la). Voy. **Shakespeare amoureux**.

Pied d'argile (le), comédie en trois actes, en prose, par E. BOURGEOIS. — 20 juin 1856.

Pièges dorés (les), comédie en trois actes, en prose, par ART. de BEAUPLAN. — 21 janvier 1856.

Pierre III, drame en cinq actes, en vers, par ESCOUSSE. — 28 novembre 1831.

Pierre le Cruel, tragédie en cinq actes, en vers, par P. L. de BELLOY. — 20 mai 1772.

Pierre le Grand, tragédie en cinq actes, en vers, par DORAT. — 1ᵉʳ décembre 1779. (C'est la même pièce, avec des changements, que *Zulica*. Voy. ce titre).

Pierre le Grand, tragédie en cinq actes, en vers, par CARRION-NISAS. — 19 ma 1804.

Pierre philosophale (la), comédie en cinq actes, en prose, par T. CORNEILLE et VISÉ. — 23 février 1681.

Pierre de Portugal, tragédie en cinq actes, en vers, par L. ARNAULT. — 21 octobre 1823.

Pierre de touche (la), comédie en cinq actes, en prose, par AUGIER et SANDEAU. — 23 décembre 1853.

Piété fraternelle (la). Voy. **Antigone**.

Pinto, ou *la Journée d'une conspiration*, comédie historique en cinq actes, en prose, par LEMERCIER. — 22 mars 1800.

Pipeurs (les), ou *les Femmes coquettes*, comédie en cinq actes, en vers, par R. POISSON. — 17 octobre 1680. — Th. de l'Hôtel de Bourgogne, 1670.

Plaideurs (les), comédie en trois actes, en vers, par RACINE. — 4 septembre 1680. — Th. de l'Hôtel de Bourgogne, fin d'octobre ou commencement de novembre 1668.

Plaideurs sans procès (les), comédie en trois actes, en vers, par Étienne. — 29 octobre 1821.

Plaisir (le), comédie en un acte, en vers libres, par Marchadier. — 3 août 1747.

Plaute, ou la Comédie latine, comédie en trois actes, en vers libres, et un prologue, par Lemercier. — 20 janvier 1808.

Pluie et le beau temps (la), comédie en un acte, en prose, par Gozlan. — 21 octobre 1861.

Plus belle fille du monde (la), conte dialogué en un acte, en vers libres, par Déroulède. — 24 décembre 1897.

Plus de peur que de mal, comédie en un acte, en prose, par Auger. — 8 mars 1833.

Plus qu'un homme, poésie, par Noël. — 6 juin 1897.

Plutus, comédie en trois actes, en vers, par M. A. Le Grand. — 1er février 1720.

Poète (un), drame en cinq actes, en vers, par J. Barbier. — 16 avril 1847.

Poète (le). Voy. la **Métromanie**.

Poète campagnard (le). Voy. la **Fausse Agnès**.

Point d'honneur (le), comédie en cinq actes, en prose, par Le Sage. — 3 février 1702.

Politique en défaut (le), comédie en un acte, en vers, par Sewrin et Chazet. — 26 février 1806.

Polydore, tragédie en cinq actes, en vers, par Pellegrin. — 6 novembre 1705.

Polyeucte, martyr, tragédie en cinq actes, en vers, par P. Corneille. — 5 octobre 1680. — Th. de l'Hôtel de Bourgogne, fin de 1640, ou plutôt commencement de 1643.

Polymneste, tragédie en cinq actes, en vers, par Genest. — 12 décembre 1696.

Polyxène, tragédie en cinq actes, en vers, par La Fosse. — 3 février 1696.

Polyxène, tragédie en trois actes, en vers, par Aignan. — 14 janvier 1804.

Polyxène. Voy. les **Trois spectacles**.

Pomme (la), comédie en un acte, en vers, par Banville. — 30 juin 1865.

Pompe funèbre de Crispin (la). Voy. le **Naufrage**.

Popularité (la), comédie en cinq actes, en vers, par Delavigne. — 1er décembre 1838.

Port de mer (le), comédie en un acte, en prose, par Boindin et La Motte. — 27 mai 1704.

Portrait (le), ou le Danger de tout dire, comédie en un acte, en vers, par Desfaucherets. — 13 mai 1786.

Portrait d'un ami (le), comédie en un acte, en prose, par Desclozeaux. — 15 mai 1826.

Portrait vivant (le), comédie en trois actes, en prose, par Mélesville et L. Laya. — 17 octobre 1842.

Portraits (les), comédie en un acte, en prose, par Decourcelle et Barrière. — 27 juillet 1848.

Portraits de la marquise (les), comédie-pastiche en trois tableaux, en prose, par Feuillet. — 20 mai 1882. — Palais du Trocadéro, par les artistes de la Comédie-Française, 2 mai 1882.

Possédé (le). Voy. **Dominique**.

Post-scriptum (le), comédie en un acte, en prose, par Augier. — 1ᵉʳ mai 1869.

Pour arriver, drame en trois actes, en prose, par Souvestre. — 8 juin 1847.

Pour l'avenir, à-propos en vers, par O. Chevalier. — 6 juin 1900.

Pour et le contre (le), comédie en un acte, en prose, par Lafitte et Nyon. — 22 janvier 1852.

Pour et le contre (le), comédie en un acte, en prose, par Feuillet. — 16 mai 1869. — Th. du Gymnase, 24 octobre 1853. A Marseille, par les artistes de la Comédie-Française, 3 août 1868.

Pouvoir de la sympathie (le), comédie en trois actes, en vers, par Boissy. — 5 juillet 1738.

Précaution inutile (la). Voy. **le Barbier de Séville.**

Précepteurs (les), comédie en cinq actes, en vers, par Fabre d'Églantine. — 17 septembre 1799.

Précieuses ridicules (les), comédie en un acte, en prose, par Molière. — 1ᵉʳ octobre 1680. — Th. du Petit-Bourbon, 18 novembre 1659.

Prédiction (la), drame en cinq actes, en vers, par Beauvallet. — 17 décembre 1831.

Préférence d'une mère (la). Voy. **Claire.**

Préjugé à la mode (le), comédie en cinq actes, en vers, par La Chaussée. — 3 février 1735.

Préjugé vaincu (le), comédie en un acte, en prose, par Marivaux. — 6 août 1746.

Préjugé vaincu (le). Voy. **Nanine.**

Premier baiser (le), comédie en un acte, en prose, par Bergerat. — 20 mai 1889.

Premier jour des noces (le). Voy. **Monsieur de Maugaillard.**

Premier venu (le), ou *Six lieues de chemin,* comédie en trois actes, en prose, par Vial. — 12 mai 1827. — Th. Louvois, 1ᵉʳ juin 1801.

Première affaire (la), comédie en trois actes, en prose, par Merville. — 16 juillet 1836. — Th. de l'Odéon, 28 août 1827.

Presbytère (le), comédie en cinq actes, en vers, par Bonjour. — 21 février 1833.

Présentation (une), ou *le Comte de Saint-Germain,* comédie en trois actes, en prose, par François et N. Fournier. — 1ᵉʳ juin 1835.

Présomption à la mode (la), comédie en cinq actes, en vers, par Cailhava. — 1ᵉʳ août 1763.

Présomptueux (le), ou *l'Heureux imaginaire,* comédie en cinq actes, en vers, par Fabre d'Églantine. — 7 janvier 1789. (A la première et unique représentation, interrompue au commencement du troisième acte).

Prêté rendu (le). Voy. **Défiance et malice.**

Prêtés rendus (les). Voy. **les Deux voisines.**

Prétendante (la), comédie en cinq actes, en prose, par Dinaux et Sue. — 3 août 1841. (Réduite en trois actes, le 5 août 1841).

Prétoriens (les). Voy. **Pertinax.**

Prévention vaincue (la). Voy. **les Deux frères.**

Préventions (les), comédie en un acte, en prose, par d'Épagny et Dupin. — 5 septembre 1831.

Prince jaloux (le). Voy. **Don Garcie de Navarre.**

Prince de Noisy (le), comédie en trois actes, en prose, et un prologue, par Dumas d'Aigueberre. — 4 novembre 1730.

Prince et la grisette (le), comédie en trois actes, en vers, par Creuzé de Lesser. — 11 janvier 1832.

Princesse Aurélie (la), comédie en cinq actes, en vers, par Delavigne. — 6 mars 1828.

Princesse de Bagdad (la), pièce en trois actes, en prose, par Dumas fils. — 31 janvier 1881.

Princesse d'Élide (la), comédie-ballet en cinq actes, en vers et en prose, et un prologue, par Molière. — 19 avril 1692. — Th. du Palais-Royal, 9 novembre 1664.

Princesse Georges (la), pièce en trois actes, en prose, par Dumas fils. — 27 février 1888. — Th. du Gymnase, 2 décembre 1871.

Princesse des Ursins (la), ou *la Disgrâce*, comédie historique en cinq actes, en prose, par Duval. — 26 décembre 1825. (Réduite en trois actes, le 25 janvier 1826).

Prisonnier en voyage (le), comédie en trois actes, en vers, par J. de Launay. — 29 janvier 1810.

Prix académique (le), comédie en un acte, en vers, par Parisau. — 31 août 1787.

Prix de l'arquebuse (le), comédie en un acte, en prose, par Dancourt. — 1er octobre 1717.

Procès criminel (un), ou *les Femmes impressionnables*, comédie en trois actes, en prose, par Rosier. — 24 mai 1836.

Procès des sens (le), comédie en un acte, en vers, par Fuzelier. — 16 juin 1732.

Procureur arbitre (le), comédie en un acte, en vers, par Ph. Poisson. — 25 février 1728.

Projets d'enlèvement (les), comédie en un acte, en vers, par Pein. — 12 juin 1807.

Projets de ma tante (les), comédie en un acte, en prose, par Nicolle. — 8 octobre 1859.

Projets de mariage (les), ou *les Deux militaires*, comédie en un acte, en prose, par Duval. — 4 juin 1799. — Th. Feydeau, 5 août 1798.

Prologue à Bérénice, comédie en un acte, en vers, par Noël et Paté. — 21 décembre 1893.

Prologue pour la réouverture de la Comédie-Française, à-propos en vers, par Richepin. — 29 décembre 1900.

Proscrit (le), ou *les Guelfes et les Gibelins*, tragédie en cinq actes, en vers, par A. V. Arnault. — 9 juillet 1827.

Protecteur et le mari (le), comédie en cinq actes, en vers, par Bonjour. — 5 septembre 1829.

Protectrice (la), comédie en un acte, en prose, par Souvestre et Mme Brune. — 22 mai 1841.

Protestation, à-propos en vers, par Moreau. — 15 janvier 1887.

Provençale (la), comédie en un acte, en vers (?) (Anonyme). — 17 octobre 1705.

Prude du temps (la), ou *les Saturnales*, comédie en cinq actes, en vers, par Palaprat. — 7 janvier 1693.

Psyché, tragi-comédie-ballet, en cinq actes, en vers libres, et un prologue, par Mo-
LIÈRE, P. CORNEILLE et QUINAULT. — 5 octobre 1684. — Th. du Palais-Royal,
24 juillet 1671.

Psyché de village (la), comédie en quatre actes, en prose, et un prologue, par
GUÉRIN D'ETRICHÉ. — 29 mai 1705.

Puff (le), ou *Mensonge et vérité*, comédie en cinq actes, en prose, par SCRIBE. —
22 janvier 1848.

Pupille (la), comédie en un acte, en prose, par FAGAN. — 5 juillet 1734.

Pygmalion, comédie en un acte, en prose, par L. POINSINET DE SIVRY. — 13 décembre 1760.

Pygmalion, scène lyrique en prose, par J. J. ROUSSEAU. — 30 octobre 1775.

Pyrame et Thisbé, tragédie en cinq actes, en vers, par PRADON. — 16 septembre
1680. — Th. de l'Hôtel de Bourgogne, janvier 1674.

Pyrame et Thisbé, scène lyrique en prose, par LARIVE. — 2 juin 1783.

Pyrrhus, tragédie en cinq actes, en vers, par CRÉBILLON. — 29 avril 1726.

Pyrrhus, ou *les Æacides*, tragédie en cinq actes, en vers, par LE HOC. — 27 février 1807.

Pythias et Damon, ou *l'Oreille de Denys*, comédie en un acte, en vers, par A. de BEL-
LOY. — 28 juin 1853. — Th. de l'Odéon, 29 mai 1847.

Quartier d'hiver (le), comédie en un acte, en vers, par BRET, GODART D'AUCOUR et
VILLARET. — 4 décembre 1744.

Quatre âges (les), comédie en cinq actes, en vers, par MERVILLE. — 19 août 1822.

Quatre sœurs (les), comédie en trois actes, en vers libres, par LOURDET DE SAN-
TERRE. — 23 mai 1793. (Réduite en deux actes le 1er juin 1793).

Queue du chien d'Alcibiade (la), comédie en deux actes, en prose, par GOZLAN.
— 29 mai 1850.

Qui? comédie en un acte, en prose, par BILHAUD. — 13 novembre 1894.

Qui femme a, guerre a, comédie en un acte, en prose, par Mlle BROHAN. — 13 décembre 1859.

Qui vivra verra. Voy. **Feu Lionel**.

Quinze janvier (le), à-propos en vers, par BORNIER. — 15 janvier 1860.

Quiproquo (le), comédie en trois actes, en vers, par MORANDET. — 1er octobre
1743.

Quiproquo (le), comédie en un acte, en prose, par MOLÉ. — 26 septembre 1781.

Quitte pour la peur, comédie en un acte, en prose, par VIGNY. — 28 mars 1897.
— Th. de l'Opéra, 30 mai 1833.

Racine, comédie en un acte, en vers, par BRIZEUX et BUSONI. — 27 décembre 1827.

Racine à Port-Royal, à-propos en un acte, en vers, par AUGÉ DE LASSUS. — 21 décembre 1884.

Racine et Cavois, comédie en trois actes, en vers, par ÉTIENNE. — 26 avril 1815.

Ragotin, ou *le Roman comique*, comédie en cinq actes, en vers, par LA FONTAINE. —
21 avril 1684. (Portée au registre de La Grange sous le nom de CHAMPMESLÉ).

Rajeunissement inutile (le), comédie en trois actes, en vers libres, par N. LA-
GRANGE. — 27 septembre 1738.

Rançon de Du Guesclin (la), ou *les Mœurs du XIVe siècle*, comédie en trois actes,
en vers, par A. V. ARNAULT. — 17 mars 1814.

Rantzau (les), comédie en quatre actes, en prose, par Erckmann et Chatrian. — 27 mars 1882.

Rapinière (la), ou *l'Intéressé*, comédie en cinq actes, en vers, par Robbe. — 4 décembre 1682.

Raymond V, comte de Toulouse, ou *l'Épreuve inutile*, comédie héroïque en cinq actes, en prose, par Sedaine. — 22 septembre 1789.

Raymonde, comédie en trois actes, en prose, par Theuriet et E. Morand. —28 mai 1887.

Recherche d'un père (la). Voy. Japhet.

Réconciliation (la). Voy. Louise.

Réconciliation normande (la), comédie en cinq actes, en vers, par Du Fresny. — 7 mars 1719.

Réconciliation par ruse (la), comédie en un acte, en vers, par Riboutté. — 15 janvier 1818.

Réduction de Paris (la), pièce héroïque en trois actes, en prose, par Desfontaines de La Vallée. — 25 novembre 1780.

Régner à tout prix. Voy. Jeanne de Flandre.

Régulus, tragédie en cinq actes, en vers, par Pradon. — 4 janvier 1688.

Régulus, tragédie en trois actes, en vers, par Dorat. — 31 juillet 1773.

Régulus, tragédie en trois actes, en vers, par L. Arnault. — 5 juin 1822.

Reine d'Espagne (la), drame en cinq actes, en prose, par Latouche. — 5 novembre 1831.

Reine Juana (la), drame en cinq actes, en vers, par Parodi. — 6 mai 1893.

Reine de Lesbos (la), drame antique en un acte, en vers, par Juillerat. — 22 juin 1854.

Réjouissances publiques (les), ou *le Gratis*, comédie en un acte, en prose (Anonyme). —18 septembre 1729. (De Mouhy et de Léris attribuent cette pièce à quelques comédiens du roi).

Religieuse (la). Voy. Mélanie.

Religieuses de Cambrai (les). Voy. Fénelon.

Renaud et Armide, comédie en un acte, en prose, par Dancourt. — 31 juillet 1686.

Rencontre imprévue (la), ou *la Surprise des amants*, comédie en trois actes, en prose, par Laffichard. — 14 octobre 1735. (De Léris dit : « On prétend que Parmentier y a eu part »).

Rendez-vous (le), comédie en un acte, en vers (?), par La Fontaine. — 6 mai 1683.

Rendez-vous (le), ou *l'Amour supposé*, comédie en un acte, en vers, par Fagan. — 27 mai 1733.

Rendez-vous du mari (le), ou *le Mari à la mode*, comédie en un acte, en vers, par Murville. — 1er décembre 1781.

Rendez-vous des Tuileries (le), ou *le Coquet trompé*, comédie en trois actes, en prose, et un prologue, par Baron. — 3 mars 1685.

Rendez-vous (les), comédie en trois actes, en vers, par Longpré. — 11 juin 1831.

René Descartes, comédie en deux actes, en prose, par Bouilly. — 17 février 1800. — Th. de la République, 20 septembre 1796.

Répétition (la), comédie en un acte, en prose (?), par Baron. — 10 juillet 1689.

Réputations (les), comédie en cinq actes, en vers, par Bièvre. — 23 janvier 1788.

Résolution inutile (la). Voy. les **Déguisements amoureux.**

Ressemblance (la), comédie en trois actes, en vers, par Forgeot. — 18 janvier 1788.

Restauration (une). Voy. le **Fils de Cromwell.**

Résurrection, strophes, par Coppée. — 22 mai 1886.

Retour (le), ou *l'Oncle et le neveu*, comédie en deux actes, en vers, par Rancé. — 2 août 1821.

Retour imprévu (le), comédie en un acte, en prose, par Regnard. — 11 février 1700.

Retour de jeunesse (un), comédie en un acte, en prose, par Audibert. — 4 septembre 1815.

Retour du mari (le), comédie en un acte, en vers, par Ségur. — 25 janvier 1792.

Retour du mari (le), comédie en quatre actes, en prose, par Uchard. — 1er mars 1858.

Retour des officiers (le), comédie en un acte, en prose, par Dancourt. — 19 octobre 1697.

Retour de l'ombre de Molière (le), comédie en un acte, en vers libres, par Voisenon. — 21 novembre 1739.

Retour sur soi-même (le). Voy. l'**École de la jeunesse.**

Réunion des amours (la), comédie héroïque en un acte, en prose, par Marivaux. — 5 novembre 1731.

Revanche (la), comédie en trois actes, en prose, par Roger et Creuzé de Lesser. — 15 juillet 1809.

Revanche d'Iris (la), comédie en un acte, en vers, par Ferrier. — 25 mars 1868.

Revanche de Pavie (la). Voy. les **Contes de la reine de Navarre.**

Rêve du mari (le), ou *le Manteau*, comédie en deux actes, en vers, par Andrieux. — 21 novembre 1818. (Réduite en un acte, le 20 mai 1826. Représentée en 1818 sous le titre *le Manteau*, ou *le Rêve supposé*).

Rêve supposé (le). Voy. le **Manteau.**

Rêves d'amour, comédie en trois actes, en prose, par Scribe et Biéville. — 1er mars 1859.

Réveil d'Épiménide (le), comédie en trois actes, en vers, et un prologue en vers libres, par Ph. Poisson. — 7 janvier 1735.

Réveil d'Épiménide à Paris (le), ou *les Étrennes de la liberté*, comédie en un acte, en vers, par Flins des Oliviers. — 1er janvier 1790.

Réveil tragique (le), poésie, par Bornier. — 24 décembre 1872.

Rêveries renouvelées des Grecs (les), parodie en trois actes, en vers, par Favart. — 4 avril 1832. (Deux rôles seulement étaient joués par des acteurs de la Comédie-Française). — Th. Italien, 26 juin 1779.

Rez-de-chaussée (le), comédie en un acte, en prose, par Berr de Turique. — 29 mai 1891.

Rhadamiste et Zénobie, tragédie en cinq actes, en vers, par Crébillon. — 23 janvier 1711.

Richard III, tragédie en cinq actes, en vers, par Rozoy. — 6 juillet 1781.

Richard III et Jeanne Shore, drame historique en cinq actes, en vers, par Lemercier. — 1er avril 1824.

Richard Minutolo. Voy. l'Italie galante.

Richard Savage, drame en cinq actes, en prose, par DESNOYER et LABAT. — 11 octobre 1838.

Richelieu, ou *la Journée des dupes*, comédie en cinq actes, en vers, par LEMERCIER. — 16 mars 1835.

Ricochets (les), comédie en un acte, en prose, par PICARD. — 12 mai 1832. — Th. de l'Impératrice, 15 janvier 1807.

Rienzi, tragédie en cinq actes, en vers, par LAIGNELOT. — 2 mars 1791.

Rire français (le), à-propos en vers, par E. DES ESSARTS. — 15 janvier 1893.

Rire de Molière (le), à-propos en un acte, en vers, par TIERCELIN. — 15 janvier 1888.

Rival de lui-même (le). Voy. la Fête interrompue.

Rival par ressemblance (le). Voy. les Méprises.

Rival secrétaire (le), comédie en un acte, en vers, et un prologue en vers libres, par DESFORGES. — 12 novembre 1737.

Rival de son maître (le), comédie en cinq actes, en vers (?) (ANONYME). — 25 avril 1687.

Rival supposé (le), comédie en un acte, en prose, par SAINT-FOIX. — 25 octobre 1749.

Rival utile (le). Voy. Lucas et Perrette.

Rivale d'elle-même (la). Voy. l'Amant de sa femme.

Rivale suivante (la), comédie en un acte, en vers, et un prologue, par P. ROUSSEAU. — 3 août 1747.

Rivaux (les), comédie en cinq actes, en vers, par IMBERT. — 18 décembre 1787. (A la première et unique représentation, interrompue au commencement du troisième acte).

Rivaux amis (les), comédie en un acte, en vers, par FORGEOT. — 13 novembre 1782.

Rivaux d'eux-mêmes (les), comédie en un acte, en vers (ANONYME). — 27 août 1714.

Rivaux d'eux-mêmes (les), comédie en un acte, en prose, par PIGAULT-LEBRUN. — 4 octobre 1799. — Th. de la Cité, 9 août 1798.

Robert Bruce, drame en cinq actes, en vers, par BEAUVALLET. — 31 mai 1847.

Rodogune, princesse des Parthes, tragédie en cinq actes, en vers, par P. CORNEILLE. — 7 septembre 1680. — Th. de l'Hôtel de Bourgogne, 1644.

Roi attend (le), prologue en un acte, en prose, par Mme SAND. — 6 avril 1848.

Roi berger (le). Voy. Abdolonyme.

Roi de Cocagne (le), comédie en trois actes, en vers libres, et un prologue, par M. A. LE GRAND. — 31 décembre 1718.

Roi Léar (le), tragédie en cinq actes, en vers, par DUCIS. — 20 janvier 1783.

Roi s'amuse (le), drame en cinq actes, en vers, par HUGO. -- 22 novembre 1832.

Roi et le laboureur (le), ou *Don Pèdre*, tragédie en cinq actes, en vers, par A. V. ARNAULT. — 5 juin 1802.

Roman (le), comédie en cinq actes, en vers, par LA VILLE DE MIRMONT. – 22 juin 1825.

Roman comique (le). Voy. Ragotin.

Roman d'une heure (le), ou *la Folle gageure,* comédie en un acte, en prose, par Hoffman. — 5 mars 1803.

Romanesques (les), comédie en trois actes, en vers, par Rostand. — 21 mai 1894.

Rome sauvée, tragédie en cinq actes, en vers, par Voltaire. — 24 février 1752.

Rome vaincue, tragédie en cinq actes, en vers, par Parodi. — 27 septembre 1876.

Roméo et Juliette, tragédie en cinq actes, en vers par Ducis. — 27 juillet 1772.

Roméo et Juliette, tragédie en cinq actes, en vers, par Soulié. — 16 novembre 1832. — Th. de l'Odéon, 10 juin 1828.

Romulus, tragédie en cinq actes, en vers, par La Motte. — 8 janvier 1722.

Romulus, comédie en un acte, en prose, par Al. Dumas, Feuillet et Bocage. — 13 janvier 1854.

Rosalinde, ou *Ne jouez pas avec l'amour,* comédie en un acte, en prose, par Thiboust et Scholl. — 29 mai 1891. — Th. du Gymnase, 1er juillet 1859.

Rosaline et Floricourt, ou *les Caprices,* comédie en trois actes, en vers libres, par Ségur. — 17 novembre 1787. (Réduite en deux actes, le 21 novembre 1787).

Roséïde, ou *l'Intrigant,* comédie en cinq actes, en vers, par Dorat. — 2 octobre 1779.

Rosemonde, tragédie en cinq actes, en vers, par Bonnechose. — 28 octobre 1826.

Rosemonde, tragédie en un acte, en vers, par Latour de Saint-Ybars. — 21 novembre 1854.

Roses jaunes (les), comédie en un acte, en vers, par Karr. — 29 avril 1867.

Rosière par ordonnance (la). Voy. une **Aventure de Charles V**.

Route de Bordeaux (la), à-propos en un acte, en vers libres, par Désaugiers, Gentil et Gersin. — 10 décembre 1823.

Roxelane et Mustapha, tragédie en cinq actes, en vers, par Maisonneuve. — 6 juin 1785.

Rue Quincampoix (la), drame en cinq actes, en vers, par Ancelot. — 30 mai 1848.

Rue Saint-Denis (la), comédie en un acte, en prose, par Champmeslé. — 17 juin 1682.

Rupture (la), ou *le Malentendu,* comédie en un acte, en vers, par Mmes Delhorme. — 23 novembre 1776. (Cette pièce a été attribuée à Legrand, l'auteur du *Bon ami*).

Rupture (une), comédie en un acte, en prose, par Dreyfus. — 19 juin 1885.

Ruse contre ruse. Voy. **Guerre ouverte**.

Ruse inutile (la), comédie en un acte, en vers libres, par P. Rousseau. — 6 octobre 1749.

Ruses d'amour (les), comédie en trois actes, en vers, par Ph. Poisson. — 30 avril 1736.

Ruy Blas, drame en cinq actes, en vers, par Hugo. — 4 avril 1879. — Th. de la Renaissance, 8 novembre 1838.

Sabinus et Éponine, tragédie en cinq actes, en vers, par Richer. — 29 décembre 1734.

Sacrifice aux Grâces (le). Voy. **Anaximandre**.

Sage étourdi (le), comédie en trois actes, en vers, par Boissy — 14 juillet 1745. (C'est la même pièce que *l'Homme indépendant*).

Sage de vingt ans (le). Voy. l'**École de la jeunesse**.

Sage et le fou (le), comédie en trois actes, en vers, par Méry et Lopez. — 6 août 1852.

Saint-Hubert (une), comédie en un acte, en vers, par Longpré. — 20 février 1838.

Saint-Louis à Sainte-Pélagie (la), comédie en un acte, en prose, par Lafitte. — 24 août 1824.

Salut à Molière, hommage en prose, par Geffroy. — 15 janvier 1899.

Sancho Pança, comédie en trois actes, en prose, par Du Fresny. — 27 janvier 1694.

Sancho Pança gouverneur, comédie en cinq actes, en vers, par Dancourt. — 15 novembre 1712.

Sapho, drame en un acte, en vers, par Silvestre. — 6 mars 1893. — Th. de la Gaîté, 7 novembre 1881.

Satirique (le), ou *l'Homme dangereux*, comédie en trois actes, en vers, par Palissot. — 10 mai 1782.

Saturnales (les). Voy. la **Prude du temps**.

Saül, tragédie en cinq actes, en vers, par Nadal. — 27 février 1705.

Scanderberg, tragédie en cinq actes, en vers, par Dubuisson. — 9 mai 1786.

Scaramouche et Pascariel, comédie en un acte, en vers, par Carré. — 28 mai 1847.

Scévole, tragédie en cinq actes, en vers, par Du Ryer. — 2 mai 1681. — Th. de l'Hôtel de Bourgogne, 1646.

Scipion l'Africain, tragédie en cinq actes, en vers, par Pradon. — 22 février 1697.

Scythes (les), tragédie en cinq actes, en vers, par Voltaire. — 26 mars 1767.

Second chapitre du Diable boiteux (le), comédie en deux actes, en prose, et un prologue, par Dancourt. — 20 octobre 1707.

Second mari (le), comédie en trois actes, en vers, par Arvers. — 3 avril 1841.

Seconde Surprise de l'amour (la), comédie en trois actes, en prose, par Marivaux. — 31 décembre 1727. (Réduite en deux actes le 22 juin 1852, remise en trois actes le 25 mai 1890 et réduite de nouveau en deux actes le 1er janvier 1891).

Secret du ménage (le), comédie en trois actes, en vers, par Creuzé de Lesser. — 25 mai 1809.

Secret du monde (un). Voy. **Deux hommes**.

Secret révélé (le), comédie en un acte, en prose, par Brueys et Palaprat. — 13 septembre 1690.

Secrétaire du duc d'Albe (le). Voy. le **Bourgeois de Gand**.

Séducteur (le), comédie en cinq actes, en vers, par Bièvre. — 8 novembre 1783.

Séducteur amoureux (le), comédie en trois actes, en vers, par Longchamps. — 24 janvier 1803.

Semblable à soi-même (le), intermède comique, en vers, par Montfleury. — 24 septembre 1680. (Antérieurement représenté dans l'*Ambigu-comique*. Voy. ce titre).

Sémiramis, tragédie en cinq actes, en vers, par Mme de Gomez. — 1er février 1716.

Sémiramis, tragédie en cinq actes, en vers, par Crébillon. — 10 avril 1717.

Sémiramis, tragédie en cinq actes, en vers, par Voltaire. — 29 août 1748.

Sénat et le peuple (le). Voy. **Caïus Gracchus.**

Séparation (une), comédie en un acte, en vers, par Bertal. — 21 décembre 1894.

Séparation (une). Voy. **Julie.**

Sérénade (la), comédie en un acte, en prose, par Regnard. — 3 juillet 1694.

Serments (les), comédie en trois actes, en vers, par Vienne͏ᵗ. — 18 février 1839.

Serments indiscrets (les), comédie en cinq actes, en prose, par Marivaux. — 8 juin 1732.

Sertorius, tragédie en cinq actes, en vers, par P. Corneille. — 30 août 1680. — Th. du Marais, 25 février 1662.

Service en campagne, comédie en un acte, en vers, par Massa. — 12 mai 1882.

Sésostris, tragédie en cinq actes, en vers, par Longepierre. — 28 décembre 1695.

Severo Torelli, drame en cinq actes, en vers, par Coppée. — 28 août 1894. — Th. de l'Odéon, 21 novembre 1883.

Sganarelle, ou *le Cocu imaginaire*, comédie en un acte, en vers, par Molière. — 7 septembre 1680. — Th. du Petit Bourbon, 28 mai 1660.

Shakespeare amoureux, ou *la Pièce à l'étude*, comédie en un acte, en prose, par Duval. — 2 janvier 1804.

Sicilien (le), ou *l'Amour peintre*, comédie-ballet en un acte, en prose, par Molière. — 11 septembre 1680. — Th. du Palais-Royal, 10 juin 1667.

Sidney, comédie en trois actes, en vers, par Gresset. — 3 mai 1745.

Siège de Calais (le), tragédie en cinq actes, en vers, par P. L. de Belloy. — 13 février 1765.

Siège de Paris (le), tragédie en cinq actes, en vers, par d'Arlincourt. — 8 avril 1826.

Siège de Saint-Jean-de-Lône (le). Voy. **les Héros français.**

Sifflets (les). Voy. **le Grondeur.**

Sigismond de Bourgogne, tragédie en cinq actes, en vers, par Viennet. — 10 septembre 1825.

Silvie, tragédie bourgeoise en un acte, en prose, et un prologue, par Landois. — 17 août 1741.

Siri-Brahé, ou *les Curieuses*, drame historique en trois actes, en prose, par Thüring. — 11 février 1803.

Six lieues de chemin. Voy. **le Premier venu.**

Smilis, drame en quatre actes, en prose, par Aicard. — 23 janvier 1884.

Socrate et sa femme, comédie en un acte, en vers, par Banville. — 2 décembre 1885.

Sœur supposée (la). Voy. **Mascarille.**

Sœurs rivales (les), comédie en un acte, en vers (Anonyme). — 26 juillet 1696.

Soirée à la Bastille (une), comédie en un acte, en vers, par Decourcelle. — 30 avril 1845.

Soirée à la mode (la). Voy. **le Cercle.**

Soirée d'Auteuil (la). Voy. **Molière avec ses amis.**

Soirée d'une vieille femme (la), comédie en deux actes, en prose, par Lourdet de Santerre. — 25 mars 1793.

Soleil des morts (le), hommage en prose, par Christophe. — 21 mai 1899.

Soliman, tragédie en cinq actes, en vers, par La Tuillerie. — 11 octobre 1680. (Quelques auteurs attribuent cette pièce à l'abbé G. Abeille).

Soliman II ou *les Trois sultanes*. Voy. **les Trois sultanes.**

Somnambule (le), comédie en un acte, en prose, par Pont-de-Vesle. — 14 janvier 1739.

Songe d'une nuit d'hiver (le), comédie en deux actes, en prose, par Plouvier. — 12 juin 1854.

Sophiste (le), comédie en trois actes, en vers, par Laverpillière. — 22 janvier 1833. (Imprimée sous le titre de *l'Homme et ses écrits*).

Sophonisbe, tragédie en cinq actes, en vers, par P. Corneille. — 20 août 1699. — Th. de l'Hôtel de Bourgogne, janvier 1663.

Sophonisbe, tragédie en cinq actes, en vers, par La Grange-Chancel. — 10 novembre 1716.

Sophonisbe, tragédie en cinq actes, en vers, par Voltaire. — 15 janvier 1774. (C'est la tragédie de Mairet « réparée à neuf »).

Sortie de Saint-Cyr (la), comédie en un acte, en prose, par Verconsin. — 22 juin 1886.

Sot toujours sot (le), ou *le Marquis paysan*, comédie en un acte, en prose, par Brueys. — 3 juillet 1693.

Soubrettes (les). Voy. **l'Inconséquent.**

Souhaits pour le roi (les), comédie en un acte, en vers libres, par Valois d'Orville et Dubois. — 30 août 1745.

Soulier de Corneille (le), poésie, par Gautier. — 6 juin 1888. (Ces vers intitulés : *Pierre Corneille, pour l'anniversaire de sa naissance*, devaient être dits à la Comédie-Française, le 6 juin 1851 ; ils furent interdits par la censure).

Souper (le), comédie en trois actes, en prose (Anonyme). — 8 juillet 1754. (Cette comédie a été successivement attribuée au comte de Tressan, au marquis de Senecterre et à Fréron, qui tous trois l'ont désavouée).

Souper de famille (le). Voy. **les Dangers de l'absence.**

Souper imprévu (le), ou *le Chanoine de Milan*, comédie en un acte, en prose, par Duval. — 9 février 1807. — Th. de la République, 11 septembre 1796.

Souper magique (le), ou *les Deux siècles*, comédie en un acte, en vers, par Murville. — 11 février 1790.

Souper mal apprêté (le), comédie en un acte, en vers, par Hauteroche. — 18 septembre 1680. — Th. de l'Hôtel de Bourgogne, juillet 1669.

Sourd (le), ou *l'Auberge pleine*, comédie-folie en trois actes, en prose, par P. J. B. Desforges. — 14 mars 1822. — Th. Montansier, 30 septembre 1790.

Souris (la), comédie en trois actes, en prose, par Pailleron. — 18 novembre 1887.

Sous la Régence. Voy. **un Mariage sous la Régence.**

Souvenirs de la marquise de V*** (les), comédie en un acte, en prose, par N. Fournier et Arnould. — 3 juillet 1840.

Souvenirs de voyage, comédie en un acte, en prose, par Achard. — 16 mars 1853.

Souvent homme varie, comédie en deux actes, en vers, par Vacquerie. — 2 mai 1859.

Spartacus, tragédie en cinq actes, en vers, par Saurin. — 20 février 1760.

Spéculateur (le), ou *l'École de la jeunesse*, comédie en cinq actes, en vers, par Riboutté. — 24 juin 1826.

Spéculateurs (les), drame en cinq actes, en prose, par Durantin et Fontaine — 27 juin 1846.

Sphinx (le), drame en quatre actes, en prose, par Feuillet. — 23 mars 1874.

Stances à Musset, par Bornier. — 2 mai 1868.

Stances à Racine, par E. Legouvé. — 21 avril 1860.

Stances à Racine, par Bornier. — 21 décembre 1865.

Stances pour l'anniversaire de la naissance de P. Corneille, par Busoni. — 6 juin 1829.

Stances sur Esther, par Bornier. — 21 décembre 1873.

Statuaires d'Athènes (les), comédie en un acte, en vers, par Rigaud. — 28 août 1799.

Statuette d'un grand homme (la), comédie en un acte, en prose, par Guillard et Bézier. — 8 août 1856.

Stella, comédie en quatre actes, en prose, par Wey. — 24 septembre 1852.

Stilicon, tragédie en cinq actes, en vers, par T. Corneille. — 12 août 1685. — Th. de l'Hôtel de Bourgogne, 27 janvier 1660.

Struensée, drame en cinq actes, en vers, et un prologue, par Meurice. — 5 novembre 1898.

Successeurs de Clovis (les). Voy. **Brunehaut.**

Suite d'un bal masqué (la), comédie en un acte, en prose, par Mme de Bawr. — 9 avril 1813.

Suite de la Coquette (la). Voy. la **Dame à la mode.**

Suite du Menteur (la), comédie en cinq actes, en vers, par P. Corneille. — 29 octobre 1808. — Th. du Marais (?), fin de 1643. (Avec des changements et un prologue en vers, par Andrieux, à la reprise du 29 octobre 1808).

Suite du Misanthrope (la). Voy. le **Philinte de Molière.**

Suites du libertinage (les). Voy. l'**École des mœurs.**

Suivante désintéressée (la), comédie en un acte, en prose, et un prologue, par Audierne. — 14 novembre 1739.

Suivante généreuse (la), comédie en cinq actes, en vers libres, par Sablier. — 23 mai 1759.

Sujet de comédie (le). Voy. les **Deux Figaro.**

Sullivan, comédie en trois actes, en prose, par Mélesville. — 11 novembre 1852.

Supplice d'une femme (le), drame en trois actes, en prose, par Dumas fils et Girardin. — 29 avril 1865.

Sur la lisière d'un bois, scène en vers, par Hugo. — 22 mai 1895.

Suréna, général des Parthes, tragédie en cinq actes, en vers, par P. Corneille. — 22 juillet 1699. — Th. de l'Hôtel de Bourgogne, décembre 1674.

Surprise des amants (la). Voy. la **Rencontre imprévue.**

Surprise de l'amour (la). Voy. la **Seconde Surprise de l'amour.**

Susceptible (le), comédie en un acte, en vers, par Am. de Beauplan. — 22 mai 1839.

Susceptible par honneur (le), comédie en trois actes, en vers, par Gosse. — 15 avril 1818.

Sylla, tragédie en cinq actes, en vers, par Jouy. — 27 décembre 1821.

Tabarin, comédie en deux actes, en vers, par Ferrier. — 15 juin 1874.

Tableau (*le*). Voy. **Caroline.**

Talisman (le), comédie en un acte, en prose, par La Motte. — 27 mars 1726. (Reprise postérieurement dans *l'Italie galante*. Voy. ce titre).

Tambour nocturne (le), ou *le Mari devin*, comédie en cinq actes, en prose, par Destouches. — 16 octobre 1762. (Avec des changements par Bellecour).

Tamerlan, ou *la Mort de Bajazet*, tragédie en cinq actes, en vers, par Pradon. — 4 août 1706. — Th. de l'Hôtel de Bourgogne, 1675.

Tancrède, tragédie en cinq actes, en vers croisés, par Voltaire. — 3 septembre 1760.

Tapisserie (la), comédie-folie en un acte, en prose, par Duval. — 9 janvier 1824. — Th. de l'Impératrice, 1er mars 1808.

Tardif (le), comédie en trois actes, en vers, par Gensoul. — 8 décembre 1824. (Réduite en un acte, le 15 décembre 1824).

Tarentule (la), comédie en un acte, en prose, par Martel. — 2 novembre 1745.

Tarquin, tragédie en cinq actes, en vers, par Pradon. — 9 janvier 1682.

Tartuffe (l'Imposteur ou), comédie en cinq actes, en vers, par Molière. — 31 août 1680. — Th. du Palais-Royal, 5 août 1667.

Tartuffe de mœurs (*le*). Voy. **l'Homme à sentiments.**

Tasse (le), drame historique en cinq actes, en vers, par Cicile. — 23 juillet 1803. (Avec des changements, le 26 octobre 1803.)

Tasse (le), drame historique en cinq actes, en prose, par Duval. — 26 décembre 1826.

Téglis, tragédie en cinq actes, en vers, par de Morand. — 19 septembre 1735.

Téléphonte, tragédie en cinq actes, en vers, par La Chapelle. — 26 décembre 1682.

Tempête dans un verre d'eau (une), comédie en un acte, en prose, par Gozlan. — 24 novembre 1854. — Th. Historique, 18 décembre 1849.

Temple de Delphes (*le*). Voy. **les Amusements de l'automne.**

Temple de Gnide (*le*). Voy. **les Amusements de l'automne.**

Templiers (les), tragédie en cinq actes, en vers, par Raynouard. — 14 mai 1805. (Avec des changements à la reprise du 23 février 1815).

Temps futur (*le*). Voy. **le Triomphe du temps.**

Temps passé (le), comédie en un acte, en prose, par M. A. Le Grand. — 22 septembre 1725. (Antérieurement représentée dans *le Triomphe du temps*. Voy. ce titre).

Temps passé (*le*). Voy. **le Complot de famille.**

Temps présent (le), comédie en un acte, en prose, par M. A. Le Grand. — 23 octobre 1725. (Antérieurement représentée dans *le Triomphe du temps*. Voy. ce titre).

Tenailles (les), pièce en trois actes, en prose, par Hervieu. — 28 septembre 1895.

Térée, tragédie en cinq actes, en vers, par Lemierre. — 25 mai 1761. (Avec des changements, le 28 février 1787).

Térée et Philomèle, tragédie en cinq actes, en vers, par RENOU. — 3 juin 1773.

Testament (le), comédie en trois actes, en prose, par DUVAL. — 9 avril 1836.

Testament de César (le), drame en cinq actes, en vers, et un épilogue, par J. LA-CROIX. — 10 novembre 1849. (En 1851, on a donné deux représentations du premier acte sous le titre de *César chez Cythéris*).

Testament de César Girodot (le), comédie en trois actes, en prose, par BELOT et VILLETARD. — 26 juin 1873. — Th. de l'Odéon, 30 septembre 1859.

Thamas Kouli-Kan. Voy. **Nadir.**

Théagène, tragédie en cinq actes, en vers, par DORAT. — 2 mars 1763.

Théâtre de la farce (le). Voy. **la Marinette.**

Thébaïde (la), ou *les Frères ennemis*, tragédie en cinq actes, en vers, par RACINE. — 4 juillet 1681. — Th. du Palais-Royal, 20 juin 1664.

Thélamire, tragédie en cinq actes, en vers, par Mlle LEBRUN. — 6 juillet 1739. (Cette tragédie, que le chevalier de Mouhy indique comme étant l'œuvre de Mlle LEBRUN, est généralement attribuée au marquis de THIBOUVILLE).

Thermidor, drame en quatre actes, en prose, par SARDOU. — 24 janvier 1891.

Thersite, comédie en deux actes, en vers, par VILLARCEAUX. — 12 février 1848.

Thésée, tragédie en cinq actes, en vers, par LA FOSSE. — 5 janvier 1700.

Thésée, tragédie en cinq actes, en vers, par MAZOÏER. — 25 novembre 1800.

Thomyris, tragédie en cinq actes, en vers, par Mlle BARBIER. — 23 novembre 1706. (D'après quelques auteurs l'abbé PELLEGRIN serait l'auteur de cette pièce).

Tibère, tragédie en cinq actes, en vers, par PELLEGRIN et DUPUY. — 13 décembre 1726.

Tibère, tragédie en cinq actes, en vers, par CHÉNIER. — 15 décembre 1843.

Tibère et Sérénus, tragédie en cinq actes, en vers, par FALLET. — 23 août 1782.

Timoléon, tragédie en cinq actes, en vers, par LA HARPE. — 1er août 1764.

Timon, comédie en un acte, en vers, par BRÉCOURT. — 13 août 1684.

Tippo-Saëb, tragédie en cinq actes, en vers, par JOUY. — 27 janvier 1813.

Tiridate, tragédie en cinq actes, en vers, par CAMPISTRON. — 12 février 1691.

Tisserand de Ségovie (le), drame en trois actes, en vers, par LUCAS. — 7 novembre 1844.

Titapapouf. Voy. **le Voleur.**

Titus, tragédie en cinq actes, en vers, par P. L. de BELLOY. — 28 février 1759.

Toinette à Molière, à-propos en vers, par SOUZA. — 15 janvier 1890.

Toison d'or (la), tragédie en cinq actes, en vers, et un prologue en vers libres, par P. CORNEILLE. — 9 juillet 1683. — Th. du Marais, février 1661. (A la reprise du 9 juillet 1683, avec un prologue par LA CHAPELLE).

Tom Jones à Londres, comédie en cinq actes, en vers, par P. J. B. DESFORGES. — 3 décembre 1813. — Th. Italien, 22 octobre 1782.

Tombeau de Desilles (le), pièce en un acte, en prose, par DESFONTAINES DE LA VALLÉE. — 3 décembre 1790.

Tontine (la), comédie en un acte, en prose, par LE SAGE. — 20 février 1732.

Torrent (le), pièce en quatre actes, en prose, par DONNAY. — 5 mai 1899.

Toujours, comédie en un acte, en prose, par COURCY. — 25 mai 1883.

Tour de Babel (la), ou *l'Écosse en 1690*, comédie en cinq actes, en vers, par Bruant. — 19 juin 1845.

Tour de carnaval (le). Voy. les **Valets maîtres de la maison**.

Tout pour le Roi! Tout pour la France! Voy. le **Laboureur**.

Tragédie en prose (la), ou *la Tragédie extravagante*, comédie en un acte, en prose, par Du Castre d'Auvigny. — 4 mai 1730.

Tragédie extravagante (la). Voy. la **Tragédie en prose**.

Trahison (la). Voy. **Guerrero**.

Trahison punie (la), comédie en cinq actes, en vers, par Dancourt. — 28 novembre 1707.

Trésor (le), comédie en cinq actes, en vers, par Andrieux. — 28 juin 1817. — Th. Louvois, 28 janvier 1804.

Tribunal de l'amour (le), comédie en un acte, en vers libres, par Landon. — 12 octobre 1750.

Tricorne enchanté (le), bastonnade en un acte, en vers, par Gautier et Siraudin. — 29 juin 1898. — Th. des Variétés, 7 avril 1845.

Triomphe de l'amitié (le). Voy. **Julie**.

Triomphe de l'hiver (le), comédie en un acte, en prose (Anonyme). — 29 novembre 1694.

Triomphe de la philosophie (le). Voy. la **Bienfaisance de Voltaire**.

Triomphe du temps (le), spectacle composé d'un prologue et de trois comédies :

Le Temps passé, un acte, en prose, ⎫
Le Temps présent, un acte, en prose, ⎬ par M. A. Le Grand.
Le Temps futur, un acte, en prose, ⎭

— 18 octobre 1724.

(Le premier acte est tiré des *Amants ridicules*, du même auteur.)

Triple mariage (le), comédie en un acte, en prose, par Destouches. — 7 juillet 1716.

Tristan de Léonois, drame en trois actes et sept tableaux, en vers, par Silvestre. — 29 octobre 1897.

Triumvirat (le), ou *la Mort de Cicéron*, tragédie en cinq actes, en vers, par Crébillon. — 23 décembre 1754.

Triumvirat (le). Voy. **Octave et le jeune Pompée**.

Trois amours de Tibulle (les), comédie en un acte, en vers, par Tailhand. — 26 mars 1852.

Trois cousines (les), comédie en trois actes, en prose, et un prologue, par Dancourt. — 18 octobre 1700. (De Léris rapporte un bruit d'après lequel cette pièce serait d'un nommé Barrau, et aurait été corrigée et développée par Dancourt).

Trois Crispins (les). Voy. la **Famille Poisson**.

Trois entr'actes pour l'Amour médecin, comédie à-propos, en prose, par Al. Dumas. — 15 janvier 1850.

Trois époques (les). Voy. **Marie**.

Trois frères rivaux (les), comédie en un acte, en vers, par de La Font. — 4 août 1713.

Trois Gascons (les), comédie en un acte, en prose, par Boindin et La Motte. — 4 juin 1701.

Trois jours d'un grand peuple, drame en trois actes, en prose, par Nouguier. — 9 septembre 1830.

Trois noces (les), comédie champêtre en un acte, en prose, par Dezède. — 23 février 1790.

Trois quartiers (les), comédie en trois actes, en prose, par Picard et Mazères. — 31 mai 1827.

Trois rivaux (les), comédie en cinq actes, en vers, par Saurin. — 4 février 1743.

Trois spectacles (les), spectacle composé d'un prologue en prose et en vers, et de :

> *Polyxène,* tragédie en un acte, en vers,
> *L'Avare amoureux,* comédie en un acte, en prose,
> *Pan et Doris,* pastorale en un acte, en vers libres,
>
> par Dumas d'Aigueberre.
>
> — 6 juillet 1729.

Trois sultanes (Soliman II, ou les), comédie en trois actes, en vers libres, par Favart. — 28 avril 1803. — Th. Italien, 9 avril 1761.

Trop curieux, comédie en un acte, en vers, par Gondinet. — 25 juin 1863.

Troyennes (les), tragédie en cinq actes, en vers, par Châteaubrun. — 11 mars 1754.

Tu et les Toi (les). Voy. **la Parfaite égalité.**

Turcaret, comédie en cinq actes, en prose, avec un prologue et un épilogue, par Le Sage. — 14 février 1709.

Tuteur (le), comédie en un acte, en prose, par Dancourt. — 13 juillet 1695.

Tuteur dupé (le), ou *la Maison à deux portes,* comédie en cinq actes, en prose, par Cailhava. — 30 septembre 1765.

Tuteurs (les), comédie en deux actes, en vers, par Palissot. — 2 septembre 1754.

Tuteurs vengés (les), comédie en trois actes, en vers, par Duval. — 7 décembre 1799.

Tutrice (la), ou *l'Emploi des richesses,* comédie en trois actes, en prose, par Scribe et N. P. Duport. — 29 novembre 1843.

Tyndarides (les), tragédie en cinq actes, en vers, par Danchet. — 16 décembre 1707.

Tyran domestique (le), ou *l'Intérieur d'une famille,* comédie en cinq actes, en vers, par Duval. — 16 février 1805.

Ulysse, tragédie en cinq actes, en vers, par Lebrun. — 28 avril 1814.

Ulysse, tragédie en trois actes, en vers, avec un prologue et un épilogue, par Ponsard. — 18 juin 1852.

Un et l'autre (l'), comédie en un acte, en prose, par Mme de Beauvoir. — 5 avril 1852.

Usurier (l'), comédie en cinq actes, en vers (?), par T. Corneille et Visé. — 13 février 1685.

Usurier gentilhomme (l'), comédie en un acte, en prose, par M. A. Le Grand. — 11 septembre 1713.

Usuriers (les), par Préchac. — 16 octobre 1680.

Vacances (les), comédie en un acte, en prose, par Dancourt. — 31 octobre 1696.

Valéria, drame en cinq actes, en vers, par Maquet et J. Lacroix. — 28 février 1851.

Valérie, comédie en trois actes, en prose, par SCRIBE et MÉLESVILLE. — 21 décembre 1822.

Valérien, tragédie en cinq actes, en vers, par RIUPEIROUS. — 22 novembre 1690.

Valet maître (le), comédie en trois actes, en vers, par MOISSY. — 6 novembre 1751.

Valets maîtres de la maison (les), ou *le Tour de carnaval*, comédie en un acte, en prose, par ROCHON DE CHABANNES. — 11 février 1768.

Valise de Molière (la), comédie en un acte, en prose, avec des fragments peu connus attribués à MOLIÈRE, par É. FOURNIER. — 15 janvier 1868.

Vallia, tragédie en cinq actes, en vers, par LATOUR DE SAINT-YBARS. — 27 septembre 1841.

Vanda, reine de Pologne, tragédie en cinq actes, en vers, par LINANT. — 17 mai 1747.

Vapeurs (les). Voy. **les Fontanges maltraitées.**

Varon, tragédie en cinq actes, en vers, par GRAVE. — 20 décembre 1751.

Varron, tragédie en cinq actes, en vers, par DUPUY. — 14 novembre 1687.

Vassale (la), pièce en quatre actes, en prose, par CASE. — 17 juillet 1897.

Veau perdu (le), comédie en un acte, en prose, par LA FONTAINE et CHAMPMESLÉ. — 22 août 1689.

Venceslas, tragédie en cinq actes, en vers, par ROTROU. — 26 septembre 1680. — 1647. (Retouchée par MARMONTEL, pour la reprise du 30 avril 1759, et par COLARDEAU, sur les indications de LE KAIN, pour celle du 26 février 1774).

Vendanges (les), comédie en un acte, en prose, par DANCOURT. — 30 septembre 1694.

Vendanges de Suresnes (les), comédie en un acte, en prose, par DANCOURT. — 15 octobre 1695.

Vengeance de l'amour (la), comédie en cinq actes, en vers, par JOLLY. — 4 décembre 1721.

Venise sauvée, tragédie en cinq actes, en vers, par LA PLACE. — 5 décembre 1746. (La première représentation fut précédée d'un discours).

Vénitiens (les). Voy. **Blanche et Montcassin.**

Vêpres siciliennes (les), tragédie en cinq actes, en vers, par DELAVIGNE. — 22 juin 1832. — Th. de l'Odéon, 23 octobre 1819.

Véritable amie (la). Voy. **le Veuf amoureux.**

Verre d'eau (le), ou *les Effets et les causes*, comédie en cinq actes, en prose, par SCRIBE. — 17 novembre 1840.

Vers à Corneille, par BEAUVALLET. — 6 juin 1859.

Vers en l'honneur de Racine, par CARCASSONNE. — 21 décembre 1869.

Vers la joie, conte bleu en cinq actes, en vers, par RICHEPIN. — 13 octobre 1894.

Vers de Virgile (un), comédie en deux actes, en prose, par MÉLESVILLE. — 14 février 1857.

Vert galant (le), comédie en un acte, en prose, par DANCOURT. — 24 octobre 1714.

Vertu récompensée (la). Voy. **Paméla.**

Vestale (la), tragédie en cinq actes, en vers, par SAUVAGE et DUHOMME. — 30 mai 1846.

Vestale (la). Voy. **Éricie.**

Veuf amoureux (le), ou *la Véritable amie,* comédie en trois actes, en vers, par COLLIN D'HARLEVILLE. — 30 mars 1803.

Veuvage (un), comédie en trois actes, en vers, par SAMSON. — 9 juin 1842.

Veuvage interrompu (le), comédie en un acte, en prose, par BAYARD. — 17 octobre 1825 (La deuxième et dernière représentation, le 22 octobre 1825, n'a pas été achevée).

Veuvage trompeur (le), comédie en trois actes, en vers, par LA PLACE. — 7 mai 1777 (Réduite en deux actes le 12 mai 1777).

Veuve (la), comédie en un acte, en prose, par CHAMPMESLÉ. — 30 juillet 1699.

Veuve (la), comédie en un acte, en prose, par COLLÉ. — 29 décembre 1770.

Veuve impertinente (la). Voy. **le Feint polonais.**

Veuve du Malabar (la), ou *l'Empire des coutumes,* tragédie en cinq actes, en vers, par LEMIERRE. — 30 juillet 1770.

Vicomte de Génicourt (le). Voy. **le Petit-maître de campagne.**

Victimes cloîtrées (les), drame en quatre actes, en prose, par MONVEL. — 28 mars 1791.

Victor Hugo, chant séculaire, par E. DES ESSARTS. — 13 septembre 1900. (Au palais du Trocadéro.)

Vie de Bohême (la), pièce en cinq actes, en prose, par BARRIÈRE et MURGER. — 9 septembre 1897. — Th. des Variétés, 22 novembre 1849.

Vie en un jour (la). Voy. **les Éphémères.**

Vieillard couru (le), ou *les Différents caractères des femmes,* comédie en cinq actes, en prose, par VISÉ. — 24 mars 1696.

Vieillards rajeunis (les), comédie en un acte, en vers libres (ANONYME). — 9 novembre 1743.

Vieillesse de Corneille (la), poésie, par DELPIT. — 6 juin 1877.

Vieillesse d'un grand roi (la), drame en trois actes, en prose, par LOCKROY et ARNOULD. — 28 mars 1837.

Vieillesse de Richelieu (la), drame en cinq actes, en prose, par FEUILLET et BOCAGE. — 2 novembre 1848.

Vieux célibataire (le), comédie en cinq actes, en vers, par COLLIN D'HARLEVILLE. — 24 février 1792.

Vieux Corneille (le), à-propos en un acte, en vers, par AUGÉ DE LASSUS. — 6 juin 1889.

Vieux fat (le), ou *les Deux vieillards,* comédie en cinq actes, en vers, par ANDRIEUX. — 6 juin 1810.

Vieux garçon (le), comédie en cinq actes, en vers, par DUBUISSON. — 16 décembre 1782. (A la deuxième représentation, sous le titre : *le Vieux garçon,* ou *le Fils naturel*).

Vieux monde (le). Voy. **le Divorce de l'amour et de la raison.**

Vieux de la montagne (le), tragédie en cinq actes, en vers, par LATOUR DE SAINT-YBARS. — 6 février 1847.

Vieux camarades, comédie à-propos en un acte, en vers, par LAMBERT. — 15 janvier 1895.

Village (le), comédie en un acte, en prose, par FEUILLET. — 2 juin 1856.

Villars à Nîmes. Voy. **les Calvinistes.**

Vincenette, drame en un acte, en vers, par P. BARBIER. — 28 mai 1887.

Vindicatif (le), drame en cinq actes, en vers libres, par Dudoyer de Gastels. — 2 juillet 1774.

Vindicatif généreux (le). Voy. l'**Amour usé**.

Virginie, tragédie en cinq actes, en vers, par Campistron. — 12 février 1683.

Virginie, tragédie en cinq actes, en vers, par La Harpe. — 11 juillet 1786.

Virginie, ou *la Destruction des décemvirs*, tragédie en trois actes, en vers, par Doigny du Ponceau. — 31 août 1791.

Virginie, tragédie en cinq actes, en vers, par Guiraud. — 28 avril 1827.

Virginie, tragédie en cinq actes, en vers, par Latour de Saint-Ybars. — 5 avril 1845.

Visionnaires (les), comédie en cinq actes, en vers, par Desmarets de Saint-Sorlin. — 30 septembre 1680. — Th. de l'Hôtel de Bourgogne, 1637.

Visite à Corneille, poésie, par Blémont. — 6 juin 1886.

Visite de noces (une), comédie en un acte, en prose, par Dumas fils. — 11 avril 1891. — Th. du Gymnase, 10 octobre 1871.

Visites du jour de l'an (les), comédie en un acte, en vers libres, par Vadé. — 3 janvier 1749.

Vitellie, tragédie en cinq actes, en vers, par Selve. — 10 novembre 1809.

Vivacité à l'épreuve (la), comédie en trois actes, en vers, par Vigée. — 5 juillet 1793.

Vocation (la). Voy. **Don Juan d'Autriche**.

Voile (le), pièce en un acte, en vers, par Rodenbach. — 21 mai 1894.

Voix du rêve (la), à-propos en un acte, en vers, par Henriquet. — 15 janvier 1900.

Voleur (le), ou *Titapapouf*, comédie en un acte, en prose, par Mlle de Longchamp. — 4 novembre 1687.

Voleurs (les). Voy. **Cartouche**.

Volonté (la), comédie en quatre actes, en vers, par Duboys. — 31 août 1864.

Voltaire au foyer, à-propos en un acte, en vers, par Rolland. — 16 mars 1864.

Voltaire et Madame de Pompadour, comédie en trois actes, en prose, par Lafitte et Desnoyer. — 12 novembre 1832. (Réduite en un acte, le 25 février 1833.)

Volte-face, comédie en un acte, en vers, par Guiard. — 12 octobre 1877.

Vononez, tragédie en cinq actes, en vers, par Belin. — 7 janvier 1701.

Voyage à Dieppe (le), comédie en trois actes, en prose, par Wafflard et Fulgence. — 9 avril 1835. — Th. de l'Odéon, 1er mars 1821.

Voyage à Pontoise (le), comédie en trois actes, en prose, par Royer et Vaëz. — 23 juillet 1852. — Th. de l'Odéon, 14 avril 1842.

Voyage interrompu (le), comédie en trois actes, en prose, par Picard. — 5 octobre 1832. — Th. de l'Odéon, 19 novembre 1798.

Voyage de Scapin (le), scène en vers, par Delpit. — 15 janvier 1875.

Vrai club des femmes (le), comédie en deux actes, en vers, par Méry. — 19 août 1848.

Vraie Didon (la), ou *Didon la chaste*, tragédie en cinq actes, en vers, par Boisrobert. — 25 septembre 1683. — 1642.

Vraie farce de maître Pathelin (la), mise en trois actes et en vers modernes, et augmentée d'un prologue, par É. Fournier. — 26 novembre 1872.

Vrais amis (les). Voy. **le Père intéressé.**

Walstein, tragédie en cinq actes, en vers, par LIADIÈRES. — 22 octobre 1828.

Washington, ou *la Liberté du nouveau monde,* tragédie en quatre actes, en vers, par SAUVIGNY. — 13 juillet 1791.

Xerxès, tragédie en cinq actes, en vers, par CRÉBILLON. — 7 février 1714.

Zaïde, tragédie en cinq actes, en vers, par LA CHAPELLE. — 26 janvier 1681.

Zaïre, tragédie en cinq actes, en vers, par VOLTAIRE. — 13 août 1732.

Zarès, tragédie en cinq actes, en vers, par PALISSOT. — 3 juin 1751.

Zarucma, tragédie en cinq actes, en vers, par CORDIER DE SAINT-FIRMIN. — 17 mars 1762.

Zélide, ou *l'Art d'aimer et de plaire,* comédie en un acte, en vers libres, par RENOUT. — 26 juin 1755.

Zelmire, tragédie en cinq actes, en vers, par P. L. de BELLOY. — 6 mai 1762.

Zélonide, princesse de Sparte, tragédie en cinq actes, en vers, par GENEST. — 4 février 1682.

Zénéide, comédie en un acte, en vers, par CAHUSAC. — 13 mai 1743.

Zénobie, tragédie en cinq actes, en vers (ANONYME). — 18 novembre 1693. (D'après quelques auteurs cette pièce serait de BOYER.)

Zénobie, tragédie en cinq actes, en vers, par ROYOU. — 23 février 1821.

Zoraï, ou *les Insulaires de la Nouvelle-Zélande,* tragédie en cinq actes, en vers, par MARIGNIÉ. — 5 octobre 1782.

Zulica, tragédie en cinq actes, en vers, par DORAT. — 7 janvier 1760. (Voy. *Pierre le Grand.*)

Zulime, tragédie en cinq actes, en vers, par VOLTAIRE. — 8 juin 1740.

Zuma, tragédie en cinq actes, en vers, par LEFÈVRE. — 22 janvier 1777.

TABLE ALPHABÉTIQUE DES AUTEURS

Abeille (abbé **G.**) (1).

Abeille (neveu du précédent).
— La Fille valet.

About (**E.**).
— Guillery.

About (**E.**) et **E.** de **Najac.**
— Histoire ancienne.

Achard (**A.**).
— Souvenirs de voyage.

Adenis (**E.**).
— Diogène et Scapin.

Affichard (**L'**). Voy. **Laffichard** (**T.**).

Aicard (**J.**).
— A Corneille.
— Hommage à Alexandre Dumas.
— Mascarille.
— Othello. Le More de Venise.
— Smilis.

Aignan (**E.**).
— Arthur de Bretagne.
— Brunehaut.
— Polyxène.

Aigueberre. Voy. **Dumas d'Aigueberre.**

Alain (**R.**). Voy. **Le Grand** (**M. A.**).

Alègre (d') (2).

Alembert (**J. Le Rond d'**).
— Discours.

Alexis (**P.**).
— Celle qu'on n'épouse pas.

Alissan de Chazet (**A. R. B.**). Voy.
Chazet (**A. R. B. Alissan de**).

Allainval (abbé **J. C. L. Soulas d'**).
— L'École des bourgeois.
— La Fausse comtesse.
— Le Mari curieux.

Allart et **L. Gozlan.**
— Les Lundis de Madame.

Alliot.
— Le Muet par amour.

Alma. Voy. **Halma.**

Altenheym (**G. Soumet,** dame **Beu-vain d'**).
Voy. **Soumet** (**A.**).

Amigues (**J.**) et **M. Desboutin.**
— Maurice de Saxe.

Ancelot (**L. V. Chardon,** dame).
— Le Château de ma nièce.
— Isabelle.
— Un Mariage raisonnable.

---

(1) Voy. à la Table alphabétique des pièces : Aristobule. — Coriolan (anonyme). — Crispin bel esprit. — Hercule (par La Tuillerie). — Soliman.
(2) Voy. à la Table alphabétique des pièces : La Coquette et la fausse prude. — L'Homme à bonnes fortunes.

Ancelot (L. V. Chardon, dame) (*Suite*).
— Marie.

Ancelot (J. A. P. F.) (1).
— Un An.
— Élisabeth d'Angleterre.
— Fiesque.
— Lord Byron à Venise.
— Louis IX.
— Le Maire du palais.
— Maria Padilla.
— Olga.
— La Rue Quincampoix.

Ancelot (J. A. P. F.) et **A. Laborie.**
— Heureuse comme une princesse.

Ancelot (J. A. P. F.) et
E. J. E. Mazères.
— L'Espion.

Andraud (A.).
— Philippe III.

Andrieux (G. S.) (2).
— Anaximandre.
— La Comédienne.
— Les Étourdis.
— Lucius Junius Brutus.
— Molière avec ses amis.
— Le Rêve du mari.
— Le Trésor.
— Le Vieux fat.

Arago (E.).
— Les Aristocraties.

Arène (P.). Voy. **Monselet (C.).**

Arlincourt (Vte Leprévost d').
— Le Siège de Paris.

Arnaud (Mlle S.).
— Mademoiselle du Vigean.

Arnaud (F. T. M. de Baculard d').
— Le Comte de Comminge.

Arnault (A. V.).
— Blanche et Montcassin.
— Germanicus.
— Lucrèce.
— Marius à Minturnes.
— Oscar, fils d'Ossian.
— Pertinax.
— Le Proscrit.
— La Rançon de Du Guesclin.
— Le Roi et le laboureur.

Arnault (L. E.).
— Le Dernier jour de Tibère.
— Gustave Adolphe.
— Pierre de Portugal.
— Régulus.

Arnould (A. J. F.).
— Une Bonne réputation.
Voy. **Fournier (N.).**
Voy. **Lockroy (J. P.).**
Voy. **Rosier (J. B.).**

Artaud (J. B.).
— La Centenaire de Molière.

Artois de Bournonville (T. d'). Voy.
Dartois de Bournonville (T.).

Artois de Bournonville (A. d'). Voy.
Dartois de Bournonville (A.).

Arvers (F.).
— La Course au clocher.
— Le Second mari.

Aubigny (Th. Baudoin d'). Voy.
Épagny (J. B. d').

Aubry des Carrières (J. B.)
— Agathocle.

---

(1) Voy. à la Table alphabétique des pièces : Abufar.
(2) Voy. à la Table alphabétique des pièces : Nicomède. — La Suite du Menteur.

Aubry des Carrières (J. B.) (*Suite*).
— Démétrius.

Aubryet (X.).
— Hommage à Racine.

Aude (J.).
— Le Journaliste des ombres.

Audibert.
— Un Retour de jeunesse.

Audierne (J.).
— Le Mari égaré.
— La Méprise.
— La Suivante désintéressée.

Augé de Lassus (L.).
— Racine à Port-Royal.
— Le Vieux Corneille.

Auger (H.).
— Un Dévouement.
— Plus de peur que de mal.

Augier (E.).
— L'Aventurière.
— La Cigüe.
— Diane.
— Les Effrontés.
— Le Fils de Giboyer.
— Les Fourchambault.
— Gabrielle.
— Un Homme de bien.
— La Jeunesse.
— Le Joueur de flûte.
— Lions et renards.
— Maître Guérin.
— Paul Forestier.
— Philiberte.
— Le Post-scriptum.

Augier (E.) et **J. Sandeau.**
— Le Gendre de Monsieur Poirier.
— Jean de Thommeray.
— La Pierre de touche.

Aunillon (abbé **P. C. Fabiot**).
— Les Amants déguisés.

Autreau (J.).
— Le Chevalier Bayard.
— La Magie de l'amour.

Auvigny (J. Du Castre d'). Voy.
Du Castre d'Auvigny (J.).

Avisse (E.).
— Le Divorce.

Avrigni (C. J. Lœillard d').
— Jeanne d'Arc à Rouen.

Aylic-Langlé.
— Murillo.

Baculard d'Arnaud. Voy. **Arnaud.**

Badon (E.). Voy. **Soulié (F.).**

Balzac (H. de).
— Mercadet.

Balzac (H. de) et **V. L. A. Pommier.**
— Orgon.

Banville (T. de).
— Le Baiser.
— Gringoire.
— La Muse héroïque.
— La Pomme.
— Socrate et sa femme.

Baour-Lormian (L. P.).
— Mahomet II.
— Omasis.

Baragué.
— Aphos.

Barbier (Mlle **A. M.**).
— Arrie et Petus.
— Cornélie, mère des Gracques.

Barbier (Mlle **A. M.**) (*Suite*).
— Le Faucon.
— La Mort de César.
— Thomyris.

Barbier (**J.**).
— Bon gré mal gré.
— L'Ombre de Molière.
— Un Poète.

Barbier (**J.**). et **M. Carré.**
— Les Amoureux sans le savoir.
— Le Berceau.
— Les Derniers adieux.

Barbier (**P.**).
— Vincenette.

Baron (**M.**).
— Les Adelphes.
— L'Andrienne.
— La Coquette et la fausse prude.
— Le Débauché.
— Les Enlèvements.
— Les Fontanges maltraitées.
— L'Homme à bonnes fortunes.
— Le Jaloux.
— Le Rendez-vous des Tuileries.
— La Répétition.

Barquebois. Voy. Robbe (**J.**).

Barrau (**1**).

Barrau.
— L'Artisan politique.

Barrault (**E.**).
— La Crainte de l'opinion.

Barrière (**T.**).
— Le Feu au couvent.

Barrière (**T.**) et **Art.** de **Beauplan.**
— Le Lys dans la vallée.

Barrière (**T.**) et **E. Capendu.**
— Les Faux bonshommes.
Voy. **Decourcelle (A.).**

Barrière (**T.**) et **H. Murger.**
— La Vie de Bohême.

Barthe (**N. T.**).
— L'Amateur.
— Les Fausses infidélités.
— L'Homme personnel.
— La Mère jalouse.

Barthet (**A.**).
— Le Moineau de Lesbie.

Bastide (**J. F.**).
— Le Jeune homme.

Bauvin (**J. G.**).
— Les Chérusques.

Bawr (**A. S. Goury de Champgrand,** dame de).
— L'Ami de tout le monde.
— Charlotte Brown.
— La Correspondance.
— La Méprise.
— La Suite d'un bal masqué.

Bayard (**J. F. A.**).
— Un Château de cartes.
— Un Ménage parisien.
— Le Veuvage interrompu.

Bayard (**J. F. A.**) et **G.** de **Wailly.**
— Ma place et ma femme.

Bayard (**J. F. A.**) et **J.** de **Wailly.**
— Le Mari à la campagne.

Bayeux (**M.**).
— A Molière.

---

(1) **Voy.** à la Table alphabétique des pièces : Les Trois cousines.

Beaugeard, de Marseille.
— Les Amants espagnols.

Beauharnais (**F. Mouchard**, C^sse de).
— La Fausse inconstance.

Beaujard. Voy. Beaugeard.

Beaumarchais (**P. A. Caron de**).
— L'Autre Tartuffe.
— Le Barbier de Séville.
— Les Deux amis.
— Eugénie.
— La Folle journée.

Beauplan (**Am. de**).
— Le Susceptible.

Beauplan (**Art. de**).
— Les Pièges dorés.
    Voy. **Barrière** (**T.**).

Beauregard (1).

Beauvallet (**P. F.**).
— Le Dernier Abencerage.
— Hommage à Corneille.
— Molière.
— La Prédiction.
— Robert Bruce.
— Vers à Corneille.

Beauvoir (**A. L. Doze**, dame R. de).
— L'Un et l'autre.

Becque (**H.**).
— Les Corbeaux.
— Les Honnêtes femmes.
— La Parisienne.

Belin (**F.**).
— La Mort d'Othon.
— Mustapha et Zéangir.

Belin (**F.**) (*Suite*).
— Vononez.

Bellecour (**J. C. G. Colson**, dit) (2).
— Les Fausses apparences.

Bellin de la Liborliére (**F. L. M.**).
— Amélie Mansfield.

Belloy (**P. L. Buirette**, dit de).
— Gabrielle de Vergy.
— Gaston et Bayard.
— Pierre le Cruel.
— Le Siège de Calais.
— Titus.
— Zelmire.

Belloy (**A. Mis de**).
— La Mal'aria.
— Pythias et Damon.

Belmontet (**L.**). Voy. **Soumet** (**A.**).

Belot (**A.**) et **E. Villetard**.
— Le Testament de César Girodot.

Benoist (Mme) (3).

Béraud (**A.**).
— La Duchesse et le page.
— Guido Reni.

Bergerat (**E.**).
— Une Amie.
— Hommage à Molière.
— Le Premier baiser.

Bergerat (**E.**) et **C. de Sainte-Croix**.
— Manon Roland.

Bernard (Mlle **C.**).
— Brutus.
— Laodamie, reine d'Épire.

(1) Voy. à la Table alphabétique des pièces : Le Docteur extravagant.
(2) Voy. à la Table alphabétique des pièces : Le Tambour nocturne.
(3) Voy. à la Table alphabétique des pièces : L'Officieux.

Bernay (C.).
— Le Ménestrel.

Bernis (F. J. de Pierre, cardinal de).
— L'Amour et les fées.

Berr de Turique (J.).
— Le Rez-de-chaussée.

Bertal (G.).
— Molière.
— Une Séparation.

Bertheroy (J.).
— Aristophane et Molière.

Bertol-Graivil.
— Maître et valets.

Berton (C. Samson, dame).
— La Diplomatie du ménage.

Berton (P.).
— Les Jurons de Cadillac.

Bertrand (L.).
— Laurent de Médicis.

Beudin (J. F.). Voy. Dinaux (P.).

Bézier (A.). Voy. Guillard (L.).

Biéville (E. de). Voy. Scribe (A. E.).

Bièvre (Mis de).
— Les Réputations.
— Le Séducteur.

Bilhaud (P.).
— Qui?

Bis (H.).
— Blanche d'Aquitaine.
— Jeanne de Flandre.

Bisson (A.).
— Le Député de Bombignac.

Blanchard (H.) et J. Mallian.
— Camille Desmoulins.

Blémont (E.).
— Le Chant du siècle.
— Visite à Corneille.

Blémont (E.) et L. Valade.
— Le Barbier de Pézenas.

Blerzy (J.). Voy. Second (A.).

Blin de Sainmore (A. M. H.).
— Orphanis.

Bocage (P.). Voy. Feuillet (O.).
Voy. Dumas (Al.).

Boileau-Despréaux (N.).
— Épître à Racine.

Boindin (N.).
— Le Bal d'Auteuil.

Boindin (N.) et A. La Motte.
— Le Port de mer.
— Les Trois Gascons.

Boisjolin (1).

Boisrobert (F. Le Métel, sr de).
— La Jalouse d'elle-même.
— La Vraie Didon.

Boissy (M. A. Laus de). Voy. Laus de
Boissy (M. A.).

Boissy (Louis de).
— Admète et Alceste.
— L'Amant de sa femme.
— Le Babillard.

---

(1) Voy. à la Table alphabétique des pièces : Jean-Jacques Rousseau dans l'île de Saint-Pierre.

Boissy (Louis de) (*Suite*).
— Le Badinage.
— Les Dehors trompeurs.
— Les Deux nièces.
— Le Duc de Surrey.
— L'Embarras du choix.
— L'Époux par supercherie.
— La Fête d'Auteuil.
— La Folie du jour.
— Le Français à Londres.
— L'Homme indépendant.
— L'Impatient.
— L'Impertinent malgré lui.
— Le Médecin par occasion.
— La Péruvienne.
— Le Pouvoir de la sympathie.
— Le Sage étourdi.

Boistel d'Welles (J. B. R.).
— Antoine et Cléopâtre.
— Irène.

Boizard de Ponteau (C. F.).
— L'Heure du berger.

Boniface (M.).
— Les Petites marques.

Bonjour (C.).
— L'Argent.
— Le Bachelier de Ségovie.
— L'Éducation.
— Le Mari à bonnes fortunes.
— La Mère rivale.
— Naissance, fortune et mérite.
— Le Presbytère.
— Le Protecteur et le mari.

Bonnechose (E. de).
— Rosemonde.

Bonnet de Chemillin (abbé).
— L'Étranger.

Bornier (Vte H. de).
— A Molière.

Bornier (Vte H. de) (*Suite*).
— Agamemnon.
— La Fille de Roland.
— Le Fils de l'Arétin.
— Hommage à Corneille.
— Hommage à Racine.
— Le Monument de Ponsard.
— Le Quinze janvier.
— Le Réveil tragique.
— Stances à Musset.
— Stances à Racine.
— Stances sur Esther.
Voy. **Thierry (E.)**.

Borrelli (Vte de).
— Alain Chartier.

Bossange (A.). Voy. **Soulié (F.)**.

Boucheron (M.). Voy. **Raymond (H.)**.

Bouchor (M.).
— Conte de Noël.
— Hommage de la muse tragique à Jean Racine.

Bouilhet (L.).
— Dolorès.

Bouilly (J. N.).
— L'Abbé de l'Épée.
— Les Français dans le Tyrol.
— Madame de Sévigné.
— René Descartes.

Bourgeois (E.).
— Le Pied d'argile.

Bourgeois (A.). Voy. **Dumas (Al.)**.

Boursault (E.).
— La Comédie sans titre (le Mercure galant).
— Ésope à la cour.
— Les Fables d'Ésope.
— Marie Stuart, reine d'Écosse.

Boursault (E.) (*Suite*).
— Le Médecin volant.
— Les Mots à la mode.
— Les Nicandres.
— Phaéton.

Boyer (abbé **C.**) (1).
— Artaxerce.
— Judith.
   Voy. **Le Clerc (M.)**.

Boyer (P.).
— Hommage à Corneille.
— Les Muses de Molière.

Brault (L.).
— Christine de Suède.

Brécourt (G. Marcoureau de).
— La Cassette.
— Le Jaloux invisible.
— La Noce de village.
— L'Ombre de Molière.
— Timon.

Bret (A.).
— Le Concert.
— Les Deux sœurs.
— La Double extravagance.
— L'École amoureuse.
— L'Épreuve indiscrète.
— Le Faux généreux.
— L'Hôtellerie.
— Le Jaloux.
— Le Mariage par dépit.

Bret (A.), Godart d'Aucour et
  C. Villaret.
— Le Quartier d'hiver.

Brie (de).
— Les Héraclides.
— Le Lourdaud.

Brieux (E.).
— Le Berceau.

Brieux. (E.) (*Suite*)
— L'Évasion.

Brifaut (Ch.).
— Jeanne Gray.
— Ninus II.

Brisset (M. J.). Voy. **Rochefort (E.)**.

Brizeux (A.) et **P. Busoni**.
— Racine.

Brohan (Mlle **A.**).
— Compter sans son hôte.
— Qui femme a, guerre a.

Brousse Desfaucherets (J. L.). Voy.
  Desfaucherets (J. L.).

Bruant (A.) [**Liadières (P. C.)**].
— La Tour de Babel.

Brueys (abbé **D. A.**) (2).
— L'Avocat Patelin.
— Les Empiriques.
— Gabinie.
— L'Important de cour.
— L'Opiniâtre.
— Le Sot toujours sot.

Brueys (abbé **D. A.**) et **J. Palaprat**.
— Le Concert ridicule.
— Le Grondeur.
— Le Muet.
— Le Secret révélé.

Brune (Mme **C.**). Voy. **Souvestre (E.)**.

Brunet (P. N.).
— Les Noms changés.

Bursay et Mme **J. Molé**.
— Misanthropie et repentir.

---

(1) Voy. à la Table alphabétique des pièces : Agamemnon (par Pader d'Assezan). — Zénobie (anonyme).
(2) Voy. à la Table alphabétique des pièces : La Belle-mère (par Dancourt).

Bury (**J. D.** Fulgence de). Voy.
Fulgence (**J. D.**).

Busoni (**P.**).
— Stances pour l'anniversaire de la
naissance de P. Corneille.
Voy. **Brizeux** (**A.**).

Cadol (**E.**).
— La Grand'maman.

Cahusac (**L.** de).
— L'Algérien.
— Le Comte de Warwick.
— Pharamond.
— Zénéide.

Cailhava d'Estandoux (**J. F.**).
— L'Égoïsme.
— Les Étrennes de l'amour.
— Les Journalistes anglais.
— Le Mariage interrompu.
— La Présomption à la mode.
— Le Tuteur dupé.

Campistron (**J. G.** de)
— Adrien.
— Aëtius.
— Alcibiade.
— L'Amante amant.
— Andronic.
— Arminius.
— Le Jaloux désabusé.
— Phocion.
— Phraate.
— Tiridate.
— Virginie.

Candeille (Mlle **E. J.**). Voy.
Simons (Mme **E. J.**).

Capendu (**E.**). Voy. Barrière (**T.**).

Caraguel (**C.**).
— Le Bougeoir.

Carbon de Flins des Oliviers (**C. M.
L. E.**). Voy. Flins des Oliviers
(**C. M. L. E.** Carbon de).

Carcassonne (**A.**).
— Molière.
— Vers en l'honneur de Racine.

Carcavi (abbé **C. A.**).
— La Comtesse de Follenville.

Carmouche (**P. F. A.**). Voy. Théaulon
de Lambert (**M. E. G. M.**).

Carré (**M.**).
— Scaramouche. et Pascariel.
Voy. **Barbier** (**J.**).

Carrion-Nisas (**M. H. F. E.**).
— Montmorenci.
— Pierre le Grand.

Casamajor (Mme de).
— Le Nœud gordien.

Case (**J.**).
— La Vassale.

Caux de Montlebert (**G.** de).
— Marius.

Caux de Montlebert (**G.** de) et son fils.
— Lysimachus.

Cérou.
— Le Père désabusé.

Chabanon (**M. P. G.** de).
— Éponine.
— Le Faux noble.

Chaligny des Plaines.
— Coriolan.

Chamfort (**S. R. N.**).
— La Jeune indienne.

Chamfort (S. R. N.) (*Suite*).
— Le Marchand de Smyrne.
— Mustapha et Zéangir.

Champmeslé (C. Chevillet sr de) (1).
— Le Divorce.
— Les Fragments de Molière.
— Les Grisettes.
— Les Joueurs.
— Le Parisien.
— La Rue Saint-Denis.
— La Veuve.
    Voy. La Fontaine (J. de).

Charbonnières (A. de).
— L'Indécis.

Charlemagne (A.).
— Adrienne Lecouvreur.

Charles-Edmond [Chojecki].
— L'Africain.
— La Bûcheronne.

Chasles (E.).
— Conférence sur les œuvres de Ponsard.

Châteaubrun (J. B. Vivien de).
— Astyanax.
— Mahomet second.
— Philoctète.
— Les Troyennes.

Chatrian (A.). Voy. Erckmann (E.).

Chaumont.
— Henriette et Raymond.

Chaumont (Mme).
— L'Amour à Tempé.

Chaumont (Mme) et Mme Rozet.
— L'Heureuse rencontre.

Chazet (A. R. B. Alissan de) et J. B. Dubois.
— Melpomène et Thalie.
    Voy. Dupaty (E.).
    Voy. Sewrin (C. A.)

Chénier (M. J. de)
— Azémire.
— Le Chant du départ.
— Charles IX.
— Cyrus.
— Edgard, roi d'Angleterre.
— Fénelon.
— Henri VIII.
— Tibère.

Chéron (L. C.).
— L'Auteur et le critique.
— L'Homme à sentiments.

Chevalier.
— Antiochus Epiphanes.

Chevalier (O.).
— Pour l'avenir.

Chojecki. Voy. Charles-Edmond.

Christophe (J.).
— Le Soleil des morts.

Cicile (A. M.).
— Le Tasse.

Claret de Fleurieu (Mme A.).
— Pauline.

Claretie (J.)
— A Molière.
— Compliment.
— Compliment au public.

Claretie (J.) et G. Monval.
— Compliment au public.

_____

(1) Voy. à la Table alphabétique des pièces : Le Florentin. — Le Mari sans femme. — Ragotin.

Clément (**J. M. B.**).
— Médée.

Clément (**R.**).
— L'Oncle de Sicyone.

Colardeau (**C. P.**) (1).
— Astarbé.
— Caliste.

Colet (**L. Revoil**, dame).
— Le Monument de Molière.

Collé (**C.**). (2)
— Dupuis et Desronais.
— La Partie de chasse de Henri IV.
— La Veuve.

Collet.
— Abdolonyme.
— L'Ile déserte.

Collin d'Harleville (**J. F.**).
— Les Châteaux en Espagne.
— L'Inconstant.
— Les Mœurs du jour.
— Monsieur de Crac dans son petit castel.
— L'Optimiste.
— Le Veuf amoureux.
— Le Vieux célibataire.

Collot d'Herbois (**J. M.**).
— Le Paysan magistrat.

Comberousse (**F. I. H.** de).
— Judith.

Comberousse (**A. B. B.** de) et **J. D. Fulgence.**
— L'Espion du mari.

Comte (**A.** de **Buconville**, dame **A.**).
— Madame de Lucenne.

Coppée (**F.**).
— L'Anniversaire.
— La Bataille d'Hernani.
— Deux douleurs.
— La Grève des forgerons.
— Le Luthier de Crémone.
— La Maison de Molière.
— Le Passant.
— Résurrection.
— Severo Torelli.

Cordier (**J.**) [**M.**, dit **E. Tenaille de Vaulabelle**].
— L'Ami de la maison.

Cordier de Saint-Firmin (**E.**).
— Zarucma.

Cormon (**P. E. Piestre**, dit). Voy. La Boullaye (**F.** de).

Corneille (**P.**).
— Agésilas.
— Andromède.
— Attila, roi des Huns.
— Le Cid.
— Cinna.
— Don Sanche d'Aragon.
— Héraclius, empereur d'Orient.
— Horace.
— L'Illusion comique.
— Médée.
— Le Menteur.
— La Mort de Pompée.
— Nicomède.
— Œdipe.
— Othon.
— Polyeucte, martyr.
— Rodogune, princesse des Parthes.
— Sertorius.
— Sophonisbe.
— La Suite du Menteur.
— Suréna, général des Parthes.
— La Toison d'or.
Voy. **Molière** (**J. B.**).

---

(1) Voy. à la Table alphabétique des pièces : Venceslas.
(2) Voy. à la Table alphabétique des pièces : Le Jaloux honteux de l'être.

Corneille (T.) (1).
— Ariane.
— Le Baron d'Albikrac.
— Le Baron des Fondrières.
— Bradamante.
— Camma, reine de Galatie.
— Circé.
— Le Comte d'Essex.
— La Comtesse d'Orgueil.
— Don Bertrand de Cigaral.
— Don César d'Avalos.
— Le Festin de Pierre.
— Le Geôlier de soi-même.
— L'Inconnu.
— Stilicon.

Corneille (T.) et J. de Visé.
— Les Dames vengées.
— La Devineresse.
— La Pierre philosophale.
— L'Usurier.

Corsembleu (J. F. E. de). Voy. Desmahis.

Costa.
— Blaise Pascal.

Cottinet (E.).
— L'Avoué par amour.

Courcy (C. de).
— Une Conversion.
— Toujours.

Cournol (H.).
— Le Majorat.

Couteaux (M. P.). Voy. Procope Cou-
teaux (M.).

Crébillon (P. Jolyot de).
— Atrée et Thyeste.
— Catilina.

Crébillon (P. Jolyot de) (Suite).
— Électre.
— Idoménée.
— Pyrrhus.
— Rhadamiste et Zénobie.
— Sémiramis.
— Le Triumvirat.
— Xerxès.

Creuzé de Lesser (A. F.).
— La Manie de l'indépendance.
— Le Prince et la grisette.
— Le Secret du ménage.
Voy. Favières (E. G. F. de).
Voy. Roger (J. F.).

Croquet (T.) (2).

Croze (J. L.).
— Babonnette.

Cubières Palmezeaux (M. de).
— La Jeune épouse.
— La Mort de Molière.

Curel (F. de).
— L'Amour brode.
— Les Fossiles.

Dampierre de la Salle.
— Le Bienfait rendu.

Danchet (A.).
— Cyrus.
— Les Héraclides.
— Nitétis.
— Les Tyndarides.

**Dancourt (F. Carton, ** de) (3).
— Les Agioteurs.
— Angélique et Médor.
— La Baguette.

---

(1) Voy. à la Table alphabétique des pièces : Le Comédien poète. — Le Deuil. — L'Esprit follet.
(2) Voy. à la Table alphabétique des pièces : L'Effet de la prévention.
(3) Voy. à la Table alphabétique des pièces : Les Amants magnifiques. — Le Bourget. — Circé. — L'Impromptu
de garnison. — L'Inconnu. — Les Nouvellistes.

Dancourt (F. Carton, s^r de) (Suite).
— La Belle-mère.
— Le Bon soldat.
— Les Bourgeoises à la mode.
— Le Carnaval de Venise.
— Céphale et Procris.
— Le Charivari.
— Le Chevalier à la mode.
— Colin-Maillard.
— La Comédie des comédiens.
— Les Curieux de Compiègne.
— La Dame à la mode.
— La Désolation des joueuses.
— Le Diable boiteux.
— Les Eaux de Bourbon.
— L'Éclipse.
— L'Été des coquettes.
— La Famille à la mode.
— Les Fées.
— La Femme d'intrigues.
— La Fête de village.
— Les Fêtes du cours.
— La Foire de Besons.
— La Foire Saint-Germain.
— La Folle enchère.
— Le Galant jardinier.
— La Gazette de Hollande.
— La Guinguette de la finance.
— L'Impromptu de Suresnes.
— La Loterie.
— Madame Artus.
— La Maison de campagne.
— Le Mari retrouvé.
— Merlin déserteur.
— La Métempsycose des amours.
— La Mort d'Alcide.
— Le Moulin de Javelle.
— Le Notaire obligeant.
— L'Opéra de village.
— L'Opérateur Barry.
— La Parisienne.
— Le Prix de l'arquebuse.
— Renaud et Armide.
— Le Retour des officiers.

Dancourt (F. Carton, s^r de) (Suite).
— Sancho Pança gouverneur.
— Le Second chapitre du Diable boiteux.
— La Trahison punie.
— Les Trois cousines.
— Le Tuteur.
— Les Vacances.
— Les Vendanges.
— Les Vendanges de Suresnes.
— Le Vert galant.

Dancourt (L. H.).
— Les Deux amis.

Dartois de Bournonville (T.).
— Caïus Gracchus.

Dartois de Bournonville (A.). Voy. Théaulon de Lambert (M. E. G. M.).

Daudet (A.) et E. Manuell.
— L'Œillet blanc.

Decomberousse. Voy. Comberousse (de).

Decourcelle (A.). (1)
— Don Gusman.
— La Marinette.
— Une Soirée à la Bastille.

Decourcelle (A.) et T. Barrière.
— Les Portraits.

Decourcelle (A.) et H. de Lacretelle.
— Fais ce que dois.
Voy. **Sandeau (J.).**

Delacour (A. C. Lartigue, dit). Voy. Labiche (E.).

Delair (P.) (2).
— Apothéose.

(1) Voy. à la Table alphabétique des pièces : La Maison de Pénarvan.
(2) Voy. à la Table alphabétique des pièces : Les Originaux.

Delair (P.) (*Suite*).
— Le Centenaire de Figaro.
— Le Fils de Corneille.
— Garin.
— Hommage à Alexandre Dumas.
— La Mégère apprivoisée.

De Launay. (1).
— Le Paresseux.

Delavigne (C.) (2).
— Les Comédiens.
— Le Conseiller rapporteur.
— Discours.
— Don Juan d'Autriche.
— L'École des vieillards.
— Les Enfants d'Édouard.
— Une Famille au temps de Luther.
— La Fille du Cid.
— Louis XI.
— Marino Faliero.
— La Popularité.
— La Princesse Aurélie.
— Les Vêpres siciliennes.

Delavigne (G.) (3).

Delhorme (Mmes).
— La Rupture.

Delpit (A.).
— Les Maucroix.
— La Vieillesse de Corneille.
— Le Voyage de Scapin.

Delrieu (E. J. B.).
— Artaxerce.
— Démétrius.
— Le Jaloux malgré lui.
— Léonie.

Demeny (P.).
— L'Ame de Racine.

Demoustier (C. A.)
— Le Conciliateur.
— Les Femmes.

Denayrouze (L.).
— La Belle Paule.

Dennery. Voy. Ennery (d').

Denon (D. V.).
— Julie.

Denormandie.
— Annibal.

Depuntis (J. F.).
— Alhamar.

Dercy [G. Palat, dit].
— Adèle de Crécy.

Dercy (A. F.).
— Molière.
Voy. **François (A.).**
Voy. **Picard (L. B.).**

Déroulède (P.).
— Corneille.
— Juan Strenner.
— La Plus belle fille du monde.

Derville (H.).
— Les Embarras de la comédie.

Desaudras (Duchapt).
— Minuit.

Désaugiers (M. A.).
— L'Heureuse gageure.

Désaugiers (M. A.) et M. J. Gentil.
— Les Deux voisines.
— L'Hôtel garni.

---

(1) Voy. à la Table alphabétique des pièces : Le Complaisant.
(2) Voy. à la Table alphabétique des pièces : Henriette et Raymond.
(3) Voy. à la Table alphabétique des pièces : Henriette et Raymond.

Désaugiers (M. A.), M. J. Gentil et N. Gersin.
— La Route de Bordeaux.

Desboutin (M.). Voy. Amigues (J.).

Deschamps (F. M. C.).
— Antiochus et Cléopâtre.
— Artaxerce.
— Caton d'Utique.
— Médus.

Desclozeaux (E. Musnier).
— Le Portrait d'un ami.

Des Essarts. Voy. Essarts (des).

Desfaucherets (J. L. Brousse).
— L'Avare cru bienfaisant.
— Le Mariage secret.
— Le Portrait.

Desfontaines (abbé P. F. Guyot) (1).

Desfontaines de la Vallée (F. G. Fouques-Deshayes, dit).
— La Bergère des Alpes.
— La Réduction de Paris.
— Le Tombeau de Desilles.

Desforges.
— Le Rival secrétaire.

Desforges (P. J. B. Choudard).
— La Femme jalouse.
— Les Marins.
— Le Sourd.
— Tom Jones à Londres.

Deslandes (R.).
— Antoinette Rigaud.

Desmahis (J. F. E. de Corsembleu).
— L'Impertinent.

Desmarets de Saint-Sorlin (J.).
— Les Visionnaires.

Desmarres.
— La Dragonne.

Desnoyer (C.).
— Le Bouquet de bal.

Desnoyer (C.) et E. Labat.
— Richard Savage.
Voy. Lafitte (J.B.P.).

Desnoyer (C.) et E. Nus.
— L'Enseignement mutuel.

Destouches (P. Nericault).
— L'Ambitieux et l'indiscrète.
— L'Amour usé.
— La Belle orgueilleuse.
— Le Curieux impertinent.
— Le Dissipateur.
— L'Envieux.
— La Fausse Agnès.
— La Fausse veuve.
— La Force du naturel.
— Le Glorieux.
— L'Homme singulier.
— L'Ingrat.
— L'Irrésolu.
— Le Médisant.
— L'Obstacle imprévu.
— Le Philosophe marié.
— Les Philosophes amoureux.
— Le Tambour nocturne.
— Le Triple mariage.

Desvallières (M.).
— Une Matinée de contrat.

Devaux (F. A.).
— Les Engagements indiscrets.

Devore (G.).
— La Conscience de l'enfant.

(1) Voy. à la Table alphabétique des pièces : Le Médecin de l'esprit.

Dezède.
— Paulin et Clairette.
— Les Trois noces.

Diderot (D.).
— Le Fils naturel.
— Le Père de famille.

Dieulafoy (M.).
— Défiance et malice.

**Dinaux (P.) [J. F. Beudin, P. P. Gou-
baux et G. Lemoine].**
— Clarisse Harlowe.

**Dinaux (P.) [P. P. Goubaux] et
E. Legouvé.**
— Louise de Lignerolles.

Dinaux (P.) [P. P. Goubaux] et E. Sue.
— Latréaumont.
— La Prétendante.

Doigny du Ponceau.
— Antigone.
— Virginie.

Doisemont. Voy. **Oisemont** (d').

Donnay (M.).
— Le Torrent.

Dorat (C. J.).
— Adélaïde de Hongrie.
— Le Célibataire.
— Le Chevalier français à Londres.
— Le Chevalier français à Turin.
— La Feinte par amour.
— Le Malheureux imaginaire.
— Pierre le Grand.
— Régulus.
— Roséïde.
— Théagène.
— Zulica.

Dorchain (A.).
— A Racine.

Dorvigny (L. F. Archambault, dit).
— Les Étrennes de l'amitié, de l'amour
et de la nature.
— Les Noces houzardes.
— La Parfaite égalité.

Dorvo (H.).
— L'Envieux.
— La Mort de Du Guesclin.

Doucet (C.).
— Le Baron de Lafleur.
— La Chasse aux fripons.
— La Considération.
— Les Ennemis de la maison.
— Le Fruit défendu.

Dové (L. C.). Voy. **Aunillon** (abbé
P. C. Fabiot).

Drap-Arnaud (X. V.).
— La Clémence de David.
— L'École de la jeunesse.

Dreyfus (A.).
— Le Klephte.
— Une Rupture.

Drouineau (G.).
— Françoise de Rimini.

Du Boccage (A. M. Lepage, dame Fi-
quet).
— Les Amazones.

Dubois (J. B.).
— Marton et Frontin.
— La Pensée d'un bon roi.
Voy. **Chazet (A. R. B.).**

Dubois (A.). Voy. **Valois d'Orville(A. J.).**

Dubois-Fontanelle (J. G.).
— Éricie.
— Lorédan.

Dubout (A.).
— Frédégonde.

Duboys (J.).
— La Volonté.

Dubuisson (P. U.).
— Albert et Émilie.
— Nadir.
— Scanderberg.
— Le Vieux garçon.

Du Castre d'Auvigny (J.).
— La Tragédie en prose.

Duché de Vancy (J. F.).
— Absalon.
— Jonathas.

Ducis (J. F.).
— Abufar.
— Amélise.
— Fœdor et Wladamir.
— Hamlet.
— Macbeth.
— OEdipe chez Admète.
— Othello.
— Le Roi Léar.
— Roméo et Juliette.

Du Clairon (A. Maillet).
— Cromwell.

Dudoyer de Gastels (G.).
— Adélaïde.
— Laurette.
— Le Vindicatif.

Dufaut.
— L'Indécis.

Dufrénoy (Mme A. G.).
— L'Amour exilé des cieux.

Du Fresny (C. Rivière) (1).
— L'Amant masqué.
— Le Chevalier joueur.
— La Coquette de village.
— Le Dédit.
— Le Double veuvage.
— L'Esprit de contradiction.
— Le Faux honnête homme.
— Le Faux instinct.
— Le Faux sincère.
— Le Jaloux honteux de l'être.
— La Joueuse.
— La Malade sans maladie.
— Le Mariage fait et rompu.
— Le Négligent.
— La Noce interrompue.
— La Réconciliation normande.
— Sancho Pança.

Dugazon (J.B.H. Gourgaud, dit). (2).

Dugué (F.).
— Le Béarnais.
— Mathurin Régnier.

Duhomme (F.) Voy. Sauvage (E.).

Dumaniant (A. J. Bourlain, dit).
— Guerre ouverte.
  Voy. **Pigault-Lebrun (G. C. A.).**

Dumas (Ad.).
— Deux hommes.

Dumas (Al.).
— Caligula.
— Charles VII chez ses grands vassaux.
— Les Demoiselles de Saint-Cyr.
— Une Fille du Régent
— Henri III et sa cour.
— L'Invitation à la valse.
— Lorenzino.
— Mademoiselle de Belle-Isle.
— Un Mariage sous Louis XV.

(1) Voy. à la Table alphabétique des pièces : Le Bailli marquis. — Le Jaloux masqué.
(2) Voy. à la Table alphabétique des pièces : Les Originaux.

Dumas (Al.) (*Suite*).
— Trois entr'actes pour l'Amour médecin.

Dumas (Al.), Durieu et **A. Bourgeois.**
— Le Mari de la veuve.

Dumas (Al.), O. Feuillet et **P. Bocage.**
— Romulus.

Dumas (Al.) et **P. Meurice.**
— Hamlet.

Dumas fils (A.).
— L'Ami des femmes.
— Le Demi-monde.
— Denise.
— Diane de Lys.
— L'Étrangère.
— Le Fils naturel.
— Francillon.
— Un Père prodigue.
— La Princesse de Bagdad.
— La Princesse Georges.
— Une Visite de noces.

Dumas fils (A.) et **E. de Girardin.**
— Le Supplice d'une femme.

Dumas d'Aigueberre (J.).
— L'Avare amoureux.
— Le Prince de Noisy.
— Les Trois spectacles.

Dumersan (T. Marion).
— Le Méchant malgré lui.
— Pauline.

Dumolard (H. F. Orcel).
— La Fontaine chez Fouquet.

Dupaty (E.).
— Avis aux mères.

Dupaty (E.) et **A. R. B. Chazet.**
— Le Buste de Préville.

Dupin (J. H.) Voy. **Épagny (J. B. d').**

Duport (N. P.).
— L'Auteur et l'avocat.
Voy. **Scribe (A. E.).**
Voy. **Théaulon de Lambert (M. E. G. M.).**

Duport (N. P.) et **F. A. Duport.**
— Une Journée de Charles V.

Duport (F. A.). Voy. **Duport (N. P.).**

Dupuy (président).
— Varron.
Voy. **Pellegrin (S. J.).**

Durantin (A.) et **J. N. Fontaine.**
— Les Spéculateurs.

Duret (P. J.).
— La Dédaigneuse.

Durieu. Voy. **Dumas (Al.).**

Du Roullet (M. F. L. Gand-Lebland).
— Les Effets du caractère.

Du Rozoy ou **Rosoi.** Voy. **Rozoy (B. Farmian de).**

Du Ryer (P.).
— Scévole.

Duval (A. V. Pineu).
— Le Chevalier d'industrie.
— Le Complot de famille.
— Édouard en Écosse.
— Le Faux bonhomme.
— La Femme misanthrope.
— La Fille d'honneur.
— Guillaume le Conquérant.
— Les Héritiers.
— La Jeunesse de Henri V.
— La Maison donnée.
— La Manie des grandeurs.
— Le Menuisier de Livonie.

Duval (A. V. Pineu) (*Suite*).
— La Princesse des Ursins.
— Les Projets de mariage.
— Shakespeare amoureux.
— Le Souper imprévu.
— La Tapisserie.
— Le Tasse.
— Le Testament.
— Les Tuteurs vengés.
— Le Tyran domestique.

Duval (A. V. Pineu) et J. M. Monvel.
— La Jeunesse du duc de Richelieu.

Du Vaure (N.).
— Le Faux savant

Duveyrier (C.).
— Faute de s'entendre.
    Voy. **Mélesville (A. H. J.)**.
    Voy. **Scribe (A. E.).**
    Voy. **Wailly (J.** de.)

Edmond (C.) Voy. **Charles-Edmond.**

Empis (A. Simonis).
— Bothwell.
— L'Héritière.
— Un Jeune ménage.
— Julie.
— Lord Novart.

Empis (A. Simonis) et **E. J. E. Mazères.**
— La Dame et la demoiselle.
— Une Liaison.
— La Mère et la fille.
    Voy. **Picard. (L. B.).**

Ennery (A. d') (1).

Épagny (J. B. Viollet d').
— L'Anniversaire.
— La Double leçon.
— Jacques Clément.

Épagny (J. B. Viollet d') (*Suite*).
— Joscelin et Guillemette.
— Luxe et indigence.

Épagny (J. B. Viollet d') et **Th.** d'Aubigny.
— Les Adieux au pouvoir.

Épagny (J. B. Viollet d') et **J. H. Dupin.**
— Dominique.
— Le Marquis de Rieux.
— Les Préventions.

Épagny (J. B. Viollet d'), **Saint-Esteben** et **J. Vatout.**
— La Conspiration de Cellamare.

Erckmann (E.) et A. Chatrian.
— L'Ami Fritz.
— Le Juif polonais.
— Les Rantzau.

Escousse (V.).
— Pierre III.

Essarts (A. S. Langlois des).
— La Ligue des amants.

Essarts (E. A. Langlois des).
— La France à Corneille.
— Le Rire français.
— Victor Hugo.

Étienne (C. G.).
— Brueys et Palaprat.
— Les Deux gendres.
— L'Intrigante.
— La Jeune femme colère.
— Les Plaideurs sans procès.
— Racine et Cavois

Fabié (F.J.).
— A Corneille.
— A Racine.

(1) Voy. à la Table alphabétique des pièces : **Mercadet.**

Fabiot Aunillon (abbé **P. C.**) Voy. Aunillon.

Fabre d'Églantine (**P. F. N.**).
— Augusta.
— Le Collatéral.
— L'Intrigue épistolaire.
— Le Philinte de Molière.
— Les Précepteurs.
— Le Présomptueux.

Fagan de Lugny (**C. B.**).
— L'Amitié rivale de l'amour.
— Les Caractères de Thalie.
— L'Étourderie.
— La Grondeuse.
— L'Inquiet.
— Joconde.
— Lucas et Perrette.
— Le Marié sans le savoir.
— Les Originaux.
— La Pupille.
— Le Rendez-vous.

Fagan de Lugny (**C. B.**) et **C. F. Panard.**
— L'Heureux retour.

Falbaire de Quingey (**C. G. Fenouillot** de). Voy. **Fenouillot de Falbaire de Quingey** (**C. G.**).

Falconnet (Mme.) Voy. **Chaumont** (Mme).

Fallet (**N.**).
— Alphée et Zarine.
— Tibère et Sérénus.

Faur.
— Le Confident par hasard.

Favart (**C. S.**).
— L'Anglais à Bordeaux.
— Les Rêveries renouvelées des Grecs.
— Les Trois sultanes.

Favières (**E. G. F.** de.).
— Herman et Verner.

Favières (**E. G. F.** de) et **A. F. Creuzé de Lesser.**
— L'Aimable vieillard.

Fenouillot de Falbaire de Quingey (**C. G.**)
— L'École des mœurs.
— Le Fabricant de Londres.
— L'Honnête criminel.

Ferrier (**P.**).
— L'Article 231.
— Chez l'avocat.
— Hommage à Molière.
— La Revanche d'Iris.
— Tabarin.

Ferrier de la Martinière (**L.**).
— Montézume.

Feuillet (**O.**).
— L'Acrobate.
— Le Cas de conscience.
— Chamillac.
— Le Cheveu blanc.
— Dalila.
— Julie.
— Montjoye.
— Péril en la demeure.
— Les Portraits de la marquise.
— Le Pour et le contre.
— Le Sphinx.
— Le Village.

Feuillet (**O.**) et **P. Bocage.**
— La Vieillesse de Richelieu. Voy. **Dumas** (**Al.**).

Fiorentino (**M.**).
— Corneille (4 décembre 1642.)

Fiquet-Duboccage (Mme **A. M.**). Voy. **Du Boccage** (Mme **A. M.**).

Fleurieu (Mme **A.** de). Voy. **Claret de Fleurieu** (Mme **A.**).

Flins des Oliviers (C. M. L. E. Carbon de).
— La Jeune hôtesse.
— Le Mari directeur.
— Le Réveil d'Épiménide à Paris.

Fontaine (J. N.). Voy. Durantin (A.).

Fontanelle. Voy. Dubois-Fontanelle.

Fontenelle (B. Le Bovier de).
— Aspar.
— La Comète.

Forgeot (N. J.).
— Les Épreuves.
— La Ressemblance.
— Les Rivaux amis.

Foucher (P.) et A. de Lavergne.
— Mademoiselle Aïssé.

Foucher (P.) et F. J. P. Régnier de la Brière.
— La Joconde.

Fournelle (J. N.).
— L'Aveugle par crédulité.

Fournier (É.).
— Corneille à la butte Saint-Roch.
— Corneille et le monde.
— La Valise de Molière.
— La Vraie farce de maître Pathelin.
Voy. Mercier (P.).

Fournier (M.) et E. de Mirecourt.
— Madame de Tencin.

Fournier (N.) et A. J. F. Arnould.
— Les Souvenirs de la Marquise de V***.
Voy. François (A.).

Foussier (E.).
— Héraclite et Démocrite.

Foussier (E.) (Suite).
— Une Journée d'Agrippa d'Aubigné.

François (A.) [Dercy] et N. Fournier.
— Une Présentation.
Voy. Dercy (A. F.).

François de Neufchâteau (N. L.).
— Paméla.

Fréron (E. C.) (1).

Friedel (A. C.) et P. L. Moline.
— La Discipline militaire du nord.

Fulgence (J. D.) [de Bury]. Voy. Comberousse (A. B. B. de).
Voy. Picard (L. B.).
Voy. Ramond de la Croisette.
Voy. Wafflard (A. J. M.).

Fusée de Voisenon (C. H.). Voy. Voisenon (C. H. Fusée, abbé de).

Fuzelier (L.) (2).
— Les Amusements de l'automne.
— Momus fabuliste.
— Le Procès des sens.
Voy. Le Grand (M. A.).

Gain de Montaignac (J. R.).
— Fouquet.

Galoppe d'Onquaire (C.).
— Une Femme de quarante ans.

Galoppe d'Onquaire (C.) et P. M. F. Pitre-Chevalier.
— Jean de Bourgogne.

Ganderax (L.). Voy. Meilhac (H.).

Gary.
— Eudore et Cymodocée.

(1) Voy. à la Table alphabétique des pièces : Le Souper.
(2) Voy. à la Table alphabétique des pièces : Cornélie, vestale.

Gaugiran-Nanteuil (P. C.).
— L'Amour et le procès.

Gaulot (P.).
— A Corneille.
— A Racine.

Gaultier.
— Basile et Quitterie.

Gautier (T.).
— Prologue d'Henriette Maréchal.
— Le Soulier de Corneille.

Gautier (T.) et P. Siraudin.
— Le Tricorne enchanté.

Gay (S. Lavalette, dame).
— Une Aventure du chevalier de Grammont.
— Marie.
— Le Marquis de Pomenars.

Geffroy (G.).
— Salut à Molière.

Genest (abbé C. C.).
— Joseph.
— Pénélope.
— Polymneste.
— Zélonide, princesse de Sparte.

Genlis (S. F. Ducrest de Saint-Aubin, Cesse de.).
— Jean-Jacques Rousseau dans l'île de Saint-Pierre.

Gensoul (J.).
— Le Tardif.

Gensoul (J.) et J. A. N. Naudet.
— Le Ménage de Molière.
   Voy. **Vial (J. C.).**

Gentil de Chavagnac (M. J.). Voy. Désaugiers (M. A.).

Gérard de Nerval. Voy. Nerval.

Gersin (N.). Voy. Désaugiers (M. A.). Voy. Théaulon de Lambert (M. E. G. M.).

Gille (P.).
— Camille.

Gillet de la Tessonnerie.
— Le Campagnard.

Girardin (E. de). Voy. Dumas fils (A.).

Girardin (D. Gay, dame E. de).
— C'est la faute du mari.
— Cléopâtre.
— La Joie fait peur.
— Judith.
— Lady Tartuffe.

Godart d'Aucour. Voy. Bret (A.).

Gohier (L. J.) (1).

Goldoni (C.).
— Le Bourru bienfaisant.

Gomez (M. A. Poisson, dame de).
— Cléarque, tyran d'Héraclée.
— Habis.
— Sémiramis.

Goncourt (E. et J. de).
— Henriette Maréchal.

Gondinet (E.).
— A Molière.
— Christiane.
— Un Parisien.
— Trop curieux.

Gosse (E.).
— Faliero.

---

1) Voy. à la Table alphabétique des pièces : La Mort de César (par Voltaire).

Gosse (E.) (*Suite.*)
— Les Femmes politiques.
— Le Flatteur.
— Le Médisant.
— Le Susceptible par honneur.

Goubaux (P. P.) voy. Dinaux (P.).

Goudall.
— Ode à Racine.

Gouges (Mlle O. de).
— L'Esclavage des noirs.

Gozlan (L.).
— Ève.
— La Fin du roman.
— Le Gâteau des reines.
— Notre fille est princesse.
— La Pluie et le beau temps.
— La Queue du chien d'Alcibiade.
— Une Tempête dans un verre d'eau.
Voy. **Allart.**

Graffigny (F. d'Issembourg d'Happon-court, dame de).
— Cénie.
— La Fille d'Aristide.

Grandval (N. Racot, dit.).
— Le Camp de Porché-Fontaine.

Grangeneuve [E. Morand du Puch].
— A Racine.

Grave (Vte de).
— Varon.

Gresset (J. B. L.).
— Édouard III.
— Le Méchant.
— Sidney.

Grouvelle (P. A.).
— L'Épreuve délicate.

Gruyer (P.).
— Fantôme.

Gudin de la Brenellerie (P. P.).
— Caïus Marcius Coriolan.

Guérin d'Etriché (N. A. M.).
— Myrtil et Mélicerte.
— La Psyché de village.

Guiard (E.).
— Volte-face.

Guillard (L.) (1).
— Les Frais de la guerre.
— Un Mariage sous la Régence.

Guillard (L.) et A. Bézier.
— La Statuette d'un grand homme.

Guilleau de Formont.
— Jean de Bourgogne.

Guiraud (A.).
— Virginie.

Gustave III. Voy. Thüring (Gal J.).

Guymond de la Touche (C.).
— Iphigénie en Tauride.

Guyot de Merville (M.).
— Achille à Scyros.
— Le Consentement forcé.
— Les Époux réunis.
— Le Médecin de l'esprit.

Halévy (Léon.).
— Le Czar Démétrius.
— Le Duel.

Halévy (Lud.) Voy. Meilhac (H.).

Halma.
— Astyanax.

(1) Voy. à la Table alphabétique des pièces : Le Double veuvage.

Hannetaire (J. N. Servandoni d') (1).

Harel (F. A.).
— Les Grands et les petits.

Harny de Guerville.
— La Liberté conquise.

Hauteroche (N. Le Breton, sʳ de).
— Les Bourgeoises de qualité.
— Le Cocher supposé.
— Crispin médecin.
— Crispin musicien.
— Le Deuil.
— L'Esprit follet.
— Le Feint polonais.
— Le Souper mal apprêté.

Hénault (président C. J. F.).
— Cornélie, vestale.

Henriquet (S.).
— La Voix du rêve.

Herbigny (P. F. X. Bourguignon d').
— Hécube et Polyxène.

Hervieu (P.).
— La Loi de l'homme.
— Les Tenailles.

Hervilly (E. d').
— A l'auteur des Plaideurs.
— Au prisonnier du Châtelet.
— La Belle Saïnara.
— Hommage de Flipote.
— Le Magister.
— Molière en prison.
— Notre ami Drolichon.

Hoffman (F. B.).
— La Capricieuse.
— L'Original.

Hoffman (F. B.) (Suite).
— Le Roman d'une heure.

Hostein (H) (2).

Houdart de La Motte (A.). Voy. **La Motte (A. Houdart de).**

Hugo (V.).
— Angelo, tyran de Padoue.
— Les Burgraves.
— Hernani.
— Marion de Lorme.
— Le Roi s'amuse.
— Ruy Blas.
— Sur la lisière d'un bois.

Imbert (B.) (3).
— La Fausse apparence.
— Le Gâteau des rois.
— L'Inauguration du Théâtre-Français.
— Le Jaloux sans amour.
— Marie de Brabant, reine de France.
— Les Rivaux.

Jauffret (L. F.). Voy. **Weiss (M.).**

Joliet (C.).
— Molière.

Jolly (A. F.).
— L'École des amants.
— La Vengeance de l'amour.

Jouy (V. J. Etienne, dit de.)
— Bélisaire.
— L'Homme aux convenances.
— Les Intrigues de cour.
— Julien dans les Gaules.
— Sylla.
— Tippo-Saëb.

(1) Voy. à la Table alphabétique des pièces : L'Amour usé.
(2) Voy. à la Table alphabétique des pièces : L'Obstacle imprévu.
(3) Voy. à la Table alphabétique des pièces : Les Coups de l'amour et de la fortune.

Juillerat (**P.**).
— La Reine de Lesbos.

Karr (**A.**).
— Les Roses jaunes.

Labat (**E.**). Voy. **Desnoyer** (**C.**).

Labaume Desdossat (1).

Labiche (**E.**) et **A. C. Delacour**.
— Célimare le bien-aimé.
— Les Petits oiseaux.
    Voy. **Legouvé** (**E.**).

Labiche (**E.**) et **E. Martin**.
— Moi.

Laborie (**A.**). Voy. **Ancelot** (**J. A. P. F.**).

La Boullaye (**F.** de) et **P. E. Cormon**.
— Corneille et Rotrou.

La Bruère (**C. A. Le Clerc de**).
— Les Mécontents.

La Chapelle (**J.** de) (2).
— Ajax.
— Les Carrosses d'Orléans.
— Cléopâtre.
— Téléphonte.
— Zaïde.

La Chaussée (**P. C. Nivelle de**).
— Amour pour amour.
— La Critique de la Fausse antipathie.
— L'École des amis.
— L'École de la jeunesse.
— L'École des mères.
— La Fausse antipathie.
— La Fête interrompue.
— La Gouvernante.
— Maximien.
— Mélanide.

La Chaussée (**P.-C. Nivelle de**) (*Suite*).
— Paméla.
— Le Préjugé à la mode.

La Chazette.
— Don Ramir et Zaïde.

Lacour (**L.**).
— A Racine.

Lacretelle (**H.** de). Voy. **Decourcelle** (**A.**).

Lacroix (**O.**).
— L'Amour et son train.

Lacroix (**J.**).
— Œdipe roi.
— Le Testament de César.
    Voy. **Maquet** (**A.**).

Laffichard (**T.**).
— La Rencontre imprévue.

Laffichard (**T.**) et **C. F. Panard**.
— Les Acteurs déplacés.

Lafitte (**J. B. P.**).
— L'Amitié des femmes.
— Une Aventure de Charles V.
— La Saint-Louis à Sainte-Pélagie.

Lafitte (**J. B. P.**) et **C. Desnoyer**.
— Voltaire et Mme de Pompadour.

Lafitte (**J. B. P.**) et **E. Nyon**.
— Le Pour et le contre.

Lafont (**C.**).
— L'Arioste.
— Un Cas de conscience.
— Le Chef-d'œuvre inconnu.
— Daniel.
— La Marquise d'Aubray.

(1) Voy. à la Table alphabétique des pièces : L'Effet de la prévention.
(2) Voy. à la Table alphabétique des pièces : La Toison d'or.

9ᵉ PARTIE

La Font (J. de) (1).
— L'Amour vengé.
— Danaé.
— Le Naufrage.
— Les Trois frères rivaux.

La Fontaine (J. de).
— Le Florentin.
— Ragotin.
— Le Rendez-vous.

La Fontaine (J. de) et C. de Champmeslé.
— La Coupe enchantée.
— Je vous prends sans verd.
— Le Veau perdu.

La Fosse d'Aubigny (A. de).
— Corésus et Callirhoé.
— Manlius Capitolinus.
— Polyxène.
— Thésée.

Lagrange (N.).
— L'Accommodement imprévu.
— Le Rajeunissement inutile.

La Grange-Chancel (J. de).
— Adherbal, roi de Numidie.
— Alceste.
— Amasis.
— Athénaïs.
— Cassius et Victorinus, martyrs.
— Érigone.
— La Fille supposée.
— Ino et Mélicerte.
— Méléagre.
— Oreste et Pylade.
— Sophonisbe.

La Harpe (J. F. de).
— Les Barmécides.
— Les Brames.

La Harpe (J. F. de) (*Suite*).
— Le Comte de Warwick.
— Coriolan.
— Gustave Wasa.
— Jeanne Iʳᵉ, reine de Naples.
— Mélanie.
— Molière à la nouvelle salle.
— Les Muses rivales.
— Pharamond.
— Philoctète.
— Timoléon.
— Virginie.

Laignelot (J. F.).
— Agis.
— Rienzi.

Laluyé (L.).
— Au printemps.

La Martelière (J. H. F.).
— L'Amour et l'intrigue.

Lambert (A.).
— Vieux camarades.

Lambert-Thiboust. Voy. Thiboust (L.).

La Montagne (Bᵒⁿ P. de).
— La Physicienne.

La Morlière (C. J. L. A. Rochette, chevalier de).
— L'Amant déguisé.
— La Créole.

Lamothe-Langon (E. L. de).
— Isabelle de Bavière.

La Motte (A. Houdart de).
— Inès de Castro.
— L'Italie galante.
— Les Machabées.
— Le Magnifique.

(1) Voy. à la Table alphabétique des pièces : Les Captif.

La Motte (A. Houdart de) (*Suite*).
— La Matrone d'Éphèse.
— Œdipe.
— Romulus.
— Le Talisman.
   Voy. **Boindin (N.)**.

Landois (P.).
— Silvie.

Landon (J.).
— Le Tribunal de l'amour.

Langlé. Voy. Aylic-Langlé.

La Noüe (J. B. S. Sauvé de).
— La Coquette corrigée.
— Mahomet second.

Lantier (E. F. de).
— Les Coquettes rivales.
— Le Flatteur.
— L'Impatient.
— L'Inconséquent.

La Place (P. A. de).
— Adèle de Ponthieu.
— L'Épouse à la mode.
— Jeanne d'Angleterre.
— Venise sauvée.
— Le Veuvage trompeur.

Larive (J. Mauduit, dit de).
— Pyrame et Thisbé.

La Rue (père C. de) (1).

La Salle (Mis de).
— L'Officieux.
— L'Oncle et les tantes.

Latouche (H. de).
— La Reine d'Espagne.

Latour de Saint-Ybars (I. Latour, dit).
— Rosemonde.
— Vallia.
— Le Vieux de la montagne.
— Virginie.

Lattaignant de Binville.
— Le Fat.

La Tuillerie (J. F. Juvenon, sr de).
— Crispin bel esprit.
— Crispin précepteur.
— Hercule.
— Merlin peintre.
— Nitocris.
— Soliman.

Laujon (P.).
— Le Couvent.
— L'Inconséquent.

Launay (de). Voy. De Launay.

Launay (A. de).
— Adieu paniers!

Launay-Vasary (A. J. de).
— Le Parleur contrarié.
— Le Prisonnier en voyage.

Laus de Boissy (M. A.).
— Le Maire de village.

Lavalette (F.).
— L'Amante en tutelle.

Lavedan (H.).
— Catherine.
— Une Famille.

Lavergne (A. de). Voy. Foucher (P.).

Laverpillière (A.).
— Les Deux mahométans.

---

(1) Voy. à la Table alphabétique des **pièces** : Les Adelphes. — L'Andrienne.

Laverpillière (A.) (*Suite*).
— Le Sophiste.

Lavigerie (L.).
— La Confidence.

La Ville de Mirmont (A. J. J. de).
— Alexandre et Apelle.
— Charles VI.
— Le Folliculaire.
— Les Intrigants.
— L'Intrigue et l'amour.
— Une Journée d'élection.
— Le Roman.

Laya (J. L.).
— L'Ami des lois.
— Les Dangers de l'opinion.
— Falkland.
— Jean Calas.

Laya (L.).
— Un Coup de lansquenet.
— Le Duc Job.
— Les Jeunes gens.
— La Loi du cœur.
— Madame Desroches.
— Les Pauvres d'esprit.
   Voy. **Mélesville (A. H. J.).**

Le Beau de Schosne (abbé **A. T. V.**).
— L'Assemblée.

Leblanc (abbé **J. B.**).
— Aben-Saïd, empereur des Mogols.

Leblanc de Guillet (A. Blanc, dit).
— Albert Iᵉʳ.
— Les Druides.
— Manco Capac, premier Inca du Pérou.

Lebrun (Mlle D.).
— Thélamire.

Lebrun (P. A.).
— Le Cid d'Andalousie.
— Marie Stuart.
— Ulysse.

Le Chevalier. Voy. **Chevalier.**

Leclerc (1).
— Le Docteur extravagant.

Le Clerc (M.) et C. Boyer.
— Oreste.

Le Clerc de La Bruère (C. A.). Voy. **La Bruère (C. A. Le Clerc de).**

Lecomte (J.).
— Une Loge d'opéra.
— Le Luxe.

Le Corbeiller (M.).
— La Nuit de juin.

Ledoux (P.). Voy. **Ramond de la Croisette.**

Lefebvre (A.).
— La Corruption.

Lefebvre-Henri.
— A Pierre Corneille.

Lefèvre (G.).
— Le Faune.

Lefèvre (P. F. A.).
— Cosroès.
— Florinde.
— Hercule au mont Œta.
— Zuma.

Le Franc de Pompignan (J. J.).
— Didon.

---

(1) Vraisemblablement Michel Le Clerc, l'auteur d'*Oreste*.

Legendre (L.).
— Jean Darlot.

Legouvé (E.).
— A deux de jeu.
— Anne de Kerviler.
— Guerrero.
— Un Jeune homme qui ne fait rien.
— Le Pamphlet.
— Par droit de conquête.
— Stances à Racine.

Legouvé (E.) et E. Labiche.
— La Cigale chez les fourmis.
Voy. **Dinaux (P.).**
Voy. **Scribe (A. E.).**

Legouvé (G. M. J. B.).
— Épicharis et Néron.
— Étéocle et Polynice.
— La Mort d'Abel.
— La Mort de Henri IV, roi de France.

Legrand (1).
— Le Bon ami.

Le Grand (M. A.).
— Les Amants ridicules.
— L'Amour diable.
— L'Aveugle clairvoyant.
— Cartouche.
— La Chasse du cerf.
— La Famille extravagante.
— La Femme fille et veuve.
— La Foire Saint-Laurent.
— La Française italienne.
— Le Galant coureur.
— L'Impromptu de la folie.
— La Métamorphose amoureuse.
— La Nouveauté.
— Les Paniers.
— Le Philanthrope.
— Plutus.
— Le Roi de Cocagne.

Le Grand (M. A.) (*Suite*).
— Le Temps passé.
— Le Temps présent.
— Le Triomphe du temps.
— L'Usurier gentilhomme.

Le Grand (M. A.) et R. Alain.
— L'Épreuve réciproque.

Le Grand (M. A.) et L. Fuzelier.
— Les Amazones modernes.

Le Hoc (L. G.).
— Pyrrhus.

Le Kain (H. L. Caïn, dit) (2).

Lemaître (J.).
— Mariage blanc.
— Le Pardon.

Le Mascrier (abbé **J. B.**).
— Le Caprice et la ressource.

Lemercier (N. L.).
— Agamemnon.
— Charlemagne.
— Clovis.
— Le Faux bonhomme.
— Frédégonde et Brunehaut.
— Isule et Orovèse.
— Lovelace.
— Méléagre.
— Ophis.
— Pinto.
— Plaute.
— Richard III et Jeanne Shore.
— Richelieu.

Lemierre (A. M.).
— Artaxerce.
— Barnevelt, grand pensionnaire de Hollande.
— Céramis.

(1) Voy. à la Table alphabétique des pièces : La Rupture.
(2) Voy. à la Table alphabétique des pièces : Venceslas.

Lemierre (**A. M.**) (*Suite*).
— Guillaume Tell.
— Hypermnestre.
— Idoménée.
— Térée.
— La Veuve du Malabar.

Lemoine (**G.**). Voy. **Dinaux (P.)**.

Le Monnier (**P. R.**).
— Le Mariage clandestin.

Lenfant de Saint-Gilles.
— Ariarathe.

Lenoble (**E.**).
— Le Fourbe.

Léonce (**C. H. L. Laurençot**, dit) et **H. J. Moléri.**
— Le Gendre d'un millionnaire.

L'Épine (**E. L. V. J.**). Voy. **Manuell (E.)**.

Leroy (**O.**) (1).
— La Fantasque.
— L'Irrésolu.

Le Sage (**A. R.**).
— Crispin rival de son maître.
— Don César Ursin.
— Le Point d'honneur.
— La Tontine.
— Turcaret.

Lesguillon (**P. J.**) et **L. Monrose.**
— Figaro en prison.

Lesur (**C. L.**).
— L'Apothéose de Beaurepaire.

L'Horme ou **Lorme** (Mmes de). Voy. **Delhorme** (Mmes).

Liadières (**P. C.**) (2).
— Les Bâtons flottants
— Walstein.
Voy. **Bruant (A.)**.

Linant (**M.**).
— Alzaïde.
— Vanda, reine de Pologne.

Lintilhac (**E.**).
— Causerie sur Beaumarchais.

Lockroy (**J. P. Simon**, dit) et **Arnould (A. J. F.**).
— La Vieillesse d'un grand roi.

Lombard de Langres (**V.**).
— Juliette et Belcourt.

Lomon (**C.**).
— Jean Dacier.

Longchamp (Mlle **Pitel de**).
— Le Voleur.

Longchamps (**C.** de).
— La Boîte volée.
— La Fausse honte.
— Le Séducteur amoureux.

Longepierre (**H. B. de Requeleyne** b^on de).
— Électre.
— Médée.
— Sésostris.

Longpré (**A.** de).
— L'Alibi.
— Le Duelliste.
— 1760.
— Les Rendez-vous.
— Une Saint-Hubert.

(1) Voy. à la Table alphabétique des pièces : La Femme juge et partie.
(2) Voy. à la Table alphabétique des pièces : Henriette et Raymond.

Longueil (de).
— L'Orphelin anglais.

Lonvay de la Saussaye (J. B.).
— Alcidonis.

Lopez (B.). Voy. Méry (J.).

Lourdet de Santerre (J. B.).
— Le Mariage supposé.
— Les Quatre sœurs.
— La Soirée d'une vieille femme.

Louvart.
— La Mort d'Alexandre.

Lucas (H. J. J.).
— Le Tisserand de Ségovie.

Luce de Lancival (J. C. J.).
— Hector.
— Le Lord impromptu.

Lurine (L.) et A. Second.
— La Comédie à Ferney.

Lurine (L.) et Solar.
— Le Boudoir.

Mailhol (G.).
— Paros.

Maillet Du Clairon (A.). Voy. Du Clairon (A. Maillet).

Mairet (J.) (1).

Maisonneuve (L. J. B. Simonnet de).
— Le Faux insouciant.
— Odmar et Zulma.
— Roxelane et Mustapha.

Mallefille (P. J. F.).
— Le Cœur et la dot.

Mallefille (P. J. F) (Suite).
— Les Deux veuves.

Mallian (J.).
— Dernières scènes de la Fronde.
  Voy. **Blanchard (H.).**

Manteufel (E. de).
— Auguste et Théodore.
  Voy. **Dezède.**

Manuel (E.).
— L'Absent.
— Les Ouvriers.

Manuell (E.) [L'Épine (E. L. V. J.)].
  Voy. **Daudet (A.).**

Maquet A. et J. Lacroix.
— Valéria.

Marchadier (abbé).
— Le Plaisir.

Marignié (J. E. F.).
— Le Paresseux.
— Zoraï.

Marin (F. L. C).
— Julie.

Marivaux (P. Carlet de Chamblain de).
— Annibal.
— Arlequin poli par l'amour.
— La Dispute.
— L'École des mères.
— L'Épreuve.
— Les Fausses confidences.
— L'Ile de la raison.
— Le Jeu de l'amour et du hasard.
— Le Legs.
— La Mère confidente.
— Le Petit-maître corrigé.
— Le Préjugé vaincu.

---

(1) Voy. à la Table alphabétique des pièces : Sophonisbe (par Voltaire).

Marivaux (P. Carlet de Chamblain de) (*Suite*).
— La Réunion des amours.
— La Seconde Surprise de l'amour.
— Les Serments indiscrets.

Marivaux (P. Carlet de Chamblain de) et F. Parfaict.
— Le Dénouement imprévu.

Marmontel (J. F.) (1).
— Aristomène.
— Cléopâtre.
— Denis le tyran.
— Égyptus.
— Les Héraclides.

Marsolleau (L.).
— Le Bandeau de Psyché.
— Le Dernier madrigal.

Marsollier des Vivetières (B. J.).
— L'Ami Clermont.
— Céphise.

Martel.
— La Tarentule.

Martel (T.).
— Deux amis.

Martin (E.). Voy. Labiche (E.).

Massa (A. P. Regnier, Mis de).
— Service en campagne.

Masselin (V.) et Veyrat.
— L'Art et le métier.

Mauger.
— Amestris.
— Coriolan.
— Cosroès.
— L'Épreuve imprudente.

Maupassant (G. de).
— Histoire du vieux temps.
— La Paix du ménage.

Mauprié (Mis de) (2).

Maurice (J. C. F. M. Descombes, dit Charles.)
— Mascarille.

Mazères (E. J. E.).
— L'Amitié des femmes.
— Chacun de son côté.
— Le Jeune mari.
— La Niaise.
   Voy. Ancelot (J. A. P. F.).
   Voy. Empis (A.).
   Voy. Picard (L. B.).

Mazoïer (C. F. H.).
— Thésée.

Mégalbe [J. P. Planat] (3).

Meilhac (H.).
— L'Autographe.
— La Duchesse Martin.
— Grosse fortune.
— Margot.

Meilhac (H.) et L. Ganderax.
— Pépa.

Meilhac (H.) et Lud. Halévy.
— Les Brebis de Panurge
— L'Été de la Saint-Martin.
— Froufrou.
— Le Petit hôtel.

Meilhac (H.) et E. de Najac.
— Nany.

Mélesville (A. H. J. Duveyrier, dit).
— La Petite maison.

---

(1) Voy. à la Table alphabétique des pièces : Venceslas.
(2) Voy. à la Table alphabétique des pièces : Caliste (anonyme).
(3) Voy. à la Table alphabétique des pièces : Don Sanche d'Aragon.

Mélesville (A. H. J. Duveyrier, dit) (Suite).
— Sullivan.
— Un Vers de Virgile.

Mélesville (A. H. J. Duveyrier, dit) et C. Duveyrier.
— La Marquise de Senneterre.

Mélesville (A. H. J. Duveyrier, dit) et L. Laya.
— Le Portrait vivant.
Voy. Scribe (A. E.).

Mély-Janin (J. M. Janin, dit).
— Louis XI à Péronne.

Mendès (C.).
— La Femme de Tabarin.
— La Part du roi.

Mennechet (E.).
— Fielding.
— L'Héritage.
— Law.

Mercier (L. S.).
— La Maison de Molière.

Mercier (P.) et É. Fournier.
— Christian et Marguerite.

Mérimée (P.).
— Le Carrosse.

Merville (P. F. Camus, dit).
— Les Deux Anglais.
— Le Maréchal de l'empire.
— La Première affaire.
— Les Quatre âges.

Méry (J.).
— L'Essai du mariage.
— Le Vrai club des femmes.

Méry (J.) et B. Lopez.
— Le Sage et le fou.

Méry (J.) et P. Siraudin.
— Les Deux Frontins.

Meurice (P.).
— Struensée.
Voy. Dumas (Al.).

Meurice (P.) et A. Vacquerie.
— Antigone.

Michault (1).

Milcent (J. B. G. M.). Voy. Vial (J. C.)

Millanvoye (B.).
— Le Dîner de Pierrot.

Mimaut (J. F). Voy. Saint-Rémy.

Mirecourt (C. J. B. E. Jacquot, dit de).
Voy. Fournier (M.).

Moissy (A. G. Mouslier de).
— Les Deux frères.
— Le Valet maître.

Molé (G. L. Gé, dite).
Voy. Bursay.

Molé (F. R.).
— Le Quiproquo.

Moléri (H. J. Demolière, dit). Voy. Léonce (C. H. L.).

Molière (J. B. Poquelin, dit) (2).
— Les Amants magnifiques.
— L'Amour médecin.
— Amphitryon.
— L'Avare.
— Le Bourgeois gentilhomme.
— La Comtesse d'Escarbagnas.

---

(1) Voy. à la Table alphabétique des pièces : Le Moulin de Javelle.
2) Voy. à la Table alphabétique des pièces : Les Fragments de Molière. — La Valise de Molière.

Molière (J. B. Poquelin, dit) (*Suite*).
— La Critique de l'École des femmes.
— Le Dépit amoureux.
— Don Garcie de Navarre.
— Don Juan.
— L'École des femmes.
— L'École des maris.
— L'Étourdi.
— Les Fâcheux.
— Les Femmes savantes.
— Les Fourberies de Scapin.
— George Dandin.
— L'Impromptu de Versailles.
— La Jalousie du Barbouillé.
— Le Malade imaginaire.
— Le Mariage forcé.
— Le Médecin malgré lui.
— Le Médecin volant.
— Mélicerte.
— Le Misanthrope.
— Monsieur de Pourceaugnac.
— Les Précieuses ridicules.
— La Princesse d'Élide.
— Sganarelle.
— Le Sicilien.
— Tartuffe.

Molière (J. B.), P. Corneille et **P. Quinault.**
— Psyché.

Moline (P. L.). Voy. **Friedel (A. C.).**

Moncrif (F. A. Paradis de).
— L'Oracle de Delphes.

Monier de la Sizeranne (H.).
— L'Amitié de deux âges.
— Corinne.

Monnier (M.).
— La Ligne droite.

Monrose (L. Barizani, dit) (1). Voy. **Lesguillon (P. J.).**

Monselet (C.) et **P. Arène.**
— L'Ilote.

Montaignac. Voy. **Gain de Montaignac.**

Montanclos (M. E. Mayon, dame de).
— Le Déjeuner interrompu.

Montauban (J. Pousset de).
— Les Charmes de Félicie.
— Panurge.

Montesson (C. J. Béraud de La Haye de Riou, M^ise de).
— La Comtesse de Chazelles.

Montfleury (A. Jacob, dit).
— Le Comédien poète.
— Don Pasquin d'Avalos.
— L'École des jaloux.
— La Femme juge et partie.
— La Fille capitaine.
— Le Mari sans femme.
— Le Mariage de rien.
— Le Semblable à soi-même.

Montfort.
— La Mère ridicule.

Montheau (G. de).
— Passe-temps de duchesse.

Monval (G.). Voy. **Claretie (J.).**

Monvel (J. M. Boutet, dit de) (2).
— L'Amant bourru.
— Le Chevalier sans peur et sans reproche.
— Clémentine et Desormes.
— Mathilde.
— Les Victimes cloîtrées.
Voy. **Duval (A. V.).**

Monvel (N. B. Boutet, dit de).
— Le Deuil prématuré.

(1) Voy. à la Table alphabétique des pièces : L'Obstacle imprévu.
(2) Voy. à la Table alphabétique des pièces : Les Deux nièces.

Morand (**E.**).
— L'Héritière.
Voy. **Silvestre** (**A.**).
Voy. **Theuriet** (**A.**).

Morand (**P.** de).
— Childéric.
— Mégare.
— Téglis.

Morandet.
— Le Quiproquo.

Moreau (**E.**).
— Corneille et Richelieu.
— Parthénice.
— Protestation.

Muret (**T.**).
— Les Droits de la femme.

Murger (**H.**).
— Le Bonhomme Jadis.
Voy. **Barrière** (**T.**).

Murville (**P. N. André**, dit de).
— Abdélazis et Zuleïma.
— Lanval et Viviane.
— Melcour et Verseuil.
— Le Rendez-vous du mari.
— Le Souper magique.

Musnier-Desclozeaux (**E.**). Voy. **Desclozeaux** (**E. Musnier**).

Musset (**A.** de).
— A quoi rêvent les jeunes filles.
— André del Sarto.
— Barberine.
— Un Caprice.
— Les Caprices de Marianne.
— Le Chandelier.
— Fantasio.
— Il faut qu'une porte soit ouverte ou fermée.
— Il ne faut jurer de rien.

Musset (**A.** de) (*Suite*).
— Louison.
— La Nuit de mai.
— La Nuit d'octobre.
— On ne badine pas avec l'amour.
— On ne saurait penser à tout.

Nadal (abbé **A.**).
— Antiochus.
— Hérode.
— Mariamne.
— Saül.

Naigeon. Voy. **Rochefort** (**E.**).

Najac (**E.** de). Voy. **About** (**E.**).
Voy. **Meilhac** (**H.**).

Naudet (**J. A. N.**).
— La Fontaine chez Madame de la Sablière.
Voy. **Gensoul** (**J.**).

Nerval (**G. Labrunie**, dit **Gérard** de).
— Misanthropie et repentir.

Neufchâteau (**N. L. François** de). Voy. **François de Neufchâteau** (**N. L.**).

Nicolle (**H.**).
— Les Projets de ma tante.

Nittis (**J.** de).
— Les Deux Cid.

Noël (**E.**).
— Plus qu'un homme.

Noël (**E.**) et **L. Paté.**
— Prologue à Bérénice.

Normand (**J.**).
— L'Amiral.
— La Douceur de croire.

Nouguier.
— Trois jours d'un grand peuple.

Nus (E.). Voy. Desnoyer (C.).

Nyon (E.) et H. Trianon.
— Le Coq de Micylle.
    Voy. Lafitte (J. B. P.).

Oisemont (d').
— Laurette.

Overnay (A. J). Voy. Wailly (J. de).

Ozaneaux (J. G.).
— Le Nègre.

Pacaroni (Chevalier de).
— Bajazet Ier.

Pader d'Assezan.
— Agamemnon.
— Antigone.

Pailleron (E.).
— L'Autre motif.
— Cabotins !
— Le Dernier quartier.
— L'Étincelle.
— Les Faux ménages.
— Hélène.
— Mieux vaut douceur.
— Mieux vaut douceur... et violence.
— Mieux vaut violence.
— Le Monde où l'on s'amuse.
— Le Monde où l'on s'ennuie.
— Pendant le bal.
— Petite pluie...
— La Souris.

Pain (J. M.).
— Allez voir Dominique.

Palaprat (J.).
— Le Ballet extravagant.
— Hercule et Omphale.

Palaprat (J.) (Suite).
— La Prude du temps.
    Voy. Brueys (abbé D. A.).

Palissot de Montenoy (C.).
— L'Écueil des mœurs.
— Les Méprises.
— Les Philosophes.
— Le Satirique.
— Les Tuteurs.
— Zarès.

Panard (C. F.). Voy. Fagan de Lugny
    (C. B.).
    Voy. Laffichard (T.).

Parfaict (F.). Voy. Marivaux (P.).

Parisau (P. G.).
— Le Prix académique.

Parmentier (1).
— Le Bal de Passy.

Parodi (D. A.).
— La Reine Juana.
— Rome vaincue.

Paté (L.).
— A Corneille.
— A Molière.
    Voy. Noël (E.).

Patrat (J.).
— L'Anglais.
— Les Déguisements amoureux.
— L'Heureuse erreur.
    Voy. Weiss (M.).

Patu (C. P.) et F. de Portelance.
— Les Adieux du goût.

Péchantré (N. de).
— Géta.

(1) Voy. à la Table alphabétique des pièces : La Rencontre imprévue.

Péchantré (N. de) (*Suite.*)
— Jugurtha.
— La Mort de Néron.

Pein (T.).
— Les Projets d'enlèvement.

Pellegrin (abbé **S. J.**) (1).
— Artaxare.
— Le Divorce de l'amour et de la raison.
— L'École de l'hymen.
— La Fausse inconstance.
— La Mort d'Ulysse.
— Le Nouveau monde.
— Le Pastor Fido.
— Pélopée.
— Le Père intéressé.
— Polydore.

Pellegrin (abbé **S. J.**) et le président **Dupuy.**
— Tibère.

Pesselier (C. E.).
— Ésope au Parnasse.

Peyraud de Beaussol.
— Les Arsacides.

Picard (L. B.).
— L'Acte de naissance.
— L'Alcade de Molorido.
— Les Amis de collège.
— Les Capitulations de conscience.
— Le Collatéral.
— Le Conteur.
— Les Deux Philibert.
— Un Jeu de la fortune.
— Un Lendemain de fortune.
— Médiocre et rampant.
— Monsieur Musard.
— La Petite ville.
— Les Ricochets.

Picard (L. B.) (*Suite*).
— Le Voyage interrompu.

Picard (L. B.) et **A. F. Dercy.**
— Les Éphémères.

Picard (L. B.) et **A. Empis.**
— L'Agiotage.
— Jamais à propos.
— Lambert Simnel.

Picard (L. B.) et **E. J. E. Mazères.**
— Le Bon garçon.
— L'Enfant trouvé.
— Les Trois quartiers.

Picard (L. B.), A. J. M. Wafflard et **J. D. Fulgence.**
— Les Deux ménages.

Pichat ou **Pichald (M.).**
— Léonidas.

Picot (A.).
— A Corneille.

Pieyre (A.).
— Les Amis à l'épreuve.
— L'École des pères.

Pigault-Lebrun (G. C. A.).
— L'Amour et la raison.
— Les Rivaux d'eux-mêmes.

Pigault-Lebrun (G. C. A.) et **A. J. Dumaniant.**
— Les Calvinistes.

Pilhes (J.).
— Le Bienfait anonyme.

Pipelet (C. M. de **Théis,** dame).
— Camille.

(1) Voy. à la Table alphabétique des pièces : Arric et Petus. — Bajazet Ier. — Cornélie. — Le Faucon. — La Mort de César (par Mlle Barbier). — Thomyris.

Piron (A.).
— L'Amant mystérieux.
— Callisthène.
— Les Courses de Tempé.
— L'École des pères.
— Fernand Cortez.
— Gustave Wasa.
— La Métromanie.

Pitel de Longchamp (Mlle). Voy. **Longchamp (Mlle Pitel de).**

Pitre Chevalier (P. M. F. Chevalier, dit). Voy. **Galoppe d'Onquaire (C.).**

Planard (F. A. E. de).
— L'Heureuse rencontre.
— La Nièce supposée.
— Le Paravent.
— Les Pères créanciers.

Planard (F. A. E. de) et de **Proisy.**
— Les Deux seigneurs.

Planat (J. P.) (1).

Plouvier (E.).
— Une Discrétion.
— Le Songe d'une nuit d'hiver.

Poinsinet (A. A. H.).
— Le Cercle.
— L'Impatient.

Poinsinet de Sivry (L.).
— Ajax.
— Briséis.
— Pygmalion.

Poisson (Ph.).
— Alcibiade.
— L'Amour secret.
— La Boîte de Pandore.
— L'Impromptu de campagne.

Poisson (Ph.) *(Suite).*
— Le Mariage fait par lettre de change.
— Le Procureur arbitre.
— Le Réveil d'Épiménide.
— Les Ruses d'amour.

Poisson (R.).
— L'Après-souper des auberges.
— Le Baron de la Crasse.
— Le Fou raisonnable (le Fou de qualité).
— Les Fous divertissants.
— Les Pipeurs.

Pommier (V. L. A.). Voy. **Balzac (H.** de).

Ponsard (F.).
— Charlotte Corday.
— Galilée.
— L'Honneur et l'argent.
— Horace et Lydie.
— Le Lion amoureux.
— Lucrèce.
— Ulysse.

Pont-de-Vesle (A. de Feriol, Cte de).
— Le Complaisant.
— Le Fat puni.
— Le Somnambule.

Portelance (F. de).
— Antipater.
Voy. **Patu (C. P.).**

Porto-Riche (G. de).
— La Chance de Françoise.

Potron (C.).
— Une Confidence.
Voy. **Scribe (A. E.).**

Pradon (N.).
— Germanicus.

(1) Voy. à la Table alphabétique des pièces : Don Sanche d'Aragon.

Pradon (N.) (*Suite*).
— Pyrame et Thisbé.
— Régulus.
— Scipion l'Africain.
— Tamerlan.
— Tarquin.

Pralard. Voy. **Seguineau.**

Préchac.
— Les Usuriers.

Prémaray (J. M. Regnault de).
— Les Droits de l'homme.

Prével (J.).
— Un Mari qui pleure.

Procope Couteaux (Michel Procope Coltelli, dit).
— L'Assemblée des comédiens.

Proisy (de). Voy. **Planard (F. A. E.** de).

Pujoulx (J. B.).
— Les Dangers de l'absence.

Quinault (P.).
— Agrippa, roi d'Albe.
— Amalasonte.
— L'Amant indiscret.
— Astrate, roi de Tyr.
— Bellérophon.
— Les Coups de l'amour et de la fortune.
— La Mère coquette.
Voy. **Molière (J. B.)**.

Racine (J.).
— Alexandre le Grand.
— Andromaque.
— Athalie.
— Bajazet.
— Bérénice.
— Britannicus.
— Éloge de Corneille.

Racine (J.) (*Suite*).
— Esther.
— Iphigénie en Aulide.
— Mithridate.
— Phèdre et Hippolyte.
— Les Plaideurs.
— La Thébaïde.

Raisin (J. B.).
— Le Faux Gascon.
— Merlin gascon.
— Le Niais de Sologne.
— Le Petit homme de la foire.

Ramond de la Croisette, P. Ledoux et J. D. Fulgence.
— Le Béarnais.

Rancé (de).
— Partie et revanche.
— Le Retour.

Rancé (de) et M. E. G. M. Théaulon de Lambert.
— L'Anniversaire.
— Henri IV et Mayenne.
Voy. **Théaulon de Lambert (M. E. G. M.).**

Ratisbonne (L. G. F.).
— Au pays des âmes.
— Héro et Léandre.

Raucourt (Mlle F. M. A. J. Saucerotte, dite).
— Henriette.

Raymond (H.) et M. Boucheron.
— L'Ami de la maison.

Raynouard (F. J. M.).
— Les États de Blois.
— Les Templiers.

Regnard (J. F.).
— Attendez-moi sous l'orme.
— Le Bourgeois de Falaise.

Regnard (J. F.) (*Suite*).
— La Critique du Légataire universel.
— Démocrite.
— Le Distrait.
— Les Folies amoureuses.
— Le Joueur.
— Le Légataire universel.
— Les Ménechmes.
— Le Retour imprévu.
— La Sérénade.

Régnier de la Brière (F. J. P.) (1).
Voy. Foucher (P.).

Régnier-Destourbet (H. F.).
— Charlotte Corday.

Renan (J. E.).
— 1802, dialogue des morts.

Renou (A.).
— Térée et Philomèle.

Renout (J. J. C.).
— Le Caprice.
— Hercule.
— Zélide.

Révérony de Saint-Cyr (Bᵒⁿ J. A.).
— Les Faux somnambules.

Riboutté (F. L.).
— L'Amour et l'ambition.
— L'Assemblée de famille.
— Le Ministre anglais.
— La Réconciliation par ruse.
— Le Spéculateur.

Richard.
— L'Homme aux scrupules.

Richard (G.).
— Les Enfants.

Richaud-Martelly (H. A.).
— Les Deux Figaro.

Richaud-Martelly (H. A.) (*Suite*).
— L'Intrigant dupé par lui-même.

Richepin (J.).
— A Émile Augier.
— Le Flibustier.
— La Martyre.
— Monsieur Scapin.
— Par le glaive.
— Prologue pour la réouverture de la Comédie-Française.
— Vers la Joie.

Richer (H.).
— Sabinus et Éponine.

Richerolles d'Avallon.
— Astyanax.

Rigaud (A. F.).
— Les Deux poètes.
— Les Statuaires d'Athènes.

Riouffe (Bᵒⁿ H.).
— Corneille aux Champs-Élysées.

Riupeirous (T.).
— Agrippa.
— Annibal.
— Hypermnestre.
— Valérien.

Rivet (G.).
— Le Cimetière Saint-Joseph.

Rivière (H. L.).
— La Parvenue.

Rivollet (G.).
— Alkestis.

Robbe (J.) dit **Barquebois.**
— La Femme têtue.
— La Rapinière.

(1) Voy. à la Table alphabétique des pièces : Mademoiselle de la Seiglière.

Robert.
— Les Fausses présomptions.

Rochefort (G. Dubois de).
— Les Deux frères.

Rochefort (E.) [Mⁱˢ C. L. M. de Rochefort-Luçay.], M. J. Brisset et Naigeon.
— Lavater.
Voy. Théaulon de Lambert (M. E. G. M.).

Rochon de Chabannes (M. A. J.).
-– Les Amants généreux.
-– L'Amour français.
— Heureusement.
-– Hylas et Sylvie.
— Le Jaloux.
— La Manie des arts.
--– Les Valets maîtres de la maison.

Rodenbach (G.).
— Le Voile.

Roger (J. F.).
— L'Avocat.
— Caroline.
— La Dupe de soi-même.
— L'Épreuve délicate.
— La Lecture de Clarisse.

Roger (J. F.) et A. F. Creuzé de Lesser.
— La Revanche.

Roger-Milès (L.).
— Alceste converti.

Rolland (A.).
— Hommage à Racine.
— Voltaire au foyer.

Romand (H.).
— Le Bourgeois de Gand.
— Catherine II.
— Le Dernier marquis.

Ronsin (C. P. H.).
— Louis XII, père du peuple.

Rosier (J. B.).
— Charles IX.
— Claire.
— Mademoiselle de Montmorency.
— Le Mari de ma femme.
— La Mort de Figaro.
— Un Procès criminel.

Rosier (J. B.) et A. J. F. Arnould.
— Monsieur de Maugaillard.

Rosimond (C. La Roze, sʳ de).
— L'Avocat sans étude.
— La Dupe amoureuse.

Rostand (E.).
— Les Romanesques.

Rotrou (J.) (1).
— Cosroès.
— Venceslas.

Rougemont (M. N. Balisson de).
— La Fête de Henri IV.
— Il faut que jeunesse se passe.
.— Marcel.

Rousseau (J. B.).
— Le Café.
— Le Capricieux.
— Le Flatteur.

Rousseau (J. J.).
— Narcisse.
— Pygmalion.

Rousseau (P.).
— Les Méprises.
— La Rivale suivante.
— La Ruse inutile.

(1) Voy. à la Table alphabétique des pièces : Mascarille (par Maurice).

Roy (P. C.).
— Les Captifs.

Royer (A.) et J. N. G. Vaës.
— Le Voyage à Pontoise.

Royou (J. C.).
— Le Frondeur.
— Phocion.
— Zénobie.

Rozet (Mme). Voy. Chaumont (Mme).

Rozoy (B. Farmian de).
— Richard III.

Sablier (C.).
— La Suivante généreuse.

Saint-Chamond (C. M. Mazarell.
Mise de la Vieuville de).
— Les Amants sans le savoir.

Saint-Esteben. Voy. Épagny (J. B. d').

Saint-Foix (G. F. Poullain de).
— La Colonie.
— Deucalion et Pyrrha.
— Égérie.
— Le Financier.
— Les Grâces.
— Les Hommes.
— L'Ile sauvage.
— Julie.
— L'Oracle.
— Pandore.
— Le Rival supposé.

Saint-Gilles. Voy. Lenfant de Saint-
Gilles.

Saint-Glas (P. de), Prieur de Saint-
Ussans.
— Les Bouts-rimés.

Saint-Rémy (J. F. Mimaut, dit de).
— L'Auteur malgré lui.

Saint-Yon (1).
— Les Mœurs du temps.

Sainte-Beuve (C. A.).
— Les Larmes de Racine.

Sainte-Croix (C. de). Voy. Bergerat (E.).

Samson (J. I.).
— La Belle-mère et le gendre.
— Discours.
— La Dot de ma fille.
— La Famille Poisson.
— La Fête de Molière.
— Un Veuvage.

Sand (A. L. A. Dupin, Mise Dudevant,
dite George).
— Comme il vous plaira.
— Cosima.
— François le Champi.
— Le Mariage de Victorine.
— Le Marquis de Villemer.
— Le Roi attend.

Sandeau (J.).
— Mademoiselle de la Seiglière.
— La Maison de Pénarvan.
Voy. Augier (E.).

Sandeau (J.) et A. Decourcelle.
— Marcel.

Sardou (V.).
— Daniel Rochat.
— La Papillonne.
— Les Pattes de mouche.
— Thermidor.

Saurin (B. J.).
— Aménophis.

(1) Voy. à la Table alphabétique des pièces : Les Bourgeoises à la mode. — Le Chevalier à la mode. — Le Galant
jardinier.

Saurin (**B. J.**) (*Suite*).
— Beverley.
— Blanche et Guiscard.
- Les Mœurs du temps.
— L'Orpheline léguée.
— Spartacus.
— Les Trois rivaux.

Sauvage (**E.**) et **F**. Duhomme.
— La Vestale.

Sauvigny (**L. E. Billardon de**).
— Abdir.
— Hirza.
— La Mort de Socrate.
— Le Persifleur.
— Washington.

Scarron (**P.**).
— Don Japhet d'Arménie.
— L'Écolier de Salamanque.
— L'Héritier ridicule.
— Jodelet.

Scholl (**A.**). Voy. **Thiboust** (**L.**).

Scribe (**A. E.**).
— L'Ambitieux.
— Bertrand et Raton.
— La Calomnie.
— La Camaraderie.
— Une Chaîne.
— La Czarine.
— Le Fils de Cromwell.
— Les Inconsolables.
— Les Indépendants.
— Le Mariage d'argent.
— Mon étoile.
— La Passion secrète.
— Le Puff.
— Le Verre d'eau.

Scribe (**A. E.**) et **E. de Biéville**.
— Rêves d'amour.

Scribe (**A. E.**) et **N. P. Duport**.
— La Tutrice.

Scribe (**A. E.**) et **C. Duveyrier**.
— Oscar.

Scribe (**A. E.**) et **E. Legouvé**.
— Adrienne Lecouvreur.
— Bataille de dames.
— Les Contes de la reine de Navarre.
— Les Doigts de fée.

Scribe (**A. E.**) et **A. H. J. Mélesville**.
— Valérie.

Scribe (**A. E.**) et **C. Potron**.
— Feu Lionel.

Scribe (**A. E.**) et **E. L. Vanderburch**.
— Japhet.

Second (**A.**) et **J. Blerzy**.
— Un Baiser anonyme.
    Voy. **Lurine** (**L.**).

Sedaine (**M. J.**).
— La Gageure imprévue.
— Le Philosophe sans le savoir.
— Raymond V, comte de Toulouse.

Séguineau et **Pralard**.
— Ægiste.

Ségur (Vte **A. J. P.** de).
— Dorval.
— Le Retour du mari.
— Rosaline et Floricourt.

Seillans (**Colomb de**).
— La Gageure de village.

Séjour (**V.**).
— La Chute de Séjan.
— Diégarias.

Selve (Cte **A.** de).
— Vitellie.

Senan (Mme **M.**) [**J. de Wailly**].
— L'Attente.

Senecterre (Mis de) (1).

Séran de La Tour (abbé) (2).

Serret (E.).
— La Paix à tout prix.

Sewrin (C. A.) et Chazet (A. R. B.).
— La Leçon conjugale.
— Le Politique en défaut.

Silvestre (A.).
— Sapho.
— Tristan de Léonois.

Silvestre (A.) et E. Morand.
— Grisélidis.

Simon (C. F.).
— Les Confidences réciproques.

Simon-Chauvot.
— Le Chirurgien de village.

Simons (E. J. Candeille, dame).
— Catherine.
— Louise.

Siraudin (P.). Voy. Gautier (T.).
Voy. Méry (J.).

Solar. Voy. Lurine (L.).

Soulié (F.).
— Roméo et Juliette.

Soulié (F.) et E. Badon.
Une Aventure sous Charles IX.

Soulié (F.) et A. Bossange.
— Clotilde.
— La Famille de Lusigny.

Soumet (A.).
— Le Chêne du roi.

Soumet (A.) (Suite).
— Clytemnestre.
— Élisabeth de France.
— Émilia.
— Jeanne d'Arc.

Soumet (A.) et Mme G. d'Altenheym.
— Le Gladiateur.

Soumet (A.) et L. Belmontet.
— Une Fête de Néron.

Souques (J. F.).
— Les Jeunes amis.
— Orgueil et vanité.

Souriguères de Saint-Marc (J. M.).
— Octavie.

Souvestre (E.).
— Le Dernier des Kermor.
— Pour arriver.

Souvestre (E.) et Mme C. Brune.
— La Protectrice.

Souza (R. de).
— Toinette à Molière.

Subligny (A. T. Perdou de).
— Le Désespoir extravagant.

Sue (J. M., dit E.). Voy. Dinaux (P.).

Sully Prudhomme (R. F. A. Prudhomme, dit).
— A Alfred de Vigny.

Tailhand (A.).
— Les Trois amours de Tibulle.

Talabot.
— Don Carlos.

(1) Voy. à la Table alphabétique des pièces : Le Souper.
(2) Voy. à la Table alphabétique des pièces : Caliste (anonyme).

Talma (F. J.) (1).

Talma (C. Vanhove, dame).
— Les Deux Méricour.
— Laquelle des trois?

Théaulon de Lambert (M. E. G. M.).
— Eudoxie.

**Théaulon de Lambert (M. E. G. M.),
P. F. A. Carmouche et E. Rochefort.**
— Jeanne d'Albret.

**Théaulon de Lambert (M. E. G. M.),
A. Dartois et de Rancé.**
— Le Laboureur.

**Théaulon de Lambert (M. E. G. M.),
N. Gersin et N. P. Duport.**
— Le Château et la ferme.
Voy. **Rancé** (de).

Theuriet (A.) et E. Morand.
— Raymonde.

Thiboust (L.) et A. Scholl.
— Rosalinde.

Thibouville (H. L. d'Erbigny, Mⁱˢ de)(2).
— Namir.

Thierry (E.) (3) et H. de Bornier.
— Prologue pour *Atrée et Thyeste*.

Thüring (Gᵃˡ J.).
— Siri-Brahé.

Tiercelin (L.).
— A Corneille.
— L'Abbé Corneille.

Tiercelin (L.) (*Suite*).
— Le Rire de Molière.

Tressan (L. E. de La Vergne, Cᵗᵉ de)(4).

Trianon (H.). Voy. Nyon (E.).

Tristan l'Hermite (F.).
— La Mariane.
— Le Parasite.

Tronchin (F.).
— Marie Stuart, reine d'Écosse.

Truffier (J.) (5).
— Les Deux Palémon.
— Petit Jean.
— La Phèdre de Pradon.

Uchard (M.).
— La Fiammina.
— Le Retour du mari.

Ussé de Valentiné (d')(6).

Ussieux (L. d').
— Les Héros français.

Vacquerie (A.).
— Le Fils.
— Jean Baudry.
— Souvent homme varie.
Voy. **Meurice (P.).**

Vadé (J. J.).
— Les Visites du jour de l'an.

**Vaëz (J. N. G. van Nieuwenhuysen, dit
Gustave). Voy. Royer (A.).**

Valade (L.). Voy. Blémont (E.).

---

(1) Voy. à la Table alphabétique des pièces : Abufar. — Nicomède.
(2) Voy. à la Table alphabétique des pièces : Thélamire.
(3) Voy. à la Table alphabétique des pièces : L'Illusion comique.
(4) Voy. à la Table alphabétique des pièces : Le Souper.
(5) Voy. à la Table alphabétique des pièces : Arlequin poli par l'amour. — Crispin médecin. — Don Japhet d'Arménie.
(6) Voy. à la Table alphabétique des pièces : Cosroès (par Rotrou).

Valincourt (J. B. H. du Trousset, sr de).
— Discours.

Valmalette.
— L'Enthousiaste.

Valois d'Orville (A. J.) et A. Dubois.
— Les Souhaits pour le roi.

Valville (F. Bernard, dit) (1).

Vanderburch (E. L.).
— Jacques II.
— Une Nuit au Louvre.
  Voy. **Scribe (A. E.).**

Vatout (J.). Voy. **Épagny (J. B. d').**

Vaulabelle (M., dit E. Tenaille de).
  Voy. **Cordier (J.).**

Verconsin (E.).
— La Sortie de Saint-Cyr.

Veyrat (X. Vérat, dit). Voy. **Masselin (V.).**

Veyrin (E.).
— Frêle et forte.

Vial (J. C.).
— Le Mari et l'amant.
— Le Premier venu.

Vial (J. C.), J. Gensoul et J. B. G. M. Milcent.
— Lord Davenant.

Vieillard (P. A.).
— Le Mariage de Robert de France.

Viennet (J. P. G.).
— Arbogaste.
— Clovis.
— La Migraine.

Viennet (J. P. G.) (*Suite*).
— Les Serments.
— Sigismond de Bourgogne.

Vigée (L. J. B. E.).
— Les Aveux difficiles.
— La Belle-mère.
— L'Entrevue.
— La Fausse coquette.
— La Matinée d'une jolie femme.
— La Vivacité à l'épreuve.

Vigny (A. de).
— Chatterton.
— La Maréchale d'Ancre.
— Le More de Venise, Othello.
— Quitte pour la peur.

Villarceaux (R. de).
— Thersite.

Villaret (C.). Voy. **Bret (A.).**

Villemain d'Abancourt (F. J.). Voy. **Willemain d'Abancourt (F. J.).**

Villetard (E.). Voy. **Belot (A.).**

Visé (J. Donneau de) (2).
— Les Amours de Vénus et d'Adonis.
— L'Aventurière.
— Le Mariage de Bacchus et d'Ariane.
— Le Vieillard couru.
  Voy. **Corneille (T.).**

Voiron.
— Apelle et Campaspe.

Voisenon (C. H. Fusée, abbé de).
— L'École du monde.
— L'Ombre de Molière.
— Le Retour de l'ombre de Molière.

Voltaire (F. M. Arouet, dit de).
— Adélaïde Du Guesclin.

---

(1) Voy. à la Table alphabétique des pièces : Le Dépit amoureux.
(2) Voy. à la Table alphabétique des pièces : Circé. — L'Inconnu.

Voltaire (F. M. Arouet, dit de) (*Suite*).
— Agathocle.
-- Alzire.
-- Amélie.
-- Artémire.
— Brutus.
— Le Droit du seigneur.
— L'Écossaise.
— L'Écueil du sage.
— L'Enfant prodigue.
-- Ériphile.
— Hérode et Mariamne.
-- L'Indiscret.
— Irène.
— Mahomet.
— Mariamne.
— Mérope.
— La Mort de César.
— Nanine.
— Octave et le jeune Pompée.
— OEdipe.
— Olympie.
— Oreste.
— L'Orphelin de la Chine.
— Rome sauvée.
— Les Scythes.
— Sémiramis.
— Sophonisbe.
— Tancrède.
— Zaïre.
— Zulime.

Wafflard (A. J. M.) et **J. D. Fulgence.**
— Le Célibataire et l'homme marié.
— Un Moment d'imprudence.
— Le Voyage à Dieppe.

Wafflard (A. J. M.).
    et **J. D. Fulgence** (*Suite*).
    Voy. **Picard (L. B.).**

Wailly (G. de). Voy. **Bayard (J. F. A.).**

Wailly (J. de) et **C. Duveyrier.**
— Le Comité de bienfaisance.

Wailly (J. de) et **A. J. Overnay.**
— Les Deux célibats.
    Voy. **Bayard (J. F. A.).**
    Voy. **Senan** (Mme **M.**).

Walewski (A. Colonna, Cte).
— L'École du monde.

Weiss (M.), L. F. Jauffret et **J. Patrat.**
— Les Deux frères.

Wey (F.).
— Stella.

Willemain d'Abancourt (F. J.).
— La Bienfaisance de Voltaire.

Wolff (P.).
— Fidèle.

Ximénès (A. M. Mis).
— Amalasonte.
— Épicharis.

Yon.
— La Folie et l'amour.
— La Métempsycose.

ANONYMES

Ami vrai (l').
Aristobule.
Badaud (le).
Bailli marquis (le).
Bourget (le).
Brutal de sens froid (le).
Cadet de Gascogne (le) (1690).
Cadet de Gascogne (le) (1715).
Caliste.
Chasse ridicule (la).
Coriolan.
Dédit (le).
Effet de la prévention (l').
Endymion.
Enfant gâté (l').
Entêté (l').
Entêtement ridicule (l').
Épreuve dangereuse (l').
Fille médecin (la).
Frontin, gouverneur du château de Vertigililinguen.
Gênois (le).
Gentilhomme meunier (le).
Gros lot de Marseille (le).
Héroïne (l').

Heureux échange (l').
Homme de guerre (l').
Impromptu de garnison (l').
Jaloux masqué (le).
Jeune homme (le).
Laquais fille (le).
Maréchal médecin (le).
Marquis de l'Industrie (le).
Marquise imaginaire (la).
Médecin de village (le).
Nouvellistes (les).
Opérateur (l').
Père supposé (le).
Petit-maître de campagne (le).
Petits-maîtres d'été (les).
Provençale (la).
Réjouissances publiques (les).
Rival de son maître (le).
Rivaux d'eux-mêmes (les).
Sœurs rivales (les).
Souper (le).
Triomphe de l'hiver (le).
Vieillards rajeunis (les).
Zénobie.

TABLE CHRONOLOGIQUE DES PIÈCES

NOMBRE DES REPRÉSENTATIONS PAR ANNÉE

LES PREMIÈRES REPRÉSENTATIONS SONT INDIQUÉES EN CARACTÈRES ITALIQUES

1680

Corneille (P.).

Le Cid	2
Cinna	1
Héraclius	1
Le Menteur	2
Nicomède	1
Polyeucte	2
Rodogune	2
Sertorius	2

Corneille (T.).

Ariane	4
Le Festin de Pierre	3
L'Inconnu	4

Corneille (T.) et Visé.

La Devineresse	4

Desmarets de Saint-Sorlin.

Les Visionnaires	2

Fontenelle.

Aspar	2

Hauteroche.

Crispin médecin	2
Crispin musicien	3
Le Deuil	3
Le Souper mal apprêté	2

La Chapelle.

Les Carrosses d'Orléans	9

La Tuillerie.

Soliman	12

Molière.

L'Amour médecin	2

Molière (*Suite*).

Amphitryon	2
L'Avare	3
Le Bourgeois gentilhomme	3
La Comtesse d'Escarbagnas	3
La Critique de l'École des femmes	2
L'École des femmes	3
L'École des maris	2
L'Étourdi	2
Les Fâcheux	2
Les Femmes savantes	2
Les Fourberies de Scapin	2
Le Malade imaginaire	2
Le Mariage forcé	3
Le Médecin malgré lui	1
Le Misanthrope	3
M. de Pourceaugnac	4
Les Précieuses ridicules	1
Sganarelle	5
Le Sicilien	4
Tartuffe	4

Montfleury.

Le Mariage de rien	3
Le Semblable à soi-même	3

Pader d'Assezan.

Agamemnon	3

Poisson (R.)

L'Après-souper des auberges	6
Le Baron de la Crasse	3

Poisson (R.) (*Suite*).

Les Fous divertissants	11
Les Pipeurs	2

Pradon.

Pyrame et Thisbé	2

Préchac.

Les Usuriers	2

Quinault.

Astrate, roi de Tyr	2

Racine.

Andromaque	2
Bajazet	2
Bérénice	2
Britannicus	2
Iphigénie	5
Mithridate	2
Phèdre	4
Les Plaideurs	4

Rosimond.

L'Avocat sans étude	2
La Dupe amoureuse	1

Rotrou.

Venceslas	1

Scarron.

Don Japhet d'Arménie	2
L'Héritier ridicule	1

Tristan l'Hermite.

La Mariane	2

Anonyme.

Le Gentilhomme meunier	1

1681

Boisrobert.

La Jalouse d'elle-même	5

3e PARTIE.

Champmeslé.

Les Fragments de Molière	3

Corneille (P.).

Le Cid	4

1

Corneille (P.) (Suite).

Cinna................... 2
Héraclius.............. 3
Horace................. 6
Le Menteur............ 5
La Mort de Pompée. 5
Nicomède.............. 7
Œdipe................ 7
Polyeucte.............. 4
Rodogune............. 4
Sertorius.............. 1

Corneille (T.).

Ariane................. 5
Le Comte d'Essex........ 3
Don Bertrand de Cigaral 7
Le Festin de Pierre...... 9
Le Geôlier de soi-même.. 7
L'Inconnu............. 5

Corneille (T.) et Visé.

La Pierre philosophale.. 2

Desmarets de Saint-Sorlin.

Les Visionnaires....... 3

Du Ryer.

Scévole................ 3

Fontenelle.

Aspar................. 1
La Comète............. 8

Gillet de la Tessonnerie.

Le Campagnard......... 3

Hauteroche.

Crispin médecin........ 6
Crispin musicien....... 6
Le Deuil.............. 8
Le Souper mal apprêté.. 5

La Chapelle.

Les Carrosses d'Orléans. 7
Cléopâtre............. 8
Zaïde................. 15

La Tuillerie.

Crispin bel esprit....... 11

La Tuillerie (Suite).

Hercule............... 16
Soliman............... 4

Le Clerc et Boyer.

Oreste................ 3

Molière.

L'Amour médecin....... 4
Amphitryon........... 7
L'Avare............... 9
Le Bourgeois gentil-homme............. 4
La Comtesse d'Escarbagnas................. 9
La Critique de l'École des femmes............. 2
Le Dépit amoureux..... 2
L'École des femmes 4
L'École des maris....... 9
L'Étourdi............. 4
Les Fâcheux.......... 9
Les Femmes savantes... 5
Les Fourberies de Scapin. 4
George Dandin......... 7
Le Malade imaginaire... 8
Le Mariage forcé...... 7
Le Médecin malgré lui... 7
Le Misanthrope........ 7
M. de Pourceaugnac. ... 3
Les Précieuses ridicules. 7
Sganarelle............ 11
Le Sicilien............ 3
Tartuffe.............. 8

Montauban.

Les Charmes de Félicie.. 2

Montfleury.

La Femme juge et partie. 4
Le Mariage de rien..... 8
Le Semblable à soi-même 4

Pader d'Assezan.

Agamemnon............ 4

Poisson (R.).

L'Après-souper des auberges.............. 7
Le Baron de la Crasse... 6
Le Fou raisonnable...... 11
Les Fous divertissants... 3
Les Pipeurs........... 3

Pradon.

Pyrame et Thisbé....... 1

Quinault.

Agrippa, roi d'Albe. 1
Astrate, roi de Tyr...... 1
Les Coups de l'Amour et de la Fortune........... 3
La Mère coquette........ 11

Racine.

Andromaque.......... 8
Bajazet............. 4
Bérénice............. 2
Britannicus.......... 3
Iphigénie............ 5
Mithridate........... 5
Phèdre.............. 4
Les Plaideurs......... 6
La Thébaïde.......... 2

Rosimond.

L'Avocat sans étude.... 4

Rotrou.

Venceslas............ 2

Scarron.

Don Japhet d'Arménie... 3
L'Héritier ridicule...... 3
Jodelet............... 8

Tristan l'Hermite.

La Mariane........... 3
Le Parasite........... 4

Anonymes.

Endymion............ 8
Le Gentilhomme meunier 1
Le Laquais fille........ 3

1682

Boisrobert.

La Jalouse d'elle-même.. 3

Boyer.

Artaxerce.............. 5

Brécourt.

La Noce de village....... 7
L'Ombre de Molière...... 4

Champmeslé.

Les Grisettes.......... 8
Le Parisien............ 17
La Rue Saint-Denis...... 8

Corneille (P.).

Andromède............. 33
Le Cid................ 6
Cinna................ 1
Héraclius.............. 4
Horace................. 4
Le Menteur............ 4
La Mort de Pompée...... 2
Nicomède.............. 3
Œdipe................ 1
Othon................ 2
Polyeucte.............. 2

Corneille (P.) (Suite).

Rodogune.............. 5
Sertorius.............. 3

Corneille (T.).

Ariane................ 2
Le Baron d'Albikrac..... 15
Le Comte d'Essex....... 1
Don Bertrand de Cigaral............... 3
Le Festin de Pierre...... 6
Le Geôlier de soi-même.. 4
L'Inconnu............. 5

Corneille (T.) et Visé.
La Devineresse......... 7

Desmarets de Saint-Sorlin.
Les Visionnaires....... 3

Du Ryer.
Scévole................ 1

Genest.
Zélonide, princesse de Sparte................ 19

Gillet de la Tessonnerie.
Le Campagnard......... 1

Hauteroche.
Crispin médecin........ 3
Crispin musicien....... 2
Le Deuil............... 5
Le Souper mal apprêté... 4

La Chapelle.
Les Carrosses d'Orléans. 5
Cléopâtre............. 16
Téléphonte............. 3

La Tuillerie.
Crispin bel esprit........ 4
Hercule................ 2

Molière.
L'Amour médecin....... 5
Amphitryon............. 5
L'Avare................ 7
Le Bourgeois gentilhomme............... 6
La Comtesse d'Escarbagnas................ 7

Molière (Suite).
La Critique de l'École des femmes............... 2
Le Dépit amoureux...... 4
L'École des femmes..... 5
L'École des maris....... 5
L'Étourdi.............. 5
Les Fâcheux............ 7
Les Femmes savantes... 4
Les Fourberies de Scapin. 4
George Dandin......... 6
Le Malade imaginaire.... 4
Le Mariage forcé........ 7
Le Médecin malgré lui... 5
Le Misanthrope......... 8
M. de Pourceaugnac..... 5
Les Précieuses ridicules. 4
Sganarelle............. 6
Le Sicilien............. 3
Tartuffe............... 6

Montfleury.
Le Comédien poète....... 3
Le Mariage de rien..... 7
Le Semblable à soi-même. 4

Pader d'Assezan.
Agamemnon............ 2

Poisson (R.).
L'Après-souper des auberges............... 4
Le Baron de la Crasse... 8
Le Fou raisonnable...... 2
Les Pipeurs............. 1

Pradon.
Pyrame et Thisbé....... 1

Pradon (Suite).
Tarquin................ 4

Quinault.
Agrippa, roi d'Albe...... 1
Les Coups de l'Amour et de la Fortune......... 1
La Mère coquette....... 3

Racine.
Alexandre le Grand..... 4
Andromaque........... 6
Bajazet............... 4
Bérénice.............. 4
Britannicus............ 2
Iphigénie............. 2
Mithridate............. 3
Phèdre................ 4
Les Plaideurs.......... 5
La Thébaïde........... 1

Robbe.
La Rapinière.......... 12

Resimond.
L'Avocat sans étude..... 1

Rotrou.
Venceslas.............. 2

Saint-Glas.
Les Bouts-Rimés....... 8

Scarron.
Don Japhet d'Arménie... 4
L'Héritier ridicule....... 2
Jodelet................ 2

Tristan l'Hermite.
La Mariane............. 3
Le Parasite............ 1

1683

Boisrobert.
La Jalouse d'elle-même.. 2
La Vraie Didon......... 1

Boursault.
La Comédie sans titre.... 29
Marie Stuart........... 5
Les Nicandres.......... 8

Brécourt.
La Cassette............ 3
La Noce de village...... 5
L'Ombre de Molière..... 3

Campistron.
Virginie............... 11

Champmeslé.
Les Grisettes.......... 2
Le Divorce............. 7
Les Fragments de Molière. 3
Les Joueurs........... 11
Le Parisien............ 4

Corneille (P.).
Agésilas............... 3
Andromède............ 12
Le Cid................ 5
Cinna................. 4
Héraclius............. 3
Horace................ 2
Le Menteur............ 4
La Mort de Pompée..... 1
Nicomède............. 3
OEdipe............... 3
Othon................ 2
Polyeucte............. 3
Rodogune............. 4
Sertorius............. 3
La Toison d'or......... 31

Corneille (T.).
Ariane................ 3
Le Baron d'Albikrac..... 4

Corneille (T.) (Suite).
Don Bertrand de Cigaral.. 2
Le Festin de Pierre..... 3
Le Geôlier de soi-même.. 4
L'Inconnu............. 1

Desmarets de Saint-Sorlin.
Les Visionnaires....... 3

Genest.
Zélonide, princesse de Sparte............... 1

Gillet de la Tessonnerie.
Le Campagnard......... 1

Hauteroche.
Crispin médecin........ 2
Crispin musicien.......
Le Deuil..............
Le Souper mal apprêté..

La Chapelle.
Les Carrosses d'Orléans.. 7
Cléopâtre.............. 3
Téléphonte............. 9
La Fontaine.
Le Rendez-vous.......... 4
La Tuillerie.
Crispin bel esprit....... 5
Hercule............... 1
Nitocris............... 5
Molière.
L'Amour médecin....... 3
Amphitryon........... 3
L'Avare.............. 4
Le Bourgeois gentil-homme.............. 4
La Comtesse d'Escarba-gnas................ 7
La Critique de l'École des femmes............. 1
Le Dépit amoureux..... 1
L'École des femmes..... 3
L'École des maris....... 3
L'Étourdi............. 4
Les Fâcheux.......... 7
Les Femmes savantes... 2
Les Fourberies de Scapin. 4

Molière (Suite).
George Dandin......... 5
Le Malade imaginaire... 5
Le Mariage forcé....... 7
Le Médecin malgré lui... 5
Le Misanthrope........ 5
M. de Pourceaugnac.... 3
Les Précieuses ridicules. 4
Sganarelle............ 6
Le Sicilien............ 2
Tartuffe.............. 4
Montauban.
Panurge.............. 2
Montfleury.
Le Comédien poète...... 1
L'École des jaloux...... 3
Le Mariage de rien..... 4
Le Semblable à soi-même. 5
Pader d'Assezan.
Agamemnon........... 2
Poisson (R.).
L'Après-souper des au-berges.............. 4
Le Baron de la Crasse... 4
Le Fou raisonnable..... 4
Les Pipeurs........... 2

Pradon.
Pyrame et Thisbé....... 1
Quinault
La Mère coquette....... 3
Racine.
Alexandre le Grand..... 2
Andromaque.......... 5
Bajazet.............. 4
Bérénice............. 2
Britannicus........... 1
Iphigénie............ 4
Mithridate........... 3
Phèdre.............. 5
Les Plaideurs......... 3
Robbe.
La Rapinière.......... 6
Rosimond.
L'Avocat sans étude.... 4
Rotrou.
Venceslas............ 3
Scarron.
Don Japhet d'Arménie... 4
L'Héritier ridicule....... 2
Jodelet.............. 2
Tristan l'Hermite.
La Mariane........... 3
Le Parasite........... 1

1684

Boursault.
Marie Stuart.......... 5
Le Mercure galant (1).... 7
Les Nicandres......... 1
Brécourt.
La Noce de village...... 4
L'Ombre de Molière.... 4
Timon................ 19
Campistron.
L'Amante amant........ 18
Arminius............. 15
Virginie.............. 1
Champmeslé.
Les Fragments de Molière 8
Les Joueurs........... 1
Le Parisien........... 3
Corneille (P.).
Le Cid............... 7
Cinna................ 7
Héraclius............ 3
Horace.............. 3
Le Menteur........... 3
La Mort de Pompée..... 5
Nicomède............ 4

Corneille (P.) (Suite).
OEdipe............... 2
Othon............... 2
Polyeucte............ 2
Rodogune............ 4
Sertorius............. 3
La Toison d'or........ 4
Corneille (T.).
Ariane.............. 3
Le Baron d'Albikrac.... 2
Don Bertrand de Cigaral. 1
Le Festin de Pierre..... 5
Le Geôlier de soi-même.. 2
L'Inconnu............ 2
Corneille (T) et Visé.
La Devineresse........ 5
Desmarets de Saint-Sorlin.
Les Visionnaires....... 3
Du Ryer.
Scévole............. 1
Genest.
Pénélope............. 11

Genest (Suite).
Zélonide, princesse de Sparte.............. 1
Hauteroche.
Le Cocher supposé...... 17
Crispin médecin........ 2
Crispin musicien........ 3
Le Deuil.............. 4
L'Esprit follet.......... 8
Le Souper mal apprêté.. 2
La Chapelle.
Ajax................ 2
Les Carrosses d'Orléans. 5
Cléopâtre............ 2
La Fontaine.
Ragotin.............. 10
La Tuillerie.
Crispin bel esprit....... 3
Hercule.............. 1
Leclerc.
Le Docteur extravagant... 5
Louvart.
La Mort d'Alexandre.... 4

(1) Même pièce que : La Comédie sans titre.

Molière.

L'Amour médecin....... 6
Amphitryon........... 8
L'Avare.............. 7
Le Bourgeois gentil-
homme............. 7
La Comtesse d'Escarba-
gnas................ 4
La Critique de l'École des
femmes.¹........... 2
L'École des femmes..... 6
L'École des maris....... 6
L'Étourdi............. 1
Les Fâcheux.......... 5
Les Femmes savantes... 2
Les Fourberies de Scapin 3
George Dandin......... 6
Le Malade imaginaire... 6
Le Mariage forcé....... 4
Le Médecin malgré lui... 5
Le Misanthrope........ 7
M. de Pourceaugnac... 3
Les Précieuses ridicules. 4
Sganarelle............ 8
Tartuffe.............. 8

**Molière, Corneille (P.)
et Quinault.**

Psyché................ 23

Montfleury.

Le Comédien poète...... 1
L'École des jaloux...... 3
Le Mariage de rien...... 5
Le Semblable à soi-
même............... 2

Montfort.

La Mère ridicule........ 5

Pader d'Assezan.

Agamemnon........... 2

Poisson (R.).

L'Après-souper des au-
berges.............. 6
Le Baron de la Crasse... 3
Le Fou raisonnable..... 5

Pradon.

Pyrame et Thisbé....... 1

Quinault.

L'Amant indiscret....... 3
Bellérophon............ 4
La Mère coquette....... 2

Racine.

Alexandre le Grand...... 3
Andromaque........... 9
Bajazet.............. 1
Bérénice............. 3
Britannicus........... 5
Iphigénie............ 7
Mithridate........... 4
Phèdre.............. 5
Les Plaideurs......... 3
La Thébaïde.......... 1

Rosimond.

L'Avocat sans étude..... 2

Rotrou.

Venceslas........... 3

Saint-Glas.

Les Bouts-rimés...... 1

Scarron.

Don Japhet d'Arménie... 4
L'Héritier ridicule....... 3
Jodelet............... 1

Tristan l'Hermite.

La Mariane............ 2

1685

Baron.

Les Enlèvements........ 9
*Le Rendez-vous des Tuile-
ries*................. 12

Boursault.

Le Médecin volant....... 10
Le Mercure galant....... 11
Les Nicandres......... 3

Campistron.

Alcibiade............. 2
Andronic............. 29
Arminius............ 2

Champmeslé.

Les Fragments de Molière 2
Les Grisettes.......... 3
Le Parisien.......... 4

Corneille (P.).

Attila............... 2
Le Cid.............. 4
Cinna.............. 9
Don Sanche d'Aragon.... 4
Héraclius............ 2
Horace............. 3
Le Menteur.......... 3
La Mort de Pompée..... 2
Nicomède........... 4
Œdipe............. 3
Othon.............. 2
Polyeucte........... 3

Corneille (P.) (Suite).

Rodogune........... 4
Sertorius........... 2

Corneille (T.).

Ariane.............. 3
Le Baron d'Albikrac..... 1
Le Comte d'Essex...... 3
Le Festin de Pierre..... 3
Le Geôlier de soi-même. 2
Stilicon.............. 4

Corneille (T.) et Visé.

La Devineresse........ 3
L'Usurier............. 9

Dancourt.

Angélique et Médor..... 16
Le Notaire obligeant..... 16

Genest.

Pénélope............ 4
Zélonide, princesse de
Sparte............ 2

Hauteroche.

Le Cocher supposé..... 6
Crispin médecin........ 1
Crispin musicien....... 3
Le Deuil............ 5
L'Esprit follet......... 1
Le Souper mal apprêté.. 1

La Chapelle.

Ajax.................. 14

La Chapelle (Suite).

Les Carrosses d'Orléans. 5
Cléopâtre............ 4

La Fontaine.

Le Florentin........... 13

La Tuillerie.

Crispin bel esprit....... 3
Hercule............. 2

Molière.

L'Amour médecin....... 4
Amphitryon.......... 7
L'Avare............. 6
Le Bourgeois gentil-
homme............. 5
La Comtesse d'Escarba-
gnas................ 2
La Critique de l'École des
femmes............. 1
Le Dépit amoureux...... 1
L'École des femmes..... 7
L'École des maris...... 5
L'Étourdi............ 2
Les Fâcheux......... 9
Les Femmes savantes... 2
Les Fourberies de Scapin 3
George Dandin......... 7
Le Malade imaginaire... 1
Le Mariage forcé....... 5
Le Médecin malgré lui... 11

Molière (*Suite*).
Le Misanthrope........ 8
M. de Pourceaugnac..... 5
Les Précieuses ridicules. 2
Sganarelle............ 9
Le Sicilien............. 3
Tartuffe.............. 9
Montfleury.
L'École des jaloux...... 1
La Femme juge et partie. 3
La Fille Capitaine...... 16
Le Semblable à soi-même 1
Montfort.
La Mère ridicule....... 2
Pader d'Assezan.
Agamemnon........... 2
Poisson (R.).
L'Après-souper des au-
berges.............. 3

Poisson (R.) (*Suite*).
Le Baron de la Crasse... 1
Pradon.
Pyrame et Thisbé....... 3
Quinault.
Bellérophon........... 1
La Mère coquette...... 1
Racine.
Alexandre le Grand..... 2
Andromaque.......... 8
Bajazet.............. 3
Bérénice............. 7
Britannicus.......... 3
Iphigénie............ 4
Mithridate........... 5
Phèdre.............. 6
Les Plaideurs......... 8
Robbe.
La Femme têtue........ 7

Rotrou.
Venceslas............. 3
Saint-Yon.
Les Mœurs du temps..... 8
Scarron.
Don Japhet d'Arménie... 1
Jodelet.............. 1
Tristan l'Hermite.
La Mariane.......... 3
Visé.
*Les Amours de Vénus et
d'Adonis*............. 6
*Le Mariage de Bacchus et
d'Ariane*............. 5
Anonymes.
Aristobule........... 3
Endymion............ 3
L'Héroïne............. 4
L'Opérateur........... 7

1686

Baron.
*La Coquette et la Fausse
Prude*.............. 3
Les Enlèvements...... 3
*L'Homme à bonnes for-
tunes*.............. 35
Le Rendez-vous des Tui-
leries.............. 4
Boursault.
Le Médecin volant...... 4
Le Mercure galant..... 7
Les Nicandres......... 1
Campistron.
Alcibiade............. 35
Andronic............. 9
Arminius............. 3
Phraate............. 1
Champmeslé.
Les Fragments de Mo-
lière............... 2
Les Grisettes........ 1
Le Parisien........... 2
Corneille (P.).
Attila................ 2
Le Cid............... 7
Cinna............... 7
Don Sanche d'Aragon... 1
Héraclius............ 1
Horace.............. 4
Le Menteur.......... 3
La Mort de Pompée.... 2
Nicomède............ 4
Œdipe.............. 4
Othon............. 2
Polyeucte............ 3

Corneille (P.) (*Suite*).
Rodogune............ 5
Sertorius............ 2
Corneille (T.).
Ariane.............. 4
Le Baron d'Albikrac..... 2
Le Baron des Fondrières. 1
Le Comte d'Essex...... 1
Le Festin de Pierre...... 4
Le Geôlier de soi-même.. 2
Stilicon............. 6
Corneille (T.) et Visé.
La Devineresse........ 8
Dancourt.
Angélique et Médor..... 7
Le Notaire obligeant.... 6
Renaud et Armide...... 8
**Desmarets
de Saint-Sorlin.**
Les Visionnaires....... 1
Desmarres.
La Dragonne.......... 33
Du Ryer.
Scévole.............. 3
Hauteroche.
Le Cocher supposé..... 5
Crispin médecin........ 9
Crispin musicien....... 5
Le Deuil............ 2
L'Esprit follet........ 2
Le Feint Polonais...... 1
Le Souper mal apprêté.. 1
La Chapelle.
Les Carrosses d'Orléans. 4
Cléopâtre............ 5

La Fontaine.
Le Florentin.......... 8
La Tuillerie.
Crispin bel esprit...... 1
Hercule.............. 2
Molière.
L'Amour médecin...... 5
Amphitryon.......... 7
L'Avare............. 7
Le Bourgeois gentil-
homme............. 4
La Comtesse d'Escarba-.
gnas............... 8
L'École des femmes..... 4
L'École des maris...... 3
L'Étourdi............ 2
Les Fâcheux.......... 6
Les Femmes savantes... 3
Les Fourberies de Scapin 4
George Dandin........ 7
Le Malade imaginaire... 7
Le Mariage forcé...... 5
Le Médecin malgré lui.. 6
Le Misanthrope....... 10
M. de Pourceaugnac..... 3
Les Précieuses ridicules. 8
Sganarelle........... 3
Le Sicilien........... 1
Tartuffe............. 7
Montfleury.
La Fille Capitaine...... 4
Le Semblable à soi-même 2
Pader d'Assezan.
Antigone............. 9

Poisson (R.).
L'Après-souper des au-
berges............... 1
Le Baron de la Crasse.. 5
Le Fou raisonnable..... 4
Pradon.
Pyrame et Thisbé....... 1
Quinault.
La Mère coquette....... 1
Racine.
Alexandre le Grand..... 1
Andromaque.......... 7

Racine (*Suite*).
Bajazet................ 5
Bérénice.............. 4
Britannicus........... 4
Iphigénie............. 6
Mithridate............ 8
Phèdre............... 7
Les Plaideurs.......... 6
Raisin.
Le Niais de Sologne..... 10
Robbe.
La Femme têtue........ 6

Rotrou.
Venceslas............. 2
Saint-Yon.
Les Mœurs du temps... 3
Scarron.
Jodelet............... 4
Tristan l'Hermite.
La Mariane............ 4
Anonymes.
Le Brutal de sens froid... 11
L'Homme de guerre...... 7
Les Nouvellistes......:. 7

1687

Baron.
La Coquette et la Fausse
Prude............... 28
L'Homme à bonnes for-
tunes............... 6
Le Jaloux............. 7
Le Rendez-vous des Tui-
leries............... 2
Boursault.
Le Médecin volant...... 1
Le Mercure galant...... 5
Les Nicandres.......... 1
Campistron.
Alcibiade.............. 5
Andronic.............. 6
Phraate............... 2
Champmeslé.
Les Fragments de Mo-
lière................ 4
Le Parisien............ 4
Corneille (P.).
Attila................. 2
Le Cid................ 4
Cinna................. 5
Héraclius............. 2
Horace................ 2
Le Menteur............ 2
La Mort de Pompée..... 3
Nicomède............. 5
Œdipe................ 7
Othon................ 1
Polyeucte............. 1
Rodogune............. 5
Sertorius............. 3
Corneille (T.).
Ariane................ 5
Le Baron d'Albikrac..... 1
La Comtesse d'Orgueil... 9
Le Festin de Pierre..... 5
Le Geôlier de soi-même.. 2

Corneille (T.) (*Suite.***)**
L'Inconnu............. 11
Stilicon.............. 3
Corneille (T.) et Visé.
La Devineresse......... 3
Dancourt.
Angélique et Médor..... 2
Le Chevalier à la mode... 17
La Désolation des joueuses 15
Le Notaire obligeant.... 3
Desmarres.
La Dragonne.......... 9
Dupuy.
Varron............... 7
Du Ryer.
Scévole.............. 2
Genest.
Pénélope............. 3
Zélonide, princesse de
Sparte.............. 2
Hauteroche.
Le Cocher supposé...... 1
Crispin médecin........ 5
Crispin musicien........ 2
Le Deuil.............. 7
La Chapelle.
Les Carrosses d'Orléans. 3
Cléopâtre............. 4
La Fontaine.
Le Florentin........... 3
La Tuillerie.
Hercule.............. 1
Merlin peintre.......... 12
Longchamp (Mlle de).
Le Voleur............. 3
Molière.
L'Amour médecin....... 5
Amphitryon........... 3
L'Avare.............. 4

Molière (*Suite***).**
La Comtesse d'Escarba-
gnas................ 8
L'École des femmes..... 2
L'École des maris...... 7
L'Étourdi............. 1
Les Fâcheux.......... 4
Les Femmes savantes... 4
George Dandin......... 8
Le Malade imaginaire... 6
Le Mariage forcé....... 5
Le Médecin malgré lui.. 4
Le Misanthrope........ 7
M. de Pourceaugnac.... 6
Les Précieuses ridicules. 2
Sganarelle............ 4
Tartuffe.............. 6
Montfleury.
L'École des jaloux....... 8
La Femme juge et par-
tie................. 6
La Fille Capitaine...... 3
Péchantré.
Géta................. 29
Poisson (R.).
L'Après-souper des au-
berges.............. 7
Le Baron de la Crasse.. 6
Le Fou raisonnable..... 2
Quinault.
Bellérophon....... 1
La Mère coquette...... 2
Racine.
Alexandre le Grand..... 2
Andromaque.......... 8
Bajazet............... 6
Bérénice.............. 4
Britannicus........... 6
Iphigénie............. 5
Mithridate............ 8

Racine (*Suite*).
Phèdre................ 9
Les Plaideurs.......... 10
Raisin.
Le Niais de Sologne..... 1
Le Petit Homme de la foire 22

Robbe.
La Femme têtue........ 3
Rotrou.
Venceslas.............. 2
Scarron.
Jodelet................ 4

Tristan l'Hermite.
La Mariane............ 1
Anonymes.
Le Badaud............. 5
Les Nouvellistes........ 2
Le Rival de son maître... 6

1688

Baron.
La Coquette et la Fausse Prude............... 7
Les Enlèvements........ 1
L'Homme à bonnes fortunes................ 6
Le Jaloux 6
Boursault.
Le Mercure galant...... 6
Brécourt.
L'Ombre de Molière..... 3
Campistron.
Alcibiade............. 6
Andronic............. 4
Arminius............. 2
Phocion.............. 6
Champmeslé.
Les Fragments de Molière................ 5
Le Parisien............ 4
Corneille (P.).
Attila................. 2
Le Cid................. 7
Cinna................. 3
Héraclius............. 1
Horace 3
Le Menteur............ 2
La Mort de Pompée..... 3
Nicomède............. 4
OEdipe............... 3
Othon................ 3
Polyeucte............. 2
Rodogune............. 2
Sertorius............. 2
Corneille (T.).
Ariane................ 3
Le Baron d'Albikrac..... 3
La Comtesse d'Orgueil.. 2
Don Bertrand de Cigaral. 6
Le Festin de Pierre..... 6
Le Geôlier de soi-même.. 2
L'Inconnu 4
Stilicon.............. 2
Corneille (T.) et Visé.
La Devineresse........ 5

Dancourt.
Angélique et Médor..... 1
Le Chevalier à la mode.. 12
La Maison de campagne.. 21
Le Notaire obligeant.... 5
Desmarets de Saint-Sorlin.
Les Visionnaires........ 3
Desmarres.
La Dragonne........... 6
Du Ryer.
Scévole................ 2
Genest.
Pénélope.............. 1
Zélonide, princesse de Sparte............... 2
Hauteroche.
Le Cocher supposé...... 2
Crispin médecin........ 11
Crispin musicien........ 3
Le Deuil.............. 5
L'Esprit follet.......... 12
Le souper mal apprêté.. 2
La Chapelle.
Les Carrosses d'Orléans. 1
Cléopâtre.............. 5
La Fontaine.
Le Florentin........... 4
La Fontaine et Champmeslé.
La Coupe enchantée..... 26
La Tuillerie.
Crispin précepteur....... 5
Molière.
Les Amants magnifiques.. 10
L'Amour médecin....... 2
Amphitryon........... 6
L'Avare............... 6
Le Bourgeois gentilhomme............... 11
La Comtesse d'Escarbagnas................ 4
L'École des femmes..... 4
L'École des maris...... 3

Molière (*Suite*).
L'Étourdi.............. 4
Les Fâcheux........... 2
Les Femmes savantes... 4
George Dandin.......... 6
Le Malade imaginaire... 7
Le Mariage forcé........ 2
Le Médecin malgré lui... 5
Le Misanthrope......... 9
M. de Pourceaugnac..... 7
Les Précieuses ridicules. 3
Tartuffe............... 7
Montfleury.
Don Pasquin d'Avalos... 5
L'École des jaloux...... 5
La Femme juge et partie. 2
La Fille Capitaine...... 3
Le Semblable à soi-même. 5
Péchantré.
Géta................. 5
Poisson (R.).
L'Après-souper des auberges.............. 1
Le Baron de la Crasse... 3
Le Fou raisonnable..... 1
Pradon.
Pyrame et Thisbé....... 1
Régulus................ 37
Quinault.
La Mère coquette....... 2
Racine.
Alexandre le Grand..... 2
Andromaque.......... 5
Bajazet............... 6
Bérénice.............. 2
Britannicus 2
Iphigénie............. 2
Mithridate............ 3
Phèdre............... 7
Les Plaideurs.......... 5
Raisin.
Le Faux Gascon........ 9
Le Petit Homme de la foire................. 3

Riupeirous.
Annibal.................. 6

Robbe.
La Femme têtue......... 3

Rotrou.
Venceslas.............. 2

Scarron.
Don Japhet d'Arménie... 4
Jodelet.................. 3

Subligny.
Le Désespoir extrava-
gant.................. 1

Tristan l'Hermite.
La Mariane............. 1

Anonymes.
Coriolan................ 3
L'Épreuve dangereuse.... 2

1689

Aubry des Carrières.
Démétrius.............. 11

Baron.
La Coquette et la Fausse
Prude................ 5
Le Débauché............ 11
Les Enlèvements........ 2
Les Fontanges maltraitées. 16
L'Homme à bonnes for-
tunes............... 5
La Répétition........... 11

Bernard (Mlle).
Laodamie, reine d'Épire. 23

Boursault.
Le Mercure galant...... 5

Brécourt.
La Noce de village...... 3

Brueys et Palaprat.
Le Concert ridicule...... 26

Campistron.
Alcibiade.............. 5
Andronic.............. 5
Phocion............... 5

Champmeslé.
Les Fragments de Mo-
lière................ 4
Le Parisien............ 3

Corneille (P.).
Attila................. 1
Le Cid................ 5
Cinna................. 3
Héraclius.............. 1
Horace................ 3
Le Menteur............ 2
La Mort de Pompée..... 1
Nicomède.............. 4
OEdipe................ 4
Othon................ 2
Polyeucte............. 5
Rodogune............. 2
Sertorius.............. 3

Corneille (T.).
Ariane................. 4
Le Baron d'Albikrac..... 3
La Comtesse d'Orgueil... 1
Don Bertrand de Cigaral. 4
Le Festin de Pierre...... 5

Corneille (T.) (Suite).
Le Geôlier de soi-même. 4
Stilicon................ 1

Corneille (T.) et Visé.
La Devineresse........ 2

Dancourt.
Angélique et Médor..... 2
Le Chevalier à la mode.. 5
La Dame à la mode..... 15
La Maison de campagne. 8
Le Notaire obligeant..... 4

**Desmarets
de Saint-Sorlin.**
Les Visionnaires........ 6

Desmarres.
La Dragonne........... 8

Du Ryer.
Scévole............... 3

Genest.
Pénélope.............. 5
Zélonide, princesse de
Sparte.............. 2

Hauteroche.
Le Cocher supposé...... 4
Crispin médecin........ 8
Crispin musicien........ 2
Le Deuil.............. 6
L'Esprit follet......... 7
Le Souper mal apprêté.. 1

La Chapelle.
Les Carrosses d'Orléans. 3
Cléopâtre............. 3

La Fontaine.
Le Florentin........... 3

**La Fontaine
et Champmeslé.**
La Coupe enchantée.... 7
Le Veau perdu......... 6

La Tuillerie.
Crispin bel esprit...... 1
Crispin précepteur...... 2

Molière.
Les Amants magnifiques. 6
L'Amour médecin....... 3
Amphitryon........... 6
L'Avare 7

Molière (Suite).
Le Bourgeois gentil-
homme.............. 6
La Comtesse d'Escarba-
gnas................ 5
La Critique de l'École des
femmes.............. 2
L'École des femmes..... 5
L'École des maris....... 5
L'Étourdi.............. 5
Les Fâcheux........... 4
Les Femmes savantes... 3
Les Fourberies de Scapin. 10
George Dandin......... 4
Le Malade imaginaire... 7
Le Mariage forcé........ 3
Le Médecin malgré lui... 4
Le Misanthrope........ 10
M. de Pourceaugnac..... 7
Les Précieuses ridicules. 3
Sganarelle............. 2
Tartuffe............... 9

Montfleury.
Don Pasquin d'Avalos... 1
L'École des jaloux...... 1
La Femme juge et partie. 3
La Fille Capitaine....... 5
Le Semblable à soi-même. 3

Péchantré.
Géta................. 5

Poisson (R.).
L'Après-souper des au-
berges.............. 5
Le Baron de la Crasse... 4
Le Fou raisonnable..... 3

Pradon.
Pyrame et Thisbé....... 1
Régulus 5

Quinault.
Amalasonte........... 5
Bellérophon........... 1
La Mère coquette....... 3

Racine.
Alexandre le Grand...... 1
Andromaque........... 5
Bajazet............... 2
Bérénice.............. 3

Racine (*Suite*).

Britannicus	5
Iphigénie	3
Mithridate	5
Phèdre	6
Les Plaideurs	8

Raisin.

Le Faux Gascon	2
Le Petit Homme de la foire	3

Rotrou.

Venceslas	3

Scarron.

Don Japhet d'Arménie...	3
Jodelet	4

Tristan l'Hermite.

La Mariane	2

1690

Aubry des Carrières.

Agathocle	3

Baron.

La Coquette et la Fausse Prude	5
L'Homme à bonnes fortunes	3
La Répétition	1

Bernard (Mlle).

Brutus	6
Laodamie, reine d'Épire.	2

Boursault.

Les Fables d'Ésope	48
Le Mercure galant	4

Brueys et Palaprat.

Le Concert ridicule	6
Le Secret révélé	13

Campistron.

Adrien	7
Alcibiade	4
Andronic	5
Arminius	2

Champmeslé.

Les Fragments de Molière	2
Le Parisien	2

Corneille (P.).

Attila	1
Le Cid	5
Cinna	6
Héraclius	3
Horace	5
Le Menteur	3
La Mort de Pompée	3
Nicomède	5
OEdipe	2
Othon	3
Polyeucte	4
Rodogune	4
Sertorius	2

Corneille (T.).

Ariane	1
Le Baron d'Albikrac	2
La Comtesse d'Orgueil	1
Don Bertrand de Cigaral.	2
Le Festin de Pierre	3

Corneille (T.) (*Suite*).

Le Geôlier de soi-même	2
Stilicon	1

Dancourt.

Angélique et Médor	1
Le Carnaval de Venise	2
Le Chevalier à la mode	1
La Désolation des joueuses	3
L'Été des coquettes	15
La Folle Enchère	9
La Maison de campagne.	5
Merlin déserteur	13
Le Notaire obligeant	1

Desmarets de Saint-Sorlin.

Les Visionnaires	1

Desmarres.

La Dragonne	4

Du Ryer.

Scévole	3

Genest.

Pénélope	4
Zélonide, princesse de Sparte	1

Hauteroche.

Les Bourgeoises de qualité	9
Le Cocher supposé	2
Crispin médecin	4
Crispin musicien	1
Le Deuil	2
L'Esprit follet	4

La Chapelle.

Cléopâtre	4

La Fontaine.

Le Florentin	4

La Fontaine et Champmeslé.

La Coupe enchantée	5
Le Veau perdu	9

Molière.

Les Amants magnifiques.	1
Amphitryon	7
L'Avare	7
Le Bourgeois gentilhomme	3

Molière (*Suite*)

La Comtesse d'Escarbagnas	3
La Critique de l'École des femmes	1
L'École des femmes	3
L'École des maris	4
L'Étourdi	2
Les Fâcheux	2
Les Femmes savantes	5
Les Fourberies de Scapin.	4
George Dandin	4
Le Malade imaginaire	2
Le Mariage forcé	1
Le Médecin malgré lui	2
Le Misanthrope	4
M. de Pourceaugnac	1
Les Précieuses ridicules.	2
Tartuffe	6

Montfleury.

Le Comédien poète	3
La Fille Capitaine	4
Le Semblable à soi-même.	3

Pader d'Assezan.

Agamemnon	1

Palaprat.

Le Ballet extravagant	23

Péchantré.

Géta	1

Poisson (R.).

Le Baron de la Crasse...	2

Pradon.

Pyrame et Thisbé	1
Régulus	5

Quinault.

Agrippa, roi d'Albe	4
La Mère coquette	2

Racine.

Alexandre le Grand	2
Andromaque	7
Bajazet	2
Bérénice	2
Britannicus	3
Iphigénie	5
Mithridate	3
Phèdre	5
Les Plaideurs	3

Racine (*Suite*).

La Thébaïde........... 2

Raisin.

Merlin Gascon.......... 13

Le Petit Homme de la foire................ 2

Riupeirous.

Valérien............... 11

Rotrou.

Venceslas............. 5

Scarron.

Don Japhet d'Arménie... 5

Scarron (*Suite*).

Jodelet................ 3

Tristan l'Hermite.

La Mariane............ 2

Anonyme.

Le Cadet de Gascogne.... 1

1691

Baron.

La Coquette et la Fausse Prude................ 5

Les Enlèvements....... 1

L'Homme à bonnes fortunes................ 5

Bernard (Mlle).

Brutus................. 21

Laodamie, reine d'Épire. 1

Boursault.

Les Fables d'Ésope...... 7

Le Mercure galant...... 6

Phaéton................ 2

Brécourt.

L'Ombre de Molière..... 2

Brueys et Palaprat.

Le Concert ridicule..... 5

Le Grondeur........... 23

Le Muet............... 16

Le Secret révélé........ 4

Campistron.

Alcibiade.............. 3

Andronic.............. 4

Arminius.............. 1

Tiridate.............. 32

Champmeslé.

Les Fragments de Molière. 3

Le Parisien............ 3

Corneille (P.).

Attila................. 2

Le Cid................. 4

Cinna................. 5

Héraclius.............. 4

Horace................ 3

Le Menteur............ 2

La Mort de Pompée..... 3

Nicomède.....·........ 3

Œdipe................ 2

Othon................ 2

Polyeucte............. 1

Rodogune............. 3

Sertorius............. 2

Corneille (T.).

Ariane................ 2

Le Baron d'Albikrac..... 3

La Comtesse d'Orgueil.. 2

Corneille (T.) (*Suite*).

Don Bertrand de Cigaral. 3

Le Festin de Pierre...... 5

Le Geôlier de soi-même.. 2

L'Inconnu............. 6

Stilicon............... 1

Corneille (T.) et Visé.

La Devineresse (1)...... 6

Dancourt.

Le Bon soldat.......... 11

Le Carnaval de Venise.. 1

Le Chevalier à la mode.. 3

La Désolation des joueuses 2

L'Été des coquettes..... 7

La Folle Enchère....... 7

La Maison de campagne. 2

Merlin déserteur....... 5

Le Notaire obligeant..... 3

La Parisienne........... 13

Desmarets de Saint-Sorlin.

Les Visionnaires........ 2

Desmarres.

La Dragonne........... 5

Du Ryer.

Scévole............... 3

Genest.

Pénélope.............. 2

Hauteroche.

Le Cocher supposé...... 2

Crispin médecin........ 8

Crispin musicien........ 2

Le Deuil.............. 3

L'Esprit follet.......... 6

La Chapelle.

Les Carrosses d'Orléans. 3

Cléopâtre............. 1

La Fontaine.

Le Florentin........... 3

La Fontaine et Champmeslé.

La Coupe enchantée..... 5

Le Veau perdu......... 5

La Tuillerie.

Crispin bel esprit....... 2

Crispin précepteur...... 2

Molière.

Les Amants magnifiques. 1

L'Amour médecin....... 2

Amphitryon............ 7

L'Avare............... 8

Le Bourgeois gentilhomme.............. 5

La Comtesse d'Escarbagnas................. 5

La Critique de l'École des femmes.............. 3

Le Dépit amoureux..... 6

L'École des femmes..... 3

L'École des maris....... 7

L'Étourdi............. 4

Les Fâcheux........... 3

Les Femmes savantes... 3

Les Fourberies de Scapin. 5

George Dandin......... 4

Le Malade imaginaire... 6

Le Mariage forcé....... 3

Le Médecin malgré lui... 3

Le Misanthrope........ 7

M. de Pourceaugnac.... 2

Les Précieuses ridicules. 5

Tartuffe.............. 9

Montfleury.

L'École des jaloux...... 2

La Femme juge et partie. 5

La Fille Capitaine....... 1

Le Semblable à soi-même. 1

Pader d'Assezan.

Agamemnon............ 2

Palaprat.

Le Ballet extravagant... 12

Péchantré.

Géta................. 1

Poisson (R.).

L'Après-souper des auberges.............. 3

Le Baron de la Crasse... 2

Le Fou raisonnable..... 1

Pradon.

Pyrame et Thisbé....... 1

Régulus.............. 3

(1) A la représentation du 6 novembre, la pièce n'a pas été achevée.

Quinault.

Agrippa, roi d'Albe.....	2
Bellérophon............	2
La Mère coquette.......	2

Racine.

Andromaque..........	2
Bajazet..............	4
Bérénice..............	2

Racine (*Suite*).

Britannicus............	6
Iphigénie.............	2
Mithridate............	3
Phèdre...............	4
Les Plaideurs..........	7
La Thébaïde...........	1

Raisin.

Merlin Gascon..........	10

Rotrou.

Venceslas.............	

Scarron.

Don Japhet d'Arménie...	1
Jodelet................	2

Tristan l'Hermite.

La Mariane............	3

Anonyme.

La Chasse ridicule.......	6

1692

Baron.

La Coquette et la Fausse Prude................	7
L'Homme à bonnes fortunes................	4

Bernard (Mlle).

Brutus................	3

Boursault.

Les Fables d'Ésope......	3
Le Mercure galant.......	2
Phaéton...............	7

Brécourt.

Le Jaloux invisible......	6
La Noce de village......	2
L'Ombre de Molière.....	1

Brueys et Palaprat.

Le Concert ridicule.....	2
Le Grondeur...........	10
Le Muet..............	5
Le Secret révélé........	1

Campistron.

Alcibiade..............	5
Andronic..............	4
Tiridate..............	6

Champmeslé.

Les Fragments de Molière.	4

Corneille (P.).

Le Cid................	6
Cinna................	5
Don Sanche d'Aragon...	5
Héraclius..............	3
Horace...............	4
Le Menteur...........	1
La Mort de Pompée.....	1
Nicomède.............	4
Othon................	2
Polyeucte.............	5
Rodogune.............	5
Sertorius.............	3

Corneille (T.).

Ariane...............	1
Don Bertrand de Cigaral..	3
Le Festin de Pierre.....	7
Le Geôlier de soi-même.	1

Dancourt.

L' Bon soldat..........	6
Les Bourgeoises à la mode.	20
Le Chevalier à la mode..	3
L'Été des coquettes......	2
La Femme d'intrigues...	15
La Gazette de Hollande..	17
La Maison de campagne.	2
Le Notaire obligeant.....	2
L'Opéra de village.......	33
La Parisienne..........	1

Desmarets de Saint-Sorlin.

Les Visionnaires........	1

Desmarres.

La Dragonne..........	5

Du Fresny.

Le Négligent...........	9

Du Ryer.

Scévole...............	2

Genest.

Pénélope..............	4
Zélonide, princesse de Sparte..............	3

Hauteroche.

Le Cocher supposé.......	1
Crispin médecin.........	11
Crispin musicien........	4
Le Deuil..............	6
L'Esprit follet..........	2

La Chapelle.

Les Carrosses d'Orléans.	1
Cléopâtre.............	3

La Fontaine.

Le Florentin...........	2

La Fontaine et Champmeslé.

La Coupe enchantée.....	4
Le Veau perdu.........	6

La Tuillerie.

Crispin bel esprit.......	1

Molière.

Les Amants magnifiques.	4
L'Amour médecin.......	2

Molière (*Suite*).

Amphitryon............	6
L'Avare..............	8
La Comtesse d'Escarbagnas................	6
Le Dépit amoureux......	1
L'École des femmes.....	7
L'École des maris.......	6
L'Étourdi..............	3
Les Fâcheux...........	5
Les Femmes savantes...	4
Les Fourberies de Scapin.	5
George Dandin.........	6
Le Malade imaginaire....	2
Le Mariage forcé........	5
Le Médecin malgré lui...	5
Le Misanthrope.........	9
M. de Pourceaugnac.....	2
La Princesse d'Elide.....	7
Sganarelle.............	4
Tartuffe...............	8

Montfleury.

L'École des jaloux......	2
La Femme juge et partie.	5
La Fille Capitaine......	7
Le Semblable à soi-même.	2

Pader d'Assezan.

Agamemnon............	1

Palaprat.

Le Ballet extravagant...	2

Péchantré.

Géta.................	4
Jugurtha..............	7

Poisson (R.).

L'Après-souper des auberges................	3
Le Baron de la Crasse...	3
Le Fou raisonnable.....	3
Les Pipeurs............	6

Pradon.

Pyrame et Thisbé.......	1
Régulus...............	4

Quinault.

Agrippa, roi d'Albe.....	1

Quinault (*Suite*).
Les Coups de l'Amour et de la Fortune 9
La Mère coquette 2
Racine.
Alexandre le Grand 2
Andromaque 7
Bajazet 3
Bérénice 3
Britannicus 3

Racine (*Suite*).
Iphigénie 4
Mithridate 5
Phèdre 6
Les Plaideurs 8
Raisin.
Le Niais de Sologne 1
Rotrou.
Venceslas 7

Scarron.
L'Écolier de Salamanque 6
Jodelet 4
Tristan l'Hermite.
La Mariane 1
Anonyme.
L'Impromptu de garnison 12

1693

Baron.
La Coquette et la Fausse Prude 7
L'Homme à bonnes fortunes 3
Bernard (Mlle).
Brutus 1
Boursault.
Les Fables d'Ésope 3
Le Mercure galant 3
Brueys.
L'Important de Cour 7
Le Sot toujours sot 10
Brueys et Palaprat.
Le Concert ridicule 4
Le Grondeur 20
Le Muet 2
Campistron.
Aétius 15
Alcibiade 5
Andronic 6
Tiridate 4
Champmeslé.
Les Fragments de Molière . 4
Le Parisien 2
Corneille (P.).
Le Cid 5
Cinna 6
Héraclius 1
Horace 3
Le Menteur 3
La Mort de Pompée 3
Nicomède 7
Œdipe 2
Othon 2
Polyeucte 2
Rodogune 6
Sertorius 2
Corneille (T.).
Don Bertrand de Cigaral . 2
Le Festin de Pierre 8
Le Geôlier de soi-même .. 1

Dancourt.
La Baguette 4
Le Bon soldat 2
Les Bourgeoises à la mode 8
Le Chevalier à la mode .. 6
L'Été des coquettes 9
La Femme d'intrigues ... 4
La Gazette de Hollande . 6
La Maison de campagne . 1
Merlin déserteur 2
Le Notaire obligeant 2
L'Opéra de village 12
Desmarres.
La Dragonne 3
Du Fresny.
Le Négligent 4
Du Ryer.
Scévole 3
Genest.
Pénélope 1
Zélonide, princesse de Sparte 1
Hauteroche.
Le Cocher supposé 5
Crispin médecin 11
Le Deuil 3
L'Esprit follet 8
Le Souper mal apprêté .. 2
La Chapelle.
Les Carrosses d'Orléans . 1
Cléopâtre 3
La Fontaine.
Le Florentin 6
La Fontaine et Champmeslé.
La Coupe enchantée 4
Je vous prends sans verd . 20
Le Veau perdu 5
Lenoble.
Le Fourbe 1
Molière.
Les Amants magnifiques . 3

Molière (*Suite*).
L'Amour médecin 6
Amphitryon 10
L'Avare 10
La Comtesse d'Escarbagnas 8
L'École des femmes 6
L'École des maris 9
L'Étourdi 3
Les Fâcheux 9
Les Femmes savantes ... 3
Les Fourberies de Scapin . 4
George Dandin 12
Le Malade imaginaire ... 7
Le Mariage forcé 5
Le Médecin malgré lui .. 8
Le Misanthrope 11
Les Précieuses ridicules . 9
La Princesse d'Elide 16
Sganarelle 6
Tartuffe 9
Montfleury.
La Femme juge et partie . 2
La Fille Capitaine 3
Le Semblable à soi-même . 2
Palaprat.
Le Ballet extravagant ... 3
La Prude du temps 1
Péchantré.
Géta 5
Jugurtha 5
Poisson (R.).
L'Après-souper des auberges 2
Le Baron de la Crasse ... 5
Pradon.
Pyrame et Thisbé 2
Régulus 3
Quinault.
La Mère coquette 4
Racine.
Alexandre le Grand 1

Racine (Suite).

Andromaque	4
Bajazet	2
Bérénice	3
Britannicus	4
Iphigénie	5
Mithridate	3

Racine (Suite).

Phèdre	4
Les Plaideurs	13

Raisin.

Le Niais de Sologne	2

Rotrou.

Venceslas	6

Scarron.

Don Japhet d'Arménie	7
Jodelet	5

Tristan l'Hermite.

La Mariane	2

Anonyme.

Zénobie	5

1694

Baron.

La Coquette et la Fausse Prude	4
L'Homme à bonnes fortunes	8

Boursault

Les Fables d'Ésope	3
Le Mercure galant	2
Les Mots à la mode	24

Brueys.

L'Important de Cour	11

Brueys et Palaprat.

Le Concert ridicule	4
Le Grondeur	19

Campistron.

Alcibiade	7
Andronic	3
Tiridate	5

Champmeslé.

Les Fragments de Molière	2

Corneille (P.).

Le Cid	6
Cinna	5
Héraclius	2
Horace	3
Le Menteur	3
Nicomède	8
OEdipe	1
Polyeucte	2
Rodogune	5
Sertorius	2

Corneille (T.).

Le Festin de Pierre	6
Le Geôlier de soi-même	5

Dancourt.

Le Bon soldat	1
Le Chevalier à la mode	3
L'Été des coquettes	3
La Gazette de Hollande	3
La Maison de campagne	1
L'Opéra de village	6
La Parisienne	5
Les Vendanges	17

Desmarres.

La Dragonne	4

Du Fresny.

Sancho Pança	5

Genest.

Pénélope	2

Hauteroche.

Le Cocher supposé	9
Crispin médecin	10
Le Deuil	5
L'Esprit follet	6
Le Souper mal apprêté	4

La Chapelle.

Cléopâtre	1

La Fontaine.

Le Florentin	5

La Fontaine et Champmeslé.

Je vous prends sans verd	3
Le Veau perdu	5

La Grange-Chancel.

Adherbal, roi de Numidie	5

La Tuillerie.

Crispin bel esprit	2
Crispin précepteur	1

Longepierre.

Médée	18

Molière.

Les Amants magnifiques	4
L'Amour médecin	3
Amphitryon	11
L'Avare	12
La Comtesse d'Escarbagnas	1
L'École des femmes	5
L'École des maris	8
L'Étourdi	6
Les Fâcheux	5
Les Femmes savantes	7
George Dandin	8
Le Malade imaginaire	9
Le Mariage forcé	6
Le Médecin malgré lui	10
Le Misanthrope	10
Les Précieuses ridicules	5
Sganarelle	5
Tartuffe	14

Montfleury.

La Femme juge et partie	
La Fille Capitaine	8
Le Semblable à soi-même	1

Palaprat.

Le Ballet extravagant	1
Hercule et Omphale	4

Péchantré.

Géta	5

Poisson (R.).

Le Baron de la Crasse	3

Pradon.

Germanicus	4
Pyrame et Thisbé	1
Régulus	3

Quinault.

La Mère coquette	4

Racine.

Andromaque	8
Bajazet	1
Bérénice	2
Britannicus	8
Iphigénie	8
Mithridate	9
Phèdre	11
Les Plaideurs	8

Regnard.

Attendez-moi sous l'orme	29
La Sérénade	26

Rotrou.

Venceslas	11

Rousseau (J.-B.).

Le Café	13

Saint-Yon.

Les Mœurs du temps	1

Scarron.

Don Japhet d'Arménie	2
Jodelet	1

Tristan l'Hermite.

La Mariane	1

Anonymes.

Le Dédit	1
L'Entêté	2
Le Jeune Homme	2
Le Triomphe de l'hiver	1

1695

Baron.

La Coquette et la Fausse Prude	3
L'Homme à bonnes fortunes	3

Bernard (Mlle).

Brutus	2

Boursault.

Les Fables d'Ésope	1
Le Mercure galant	1
Les Mots à la mode	7

Boyer.

Judith	17

Brie.

Les Héraclides	6

Brueys

L'Important de cour	4

Brueys et Palaprat.

Le Grondeur	12

Campistron.

Alcibiade	7
Andronic	9
Tiridate	3

Champmeslé.

Le Parisien	4

Corneille (P.).

Le Cid	4
Cinna	7
Héraclius	1
Horace	5
Le Menteur	3
Nicomède	5
Polyeucte	2
Rodogune	4
Sertorius	2

Corneille (T.).

Ariane	2
Bradamante	12
Don Bertrand de Cigaral	5
Le Festin de Pierre	5

Corneille (T.) et Visé.

Les Dames vengées	15

Dancourt.

Les Bourgeoises à la mode	6
Le Chevalier à la mode	2

Dancourt (*Suite*).

L'Été des coquettes	2
La Foire de Besons	38
La Maison de campagne	3
La Parisienne	2
Le Tuteur	20
Les Vendanges	2
Les Vendanges de Suresnes	42

Desmarets de Saint-Sorlin.

Les Visionnaires	1

Desmarres.

La Dragonne	1

Du Ryer.

Scévole	2

Hauteroche.

Le Cocher supposé	5
Crispin médecin	7
Le Deuil	5
L'Esprit follet	4
Le Souper mal apprêté	2

La Chapelle.

Cléopâtre	2

La Fontaine.

Le Florentin	3

La Fontaine et Champmeslé.

Je vous prends sans verd	3
Le Veau perdu	3

Longepierre.

Sésostris	2

Molière.

Amphitryon	8
L'Avare	9
Le Bourgeois gentilhomme	11
La Comtesse d'Escarbagnas	1
L'École des femmes	6
L'École des maris	6
Les Fâcheux	5
Les Femmes savantes	9
George Dandin	5
Le Malade imaginaire	4
Le Mariage forcé	7

Molière (*Suite*).

Le Médecin malgré lui	9
Le Misanthrope	10
Les Précieuses ridicules	2
Sganarelle	6
Le Sicilien	11
Tartuffe	7

Montfleury.

La Femme juge et partie	5
La Fille Capitaine	10
Le Mari sans femme	22
Le Semblable à soi même	2

Péchantré.

Géta	8

Poisson (R.).

Le Baron de la Crasse	2

Pradon.

Germanicus	2
Régulus	4

Quinault.

La Mère coquette	7

Racine.

Andromaque	3
Bajazet	3
Bérénice	3
Britannicus	8
Iphigénie	5
Mithridate	4
Phèdre	7
Les Plaideurs	5

Regnard.

Attendez-moi sous l'orme	6
La Sérénade	9

Rotrou.

Venceslas	1

Rousseau (J.-B.).

Le Café	1

Scarron.

Don Japhet d'Arménie	1
Jodelet	1

Tristan l'Hermite.

La Mariane	2

Anonymes.

Le Génois	1
Le Jaloux masqué	7

1696

Baron.

La Coquette et la Fausse Prude	1
L'Homme à bonnes fortunes	4

Bernard (Mlle).

Brutus	3

Boursault.

Les Fables d'Ésope	5
Le Mercure galant	1
Les Mots à la mode	4

Boyer.

Judith	1

Brueys.

L'Important de Cour	3

Brueys et Palaprat.

Le Concert ridicule	4
Le Grondeur	8

Campistron.

Alcibiade	4
Andronic	6
Tiridate	5

Champmeslé.

Les Fragments de Molière	1
Le Parisien	1

Corneille (P.).

Le Cid	5
Cinna	4
Héraclius	4
Horace	4
Le Menteur	11
La Mort de Pompée	6
Nicomède	6
OEdipe	5
Polyeucte	2
Rodogune	5
Sertorius	2

Corneille (T.).

Ariane	5
Bradamante	1
La Comtesse d'Orgueil..	5
Don Bertrand de Cigaral..	4
Le Festin de Pierre	4
Le Geôlier de soi-même..	3

Dancourt.

Les Bourgeoises à la mode	5

Dancourt (*Suite*).

Le Chevalier à la mode..	3
Les Eaux de Bourbon...	21
L'Été des coquettes	7
La Foire de Besons	9
La Foire Saint-Germain.	14
La Maison de campagne.	2
Le Moulin de Javelle	34
La Parisienne	4
Le Tuteur	3
Les Vacances	24
Les Vendanges de Suresnes	20

Genest.

Pénélope	7
Polymneste	5
Zélonide, princesse de Sparte	4

Hauteroche.

Le Cocher supposé	4
Crispin médecin	6
Crispin musicien........	6
Le Deuil	4
L'Esprit follet	3

La Chapelle.

Cléopâtre	2

La Fontaine.

Le Florentin	5

La Fontaine et Champmeslé.

Le Veau perdu	2

La Fosse.

Polyxène	20

Longepierre.

Médée	5

Molière.

Amphitryon	6
L'Avare	7
Le Bourgeois gentilhomme	2
La Comtesse d'Escarbagnas	2
Le Dépit amoureux	6
L'École des femmes	7
L'École des maris	3
L'Étourdi	6
Les Fâcheux	2

Molière (*Suite*).

Les Femmes savantes...	6
George Dandin	7
Le Mariage forcé........	3
Le Médecin malgré lui...	5
Le Misanthrope	5
M. de Pourceaugnac.....	11
Les Précieuses ridicules.	1
Sganarelle	6
Le Sicilien.............	1
Tartuffe	8

Montfleury.

La Femme juge et partie.	5
La Fille Capitaine.......	5
Le Mari sans femme....	4
Le Semblable à soi-même	2

Pradon.

Régulus	4

Quinault.

La Mère coquette.......	3

Racine.

Andromaque...........	6
Bajazet	3
Bérénice...............	3
Britannicus	5
Iphigénie	3
Mithridate	4
Phèdre	6
Les Plaideurs..........	5

Regnard.

Attendez-moi sous l'orme	5
Le Bourgeois de Falaise..	12
Le Joueur	6
La Sérénade	3

Riupeirous.

Agrippa	2

Rotrou.

Venceslas..............	9

Rousseau (J.-B.).

Le Flatteur	10

Visé.

L'Aventurière	1
Le Vieillard couru.......	3

Anonymes.

Le Maréchal médecin.....	7
Les Petits-Maîtres d'été...	8
Les Sœurs rivales........	5

1697

Baron.

La Coquette et la Fausse Prude	5
L'Homme à bonnes fortunes	5

Bernard (Mlle).

Brutus	3

Boursault.

Les Fables d'Ésope	5
Les Mots à la mode	1

Brie.

Le Lourdaud	3

Brueys.

Les Empiriques	13

Brueys et Palaprat.

Le Grondeur	12

Campistron.

Alcibiade	6
Andronic	6
Tiridate	3

Champmeslé.

Les Fragments de Molière	1

Corneille (P.).

Le Cid	4
Cinna	5
Héraclius	4
Horace	4
Le Menteur	11
La Mort de Pompée	4
Nicomède	5
OEdipe	5
Othon	4
Polyeucte	2
Rodogune	4
Sertorius	2

Corneille (T.).

La Comtesse d'Orgueil	1
Don Bertrand de Cigaral	8
Le Festin de Pierre	8
Le Geôlier de soi-même	4

Dancourt.

Les Bourgeoises à la mode	5
Le Charivari	27
Les Eaux de Bourbon	1
L'Été des coquettes	5
La Loterie	37
La Maison de campagne	3

Dancourt (Suite).

Le Moulin de Javelle	4
La Parisienne	4
Renaud et Armide	3
Le Retour des officiers	12
Le Tuteur	2
Les Vacances	4
Les Vendanges de Suresnes	4

Desmarres.

La Dragonne	5

Du Fresny.

Le Chevalier joueur	1

Genest.

Pénélope	3
Zélonide, princesse de Sparte	2

Hauteroche.

Le Cocher supposé	7
Crispin médecin	7
Crispin musicien	4
Le Deuil	4
L'Esprit follet	7
Le Souper mal apprêté	5

La Chapelle.

Cléopâtre	3

La Fontaine.

Le Florentin	11

La Fontaine et Champmeslé.

Le Veau perdu	2

La Fosse.

Polyxène	3

La Grange-Chancel.

Oreste et Pylade	8

Molière.

L'Amour médecin	1
Amphitryon	9
L'Avare	10
Le Bourgeois gentilhomme	2
La Comtesse d'Escarbagnas	6
Le Dépit amoureux	6
L'École des femmes	8
L'École des maris	7
L'Étourdi	8

Molière (Suite).

Les Fâcheux	4
Les Femmes savantes	9
Les Fourberies de Scapin	12
George Dandin	10
Le Malade imaginaire	5
Le Mariage forcé	6
Le Médecin malgré lui	8
Le Misanthrope	10
M. de Pourceaugnac	4
Les Précieuses ridicules	5
Sganarelle	10
Tartuffe	11

Montfleury.

La Fille Capitaine	1

Poisson (R.).

L'Après-souper des auberges	4

Pradon.

Pyrame et Thisbé	10
Régulus	5
Scipion l'Africain	16

Quinault.

La Mère coquette	6

Racine.

Andromaque	5
Bajazet	3
Britannicus	6
Iphigénie	6
Mithridate	4
Phèdre	4
Les Plaideurs	6

Regnard.

Attendez-moi sous l'orme	3
Le Distrait	4
Le Joueur	14
La Sérénade	2

Rotrou.

Venceslas	5

Rousseau (J.-B.).

Le Flatteur	4

Scarron.

Don Japhet d'Arménie	1

Anonymes.

Le Bourget	8
L'Enfant gâté	1
La Fille médecin	4

1698

Baron

La Coquette et la Fausse
Prude................. 3
L'Homme à bonnes for-
tunes................. 3

Bernard (Mlle).

Brutus................. 3

Boursault.

Les Fables d'Ésope...... 3

Brécourt

L'Ombre de Molière..... 3

Brueys et Palaprat.

Le Grondeur............ 6
Le Muet................ 9

Campistron.

Alcibiade.............. 5
Andronic.............. 7
Tiridate.............. 6

Champmeslé.

Les Fragments de Mo-
lière................. 3

Corneille (P.).

Le Cid................. 7
Cinna................. 7
Héraclius............. 4
Horace................ 3
Le Menteur............ 8
La Mort de Pompée..... 3
Nicomède............. 6
Œdipe................ 4
Polyeucte............ 2
Rodogune............. 4
Sertorius............ 1

Corneille (T.).

Don Bertrand de Cigaral. 5
Le Festin de Pierre..... 9
Le Geôlier de soi-même.. 9

Corneille (T.) et Visé.

La Devineresse......... 8

Dancourt.

Les Bourgeoises à la
mode................. 5
Le Charivari.......... 8
Le Chevalier à la mode.. 9

Dancourt (*Suite*).

*Les Curieux de Compiè-
gne*.................. 25
L'Été des coquettes..... 5
La Foire de Besons..... 9
La Maison de campagne. 2
Le Mari retrouvé....... 22
Le Moulin de Javelle.... 7
La Parisienne.......... 5
Les Vacances.......... 6
Les Vendanges de Su-
resnes............... 13

Desmarres.

La Dragonne........... 5

Du Ryer.

Scévole............... 1

Genest.

Pénélope.............. 3
Zélonide, princesse de
Sparte............... 2

Hauteroche.

Le Cocher supposé...... 6
Crispin médecin........ 7
Crispin musicien........ 11
Le Deuil.............. 4
L'Esprit follet.......... 4
Le Souper mal apprêté.. 4

La Fontaine.

Le Florentin........... 9

**La Fontaine
et Champmeslé.**

Je vous prends sans verd. 6

La Fosse.

Manlius Capitolinus..... 20
Polyxène............. 3

La Grange-Chancel.

Oreste et Pylade....... 11

Molière.

L'Amour médecin....... 5
Amphitryon............ 11
L'Avare............... 7
Le Bourgeois Gentil-
homme............... 11
La Comtesse d'Escar-
bagnas............... 3

Molière (*Suite*).

Le Dépit amoureux..... 4
L'École des femmes..... 8
L'École des maris....... 6
l'Étourdi.............. 6
Les Fâcheux........... 2
Les Femmes savantes... 7
Les Fourberies de Sca-
pin.................. 7
George Dandin......... 7
Le Malade imaginaire... 6
Le Mariage forcé....... 2
Le Médecin malgré lui.. 6
Le Misanthrope........ 8
M. de Pourceaugnac..... 10
Les Précieuses ridicules. 2
Sganarelle............ 7
Le Sicilien............ 4
Tartuffe.............. 9

Poisson (R.).

L'après-souper des au-
berges............... 2

Pradon.

Pyrame et Thisbé....... 4

Quinault.

La Mère coquette....... 3

Racine.

Andromaque........... 4
Bajazet............... 5
Britannicus........... 4
Iphigénie............. 6
Mithridate............ 5
Phèdre............... 2
Les Plaideurs......... 10

Regnard.

Le Joueur............. 8
La Sérénade........... 4

Rotrou.

Venceslas............ 5

Rousseau (J.-B.).

Le Flatteur........... 2

Scarron.

Jodelet.............. 1

Anonyme.

Le Marquis de l'Industrie. 1

1699

Baron

La Coquette et la Fausse Prude................. 3
L'Homme à bonnes fortunes................. 3

Belin.

La Mort d'Othon........ 3

Bernard (Mlle).

Brutus.................. 1

Boursault.

Les Fables d'Ésope...... 5

Brueys.

Gabinie................. 17

Brueys et Palaprat.

Le Grondeur........... 9
Le Muet............... 2

Campistron.

Alcibiade.............. 3
Andronic.............. 4
Tiridate............... 2

Champmeslé.

Les Fragments de Molière................. 5
La Veuve.............. 7

Corneille (P.).

Le Cid................. 5
Cinna................. 5
Héraclius.............. 1
Horace................ 6
Le Menteur............ 8
La Mort de Pompée..... 1
Nicomède.............. 3
Œdipe................. 3
Rodogune.............. 2
Sertorius.............. 2
Sophonisbe............ 2
Surèna, général des Parthes.................. 4

Corneille (T.).

Don Bertrand de Cigaral. 4
Le Festin de Pierre...... 9
Le Geôlier de soi-même.. 5

Corneille (T.) et Visé.

La Devineresse......... 5

Dancourt.

Le Charivari........... 2
Le Chevalier à la mode.. 6

Dancourt (Suite).

L'Été des coquettes..... 5
La Famille à la mode... 6
Les Fées.............. 7
Le Mari retrouvé....... 2
Le Moulin de Javelle.... 3
La Parisienne.......... 3
Les Vacances.......... 7
Les Vendanges de Suresnes................ 6

Desmarres.

La Dragonne........... 5

Du Fresny.

La Malade sans maladie. 1
La Noce interrompue..... 10

Genest.

Pénélope............. 1

Guérin d'Etriché.

Myrtil et Mélicerte....... 9

Hauteroche.

Le Cocher supposé..... 6
Crispin médecin........ 11
Crispin musicien....... 7
Le Deuil.............. 4
L'Esprit follet.......... 4
Le Souper mal apprêté.. 11

La Fontaine.

Le Florentin........... 5

La Fosse.

Manlius Capitolinus.... 2
Polyxène.............. 2

La Grange-Chancel.

Athénaïs.............. 11
Méléagre.............. 11
Oreste et Pylade........ 7

Lenfant de Saint-Gilles.

Ariarathe............. 4

Molière.

L'Amour médecin....... 2
Amphitryon........... 8
L'Avare.............. 8
Le Bourgeois gentilhomme.............. 3
La Comtesse d'Escarbagnas................ 6
Le Dépit amoureux..... 7
L'École des femmes..... 7

Molière (Suite).

L'École des maris....... 4
L'Étourdi.............. 4
Les Fâcheux........... 4
Les Femmes savantes... 7
Les Fourberies de Scapin. 10
George Dandin......... 6
Le Malade imaginaire... 4
Le Mariage forcé....... 7
Le Médecin malgré lui.. 10
Le Misanthrope........ 7
M. de Pourceaugnac..... 7
Les Précieuses ridicules. 4
Sganarelle............ 9
Le Sicilien............ 3
Tartuffe.............. 11

Montfleury.

La Femme juge et partie. 8
La Fille Capitaine....... 10

Palaprat.

Le Ballet extravagant... 11

Péchantré.

Géta................. 3

Poisson (R.).

L'Après-souper des auberges................ 1

Quinault.

La Mère coquette....... 4

Racine.

Andromaque........... 3
Bajazet.............. 2
Britannicus........... 3
Iphigénie............. 4
Mithridate............ 5
Phèdre.............. 7
Les Plaideurs......... 11

Regnard.

Le Joueur............ 4
La Sérénade.......... 5

Rotrou.

Venceslas............ 4

Scarron.

Jodelet.............. 9

Anonymes.

L'Entêtement ridicule.... 8
La Marquise imaginaire.. 18
Le Père supposé......... 1

1700

Baron.

La Coquette et la Fausse Prude................ 2
L'Homme à bonnes fortunes................ 4

Boursault.

Les Fables d'Ésope...... 4
Le Mercure galant....... 7

Brueys.

Gabinie................ 5

Brueys et Palaprat.

Le Grondeur........... 8

Campistron.

Alcibiade.............. 5
Andronic.............. 3
Tiridate............... 2

Champmeslé.

Les Fragments de Molière................ 4

Corneille (P.).

Le Cid................ 7
Cinna................ 3
Horace................ 4
Le Menteur............ 8
La Mort de Pompée..... 3
Nicomède............. 3
Œdipe................ 3
Polyeucte............. 1
Rodogune............. 3
Sertorius............. 1

Corneille (T.).

Ariane................ 8
Camma................ 2
Don Bertrand de Cigaral. 5
Le Festin de Pierre..... 7
Le Geôlier de soi-même. 8

Corneille (T.) et Visé.

La Devineresse........ 1

Dancourt.

Le Bon soldat.......... 4
Les Bourgeoises à la mode............... 2
Le Charivari.......... 3
Le Chevalier à la mode.. 2
L'Été des coquettes..... 7
La Fête de village....... 21

Dancourt (*Suite*).

Le Moulin de Javelle.... 2
La Parisienne.......... 4
Les Trois cousines....... 20
Les Vacances.......... 8
Les Vendanges de Suresnes............... 6

Desmarres.

La Dragonne........... 4

Du Fresny.

L'Esprit de contradiction. 11

Genest.

Pénélope.............. 2

Hauteroche.

Le Cocher supposé...... 8
Crispin médecin........ 9
Crispin musicien........ 7
Le Deuil.............. 8
L'Esprit follet......... 6
Le Souper mal apprêté.. 8

La Fontaine.

Le Florentin........... 10

La Fontaine et Champmeslé.

La Coupe enchantée..... 20
Je vous prends sans verd. 4

La Fosse.

Manlius Capitolinus..... 2
Polyxène............. 3
Thésée................ 26

Molière.

L'Amour médecin....... 6
Amphitryon........... 7
L'Avare.............. 9
Le Bourgeois gentilhomme.............. 4
La Comtesse d'Escarbagnas............... 9
Le Dépit amoureux...... 4
L'École des femmes..... 7
L'École des maris....... 7
L'Étourdi............. 6
Les Fâcheux........... 2
Les Femmes savantes... 2
Les Fourberies de Scapin 10
George Dandin......... 10
Le Malade imaginaire... 3

Molière (*Suite*).

Le Mariage forcé........ 10
Le Médecin malgré lui... 9
Le Misanthrope......... 10
M. de Pourceaugnac..... 3
Les Précieuses ridicules. 3
Sganarelle............. 12
Le Sicilien............. 3
Tartuffe.............. 12

Montfleury.

La Femme juge et partie. 4
La Fille Capitaine....... 3
Le Mari sans femme..... 3

Palaprat.

Le Ballet extravagant... 6

Péchantré.

Géta.................. 4

Pradon.

Pyrame et Thisbé....... 2

Quinault.

La Mère coquette....... 1

Racine.

Andromaque.......... 4
Bajazet............... 2
Bérénice............. 3
Britannicus........... 3
Iphigénie............. 4
Mithridate............ 7
Phèdre.............. 8
Les Plaideurs.......... 9

Regnard.

Attendez-moi sous l'orme. 5
Démocrite............. 17
Le Joueur............. 4
Le Retour imprévu...... 13
La Sérénade........... 3

Rotrou.

Venceslas............. 4

Rousseau (J.-B.).

Le Capricieux.......... 7

Scarron.

Jodelet............... 4

Anonyme.

Le Gros Lot de Marseille. 20

1701

Baron.

La Coquette et la Fausse Prude............... 2

L'Homme à bonnes fortunes................ 4

Belin.

Vononez................ 4

Boindin et La Motte.

Les Trois Gascons....... 8

Boursault.

Ésope à la Cour......... 6

Les Fables d'Ésope..... 4

Brueys.

Gabinie................. 3

Brueys et Palaprat.

Le Grondeur............ 10

Campistron.

Alcibiade............... 5

Andronic............... 6

Champmeslé.

Les Fragments de Molière 6

Corneille (P.).

Le Cid.................. 4

Cinna.................. 5

Héraclius.............. 3

Horace................. 2

Le Menteur............. 6

La Mort de Pompée..... 3

Nicomède.............. 2

OEdipe................. 4

Polyeucte.............. 2

Rodogune.............. 5

Sertorius.............. 1

Corneille (T.).

Ariane................. 2

Don Bertrand de Cigaral. 2

Le Festin de Pierre...... 7

Le Geôlier de soi-même.. 5

Dancourt.

Le Bon soldat......... 15

Les Bourgeoises à la mode 3

Le Charivari........... 2

Colin-Maillard......... 23

L'Été des coquettes..... 10

La Fête de village...... 2

Le Moulin de Javelle.... 5

La Parisienne.......... 5

Les Trois cousines...... 13

Dancourt (Suite).

Les Vacances.......... 2

Les Vendanges de Suresnes................. 5

Desmarres.

La Dragonne........... 5

Du Fresny.

L'Esprit de contradiction 11

Genest.

Pénélope.............. 1

Hauteroche.

Le Cocher supposé...... 10

Crispin médecin........ 9

Crispin musicien........ 7

Le Deuil............... 4

L'Esprit follet.......... 9

Le Souper mal apprêté.. 8

La Chapelle.

Cléopâtre.............. 7

La Fontaine.

Le Florentin........... 13

La Fontaine et Champmeslé.

La Coupe enchantée..... 4

Je vous prends sans verd. 5

La Fosse.

Manlius Capitolinus..... 1

Polyxène.............. 1

Thésée................ 4

La Grange-Chancel.

Amasis................. 8

Oreste et Pylade....... 3

Molière.

L'Amour médecin....... 8

Amphitryon........... 9

L'Avare............... 6

Le Bourgeois gentilhomme.............. 4

La Comtesse d'Escarbagnas................ 8

L'École des femmes..... 3

L'École des maris....... 6

L'Étourdi.............. 3

Les Femmes savantes.... 7

Les Fourberies de Scapin. 10

George Dandin......... 12

Le Malade imaginaire... 1

Le Mariage forcé....... 11

Le Médecin malgré lui... 10

Molière (Suite).

Le Misanthrope........ 7

M. de Pourceaugnac..... 9

Sganarelle............. 13

Le Sicilien............. 5

Tartuffe............... 10

Montfleury.

La Femme juge et partie 9

La Fille Capitaine....... 8

Pader d'Assezan.

Agamemnon............ 6

Palaprat.

Le Ballet extravagant... 8

Péchantré.

Géta.................. 4

Poisson (R.).

L'Après-souper des auberges............... 2

Pradon.

Pyrame et Thisbé....... 2

Quinault.

La Mère coquette....... 7

Racine.

Andromaque........... 7

Bajazet............... 3

Britannicus............ 6

Iphigénie.............. 5

Mithridate............. 7

Phèdre................ 9

Les Plaideurs.......... 6

Regnard.

Attendez-moi sous l'orme 3

Démocrite............. 2

Le Joueur............. 8

Le Retour imprévu..... 2

La Sérénade........... 11

Rotrou.

Venceslas............. 4

Rousseau (J.-B.).

Le Capricieux.......... 3

Scarron.

Don Japhet d'Arménie... 7

Jodelet............... 6

Anonymes.

Le Gros Lot de Marseille. 1

Le Petit Maître de campagne................. 3

1702

Barbier (Mlle).
Arrie et Petus............ 21
Baron.
La Coquette et la Fausse
Prude.............. 3
L'Homme à bonnes for-
tunes.............. 4
Boindin.
Le Bal d'Auteuil........ 10
Boursault.
Ésope à la Cour........ 6
Brueys et Palaprat.
Le Concert ridicule..... 11
Le Grondeur........... 10
Campistron.
Alcibiade............. 4
Andronic............. 4
Tiridate.............. 4
Corneille (P.).
Le Cid............... 5
Cinna............... 8
Horace.............. 1
Le Menteur........... 4
La Mort de Pompée..... 2
Nicomède............. 3
OEdipe.............. 2
Polyeucte............ 2
Rodogune............ 3
Corneille (T.).
Ariane.............. 5
Don Bertrand de Cigaral. 3
Le Festin de Pierre..... 8
Le Geôlier de soi-même.. 5
Dancourt.
Le Bon soldat......... 7
Colin-Maillard......... 8
L'Été des coquettes..... 8
L'Opéra de village...... 6
L'Opérateur Barry....... 19
La Parisienne.......... 1
Les Trois cousines...... 5
Les Vacances........... 10

Dancourt (Suite).
Les Vendanges de Su-
resnes.............. 12
Desmarres.
La Dragonne.......... 4
Du Fresny.
Le Double veuvage....... 19
L'Esprit de contradiction. 5
Ferrier de la Martinière.
Montézume............ 5
Genest.
Pénélope.............. 4
Hauteroche.
Le Cocher supposé...... 7
Crispin médecin........ 13
Crispin musicien....... 4
Le Deuil............. 9
L'Esprit follet.......... 5
Le Souper mal apprêté.. 8
La Fontaine.
Le Florentin........... 7
La Fosse.
Manlius Capitolinus..... 3
La Grange-Chancel.
Amasis.............. 6
La Motte.
La Matrone d'Éphèse.... 9
Le Sage.
Le Point d'honneur...... 2
Molière.
L'Amour médecin....... 6
Amphitryon........... 12
L'Avare.............. 12
Le Bourgeois gentil-
homme.............. 11
La Comtesse d'Escarba-
gnas................ 3
L'École des femmes..... 4
L'École des maris....... 8
L'Étourdi............. 4
Les Fâcheux.......... 3
Les Femmes savantes... 3

Molière (Suite).
Les Fourberies de Scapin. 3
George Dandin.......... 9
Le Malade imaginaire... 7
Le Mariage forcé....... 7
Le Médecin malgré lui.. 9
Le Misanthrope......... 5
M. de Pourceaugnac.... 3
Les Précieuses ridicules. 1
Sganarelle............. 8
Le Sicilien............ 5
Tartuffe.............. 9
Montfleury.
La Femme juge et partie. 4
La Fille Capitaine...... 7
Pader d'Assezan.
Agamemnon........... 2
Palaprat.
Le Ballet extravagant... 7
Péchantré.
Géta.................. 3
Poisson (R.).
L'Après-souper des au-
berges.............. 5
Quinault.
La Mère coquette....... 3
Racine.
Andromaque........... 6
Bajazet.............. 3
Bérénice............. 3
Britannicus.......... 3
Iphigénie. 5
Mithridate........... 4
Phèdre.............. 8
Les Plaideurs......... 9
Regnard.
Attendez-moi sous l'orme. 7
Le Joueur............ 5
Rotrou.
Venceslas............. 3
Scarron.
Don Japhet d'Arménie... 8
Jodelet.............. 5

1703

Barbier (Mlle).

Cornélie, mère des Grac-
ques 8

Baron.

L'Andrienne............ 11
La Coquette et la Fausse
Prude................ 1
L Homme à bonnes for-
tunes................ 5

Boursault.

Les Fables d'Ésope...... 3

Brueys et Palaprat.

Le Concert ridicule...... 7
Le Grondeur........... 6

Campistron.

Alcibiade.............. 3
Andronic.............. 3
Tiridate............... 2

Champmeslé.

Le Parisien............ 2

Corneille (P.).

Le Cid................ 5
Cinna................. 1
Don Sanche d'Aragon.... 4
Horace................ 2
Le Menteur............ 3
La Mort de Pompée..... 1
Nicomède.............. 4
OEdipe................ 1
Polyeucte.............. 1
Rodogune.............. 2

Corneille (T.).

Ariane................ 5
Le Festin de Pierre...... 6
Le Geôlier de soi-même. 3
L'Inconnu............. 23

Corneille (T.) et Visé.

La Devineresse......... 4

Dancourt.

Le Bon soldat.......... 7
Les Bourgeoises à la
mode................ 4
L'Été des coquettes...... 9
La Parisienne.......... 5
Les Vacances.......... 5

Dancourt (*Suite*).

Les Vendanges de Su-
resnes............... 12

Du Fresny.

Le Double veuvage..... 5
L'Esprit de contradiction. 4
Le Faux Honnête Homme. 5

Hauteroche.

Le Cocher supposé...... 6
Crispin médecin......... 14
Crispin musicien........ 3
Le Deuil.............. 12
L'Esprit follet.......... 8
Le Souper mal apprêté.. 9

La Fontaine.

Le Florentin........... 11

La Fosse.

Corésus et Callirhoé..... 4
Manlius Capitolinus..... 1

La Grange-Chancel.

Alceste............... 5

Molière.

L'Amour médecin....... 8
Amphitryon........... 4
L'Avare.............. 7
Le Bourgeois gentil-
homme.............. 3
La Comtesse d'Escarba-
gnas............... 6
L'École des femmes..... 8
L'École des maris....... 4
L'Étourdi............. 6
Les Fâcheux.......... 3
Les Femmes savantes... 8
Les Fourberies de Scapin. 6
George Dandin......... 12
Le Malade imaginaire... 2
Le Mariage forcé....... 10
Le Médecin malgré lui... 14
Le Misanthrope........ 10
M. de Pourceaugnac..... 6
La Princesse d'Élide..... 11
Sganarelle............ 12
Le Sicilien............ 3
Tartuffe.............. 11

Molière, Corneille (P.)
et Quinault.

Psyché................ 32

Montfleury.

La Femme juge et partie. 6
La Fille Capitaine....... 6

Pader d'Assezan.

Agamemnon........... 3

Palaprat.

Le Ballet extravagant... 3

Péchantré.

Géta................. 1
La Mort de Néron....... 9

Poisson (R.).

L'Après-souper des au-
berges.............. 4
Le Baron de la Crasse... 9

Pradon.

Régulus.............. 4

Quinault.

Astrate, roi de Tyr...... 8
La Mère coquette.......

Racine.

Andromaque........... 7
Bajazet............... 1
Bérénice.............. 2
Britannicus............ 3
Iphigénie.............. 2
Mithridate............ 3
Phèdre................ 5
Les Plaideurs.......... 15
La Thébaïde........... 1

Regnard.

Attendez-moi sous l'orme. 6
Le Joueur............. 8

Rotrou.

Venceslas............. 1

Scarron.

Don Japhet d'Arménie... 6
Jodelet............... 4

Tristan l'Hermite.

La Mariane............ 3

Anonymes.

Le Bailli marquis....... 4
Frontin, Gouverneur du
château de Vertigililin-
guen................ 4

1704

Baron.

L'Andrienne............ 6
La Coquette et la Fausse.
Prude............... 3
L'Homme à bonnes for-
tunes............... 7

Boindin et La Motte.

Le Port de mer.......... 23

Boursault.

Les Fables d'Ésope..... 3

Brueys et Palaprat.

Le Concert ridicule...... 6
Le Grondeur.......... 9

Campistron.

Alcibiade............... 5
Andronic.............. 3
Tiridate............... 2

Corneille (P.).

Le Cid............... 8
Cinna................. 3
Horace................ 2
Le Menteur............ 4
Nicomède.............. 2
Polyeucte............. 2
Rodogune............. 2

Corneille (T.).

Ariane................ 5
Don Bertrand de Cigaral. 5
Le Festin de Pierre..... 7
Le Geôlier de soi-même. 6
L'Inconnu............. 15

Dancourt.

Le Bon soldat.......... 5
Les Bourgeoises à la mode 4
Les Enfants de Paris (1). 18
L'Été des coquettes..... 6
Le Galant jardinier...... 17
La Mort d'Alcide........ 6
La Parisienne.......... 3
Les Vacances.......... 8
Les Vendanges de Su-
resnes............... 9

Du Fresny.

Le Double veuvage..... 4
L'Esprit de contradiction 3

Du Ryer.

Scévole................ 2

Hauteroche.

Le Cocher supposé...... 7
Crispin médecin........ 10
Crispin musicien........ 1
Le Deuil................ 8
L'Esprit follet.......... 8
Le Souper mal apprêté.. 4

La Chapelle.

Cléopâtre.............. 4

La Fontaine.

Le Florentin............ 3

**La Fontaine
et Champmeslé.**

Je vous prends sans verd. 5

La Fosse.

Manlius Capitolinus..... 1

La Grange-Chancel.

Alceste................ 1

La Tuillerie.

Crispin bel esprit........ 8
Crispin précepteur...... 4

Molière.

Les Amants magnifiques 11
L'Amour médecin....... 4
Amphitryon............ 7
L'Avare............... 11
Le Bourgeois gentil-
homme.............. 8
La Comtesse d'Escarba-
gnas................. 2
L'École des femmes..... 3
L'École des maris....... 4
L'Étourdi.............. 4
Les Fâcheux........... 5
Les Femmes savantes... 7
Les Fourberies de Scapin 6
George Dandin......... 12
Le Malade imaginaire.... 2
Le Mariage forcé....... 10
Le Médecin malgré lui... 11
Le Misanthrope........ 5
M. de Pourceaugnac..... 8
La Princesse d'Élide.... 4
Sganarelle............. 7

Molière (Suite).

Le Sicilien.............. 5
Tartuffe................ 9

**Molière, Corneille (P.)
et Quinault.**

Psyché................ 27

Montfleury.

La Femme juge et partie. 1
La Fille Capitaine....... 1

Palaprat.

Le Ballet extravagant... 5

Péchantré.

Géta................... 2

Poisson (R.).

Le Baron de la Crasse... 1

Quinault.

Astrate, roi de Tyr...... 2
La Mère coquette....... 9

Racine.

Alexandre le Grand...... 3
Andromaque........... 6
Bajazet............... 2
Bérénice.............. 4
Britannicus............ 5
Iphigénie.............. 2
Mithridate............. 1
Phèdre............... 3
Les Plaideurs.......... 13

Regnard.

Attendez-moi sous l'orme 1
Les Folies amoureuses.... 14
Le Joueur............. 6
La Sérénade........... 5

Riupeirous.

Hypermnestre.......... 16

Rotrou.

Cosroès (2)............. 8
Venceslas.............. 2

Scarron.

Don Japhet d'Arménie... 7
Jodelet................ 2

Anonyme.

Le Médecin de village.... 6

(1) Même pièce que La Famille à la mode.
(2) Tragédie retouchée par d'Ussé.

1705

Baron.

Les Adelphes........... 7
L'Homme à bonnes for-
tunes............... 7

Belin.

Mustapha et Zéangir..... 21

Boindin et La Motte.

Le Port de mer......... 5

Boursault.

Les Fables d'Ésope...... 5
Le Mercure galant....... 3

Brueys.

L'Important de Cour..... 2

Brueys et Palaprat.

Le Concert ridicule...... 6
Le Grondeur........... 10

Campistron.

Alcibiade.............. 1
Andronic.............. 3

Corneille (P.).

Le Cid................ 6
Cinna................. 2
Horace............:.... 3
Le Menteur............ 7
Nicomède............. 4
Polyeucte............. 3
Rodogune............. 4

Corneille (T.).

Circé................. 8
Don Bertrand de Cigaral 3
Le Festin de Pierre...... 10
Le Geôlier de soi-même.. 5
L'Inconnu............. 5

Corneille (T.) et Visé.

La Devineresse......... 4

Crébillon.

Idoménée.............. 1

Dancourt.

Le Bon soldat......... 2
Les Bourgeoises à la mode 1
Les Enfants de Paris.... 4
L'Été des coquettes..... 8
La Fête de village...... 5
Le Galant jardinier...... 9
La Parisienne.......... 5
Les Vacances.......... 3

Dancourt (Suite).

Les Vendanges de Su-
resnes.............. 11

Du Fresny.

Le Double veuvage,.... 7
L'Esprit de contradiction 5

Du Ryer.

Scévole............... 1

Genest.

Zélonide, princesse de
Sparte.............. 3

Guérin d'Etriché.

La Psyché de village..... 1

Hauteroche.

Le Cocher supposé...... 10
Crispin médecin........ 11
Crispin musicien....... 2
Le Deuil.............. 13
L'Esprit follet......... 8
Le Souper mal apprêté.. 4

La Chapelle.

Cléopâtre............. 3

La Fontaine.

Le Florentin.......... 8

La Tuillerie.

Crispin bel esprit....... 1

Molière.

L'Amour médecin....... 4
Amphitryon........... 7
L'Avare.............. 16
Le Bourgeois gentil-
homme.............. 4
La Comtesse d'Escarba-
gnas................ 9
L'École des femmes..... 7
L'École des maris....... 6
L'Étourdi............. 6
Les Fâcheux........... 8
Les Femmes savantes... 8
Les Fourberies de Scapin 10
George Dandin......... 9
Le Mariage forcé....... 7
Le Médecin malgré lui... 10
Le Misanthrope........ 10
M. de Pourceaugnac.... 5
Sganarelle............. 7

Molière (Suite).

Le Sicilien............. 1
Tartuffe............... 10

Montfleury.

La Femme juge et partie. 2
La Fille Capitaine....... 3
Le Semblable à soi-même 7

Nadal.

Saül.................. 13

Palaprat.

Le Ballet extravagant.. 6

Péchantré.

Géta.................. 2

Pellegrin.

Polydore.............. 15

Poisson (R.).

L'Après-souper des au-
berges.............. 1
Le Baron de la Crasse... 6

Quinault.

Astrate, roi de Tyr...... 2
La Mère coquette....... 6

Racine.

Andromaque........... 4
Bajazet............... 1
Bérénice.............. 5
Britannicus........... 3
Iphigénie............. 4
Mithridate............ 2
Phèdre............... 4
Les Plaideurs.......... 13

Regnard.

Attendez-moi sous l'orme 8
Les Folies amoureuses.. 7
Le Joueur............. 8
Les Ménechmes......... 12
La Sérénade........... 3

Riupeirous.

Hypermnestre.......... 6

Rotrou.

Venceslas............. 2

Scarron.

Don Japhet d'Arménie... 7
Jodelet............... 4

Anonymes.

Le Médecin de village... 1
La Provençale.......... 4

1706

Barbier (Mlle).

Thomyris 6

Baron.

L'Homme à bonnes fortunes 6

Boindin et La Motte.

Le Port de mer 8

Boursault.

Les Fables d'Ésope 1
Le Mercure galant 4

Brueys.

L'Avocat Patelin 7

Brueys et Palaprat.

Le Concert ridicule 3
Le Grondeur 10

Campistron.

Alcibiade 1
Andronic. 4

Corneille (P.).

Le Cid 10
Cinna. 2
Horace 4
Le Menteur 6
Polyeucte. 6
Rodogune. 6

Corneille (T.).

Ariane. 4
Le Baron d'Albikrac 19
Le Festin de Pierre 10
Le Geôlier de soi-même.. 4
L'Inconnu. 8
Stilicon. 3

Corneille (T.) et Visé.

La Devineresse 5

Crébillon.

Idoménée 12

Danchet.

Cyrus 19

Dancourt.

Le Bon soldat 3
Les Bourgeoises à la mode 1
Le Chevalier à la mode.. 3

Dancourt (*Suite*).

L'Été des coquettes 5
La Fête de village 1
Le Galant jardinier 7
La Parisienne 4
Les Vacances 1
Les Vendanges de Suresnes 10

Du Fresny.

Le Double veuvage 7
L'Esprit de contradiction. 1

Hauteroche.

Le Cocher supposé 6
Crispin médecin 10
Le Deuil. 5
L'Esprit follet 7

La Chapelle.

Cléopâtre 4

La Fontaine.

Le Florentin 3

La Fontaine et Champmeslé.

Je vous prends sans verd. 4

Molière.

L'Amour médecin 5
Amphitryon. 9
L'Avare. 11
Le Bourgeois gentilhomme 5
La Comtesse d'Escarbagnas. 9
L'École des femmes 4
L'École des maris 2
L'Étourdi 5
Les Fâcheux 8
Les Femmes savantes... 5
Les Fourberies de Scapin. 9
George Dandin 9
Le Malade imaginaire... 13
Le Mariage forcé 5
Le Médecin malgré lui... 10
Le Misanthrope 5
M. de Pourceaugnac..... 9
La Princesse d'Élide.... 4

Molière (*Suite*).

Sganarelle 5
Tartuffe. 10

Molière, Corneille (P.) et Quinault.

Psyché. 12

Montfleury.

La Femme juge et partie. 6
La Fille Capitaine 3

Palaprat.

Le Ballet extravagant... 3

Péchantré.

Géta.................. 3

Pellegrin.

La Mort d'Ulysse 1

Poisson (R.).

Le Baron de la Crasse... 7

Pradon.

Tamerlan. 3

Quinault.

Agrippa, roi d'Albe...... 6
Astrate, roi de Tyr...... 3
La Mère coquette 2

Racine.

Andromaque. 6
Bajazet. 3
Britannicus 3
Iphigénie. 3
Mithridate 2
Phèdre. 4
Les Plaideurs. 8

Regnard.

Attendez-moi sous l'orme. 6
Les Folies amoureuses .. 4
Le Joueur 8
Les Ménechmes 11
La Sérénade. 7

Rotrou.

Venceslas. 3

Scarron.

Don Japhet d'Arménie... 6
L'Héritier ridicule 2
Jodelet. 4

1707

Baron.

L'Homme à bonnes fortunes................ 1

Boindin et La Motte.

Le Port de mer 2

Boursault.

Les Fables d'Ésope...... 1
Le Mercure galant....... 4

Brueys.

L'Avocat Patelin........ 9

Brueys et Palaprat.

Le Grondeur............ 4

Campistron.

Andronic 3

Corneille (P.).

Le Cid................. 8
Cinna................. 6
Horace................ 4
Le Menteur............ 8
La Mort de Pompée..... 3
Polyeucte.............. 4
Rodogune.............. 4

Corneille (T.).

Ariane................. 4
Le Baron d'Albikrac..... 5
Don César d'Avalos..... 16
Le Festin de Pierre..... 7
Le Geôlier de soi-même.. 4
L'Inconnu. 5

Corneille (T.) et Visé.

La Devineresse......... 2

Crébillon.

Atrée et Thyeste........ 10

Danchet.

Les Tyndarides......... 7

Dancourt.

Le Chevalier à la mode.. 5
Le Diable boiteux....... 25
L'Été des coquettes..... 3
Le Galant jardinier 1
Le Moulin de Javelle.... 7
Le Second chapitre du Diable boiteux........... 11

Dancourt (*Suite*).

La Trahison punie....... 7
Les Vendanges de Suresnes................ 2

Du Fresny.

Le Double veuvage..... 3
L'Esprit de contradiction. 2
Le Faux instinct........ 17

Hauteroche.

Le Cocher supposé...... 4
Crispin médecin........ 11
Crispin musicien........ 5
Le Deuil.............. 7
L'Esprit follet.......... 8

La Chapelle.

Cléopâtre.............. 2

La Font (de).

Danaé................. 8

La Fontaine.

Le Florentin........... 5

Le Grand (M. A.).

La Femme fille et veuve.. 14

Le Sage.

Crispin rival de son maitre................. 9
Don César Ursin........ 6

Molière.

L'Amour médecin....... 2
Amphitryon. 4
L'Avare............... 14
Le Bourgeois gentilhomme............. 3
La Comtesse d'Escarbagnas.............. 6
L'École des femmes..... 9
L'École des maris...... 7
L'Étourdi.............. 6
Les Fâcheux........... 4
Les Femmes savantes... 6
Les Fourberies de Scapin. 3
George Dandin......... 7
Le Malade imaginaire... 1
Le Mariage forcé....... 5

Molière (*Suite*).

Le Médecin malgré lui... 6
Le Misanthrope......... 10
M. de Pourceaugnac..... 5
Sganarelle............. 6
Tartuffe 13

Molière, Corneille (P.) et Quinault.

Psyché................. 6

Montfleury.

Le Comédien poète...... 11
L'École des jaloux. 4
La Femme juge et partie. 2

Péchantré.

Géta................. 3

Pellegrin.

La Mort d'Ulysse........ 10

Poisson (R.).

Le Baron de la Crasse... 6

Quinault.

Agrippa, roi d'Albe...... 2
Astrate, roi de Tyr...... 4
La Mère coquette....... 1

Racine.

Andromaque........... 5
Bajazet............... 2
Britannicus. 3
Iphigénie. 6
Mithridate............. 4
Phèdre............... 9
Les Plaideurs 9

Regnard.

Attendez-moi sous l'orme. 5
Les Folies amoureuses.. 8
Le Joueur............ 4
Les Ménechmes......... 4
La Sérénade........... 3

Rotrou.

Venceslas.............. 6

Scarron.

Don Japhet d'Arménie... 6
Jodelet................ 4

1708

Baron.
L'Homme à bonnes for-. tunes................ 4
Boindin et La Motte.
Le Port de mer........ 7
Boursault.
Ésope à la Cour........ 10
Les Fables d'Ésope..... 2
Le Mercure galant...... 1
Brueys.
L'Avocat Patelin........ 7
Gabinie................ 5
Brueys et Palaprat.
Le Concert ridicule..... 3
Le Grondeur........... 12
Campistron.
Andronic.............. 3
Corneille (P.).
Le Cid................ 13
Cinna................. 4
Horace................ 3
Le Menteur............ 6
Nicomède.............. 5
OEdipe................ 1
Othon................. 1
Polyeucte............. 4
Rodogune............. 3
Corneille (T.).
Le Baron d'Albikrac..... 3
Le Comte d'Essex....... 17
Don César d'Avalos..... 4
Le Festin de Pierre..... 5
Le Geôlier de soi-même. 3
L'Inconnu............. 6
Crébillon.
Électre................ 8
Danchet.
Les Tyndarides 6
Dancourt.
Colin-Maillard......... 8
Le Diable boiteux....... 5
L'Été des coquettes..... 5
Le Galant jardinier...... 8
Madame Artus......... 5
Le Moulin de Javelle.... 5
La Parisienne.......... 2

Dancourt (Suite).
Le Second chapitre du..
Diable boiteux........ 1
Les Vacances.......... 4
Les Vendanges de Su-.. resnes............... 10
Du Fresny.
Le Double veuvage..... 3
L'Esprit de contradiction 6
Le Jaloux honteux de l'être. 1
Hauteroche.
Le Cocher supposé...... 7
Crispin médecin........ 11
Crispin musicien........ 3
Le Deuil.............. 6
L'Esprit follet.......... 7
La Chapelle.
Cléopâtre............. 4
La Fontaine.
Le Florentin........... 3
La Fosse.
Thésée............... 5
La Grange-Chancel.
Oreste et Pylade........ 3
Le Grand (M. A.).
L'Amour diable........ 17
Molière.
L'Amour médecin....... 3
Amphitryon........... 7
L'Avare............... 7
Le Bourgeois gentil-homme.............. 5
La Comtesse d'Escar-bagnas.............. 4
Le Dépit amoureux..... 8
L'École des femmes..... 6
L'École des maris....... 2
L'Étourdi............. 4
Les Fâcheux........... 1
Les Femmes savantes... 3
Les Fourberies de Scapin 6
George Dandin......... 9
Le Malade imaginaire... 4
Le Mariage forcé....... 4
Le Médecin malgré lui.. 8
Le Misanthrope........ 6

Molière Suite)
M. de Pourceaugnac.... 7
Sganarelle............. 8
Tartuffe............... 7
Molière, Corneille (P.) et Quinault.
Psyché............... 7
Montfleury.
Le Comédien poète...... 4
La Femme juge et partie 3
La Fille Capitaine...... 3
Le Mari sans femme.... 6
Palaprat.
Le Ballet extravagant... 3
Péchantré.
Géta................. 3
Poisson (R.).
Le Baron de la Crasse.. 5
Pradon.
Pyrame et Thisbé...... 3
Quinault.
Astrate, roi de Tyr..... 1
La Mère coquette....... 1
Racine.
Andromaque.......... 7
Bajazet............... 4
Bérénice.............. 4
Britannicus........... 8
Iphigénie............. 5
Mithridate............ 9
Phèdre............... 6
Les Plaideurs.......... 6
Regnard.
Attendez-moi sous l'orme. 8
La Critique du Légataire universel............. 3
Démocrite............. 13
Les Folies amoureuses.. 7
Le Joueur............. 7
Le Légataire universel... 23
Les Ménechmes........ 2
La Sérénade........... 9
Rotrou.
Venceslas............. 5
Scarron.
Don Japhet d'Arménie.. 2
Jodelet............... 4

1709

Barbier (Mlle).
La Mort de César....... 6
Baron.
L'Homme à bonnes fortunes................ 5
Boindin et La Motte.
Le Port de mer.......... 5
Boursault.
Ésope à la Cour......... 4
Le Mercure galant...... 2
Brueys.
L'Avocat Patelin........ 10
Gabinie................ 3
Brueys et Palaprat.
Le Concert ridicule...... 5
Le Grondeur........... 7
Campistron.
Alcibiade.............. 4
Andronic.............. 4
Arminius.............. 4
Le Jaloux désabusé...... 8
Corneille (P.).
Le Cid................. 9
Cinna................. 3
Horace................ 7
Le Menteur............ 7
La Mort de Pompée..... 4
Nicomède.............. 3
OEdipe 1
Polyeucte.............. 3
Rodogune............. 5
Corneille (T.).
Ariane................ 1
Le Comte d'Essex....... 7
Don César d'Avalos..... 2
Le Festin de Pierre...... 5
Le Geôlier de soi-même.. 4
L'Inconnu 1
Crébillon.
Électre 10
Dancourt.
Les Bourgeoises à la mode................. 8
Colin-Maillard.......... 5
Le Diable boiteux....... 1
L'Été des coquettes..... 5
Le Galant jardinier 5
Le Moulin de Javelle.... 8
La Parisienne.......... 4

Dancourt (Suite).
Les Trois cousines..... 9
Les Vacances.......... 4
Les Vendanges de Suresnes................ 10
Du Fresny.
L'Amant masqué........ 3
Le Double veuvage..... 4
L'Esprit de contradiction................. 11
La Joueuse............. 5
Hauteroche.
Le Cocher supposé...... 8
Crispin médecin........ 9
Crispin musicien........ 3
Le Deuil.............. 9
L'Esprit follet.......... 3
La Chapelle.
Cléopâtre............. 3
La Fontaine.
Le Florentin 10
La Fontaine et Champmeslé.
Je vous prends sans vert. 4
La Grange-Chancel.
Oreste et Pylade....... 3
Le Grand (M. A.).
L'Amour diable........ 6
La Famille extravagante. 11
La Foire Saint-Laurent.. 19
Le Sage.
Crispin rival de son maître............... 5
Turcaret.............. 7
Molière.
L'Amour médecin....... 3
Amphitryon 7
L'Avare 8
Le Bourgeois gentilhomme................ 2
La Comtesse d'Escarbagnas................ 8
Le Dépit amoureux..... 4
L'École des femmes..... 5
L'École des maris....... 8
L'Étourdi............. 7
Les Fâcheux........... 3
Les Femmes savantes... 8
Les Fourberies de Scapin................. 6

Molière (Suite).
George Dandin.......... 10
Le Malade imaginaire ... 5
Le Mariage forcé........ 5
Le Médecin malgré lui... 10
Le Misanthrope......... 5
M. de Pourceaugnac..... 6
Sganarelle............. 5
Le Sicilien............. 6
Tartuffe.............. 11
Montfleury.
Le Comédien poète...... 2
La Femme juge et partie. 3
La Fille Capitaine....... 3
Nadal.
Hérode................ 9
Palaprat.
Le Ballet extravagant.... 7
Péchantré.
Géta.................. 4
Poisson (R.).
Le Baron de la Crasse... 5
Pradon.
Pyrame et Thisbé....... 6
Quinault.
Astrate, roi de Tyr...... 3
La Mère coquette....... 2
Racine.
Andromaque........... 5
Britannicus........... 4
Iphigénie 3
Mithridate 5
Phèdre 6
Les Plaideurs.......... 13
Regnard.
Attendez-moi sous l'orme. 5
Démocrite 8
Les Folies amoureuses .. 6
Le Joueur 7
Le Légataire universel... 6
Les Ménechmes......... 3
La Sérénade........... 4
Riupeirous.
Hypermnestre.......... 4
Rotrou.
Venceslas............. 3
Scarron.
Don Japhet d'Arménie... 5
Jodelet 5

1710

Baron.
L'Homme à bonnes fortunes 5
Le Jaloux 1

Boindin et La Motte.
Le Port de mer 1

Boursault.
Les Fables d'Ésope 2

Brueys.
L'Avocat Patelin 7

Brueys et Palaprat.
Le Concert ridicule 2
Le Grondeur 12

Campistron.
Alcibiade 6
Andronic 4
Le Jaloux désabusé 6
Tiridate 3

Corneille (P.).
Le Cid 7
Cinna 3
Horace 4
Le Menteur 10
La Mort de Pompée 4
Nicomède 5
Œdipe 2
Polyeucte 3
Rodogune 5

Corneille (T.).
Ariane 5
Le Baron d'Albikrac 2
Le Comte d'Essex 6
Le Festin de Pierre 5
Le Geôlier de soi-même . 7
L'Inconnu 3

Crébillon.
Électre 2

Dancourt.
Les Agioteurs 20
Les Bourgeoises à la mode 6
La Comédie des comédiens 14
L'Été des coquettes 5
Le Galant jardinier 1
Le Moulin de Javelle 8

Dancourt (Suite).
La Parisienne 4
Les Vendanges de Suresnes 7

Desmarets de Saint-Sorlin.
Les Visionnaires 3

Destouches.
Le Curieux impertinent .. 13

Du Fresny.
Le Double veuvage 2
L'Esprit de contradiction. 6

Genest.
Joseph 6

Hauteroche.
Le Cocher supposé 5
Crispin médecin 11
Crispin musicien 3
Le Deuil 5
L'Esprit follet 5
Le Souper mal apprêté .. 5

La Chapelle.
Cléopâtre 4

La Font (de).
Le Naufrage 15

La Fontaine.
Le Florentin 6

Le Grand (M. A.).
L'Amour diable 4
La Famille extravagante . 3
La Foire Saint-Laurent .. 9

Molière.
L'Amour médecin 6
Amphitryon 4
L'Avare 9
Le Bourgeois gentilhomme 3
La Comtesse d'Escarbagnas 7
Le Dépit amoureux 3
L'École des femmes 7
L'École des maris 7
L'Étourdi 4
Les Fâcheux 4
Les Femmes savantes ... 6
Les Fourberies de Scapin 6

Molière (Suite).
George Dandin 10
Le Malade imaginaire 3
Le Mariage forcé 5
Le Médecin malgré lui ... 11
Le Misanthrope 8
M. de Pourceaugnac 6
Sganarelle 8
Tartuffe 10

Montfleury.
La Femme juge et partie . 3
La Fille Capitaine 7

Nadal.
Hérode 1

Palaprat.
Le Ballet extravagant ... 5

Péchantré.
Géta 2

Poisson (R.).
Le Baron de la Crasse ... 6

Pradon.
Pyrame et Thisbé 3

Quinault.
Agrippa, roi d'Albe 14
Astrate, roi de Tyr 4
La Mère coquette 7

Racine.
Andromaque 4
Britannicus 6
Iphigénie 10
Mithridate 5
Phèdre 10
Les Plaideurs 7

Regnard.
Attendez-moi sous l'orme 5
Démocrite 5
Les Folies amoureuses .. 5
Le Joueur 8
Le Légataire universel ... 6
Les Ménechmes 6
La Sérénade 7

Rotrou.
Venceslas 2

Scarron.
Don Japhet d'Arménie ... 4
Jodelet 4

1711

Barbier (Mlle).

Arrie et Petus.......... 7

Baron.

L'Andrienne............ 6
L'Homme à bonnes for-
tunes................. 5

Boindin et La Motte.

Le Port de mer......... 5

Boursault.

Les Fables d'Ésope...... 3
Le Mercure galant 2

Brueys.

L'Avocat Patelin........ 5

Brueys et Palaprat.

Le Concert ridicule 4
Le Grondeur........... 9

Campistron.

Alcibiade.............. 4
Andronic.............. 2

Corneille (P.).

Le Cid................ 5
Horace 2
Le Menteur............ 5
La Mort de Pompée..... 4
Nicomède.............. 3
Polyeucte.............. 4
Rodogune.............. 7

Corneille (T.).

Ariane................. 6
Le Baron d'Albikrac..... 4
Le Comte d'Essex....... 6
Le Festin de Pierre..... 7
Le Geôlier de soi-même . 3
L'Inconnu 6

Crébillon.

Rhadamiste et Zénobie... 33

Dancourt.

Le Bon soldat.......... 6
Les Bourgeoises à la
mode................. 5
Céphale et Procris....... 6
L'Été des coquettes..... 4
Le Galant jardinier...... 5
Le Moulin de Javelle.... 5
La Parisienne.......... 4

Dancourt (*Suite*).

Les Vendanges de Su-
resnes............... 7

Destouches.

Le Curieux impertinent . 7

Du Fresny.

Le Double veuvage..... 7
L'Esprit de contradiction 5

Genest.

Joseph................ 5

Hauteroche.

Le Cocher supposé...... 8
Crispin médecin........ 9
Le Deuil.............. 6
L'Esprit follet.......... 4
Le Souper mal apprêté .. 9

La Chapelle.

Cléopâtre............. 3

La Font (de).

Le Naufrage........... 5

La Fontaine.

Le Florentin........... 8

Le Grand (M. A.)

Les Amants ridicules. 9
L'Amour diable......... 1
La Foire Saint-Laurent.. 6

**Le Grand (M. A.)
et Alain.**

L'Épreuve réciproque.... 20

Molière.

L'Amour médecin....... 6
Amphitryon 5
L'Avare 5
Le Bourgeois gentil-
homme.............. 3
La Comtesse d'Escarba-
gnas 11
Le Dépit amoureux 2
L'École des femmes 10
L'École des maris....... 5
L'Étourdi.............. 4
Les Fâcheux........... 2
Les Femmes savantes... 8
Les Fourberies de Sca-
pin................. 3
George Dandin......... 9

Molière (*Suite*).

Le Malade imaginaire ... 6
L Mariage forcé........ 4
Le Médecin malgré lui... 10
Le Misanthrope........ 9
M. de Pourceaugnac..... 4
Sganarelle............. 6
Tartuffe 10

Montfleury.

La Femme juge et partie. 5
La Fille Capitaine....... 8

Pader d'Assezan.

Agamemnon 7

Palaprat.

Le Ballet extravagant...' 4

Péchantré.

Géta.................. 2

Poisson (R.).

Le Baron de la Crasse... 3

Pradon.

Pyrame et Thisbé....... 1

Quinault.

Agrippa, roi d'Albe..... 4
Astrate, roi de Tyr...... 2
La Mère coquette 2

Racine.

Andromaque........... 6
Bajazet............... 2
Britannicus........... 3
Iphigénie............. 5
Mithridate............ 3
Phèdre 3
Les Plaideurs......... 10

Regnard.

Attendez-moi sous l'orme 6
Démocrite............. 6
Les Folies amoureuses .. 8
Le Joueur............. 6
Le Légataire universel .. 3
Les Ménechmes......... 5
La Sérénade........... 6

Rotrou.

Venceslas 2

Scarron.

Don Japhet d'Arménie... 2
Jodelet............... 6

1712

Abeille (neveu).
La Fille valet.......... 7
Baron.
L'Homme à bonnes for-
tunes................ 6
Boindin et La Motte.
Le Port de mer........ 2
Boursault.
Ésope à la Cour........ 11
Les Fables d'Ésope...... 4
Le Mercure galant...... 1
Brueys.
L'Avocat Patelin....... 7
Brueys et Palaprat.
Le Concert ridicule...... 2
Le Grondeur........... 7
Campistron.
Alcibiade.............. 1
Corneille (P.).
Le Cid................ 12
Cinna................. 1
Horace................ 5
Le Menteur............ 6
Nicomède.............. 2
Polyeucte.............. 5
Rodogune.............. 5
Corneille (T.).
Ariane................ 1
Le Comte d'Essex....... 1
Le Festin de Pierre..... 7
Crébillon.
Atrée et Thyeste........ 8
Électre................ 7
Dancourt.
Le Bon soldat......... 2
Les Bourgeoises à la
mode................ 6
Les Enfants de Paris.... 6
L'Été des coquettes..... 8
Le Galant jardinier..... 6
Le Moulin de Javelle.... 7
La Parisienne.......... 1
Sancho-Pança gouverneur. 5

Dancourt (Suite).
Les Vacances.......... 8
Les Vendanges de Su-
resnes............... 2
Destouches.
L'Ingrat.............. 15
Duché.
Absalon............... 12
Du Fresny.
Le Double veuvage..... 7
L'Esprit de contradiction. 4
Hauteroche.
Le Cocher supposé...... 4
Crispin médecin........ 11
Crispin musicien........ 1
Le Deuil.............. 13
L'Esprit follet.......... 7
Le Souper mal apprêté.. 3
La Chapelle.
Cléopâtre.............. 2
La Font (de).
L'Amour vengé......... 16
La Fontaine.
Le Florentin........... 6
La Fosse.
Manlius Capitolinus..... 2
Le Grand (M. A.).
La Foire Saint-Laurent.. 5
La Métamorphose amou-
reuse............... 14
Le Grand (M. A.) et Alain.
L'Épreuve réciproque... 2
Molière.
L'Amour médecin....... 8
Amphitryon........... 9
L'Avare.............. 8
Le Bourgeois gentil-
homme.............. 3
La Comtesse d'Escarba-
gnas................ 11
L'École des femmes..... 10
L'École des maris....... 4
Les Fâcheux........... 3
Les Femmes savantes... 9

Molière (Suite).
Les Fourberies de Scapin. 3
George Dandin......... 6
Le Malade imaginaire... 5
Le Mariage forcé....... 9
Le Médecin malgré lui... 10
Le Misanthrope........ 5
M. de Pourceaugnac..... 1
Sganarelle............. 5
Tartuffe.............. 16
Montfleury.
La Femme juge et partie. 4
La Fille Capitaine....... 5
Palaprat.
Le Ballet extravagant... 2
Péchantré.
Géta.................. 5
Poisson (R.).
Le Baron de la Crasse... 3
Pradon.
Régulus............... 4
Quinault.
Astrate, roi de Tyr...... 4
Racine.
Andromaque........... 11
Bajazet............... 3
Britannicus............ 7
Iphigénie.............. 8
Mithridate............ 7
Phèdre................ 7
Les Plaideurs.......... 10
Regnard.
Attendez-moi sous l'orme. 11
Démocrite............. 3
Les Folies amoureuses.. 10
Le Joueur............. 5
Les Ménechmes........ 1
La Sérénade........... 6
Rotrou.
Venceslas............. 1
Scarron.
Don Japhet d'Arménie... 7
Jodelet............... 7

1713

Baron.

L'Homme à bonnes for-
tunes.................. 7

Boindin et La Motte.

Le Port de mer.......... 2

Boursault.

Ésope à la Cour......... 1

Brueys.

L'Avocat Patelin........ 5

Brueys et Palaprat.

Le Grondeur............ 5

Campistron.

Alcibiade.............. 2
Andronic.............. 2
Le Jaloux désabusé..... 6

Corneille (P.).

Le Cid................ 7
Cinna................. 1
Horace............... 6
Le Menteur........... 3
Nicomède............ 6
Polyeucte 4
Rodogune 1

Corneille (T.).

Ariane............... 7
Le Baron d'Albikrac..... 2
Le Comte d'Essex...... 7
La Comtesse d'Orgueil.. 17
Le Festin de Pierre..... 4
Le Geôlier de soi-même.. 8

Corneille (T.) et Visé

La Devineresse........ 11

Crébillon.

Électre............... 5

Dancourt.

Les Bourgeoises à la
mode.............. 1
Colin-Maillard........ 8
Le Diable boiteux...... 5
Les Enfants de Paris.... 3
L'Été des coquettes..... 5
Le Galant jardinier..... 2
La Gazette de Hollande.. 10
L'Impromptu de Suresnes. 26
Le Mari retrouvé....... 6

Dancourt (*Suite*).

Le Moulin de Javelle 7
Les Vacances.......... 7

Destouches.

L'Irrésolu............. 6

Du Fresny.

Le Double veuvage..... 4
L'Esprit de contradic-
tion 8

Hauteroche.

Le Cocher supposé...... 3
Crispin médecin........ 13
Le Deuil.............. 11
Le Souper mal apprêté.. 1

Hénault.

Cornélie, vestale........ 5

La Font (de).

L'Amour vengé 1
Le Naufrage 5
Les Trois frères rivaux.. 15

La Fontaine.

Le Florentin........... 1

**La Fontaine
et Champmeslé.**

Je vous prends sans verd. 4

La Fosse.

Manlius Capitolinus..... 4

La Grange-Chancel.

La Fille supposée 4
Ino et Mélicerte......... 17

Le Grand (M. A.).

La Famille extravagante. 1
La Foire Saint-Laurent.. 6
La Métamorphose amou-
reuse. 1
L'Usurier gentilhomme... 27

Molière.

Amphitryon........... 15
L'Avare 9
Le Bourgeois gentil-
homme. 8
La Comtesse d'Escarba-
gnas................ 8
Le Dépit amoureux...... 2
L'École des femmes 10

Molière (*Suite*).

L'École des maris....... 8
L'Étourdi.............. 3
Les Fâcheux........... 4
Les Femmes savantes... 4
Les Fourberies de Scapin. 9
George Dandin.......... 10
Le Malade imaginaire... 4
Le Mariage forcé........ 5
Le Médecin malgré lui... 7
Le Misanthrope........ 10
Sganarelle............. 12
Tartuffe 15

Montfleury.

Don Pasquin d'Avalos... 2
L'École des jaloux....... 5
La Femme juge et partie. 2
Le Semblable à soi-même. 3

Palaprat.

Le Ballet extravagant... 2

Péchantré.

Géta.................. 5

Poisson (R.).

Le Baron de la Crasse... 4

Quinault.

Agrippa, roi d'Albe 6
La Mère coquette....... 4

Racine.

Andromaque.......... 5
Britannicus........... 5
Iphigénie 6
Mithridate............ 6
Phèdre 9
Les Plaideurs.......... 12

Regnard.

Attendez-moi sous l'orme. 1
Démocrite 10
Les Folies amoureuses .. 7
Le Joueur 11
Le Légataire universel .. 11
Les Ménechmes......... 2
La Sérénade........... 1

Rotrou.

Venceslas 4

Scarron.

Don Japhet d'Arménie... 8

1714

Baron.

La Coquette et la Fausse
Prude 8
L'Homme à bonnes for-
tunes 7

Boursault.

Ésope à la Cour 8
Le Mercure galant 1

Brueys.

L'Avocat Patelin 10

Brueys et Palaprat.

Le Concert ridicule 5
Le Grondeur 10

Campistron.

Alcibiade 5
Andronic 6

Châteaubrun.

Mahomet second 12

Corneille (P.).

Le Cid 8
Horace 3
Le Menteur 3
La Mort de Pompée 3
Nicomède 2
Polyeucte 3

Corneille (T.).

Ariane 2
Le Baron d'Albikrac 10
Le Festin de Pierre 5
Le Geôlier de soi-même .. 5
L'Inconnu 7

Corneille (T.) et Visé.

La Devineresse 2

Crébillon.

Rhadamiste et Zénobie .. 4
Xerxès 1

Dancourt.

Le Bon soldat 6
Les Bourgeoises à la
mode 4
Les Enfants de Paris 2
L'Été des coquettes 6
Les Fêtes du Cours 32
Le Galant jardinier 5
La Gazette de Hollande .. 6

Dancourt (Suite).

Le Moulin de Javelle 7
La Parisienne 2
Les Vacances 1
Le Vert Galant 10

Duché.

Jonathas 5

Du Fresny.

Le Double veuvage 5
L'Esprit de contradic-
tion 12

Gomez (Mme de).

Habis 25

Hauteroche.

Le Cocher supposé 3
Crispin médecin 15
Le Deuil 7
Le Souper mal apprêté .. 4

La Font (de).

Le Naufrage 3
Les Trois frères rivaux:. 4

La Fontaine.

Le Florentin 7

La Grange-Chancel.

Ino et Mélicerte 2

Le Grand (M. A.).

La Famille extravagante . 8
La Foire Saint-Laurent .. 7
L'Usurier gentilhomme .. 3

Molière.

L'Amour médecin 1
Amphitryon 7
L'Avare 6
La Comtesse d'Escarba-
gnas 7
Le Dépit amoureux 2
L'École des femmes 6
L'École des maris 7
L'Étourdi 7
Les Fâcheux 7
Les Femmes savantes ... 5
Les Fourberies de Scapin. 7
George Dandin 13
Le Malade imaginaire ... 1
Le Mariage forcé 5
Le Médecin malgré lui .. 15

Molière (Suite).

Le Misanthrope 7
M. de Pourceaugnac 14
Sganarelle 8
Tartuffe 11

Montfleury.

Le Comédien poète 6
L'École des jaloux 2
La Femme juge et partie . 4
La Fille Capitaine 4

Palaprat.

Le Ballet extravagant ... 1

Péchantré.

Géta 2

Poisson (R.).

Le Baron de la Crasse ... 4

Quinault.

Agrippa, roi d'Albe 6
Astrate, roi de Tyr 5
Les Coups de l'Amour et
de la Fortune 9

Racine.

Andromaque 1
Bérénice 1
Britannicus 4
Iphigénie 2
Mithridate 4
Phèdre 6
Les Plaideurs 12

Regnard.

Attendez-moi sous l'orme. 7
Démocrite 7
Les Folies amoureuses .. 8
Le Joueur 6
Le Légataire universel .. 9
Les Ménechmes 9
La Sérénade 4

Rotrou.

Venceslas 3

Roy.

Les Captifs 17

Scarron.

Don Japhet d'Arménie ... 10
Jodelet 3

Anonyme.

Les Rivaux d'eux-mêmes .. 3

1715

Baron.

La Coquette et la Fausse Prude...............	6
L'Homme à bonnes fortunes...............	9

Boursault.

Ésope à la Cour........	8

Brueys.

L'Avocat Patelin........	9
L'Important de Cour....	5

Brueys et Palaprat.

Le Concert ridicule.....	8
Le Grondeur..........	9

Campistron.

Alcibiade	1
Andronic.............	3

Caux de Montlebert (G. de).

Marius	7

Corneille (P.).

Le Cid..............	4
Cinna	5
Héraclius	13
Horace.............	2
Le Menteur	5
La Mort de Pompée	5
Nicomède.............	2
Polyeucte.............	3

Corneille (T.).

Ariane...............	1
Le Baron d'Albikrac.....	6
Le Comte d'Essex......	3
Le Festin de Pierre.....	7
Le Geôlier de soi-même..	7

Dancourt.

Le Bon soldat,........	3
Les Bourgeoises à la mode..............	6
L'Été des coquettes.....	8
Les Fêtes du Cours	1
Le Galant jardinier......	13
La Gazette de Hollande..	1
La Parisienne..........	3

Dancourt (Suite).

Les Vendanges de Suresnes	6

Deschamps.

Caton d'Utique..........	14

Destouches.

Le Curieux impertinent .	4
La Fausse veuve	5
Le Médisant............	16

Duché.

Absalon...............	4

Du Fresny.

La Coquette de village ...	16
Le Double veuvage.....	7
L'Esprit de contradiction.	10

Gomez (Mme de).

Habis.................	4

Hauteroche.

Le Cocher supposé.....	7
Crispin médecin	12
Crispin musicien........	4
Le Deuil	9
L'Esprit follet.........	6

La Font (de).

Les Trois frères rivaux..	3

La Fontaine.

Le Florentin	4

Le Grand (M. A).

L'Amour diable........	4
La Famille extravagante.	5
La Foire Saint-Laurent..	7
L'Usurier gentilhomme..	9

Molière.

Amphitryon	7
L'Avare...............	7
Le Bourgeois gentilhomme.............	1
La Comtesse d'Escarbagnas.................	12
Le Dépit amoureux	7
L'École des femmes.....	7
L'École des maris.......	5

Molière (Suite).

L'Étourdi.............	6
Les Fâcheux..........	2
Les Femmes savantes ...	8
Les Fourberies de Scapin.	7
George Dandin........	10
Le Mariage forcé.......	7
Le Médecin malgré lui..	13
Le Misanthrope........	7
M. de Pourceaugnac.....	8
Sganarelle	11
Tartuffe...............	11

Montfleury.

La Femme juge et partie.	3
La Fille Capitaine.......	2

Péchantré.

Géta.................	2

Poisson (R.).

Le Baron de la Crasse...	7

Quinault.

Agrippa, roi d'Albe.....	3
Astrate, roi de Tyr......	2
La Mère coquette........	4

Racine.

Andromaque..........	7
Britannicus	3
Iphigénie	2
Mithridate	5
Phèdre	3
Les Plaideurs..........	13

Regnard.

Attendez-moi sous l'orme	12
Démocrite.............	6
Les Folies amoureuses ..	7
Le Joueur.............	7
Le Légataire universel ..	8
Les Ménechmes........	7
La Sérénade...........	6

Scarron.

Don Japhet d'Arménie...	8
Jodelet................	2

Anonyme.

Le Cadet de Gascogne....	1

1716

Baron.
La Coquette et la Fausse Prude 1
L'Homme à bonnes fortunes 8
Boursault.
Ésope à la Cour 3
Brueys.
L'Avocat Patelin 9
Brueys et Palaprat.
Le Concert ridicule 6
Le Grondeur 8
Le Muet 12
Campistron.
Alcibiade 1
Andronic 1
Corneille (P.).
Le Cid 6
Cinna 3
Héraclius 1
Horace 7
Le Menteur 4
Nicomède 2
OEdipe 8
Polyeucte 4
Corneille (T.).
Ariane 7
Le baron d'Albikrac 7
Don Bertrand de Cigaral . 2
Le Festin de Pierre 6
Le Geôlier de soi-même .. 11
L'Inconnu 5
Corneille (T.) et Visé.
La Devineresse 2
Dancourt.
Le Bon soldat 2
Les Bourgeoises à la mode 5
Le Chevalier à la mode .. 12
L'Été des coquettes 9
Le Galant jardinier 10
La Guinguette de la finance 4
Le Moulin de Javelle 3
Les Vendanges de Suresnes 8

Desmarets de Saint-Sorlin.
Les Visionnaires 2
Destouches.
Le Triple mariage 12
Du Fresny.
Le Double veuvage 5
L'Esprit de contradiction 13
Genest.
Pénélope 11
Gomez (Mme de).
Habis 2
Sémiramis 3
Hauteroche.
Le Cocher supposé 7
Crispin médecin 11
Crispin musicien 5
Le Deuil 9
L'Esprit follet 1
La Fontaine.
Le Florentin 4
La Fontaine et Champmeslé.
La Coupe enchantée 10
La Grange-Chancel.
Sophonisbe 4
Le Grand (M. A.).
L'Amour diable 2
L'Aveugle clairvoyant ... 17
La Foire Saint-Laurent . 8
L'Usurier gentilhomme .. 10
Molière.
L'Amour médecin 8
Amphitryon 7
L'Avare 12
Le Bourgeois gentilhomme 9
La Comtesse d'Escarbagnas 13
Le Dépit amoureux 5
L'École des femmes 9
L'École des maris 7
L'Étourdi 13
Les Fâcheux 2

Molière (Suite).
Les Femmes savantes ... 7
Les Fourberies de Scapin . 6
George Dandin 13
Le Malade imaginaire ... 9
Le Mariage forcé 11
Le Médecin malgré lui ... 13
Le Misanthrope 3
M. de Pourceaugnac 9
La Princesse d'Élide ... 10
Sganarelle 6
Le Sicilien 9
Tartuffe 16
Montfleury.
La Femme juge et partie . 3
Péchantré.
Géta 3
Poisson (R.).
Le Baron de la Crasse ... 7
Quinault.
Agrippa, roi d'Albe 3
Astrate, roi de Tyr 4
Racine.
Andromaque 2
Athalie 13
Bérénice 3
Britannicus 3
Iphigénie 2
Mithridate 3
Phèdre 6
Les Plaideurs 5
Regnard.
Attendez-moi sous l'orme. 9
Démocrite 2
Les Folies amoureuses .. 4
Le Joueur 7
Le Légataire universel .. 6
Les Ménechmes 2
La Sérénade 7
Rotrou.
Venceslas 3
Scarron.
Don Japhet d'Arménie ... 8
Jodelet 5

1717

Baron.
La Coquette et la Fausse Prude. 3
L'Homme à bonnes fortunes. 6
Boindin et La Motte.
Le Port de mer. 12
Boursault.
Ésope à la Cour. 9
Brueys.
L'Avocat Patelin. 7
Brueys et Palaprat.
Le Concert ridicule. 5
Le Grondeur. 4
Le Muet. 2
Campistron.
Alcibiade. 2
Andronic. 4
Corneille (P.).
Le Cid. 4
Cinna. 2
Héraclius. 8
Horace. 4
Le Menteur. 5
La Mort de Pompée. 4
Nicomède. 5
OEdipe. 3
Polyeucte. 6
Rodogune. 2
Corneille (T.).
Le Baron d'Albikrac. 2
Le Festin de Pierre. 9
Le Geôlier de soi-même. . 6
Stilicon. 5
Crébillon.
Électre. 7
Sémiramis. 8
Dancourt.
Le Bon soldat. 8
Les Bourgeoises à la mode. 2
Le Chevalier à la mode. . 2
L'Été des Coquettes. 7
La Femme d'intrigues. . 4
La Foire de Besons. 11
Le Galant jardinier. 3
La Maison de campagne. 10
La Métempsycose des amours. 7

Dancourt (Suite).
Le Moulin de Javelle. . . . 2
La Parisienne. 3
Le Prix de l'arquebuse. . . 10
Les Vendanges de Suresnes. 12
Deschamps.
Antiochus et Cléopâtre. . . 5
Destouches.
Le Médisant. 5
L'Obstacle imprévu. 9
Du Fresny.
Le Double veuvage. 1
L'Esprit de contradiction. 9
Genest.
Pénélope. 5
Gomez (Mme de).
Cléarque, tyran d'Héraclée. 5
Hauteroche.
Le Cocher supposé. 4
Crispin médecin. 13
Crispin musicien. 2
Le Deuil. 8
L'Esprit follet. 6
Le Souper mal apprêté. . 9
La Fontaine.
Le Florentin. 4
La Fontaine et Champmeslé.
La Coupe enchantée. 6
Le Grand (M. A.).
L'Amour diable. 8
L'Aveugle clairvoyant. . . 1
La Famille extravagante. 3
La Foire Saint-Laurent. . 9
L'Usurier gentilhomme. . 4
Molière.
L'Amour médecin. 2
Amphitryon. 7
L'Avare. 12
Le Bourgeois gentilhomme. 1
La Comtesse d'Escarbagnas. 17
Le Dépit amoureux. 1
L'École des femmes. 14
L'École des maris. 8

Molière (Suite).
L'Étourdi. 6
Les Fâcheux. 6
Les Femmes savantes. . 7
Les Fourberies de Scapin. 4
George Dandin. 9
Le Malade imaginaire. . . 5
Le Mariage forcé. 6
Le Médecin malgré lui. . . 11
Le Misanthrope. 9
M. de Pourceaugnac. 6
Sganarelle. 15
Le Sicilien. 6
Tartuffe. 11
Montfleury.
La Femme juge et partie. 3
Palaprat.
Le Ballet extravagant. . . 7
Péchantré.
Géta. 4
Poisson (R.).
Le Baron de la Crasse. . . 7
Quinault.
La Mère coquette. 5
Racine.
Andromaque. 4
Athalie. 12
Bérénice. 5
Britannicus. 2
Iphigénie. 6
Mithridate. 7
Phèdre. 10
Les Plaideurs. 5
Regnard.
Attendez-moi sous l'orme. 7
Démocrite. 2
Les Folies amoureuses. . 5
Le Joueur. 5
Le Légataire universel. . 1
Les Ménechmes. 8
La Sérénade. 4
Rotrou.
Venceslas. 3
Rousseau (J.-B.).
Le Flatteur. 8
Scarron.
Don Japhet d'Arménie. . . 4
Jodelet. 3

1718

Baron.

L'Andrienne 10
La Coquette et la Fausse
  Prude 5
L'Homme à bonnes fortu-
  nes. 10

Boindin et La Motte.

Le Port de mer 1

Boursault.

Les Fables d'Ésope 8

Brueys et Palaprat.

Le Concert ridicule 8
Le Grondeur 4
Le Muet 6

Campistron.

Alcibiade. 2
Andronic 5

Corneille (P.).

Le Cid 5
Cinna. 2
Héraclius 5
Horace 8
Le Menteur 1
OEdipe 2
Polyeucte 2
Sertorius 8

Corneille (T.).

Ariane. 5
Le Baron d'Albikrac 3
Le Festin de Pierre 9
Le Geôlier de soi-même.. 1

Corneille (T.) et Visé.

La Devineresse 7

Crébillon.

Rhadamiste et Zénobie .. 12

Dancourt.

Le Bon soldat 6
Le Chevalier à la mode.. 4
L'Été des coquettes 6
Les Fêtes du Cours 2
Le Galant jardinier 2
La Métempsycose des
  amours 3
La Parisienne 2
Les Vendanges de Su-
  resnes. 7

Destouches.

Le Médisant 2

Du Fresny.

L'Esprit de contradic-
  tion 7

Hauteroche.

Le Cocher supposé 4
Crispin médecin 10
Crispin musicien 3
Le Deuil 5
L'Esprit follet 7
Le Souper mal apprêté.. 7

Jolly.

L'École des amants 15

La Font (de).

Les Trois frères rivaux.. 8

La Fontaine.

Le Florentin 1

**La Fontaine
et Champmeslé.**

La Coupe enchantée 4

La Fosse.

Polyxène 3

Le Grand (M. A.).

L'Amour diable 4
La Foire Saint-Laurent.. 5
Le Roi de Cocagne 1
L'Usurier gentilhomme.. 6

Le Sage.

Crispin rival de son maî-
  tre 10

Molière.

L'Amour médecin 2
Amphitryon 8
L'Avare. 9
Le Bourgeois gentil-
  homme 3
La Comtesse d'Escarba-
  gnas 8
Le Dépit amoureux 2
L'École des femmes 7
L'École des maris 7
L'Étourdi. 6
Les Fâcheux 3
Les Femmes savantes... 6
Les Fourberies de Sca-
  pin 4

Molière (*Suite*).

George Dandin 6
Le Malade imaginaire ... 7
Le Mariage forcé 8
Le Médecin malgré lui... 9
Le Misanthrope 1
M. de Pourceaugnac..... 7
Sganarelle 1
Le Sicilien 8
Tartuffe 10

Montfleury.

La Femme juge et par-
  tie 5

Palaprat.

Le Ballet extravagant ... 1

Péchantré.

Géta 6

Pellegrin.

Artaxare 6

Poisson (R.).

L'Après-souper des au-
  berges. 4
Le Baron de la Crasse... 4
Le Fou raisonnable 8

Racine.

Andromaque 7
Athalie 4
Bajazet 10
Britannicus 2
Iphigénie 6
Mithridate 7
Phèdre 8
Les Plaideurs 9

Regnard.

Attendez-moi sous l'orme. 3
Démocrite 4
Les Folies amoureuses .. 1
Le Joueur 6
Le Légataire universel... 3
Les Ménechmes 6
La Sérénade 5

Roy.

Les Captifs 7

Scarron.

Don Japhet d'Arménie... 3
Jodelet 5

Voltaire.

OEdipe 20

1719

Barbier (Mlle).
Le Faucon 12

Baron.
L'Andrienne 4
La Coquette et la Fausse
Prude 3
L'Homme à bonnes for-
tunes............... 4

Boursault.
Les Fables d'Ésope...... 5

Brueys.
L'Avocat Patelin........ 10

Brueys et Palaprat.
Le Concert ridicule...... 8
Le Grondeur 6

Campistron.
Andronic 4

Corneille (P.).
Le Cid 8
Héraclius 6
Horace 4
Polyeucte............. 4

Corneille (T.).
La Comtesse d'Orgueil .. 7
Le Festin de Pierre 7
Le Geôlier de soi-même.. 7

Danchet.
Les Héraclides.......... 2

Dancourt.
Le Bon soldat.......... 3
L'Été des coquettes..... 4
Le Galant jardinier...... 2
Les Vendanges de Su-
resnes 7

Du Fresny.
Le Dédit............... 8
Le Double veuvage..... 4
L'Esprit de contradic-
tion 9
Le Négligent 10
La Réconciliation nor-
mande 12

Fuzelier.
Momus fabuliste 30

Genest.
Pénélope 6

Hauteroche.
Le Cocher supposé...... 2
Crispin médecin........ 8
Crispin musicien........ 2
Le Deuil.............. 2
L'Esprit follet 5
Le Souper mal apprêté.. 4

Jolly.
L'École des amants 1

La Font (de).
Le Naufrage........... 10

La Fontaine.
Le Florentin 9

**La Fontaine
et Champmeslé.**
La Coupe enchantée 2

La Fosse.
Manlius Capitolinus..... 5

Le Grand (M. A.).
L'Aveugle clairvoyant... 11
La Foire Saint-Laurent.. 5
Le Roi de Cocagne...... 18
L'Usurier gentilhomme.. 3

Longepierre.
Électre................ 9

Molière.
L'Amour médecin....... 6
Amphitryon........... 4
L'Avare 5
Le Bourgeois gentil-
homme.............. 4
La Comtesse d'Escarba-
gnas................ 4
Le Dépit amoureux..... 3
L'École des femmes..... 8
L'École des maris....... 7
L'Étourdi............. 6
Les Fâcheux........... 1
Les Femmes savantes... 5
Les Fourberies de Sca-
pin................. 5

Molière (*Suite*).
George Dandin........... 6
Le Malade imaginaire... 7
Le Mariage forcé........ 4
Le Médecin malgré lui... 4
Le Misanthrope......... 2
M. de Pourceaugnac..... 5
Sganarelle............. 2
Le Sicilien 3
Tartuffe 12

Montfleury.
La Femme juge et partie. 3
La Fille Capitaine....... 5

Palaprat.
Le Ballet extravagant... 2

Péchantré.
Géta................... 4

Poisson (R.).
L'Après-souper des au-
berges.............. 1
Le Baron de la Crasse... 4
Le Fou raisonnable..... 2

Racine.
Andromaque 9
Bajazet 8
Britannicus 6
Iphigénie 6
Mithridate 11
Phèdre 11
Les Plaideurs.......... 5

Regnard.
Attendez-moi sous l'orme. 2
Démocrite............. 7
Les Folies amoureuses .. 5
Le Joueur............. 5
Le Légataire universel .. 9
Les Ménechmes 8
La Sérénade........... 6

Scarron.
Don Japhet d'Arménie... 3
Jodelet 5

Voltaire.
OEdipe................ 14

1720

Baron.

L'Andrienne............	5
La Coquette et la Fausse Prude...............	4
L'Homme à bonnes fortunes...............	5

Boindin et La Motte.

Le Port de mer.........	8

Boursault.

Les Fables d'Ésope......	3

Brueys.

L'Avocat Patelin........	6

Brueys et Palaprat.

Le Concert ridicule......	8
Le Grondeur............	5

Carcavi.

La Comtesse de Follenville.	4

Corneille (P.).

Le Cid.................	6
Cinna.................	2
Don Sanche d'Aragon ...	4
Héraclius..............	2
Horace................	3
Le Menteur.............	4
La Mort de Pompée	4
Nicomède..............	4
Œdipe.................	4
Polyeucte.............	7
Rodogune.............	4
Sertorius	3

Corneille (T.).

Ariane................	5
Le Baron d'Albikrac.....	7
Le Comte d'Essex.......	9
La Comtesse d'Orgueil ..	2
Le Festin de Pierre	8
Le Geôlier de soi-même..	5
L'Inconnu	3

Danchet.

Les Héraclides.........	6

Dancourt.

Le Bon soldat..........	8
Le Chevalier à la mode..	7
L'Été des coquettes	9
Le Galant jardinier	1
Les Vendanges de Suresnes...............	5

Du Fresny.

L'Esprit de contradiction.	6
Le Négligent............	6

Fuzelier.

Momus fabuliste........	8

Genest.

Pénélope...............	4

Hauteroche.

Le Cocher supposé......	6
Crispin médecin	8
Crispin musicien........	3
Le Deuil...............	9
L'Esprit follet..........	7
Le Souper mal apprêté..	1

La Font (de).

Le Naufrage...........	6

La Fontaine.

Le Florentin............	1

La Fontaine et Champmeslé.

La Coupe enchantée	8

Le Grand (M. A.).

L'Aveugle clairvoyant ..	6
La Foire Saint-Laurent..	7
Plutus.................	16
L'Usurier gentilhomme .	19

Le Sage.

Crispin rival de son maître..............	9

Marivaux.

Annibal	3

Molière.

L'Amour médecin.......	4
L'Avare	19
Le Bourgeois gentilhomme..............	2
La Comtesse d'Escarbagnas...............	10
Le Dépit amoureux.....	7
L'École des femmes.....	15
L'Ecole des maris	7
L'Étourdi..............	10
Les Fâcheux...........	3
Les Femmes savantes...	1
Les Fourberies de Scapin.	1

Molière (*Suite*).

George Dandin	5
Le Malade imaginaire ...	3
Le Mariage forcé.......	10
Le Médecin malgré lui ..	11
Le Misanthrope.........	8
M. de Pourceaugnac.....	4
Sganarelle.............	2
Le Sicilien.............	2
Tartuffe	12

Montfleury.

La Femme juge et partie	7
La Fille Capitaine	2

Palaprat.

Le Ballet extravagant...	3

Péchantré.

Géta..................	1

Pellegrin.

Le Père intéressé	1

Poisson (R.).

L'Après-souper des auberges..............	1
Le Baron de la Crasse...	8

Racine.

Andromaque	6
Bérénice..............	7
Britannicus	3
Iphigénie	3
Mithridate	7
Les Plaideurs	9

Regnard.

Attendez-moi sous l'orme.	7
Démocrite	7
Les Folies amoureuses..	
Le Joueur.............	8
Le Légataire universel ..	8
Les Ménechmes........	7
La Sérénade	6

Rotrou.

Venceslas.............	4

Scarron.

Don Japhet d'Arménie...	5
Jodelet	1

Voltaire.

Artémire..............	8
Œdipe	8

1721

Baron.

L'Andrienne............ 4
La Coquette et la Fausse
Prude................ 2
L'Homme à bonnes for-
tunes................ 4

Boindin et La Motte.

Le Port de mer........ 2

Boissy.

L'*Amant de sa femme*.... 8

Boursault.

Ésope à la Cour........ 9
Les Fables d'Ésope (1)... 3

Brueys.

L'Avocat Patelin........ 7

Brueys et Palaprat.

Le Concert ridicule...... 8
Le Grondeur........... 8
Le Muet............... 5

Campistron.

Andronic.............. 5

Corneille (P.).

Le Cid................ 4
Cinna................. 3
Horace................ 4
La Mort de Pompée..... 3
Nicomède............. 3
Polyeucte............. 4
Rodogune............. 1

Corneille (T.).

Ariane................ 4
Le Comte d'Essex....... 5
La Comtesse d'Orgueil.. 3
Le Festin de Pierre...... 4
Le Geôlier de soi-même.. 4

Crébillon.

Électre................ 8

Dancourt.

Le Bon soldat.......... 6
Le Chevalier à la mode.. 7
Colin-Maillard.......... 5
L'Été des coquettes..... 8
Le Galant jardinier..... 6
Le Moulin de Javelle.... 5
Les Vacances.......... 11
Les Vendanges de Su-
resnes.............. 3

Destouches.

Le Curieux impertinent. 3
Le Médisant............ 4

Du Fresny.

L'Esprit de contradic-
tion................ 11
Le Mariage fait et rompu. 21
Le Négligent.......... 1

Du Ryer.

Scévole............... 11

Fuzelier.

Momus fabuliste........ 2

Hauteroche.

Crispin médecin........ 5
Crispin musicien........ 3
Le Deuil.............. 4
L'Esprit follet.......... 4

Jolly.

La Vengeance de l'Amour. 1

La Font (de).

Le Naufrage........... 3

**La Fontaine
et Champmeslé.**

La Coupe enchantée..... 4

La Motte.

Les Machabées........ 15

Le Grand (M. A.).

L'Aveugle clairvoyant... 13
Cartouche........... 13
La Foire Saint-Laurent.. 6
Le Roi de Cocagne..... 5
L'Usurier gentilhomme.. 12

Le Sage.

Crispin rival de son maî-
tre................ 2

Molière.

L'Amour médecin....... 2
Amphitryon........... 13
L'Avare............... 6
Le Bourgeois gentil-
homme............ 5
La Comtesse d'Escarba-
gnas............... 7
Le Dépit amoureux...... 3
L'École des femmes..... 7
L'École des maris....... 6
L'Étourdi............. 3

Molière (*Suite*).

Les Fourberies de Scapin. 2
George Dandin......... 5
Le Malade imaginaire... 3
Le Mariage forcé........ 10
Le Médecin malgré lui... 11
Le Misanthrope......... 7
M. de Pourceaugnac..... 4
Tartuffe.............. 12

Montfleury.

La Femme juge et partie. 2

Palaprat.

Le Ballet extravagant... 1

Péchantré.

Géta.................. 1

Poisson (R.).

Le Baron de la Crasse... 5

Quinault.

La Mère coquette....... 5

Racine.

Andromaque........... 6
Athalie............... 6
Bajazet............... 7
Britannicus............ 5
Esther.............. 8
Iphigénie............. 7
Mithridate............ 8
Phèdre............... 5
Les Plaideurs.......... 6
La Thébaïde........... 4

Regnard.

Attendez-moi sous l'orme. 9
Démocrite............. 5
Les Folies amoureuses.. 2
Le Joueur............. 6
Le Légataire universel... 5
Les Ménechmes........ 5
La Sérénade........... 8

Rotrou.

Venceslas............. 2

Rousseau (J.-B.).

Le Flatteur............ 9

Saint-Foix.

Pandore............. 7

Scarron.

Don Japhet d'Arménie... 1

Séguineau et Pralard.

Ægiste.............. 5

(1) A la représentation du 21 octobre, on n'a donné que la moitié du premier acte.

1722

Baron.

L'Andrienne............	6
La Coquette et la Fausse Prude................	4
L'Homme à bonnes fortunes.................	4

Boursault.

Ésope à la Cour........	6
Les Fables d'Ésope......	6

Brueys.

L'Avocat Patelin........	11
L'Opiniâtre.	9

Brueys et Palaprat.

Le Concert ridicule......	7
Le Grondeur............	5
Le Muet.................	5

Campistron.

Andronic................	1

Chaligny des Plaines.

Coriolan................	1

Corneille (P.).

Le Cid.................	3
Cinna..................	2
Héraclius..............	4
La Mort de Pompée.....	7
Polyeucte..............	1
Rodogune..............	4

Corneille (T.).

Ariane.................	1
Le Baron d'Albikrac.....	1
Le Comte d'Essex.......	4
Le Festin de Pierre.....	2
Le Geôlier de soi-même..	1
L'Inconnu..............	3

Corneille (T.) et Visé.

La Devineresse.........	7

Crébillon.

Électre................	1

Dancourt.

Le Bon soldat..........	5
Le Chevalier à la mode..	6
Colin-Maillard..........	3
L'Été des coquettes.....	4
Les Vacances..........	4
Les Vendanges de Suresnes..............	5

Destouches.

Le Curieux impertinent..	1

Du Fresny.

L'Esprit de contradiction.	12
Le Mariage fait et rompu.	2

Fuzelier.

Momus fabuliste.........	1

Genest.

Pénélope................	10

Grandval.

Le Camp de Porché-Fontaine................	11

Hauteroche.

Le Cocher supposé......	9
Crispin médecin........	3
Crispin musicien........	1
Le Deuil..............	4
Le Souper mal apprêté..	1

La Font (de).

L'Amour vengé.........	6

La Fontaine.

Le Florentin...........	8

La Fontaine et Champmeslé.

La Coupe enchantée.....	2

La Grange-Chancel.

Oreste et Pylade........	8

La Motte.

Romulus.	21

Le Grand (M. A.).

L'Aveugle clairvoyant...	6
La Famille extravagante.	4
La Foire Saint-Laurent..	4
Le Galant coureur......	22
L'Usurier gentilhomme..	9

Le Sage.

Crispin rival de son maître...................	6

Molière.

L'Amour médecin.......	4
Amphitryon..........	7
L'Avare.	10
Le Bourgeois gentilhomme...............	1
La Comtesse d'Escarbagnas................	6

Molière (Suite).

L'École des femmes.....	14
L'École des maris.......	2
Les Fâcheux...........	4
George Dandin..........	5
Le Malade imaginaire...	5
Le Mariage forcé........	9
Le Médecin malgré lui...	12
Le Misanthrope.........	8
M. de Pourceaugnac.....	5
La Princesse d'Élide.....	9
Sganarelle.............	6
Le Sicilien.............	4
Tartuffe...............	12

Moncrif.

L'Oracle de Delphes......	4

Nadal.

Antiochus..............	7

Péchantré.

Géta...................	3

Pellegrin.

Le Nouveau Monde......	18

Poisson (R.).

Le Baron de la Crasse...	4

Pradon.

Régulus.	11

Quinault.

La Mère coquette.......	5

Racine.

Andromaque...........	8
Athalie.	6
Britannicus............	5
Iphigénie.............	4
Mithridate............	5
Phèdre...............	5
Les Plaideurs..........	9
La Thébaïde...........	3

Regnard.

Attendez-moi sous l'orme.	2
Démocrite..............	6
Le Joueur..............	6
Le Légataire universel..	6
Les Ménechmes.........	6
La Sérénade...........	5

Voltaire.

Œdipe.................	6

1723

Baron.
La Coquette et la Fausse
Prude 3
L'Homme à bonnes for-
tunes 5
Boursault.
Ésope à la Cour 2
Les Fables d'Ésope 5
Le Mercure galant 8
Brueys.
L'Avocat Patelin 7
Brueys et Palaprat.
Le Concert ridicule 6
Le Grondeur 13
Corneille (P.).
Le Cid 2
Don Sanche d'Aragon 4
Héraclius 10
Horace 2
La Mort de Pompée 1
Polyeucte 1
Rodogune 2
Corneille (T.).
Ariane 2
Le Comte d'Essex 10
Le Festin de Pierre 6
Crébillon.
Électre 1
Rhadamiste et Zénobie ... 3
Danchet.
Nitétis 13
Dancourt.
Le Bon soldat 10
Le Chevalier à la mode .. 2
L'Été des coquettes 4

Dancourt (*Suite*).
Les Vendanges de Su-
resnes 7
Destouches.
Le Médisant 7
Du Fresny.
L'Esprit de contradiction . 9
Gaultier.
Basile et Quitterie 15
Hauteroche.
Le Cocher supposé 11
Crispin médecin 6
Le Deuil 7
L'Esprit follet 5
Le Souper mal apprêté .. 9
La Chapelle.
Cléopâtre 8
La Fontaine.
Le Florentin 10
La Motte.
Inès de Castro 32
Romulus 1
Le Grand (M. A.).
L'Aveugle clairvoyant ... 8
La Foire Saint-Laurent .. 6
Les Paniers 7
L'Usurier gentilhomme .. 11
Le Sage.
Crispin rival de son maître 6
Molière.
Amphitryon 5
L'Avare 21
La Comtesse d'Escarba-
gnas 6
L'École des femmes 11
L'École des maris 3

Molière (*Suite*).
L'Étourdi 6
Les Fâcheux 4
Les Femmes savantes ... 7
George Dandin 2
Le Malade imaginaire ... 3
Le Mariage forcé 7
Le Médecin malgré lui ... 12
Le Misanthrope 4
M. de Pourceaugnac 3
Sganarelle 4
Le Sicilien 6
Tartuffe 14
Pellegrin.
*Le Divorce de l'Amour et
de la Raison* 5
Le Nouveau Monde 11
Poisson (R.).
Le Baron de la Crasse ... 5
Racine.
Andromaque 2
Britannicus 4
Iphigénie 4
Mithridate 1
Les Plaideurs 8
Regnard.
Attendez-moi sous l'orme 11
Démocrite 16
Les Folies amoureuses .. 16
Le Joueur 9
Le Légataire universel .. 8
Les Ménechmes 15
La Sérénade 9
Scarron.
Don Japhet d'Arménie .. 12
Voltaire.
OEdipe 1

1724

Baron.
L'Andrienne 2
La Coquette et la Fausse
Prude 2
L'Homme à bonnes for-
tunes 2

Boissy.
L'Impatient 10
Boursault.
Ésope à la Cour 2
Les Fables d'Ésope 5
Le Mercure galant 3

Brueys.
L'Avocat Patelin 8
Brueys et Palaprat.
Le Concert ridicule 7
Le Grondeur 6

Campistron.
Andronic 3
Le Jaloux désabusé 9
Champmeslé.
Le Parisien 2
Corneille (P.).
Le Cid 2
Le Menteur 7
La Mort de Pompée 4
Polyeucte 6
Rodogune 1
Sertorius 3
Corneille (T.).
Le Baron d'Albikrac 2
Le Comte d'Essex 3
La Comtesse d'Orgueil .. 2
Le Festin de Pierre 7
Crébillon.
Électre 2
Rhadamiste et Zénobie .. 1
Danchet.
Nitétis 12
Dancourt.
L'Éclipse 3
L'Été des coquettes 4
La Fête de village 23
Les Trois cousines 29
Les Vendanges de Su-
resnes 2
Destouches.
Le Médisant 1
Du Fresny.
L'Esprit de contradiction 2
Hauteroche.
Le Cocher supposé 6
Crispin médecin 6

Hauteroche (*Suite*).
Le Deuil 7
L'Esprit follet 8
Le Souper mal apprêté .. 3
La Font (de).
Les Trois frères rivaux .. 13
La Fontaine.
Le Florentin 3
**La Fontaine
et Champmeslé.**
La Coupe enchantée 9
La Motte.
Inès de Castro 10
Le Grand (M. A.).
L'Aveugle clairvoyant ... 4
La Foire Saint-Laurent .. 3
Le Philanthrope 20
Le Triomphe du Temps . 16
L'Usurier gentilhomme .. 8
Le Sage.
Crispin rival de son
maître 9
Marivaux et Parfaict.
Le Dénouement imprévu. 5
Molière.
Amphitryon 6
L'Avare 6
La Comtesse d'Escarba-
gnas 4
L'École des femmes 6
L'École des maris 4
L'Étourdi 3
Les Fâcheux 9
George Dandin 1
Le Malade imaginaire ... 4
Le Mariage forcé 4

Molière (*Suite*).
Le Médecin malgré lui ... 14
Le Misanthrope 2
M. de Pourceaugnac 3
Sganarelle 6
Le Sicilien 1
Tartuffe 12
Montfleury.
La Femme juge et partie. 5
Poisson (R.).
Le Baron de la Crasse ... 4
Procope Couteaux.
L'Assemblée des comé-
diens 10
Racine.
Andromaque 2
Bajazet 2
Bérénice 2
Britannicus 7
Iphigénie 8
Mithridate 9
Phèdre 4
Les Plaideurs 5
Regnard.
Attendez-moi sous l'orme 3
Démocrite 9
Les Folies amoureuses .. 7
Le Joueur 11
Le Légataire universel .. 5
Les Ménechmes 11
La Sérénade 6
Scarron.
Don Japhet d'Arménie ... 3
Voltaire.
Mariamne 1
OEdipe 3

1725

Baron.
L'Homme à bonnes for-
tunes 4
Boissy.
Le Babillard 16
Boursault.
Ésope à la Cour 3
Brueys.
L'Avocat Patelin 6
Brueys et Palaprat.
Le Concert ridicule 3
Le Grondeur 3
Campistron.
Andronic 4
Le Jaloux désabusé 8
Corneille (P.).
Le Cid 3

Corneille (P.) (*Suite*).
Cinna 4
Héraclius 3
Horace 4
La Mort de Pompée 2
Nicomède 3
Polyeucte 3
Corneille (T.).
Le Comte d'Essex 4
Le Festin de Pierre 10
Le Geôlier de soi-même. 6
Crébillon.
Électre 2
Dancourt.
La Belle-Mère 4
Le Bon soldat 3

Dancourt (*Suite*).
Les Bourgeoises à la
mode 7
L'Été des coquettes 2
La Fête de village 4
Le Mari retrouvé 11
La Parisienne 4
Les Trois cousines 11
Les Vendanges de Su-
resnes 2
Du Fresny.
L'Esprit de contradiction. 2
Fuzelier.
*Les Amusements de l'au-
tomne* 11
Genest.
Pénélope 7

Hauteroche.

Le Cocher supposé...... 4
Crispin médecin........ 12
Le Deuil.............. 10
L'Esprit follet.......... 6
Le Souper mal apprêté.. 2

La Font (de).

Les Trois frères rivaux.. 6

La Fontaine.

Le Florentin........... 5

La Fontaine et Champmeslé.

La Coupe enchantée.... 5

La Motte.

Inès de Castro.......... 3

Le Grand (M. A.).

La Foire Saint-Laurent.. 1
L'Impromptu de la folie. 23
La Métamorphose amou-
reuse............... 18
Le Philanthrope........ 4
Le Roi de Cocagne..... 12
Le Temps passé........ 5
Le Temps présent....... 2
Le Triomphe du Temps. 1
L'Usurier gentilhomme.. 10

Le Grand (M. A.) et Alain.

L'Épreuve réciproque... 7

Le Sage.

Crispin rival de son
maître.............. 5

Marivaux et Parfaict.

Le Dénouement imprévu 1

Molière.

Amphitryon........... 8
L'Avare.............. 6
La Comtesse d'Escarba-
gnas............... 1
Le Dépit amoureux..... 3
L'École des femmes..... 6
L'École des maris....... 1
Les Fâcheux........... 3
Les Femmes savantes... 1
George Dandin......... 1
Le Malade imaginaire... 2
Le Mariage forcé....... 10
Le Médecin malgré lui.. 12
Le Misanthrope........ 4
M. de Pourceaugnac.... 3
Les Précieuses ridicules. 11
Sganarelle............ 14
Le Sicilien............ 1
Tartuffe.............. 13

Montfleury.

Don Pasquin d'Avalos.. 2
La Femme juge et partie. 4

Nadal.

Mariamne............. 4

Péchantré.

Géta................ 7

Poisson (R.).

Le Baron de la Crasse.. 1

Racine.

Andromaque........... 7
Bérénice............. 2
Britannicus........... 1
Iphigénie............ 5
Mithridate........... 3
Phèdre.............. 3
Les Plaideurs......... 5

Regnard.

Attendez-moi sous l'orme. 4
Démocrite............ 7
Les Folies amoureuses... 4
Le Joueur............ 13
Le Légataire universel.. 6
Les Ménechmes........ 11
La Sérénade.......... 7

Scarron.

Don Japhet d'Arménie.. 3

Voltaire.

Hérode et Mariamne (1).. 25
L'Indiscret........... 6
Œdipe.............. 2

1726

Allainval (d').

La Fausse Comtesse...... 5

Baron.

L'Andrienne.......... 2
La Coquette et la Fausse
Prude.............. 2
L'Homme à bonnes for-
tunes.............. 2

Boindin et La Motte.

Le Port de mer........ 6

Boursault.

Ésope à la Cour........ 2
Les Fables d'Ésope...... 2

Brueys.

L'Avocat Patelin....... 6
L'Important de Cour.... 10

Brueys et Palaprat.

Le Concert ridicule..... 6
Le Grondeur.......... 6

Campistron.

Alcibiade............ 3
Andronic............ 3
Le Jaloux désabusé..... 6

Corneille (P.).

Le Cid............... 2
Cinna.............. 5
Héraclius............ 4
Horace.............. 3
Le Menteur........... 7
La Mort de Pompée..... 2
Nicomède............ 2
Polyeucte............ 1
Rodogune............ 6

Corneille (T.).

Ariane.............. 2
Le Baron d'Albikrac..... 1
Le Comte d'Essex...... 2
La Comtesse d'Orgueil.. 1
Le Festin de Pierre..... 9

Crébillon.

Atrée et Thyeste........ 5
Électre.............. 2
Pyrrhus............. 16
Rhadamiste et Zénobie.. 7

Dancourt.

Le Bon soldat........ 6

Dancourt (Suite).

Les Bourgeoises à la mode 5
La Fête de village....... 3
Le Galant jardinier...... 13
Le Mari retrouvé....... 8
Le Moulin de Javelle.... 4
La Parisienne.......... 1
Les Trois cousines...... 1
Les Vacances......... 10
Les Vendanges de Su-
resnes............. 3

Du Fresny.

L'Esprit de contradiction 7

Genest.

Pénélope............ 3

Hauteroche.

Le Cocher supposé...... 5
Crispin médecin........ 3
Le Deuil 5
L'Esprit follet......... 10
Le Souper mal apprêté.. 5

La Font (de).

Le Naufrage.......... 3

(1) Même pièce que *Mariamne*.

La Font (de) *(Suite).*
Les Trois frères rivaux.. 6
La Fontaine.
Le Florentin............ 7
La Motte.
Inès de Castro......... 3
Œdipe................. 6
Le Talisman.......... 3
Le Grand (M. A.).
L'Amour diable........ 5
La Chasse du cerf....... 10
La Famille extravagante 6
La Foire Saint-Laurent. 2
La Française Italienne.. 1
L'Impromptu de la folie. 13
La Métamorphose amou-
reuse................. 14
Le Philanthrope........ 2
L'Usurier gentilhomme. 2
**Le Grand (M. A.)
et Alain.**
L'Épreuve réciproque... 3
Le Sage.
Crispin rival de son
maitre............... 4
Molière.
L'Amour médecin...... 4

Molière *(Suite).*
Amphitryon........... 6
L'Avare.............. 7
Le Bourgeois gentil-
homme.............. 3
La Comtesse d'Escarba-
gnas................ 8
Le Dépit amoureux..... 5
L'École des femmes.... 14
L'École des maris....... 1
L'Étourdi............. 4
Les Femmes savantes... 4
George Dandin........ 2
Le Mariage forcé....... 2
Le Médecin malgré lui.. 9
Le Misanthrope........ 9
M. de Pourceaugnac.... 2
Les Précieuses ridicules. 3
Sganarelle............ 14
Le Sicilien............ 6
Tartuffe.............. 7
Montfleury.
Le Mari sans femme... 16
Péchantré.
Géta................. 1
Pellegrin.
Le Pastor Fido......... 9

Pellegrin et Dupuy.
Tibère................ 3
Racine.
Andromaque........... 4
Athalie.............. 1
Bajazet.............. 8
Britannicus.......... 3
Iphigénie............ 3
Mithridate.......... 1
Phèdre.............. 7
Les Plaideurs........ 1
Regnard.
Attendez-moi sous l'orme 9
Démocrite............ 7
Les Folies amoureuses. 5
Le Joueur............. 6
Le Légataire universel.. 5
Les Ménechmes....... 13
La Sérénade.......... 4
Riupeirous.
Hypermnestre......... 6
Scarron.
Don Japhet d'Arménie... 4
Voltaire.
Hérode et Mariamne.... 3
L'Indiscret............. 3
Œdipe................. 2

1727

Baron.
L'Andrienne........... 3
L'Homme à bonnes for-
tunes............... 2
Boissy.
Admète et Alceste....... 6
Le Français à Londres... 19
Boursault.
Ésope à la Cour........ 5
Les Fables d'Ésope...... 5
Le Mercure galant...... 6
Brueys.
L'Avocat Patelin........ 4
Brueys et Palaprat.
Le Concert ridicule...... 1
Le Grondeur........... 4
Campistron.
Alcibiade.............. 2
Andronic............. 3
Le Jaloux désabusé..... 8
Tiridate............... 12
Corneille (P.).
Le Cid................ 3
Cinna............... 2
Héraclius............ 5
Horace.............. 5

Corneille (P.) *(Suite).*
Le Menteur............ 4
La Mort de Pompée..... 4
Nicomède............ 5
Polyeucte............. 2
Rodogune............. 4
Corneille (T.).
Le Comte d'Essex....... 7
Le Festin de Pierre..... 11
Crébillon.
Électre............... 3
Rhadamiste et Zénobie.. 5
Dancourt.
Le Bon soldat......... 7
Les Bourgeoises à la
mode.............. 2
Le Charivari........... 4
L'Été des coquettes..... 6
La Fête de village...... 5
Le Galant jardinier...... 4
La Parisienne.......... 2
Les Vacances.......... 12
Les Vendanges de Su-
resnes............. 4
Destouches.
L'Envieux............. 3

Destouches *(Suite).*
Le Philosophe marié..... 32
Du Ryer.
Scévole............... 5
Fuzelier.
Momus fabuliste........ 11
Genest.
Pénélope.............. 7
Hauteroche.
Le Cocher supposé...... 6
Le Deuil.............. 5
L'Esprit follet......... 12
Le Souper mal apprêté.. 9
La Chapelle.
Cléopâtre............. 2
La Font (de).
Les Trois frères rivaux.. 5
La Fontaine.
Le Florentin........... 5
Le Grand (M. A.).
L'Aveugle clairvoyant... 6
La Famille extravagante. 3
La Foire Saint-Laurent.. 3
La Française Italienne.. 2
Le Galant coureur...... 2
La Nouveauté.......... 21

Le Grand (M. A.) (*Suite*).
L'Usurier gentilhomme.. 9
**Le Grand (M. A.)
et Fuzelier.**
Les Amazones modernes (1). 7
Le Sage.
Crispin rival de son maî-
tre................. 3
Marivaux.
L'Ile de la Raison....... 4
*La Seconde Surprise de
l'Amour*............. 1
Molière.
Amphitryon............ 3
L'Avare.............. 5
La Comtesse d'Escarba-
gnas................. 13
L'École des femmes.... 6
Les Femmes savantes... 8
Les Fourberies de Scapin. 5

Molière (*Suite*).
George Dandin......... 4
Le Malade imaginaire ... 4
Le Mariage forcé....... 2
Le Médecin malgré lui... 6
Le Misanthrope........ 1
M. de Pourceaugnac..... 2
Les Précieuses ridicules. 1
Sganarelle............. 10
Le Sicilien............. 2
Tartuffe............... 10
Montfleury.
Le Mari sans femme..... 2
Péchantré.
Géta.................. 1
Poisson (R.).
Le Baron de la Crasse... 5
Pradon.
Régulus............... 4

Racine.
Andromaque........... 5
Bajazet............... 6
Britannicus............ 2
Iphigénie.............. 6
Mithridate............. 4
Phèdre................ 8
Les Plaideurs........... 5
Regnard.
Attendez-moi sous l'orme. 8
Démocrite............. 6
Les Folies amoureuses.. 1
Le Joueur............. 9
Le Légataire universel.. 8
Les Ménechmes........ 9
La Sérénade........... 3
Scarron.
Don Japhet d'Arménie... 2
Voltaire.
OEdipe................ 6

1728

Allainval (d').
L'École des bourgeois.... 9
Aunillon.
Les Amants déguisés..... 6
Baron.
L'Andrienne........... 8
L'Homme à bonnes for-
tunes............... 7
Boissy.
Le Français à Londres. 2
Boursault.
Ésope à la Cour........ 3
Les Fables d'Ésope...... 4
Le Mercure galant...... 1
Brueys.
L'Avocat Patelin....... 10
Brueys et Palaprat.
Le Concert ridicule...... 5
Le Grondeur........... 6
Campistron.
Andronic.............. 1
Le Jaloux désabusé..... 5
Tiridate............... 1
Corneille (P.).
Le Cid................ 4
Héraclius.............. 3
Le Menteur............ 3
La Mort de Pompée..... 1
Polyeucte.............. 2
Corneille (T.).
Ariane................ 4

Corneille (T.) (*Suite*).
Le Comte d'Essex....... 3
Le Festin de Pierre..... 6
L'Inconnu............. 1
Dancourt.
Le Bon soldat......... 8
Colin-Maillard......... 7
L'Été des coquettes..... 1
La Fête de village...... 8
Le Galant jardinier..... 5
Le Mari retrouvé....... 5
Les Vacances.......... 1
Les Vendanges de Su-
resnes.............. 6
Destouches.
Le Philosophe marié.... 9
Du Fresny.
L'Esprit de contradiction. 6
Du Vaure.
Le Faux Savant........ 4
Genest.
Pénélope.............. 5
Hauteroche.
Le Cocher supposé...... 1
Le Deuil.............. 10
L'Esprit follet.......... 10
Le Souper mal apprêté.. 6
La Chazette.
Don Ramir et Zaïde..... 1
La Font (de).
Les Trois frères rivaux.. 4

La Fontaine.
Le Florentin........... 7
**La Fontaine
et Champmeslé.**
Je vous prends sans vert. 7
La Motte
Inès de Castro.......... 5
Le Grand (M. A.).
L'Aveugle clairvoyant... 7
La Foire Saint-Laurent.. 4
L'Usurier gentilhomme.. 11
Le Grand (M. A.) et Alain.
L'Épreuve réciproque... 2
Le Sage.
Crispin rival de son maitre 10
Longepierre.
Médée................ 11
Marivaux.
La Seconde Surprise de
l'Amour............. 15
Molière.
Amphitryon........... 3
L'Avare.............. 7
La Comtesse d'Escarba-
gnas............... 12
Le Dépit amoureux,..... 5
L'École des femmes..... 8
L'École des maris....... 4
L'Étourdi............. 2 ,

(1) A la cinquième représentation, le 6 novembre, cette pièce fut affichée sous le titre : *Le Triomphe des dames*.

Molière (*Suite*).
Les Femmes savantes... 4
George Dandin.......... 5
Le Malade imaginaire... 4
Le Médecin malgré lui.. 6
Le Misanthrope........ 1
M. de Pourceaugnac..... 5
Les Précieuses ridicules. 4
La Princesse d'Élide..... 10
Sganarelle............. 12
Le Sicilien............. 1
Tartuffe.............. 11
Piron.
L'*École des pères* 22

Poisson (Ph.).
Le *Procureur arbitre*.... 17
Pradon.
Régulus 5
Racine.
Andromaque........... 8
Athalie.............. 9
Bajazet.............. 4
Bérénice.............. 3
Britannicus........... 8
Iphigénie............. 6
Mithridate............. 5
Phèdre 4
Les Plaideurs........... 5

Regnard.
Attendez-moi sous l'orme 12
Démocrite............. 5
Les Folies amoureuses. 7
Le Joueur............. 6
Le Légataire universel... 7
Les Ménechmes......... 12
La Sérénade........... 11
Scarron.
Don Japhet d'Arménie... 2
Voltaire.
Hérode et Mariamne..... 4
OEdipe 2

1729

Baron.
L'Homme à bonnes for-
tunes............... 1
Boindin et La Motte.
Le Port de mer 5
Boissy.
L'*Impertinent malgré lui.* 5
Boursault.
Ésope à la Cour........ 3
Les Fables d'Ésope ... 2
Le Mercure galant..... 2
Brueys.
L'Avocat Patelin....... 7
L'Important de Cour.... 3
Brueys et Palaprat.
Le Concert ridicule 4
Campistron.
Andronic 6
Le Jaloux désabusé..... 3
Corneille (P.).
Le Cid............... 4
Cinna............... 3
Héraclius............ 3
Le Menteur........... 1
OEdipe.............. 5
Polyeucte............ 3
Rodogune............ 2
Corneille (T.).
Le Baron d'Albikrac..... 4
Le Comte d'Essex...... 2
Le Festin de Pierre 5
L'Inconnu 3
Crébillon.
Électre 4
Pyrrhus............. 10
Rhadamiste et Zénobie.. 4
Dancourt.
Le Bon soldat 8
Colin-Maillard.......... 6

Dancourt (*Suite*).
La Fête de village 3
Le Galant jardinier...... 14
Les Vacances.......... 6
Les Vendanges de Su-
resnes............. 6
Destouches.
Le Curieux impertinent . 1
Le Médisant 5
Le Philosophe marié 8
Les *Philosophes amou-
reux*................ 1
Du Fresny.
L'Esprit de contradic-
tion 3
Dumas d'Aigueberre.
L'*Avare amoureux*....... 2
Les *Trois spectacles*...... 20
Genest.
Pénélope............. 1
Hauteroche.
Le Cocher supposé..... 6
Crispin médecin........ 6
Le Deuil 12
L'Esprit follet.......... 1
La Font (de).
Les Trois frères rivaux.. 3
La Fontaine.
Le Florentin........... 6
La Fosse.
Manlius Capitolinus..... 3
La Grange-Chancel.
Ino et Mélicerte........ 5
Le Grand (M. A.).
L'Aveugle clairvoyant... 6
La Famille extravagante. 3
La Foire Saint-Laurent.. 9
L'Usurier gentilhomme.. 12

**Le Grand (M. A.)
et Alain.**
L'Épreuve réciproque.... 8
Le Sage.
Crispin rival de son
maître.............. 4
Longepierre.
Médée 1
Marivaux.
La Seconde Surprise de
l'Amour 3
Molière.
Amphitryon 5
Le Bourgeois gentil-
homme.............. 2
La Comtesse d'Escarba-
gnas................ 8
Le Dépit amoureux 2
L'École des femmes..... 8
L'École des maris...... 5
L'Étourdi.............. 1
Les Femmes savantes... 4
George Dandin......... 2
Le Malade imaginaire... 3
Le Mariage forcé....... 3
Le Médecin malgré lui .. 10
Le Misanthrope........ 8
M. de Pourceaugnac 2
Les Précieuses ridicules. 5
Sganarelle............. 6
Le Sicilien............. 2
Tartuffe 17
Montfleury.
La Femme juge et partie. 2
Piron.
L'École des pères....... 1
Poisson (R.).
Le Baron de la Crasse... 5

Poisson (Ph.).
La Boîte de Pandore..... 3

Quinault.
La Mère coquette 16

Racine.
Andromaque........... 3
Athalie 5
Bajazet 2
Bérénice.............. 3
Britannicus 6
Iphigénie 7

Racine (Suite).
Mithridate 1
Phèdre................ 8
Les Plaideurs.......... 6

Regnard.
Attendez-moi sous l'orme. 11
Démocrite 5
Les Folies amoureuses.. 7
Le Joueur 5
Le Légataire universel .. 9
Les Ménechmes........ 5

Regnard (Suite).
Le Retour imprévu...... 9
La Sérénade 3

Rotrou.
Venceslas.............. 4

Scarron.
Don Japhet d'Arménie... 1
Jodelet 8

Anonyme.
Les Réjouissances publiques 1

1730

Avisse.
Le Divorce............. 3

Baron.
La Coquette et la Fausse Prude 3

Boindin et La Motte.
Les Trois Gascons...... 4

Boissy.
Le Français à Londres.. 2

Boursault.
Ésope à la Cour........ 3
Les Fables d'Ésope..... 1
Le Mercure galant...... 1

Brueys.
L'Avocat Patelin....... 12

Brueys et Palaprat.
Le Concert ridicule..... 4
Le Muet............... 4

Campistron.
Le Jaloux désabusé..... 7

Corneille (P.).
Le Cid................. 4
Cinna................. 3
Horace 7
La Mort de Pompée..... 3
Polyeucte............. 2

Corneille (T.).
Ariane 3
Le Festin de Pierre...... 3

Crébillon.
Électre 4
Rhadamiste et Zénobie.. 2

Dancourt.
Le Bon soldat.......... 2
Le Chevalier à la mode.. 2
Colin-Maillard.......... 1
La Fête de village...... 2
Les Trois cousines...... 13
Les Vacances.......... 6

3ᵉ PARTIE.

Dancourt (Suite).
Les Vendanges de Suresnes............... 5

Destouches.
Le Curieux impertinent.. 5
Le Médisant........... 3
Le Philosophe marié.... 4
Le Triple mariage....... 2

Du Castre d'Auvigny.
La Tragédie en prose.... 11

Duché.
Absalon............... 12

Du Fresny.
Le Double veuvage...... 5
L'Esprit de contradiction 5

Dumas d'Aigueberre.
L'Avare amoureux...... 1
Le Prince de Noisy...... 7

Hauteroche.
Le Cocher supposé...... 6
Crispin médecin 14
Le Deuil 4
L'Esprit follet.......... 2

La Font (de).
Les Trois frères rivaux.. 12

La Fontaine.
Le Florentin............ 3

La Fontaine et Champmeslé.
La Coupe enchantée..... 13

La Grange-Chancel.
Ino et Mélicerte........ 5

La Tuillerie.
Crispin bel esprit....... 4

Le Grand (M. A.).
L'Aveugle clairvoyant... 3
La Foire Saint-Laurent.. 5
L'Usurier gentilhomme.. 6

Le Sage.
Crispin rival de son maitre............... 6
Turcaret.............. 15

Longepierre.
Médée................ 2

Molière.
Amphitryon 7
L'Avare 5
La Comtesse d'Escarbagnas.............. 2
Le Dépit amoureux..... 2
L'École des femmes..... 8
L'École des maris....... 5
L'Étourdi.............. 2
Les Femmes savantes... 1
Le Malade imaginaire ... 5
Le Médecin malgré lui... 19
M. de Pourceaugnac..... 4
Les Précieuses ridicules.. 3
Sganarelle............. 8
Tartuffe.............. 8

Montfleury.
L'École des jaloux...... 4
La Femme juge et partie. 2
La Fille Capitaine....... 11

Piron.
Callisthène............. 8

Poisson (R.).
Le Baron de la Crasse... 9

Quinault.
La Mère coquette....... 3

Racine.
Andromaque........... 11
Bajazet............... 6
Britannicus........... 2
Iphigénie............. 6
Mithridate............ 1
Phèdre 7
Les Plaideurs......... 12

4

Regnard.

Attendez-moi sous l'orme. 8
Démocrite.............. 9
Les Folies amoureuses.. 9
Le Joueur.............. 8
Le Légataire universel.. 4

Regnard (*Suite*).

Les Ménechmes......... 5
Le Retour imprévu...... 4
La Sérénade........... 9

Rousseau (J.-B.).

Le Flatteur............ 11

Scarron.

Don Japhet d'Arménie... 1
Jodelet................. 1

Voltaire.

Brutus................,....
OEdipe................ 2

1731

Allainval (d').

Le Mari curieux........ 14

Autreau.

Le Chevalier Bayard..... 6

Baron.

L'Homme à bonnes fortunes................ 1

Boindin et La Motte.

Le Port de mer......... 5

Boissy.

Le Français à Londres... 4

Boursault.

Ésope à la Cour,........ 1

Brueys.

L'Avocat Patelin........ 10

Brueys et Palaprat.

Le Muet............... 3

Campistron.

Andronic............... 4
Le Jaloux désabusé.... 4

Corneille (P.).

Le Cid................. 8
Horace................. 2
Polyeucte.............. 1

Corneille (T.).

Ariane................. 6
Le Comte d'Essex...... 9
Le Festin de Pierre..... 3

Corneille (T.) et Visé.

La Devineresse........ 7

Crébillon.

Rhadamiste et Zénobie.. 4

Dancourt.

Le Bon soldat......... 4
Le Chevalier à la mode.. 13
Les Eaux de Bourbon... 9
L'Été des coquettes..... 2
La Fête de village....... 2
Les Trois cousines. 6
Les Vacances.......... 4
Les Vendanges de Suresnes................ 6

Destouches.

Le Médisant........... 1
Le Philosophe marié.... 6

Duché.

Absalon............... 1

Du Fresny.

Le Double veuvage..... 6
L'Esprit de contradiction. 5
Le Faux Sincère........ 15
La Réconciliation normande............... 8

Hauteroche.

Le Cocher supposé...... 1
Crispin médecin....... 4
Le Deuil.............. 8
L'Esprit follet.......... 2

Jolly.

L'École des amants..... 16

La Font (de).

Les Trois frères rivaux.. 6

La Fontaine.

Le Florentin........... 6

La Fontaine et Champmeslé.

La Coupe enchantée..... 1

La Grange-Chancel.

Amasis................. 19
Érigone 6

La Motte.

L'Italie galante........ 19
Le Magnifique.......... 5
Romulus 4

La Tuillerie.

Crispin bel esprit........ 10

Le Grand (M. A.).

L'Aveugle clairvoyant.. 1
La Foire Saint-Laurent. 3
L'Usurier gentilhomme.. 7

Le Sage.

Crispin rival de son maître............... 4
Turcaret 4

Longepierre.

Médée................ 5

Marivaux.

La Réunion des amours.. 8

Molière.

L'Amour médecin....... 4
Amphitryon........... 9
L'Avare............... 3
La Comtesse d'Escarbagnas................. 10

Molière (*Suite*).

Le Dépit amoureux..... 2
L'École des femmes.... 6
Les Fâcheux........... 1
Le Malade imaginaire... 1
Le Mariage forcé........ 5
Le Médecin malgré lui.. 7
Le Misanthrope........ 5
M. de Pourceaugnac.... 4
Les Précieuses ridicules. 1
Sganarelle.............. 6
Tartuffe............... 8

Nadal.

Saül.................. 5

Palaprat.

Le Ballet extravagant... 8

Poisson (R.).

Le Baron de la Crasse... 7

Poisson (Ph.).

Alcibiade 13

Quinault.

Astrate, roi de Tyr...... 8

Racine.

Andromaque........... 4
Bajazet................ 3
Britannicus............ 6
Iphigénie.............. 5
Mithridate............. 5
Phèdre................ 8
Les Plaideurs.......... 8

Regnard.

Attendez-moi sous l'orme. 7
Démocrite............. 5
Le Distrait............. 14
Les Folies amoureuses. 7
Le Joueur............. 8
Le Légataire universel.. 4
Les Ménechmes........ 2
Le Retour imprévu..... 3
La Sérénade........... 11

Voltaire.

Brutus 7
OEdipe 1

Anonyme.

L'Effet de la prévention. 1

1732

Allainval (d').
Le Mari curieux........ 1

Baron.
L'Andrienne........... 4
L'Homme à bonnes fortunes................. 3

Boindin et La Motte.
Le Port de mer......... 3

Boursault.
Ésope à la Cour........ 9
Les Fables d'Ésope..... 3

Brueys.
L'Avocat Patelin........ 4
L'Important de Cour.... 3

Brueys et Palaprat.
Le Grondeur........... 14

Campistron.
Andronic.............. 4
Le Jaloux désabusé..... 1

Corneille (P.).
Le Cid................. 1
Horace................ 2
Polyeucte.............. 2

Corneille (T.).
Ariane................ 1
Le Comte d'Essex....... 5
Le Festin de Pierre..... 7

Dancourt.
Le Bon soldat......... 4
Le Chevalier à la mode.. 9
Colin-Maillard.......... 5
La Fête de village...... 1
La Parisienne.......... 12
Les Trois cousines 7
Les Vacances.......... 6
Les Vendanges de Suresnes.............. 3

Destouches.
Le Curieux impertinent. 8
Le Glorieux............ 30
Le Philosophe marié.... 6

Du Fresny.
L'Esprit de contradiction................. 7
La Réconciliation normande............... 2

Fuzelier.
Le Procès des sens...... 24

Gomez (Mme de).
Habis.................. 13

Hauteroche.
Crispin médecin........ 12
Le Deuil............... 5
L'Esprit follet......... 2

Jolly.
L'École des amants..... 2

La Font (de).
Les Trois frères rivaux.. 3

La Fontaine.
Le Florentin........... 8

La Fontaine et Champmeslé.
La Coupe enchantée..... 7

La Grange-Chancel.
Cassius et Victorinus, martyrs................. 9
Érigone 2

La Motte.
Le Magnifique......... 9
Romulus.............. 1

La Tuillerie.
Crispin bel esprit....... 4

Le Grand (M. A.).
L'Amour diable........ 13
L'Usurier gentilhomme.. 4

Le Mascrier.
Le Caprice et la Ressource (1)............. 5

Le Sage.
La Tontine 5

Marivaux.
La Réunion des amours. 1
Les Serments indiscrets... 9

Molière.
L'Amour médecin....... 1
Amphitryon 2
L'Avare 1
La Comtesse d'Escarbagnas 9
L'École des femmes..... 3
L'École des maris....... 4
Les Fâcheux........... 2
George Dandin......... 16

Molière (Suite).
Le Mariage forcé........ 2
Le Médecin malgré lui... 9
Le Misanthrope......... 3
M. de Pourceaugnac..... 7
Les Précieuses ridicules. 7
Sganarelle.............. 4
Tartuffe............... 2

Montfleury.
Le Comédien poète...... 13
La Fille Capitaine....... 6

Pellegrin.
La Fausse inconstance (2). 6

Poisson (R.).
Le Baron de la Crasse... 4

Pont-de-Vesle.
Le Complaisant........ 2

Quinault.
Agrippa, roi d'Albe...... 6
La Mère coquette....... 7

Racine.
Athalie................ 10
Bajazet................ 1
Britannicus............ 4
Iphigénie 4
Phèdre 2
Les Plaideurs.......... 10

Regnard.
Attendez-moi sous l'orme. 3
Démocrite 1
Le Distrait 3
Les Folies amoureuses.. 10
Le Joueur............. 5
Le Légataire universel.. 5
Les Ménechmes......... 2
Le Retour imprévu..... 16
La Sérénade........... 2

Rousseau. (J.-B.).
Le Flatteur............ 1

Scarron.
Jodelet 8

Voltaire.
Ériphile 12
Hérode et Mariamne.... 2
L'Indiscret............. 1
Zaïre.................. 26

(1) Prologue-composé pour la reprise des quatre derniers actes du *Comédien poète*, sous le titre de *La Sœur ridicule*.
(2) Même pièce que : *Le Père intéressé*.

1733

Baron.
L'Homme à bonnes for-
tunes............... 3

Boissy.
Le Badinage............ 6
Le Français à Londres.. 5

Boursault.
Ésope à la Cour........ 6
Les Fables d'Ésope...... 1
Le Mercure galant...... 7

Brueys.
L'Avocat Patelin........ 13

Brueys et Palaprat.
Le Concert ridicule...... 4
Le Grondeur............ 6

Campistron.
Andronic.............. 2
Le Jaloux désabusé..... 2
Tiridate.............. 3

Corneille (P.).
Le Cid................ 5
Cinna................. 4
Horace............... 5
Le Menteur........... 5
Polyeucte............. 3

Corneille (T.).
Le Comte d'Essex...... 4
Le Festin de Pierre...... 3

Crébillon.
Électre............... 5
Rhadamiste et Zénobie.. 4

Dancourt.
Le Bon soldat......... 6
Le Chevalier à la mode. 4
Colin-Maillard.......... 1
La Comédie des comé-
diens............. 5
L'Été des coquettes..... 3
La Fête de village....... 6
Le Galant jardinier..... 3
Le Retour des officiers... 5
La Trahison punie...... 8
Les Trois cousines...... 12
Le Tuteur............. 14
Les Vacances.......... 1
Les Vendanges de Su-
resnes............ 1

De Launay.
Le Paresseux.......... 4

Destouches.
Le Glorieux............ 3
Le Philosophe marié.... 1

Du Fresny.
La Coquette de village.. 8
Le Dédit.............. 6
Le Double veuvage..... 1
L'Esprit de contradiction. 8

Dumas d'Aigueberre.
L'Avare amoureux...... 2

Fagan.
Le Rendez-vous........ 11

Hauteroche.
Le Cocher supposé..... 4
Crispin médecin........ 5
Le Deuil.............. 2
L'Esprit follet.......... 3

La Chaussée.
La Fausse antipathie.... 4

La Font (de).
Les Trois frères rivaux.. 7

La Fontaine.
Le Florentin........... 6

**La Fontaine
et Champmeslé.**
La Coupe enchantée..... 5

La Grange-Chancel.
Cassius et Victorinus,
martyrs............. 2

La Motte.
Le Magnifique.......... 4

La Tuillerie.
Crispin bel esprit....... 4

Le Grand (M. A.).
L'Amour diable........ 4
L'Aveugle clairvoyant... 1
La Famille extravagante. 11
L'Usurier gentilhomme.. 8

Le Sage.
Crispin rival de son maître 5

Molière.
L'Amour médecin....... 1
Amphitryon........... 5
L'Avare.............. 9
La Comtesse d'Escarba-
gnas............. 4
L'École des femmes..... 2
L'École des maris....... 6
L'Étourdi............. 3

Molière (*Suite*).
Les Femmes savantes... 3
George Dandin......... 8
Le Malade imaginaire... 4
Le Mariage forcé....... 3
Le Médecin malgré lui.. 7
Le Misanthrope........ 4
Les Précieuses ridicules. 6
Sganarelle............. 2
Tartuffe.............. 7

Montfleury.
Don Pasquin d'Avalos... 2
La Femme juge et partie. 3
La Fille Capitaine....... 2

Pellegrin.
Pélopée.............. 16

Piron.
L'École des pères....... 2
Gustave Wasa.......... 24

Poisson (R.).
Le Baron de la Crasse... 3

Poisson (Ph.).
*L'Impromptu de cam-
pagne*............... 2

Pont-de-Vesle.
Le Complaisant........ 12

Quinault.
Agrippa, roi d'Albe...... 3

Racine.
Andromaque........... 3
Britannicus............ 3
Iphigénie............. 3
Mithridate............ 5
Phèdre............... 2
Les Plaideurs.......... 5

Regnard.
Démocrite............. 5
Le Distrait............ 9
Les Folies amoureuses.. 4
Le Joueur............. 9
Le Légataire universel.. 5
Les Ménechmes......... 2
La Sérénade........... 7

Scarron.
Don Japhet d'Arménie... 2
Jodelet............... 4

Voltaire.
ŒDipe................ 7
Zaïre................. 5

1734

Baron.

L'Andrienne............ 6

Boindin et La Motte.

Le Port de mer.......... 8

Boissy.

Le Badinage............ 1
Le Français à Londres.. 1

Boursault.

Ésope à la Cour........ 5
Le Mercure galant....... 5

Brueys.

L'Avocat Patelin....... 7

Brueys et Palaprat.

Le Grondeur............ 3

Campistron.

Andronic.............. 3
Le Jaloux désabusé..... 3

Corneille (P.).

Le Cid................ 2
Héraclius............. 5
Le Menteur............ 3
Polyeucte............. 5

Corneille (T.).

Le Comte d'Essex....... 2
Le Festin de Pierre.... 5

Crébillon.

Électre............... 4

Dancourt.

Le Bon soldat.......... 4
Les Bourgeoises à la mode 13
Le Chevalier à la mode.. 6
Colin-Maillard......... 2
La Fête de village...... 3
Le Galant jardinier..... 10
Le Mari retrouvé....... 3
La Parisienne.......... 8
Les Trois cousines..... 5
Le Tuteur............. 5
Les Vendanges de Su-
resnes............... 1

Destouches.

Le Curieux impertinent.. 7
Le Glorieux............ 8
L'Ingrat.............. 4
Le Philosophe marié.... 9

Du Fresny.

La Coquette de village.. 4
Le Dédit.............. 4
Le Double veuvage..... 2
L'Esprit de contradiction. 2

Du Fresny (Suite).

La Réconciliation nor-
mande.............. 2

Fagan.

La Grondeuse.......... 5
Lucas et Perrette....... 2
La Pupille............. 31

Gomez (Mme de).

Habis................ 4

Hauteroche.

Crispin médecin........ 5
Le Deuil.............. 6
L'Esprit follet.......... 1

Jolly.

L'École des amants..... 3

La Bruère.

Les Mécontents........ 8

La Chaussée.

La Critique de la Fausse
antipathie............ 9
La Fausse antipathie.... 17

La Font (de).

Les Trois frères rivaux.. 3

La Fontaine.

Le Florentin.......... 14

**La Fontaine
et Champmeslé.**

La Coupe enchantée..... 6

La Motte.

Le Magnifique......... 4

La Tuillerie.

Crispin bel esprit....... 3

Le Franc de Pompignan.

Didon................ 18

Le Grand (M. A.).

L'Amour diable........ 2
La Famille extravagante. 10
La Nouveauté......... 11
L'Usurier gentilhomme.. 1

**Le Grand (M. A.)
et Alain.**

L'Épreuve réciproque... 2

Le Sage.

Crispin rival de son maître 8

Longepierre.

Médée............... 3

Marivaux.

Le Petit-maître corrigé... 2

Molière.

Amphitryon............ 5
L'Avare............... 2
La Comtesse d'Escarba-
gnas................. 2
L'École des femmes..... 5
L'École des maris....... 3
L'Étourdi.............. 4
Les Femmes savantes... 1
George Dandin......... 7
Le Malade imaginaire... 4
Le Mariage forcé....... 1
Le Médecin malgré lui.. 5
Le Misanthrope........ 1
M. de Pourceaugnac..... 4
Les Précieuses ridicules. 2
Sganarelle............ 5
Tartuffe.............. 6

Montfleury.

La Femme juge et partie. 3
La Fille Capitaine...... 1
Le Mari sans femme..... 4

Piron.

L'Amant mystérieux..... 1
Les Courses de Tempé.... 10
Gustave Wasa.......... 3

Poisson (R.).

Le Baron de la Crasse... 3

Poisson (Ph.).

L'Impromptu de cam-
pagne............... 11

Pont-de-Vesle.

Le Complaisant........ 3

Quinault.

La Mère coquette........ 6

Racine.

Andromaque,.......... 2
Bajazet.............. 4
Britannicus........... 5
Iphigénie............. 6
Mithridate............ 2
Phèdre............... 2
Les Plaideurs......... 3

Regnard.

Attendez-moi sous l'orme. 2
Démocrite............ 5
Le Distrait........... 3
Les Folies amoureuses.. 10
Le Joueur............. 5
Le Légataire universel.. 4
Les Ménechmes........ 3
Le Retour imprévu...... 11

Regnard (*Suite*).
La Sérénade........... 4
Richer.
Sabinus et Éponine..... 1

Scarron.
Jodelet................ 3
Tronchin.
Marie Stuart.......... 7

Voltaire.
Adélaïde Du Guesclin.... 11
Hérode et Mariamne..... 1
Zaïre................. 4

1735

Autreau.
La Magie de l'Amour.... 15
Baron.
L'Homme à bonnes fortunes................ 3
Boursault.
Ésope à la Cour........ 6
Le Mercure galant..... 1
Brueys.
L'Avocat Patelin....... 9
Brueys et Palaprat.
Le Grondeur........... 6
Campistron.
Alcibiade.............. 7
Andronic.............. 4
Le Jaloux désabusé..... 1
Corneille (P.).
Le Cid................ 5
Héraclius............. 2
Le Menteur........... 3
Polyeucte............. 2
Corneille (T.).
Le Comte d'Essex...... 2
Le Festin de Pierre..... 3
Corneille (T.) et Visé.
La Devineresse........ 10
Crébillon.
Électre............... 2
Rhadamiste et Zénobie.. 7
Dancourt.
Le Bon soldat......... 5
Les Bourgeoises à la mode................ 4
La Fête de village...... 9
Le Galant jardinier..... 8
Le Mari retrouvé....... 19
Le Moulin de Javelle.... 10
La Parisienne......... 3
Les Trois cousines 7
Les Vendanges de Suresnes............... 9
Deschamps.
Artaxerce............. 1
Destouches.
Le Curieux impertinent.. 2
Le Glorieux........... 3
L'Obstacle imprévu..... 5
Le Philosophe marié.... 6

Du Fresny.
La Coquette de village.. 1
Le Dédit.............. 4
L'Esprit de contradiction................ 1
La Réconciliation normande.............. 4
Fagan.
L'Amitié rivale de l'Amour 10
La Pupille 19
Le Rendez-vous........ 5
Genest.
Pénélope.............. 3
Hauteroche.
Le Cocher supposé...... 2
Crispin médecin........ 7
Crispin musicien........ 7
Le Deuil.............. 1
La Bruère.
Les Mécontents........ 2
La Chaussée.
Le Préjugé à la mode.... 25
Laffichard.
La Rencontre imprévue... 1
Laffichard et Panard.
Les Acteurs déplacés..... 7
La Font (de).
Les Trois frères rivaux.. 3
La Fontaine.
Le Florentin........... 2
La Fontaine et Champmeslé.
La Coupe enchantée..... 5
La Motte.
Inès de Castro......... 11
Le Magnifique......... 5
Lavalette.
L'Amante en tutelle...... 5
Leblanc.
Aben-Saïd, empereur des Mogols.............. 13
Le Franc de Pompignan.
Didon................. 2
Le Grand (M. A.).
L'Aveugle clairvoyant... 2
La Famille extravagante. 4
La Nouveauté.......... 2

Le Grand (M. A.) (*Suite*).
Le Philanthrope........ 12
L'Usurier gentilhomme.. 7
Le Grand (M. A.) et Alain.
L'Épreuve réciproque... 3
Le Sage.
Crispin rival de son maître.................. 6
Longepierre.
Médée................ 2
Marivaux.
La Seconde Surprise de l'Amour.............. 9
Molière.
Amphitryon............ 3
L'Avare............... 7
La Comtesse d'Escarbagnas................ 4
L'École des femmes..... 7
L'École des maris....... 5
Les Femmes savantes... 5
George Dandin......... 7
Le Malade imaginaire... 4
Le Mariage forcé....... 4
Le Médecin malgré lui... 5
Le Misanthrope........ 1
M. de Pourceaugnac.... 4
Les Précieuses ridicules. 5
Sganarelle............. 5
Tartuffe.............. 8
Montfleury.
La Femme juge et partie.
Morand (de).
Téglis................. 11
Poisson (R.).
Le Baron de la Crasse... 6
Poisson (Ph.).
L'Impromptu de campagne................ 4
Le Mariage fait par lettre de change............ 12
Le Réveil d'Épiménide... 6
Quinault.
La Mère coquette....... 2
Racine.
Andromaque........... 1
Bajazet............... 2

Racine (*Suite*).

Britannicus	2
Iphigénie	3
Phèdre	2
Les Plaideurs	6

Regnard.

Attendez-moi sous l'orme	2
Démocrite	2
Le Distrait	1

Regnard (*Suite*).

Les Folies amoureuses	4
Le Joueur	10
Le Légataire universel	6
Les Ménechmes	2
Le Retour imprévu	4
La Sérénade	3

Richer.

Sabinus et Éponine	6

Scarron.

Don Japhet d'Arménie	4
Jodelet	4

Tronchin.

Marie Stuart	1

Voltaire.

Hérode et Mariamne	4
Œdipe	4
Zaïre	7

1736

Boindin et La Motte.

Le Port de mer	3

Boissy.

Le Français à Londres	5

Boursault.

Ésope à la Cour	6
Les Fables d'Ésope	4

Brueys.

L'Avocat Patelin	8
L'Important de Cour	5

Brueys et Palaprat.

Le Grondeur	4

Cahusac.

Pharamond	12

Campistron.

Alcibiade	7
Andronic	4
Le Jaloux désabusé	1

Corneille (P.).

Le Cid	6
Horace	2
Polyeucte	2

Corneille (T.).

Le Comte d'Essex	1
Le Festin de Pierre	1

Corneille (T.) et Visé.

La Devineresse	6

Crébillon.

Électre	4
Rhadamiste et Zénobie	2

Dancourt.

Le Bon soldat	1
Les Bourgeoises à la mode	2
Le Chevalier à la mode	1
Colin-Maillard	2
L'Été des coquettes	1
La Fête de village	6
La Foire de Besons	12
Le Galant jardinier	11
Le Mari retrouvé	5
La Parisienne	3
Les Trois cousines	10

Dancourt (*Suite*).

Les Vendanges de Suresnes	6

Destouches.

Le Curieux impertinent	1
Le Glorieux	3
L'Obstacle imprévu	4
Le Philosophe marié	7

Du Fresny.

Le Dédit	3
Le Double veuvage	8
L'Esprit de contradiction	2
Le Mariage fait et rompu	12
La Réconciliation normande	4

Fagan.

La Pupille	7

Hauteroche.

Le Cocher supposé	6
Crispin médecin	4
Crispin musicien	4
Le Deuil	1
L'Esprit follet	4

Jolly.

L'École des amants	1

La Font (de).

Les Trois frères rivaux	6

La Fontaine.

Le Florentin	8

La Grange-Chancel.

Amasis	8
Athénaïs	8

La Motte.

Inès de Castro	7
Le Magnifique	4

Leblanc.

Aben-Saïd, empereur des Mogols	4

Le Grand (M. A.).

La Famille extravagante	4
La Foire Saint-Laurent	8
La Métamorphose amoureuse	13
Le Philanthrope	1

Le Grand (M. A.) (*Suite*).

L'Usurier gentilhomme	5

Le Grand (M. A.) et Alain.

L'Épreuve réciproque	3

Le Sage.

Crispin rival de son maître	4

Marivaux.

Le Legs	9
La Seconde Surprise de l'Amour	4

Molière.

Amphitryon	8
L'Avare	7
Le Bourgeois gentilhomme	12
La Comtesse d'Escarbagnas	3
L'École des femmes	7
L'École des maris	4
L'Étourdi	3
Les Femmes savantes	4
Les Fourberies de Scapin	16
George Dandin	14
Le Malade imaginaire	5
Le Mariage forcé	3
Le Médecin malgré lui	9
Le Misanthrope	7
M. de Pourceaugnac	3
Les Précieuses ridicules	1
Sganarelle	2
Tartuffe	11

Morand (de).

Childéric	4

Poisson (R.).

Le Baron de la Crasse	2

Poisson (Ph.).

L'Impromptu de campagne	3
Le Procureur arbitre	4
Les Ruses d'Amour	10

Quinault.

La Mère coquette	9

Racine.

Bajazet	5
Britannicus	2
Iphigénie	5
Mithridate	2
Phèdre	7
Les Plaideurs	6

Regnard.

Attendez-moi sous l'orme	4

Regnard (*Suite*).

Démocrite	2
Le Distrait	6
Les Folies amoureuses	11
Le Joueur	7
Le Légataire universel	4
Les Ménechmes	2
Le Retour imprévu	2
La Sérénade	3

Scarron.

Don Japhet d'Arménie	
Jodelet	2

Voltaire.

Alzire	20
L'Enfant prodigue	21
Hérode et Mariamne	3
OEdipe	2
Zaïre	

1737

Autreau.

La Magie de l'Amour	12

Baron.

La Coquette et la Fausse Prude	3

Boissy.

Les Deux nièces	10
Le Français à Londres	6

Boizard de Ponteau.

L'Heure du berger	7

Boursault.

Ésope à la Cour	4
Le Mercure galant	1

Brueys.

L'Avocat Patelin	8

Brueys et Palaprat.

Le Grondeur	1

Campistron.

Alcibiade	1
Andronic	2
Le Jaloux désabusé	1

Caux de Montlebert (G. de) et son fils.

Lysimachus	4

Corneille (P.).

Le Cid	5
Cinna	1
Héraclius	3
La Mort de Pompée	4
Polyeucte	1

Corneille (T.).

Ariane	7
Le Comte d'Essex	7
Le Festin de Pierre	2

Corneille (T.) et Visé.

La Devineresse	2

Crébillon.

Rhadamiste et Zénobie	4

Dancourt.

Le Bon soldat	1
Les Bourgeoises à la mode	9
Le Chevalier à la mode	1
L'Été des coquettes	4

Dancourt (*Suite*).

La Fête de village	2
Le Galant jardinier	4
Le Mari retrouvé	5
La Parisienne	1
Les Trois cousines	5
Les Vendanges de Suresnes	5

Desforges.

Le Rival secrétaire	6

Destouches.

L'Ambitieux et l'Indiscrète	13
Le Curieux impertinent	1
Le Glorieux	2
Le Philosophe marié	5
Le Triple mariage	7

Du Fresny.

Le Dédit	2
Le Double veuvage	2
L'Esprit de contradiction	13
Le Mariage fait et rompu	3
La Réconciliation normande	1

Dumas d'Aigueberre.

L'Avare amoureux	3

Fagan.

Les Caractères de Thalie	18
La Pupille	6

Guyot de Merville.

Achille à Scyros	9

Hauteroche.

Le Cocher supposé	4
Crispin médecin	9
Le Deuil	5
L'Esprit follet	3

La Chaussée.

L'École des amis	15
Le Préjugé à la mode	3

La Font (de).

Les Trois frères rivaux	2

La Fontaine.

Le Florentin	6

La Fontaine et Champmeslé.

La Coupe enchantée	9

Lagrange (N.).

L'Accommodement imprévu	2

La Motte.

nès de Castro	4
Le Magnifique	4

Le Grand (M. A.).

L'Aveugle clairvoyant	2
La Famille extravagante	5
La Foire Saint-Laurent	4
La Métamorphose amoureuse	5
L'Usurier gentilhomme	6

Le Grand (M. A.) et Alain.

L'Épreuve réciproque	2

Le Sage.

Crispin rival de son maître	7

Longepierre.

Médée	2

Marivaux.

Le Legs	1
La Seconde Surprise de l'Amour	4

Molière.

Amphitryon	4
L'Avare	5
Le Bourgeois gentilhomme	5
La Comtesse d'Escarbagnas	2
L'École des femmes	9
L'École des maris	8
Les Femmes savantes	3
Les Fourberies de Scapin	1
George Dandin	9
Le Malade imaginaire	2
Le Mariage forcé	6
Le Médecin malgré lui	9

Molière (*Suite*).
Le Misanthrope......... 3
M. de Pourceaugnac..... 4
Les Précieuses ridicules. 1
Sganarelle.............. 4
Tartuffe 10
Montfleury.
La Femme juge et partie 7
Morand (de).
Childéric............... 3
Pellegrin.
L'École de l'hymen....... 4
Poisson (R.).
Le Baron de la Crasse... 5

Poisson (Ph.).
L'Impromptu de cam-
pagne.................. 3
Quinault.
La Mère coquette....... 3
Racine.
Andromaque........... 4
Bajazet................ 4
Iphigénie.............. 4
Mithridate............. 4
Phèdre................ 7
Les Plaideurs.......... 5
Regnard.
Attendez-moi sous l'orme. 5
Démocrite 5

Regnard (*Suite*).
Le Distrait............. 5
Les Folies amoureuses.. 9
Le Joueur............. 10
Le Légataire........... 4
Les Ménechmes........ 6
Le Retour imprévu...... 7
La Sérénade........... 4
Scarron.
Don Japhet d'Arménie... 6
Jodelet................ 3
Voltaire.
Alzire.................
L'Enfant prodigue....... 6
Zaïre.................. 1

1738

Aunillon.
Les Amants déguisés.... 7
Autreau.
La Magie de l'Amour.... 4
Baron.
La Coquette et la Fausse
Prude 3
Boissy.
Le Babillard........... 2
Le Pouvoir de la sympathie 4
Boursault.
Ésope à la Cour........ 3
Brueys.
L'Avocat Patelin........ 14
Brueys et Palaprat.
Le Grondeur........... 4
Campistron.
Alcibiade.............. 4
Andronic.............. 2
Le Jaloux désabusé..... 2
Corneille (P.).
Le Cid................. 3
Cinna 1
Héraclius.............. 6
Le Menteur............ 5
Rodogune............. 10
Corneille (T.).
Le Comte d'Essex...... 5
Le Festin de Pierre...... 4
Crébillon.
Pyrrhus............... 4
Rhadamiste et Zénobie.. 4
Dancourt.
Le Bon soldat.......... 2
Les Bourgeoises à la
mode................ 7
Le Chevalier à la mode.. 1
L'Été des coquettes..... 7
La Fête de village 1

Dancourt (*Suite*).
Le Galant jardinier...... 4
Le Mari retrouvé....... 4
La Parisienne.......... 1
Les Trois cousines..... 7
Les Vendanges de Su-
resnes.............. 5
Destouches.
Le Glorieux........... 6
Le Philosophe marié.... 5
Du Fresny.
Le Dédit.............. 2
Le Double veuvage..... 4
L'Esprit de contradiction. 12
La Réconciliation nor-
mande.............. 5
Fagan.
Les Caractères de Thalie. 1
L'Étourderie........... 2
L'Inquiet.............. 1
Les Originaux.......... 2
La Pupille............. 3
Le Rendez-vous........ 6
Guyot de Merville.
Le Consentement forcé... 15
Les Époux réunis........ 9
Hauteroche.
Le Cocher supposé...... 4
Crispin médecin........ 6
Crispin musicien....... 2
Le Deuil.............. 3
L'Esprit follet.......... 1
Jolly.
L'École des amants..... 1
La Chaussée.
La Fausse antipathie.... 1
Maximien............. 20
La Font (de).
Les Trois frères rivaux.. 1

La Fontaine.
Le Florentin........... 6
**La Fontaine
et Champmeslé.**
La Coupe enchantée..... 4
Lagrange (N.).
Le Rajeunissement inutile. 7
La Grange-Chancel.
Amasis................ 4
Oreste et Pylade........ 6
La Motte.
Le Magnifique.......... 2
Le Grand (M. A.).
La Famille extravagante. 5
La Foire Saint-Laurent.. 1
La Métamorphose amou-
reuse............... 4
L'Usurier gentilhomme.. 3
**Le Grand (M. A.)
et Alain.**
L'Épreuve réciproque... 1
Le Sage.
Crispin rival de son
maître............... 9
Turcaret.............. 10
Marivaux.
La Seconde Surprise de
l'Amour............. 1
Les Serments indiscrets. 6
Molière.
Amphitryon 2
L'Avare............... 3
Le Bourgeois gentil-
homme.............. 2
L'École des femmes.... 13
L'École des maris....... 7
Les Femmes savantes... 3
George Dandin......... 13

Molière (*Suite*).

Le Malade imaginaire...	2
Le Mariage forcé........	3
Le Médecin malgré lui...	6
Le Misanthrope........	1
M. de Pourceaugnac.....	4
Les Précieuses ridicules.	4
Sganarelle.............	3
Le Sicilien.............	2
Tartuffe...............	8

Montfleury.

Don Pasquin d'Avalos...	1
La Femme juge et partie.	5
La Fille Capitaine......	1

Piron.

La Métromanie.........	23

Poisson (R.).

Le Baron de la Crasse...	4

Poisson (Ph.).

L'Impromptu de campagne..............	2

Pont-de-Vesle.

Le Fat puni.............	19

Quinault.

La Mère coquette.......	4

Racine.

Bajazet................	5
Britannicus............	3
Iphigénie..............	5
Mithridate............	4
Phèdre................	7
Les Plaideurs..........	8

Régnard.

Attendez-moi sous l'orme.	5
Démocrite.............	7
Le Distrait.............	4
Les Folies amoureuses..	6
Le Joueur.............	9
Le Légataire universel..	5
Les Ménechmes.........	4
Le Retour imprévu......	11
La Sérénade...........	4

Scarron.

Don Japhet d'Arménie...	2
Jodelet...............	1

Voltaire.

L'Enfant prodigue.......	4

1739 (¹)

Audierne.

Le Mari égaré (2).......	1
La Méprise (3).........	1
La Suivante désintéressée (4)..............	1

Baron.

L'Andrienne............	3

Boursault.

Ésope à la Cour.......	1

Brueys.

L'Avocat Patelin........	5

Brueys et Palaprat.

Le Grondeur...........	3

Campistron.

Andronic.............	1

Corneille (P.).

Le Cid................	3
Le Menteur............	1
Rodogune.............	2

Corneille (T.).

Le Comte d'Essex......	1
Le Festin de Pierre.....	1

Corneille (T.) et Visé.

La Devineresse........	2

Dancourt.

Le Bon soldat.........	2
Les Bourgeoises à la mode................	1

Dancourt (*Suite*).

L'Été des coquettes.....	1
Le Galant jardinier.....	1
Le Mari retrouvé.......	1
Les Trois cousines.....	1
Les Vendanges de Suresnes................	2

Deschamps.

Médus................	8

Destouches.

Le Glorieux...........	1
Le Philosophe marié....	1

Du Fresny.

L'Esprit de contradiction.	2

Guyot de Merville.

Le Médecin de l'esprit (5).	1

Hauteroche.

Le Cocher supposé.....	2
Le Deuil..............	2

La Chaussée.

Maximien..............	1

La Fontaine.

Le Florentin...........	2

La Fontaine et Champmeslé.

La Coupe enchantée....	1

La Noüe.

Mahomet second (6)......	16

Lebrun (Mlle).

Thélamire (7).........	4

Le Grand (M. A.)

La Famille extravagante.	1
La Foire Saint-Laurent..	3
L'Usurier gentilhomme..	1

Le Sage.

Turcaret..............	2

Molière.

L'Avare...............	2
Le Bourgeois gentilhomme.............	3
La Comtesse d'Escarbagnas................	1
L'École des femmes.....	3
George Dandin.........	3
Le Malade imaginaire...	2
Le Mariage forcé........	1
Le Médecin malgré lui..	1
M. de Pourceaugnac....	1
Sganarelle.............	1
Tartuffe...............	2

Montfleury.

La Femme juge et partie.	1

Pacaroni.

Bajazet Ier (8)..........	5

---

(1) Cette table ne comprend que les représentations données du 1er janvier au 14 mars 1739, plus celles de neuf pièces nouvelles, postérieures à cette dernière date, et signalées par le chevalier de Mouhy. Le registre allant du mois d'avril 1739 au mois de mars 1740 manque, en effet, à la collection de la Comédie-Française. (*Voy. Appendice A.*)

(2, 3, 4, 5, 8) Indications empruntées à l'*Abrégé de l'Histoire du Théâtre-Français*, par le chevalier de Mouhy. (Voir la note ci-dessus.)

(6) Neuf représentations avant Pâques, d'après le registre de la Comédie-Française et les *Tablettes dramatiques* du chevalier de Mouhy (et non seize comme le porte son *Abrégé de l'Histoire du Théâtre-Français*). Suivant cet auteur, la pièce aurait eu sept représentations après Pâques.

(7) Indication empruntée aux *Tablettes dramatiques* du chevalier de Mouhy.

Pesselier.

Ésope au Parnasse (1)... 12

Poisson (R.).

Le Baron de la Crasse... 1

Poisson (Ph.).

L'Impromptu de campagne............... 1

Pont-de-Vesle.

Le Somnambule........ 9

Racine.

Phèdre.............. 1

Les Plaideurs.......... 2

Regnard.

Attendez-moi sous l'orme. 1

Démocrite............. 1

Le Distrait............ 1

Les Folies amoureuses.. 3

Le Joueur............. 4

Le Légataire universel... 1

Regnard (*Suite*).

Le Retour imprévu...... 1

Rotrou.

Venceslas............. 4

Voisenon.

L'École du monde (2).... 1

L'Ombre de Molière (3)... 1

Le Retour de l'Ombre de Molière (4)........... 6

1740 (5)

Baron.

L'Homme à bonnes fortunes............... 7

Boissy.

Le Babillard........... 2

Les Dehors trompeurs (6). 23

Brueys.

L'Avocat Patelin....... 9

Brueys et Palaprat.

Le Grondeur........... 3

Campistron.

Andronic............. 2

Le Jaloux désabusé..... 4

Corneille (P.).

Le Cid............... 3

Cinna................ 2

Héraclius............. 1

Le Menteur........... 11

Rodogune............ 1

Corneille (T.).

Ariane............... 2

Le Comte d'Essex...... 5

Le Festin de Pierre..... 2

Crébillon.

Électre............... 4

Rhadamiste et Zénobie.. 1

Dancourt.

Le Bon soldat......... 1

Les Bourgeoises à la mode................ 5

Le Chevalier à la mode. 2

Les Enfants de Paris.... 4

La Fête de village...... 5

Le Galant jardinier..... 4

Le Mari retrouvé...... 3

La Parisienne.......... 1

Les Trois cousines..... 3

Dancourt (*Suite*).

Les Vendanges de Suresnes.............. 6

Destouches.

Le Glorieux........... 4

Le Philosophe marié.... 7

Du Fresny.

Le Dédit............. 1

Le Double veuvage..... 1

L'Esprit de contradiction 10

Le Mariage fait et rompu. 7

La Réconciliation normande............... 2

Fagan.

L'Étourderie.......... 3

Joconde.............. 14

Le Marié sans le savoir(7). 6

La Pupille............ 4

Le Rendez-vous........ 3

Gresset.

Édouard III (8)........ 9

Hauteroche.

Crispin médecin....... 1

Le Deuil............. 2

La Chaussée.

Le Préjugé à la mode... 3

La Fontaine.

Le Florentin........... 9

La Grange-Chancel.

Amasis............... 3

La Motte.

Inès de Castro......... 2

Le Grand (M. A.).

La Famille extravagante. 10

La Foire Saint-Laurent. 3

La Métamorphose amoureuse............... 1

Le Grand (M. A.) (*Suite*).

Le Triomphe du Temps. 2

L'Usurier gentilhomme.. 2

Le Sage.

Crispin rival de son maître.............. 5

Turcaret.............. 4

Longepierre.

Médée............... 4

Marivaux.

La Seconde Surprise de l'Amour.............. 4

Molière.

Amphitryon........... 8

L'Avare.............. 6

La Comtesse d'Escarbagnas............... 5

L'École des femmes..... 7

L'École des maris....... 7

George Dandin........ 11

Le Malade imaginaire... 1

Le Mariage forcé....... 4

Le Médecin malgré lui.. 7

Le Misanthrope........ 3

Sganarelle............ 2

Tartuffe.............. 8

Montfleury.

La Femme juge et partie. 8

Poisson (R.).

Le Baron de la Crasse.. 2

Poisson (Ph.).

L'Amour secret......... 7

Quinault.

La Mère coquette....... 2

Racine.

Athalie............... 3

(1, 2, 3, 4, 7, 8) Indications empruntées à l'*Abrégé de l'Histoire du Théâtre-Français*, par le chevalier de Mouhy (Voir la première note de la page précédente.)

(5) Cette table ne comprend que les représentations données du 1er avril au 31 décembre 1740, plus celles de deux pièces nouvelles, antérieures au 1er avril, signalées par le chevalier de Mouhy. Le registre allant du mois d'avril 1739 au mois de mars 1740 manque, en effet, à la collection de la Comédie-Française. (*Voy. Appendice A.*)

(6) Le chevalier de Mouhy donne dix-neuf représentations avant Pâques. Le registre en indique une avant Pâques et quatre après.

Racine (Suite).		Regnard (Suite).		Saint-Foix.	
Britannicus............	3	Démocrite............	6	L'Oracle (1)..............	30
Iphigénie..............	1	Le Distrait............	5	**Voltaire.**	
Mithridate.............	3	Les Folies amoureuses..	7	Zaïre...................	
Phèdre................	3	Le Joueur.............	9	Zulime.................	
Les Plaideurs..........	4	Le Légataire universel..	8	**Anonyme.**	
Regnard.		Les Ménechmes........	3		
Attendez-moi sous l'orme.	3	Le Retour imprévu.....	5	L'Heureux échange......	2

1741

Baron.		Destouches.		Le Grand (M. A.) (Suite).	
L'Homme à bonnes for-		L'Amour usé...........	1	L'Usurier gentilhomme..	7
tunes................	7	La Belle Orgueilleuse....	6	**Le Sage.**	
Boissy.		Le Curieux impertinent..	10	Crispin rival de son	
Le Babillard...........	3	Le Glorieux............	3	maître.......,.......	10
L'Embarras du choix....	5	Le Philosophe marié....	3	Turcaret..............	3
Le Français à Londres..	3	**Duché.**		**Longepierre.**	
L'Homme indépendant...	1	Absalon	3	Médée	1
Boistel d'Welles.		**Du Fresny.**		**Molière.**	
Antoine et Cléopâtre.....	6	Le Dédit..............	5	Amphitryon............	10
Brueys.		Le Double veuvage	1	L'Avare...............	10
L'Avocat Patelin........	3	L'Esprit de contradiction.	7	Le Bourgeois gentil-	
Brueys et Palaprat.		Le Mariage fait et rompu.	11	homme	4
Le Grondeur	5	La Réconciliation nor-		L'École des femmes.....	8
Le Muet	3	mande	2	L'École des maris.......	6
Campistron.		**Fagan.**		Les Femmes savantes...	5
Le Jaloux désabusé.....	3	L'Étourderie...........	2	George Dandin	8
Corneille (P.).		La Pupille	10	Le Malade imaginaire...	3
Le Cid................	5	Le Rendez-vous	3	Le Mariage forcé.......	5
Héraclius	5	**Hauteroche.**		Le Médecin malgré lui...	8
Le Menteur	6	Crispin médecin	3	Le Misanthrope.........	1
Rodogune.............	3	Le Deuil	6	M. de Pourceaugnac.....	1
Corneille (T.).		**La Chaussée.**		Les Précieuses ridicules.	6
Ariane................	6	Mélanide	22	Sganarelle	3
Le Comte d'Essex.......	6	Le Préjugé à la mode....	1	Tartuffe	10
Le Festin de Pierre.....	3	**La Font (de).**		**Montfleury.**	
Crébillon.		Les Trois frères rivaux..	3	La Femme juge et partie.	1
Électre...............	2	**La Fontaine.**		**Parmentier.**	
Rhadamiste et Zénobie..	6	Le Florentin	8	Le Bal de Passy........	1
Dancourt.		**La Fontaine**		**Piron.**	
Le Bon soldat..........	2	**et Champmeslé.**		Gustave Wasa.........	3
Les Bourgeoises à la		La Coupe enchantée.....	7	**Poisson (R.).**	
mode................	1	**La Motte.**		Le Baron de la Crasse...	1
Le Chevalier à la mode..	1	Inès de Castro.........	7	**Pont-de-Vesle.**	
L'Été des coquettes.....	3	**Landois.**		Le Fat puni............	5
Le Galant jardinier.....	6	Silvie.................	2	**Quinault.**	
Le Mari retrouvé.......	9	**Le Grand (M. A.).**		La Mère coquette.......	5
La Parisienne	4	La Famille extravagante.	2	**Racine.**	
Les Trois cousines......	14	Le Temps passé........	2	Andromaque	2
Les Vacances	19	Le Temps présent......	1	Bajazet...............	4
Les Vendanges de Su-		Le Triomphe du Temps.	5	Britannicus	1
resnes	11			Iphigénie	8
				Mithridate	2

(1) Le chevalier de Mouhy donne sept représentations avant Pâques. Le registre en indique une avant Pâques et vingt-trois après.

Racine (*Suite*).

Phèdre 9
Les Plaideurs 6

Regnard.

Démocrite 8
Les Folies amoureuses .. 17
Le Joueur 6

Regnard (*Suite*).

Le Légataire universel .. 5
Les Ménechmes 4
La Sérénade........... 10

Saint-Foix.

Deucalion et Pyrrha 3
L'Oracle 15

Scarron.

Don Japhet d'Arménie... 2

Voltaire.

Alzire 6
L'Enfant prodige 14
OEdipe.............. 6
Zaïre................ 8

1742

Baron.

L'Homme à bonnes for-
tunes............... 5

Boissy.

L'Embarras du choix... 2
La Fête d'Auteuil....... 12
Le Français à Londres.. 5

Boursault.

Ésope à la Cour........ 4
Les Fables d'Ésope...... 1

Brueys.

L'Avocat Patelin....... 22

Brueys et Palaprat.

Le Grondeur........... 2
Le Muet............. 3

Cahusac.

Le Comte de Warwick... 1

Campistron.

Andronic 2
Le Jaloux désabusé..... 3

Corneille (P.).

Le Cid............... 5
Cinna 5
Le Menteur........... 5
Polyeucte............. 9
Rodogune............ 5

Corneille (T.).

Le Comte d'Essex....... 6
Le Festin de Pierre..... 6
Le Geôlier de soi-même.. 7

Crébillon.

Rhadamiste et Zénobie... 5

Dancourt.

Les Bourgeoises à la
mode.............. 1
Colin-Maillard......... 7
L'Été des coquettes 6
La Fête de village 3
Le Galant jardinier...... 5
Le Mari retrouvé....... 6
La Parisienne.......... 3
Les Trois cousines 5
Les Vacances.......... 11
Les Vendanges de Su-
resnes.............. 10

Destouches.

Le Médisant 4
Le Philosophe marié.... 9

Du Fresny.

Le Dédit.............. 11
Le Double veuvage...... 3
L'Esprit de contradic-
tion................ 10
Le Mariage fait et rompu. 6
La Réconciliation nor-
mande............. 1

Dumas d'Aigueberre.

L'Avare amoureux...... 1

Fagan.

La Pupille............ 3

Hauteroche.

Crispin médecin........ 2
Le Deuil............. 7

La Chaussée.

Amour pour amour...... 13
Mélanide............. 5
Le Préjugé à la mode.... 9

La Font (de).

Les Trois frères rivaux.. 12

La Fontaine.

Le Florentin........... 6

**La Fontaine
et Champmeslé.**

La Coupe enchantée..... 1

La Grange-Chancel.

Ino et Mélicerte........ 8

La Motte.

Inès de Castro 5

La Tuillerie.

Crispin bel esprit....... 2

Le Grand (M. A.).

L'Aveugle clairvoyant... 2
La Famille extravagante. 3
La Foire Saint-Laurent.. 5
L'Usurier gentilhomme.. 2

**Le Grand (M. A.)
et Alain.**

L'Épreuve réciproque... 3

Le Sage.

Crispin rival de son
maitre.............. 2
Turcaret.............. 2

Marivaux.

La Seconde Surprise de
l'Amour 5

Molière.

Amphitryon........... 2
L'Avare.............. 2
La Comtesse d'Escar-
bagnas.............. 2
L'École des femmes..... 10
L'École des maris....... 5
L'Étourdi............. 10
Les Femmes savantes... 5
Les Fourberies de Sca-
pin................. 4
George Dandin......... 11
Le Malade imaginaire ... 5
Le Mariage forcé....... 7
Le Médecin malgré lui.. 6
Le Misanthrope........ 10
M. de Pourceaugnac..... 1
Les Précieuses ridicules. 8
Le Sicilien............ 2
Tartuffe.............. 12

Montfleury.

La Femme juge et partie. 1

Piron.

Gustave Wasa......... 3

Poisson (Ph.).

L'Impromptu de cam-
pagne.............. 1

Pont-de-Vesle.

Le Fat puni............ 3

Quinault.

La Mère coquette 3

Racine.

Athalie 7
Bajazet.............. 2
Britannicus........... 2
Iphigénie............. 3
Mithridate............ 4
Phèdre............... 3
Les Plaideurs.......... 6

Regnard.
Attendez-moi sous l'orme. 10
Démocrite. 11
Le Distrait 6
Les Folies amoureuses.. 9
Le Joueur 9
Le Légataire universel.. 1
Les Ménechmes 5

Regnard (*Suite*).
Le Retour imprévu.... 4
La Sérénade 4
Saint-Foix.
L'Oracle 9
Scarron.
Don Japhet d'Arménie... 7

Scarron (*Suite*).
Jodelet 1
Voltaire.
Brutus 7
L'Enfant prodigue 5
Mahomet 3
Œdipe 2
Zaïre 2

1743

Baron.
L'homme à bonnes fortunes 5
Boissy.
Le Babillard 1
Le Français à Londres.. 3
Boursault.
Ésope à la Cour 1
Brueys.
L'Avocat Patelin 14
Brueys et Palaprat.
Le Grondeur 3
Le Muet 3
Cahusac.
Zénéide 14
Corneille (P.).
Le Cid 2
Cinna 3
Don Sanche d'Aragon... 3
Horace 2
Rodogune 3
Corneille (T.).
Ariane 10
Le Comte d'Essex 1
Le Festin de Pierre 6
Crébillon.
Électre 8
Pyrrhus 6
Rhadamiste et Zénobie... 4
Dancourt.
Colin-Maillard 2
L'Été des coquettes 4
Le Galant jardinier 5
Le Mari retrouvé 4
La Parisienne 2
Les Trois cousines 4
Les Vacances 7
Les Vendanges de Suresnes 10
Destouches.
Le Philosophe marié 12
Le Triple mariage 7
Du Fresny.
Le Dédit 4

Du Fresny (*Suite*).
L'Esprit de contradiction 7
Le Mariage fait et rompu. 5
Fagan.
La Pupille, 2
Hauteroche.
Le Deuil 9
La Chaussée.
Mélanide 2
Paméla 1
Le Préjugé à la mode 1
La Font (de).
Les Trois frères rivaux.. 5
La Fontaine.
Le Florentin 5
La Grange-Chancel.
Ino et Mélicerte 3
La Motte.
Inès de Castro 1
Le Magnifique 7
Le Grand (M. A.).
La Foire Saint-Laurent.. 1
La Nouveauté 14
L'Usurier gentilhomme.. 1
Marivaux.
La Seconde Surprise de l'Amour 4
Molière.
Amphitryon 3
L'Avare 7
Le Bourgeois gentilhomme 5
L'École des femmes 11
L'École des maris 3
L'Étourdi 1
Les Femmes savantes 1
Les Fourberies de Scapin 3
George Dandin 6
Le Malade imaginaire 2
Le Mariage forcé 17
Le Médecin malgré lui 13
Le Misanthrope 5
M. de Pourceaugnac 6
Les Précieuses ridicules. 9

Molière (*Suite*).
Tartuffe 15
Montfleury.
La Fille Capitaine 6
Morandet.
Le Quiproquo 1
Pont-de-Vesle.
Le Fat puni 2
Quinault.
La Mère coquette 1
Racine.
Andromaque 7
Athalie 3
Bajazet 3
Britannicus 1
Iphigénie 3
Mithridate 6
Phèdre 2
Les Plaideurs 11
Regnard.
Attendez-moi sous l'orme. 5
Démocrite 6
Le Distrait 4
Les Folies amoureuses.. 8
Le Joueur 5
Les Ménechmes 2
Le Retour imprévu 3
La Sérénade 10
Saint-Foix.
L'Ile sauvage 3
L'Oracle 3
Saurin.
Les Trois rivaux 6
Scarron.
Don Japhet d'Arménie... 4
Voltaire.
Alzire 7
Brutus 6
L'Enfant prodigue 8
Mérope 15
La Mort de César 8
Œdipe 4
Zaïre 1
Anonyme.
Les Vieillards rajeunis... 1

1744

Baron.
L'Andrienne........... 11
L'Homme à bonnes for-
tunes.............. 8
Boindin et La Motte.
Le Port de'mer........ 3
Boissy.
Le Babillard.......... 1
L'Époux par supercherie. 6
Le Français à Londres .. 5
Boursault.
Ésope à la Cour........ 4
Le Mercure galant...... 7
**Bret, Godart d'Aucour
et Villaret.**
Le Quartier d'hiver...... 7
Brueys.
L'Avocat Patelin........ 14
Brueys et Palaprat.
Le Muet.............. 1
Cahusac.
L'Algérien............. 11
Zénéide.............. 4
Campistron.
Andronic............. 1
Corneille (P.).
Le Cid............... 1
Cinna 3
Don Sanche d'Aragon... 2
Horace............... 7
Le Menteur 1
La Mort de Pompée..... 4
Polyeucte. 1
Rodogune............ 3
Corneille (T.).
Ariane............... 7
Le Baron d'Albikrac..... 8
Le Comte d'Essex....... 5
Le Festin de Pierre...... 2
Crébillon.
Électre 2
Pyrrhus.............. 2
Rhadamiste et Zénobie .. 4
Dancourt.
Les Curieux de Com-
piègne.............. 7
L'Été des coquettes..... 7
Le Galant jardinier...... 7
La Parisienne.......... 1
Les Vacances 5
Les Vendanges de Su-
resnes 8

Destouches.
Le Médisant........... 2
Le Philosophe marié.... 8
Le Triple mariage....... 4
Du Fresny.
La Coquette de village... 7
Le Dédit.............. 2
L'Esprit de contradiction. 8
Le Mariage fait et rompu. 5
La Réconciliation nor-
mande.............. 1
Fagan.
L'Étourderie ,.......... 6
Les Originaux 1
La Pupille............. 2
Fagan et Panard.
L'Heureux retour........ 16
Hauteroche.
Crispin médecin......... 2
Le Deuil.............. 9
La Chaussée.
Amour pour amour..... 4
L'Ecole des mères....... 23
Mélanide.............. 4
La Font (de).
Les Trois frères rivaux.. 11
La Fontaine.
Le Florentin 2
La Fosse.
Manlius Capitolinus...... 9
La Motte.
Inès de Castro 7
Le Magnifique.......... 10
La Tuillerie.
Crispin bel esprit 2
Le Grand (M. A.).
La Nouveauté.......... 8
Le Philanthrope........ 11
Le Sage.
Crispin rival de son
maître.............. 1
Marivaux.
La Dispute............. 1
La Seconde Surprise de
l'Amour............... 7
Molière.
Amphitryon............ 5
L'Avare............... 9
Le Bourgeois gentil-
homme.............. 2
La Comtesse d'Escarba-
gnas................ 1

Molière (*Suite*).
L'École des femmes...... 7
L'Étourdi.............. 1
Les Fourberies de Scapin. 7
George Dandin......... 3
Le Malade imaginaire... 2
Le Mariage forcé....... 4
Le Médecin malgré lui... 9
Le Misanthrope 4
M. de Pourceaugnac..... 4
Les Précieuses ridicules. 4
Sganarelle............. 8
Tartuffe 7
Montfleury.
La Fille Capitaine....... 4
Piron.
Fernand Cortez 7
Poisson (R.).
Le Baron de la Crasse... 5
Poisson (Ph.).
L'Impromptu de cam-
pagne............... 7
Quinault.
La Mère coquette....... 1
Racine.
Andromaque........... 2
Athalie 3
Britannicus 3
Iphigénie 5
Mithridate 1
Phèdre 3
Les Plaideurs.......... 6
Regnard.
Attendez-moi sous l'orme. 3
Démocrite 1
Le Distrait............. 4
Les Folies amoureuses... 5
Le Joueur 7
Les Ménechmes 1
La Sérénade 3
Riupeirous.
Hypermnestre......... 6
Saint-Foix.
Les Grâces 17
L'Oracle.............. 6
Voltaire.
Alzire 3
Brutus............... 2
L'Enfant prodigue....... 6
Mérope 14
Œdipe................ 4
Zaïre................. 2

1745

Baron.
L'Andrienne............ 2
L'Homme à bonnes fortu-
nes................. 3
Boissy.
Les Dehors trompeurs... 5
La Folie du jour....... 10
Le Français à Londres... 5
Le Médecin par occasion. 9
Le Sage étourdi (1)...... 10
Bonnet de Chemillin.
L'Etranger.............. 2
Boursault.
Le Mercure galant....... 4
Brueys.
L'Avocat Patelin........ 11
Brueys et Palaprat.
Le Grondeur........... 5
Le Muet.............. 4
Cahusac.
Zénéide............. 4
Corneille (P.).
Le Cid............... 2
Cinna............... 2
Le Menteur........... 7
Polyeucte............ 2
Rodogune............. 5
Corneille (T.).
Ariane............... 7
Le Comte d'Essex...... 7
Le Festin de Pierre.... 4
Crébillon.
Électre.............. 2
Rhadamiste et Zénobie .. 4
Dancourt.
Colin-Maillard......... 9
Les Curieux de Compiè-
gne................ 2
L'Été des coquettes...... 7
Le Galant jardinier...... 6
Les Vacances.......... 2
Les Vendanges de Su-
resnes.............. 5
Destouches.
Le Philosophe marié 6
Le Triple mariage....... 3
Du Fresny.
La Coquette de village .. 7
L'Esprit de contradiction. 15
Le Mariage fait et rompu. 2
Fagan.
L'Étourderie.......... 2

Fagan (*Suite*).
La Pupille 4
Le Rendez-vous 6
Fuzelier.
Momus fabuliste 8
Genest.
Pénélope 8
Gresset.
Sidney............... 11
Hauteroche.
Le Cocher supposé...... 3
Crispin médecin 7
Le Deuil.............. 8
La Chaussée.
L'École des mères....... 4
Mélanide............. 4
Le Préjugé à la mode.... 6
La Font (de).
Les Trois frères rivaux .. 15
La Fontaine.
Le Florentin........... 10
La Motte.
Inès de Castro 2
Les Machabées......... 2
Le Magnifique 2
La Noüe.
Mahomet second....... 7
Le Franc de Pompignan.
Didon................ 7
Le Grand (M. A.).
La Nouveauté......... 1
Le Philanthrope........ 8
L'Usurier gentilhomme.. 2
Le Sage.
Crispin rival de son
maître............. 1
Linant.
Alzaïde.............. 6
Longepierre.
Médée 3
Marivaux.
La Seconde Surprise de
l'Amour 3
Martel.
La Tarentule.......... 2
Molière.
Amphitryon 9
La Comtesse d'Escarba-
gnas 6
L'École des femmes..... 16
L'École des maris....... 11
L'Étourdi............. 2

Molière (*Suite*).
Les Fourberies de Scapin. 5
George Dandin......... 12
Le Malade imaginaire... 2
Le Mariage forcé....... 14
Le Médecin malgré lui... 13
Le Misanthrope........ 3
M. de Pourceaugnac.... 8
Sganarelle............ 8
Tartuffe.............. 14
Montfleury.
La Femme juge et partie. 1
La Fille Capitaine....... 6
Poisson (Ph.).
L'Impromptu de cam-
pagne.............. 4
Pont-de-Vesle.
Le Fat puni........... 2
Racine.
Andromaque.......... 4
Athalie.............. 3
Bajazet.............. 6
Britannicus........... 2
Iphigénie 6
Phèdre 6
Les Plaideurs......... 4
Regnard.
Attendez-moi sous l'orme. 2
Démocrite............ 12
Le Distrait........... 1
Les Folies amoureuses .. 9
Le Joueur............ 10
Le Légataire universel.. 9
Les Ménechmes........ 5
Le Retour imprévu...... 5
La Sérénade.......... 8
Riupeirous.
Hypermnestre 2
Saint-Foix.
Les Grâces........... 1
Scarron.
Don Japhet d'Arménie,..
**Valois d'Orville
et Dubois.**
Les Souhaits pour le Roi. 3
Voltaire.
Alzire............... 7
Brutus 1
L'Enfant prodigue....... 6
Mérope 8
OEdipe.............. 1
Zaïre................ 4

(1) Même pièce que : *L'Homme indépendant*.

1746

Autreau.

La Magie de l'Amour.... 2

Baron.

L'Andrienne............ 1
La Coquette et la Fausse
Prude................. 1
L'Homme à bonnes for-
tunes................. 3

Bernis.

L'Amour.et les fées...... 3

Boindin et La Motte.

Le Port de mer.......... 7

Boissy.

Le Duc de Surrey........ 10

Brueys.

L'Avocat Patelin........ 9

Brueys et Palaprat.

Le Concert ridicule...... 1
Le Muet................ 2

Cahusac.

Zénéide................ 3

Corneille (P.).

Le Cid................. 4
Cinna................. 1
Héraclius.............. 4
Horace................ 2
Polyeucte.............. 1
Rodogune.............. 2

Corneille (T.).

Ariane................ 5
Le Comte d'Essex...... 4
Le Festin de Pierre..... 2
L'Inconnu............. 14

Crébillon.

Électre............... 1
Rhadamiste et Zénobie... 4

Dancourt.

Les Bourgeoises à la
mode................. 6
Le Chevalier à la mode.. 11
Colin-Maillard......... 4
L'Été des coquettes..... 4
Le Galant jardinier...... 6
Le Mari retrouvé...... 7
Le Moulin de Javelle.... 9
Les Vacances.......... 4
Les Vendanges de Su-
resnes.............. 7

Destouches.

Le Philosophe marié 9

Du Fresny.

La Coquette de village .. 3
Le Dédit.............. 1

Du Fresny (Suite).

L'Esprit de contradic-
tion................. 22
Le Mariage fait et rompu. 5

Du Ryer.

Scévole............... 1

Fagan

L'Étourderie........... 3
La Pupille............. 4
Le Rendez-vous........ 2

Genest.

Pénélope.............. 6

Hauteroche.

Le Cocher supposé..... 1
Crispin médecin........ 7
Le Deuil.............. 2

La Chaussée.

L'École des mères....... 5
La Fête interrompue..... 8
Mélanide.............. 3
Le Préjugé à la mode.... 2

La Font (de).

Les Trois frères rivaux.. 10

La Fontaine.

Le Florentin........... 5

La Motte

Inès de Castro 2
Le Magnifique 3

La Place.

Venise sauvée 10

Le Franc de Pompignan.

Didon................. 1

Le Grand (M. A.).

La Nouveauté.......... 6
Le Philanthrope........ 5

Linant.

Alzaïde............... 1

Longepierre.

Médée................ 7

Marivaux.

Le Préjugé vaincu....... 7
La Seconde Surprise de
l'Amour............. 6

Molière.

Amphitryon 5
La Comtesse d'Escarba-
gnas................. 14
L'École des femmes..... 14
L'École des maris....... 9
L'Étourdi............. 1
Les Fourberies de Sca-
pin................. 1

Molière (Suite).

George Dandin......... 3
Le Mariage forcé........ 17
Le Médecin malgré lui... 12
Le Misanthrope........ 6
M. de Pourceaugnac..... 5
Les Précieuses ridicules. 2
Sganarelle............ 1
Le Sicilien............ 3
Tartuffe.............. 12

Montfleury.

La Fille Capitaine....... 1

Pellegrin.

Le Nouveau monde..... 10

Poisson (R.).

Le Baron de la Crasse... 5

Poisson (Ph.).

L'Impromptu de cam-
pagne.............. 7

Pont-de-Vesle.

Le Complaisant........ 3
Le Fat puni........... 1

Quinault.

Astrate, roi de Tyr...... 3
La Mère coquette....... 2

Racine.

Andromaque.......... 1
Athalie.............. 4
Bajazet.............. 1
Britannicus.......... 3
Iphigénie............ 2
Mithridate........... 3
Phèdre 5
Les Plaideurs........ 4

Regnard.

Attendez-moi sous l'orme. 2
Démocrite........... 5
Le Distrait........... 1
Les Folies amoureuses... 5
Le Joueur........... 12
Le Légataire universel... 11
Les Ménechmes........ 1
La Sérénade.......... 13

Rotrou.

Venceslas........... 3

Saint-Foix.

Les Grâces........... 1
Julie............... 9
L'Oracle............ 7

Scarron.

Don Japhet d'Arménie... 2

Voltaire.

Alzire 3
Brutus 1

Voltaire (*Suite*).

L'Enfant prodige........ 8
Hérode et Mariamne..... 3

Voltaire (*Suite*).

Mérope 2
Zaïre 2

1747

Baragué.

Aphos 7

Baron.

La Coquette et la Fausse
Prude 2
L'Homme à bonnes for-
tunes................ 2

Boursault.

Ésope à la Cour........ 6

Bret.

Le Concert 1
L'École amoureuse...... 8

Brueys.

L'Avocat Patelin....... 13

Brueys et Palaprat.

Le Muet............... 2

Cahusac.

Zénéide............... 1

Corneille (P.).

Le Cid 6
Cinna 4
Horace 1
Le Menteur........... 2
Polyeucte 2
Rodogune 4

Corneille (T.).

Ariane............... 2
Le Comte d'Essex...... 8
Le Festin de Pierre 2

Crébillon.

Électre 6
Pyrrhus.............. 1
Rhadamiste et Zénobie.. 5

Dancourt.

Les Bourgeoises à la
mode................ 1
Le Chevalier à la mode. 6
Colin-Maillard 6
L'Été des coquettes 3
Le Galant jardinier..... 10
Le Mari retrouvé...... 9
Le Moulin de Javelle.... 7
Le Tuteur............ 5
Les Vacances.......... 9
Les Vendanges de Su-
resnes.............. 4

Destouches.

Le Philosophe marié.... 5

Destouches (*Suite*).

Le Triple mariage...... 4

Du Fresny.

La Coquette de village.. 5
Le Dédit.............. 13
L'Esprit de contradic-
tion 27
Le Mariage fait et rompu. 5

Du Ryer.

Scévole............... 4

Fagan.

La Pupille............ 2

Genest.

Pénélope 3

Gresset.

Le Méchant 24

Hauteroche.

Crispin médecin........ 2
Le Deuil.............. 1

La Chaussée.

L'École des mères 2
La Gouvernante........ 17
Mélanide 1
Le Préjugé à la mode... 2

La Font (de).

Les Trois frères rivaux. 12

La Fontaine.

Le Florentin........... 2

La Motte.

Inès de Castro......... 3
Le Magnifique......... 6

La Place.

Venise sauvée......... 5

Le Grand (M. A.).

La Nouveauté 10
L'Usurier gentilhomme.. 10

Le Sage.

Crispin rival de son
maître.............. 3

Linant.

Vanda, reine de Pologne. 5

Longepierre.

Médée................ 3

Marchadier.

Le Plaisir 6

Marivaux.

Annibal............... 5

Marivaux (*Suite*).

La Seconde Surprise de
l'Amour............. 3

Mauger.

Amestris............. 11

Molière.

Amphitryon 9
L'Avare 6
La Comtesse d'Escarba-
gnas............... 18
L'École des femmes..... 20
L'École des maris....... 10
Les Fourberies de Sca-
pin................ 4
George Dandin......... 10
Le Mariage forcé 19
Le Médecin malgré lui.. 25
Le Misanthrope 6
M. de Pourceaugnac.... 4
Les Précieuses ridicules. 4
Tartuffe 9

Pellegrin.

Le Nouveau monde..... 2

Piron.

Gustave Wasa......... 3

Poisson (Ph.).

L'Impromptu de cam-
pagne 5
Le Procureur arbitre.... 5

Quinault.

La Mère coquette....... 2

Racine.

Athalie 2
Bajazet.............. 2
Britannicus 3
Iphigénie 1
Mithridate 1
Phèdre 5
Les Plaideurs......... 2

Regnard.

Attendez-moi sous l'orme. 2
Démocrite 5
Le Distrait 3
Les Folies amoureuses.. 6
Le Joueur 5
Le Légataire universel .. 5
Les Ménechmes........ 5
La Sérénade.......... 20

Rousseau (P.).

La Rivale suivante 6

Saint-Foix.

Égérie	1
Les Grâces	4
Julie	2
L'Oracle	3

Simon (C. F.).

| Les Confidences réciproques | 1 |

Voltaire.

| Alzire | 4 |

Voltaire (Suite).

L'Enfant prodigue	4
Mérope	8
OEdipe	3
Zaïre	1

1748

Baragué.

| Aphos | 1 |

Baron.

| La Coquette et la Fausse Prude | 2 |
| L'Homme à bonnes fortunes | 1 |

Boissy.

| Le Babillard | 4 |
| La Péruvienne | 1 |

Brueys.

| L'Avocat Patelin | 14 |

Brueys et Palaprat.

| Le Grondeur | 2 |
| Le Muet | 2 |

Campistron.

| Le Jaloux désabusé | 3 |

Corneille (P.).

Le Cid	2
Cinna	2
Héraclius	2
Le Menteur	8
Polyeucte	2
Rodogune	2

Corneille (T.).

Ariane	4
Le Comte d'Essex	6
Le Festin de Pierre	2

Crébillon.

Catilina	6
Électre	2
Rhadamiste et Zénobie	9

Dancourt.

Le Chevalier à la mode	4
Colin-Maillard	4
L'Été des coquettes	3
Le Galant jardinier	5
Le Mari retrouvé	1
Les Trois cousines	8
Le Tuteur	1
Les Vacances	8

Destouches.

Le Glorieux	7
Le Philosophe marié	3
Le Triple mariage	5

Du Fresny.

| La Coquette de village | 4 |
| Le Dédit | 9 |

Du Fresny (Suite).

Le Double veuvage	4
L'Esprit de contradiction	13
Le Mariage fait et rompu	2
La Réconciliation normande	4

Fagan.

| La Pupille | 2 |
| Le Rendez-vous | 2 |

Genest.

| Pénélope | 2 |

Gresset.

| Le Méchant | 3 |

Guyot de Merville.

| Le Consentement forcé | 3 |

Hauteroche.

| Le Deuil | 5 |

La Font (de).

| Les Trois frères rivaux | 17 |

La Fontaine.

| Le Florentin | 7 |

La Motte.

| Le Magnifique | 3 |

La Place.

| Jeanne d'Angleterre | 1 |

Le Franc de Pompignan.

| Didon | 4 |

Le Grand (M. A.).

L'Aveugle clairvoyant	3
La Famille extravagante	8
La Nouveauté	8
Le Philanthrope	2
L'Usurier gentilhomme	13

Le Grand (M. A.) et Alain.

| L'Épreuve réciproque | 9 |

Le Sage.

| Crispin rival de son maître | 7 |
| Turcaret | 11 |

Longepierre.

| Médée | 2 |

Marivaux.

| La Seconde Surprise de l'Amour | 3 |

Marmontel.

| Denis le tyran | 22 |

Mauger.

| Coriolan | 5 |

Molière.

Amphitryon	4
L'Avare	6
La Comtesse d'Escarbagnas	9
Le Dépit amoureux	4
L'École des femmes	7
L'École des maris	4
Les Fâcheux	3
Les Fourberies de Scapin	1
George Dandin	5
Le Mariage forcé	14
Le Médecin malgré lui	16
Le Misanthrope	3
M. de Pourceaugnac	1
Les Précieuses ridicules	9
Tartuffe	9

Morand (de).

| Mégare | 1 |

Piron.

L'École des pères	3
Gustave Wasa	7
La Métromanie	10

Poisson (Ph.).

| L'Impromptu de campagne | 8 |
| Le Procureur arbitre | 1 |

Quinault.

| La Mère coquette | 3 |

Racine.

Andromaque	2
Phèdre	5
Les Plaideurs	2

Regnard.

Démocrite	3
Le Distrait	3
Les Folies amoureuses	3
Le Joueur	8
Le Légataire universel	4
Les Ménechmes	4
Le Retour imprévu	5
La Sérénade	13

Scarron.

| Don Japhet d'Arménie | |

Voltaire.

| Alzire | 3 |

Voltaire (*Suite*).

Brutus 1
L'Enfant prodigue 4

Voltaire (*Suite*).

Mérope 1
OEdipe 3

Voltaire (*Suite*).

Sémiramis 15
Zaïre 3

1749

Baragué.

Aphos 4

Baron.

La Coquette et la Fausse Prude 4
L'Homme à bonnes fortunes 3

Brueys.

L'Avocat Patelin 10

Brueys et Palaprat.

Le Muet 1

Cahusac.

Zénéide 6

Corneille (P.).

Le Cid 2
Héraclius 1
Horace 1
Le Menteur 6
Polyeucte 1
Rodogune 3

Corneille (T.).

Ariane 3
Le Comte d'Essex 5
Le Festin de Pierre 1

Crébillon.

Catilina 14
Électre 1
Rhadamiste et Zénobie .. 4

Dancourt.

Le Chevalier à la mode .. 1
Colin-Maillard 9
L'Été des coquettes 2
Le Galant jardinier 5
Le Moulin de Javelle 9
La Parisienne 3
Les Vacances 3
Les Vendanges de Suresnes 8

Destouches.

Le Glorieux 2
Le Philosophe marié 8
Le Triple mariage 7

Du Boccage (Mme).

Les Amazones 11

Du Fresny.

Le Dédit 5
L'Esprit de contradiction 8

Du Fresny (*Suite*).

La Réconciliation normande 6

Du Vaure.

Le Faux savant 12

Fagan.

La Pupille 4
Le Rendez-vous 6

Genest.

Pénélope 3

Gresset.

Le Méchant 3

Guyot de Merville.

Le Consentement forcé .. 1

Hauteroche.

Crispin médecin 3
Le Deuil 3
L'Esprit follet 1

La Chaussée.

L'École de la jeunesse 7
Mélanide 1
Le Préjugé à la mode 1

La Font (de).

Les Trois frères rivaux .. 12

La Fontaine.

Le Florentin 7

La Grange-Chancel.

Ino et Mélicerte 2

La Motte.

Inès de Castro 3
Le Magnifique 5

La Place.

Venise sauvée 4

Le Franc de Pompignan.

Didon 3

Le Grand (M. A.).

L'Amour diable 7
L'Aveugle clairvoyant ... 3
La Famille extravagante . 5
La Nouveauté 7
L'Usurier gentilhomme .. 12

Le Grand (M. A.) et Alain.

L'Épreuve réciproque ... 2

Le Sage.

Crispin rival de son maître 8
Turcaret 5

Longepierre.

Médée 1

Marivaux.

Le Legs 9
La Seconde Surprise de l'Amour 1

Marmontel.

Aristomène 17
Denis le tyran 2

Molière.

Amphitryon 5
La Comtesse d'Escarbagnas 5
L'École des femmes 14
Les Fourberies de Scapin 1
George Dandin 5
Le Mariage forcé 8
Le Médecin malgré lui ... 8
Le Misanthrope 9
Les Précieuses ridicules . 8
Tartuffe 12

Montfleury.

La Fille Capitaine 5

Piron.

L'École des pères 2
Gustave Wasa 1
La Métromanie 2

Poisson (R.).

Le Baron de la Crasse ... 5

Poisson (Ph.).

L'Impromptu de campagne 6
Le Procureur arbitre 2

Pont-de-Vesle.

Le Fat puni 3

Racine.

Andromaque 1
Britannicus 3
Iphigénie 6
Phèdre 3
Les Plaideurs 2

Regnard.

Démocrite 5
Le Distrait 2
Les Folies amoureuses .. 2
Le Joueur 8

TABLE CHRONOLOGIQUE DES PIÈCES (1750)

Regnard (*Suite*).
Le Légataire universel.. 11
Les Ménechmes........ 7
Le Retour imprévu..... 3
La Sérénade........... 15
Rousseau (P.).
La Ruse inutile........ 7

Saint-Foix.
La Colonie............. 1
L'Oracle.............. 4
Le Rival supposé....... 1
Vadé.
Les Visites du jour de
l'an................. 1

Voltaire.
Alzire................. 4
Mérope............... 5
Nanine............... 12
OEdipe............... 3
Sémiramis............. 9
Zaïre................. 3

1750

Baron.
L'Andrienne.......... 1
La Coquette et la Fausse
Prude.............. 1
L'Homme à bonnes for-
tunes............... 4
Boindin et La Motte.
Le Port de mer........ 9
Les Trois Gascons...... 3
Boissy.
Le Babillard.......... 3
Bret.
La Double extravagance.. 12
Brueys.
L'Avocat Patelin....... 8
Brueys et Palaprat.
Le Grondeur.......... 2
Cahusac.
Zénéide............. 1
Campistron.
Andronic............. 2
Le Jaloux désabusé..... 2
Corneille (P.).
Héraclius............. 1
Horace............... 2
Le Menteur.......... 2
Polyeucte............ 2
Rodogune............ 5
Corneille (T.).
Ariane.............. 4
Le Baron d'Albikrac..... 7
Le Comte d'Essex....... 5
Le Festin de Pierre.... 3
Crébillon.
Électre.............. 2
Rhadamiste et Zénobie.. 6
Dancourt.
Le Bon soldat......... 3
Les Bourgeoises à la
mode............... 2
Colin-Maillard......... 3
L'Été des coquettes..... 2
Le Galant jardinier...... 1
Le Mari retrouvé....... 9
Les Trois cousines..... 6
Les Vacances......... 8

Dancourt (*Suite*).
Les Vendanges de Su-
resnes.............. 2
Desmahis.
L'Impertinent.......... 15
Destouches.
La Force du naturel..... 13
Le Glorieux........... 4
Le Philosophe marié..... 6
Le Triple mariage...... 6
Du Fresny.
La Coquette de village. 1
Le Dédit............. 2
L'Esprit de contradiction 6
Le Mariage fait et rompu 1
La Réconciliation nor-
mande.............. 2
Fagan.
L'Étourderie.......... 6
La Pupille............. 5
Le Rendez-vous........ 2
Genest.
Pénélope............. 3
Graffigny (Mme de).
Cénie............... 25
Guyot de Merville.
Le Consentement forcé.. 7
Hauteroche.
Crispin médecin........ 3
Le Deuil.............. 6
L'Esprit follet.......... 3
La Chaussée.
Mélanide............. 2
Le Préjugé à la mode... 4
La Font (de).
Les Trois frères rivaux.. 15
La Fontaine.
Le Florentin.......... 12
La Motte.
Inès de Castro........ 2
Le Magnifique......... 3
Landon.
Le Tribunal de l'Amour. 1
Le Franc de Pompignan.
Didon................ 5

Le Grand (M. A.).
L'Amour diable........ 9
La Famille extravagante 7
La Nouveauté......... 10
L'Usurier gentilhomme.. 8
**Le Grand (M. A.)
et Alain.**
L'Épreuve réciproque... 4
Le Sage.
Crispin rival de son
maître.............. 8
Turcaret............. 5
Longepierre.
Médée................ 1
Marivaux.
Le Legs............. 2
Le Préjugé vaincu...... 4
La Seconde Surprise de
l'Amour............. 2
Marmontel.
Cléopâtre............ 11
Molière.
Amphitryon.......... 8
L'École des femmes..... 11
L'École des maris...... 9
L'Étourdi............. 2
Les Fourberies de Scapin 3
George Dandin......... 2
Le Mariage forcé...... 11
Le Médecin malgré lui... 12
Le Misanthrope........ 9
M. de Pourceaugnac.... 3
Les Précieuses ridicules. 1
Le Sicilien............
Tartuffe............. 13
Montfleury.
La Fille Capitaine....... 3
Le Mari sans femme..... 4
Piron.
Gustave Wasa......... 3
La Métromanie........ 2
Poisson (R.).
Le Baron de la Crasse... 4
Poisson (Ph.).
L'Impromptu de cam-
pagne..............

Poisson (Ph.) (Suite).
Le Procureur arbitre.... 5
Pont-de-Vesle.
Le Fat puni............. 1
Quinault.
Agrippa, roi d'Albe...... 1
La Mère coquette......... 7
Racine.
Athalie................ 3
Iphigénie.............. 3
Phèdre. 4
Les Plaideurs.......... 1

Regnard.
Démocrite............. 2
Le Distrait............. 3
Les Folies amoureuses.. 8
Le Joueur.............. 6
Le Légataire universel.. 8
Les Ménechmes......... 6
Le Retour imprévu...... 3
La Sérénade........... 12
Saint-Foix.
L'Oracle............... 1
Saurin.
Aménophis............. 1

Scarron.
Jodelet................ 2
Voltaire.
Alzire................. 8
Brutus 2
L'Enfant prodigue....... 4
Mérope................ 3
Œdipe................. 1
Oreste 9
Zaïre................. 3
Anonyme.
Caliste................ 6

1751

Alliot.
Le Muet par amour...... 1
Baron.
L'Andrienne............ 6
La Coquette et la Fausse
Prude 1
L'Homme à bonnes for-
tunes................ 6
Boindin et La Motte.
Le Port de mer......... 5
Boissy.
Le Babillard 3
Les Dehors trompeurs... 5
Le Français à Londres.. 7
Bret.
La Double extravagance. 5
Brueys.
L'Avocat Patelin....... 11
Brueys et Palaprat.
Le Muet............... 1
Cahusac.
Zénéide............... 13
Corneille (P.).
Le Cid................ 2
Polyeucte............. 2
Rodogune............. 6
Corneille (T.).
Ariane................. 2
Le Comte d'Essex....... 4
Le Festin de Pierre..... 3
Crébillon.
Atrée et Thyeste....... 3
Électre............... 1
Rhadamiste et Zénobie.. 4
Dancourt.
Le Chevalier à la mode.. 5
L'Été des coquettes..... 2
La Fête de village....... 3
Le Galant jardinier...... 10
Le Mari retrouvé....... 4

Dancourt (Suite).
Les Vacances.......... 6
Les Vendanges de Su-
resnes................ 2
Destouches.
Le Glorieux............ 2
Le Philosophe marié..... 8
Le Triple mariage....... 5
Du Fresny.
Le Dédit.............. 3
L'Esprit de contradiction. 7
La Réconciliation nor-
mande............... 2
Fagan.
L'Étourderie.......... 1
La Pupille............. 6
Le Rendez-vous........ 2
Genest.
Pénélope............. 1
Grave.
Varron................ 4
Guyot de Merville.
Le Consentement forcé... 5
Hauteroche.
Le Deuil............. 4
L'Esprit follet......... 4
La Chapelle.
Les Carrosses d'Orléans. 8
La Chaussée.
La Gouvernante........ 7
Mélanide............. 8
Le Préjugé à la mode... 2
La Fontaine.
Le Florentin.......... 6
La Fosse.
Manlius Capitolinus..... 7
La Motte.
Inès de Castro......... 7
Le Magnifique......... 8

La Place.
Venise sauvée.......... 3
**Lattaignant
de Binville.**
Le Fat................ 1
Le Grand (M. A.).
L'Amour diable........ 3
L'Aveugle clairvoyant... 2
La Famille extravagante. 8
La Foire Saint-Laurent.. 2
La Métamorphose amou-
reuse............... 2
La Nouveauté.......... 5
L'Usurier gentilhomme.. 10
**Le Grand (M. A.)
et Alain.**
L'Épreuve réciproque... 9
Le Sage.
Crispin rival de son maî-
tre 3
Marivaux.
Le Legs 5
La Seconde Surprise de
l'Amour............. 5
Moissy.
Le Valet maître......... 7
Molière.
Amphitryon 4
L'Avare............... 5
Le Dépit amoureux..... 4
L'École des femmes..... 5
L'École des maris....... 3
Les Femmes savantes... 9
George Dandin......... 1
Le Mariage forcé....... 12
Le Médecin malgré lui... 7
Le Misanthrope........ 3
M. de Pourceaugnac..... 5
Les Précieuses ridicules. 5

Molière (Suite).
Le Sicilien.............. 1
Tartuffe 7
Montfleury.
La Fille Capitaine....... 1
Le Mari sans femme..... 3
Palissot
Zarès.................. 3
Piron.
Gustave Wasa.......... 7
La Métromanie......'... 5
Poisson (Ph.).
L'Impromptu de campagne 1
Le Procureur arbitre.... 1

Pont-de-Vesle.
Le Fat puni............ 1
Portelance.
Antipater 1
Quinault.
La Mère coquette....... 1
Racine.
Andromaque............ 7
Athalie 3
Britannicus............. 2
Iphigénie 4
Phèdre 4
Regnard.
Attendez-moi sous l'orme 14
Démocrite 4
Le Distrait............. 4

Regnard (Suite).
Les Folies amoureuses.. 11
Le Joueur............. 5
Le Légataire universel.. 5
Les Ménechmes........ 2
La Sérénade............ 11
Saint-Foix.
Julie...................
L'Oracle................ 5
Voltaire.
Alzire 4
L'Enfant prodigue...... 4
Mahomet 12
Mérope 3
OEdipe................. 8
Zaïre.................. 12

1752

Baron.
L'Andrienne............ 8
L'Homme à bonnes fortunes................ 2
Boissy.
Le Français à Londres... 7
Brueys.
L'Avocat Patelin........ 12
Brueys et Palaprat.
Le Grondeur............ 7
Le Muet............... 6
Cahusac.
Zénéide................ 7
Corneille (P.).
Le Cid 2
Cinna.................. 2
Horace 2
Polyeucte.............. 1
Rodogune.............. 4
Corneille (T.).
Ariane................. 2
Le Baron d'Albikrac..... 5
Le Comte d'Essex....... 2
Le Festin de Pierre..... 3
Crébillon.
Électre 3
Rhadamiste et Zénobie.. 3
Dancourt.
L'Été des coquettes...... 2
La Fête de village....... 9
Le Galant jardinier...... 5
Le Mari retrouvé........ 3
Le Moulin de Javelle..... 4
Les Vacances........... 4
Les Vendanges de Suresnes...:............. 5

Destouches.
Le Glorieux............. 3
Le Philosophe marié.... 4
Le Triple mariage....... 3
Devaux.
Les Engagements indiscrets................. 5
Duché.
Absalon 5
Du Fresny.
La Coquette de village.. 1
Le Dédit............... 1
L'Esprit de contradiction 9
Dumas d'Aigueberre.
L'Avare amoureux...... 2
Du Roullet.
Les Effets du caractère... 3
Fagan.
L'Étourderie............ 6
La Pupille............. 4
Le Rendez-vous........ 4
Genest.
Pénélope............... 1
Grave.
Varron 12
Gresset.
Le Méchant............. 7
Guyot de Merville.
Le Consentement forcé.. 5
Hauteroche.
Le Deuil............... 10
L'Esprit follet........... 1
La Chapelle.
Les Carrosses d'Orléans. 2
La Chaussée.
Mélanide............... 5
Le Préjugé à la mode.... 6

La Font (de).
Les Trois frères rivaux.. 11
La Fontaine.
Le Florentin............ 9
La Fosse.
Manlius Capitolinus..... 3
La Motte.
Inès de Castro.......... 2
Le Magnifique.......... 4
La Tuillerie.
Crispin bel esprit...... 1
Le Franc de Pompignan.
Didon 5
Le Grand (M. A.).
L'Amour diable........ 1
La Famille extravagante 5
La Foire Saint-Laurent.. 1
La Nouveauté 6
L'Usurier gentilhomme.. 9
Le Grand (M. A.) et Alain.
L'Épreuve réciproque... 8
Le Sage.
Crispin rival de son maître............... 7
Turcaret............... 9
Longepierre.
Médée 3
Marivaux.
Le Legs 2
La Seconde Surprise de l'Amour.............. 2
Marmontel.
Les Héraclides........... 11
Mauger.
Cosroès 1

Molière.

Amphitryon 3
L'Avare 6
La Comtesse d'Escarba-
gnas. 4
L'École des femmes. 6
L'École des maris. 7
Les Femmes savantes. . . 2
Les Fourberies de Sca-
pin. 4
George Dandin 1
Le Malade imaginaire. . . 4
Le Mariage forcé. 9
Le Médecin malgré lui. . . 5
Le Misanthrope. 8
M. de Pourceaugnac. 1
Les Précieuses ridicules. 3
Le Sicilien. 2
Tartuffe 6

Montfleury.

La Femme juge et partie 5

Piron.

Gustave Wasa. 2
La Métromanie. 7

Poisson (R.).

Le Baron de la Crasse. . . 1

Poisson (Ph.).

L'Impromptu de cam-
pagne. 9
Le Procureur arbitre. . . . 3

Quinault.

La Mère coquette. 5

Racine.

Andromaque. 6
Athalie 1
Bajazet 1
Bérénice. 5
Mithridate 1
Phèdre 3
Les Plaideurs. 1

Regnard.

Attendez-moi sous l'orme. 6

Regnard (Suite).

Démocrite 3
Le Distrait. 3
Le Joueur. 5
Le Légataire universel. . . 7
Le Retour imprévu. 3
La Sérénade. 6

Rousseau (J. J.).

Narcisse 2

Saint-Foix.

L'Oracle 5

Voltaire.

Alzire 1
Amélie (1). 15
L'Enfant prodigue. 7
Mérope 2
OEdipe. 4
Rome sauvée. 11
Zaïre 3

Yon.

La Métempsycose 10

1753

Baron.

La Coquette et la Fausse
Prude. 5
L'Homme à bonnes for-
tunes. 6

Boindin et La Motte.

Le Port de mer. 6

Boissy.

Le Babillard. 2
Le Français à Londres. . 7

Boursault.

Le Mercure galant. 14

Brueys.

L'Avocat Patelin. 7

Brueys et Palaprat.

Le Grondeur. 3
Le Muet. 3

Cahusac.

Zénéide. 5

Corneille (P.).

Le Cid. 8
Cinna. 2
Don Sanche d'Aragon. . . 3
Héraclius. 2
Horace. 2
Le Menteur. 5
Polyeucte. 2
Rodogune. 5

Corneille (T.).

Ariane. 2
Le Comte d'Essex. 4

Corneille (T.) (Suite).

Le Festin de Pierre. 1

Crébillon.

Électre. 2
Rhadamiste et Zénobie. . . 1

Dancourt.

Les Bourgeoises à la mode 4
Le Chevalier à la mode. . 2
Colin-Maillard. 7
Les Fées. 2
La Fête de village. 2
Le Galant jardinier 2
Le Mari retrouvé. 9
Le Moulin de Javelle. . . . 14
Les Trois cousines. 10
Les Vacances. 2
Les Vendanges de Su-
resnes. 7

Desmahis.

L'Impertinent. 4

Destouches.

Le Dissipateur 6
La Force du naturel. . . . 5
Le Philosophe marié. . . . 8
Le Triple mariage. 7

Du Fresny.

Le Dédit. 1
Le Double veuvage. 3
L'Esprit de contradiction 6
Le Mariage fait et rompu 3

Du Fresny (Suite).

La Réconciliation nor-
mande. 1

Fagan.

L'Étourderie. 1
La Pupille. 6
Le Rendez-vous. 3

Genest.

Pénélope. 1

Grave.

Varron. 3

Gresset.

Le Méchant. 3

Guyot de Merville.

Le Consentement forcé. . 6

Hauteroche.

Crispin médecin. 10
Le Deuil. 4
L'Esprit follet. 1

La Chaussée.

La Fausse antipathie. . . . 2

La Font (de).

Les Trois frères rivaux. . 2

La Fontaine.

Le Florentin. 10

La Fosse.

Manlius Capitolinus. 2

La Grange-Chancel.

Amasis. 3

La Motte.

Inès de Castro. 6

(1) Seconde version de : *Adélaïde Du Guesclin*.

La Motte (*Suite*).

Le Magnifique......... 1
Le Franc de Pompignan.
Didon................. 3
Le Grand (M. A.).
L'Aveugle clairvoyant.. 1
La Famille extravagante 4
La Nouveauté......... 5
L'Usurier gentilhomme.. 6
**Le Grand (M. A.)
et Alain.**
L'Épreuve réciproque... 3
Le Sage.
Crispin rival de son
maître.............. 4
Turcaret.............. 3
Longepierre.
Médée................. 1
Marivaux.
Le Legs............... 3
La Seconde Surprise de
l'Amour............. 8
Marmontel.
Egyptus.............. 1
Molière.
Amphitryon............ 4
L'Avare............... 3
Le Bourgeois gentil-
homme.............. 7
La Comtesse d'Escarba-
gnas................ 3

Molière (*Suite*).

L'École des femmes..... 10
L'École des maris....... 7
Les Femmes savantes... 5
George Dandin.......... 3
Le Mariage forcé....... 2
Le Médecin malgré lui.. 5
Le Misanthrope........ 7
M. de Pourceaugnac..... 4
Les Précieuses ridicules. 1
Sganarelle............. 5
Le Sicilien............. 5
Tartuffe.............. 7
Montfleury.
La Femme juge et partie. 3
Piron.
Gustave Wasa......... 5
La Métromanie......... 4
Poisson (R.).
Le Baron de la Crasse.. 1
Poisson (Ph.).
L'Impromptu de cam-
pagne.............. 6
Le Procureur arbitre.... 4
Quinault.
La Mère coquette....... 3
Racine.
Andromaque........... 6
Athalie................ 1
Bajazet............... 4
Bérénice.............. 3

Racine (*Suite*).

Britannicus............ 4
Iphigénie.............. 1
Mithridate............. 3
Phèdre................ 6
Les Plaideurs.......... 1
Regnard.
Attendez-moi sous l'orme 5
Démocrite............. 2
Le Distrait............ 3
Les Folies amoureuses.. 11
Le Joueur............. 2
Le Légataire universel.. 6
Les Ménechmes........ 5
Le Retour imprévu..... 2
La Sérénade........... 3
Saint-Foix.
Les Hommes.......... 17
Scarron.
Don Japhet d'Arménie.. 2
Voltaire.
Alzire................. 7
Amélie................ 1
Brutus................ 2
L'Enfant prodigue....... 1
L'Indiscret............. 1
Mérope............... 5
OEdipe............... 5
Zaïre................. 5
Ximénès.
Épicharis............. 1

1754

Baron.

L'Andrienne........... 4
L'Homme à bonnes for-
tunes............... 4
Boindin et La Motte.
Le Port de mer......... 6
Boissy.
Les Dehors trompeurs... 2
Le Français à Londres... 6
Boursault.
Le Mercure galant....... 10
Brueys.
L'Avocat Patelin........ 6
Brueys et Palaprat.
Le Grondeur........... 2
Le Muet............... 2
Cahusac.
Zénéide............... 9
Châteaubrun.
Les Troyennes......... 14
Corneille (P.).
Le Cid................ 1
Don Sanche d'Aragon... 2

Corneille (P.) (*Suite*).

Horace................ 5
Le Menteur............ 2
Nicomède.............. 4
Polyeucte............. 4
Rodogune............. 5
Corneille (T.).
Ariane................ 3
Le Festin de Pierre...... 1
Crébillon.
Rhadamiste et Zénobie.. 3
Le Triumvirat......... 4
Dancourt.
Le Chevalier à la mode.. 2
Colin-Maillard......... 1
L'Été des coquettes..... 3
Les Fées.............. 5
La Fête de village...... 8
Le Galant jardinier..... 3
Le Mari retrouvé....... 4
Le Moulin de Javelle..... 5
Les Trois cousines...... 5
Les Vacances.......... 4

Dancourt (*Suite*).

Les Vendanges de Su-
resnes.............. 6
Destouches.
Le Curieux impertinent.. 3
Le Philosophe marié....
Le Triple mariage....... 5
Du Fresny.
Le Double veuvage...... 3
L'Esprit de contradiction 5
La Réconciliation nor-
mande.............. 1
Fagan.
L'Étourderie........... 4
La Pupille............. 5
Le Rendez-vous........ 1
Genest.
Pénélope.............. 2
Graffigny (Mme de).
Cénie................. 12
Gresset.
Le Méchant............ 2

Guyot de Merville.
Le Consentement forcé.. 3
Hauteroche.
Crispin médecin........ 5
Le Deuil.............. 5
L'Esprit follet.......... 1
La Chaussée.
La Fausse antipathie.... 2
Mélanide.............. 1
La Font (de).
Les Trois frères rivaux.. 1
La Fontaine.
Le Florentin........... 7
La Fosse.
Manlius Capitolinus.... 4
La Morlière.
La Créole............. 1
La Motte.
Inès de Castro......... 4
Le Franc de Pompignan.
Didon................ 4
Le Grand (M. A.).
La Famille extravagante 4
La Nouveauté.......... 5
L'Usurier gentilhomme.. 10
Le Grand (M. A.) et Alain.
L'Épreuve réciproque... 8
Le Sage.
Crispin rival de son maître 8
Longepierre.
Médée................ 2
Mailhol.
Paros. 8
Marivaux.
Le Legs.............. 4

Marivaux (*Suite*).
Le Préjugé vaincu...... 2
La Seconde Surprise de l'Amour 5
Molière.
Amphitryon........... 7
L'Avare............... 2
La Comtesse d'Escarbagnas. 1
L'École des femmes..... 6
L'École des maris....... 3
Les Femmes savantes... 1
George Dandin......... 2
Le Mariage forcé....... 3
Le Médecin malgré lui... 6
Le Misanthrope........ 10
Tartuffe.............. 1
Montfleury.
La Femme juge et partie 10
Palissot.
Les Tuteurs............ 10
Patu et Portelance.
Les Adieux du goût 12
Piron.
Gustave Wasa......... 4
La Métromanie......... 4
Poisson (Ph.).
L'Impromptu de campagne. 11
Le Procureur arbitre.... 6
Pont-de-Vesle.
Le Complaisant........ 5
Quinault.
La Mère coquette....... 3
Racine.
Andromaque........... 2
Athalie............... 1

Racine (*Suite*).
Bajazet................ 5
Britannicus............ 2
Mithridate............. 1
Phèdre................ 4
Regnard.
Attendez-moi sous l'orme 2
Démocrite............. 1
Le Distrait............ 3
Les Folies amoureuses.. 7
Le Joueur............. 7
Le Légataire universel.. 8
Les Ménechmes......... 2
Le Retour imprévu...... 4
La Sérénade........... 4
Rousseau (P.).
Les Méprises........... 10
Saint-Foix.
L'Oracle.............. 6
Scarron.
Don Japhet d'Arménie... 3
Voltaire.
Alzire................ 2
Brutus................ 2
L'Enfant prodigue....... 7
Hérode et Mariamne..... 5
Mahomet 4
Mérope............... 2
Nanine............... 2
OEdipe............... 3
Zaïre................. 5
Ximénès.
Amalasonte. 6
Yon.
La Folie et l'Amour...... 1
Anonyme.
Le Souper.............. 1

1755

Baron.
L'Andrienne............ 2
L'Homme à bonnes fortunes............... 3
Boindin et La Motte.
Le Port de mer......... 7
Boissy.
Le Babillard........... 4
Les Dehors trompeurs.. 3
Le Français à Londres.. 6
Boursault.
Ésope à la Cour........ 11
Le Mercure galant....... 9
Bret.
Le Jaloux.............. 4

Brueys.
L'Avocat Patelin....... 9
Brueys et Palaprat.
Le Grondeur........... 1
Le Muet.............. 2
Cahusac.
Zénéide............... 8
Campistron.
Andronic.............. 2
Le Jaloux désabusé..... 4
Caux de Montlebert (G. de).
Marius............... 3
Châteaubrun.
Philoctète.............. 12
Les Troyennes......... 1

Corneille (P.).
Le Cid................ 4
Cinna................. 1
Héraclius............. 3
Horace............... 2
Le Menteur............ 3
Nicomède............. 3
Polyeucte............. 5
Rodogune............. 3
Corneille (T.).
Ariane................ 2
Le Comte d'Essex....... 4
Le Festin de Pierre..... 6
Crébillon.
Électre................ 1

Crébillon (*Suite*).

Le Triumvirat......... 6

Dancourt.

Les Bourgeoises à la mode................ 6
Le Chevalier à la mode. 1
Colin-Maillard.......... 4
L'Été des coquettes..... 3
La Fête de village....... 4
Le Galant jardinier..... 4
Le Mari retrouvé........ 7
Le Moulin de Javelle.... 2
Les Trois cousines...... 3
Les Vacances........... 4
Les Vendanges de Su-
resnes................ 10

Destouches.

L'Obstacle imprévu..... 3
Le Philosophe marié.... 2

Duché.

Absalon................ 2

Du Fresny.

Le Dédit............... 3
Le Double veuvage..... 6
L'Esprit de contradiction. 7
Le Mariage fait et rompu. 3
La Réconciliation nor-
mande................ 2

Fagan.

L'Étourderie........... 7
Les Originaux.......... 1
La Pupille............. 4
Le Rendez-vous........ 4

Genest.

Pénélope.............. 3

Graffigny (Mme de).

Cénie................. 2

Gresset.

Le Méchant............ 3

Guyot de Merville.

Le Consentement forcé.. 3

Hauteroche.

Crispin médecin........ 7
Le Deuil.............. 7
L'Esprit follet.......... 1

La Chaussée.

Mélanide.............. 2
Le Préjugé à la mode... 4

La Font (de).

Les Trois frères rivaux.. 5

La Fontaine.

Le Florentin............ 8

La Fontaine et Champmeslé.

La Coupe enchantée..... 4

La Fosse.

Manlius Capitolinus..... 1

La Motte.

Le Magnifique.......... 5

Le Franc de Pompignan.

Didon.................. 1

Le Grand (M. A.).

La Famille extravagante. 5
La Nouveauté.......... 4
Le Philanthrope........ 1
Le Temps passé........ 2
L'Usurier gentilhomme. 6

Le Grand (M. A.) et Alain.

L'Épreuve réciproque... 9

Le Sage.

Crispin rival de son maî-
tre................. 5

Longepierre.

Médée................ 1

Marivaux.

Le Legs.............. 6
Le Préjugé vaincu...... 2
La Seconde Surprise de
l'Amour............. 3

Molière.

Amphitryon............ 5
L'Avare............... 3
La Comtesse d'Escarba-
gnas................ 2
L'École des femmes..... 6
L'École des maris....... 6
Les Femmes savantes... 3
George Dandin......... 4
Le Médecin malgré lui.. 4
Le Misanthrope........ 4
Les Précieuses ridicules. 5
Le Sicilien............ 4
Tartuffe.............. 8

Montfleury.

La Femme juge et partie. 4

Piron.

Gustave Wasa......... 3
La Métromanie........ 4

Poisson (Ph.).

L'Impromptu de cam-
pagne............... 9
Le Procureur arbitre.... 3

Pont-de-Vesle.

Le Fat puni........... 4

Quinault.

La Mère coquette....... 2

Racine.

Andromaque........... 1
Athalie............... 2
Bajazet............... 3
Britannicus............ 6
Iphigénie............. 5
Mithridate............ 3
Phèdre............... 4
Les Plaideurs.......... 3

Regnard.

Attendez-moi sous l'orme. 5
Démocrite............. 7
Le Distrait............ 2
Les Folies amoureuses.. 4
Le Joueur............. 3
Le Légataire universel.. 8
Les Ménechmes........ 3
Le Retour imprévu...... 5
La Sérénade........... 10

Renout.

Zélide............... 9

Rotrou.

Venceslas............. 6

Saint-Foix.

L'Oracle.............. 2

Scarron.

Don Japhet d'Arménie... 3
Jodelet.............. 3

Voltaire.

Alzire............... 6
L'Enfant prodigue...... 5
Mahomet............. 4
Mérope.............. ·2
Nanine............... 8
Œdipe............... 1
L'Orphelin de la Chine.. 17
Zaïre................ 4

1756

Baron.

L'Andrienne........... 2
La Coquette et la Fausse
Prude............... 2
L'Homme à bonnes for-
tunes............... 4

Boindin et La Motte.

Le Port de mer........ 6

Boissy.

Le Babillard.......... 2
Les Dehors trompeurs... 4
Le Médecin par occasion. 2

Boursault.

Ésope à la Cour........ 3
Les Fables d'Ésope..... 6
Le Mercure galant..... 6

Brueys.

L'Avocat Patelin....... 13

Brueys et Palaprat.
Le Grondeur........... 4
Le Muet.............. 3
Cahusac.
Zénéide............... 4
Campistron.
Le Jaloux désabusé..... 2
Châteaubrun.
Astyanax............. 1
Philoctète............. 5
Corneille (P.).
Don Sanche d'Aragon... 1
Héraclius............. 5
Le Menteur............ 1
Polyeucte............. 5
Rodogune............. 4
Corneille (T.).
Ariane................ 3
Le Comte d'Essex...... 6
Le Festin de Pierre..... 4
Crébillon.
Catilina............... 5
Électre................ 3
Dancourt.
Les Bourgeoises à la mode................. 3
Le Chevalier à la mode. 2
Colin-Maillard......... 4
L'Été des coquettes..... 7
La Fête de village....... 3
Le Galant jardinier..... 4
Le Mari retrouvé....... 7
Le Moulin de Javelle.... 3
Les Vendanges de Suresnes............... 7
Destouches.
Le Glorieux............ 4
Le Philosophe marié.... 4
Le Triple mariage...... 4
Du Fresny.
Le Dédit.............. 4
Le Double veuvage..... 3
L'Esprit de contradiction. 6
La Réconciliation normande................ 2
Fagan.
L'Étourderie........... 6
La Pupille............. 6
Le Rendez-vous........ 2
Graffigny (Mme de).
Cénie................. 6
Gresset.
Le Méchant............ 1
Guyot de Merville.
Le Consentement forcé.. 7

Hauteroche.
Crispin médecin........ 12
Le Deuil............... 1
L'Esprit follet.......... 1
La Chapelle.
Les Carrosses d'Orléans. 1
La Chaussée.
Le Préjugé à la mode.... 6
La Fontaine.
Le Florentin........... 6
La Fontaine et Champmeslé.
La Coupe enchantée..... 3
La Fosse.
Manlius Capitolinus..... 3
La Grange-Chancel.
Ino et Mélicerte........ 1
La Motte.
Inès de Castro......... 1
Le Magnifique......... 5
La Noüe.
La Coquette corrigée..... 14
La Tuillerie.
Crispin bel esprit...... 3
Le Franc de Pompignan.
Didon................. 4
Le Grand (M. A.).
L'Aveugle clairvoyant... 1
La Famille extravagante. 7
La Nouveauté.......... 2
Les Paniers........... 3
Le Temps passé........ 2
L'Usurier gentilhomme.. 8
Le Grand (M. A.) et Alain.
L'Épreuve réciproque... 9
Le Sage.
Crispin rival de son maitre.................. 7
Marivaux.
Le Legs............... 3
Le Préjugé vaincu...... 2
La Seconde Surprise de l'Amour.............. 4
Molière.
Amphitryon........... 7
La Comtesse d'Escarbagnas................. 3
L'École des femmes..... 4
L'École des maris....... 7
Les Femmes savantes... 6
Les Fourberies de Scapin. 3
George Dandin......... 7
Le Mariage forcé....... 3
Le Médecin malgré lui.. 8

Molière (*Suite*).
Le Misanthrope........ 4
Les Précieuses ridicules. 6
La Princesse d'Élide.... 2
Le Sicilien............. 7
Tartuffe............... 9
Piron.
Gustave Wasa......... 2
La Métromanie........ 3
Poisson (Ph.).
L'Impromptu de campagne...............
Le Procureur arbitre.... 1
Pont-de-Vesle.
Le Complaisant........ 1
Quinault.
La Mère coquette...... 2
Racine.
Andromaque........... 2
Athalie................ 3
Bajazet............... 2
Bérénice.............. 3
Britannicus............ 4
Iphigénie............. 1
Mithridate............. 2
Phèdre............... 5
Les Plaideurs.......... 5
Regnard.
Attendez-moi sous l'orme. 3
Démocrite............. 5
Le Distrait............ 5
Les Folies amoureuses.. 6
Le Joueur............. 6
Le Légataire universel.. 5
Le Retour imprévu...... 6
La Sérénade........... 3
Saint-Foix.
L'Oracle............... 4
Scarron.
Don Japhet d'Arménie... 1
Jodelet............... 2
Seillans.
La Gageure de village... 5
Voltaire.
Alzire................. 2
Brutus................ 4
L'Enfant prodigue...... 6
Hérode et Mariamne.... 3
Mahomet............. 2
Mérope............... 5
Nanine............... 1
OEdipe............... 1
L'Orphelin de la Chine.. 10
Sémiramis............. 12
Zaïre................. 6

1757

Baron.

L'Andrienne........... 3
La Coquette et la Fausse
Prude............*.... 2
L'Homme à bonnes for-
tunes................ 7
Boindin et La Motte.
Le Port de mer......... 3
Boissy.
Le Babillard............ 4
Les Dehors trompeurs... 4
Boursault.
Esope à la Cour........ 3
Le Mercure galant...... 6
Brueys.
L'Avocat Patelin....... 2
Brueys et Palaprat.
Le Grondeur........... 1
Le Muet.............. 2
Cahusac.
Zénéide.............. 7
Corneille (P.).
Don Sanche d'Aragon.... 1
Héraclius.............. 1
Horace................ 2
Le Menteur............ 2
Nicomède............. 3
Polyeucte............. 2
Rodogune............. 4
Corneille (T.).
Ariane................ 2
Le Comte d'Essex....... 4
Le Festin de Pierre..... 2
Crébillon.
Électre............... 1
Dancourt.
Les Bourgeoises à la
mode................ 3
Le Charivari........... 3
Le Chevalier à la mode.. 4
Colin-Maillard......... 4
L'Eté des coquettes..... 7
La Fête de village....... 3
Le Galant jardinier..... 5
Le Mari retrouvé........ 3
Le Moulin de Javelle.... 3
Le Tuteur............. 4
Les Vacances.......... 1
Les Vendanges de Su-
resnes.............. 8
Destouches.
Le Triple mariage....... 5

Du Fresny.

La Coquette de village... 2
Le Dédit.............. 5
Le Double veuvage..... 4
L'Esprit de contradiction. 8
Le Mariage fait et rompu. 3
La Réconciliation nor-
mande............. 1
Fagan.
L'Étourderie........... 3
La Pupille............. 5
Le Rendez-vous........ 4
Graffigny (Mme de).
Cénie................ 3
Gresset.
Le Méchant............ 6
Guymond de La Touche.
Iphigénie en Tauride.... 23
Guyot de Merville.
Le Consentement forcé.. 6
Hauteroche.
Crispin médecin........ 7
Le Deuil.............. 4
L'Esprit follet.......... 3
La Chaussée.
Mélanide.............. 3
Le Préjugé à la mode ... 2
La Font (de).
Les Trois frères rivaux,. 2
La Fontaine.
Le Florentin........... 8
**La Fontaine
et Champmeslé.**
La Coupe enchantée..... 11
La Fosse.
Manlius Capitolinus..... 1
La Motte.
Inès de Castro......... 4
Le Magnifique......... 6
La Place.
Adèle de Ponthieu....... 14
Le Franc de Pompignan.
Didon................ 4
Le Grand (M. A.).
L'Aveugle clairvoyant... 3
La Famille extravagante. 6
Le Galant coureur...... 16
Les Paniers............ 2
Le Philanthrope........ 2
Le Temps passé........ 2
L'Usurier gentilhomme.. 6

**Le Grand (M. A.)
et Alain.**

L'Épreuve réciproque... 6
Le Sage.
Crispin rival de son maître 4
Longepierre.
Médée................ 1
Marivaux.
Le Legs............... 5
Le Préjugé vaincu...... 4
La Seconde Surprise de
l'Amour............. 6
Molière.
Amphitryon........... 2
L'Avare.............. 3
Le Bourgeois gentil-
homme............. 6
L'École des femmes...... 6
L'École des maris....... 4
L'Étourdi............. 4
Les Femmes savantes... 2
George Dandin......... 6
Le Malade imaginaire.... 5
Le Médecin malgré lui... 3
Le Misanthrope........ 5
Les Précieuses ridicules. 4
La Princesse d'Élide.... 2
Le Sicilien............. 1
Tartuffe.............. 7
Montfleury.
La Femme juge et partie. 3
Piron.
Gustave Wasa......... 2
La Métromanie......... 4
Poinsinet (A. A. H.).
L'Impatient............ 3
Poisson (Ph.).
L'Impromptu de campa-
gne................ 7
Le Procureur arbitre.... 4
Pont-de-Vesle.
Le Complaisant........ 2
Racine.
Andromaque........... 1
Athalie............... 6
Bajazet............... 3
Bérénice.............. 1
Iphigénie............. 3
Mithridate............ 4
Phèdre.............. 6
Regnard.
Démocrite............. 5
Le Distrait............. 2
Les Folies amoureuses.. 4

Regnard (*Suite*).

Le Joueur	2
Le Légataire universel	6
Les Ménechmes	3
Le Retour imprévu	6
La Sérénade	1

Renout.

Hercule	1

Saint-Foix.

L'Oracle	2

Voltaire.

Alzire	6
Amélie	2
Brutus	4
L'Enfant prodigue	4

Voltaire (*Suite*).

Mahomet	1
Mérope	2
Nanine	7
Œdipe	1
L'Orphelin de la Chine	6
Sémiramis	7
Zaïre	2

1758

Baron.

L'Andrienne	4
La Coquette et la Fausse Prude	2
L'Homme à bonnes fortunes	4

Boissy.

Le Babillard	4
Les Dehors trompeurs	5
Le Français à Londres	8

Boursault.

Ésope à la Cour	1
Le Mercure galant	6

Bret.

Le Faux généreux	5

Brueys.

L'Avocat Patelin	3

Brueys et Palaprat.

Le Muet	3

Brunet.

Les Noms changés	7

Cahusac.

Zénéide	7

Campistron.

Andronic	3
Le Jaloux désabusé	2

Cérou.

Le Père désabusé	3

Colardeau.

Astarbé	10

Collet.

L'Ile déserte	11

Corneille (P.).

Le Cid	3
Don Sanche d'Aragon	1
Horace	2
Le Menteur	3
La Mort de Pompée	4
Nicomède	1
Polyeucte	2
Rodogune	4
Sertorius	5

Corneille (T.).

Le Comte d'Essex	2
Le Festin de Pierre	2

Crébillon.

Électre	1
Rhadamiste et Zénobie	3

Dancourt.

Les Bourgeoises à la mode	1
Le Chevalier à la mode	3
Colin-Maillard	4
L'Été des coquettes	2
La Fête de village	4
Le Galant jardinier	7
Le Mari retrouvé	4
Le Tuteur	3
Les Vacances	4
Les Vendanges de Suresnes	8

Destouches.

Le Glorieux	7
Le Médisant	3
Le Triple mariage	3

Du Fresny.

Le Dédit	2
Le Double veuvage	3
L'Esprit de contradiction	4
Le Mariage fait et rompu	3
La Réconciliation normande	3

Fagan.

L'Étourderie	5
La Pupille	7
Le Rendez-vous	4

Graffigny (Mme de).

Cénie	4
La Fille d'Aristide	3

Gresset.

Le Méchant	5

Guymond de La Touche.

Iphigénie en Tauride	7

Guyot de Merville.

Le Consentement forcé	3

Hauteroche.

Le Cocher supposé	5
Crispin médecin	4
Le Deuil	1
L'Esprit follet	2

La Chaussée.

L'École des mères	6
Mélanide	7
Le Préjugé à la mode	4

La Font (de).

Les Trois frères rivaux	4

La Fontaine.

Le Florentin	9

La Fontaine et Champmeslé.

La Coupe enchantée	7

La Grange-Chancel.

Ino et Mélicerte	3

La Morlière.

L'Amant déguisé	1

La Motte.

Inès de Castro	2
Le Magnifique	5

Le Franc de Pompignan.

Didon	1

Le Grand (M. A.).

L'Aveugle clairvoyant	5
La Famille extravagante	6
Le Galant coureur	5
La Métamorphose amoureuse	5
La Nouveauté	1
Les Paniers	3
Le Philanthrope	2
L'Usurier gentilhomme	4

Le Grand (M. A.) et Alain.

L'Épreuve réciproque	4

Lemierre.

Hypermnestre	10

Le Sage.

Crispin rival de son maître	3

Marivaux:

Le Legs 4
Le Préjugé vaincu 5
La Seconde Surprise de L'Amour........... 3

Mauger.

L'Épreuve imprudente... 5

Molière.

Amphitryon............. 7
L'Avare............... 2
La Comtesse d'Escarbagnas................. 3
L'École des femmes. ... 4
L'École des maris....... 2
L'Étourdi.............. 2
Les Femmes savantes... 2
Les Fourberies de Scapin. 6
George Dandin......... 7
Le Mariage forcé........ 1
Le Médecin malgré lui... 4
Le Misanthrope 3
Les Précieuses ridicules. 4
Tartuffe 5

Montfleury.

La Femme juge et partie. 1
La Fille Capitaine....... 3

Piron.

Gustave Wasa.......... 1
La Métromanie......... 5

Poisson (Ph.).

L'Impromptu de campagne.................. 8
Le Procureur arbitre.... 3

Pont-de-Vesle.

Le Complaisant........ 3
Le Fat puni............ 2

Quinault.

Astrate, roi de Tyr...... 3
La Mère coquette....... 1

Racine.

Andromaque........... 2
Athalie 2
Bérénice............... 2
Britannicus............ 2
Iphigénie 1
Mithridate 1

Racine (*Suite*).

Phèdre................. 3

Regnard.

Attendez-moi sous l'orme. 2
Démocrite.............. 2
Le Distrait............. 2
Les Folies amoureuses.. 7
Le Joueur.............. 4
Le Légataire universel.. 6
Les Ménechmes........ 7
Le Retour imprévu...... 2

Saint-Foix.

L'Oracle............... 10

Voltaire.

Alzire................. 5
Amélie................ 3
L'Enfant prodigue....... 5
Mahomet.............. 5
Mérope................ 7
Nanine................ 6
OEdipe................ 1
L'Orphelin de la Chine.. 4
Sémiramis,............. 6
Zaïre................. 4

1759

Baron.

L'Andrienne........... 4
La Coquette et la Fausse Prude............... 5
L'Homme à bonnes fortunes.............. 7

Belloy (P. L. de).

Titus.................. 1

Boindin et La Motte.

Le Port de mer........ 5

Boissy.

Le Babillard........... 4
Les Dehors trompeurs.. 4
L'Époux par supercherie. 3
Le Français à Londres.. 8

Boursault.

Ésope à la Cour........ 4
Le Mercure galant...... 8

Brueys.

L'Avocat Patelin........ 1

Brueys et Palaprat.

Le Grondeur........... 5
Le Muet.............. 4

Cahusac.

Zénéide............... 6

Campistron.

Le Jaloux désabusé..... 3

Châteaubrun.

Les Troyennes......... 7

Corneille (P.).

Le Cid................. 1
Don Sanche d'Aragon... 1
Horace................ 7
Le Menteur............ 2
La Mort de Pompée..... 2
Nicomède............. 2
Polyeucte............. 4
Rodogune............. 3
Sertorius............. 4

Corneille (T.).

Ariane................ 4
Le Comte d'Essex....... 1
Le Festin de Pierre...... 4

Crébillon.

Électre................ 2

Dancourt.

Les Bourgeoises à la mode. 3
Le Chevalier à la mode.. 2
Colin-Maillard.......... 2
L'Été des coquettes...... 2
La Fête de village....... 4
Le Galant jardinier...... 6
Le Mari retrouvé........ 3
Le Moulin de Javelle.... 4
La Parisienne.......... 3
Les Trois cousines...... 13
Le Tuteur.............. 2

Dancourt (*Suite*).

Les Vacances.......... 1
Les Vendanges de Suresnes............... 7

Destouches.

L'Ambitieux et l'Indiscrète................ 5
La Fausse Agnès........ 8
Le Glorieux............ 6
Le Philosophe marié..... 3
Le Triple mariage...... 5

Dufaut.

L'Indécis.............. 1

Du Fresny.

Le Dédit.............. 4
Le Double veuvage..... 1
L'Esprit de contradiction. 3
Le Mariage fait et rompu. 1
La Réconciliation normande.............. 2

Fagan.

L'Étourderie........... 2
Les Originaux.......... 8
La Pupille............. 5
Le Rendez-vous........ 2

Genest.

Pénélope.............. 2

Graffigny (Mme de).
Cénie.................. 4
Gresset.
Le Méchant............. 3
Guyot de Merville.
Le Consentement forcé.. 8
Hauteroche.
Le Cocher supposé...... 1
Crispin médecin........ 5
Le Deuil............... 4
La Chaussée.
L'École des mères....... 2
Mélanide............... 4
Le Préjugé à la mode... 3
La Font (de).
Les Trois frères rivaux.. 7
La Fontaine.
Le Florentin........... 7
La Fontaine et Champmeslé.
La Coupe enchantée..... 9
La Fosse.
Manlius Capitolinus..... 1
La Grange-Chancel.
Ino et Mélicerte........ 3
La Motte.
Inès de Castro.......... 3
Le Magnifique.......... 8
Le Franc de Pompignan.
Didon.................. 5
Le Grand (M. A.).
L'Aveugle clairvoyant... 4
La Famille extravagante. 1
Le Galant coureur...... 6
La Métamorphose amoureuse........... 5
La Nouveauté.......... 5
Le Philanthrope........ 2
L'Usurier gentilhomme.. 5
Le Grand (M. A.) et Alain.
L'Épreuve réciproque... 7

Lemierre.
Hypermnestre......... 10
Le Sage.
Crispin rival de son maitre............... 5
Turcaret............... 7
Longepierre.
Médée................. 5
Marivaux.
Le Legs............... 8
Le Préjugé vaincu...... 5
La Seconde Surprise de l'Amour............. 4
Molière.
Amphitryon............ 5
La Comtesse d'Escarbagnas................ 2
L'École des femmes..... 4
L'Ecole des maris...... 6
L'Étourdi.............. 3
Les Femmes savantes... 3
Les Fourberies de Scapin. 6
George Dandin......... 1
Le Mariage forcé....... 4
Le Médecin malgré lui.. 4
Le Misanthrope........ 1
Les Précieuses ridicules. 6
Le Sicilien............. 5
Tartuffe............... 7
Montfleury.
La Femme juge et partie. 4
La Fille Capitaine...... 3
Le Mari sans femme.... 5
Piron.
Gustave Wasa.......... 1
La Métromanie......... 4
Poinsinet de Sivry (L.).
Briséis................ 5
Poisson (Ph.).
L'Impromptu de campagne............... 5
Le Procureur arbitre.... 1

Pont-de-Vesle.
Le Complaisant........ 2
Le Fat puni............ 4
Quinault.
Astrate, roi de Tyr..... 1
La Mère coquette....... 3
Racine.
Andromaque........... 4
Athalie................ 4
Bajazet................ 1
Iphigénie.............. 7
Phèdre................ 4
Regnard.
Démocrite............. 4
Le Distrait............ 1
Les Folies amoureuses.. 5
Le Joueur............. 4
Le Légataire universel... 6
Les Ménechmes........ 8
Le Retour imprévu...... 6
La Sérénade........... 8
Rotrou.
Venceslas (1)........... 6
Sablier.
La Suivante généreuse.... 2
Saint-Foix.
L'Oracle............... 4
Scarron.
Jodelet................ 1
Thibouville.
Namir................ 1
Voltaire.
Alzire................. 4
Amélie................ 2
L'Enfant prodigue....... 3
Hérode et Mariamne.... 2
Mahomet.............. 3
Mérope............... 6
Nanine................ 2
L'Orphelin de la Chine.. 3
Sémiramis............. 5

1760

Baron.
L'Andrienne........... 2
Boindin et La Motte.
Le Port de mer........ 5
Boissy.
Le Babillard........... 2
Les Dehors trompeurs... 3
Le Français à Londres.. 8

Boursault.
Ésope à la Cour........ 4
Les Fables d'Ésope...... 2
Le Mercure galant...... 9
Brueys.
L'Avocat Patelin........ 5
Brueys et Palaprat.
Le Grondeur........... 3

Brueys et Palaprat (*Suite*).
Le Muet............... 2
Cahusac.
Zénéide............... 1
Campistron.
Andronic.............. 2
Colardeau.
Caliste................ 10

(1) Tragédie retouchée par Marmontel (30 avril).

Corneille (P.).
Le Cid................. 1
Don Sanche d'Aragon... 2
Horace................. 1
Le Menteur............. 2
La Mort de Pompée..... 2
Polyeucte.............. 1
Rodogune............... 3
Sertorius.............. 1

Corneille (T.).
Ariane................. 1
Le Comte d'Essex....... 1
Le Festin de Pierre.... 3

Crébillon.
Electre................ 1

Dancourt.
Les Bourgeoises à la
mode................. 2
Le Chevalier à la mode.. 2
Colin-Maillard......... 2
L'Été des coquettes.... 2
La Fête de village..... 4
Le Galant jardinier.... 7
Le Mari retrouvé....... 6
Les Trois cousines..... 7
Le Tuteur.............. 6
Les Vendanges de Su-
resnes............... 3

Destouches.
L'Ambitieux et l'Indis-
crète................ 1
Le Dissipateur......... 5
La Fausse Agnès........ 3
Le Glorieux............ 6
Le Philosophe marié.... 3
Le Triple mariage...... 3

Dorat.
Zulica................. 7

Du Fresny.
Le Dédit............... 2
L'Esprit de contradiction. 3

Fagan.
L'Étourderie........... 3
Les Originaux.......... 2
La Pupille............. 6
Le Rendez-vous......... 2

Graffigny (Mme de).
Cénie.................. 1

Gresset.
Le Méchant............. 1

Guyot de Merville.
Le Consentement forcé.. 6

Hauteroche.
Le Cocher supposé...... 4
Crispin médecin........ 4
Le Deuil............... 1

La Chaussée.
Mélanide............... 2
Le Préjugé à la mode... 5

La Font (de).
Le Naufrage............ 2
Les Trois frères rivaux.. 6

La Fontaine.
Le Florentin........... 2

**La Fontaine
et Champmeslé.**
La Coupe enchantée..... 8

La Fosse.
Manlius Capitolinus.... 1

La Grange-Chancel.
Amasis................. 6

La Motte.
Inès de Castro......... 4
Le Magnifique.......... 3

La Place.
L'Épouse à la mode..... 1

Le Franc de Pompignan.
Didon.................. 2

Le Grand (M. A.).
L'Aveugle clairvoyant... 9
La Famille extravagante. 5
Le Galant coureur...... 10
La Nouveauté........... 1
L'Usurier gentilhomme.. 6

**Le Grand (M. A.)
et Alain.**
L'Épreuve réciproque... 5

Lemierre.
Hypermnestre........... 6

Le Sage.
Crispin rival de son
maître............... 8
Turcaret............... 2

Marivaux.
Le Legs................ 6
Le Préjugé vaincu...... 4
La Seconde Surprise de
l'Amour.............. 6

Molière.
Amphitryon............. 4
L'Avare................ 9
L'École des femmes..... 3
L'École des maris...... 7
L'Étourdi.............. 4
Les Femmes savantes... 2
Les Fourberies de Scapin. 2
George Dandin.......... 3
Le Malade imaginaire... 4
Le Mariage forcé....... 3
Le Médecin malgré lui... 9
Le Misanthrope......... 5
M. de Pourceaugnac..... 2
Les Précieuses ridicules.. 6

Molière (Suite).
Le Sicilien............ 1
Tartuffe............... 9

Montfleury.
La Femme juge et partie. 4
La Fille Capitaine..... 2

Palissot.
Les Philosophes........ 14

Piron.
Gustave Wasa........... 2
La Métromanie.......... 4

Poinsinet de Sivry (L.).
Pygmalion.............. 1

Poisson (Ph.).
L'Impromptu de cam-
pagne............... 4
Le Procureur arbitre.... 5

Pont-de-Vesle.
Le Complaisant......... 1
Le Fat puni............ 3

Racine.
Bajazet................ 3
Britannicus............ 4
Iphigénie.............. 3
Mithridate............. 2
Les Plaideurs.......... 6

Regnard.
Attendez-moi sous l'orme. 1
Démocrite.............. 4
Les Folies amoureuses.. 3
Le Joueur.............. 4
Le Légataire universel.. 6
Les Ménechmes......... 5
Le Retour imprévu..... 3
La Sérénade............ 7

Rotrou.
Venceslas.............. 2

Saint-Foix.
L'Oracle............... 6

Saurin.
Les Mœurs du temps..... 4
Spartacus.............. 9

Scarron.
Jodelet................ 2

Voltaire.
Alzire................. 2
Brutus................. 1
L'Écossaise............ 20
L'Enfant prodigue...... 6
L'Indiscret............ 2
Mahomet............... 4
Mérope................. 3
Nanine................. 5
L'Orphelin de la Chine... 5
Sémiramis.............. 3
Tancrède............... 13
Zaïre.................. 3

1761

Baron.

L'Andrienne 1
La Coquette et la Fausse
  Prude 2
L'Homme à bonnes for-
  tunes 1

Bellecour.

Les Fausses apparences.... 6

Boindin et La Motte.

Le Port de mer 3

Boissy.

Le Babillard 3
Les Dehors trompeurs.. 4
L'Époux par supercherie. 6
Le Français à Londres.. 4
Le Sage étourdi 6

Boursault.

Ésope à la Cour 2
Le Mercure galant 9

Brueys.

L'Avocat Patelin 4

Brueys et Palaprat.

Le Grondeur 4
Le Muet 1

Cahusac.

Zénéide 5

Campistron.

Le Jaloux désabusé 2

Collet.

L'Ile déserte 3

Corneille (P.).

Le Cid 2
Héraclius 8
Horace 1
Le Menteur 4
Rodogune 2

Corneille (T.).

La Comtesse d'Orgueil.. 4
Le Festin de Pierre 3

Crébillon.

Électre 2

Dancourt.

Les Bourgeoises à la
  mode 2
Le Chevalier à la mode. 3
Colin-Maillard 2
L'Été des coquettes 2
La Fête de village 3
Le Galant jardinier 3
Le Mari retrouvé 5
Le Moulin de Javelle.... 4
Les Trois cousines 3

Dancourt (*Suite*).

Le Tuteur 2
Les Vendanges de Su-
  resnes 4

Destouches.

L'Ambitieux et l'Indis-
  crète 1
Le Dissipateur 1
La Fausse Agnès 4
Le Glorieux 2
L'Ingrat 2
Le Philosophe marié.... 1
Le Triple mariage 3

Diderot.

Le Père de famille 7

Du Fresny.

Le Dédit 2
L'Esprit de contradiction. 4
Le Mariage fait et rompu. 2
La Réconciliation nor-
  mande 2

Fagan.

L'Étourderie 4
Les Originaux 3
La Pupille 4
Le Rendez-vous 2

Graffigny (Mme de).

Cénie 4

Gresset.

Le Méchant 2

Guymond de La Touche.

Iphigénie en Tauride.... 5

Guyot de Merville.

Le Consentement forcé.. 3

Hauteroche.

Le Cocher supposé 5
Crispin médecin 8
Le Deuil 2

La Chapelle.

Les Carrosses d'Orléans. 3

La Chaussée.

L'École des amis 3
L'École des mères 4
Mélanide 3
Le Préjugé à la mode... 2

La Font (de).

Les Trois frères rivaux.. 3

La Fontaine.

Le Florentin 2

**La Fontaine
et Champmeslé.**

La Coupe enchantée.... 5

· **La Fosse.**

Manlius Capitolinus..... 1

La Grange-Chancel.

Amasis 2

La Motte.

Inès de Castro 2
Le Magnifique 1

Le Franc de Pompignan.

Didon 1

Le Grand (M. A.).

L'Aveugle clairvoyant... 5
La Famille extravagante. 2
Le Galant coureur 6
L'Usurier gentilhomme.. 4

**Le Grand (M. A.)
et Alain.**

L'Épreuve réciproque... 6

Lemierre.

Hypermnestre 2
Térée 1

Le Sage.

Crispin rival de son
  maître 5
Turcaret 6

Longepierre.

Médée 4

Marivaux.

Le Legs 4
Le Préjugé vaincu 3
La Seconde Surprise de
  l'Amour 3

Molière.

Amphitryon 4
L'Avare 4
Le Bourgeois gentil-
  homme 4
La Comtesse d'Escarba-
  gnas 3
Le Dépit amoureux 5
L'École des femmes 3
L'École des maris 5
L'Étourdi 2
Les Femmes savantes... 2
Les Fourberies de Sca-
  pin 5
George Dandin 1
Le Médecin malgré lui.. 5
Le Misanthrope 3
M. de Pourceaugnac.... 5
Les Précieuses ridicules. 4
Le Sicilien 3
Tartuffe 4

Montfleury.

La Femme juge et partic. 2
La Fille Capitaine...... 2
Le Mari sans femme.... 2

Piron.

La Métromanie........ 2

Poisson (Ph.).

L'Impromptu de campagne................. 5
Le Procureur arbitre.... 5

Pont-de-Vesle.

Le Fat puni........... 3

Quinault.

La Mère coquette....... 1

Racine.

Andromaque........... 1
Athalie............... 7
Bérénice............. 1
Britannicus........... 4
Iphigénie............. 2

Racine (*Suite*).

Mithridate............ 3
Phèdre.............. 4
Les Plaideurs.......... 3

Regnard.

Démocrite............ 3
Le Distrait............ 3
Les Folies amoureuses.. 4
Le Joueur............ 4
Le Légataire universel.. 8
Les Ménechmes........ 6
Le Retour imprévu..... 3
La Sérénade........... 2

Rotrou.

Venceslas............ 1

Saint-Foix.

La Colonie............ 6
Le Financier.......... 6
L'Oracle.............. 3
Le Rival supposé....... 7

Saurin.

Les Mœurs du temps... 15

Scarron.

Jodelet.............. 4

Voltaire.

Alzire................ 4
Amélie.............. 4
Brutus.............. 3
L'Écossaise........... 4
L'Enfant prodigue....... 5
L'Indiscret............ 2
Mahomet............. 6
Mérope.............. 2
Nanine.............. 3
OEdipe.............. 4
Oreste.............. 6
L'Orphelin de la Chine.. 2
Sémiramis............ 5
Tancrède............. 15
Zaïre................ 4
Zulime.............. 2

1762

Baron.

L'Homme à bonnes fortunes.............. 4

Belloy (P. L. de).

Zelmire............... 23

Boissy.

Le Babillard.......... 5
Les Dehors trompeurs.. 1
L'Époux par supercherie. 8
Le Français à Londres.. 5
Le Sage étourdi........ 3

Boistel d'Welles.

Irène................ 7

Boursault.

Les Fables d'Ésope..... 1
Le Mercure galant...... 5

Bret.

L'École amoureuse...... 6

Brueys.

L'Avocat Patelin........ 2

Brueys et Palaprat.

Le Grondeur........... 2

Cahusac.

Zénéide.............. 3

Campistron.

Le Jaloux désabusé..... 3

Chabanon.

Éponine............. 2

Collet.

L'Ile déserte........... 2

Cordier de Saint-Firmin.

Zarucma............. 6

Corneille (P.).

Le Cid............... 2
Cinna............... 8
Don Sanche d'Aragon... 2
Héraclius............. 4
Horace.............. 1
Le Menteur........... 3
Polyeucte............ 1
Rodogune............ 1

Corneille (T.).

Ariane............... 2
Le Comte d'Essex...... 1
La Comtesse d'Orgueil.. 2
Le Festin de Pierre..... 2

Crébillon.

Électre............... 1
Rhadamiste et Zénobie.. 3

Dancourt (L. H.).

Les Deux amis......... 1

Dancourt.

Les Bourgeoises à la mode.............. 3
Le Charivari........... 7
Le Chevalier à la mode.. 4
L'Été des coquettes..... 3
La Fête de village...... 1
Le Galant jardinier...... 7
Le Mari retrouvé........ 3
Le Moulin de Javelle.... 3
Les Trois cousines 2
Le Tuteur............ 5

Dancourt (*Suite*).

Les Vendanges de Suresnes.............. 2

Desmahis.

L'Impertinent.......... 5

Destouches.

Le Curieux impertinent. 4
Le Dissipateur......... 1
La Fausse Agnès....... 1
Le Glorieux........... 3
L'Irrésolu............ 5
Le Tambour nocturne... 10
Le Triple mariage....... 4

Du Fresny.

Le Dédit............. 3
L'Esprit de contradiction. 2
Le Mariage fait et rompu. 1

Fagan.

L'Étourderie.......... 4
Les Originaux.......... 3
La Pupille............ 7
Le Rendez-vous........ 5

Graffigny (Mme de).

Cénie................ 4

Gresset.

Le Méchant........... 2

Guymond de La Touche.

Iphigénie en Tauride.... 4

Guyot de Merville.

Le Consentement forcé.. 5

Hauteroche.
Le Cocher supposé...... 6
Crispin médecin........ 6
Le Deuil................ 1
L'Esprit follet........... 4
La Chapelle.
Les Carrosses d'Orléans. 1
La Chaussée.
L'École des mères...... 2
La Gouvernante 6
Mélanide 2
Le Préjugé à la mode... 2
La Font (de).
Les Trois frères rivaux.. 5
La Fontaine.
Le Florentin........... 3
La Fontaine
et Champmeslé.
La Coupe enchantée..... 6
La Motte.
Inès de Castro......... 4
Le Magnifique 3
Le Franc de Pompignan.
Didon 3
Le Grand (M. A.).
L'Aveugle clairvoyant... 1
La Famille extravagante. 7
Le Galant coureur...... 7
Le Philanthrope....... 3
Le Triomphe du Temps. 7
L'Usurier gentilhomme.. 3
Le Grand (M. A.)
et Alain.
L'Épreuve réciproque... 3
Lemierre.
Hypermnestre 1
Le Sage.
Crispin rival de son
maitre............... 7
Turcaret 5
Marin.
Julie 1
Marivaux.
Le Legs............... 4

Marivaux (*Suite*).
Le Préjugé vaincu...... 3
La Seconde Surprise de
l'Amour 1
Molière.
L'Amour médecin........ 6
Amphitryon........... 5
L'Avare 4
La Comtesse d'Escarba-
gnas 6
Le Dépit amoureux..... 2
L'École des femmes..... 3
L'École des maris....... 9
L'Étourdi............. 3
Les Fourberies de Scapin. 4
Le Mariage forcé........ 2
Le Médecin malgré lui.. 5
Le Misanthrope......... 5
M. de Pourceaugnac.... 3
Les Précieuses ridicules. 2
Le Sicilien............. 2
Tartuffe 4
Montfleury.
Don Pasquin d'Avalos... 2
La Femme juge et partie. 4
La Fille Capitaine...... 2
Palissot.
Les Méprises........... 1
Piron.
Gustave Wasa......... 3
La Métromanie........ 3
Poinsinet de Sivry (L.).
Ajax 1
Poisson (R.).
Le Baron de la Crasse (1). 3
Poisson (Ph.).
L'Impromptu de campa-
gne 5
Le Procureur arbitre.... 4
Pont-de-Vesle.
Le Complaisant........ 2

Pont-de-Vesle (*Suite*).
Le Fat puni 4
Racine.
Andromaque........... 1
Athalie 2
Bérénice.............. 1
Britannicus............ 4
Iphigénie.............. 1
Mithridate 1
Phèdre 3
Les Plaideurs 3
Regnard.
Démocrite............. 3
Le Distrait............. 3
Les Folies amoureuses.. 4
Le Joueur 4
Le Légataire universel .. 8
Les Ménechmes 3
Le Retour imprévu..... 4
La Sérénade 2
Renout.
Le Caprice............ 9
Rochon de Chabannes.
Heureusement 11
Saint-Foix.
L'Oracle 4
Saurin.
Les Mœurs du temps.... 5
Voltaire.
Alzire 2
Brutus 1
L'Écossaise 4
L'Écueil du sage 8
L'Enfant prodigue....... 3
Mahomet 3
Mérope 2
OEdipe 2
Oreste................ 4
L'Orphelin de la Chine.. 3
Rome sauvée 2
Sémiramis............. 5
Tancrède 5
Zaïre 1
Zulime 8

1763

Baron.
L'Andrienne............ 3
Belloy (P. L. de).
Zelmire............... 4
Boissy.
Le Babillard........... 4
Les Dehors trompeurs... 5
L'Époux par supercherie. 7

Boissy (*Suite*).
Le Français à Londres.. 1
Le Sage étourdi........ 7
Boursault.
Le Mercure galant...... 9
Bret.
L'École amoureuse...... 4

Brueys.
L'Avocat Patelin........ 2
Brueys et Palaprat.
Le Grondeur........... 4
Le Muet 5
Cahusac.
Zénéide............... 6

(1) Donné deux fois sans le Zig-Zag.

Cailhava.

La Présomption à la mode. 1

Campistron.

Le Jaloux désabusé..... 2

Collé.

Dupuis et Desronais..... 17

Collet.

L'Ile déserte.......... 5

Corneille (P.).

Le Cid................. 1
Cinna 3
Don Sanche d'Aragon... 1
Héraclius 2
Horace 2
Médée 2
Le Menteur........... 2
Rodogune............. 3

Corneille (T.).

Ariane................ 3
Le Baron d'Albikrac..... 6
Le Comte d'Essex....... 1
Le Festin de Pierre..... 1

Dampierre de La Salle.

Le Bienfait rendu....... 11

Dancourt.

Les Bourgeoises à la mode................ 5
Le Charivari........... 1
Le Chevalier à la mode.. 3
L'Été des coquettes..... 7
La Fête de village 1
Le Galant jardinier...... 7
Le Mari retrouvé........ 5
La Parisienne.......... 1
Les Trois cousines...... 7
Le Tuteur............. 5
Les Vendanges de Su-resnes............... 2

Destouches.

Le Curieux impertinent. 2
Le Dissipateur.......... 4
La Fausse Agnès........ 2
Le Glorieux 3
L'Irrésolu 4
Le Philosophe marié.... 4
Le Tambour nocturne... 5
Le Triple mariage....... 3

Dorat.

Théagène 1

Du Fresny.

Le Dédit............... 4
L'Esprit de contradiction. 5
Le Mariage fait et rompu. 8
La Réconciliation nor-mande............... 3

Fagan.

L'Étourderie........... 3
Les Originaux.......... 2
La Pupille............. 6
Le Rendez-vous........ 5

Favart.

L'Anglais à Bordeaux... 16

Gresset.

Le Méchant............ 4

Guyot de Merville.

Le Consentement forcé.. 6

Hauteroche.

Le Cocher supposé..... 6
Crispin médecin 3
Le Deuil............... 1
L'Esprit follet.......... 1

La Chaussée.

L'École des mères...... 2
La Gouvernante........ 7
Mélanide.............. 2
Le Préjugé à la mode.... 1

La Font (de).

Les Trois frères rivaux.. 4

La Fontaine.

Le Florentin........... 1

La Fontaine et Champmeslé.

La Coupe enchantée..... 3

La Grange-Chancel.

Amasis................ 1

La Harpe.

Le Comte de Warwick.... 16

La Motte.

Inès de Castro 2

Leblanc de Guillet.

Manco Capac, premier Inca du Pérou 6

Le Grand (M. A.).

La Famille extravagante. 3
Le Galant coureur...... 5
La Nouveauté 3
Le Temps passé........ 1
Le Triomphe du Temps.. 1
L'Usurier gentilhomme.. 3

Le Grand (M. A.) et Alain.

L'Épreuve réciproque... 4

Lemierre.

Hypermnestre 2

Le Sage.

Crispin rival de son maître............... 5
Turcaret.............. 2

Longepierre.

Médée................ 2

Marivaux.

Le Préjugé vaincu 1
La Seconde Surprise de l'Amour............. 2

Molière.

L'Amour médecin....... 4
Amphitryon 1
La Comtesse d'Escarba-gnas 2
Le Dépit amoureux 2
L'École des femmes..... 1
L'École des maris....... 4
L'Étourdi.............. 5
Les Femmes savantes... 7

Molière (*Suite*).

Les Fourberies de Scapin. 5
Le Médecin malgré lui... 5
Le Misanthrope......... 1
M. de Pourceaugnac.... 5
Les Précieuses ridicules. 4
Le Sicilien............. 1
Tartuffe............... 5

Montfleury.

La Femme juge et partie. 1

Piron.

Gustave Wasa......... 1
La Métromanie......... 2

Poisson (Ph.).

L'Impromptu de cam-pagne 4
Le Procureur arbitre.... 5

Pont-de-Vesle.

Le Fat puni............ 3
Le Somnambule........ 12

Quinault.

La Mère coquette 2

Racine.

Athalie................ 1
Bajazet................ 1
Britannicus............ 4
Iphigénie 3
Mithridate............. 2
Phèdre 6

Regnard.

Démocrite 3
Le Distrait............. 2
Les Folies amoureuses.. 5
Le Joueur............. 7
Le Légataire universel.. 4
Les Ménechmes......... 6
Le Retour imprévu...... 2
La Sérénade........... 1

Renout.

Le Caprice............. 2

Rochon de Chabannes.

Heureusement 6
La Manie des arts 12

Saint-Foix.

L'Oracle............... 7

Saurin.

Blanche et Guiscard...... 3
Les Mœurs du temps.... 1

Sauvigny.

La Mort de Socrate...... 9

Scarron.

Jodelet................ 1

Voltaire.

Alzire................. 1
Brutus................ 1
L'Écossaise............ 5
L'Enfant prodigue...... 5
Hérode et Mariamne.... 2
Mahomet 3
Mérope................ 4
La Mort de César....... 5
Nanine 9

Voltaire (*Suite*).
OEdipe 1
Oreste 1

Voltaire (*Suite*).
L'Orphelin de la Chine... 3
Sémiramis 2

Voltaire (*Suite*).
Tancrède 5
Zaïre 1

1764

Autreau.
La Magie de l'Amour.... 6
Baron.
L'Andrienne............. 3
L'Homme à bonnes fortunes................. 4
Barthe.
L'Amateur.............. 9
Bastide.
Le Jeune homme 1
Belloy (P. L. de).
Zelmire................ 7
Boissy.
Le Babillard 3
Les Dehors trompeurs .. 5
L'Époux par supercherie. 5
Le Français à Londres .. 3
Le Sage étourdi........ 1
Boursault.
Le Mercure galant 7
Bret.
L'École amoureuse...... 2
L'Épreuve indiscrète..... 4
Brueys.
L'Avocat Patelin 5
Brueys et Palaprat.
Le Grondeur............ 3
Le Muet 4
Cahusac.
Zénéide................ 4
Campistron.
Andronic 1
Le Jaloux désabusé 2
Chamfort.
La Jeune Indienne....... 9
Collé.
Dupuis et Desronais.... 9
Corneille (P.).
Le Cid................. 1
Cinna.................. 1
Don Sanche d'Aragon ... 2
Héraclius.............. 5
Horace 3
Le Menteur............ 2
Polyeucte.............. 3
Corneille (T.).
Le Baron d'Albikrac..... 4
Le Festin de Pierre 5

Crébillon.
Rhadamiste et Zénobie .. 4
Dancourt.
Les Bourgeoises à la mode................. 2
Le Charivari 2
Le Chevalier à la mode.. 4
Colin-Maillard.......... 3
L'Été des coquettes 6
La Fête de village....... 1
Le Galant jardinier...... 6
Le Mari retrouvé........ 4
Les Trois cousines 3
Le Tuteur 1
Les Vacances 4
Les Vendanges de Suresnes................ 1
Destouches.
Le Dissipateur.......... 5
La Fausse Agnès 6
Le Glorieux............. 5
L'Homme singulier 6
L'Irrésolu............... 3
Le Philosophe marié 4
Le Tambour nocturne... 5
Le Triple mariage....... 5
Du Clairon.
Cromwell 5
Du Fresny.
Le Dédit............... 5
L'Esprit de contradiction. 10
Le Mariage fait et rompu. 6
La Réconciliation normande.............. 4
Fagan.
L'Étourderie............ 3
La Pupille 4
Le Rendez-vous 2
Genest.
Pénélope.............. 3
Gresset.
Le Méchant............ 2
Guymond de La Touche.
Iphigénie en Tauride 4
Guyot de Merville.
Le Consentement forcé.. 1
Hauteroche.
Le Cocher supposé 7
Crispin médecin........ 6

Hauteroche (*Suite*).
Le Deuil............... 1
L'Esprit follet.......... 3
La Chaussée.
L'École des mères....... 4
La Gouvernante........ 8
Mélanide.............. 5
Le Préjugé à la mode.... 3
La Font (de).
Les Trois frères rivaux.. 3
La Fontaine.
Le Florentin............ 3
La Fontaine et Champmeslé.
La Coupe enchantée..... 2
La Grange-Chancel.
Amasis................ 2
La Harpe.
Timoléon 4
Le Franc de Pompignan.
Didon 1
Le Grand (M. A.).
L'Aveugle clairvoyant... 4
La Famille extravagante. 2
Le Galant coureur....... 4
La Nouveauté 4
L'Usurier gentilhomme... 5
Le Grand (M. A.) et Alain.
L'Épreuve réciproque... 4
Lemierre.
Hypermnestre.......... 5
Idoménée............. 6
Le Sage.
Crispin rival de son maître............... 3
Turcaret.............. 5
Marivaux.
Le Legs................ 1
Le Préjugé vaincu 1
La Seconde Surprise de l'Amour............ 1
Molière.
L'Amour médecin....... 2
Amphitryon 2
L'Avare 3
Le Bourgeois gentilhomme............ 3
La Comtesse d'Escarbagnas............... 2

Molière (*Suite*).

Le Dépit amoureux	3
L'École des femmes	5
L'École des maris	2
L'Étourdi	2
Les Femmes savantes	3
Les Fourberies de Scapin	3
Le Malade imaginaire	10
Le Médecin malgré lui	6
Le Misanthrope	6
M. de Pourceaugnac	5
Les Précieuses ridicules	3
Le Sicilien	1
Tartuffe	5

Montfleury.

La Femme juge et partie	1

Piron.

La Métromanie	5

Poinsinet (A. A. H.).

Le Cercle	18

Poisson (Ph.).

L'Impromptu de campagne	9
Le Procureur arbitre	3

Pont-de-Vesle.

Le Fat puni	1
Le Somnambule	8

Quinault.

La Mère coquette	2

Racine.

Britannicus	1
Iphigénie	4
Phèdre	3
Les Plaideurs	2

Regnard.

Démocrite	3
Le Distrait	2
Les Folies amoureuses	4
Le Joueur	6
Le Légataire universel	6
Les Ménechmes	7
Le Retour imprévu	1
La Sérénade	3

Rochon de Chabannes.

Heureusement	6
La Manie des arts	1

Saint-Foix.

Deucalion et Pyrrha	6

Saint-Foix (*Suite*).

Les Grâces	11
Les Hommes	6
L'Ile sauvage	5
L'Oracle	7
Le Rival supposé	7

Saurin.

Blanche et Guiscard	6

Scarron.

Jodelet	1

Voltaire.

Alzire	1
Brutus	3
L'Écossaise	3
L'Enfant prodigue	5
Mahomet	2
Mérope	6
Nanine	5
Octave et le jeune Pompée	1
OEdipe	1
Olympie	10
Oreste	3
L'Orphelin de la Chine	2
Sémiramis	1
Tancrède	5

1765

Autreau.

La Magie de l'Amour	1

Baron.

La Coquette et la Fausse Prude	4
L'Homme à bonnes fortunes	4

Belloy (P. L. de).

Le Siège de Calais	19

Boissy.

Le Babillard	6
Les Dehors trompeurs	5
L'Époux par supercherie	5
Le Français à Londres	5
Le Sage étourdi	4

Boursault.

Le Mercure galant	5

Bret.

L'École amoureuse	4
Le Mariage par dépit	1

Brueys.

L'Avocat Patelin	3

Brueys et Palaprat.

Le Grondeur	1

Cahusac.

Zénéide	6

Cailhava.

Le Tuteur dupé	9

Campistron.

Andronic	1
Le Jaloux désabusé	3

Collé.

Dupuis et Desronais	6

Collet.

L'Ile déserte	2

Corneille (P.).

Cinna	3
Don Sanche d'Aragon	2
Héraclius	3
Le Menteur	3

Corneille (T.).

Le Baron d'Albikrac	2
Le Festin de Pierre	5

Crébillon.

Rhadamiste et Zénobie	4

Dancourt.

Les Bourgeoises à la mode	3
Le Charivari	4
Le Chevalier à la mode	4
Colin-Maillard	3
L'Été des coquettes	3
La Fête de village	8
Le Galant jardinier	5
Le Mari retrouvé	2

Dancourt (*Suite*).

Les Trois cousines	5
Les Vendanges de Suresnes	1

Desfontaines de La Vallée.

La Bergère des Alpes	1

Destouches.

Le Dissipateur	1
La Fausse Agnès	7
Le Glorieux	2
L'Irrésolu	1
Le Philosophe marié	3
Le Tambour nocturne	4
Le Triple mariage	1

Du Fresny.

La Coquette de village	2
Le Dédit	3
Le Double veuvage	4
L'Esprit de contradiction	9
Le Mariage fait et rompu	3
La Réconciliation normande	1

Fagan.

L'Étourderie	4
L'Inquiet	3

Fagan (*Suite*).

Les Originaux 2
La Pupille 6
Le Rendez-vous.......... 9

Gresset.

Le Méchant............. 3

Guyot de Merville.

Le Consentement forcé.. 1

Hauteroche.

Le Cocher supposé...... 4
Crispin médecin........ 6
Le Deuil............... 4
L'Esprit follet.......... 5

La Chaussée.

Amour pour amour..... 6
L'École des mères....... 3
La Gouvernante........ 7
Mélanide 2
Le Préjugé à la mode... 3

La Font (de).

Les Trois frères rivaux.. 3

La Fontaine.

Le Florentin............ 3

**La Fontaine
et Champmeslé.**

La Coupe enchantée..... 5

La Fosse.

Manlius Capitolinus.... 2

La Harpe.

Le Comte de Warwick.. 5
Pharamond 2

Le Grand (M. A.).

L'Amour diable 5
L'Aveugle clairvoyant... 4
La Famille extravagante. 7
Le Galant coureur 5
Le Philanthrope........ 3
L'Usurier gentilhomme.. 4

**Le Grand (M. A.)
et Alain.**

L'Épreuve réciproque ... 4

Lemierre.

Hypermnestre 3

Le Sage.

Crispin rival de son
    maître................ 4
Turcaret............... 4

Marivaux.

Le Legs................ 7
Le Préjugé vaincu 2
La Seconde Surprise de
    l'Amour............... 1

Molière.

Amphitryon 2
L'Avare................ 3
La Comtesse d'Escar-
    bagnas 5
Le Dépit amoureux..... 5
L'École des femmes..... 5
L'École des maris...... 3
L'Étourdi.............. 3
Les Femmes savantes ... 4
Les Fourberies de Sca-
    pin................... 3
Le Malade imaginaire.... 1
Le Médecin malgré lui... 9
Le Misanthrope 5
Les Précieuses ridicules. 5
Tartuffe............... 8

Montfleury.

La Femme juge et partie. 3

Piron.

La Métromanie......... 1

Poinsinet (A. A. H.).

Le Cercle 3

Poisson (Ph.).

L'Impromptu de cam-
    pagne 8
Le Procureur arbitre.... 6

Pont-de-Vesle.

Le Complaisant......... 2
Le Fat puni............ 5
Le Somnambule 4

Quinault.

La Mère coquette 4

Racine.

Andromaque........... 2
Athalie................ 3
Britannicus............ 6
Iphigénie 3
Mithridate 4
Phèdre 6
Les Plaideurs 5

Regnard.

Démocrite 3
Le Distrait............. 4
Les Folies amoureuses.. 4
Le Joueur 7
Le Légataire universel... 5
Les Ménechmes 5
Le Retour imprévu 5
La Sérénade 2

Rochon de Chabannes.

Heureusement 5

Saint-Foix.

Deucalion et Pyrrha.... 1
Les Grâces 3
L'Oracle............... 3

Saurin.

L'Orpheline léguée...... 5

Scarron.

Jodelet 3

Sedaine.

*Le Philosophe sans le
    savoir*............... 7

Voltaire.

Adélaïde Du Guesclin.... 10
Alzire 2
Brutus 2
L'Écossaise 6
L'Enfant prodigue..... 2
Mahomet 2
Mérope................ 4
Nanine 5
L'Orphelin de la Chine... 2
Sémiramis............. 5
Tancrède 3
Zaïre.................. 4

1766

Baron.

La Coquette et la Fausse
    Prude................ 1
L'Homme à bonnes for-
    tunes................. 2

Boindin et La Motte.

Le Port de mer 9

Boissy.

Le Babillard 4

Boissy (*Suite*).

Les Dehors trompeurs... 5
L'Époux par supercherie. 7
Le Français à Londres .. 5
Le Sage étourdi........ 2

Boursault.

Le Mercure galant...... 5

Bret.

L'École amoureuse...... 2

Brueys.

L'Avocat Patelin 7
L'Important de Cour 5

Brueys et Palaprat.

Le Muet 5

Cahusac.

Zénéide................ 4

Campistron.

Le Jaloux désabusé 3

Collé.

Dupuis et Desronais..... 7

Corneille (P.).

Le Cid................. 1
Héraclius.............. 4
Horace................ 7
Le Menteur............ 4
Polyeucte............. 1
Rodogune 2

Corneille (T.).

Ariane................. 3
Le Baron d'Albikrac..... 1
Le Festin de Pierre...... 5

Dancourt.

Les Bourgeoises à la mode................ 4
Le Charivari.......... 3
Le Chevalier à la mode.. 3
Colin-Maillard.......... 3
L'Été des coquettes...... 3
La Fête de village....... 3
Le Galant jardinier...... 5
Le Mari retrouvé....... 4
Le Moulin de Javelle.... 6
Les Trois cousines...... 5
Le Tuteur............. 6
Les Vacances.......... 5
Les Vendanges de Suresnes................ 4

Desfontaines de La Vallée.

La Bergère des Alpes.... 6

Destouches.

Le Dissipateur......... 2
La Fausse Agnès....... 4
Le Glorieux 4
L'Irrésolu 2
Le Médisant 4
L'Obstacle imprévu..... 1
Le Philosophe marié 6
Le Tambour nocturne... 1
Le Triple mariage....... 3

Du Fresny.

La Coquette de village .. 1
Le Double veuvage...... 3
L'Esprit de contradiction. 6
Le Mariage fait et rompu. 2

Fagan

L'Étourderie........... 4
Les Originaux 3
La Pupille............. 7
Le Rendez-vous........ 3

Fuzelier.

Momus fabuliste 2

Gresset.

Le Méchant............ 4

Guymond de La Touche.

Iphigénie en Tauride.... 2

Hauteroche.

Le Cocher supposé...... 6

Hauteroche *(Suite).*

Crispin médecin........ 6
Le Deuil.............. 5
L'Esprit follet.......... 2

La Chaussée.

Amour pour amour 1
L'École des mères...... 1
La Gouvernante........ 4
Mélanide 1
Le Préjugé à la mode.... 4

La Font (de).

Les Trois frères rivaux.. 7

La Fontaine.

Le Florentin........... 7

La Fontaine et Champmeslé.

La Coupe enchantée..... 6

La Harpe.

Gustave Wasa.......... 1

Le Franc de Pompignan.

Didon................. 3

Le Grand (M. A.).

L'Amour diable........ 5
L'Aveugle clairvoyant... 5
La Famille extravagante. 6
Le Galant coureur....... 5
La Nouveauté.......... 2
Le Philanthrope........ 1
L'Usurier gentilhomme.. 4

Le Grand (M. A.) et Alain.

L'Épreuve réciproque... 4

Lemierre.

Artaxerce.............. 10
Guillaume Tell.......... 6
Hypermnestre.......... 6

Le Sage.

Crispin rival de son maître............... 7
Turcaret.............. 7

Longepierre.

Médée................ 3

Marivaux.

Le Legs.............. 4
La Seconde Surprise de l'Amour 7

Molière.

L'Amour médecin....... 1
Amphitryon 2
L'Avare............... 6
La Comtesse d'Escarbagnas................ 1
Le Dépit amoureux...... 5
L'École des femmes 5
L'École des maris....... 5
L'Étourdi............. 5
Les Femmes savantes... 4
Les Fourberies de Scapin 4
George Dandin......... 2

Molière *(Suite).*

Le Malade imaginaire ... 1
Le Mariage forcé....... 5
Le Médecin malgré lui... 5
Le Misanthrope 4
Les Précieuses ridicules. 3
Tartuffe 8

Montfleury.

La Femme juge et partie. 3
La Fille Capitaine....... 3

Poinsinet (A. A. H.).

Le Cercle.............. 2

Poisson (Ph.).

L'Impromptu de campagne 2
Le Procureur arbitre.... 2

Pont-de-Vesle.

Le Fat puni............ 3
Le Somnambule 3

Quinault.

La Mère coquette........ 5

Racine.

Britannicus............ 3
Iphigénie 3
Mithridate 1
Phèdre 6
Les Plaideurs 4

Regnard.

Démocrite 4
Le Distrait............. 3
Les Folies amoureuses.. 4
Le Joueur 7
Le Légataire universel... 8
Les Ménechmes 6
Le Retour imprévu...... 5
La Sérénade 5

Rochon de Chabannes.

Heureusement 3

Saint-Foix.

L'Oracle.............. 2

Scarron.

Don Japhet d'Arménie... 5

Sedaine.

Le Philosophe sans le savoir................ 24

Voltaire.

Adélaïde Du Guesclin.... 3
Alzire 8
Brutus................ 5
L'Écossaise........... 8
L'Enfant prodigue....... 2
L'Indiscret............ 1
Mahomet.............. 2
Mérope............... 2
Nanine 5
Œdipe................ 2
Oreste................ 3
L'Orphelin de la Chine.. 4
Sémiramis............. 4
Tancrède 9
Zaïre 3

1767

Baron.

L'Andrienne 6
La Coquette et la Fausse
  Prude 3
L'Homme à bonnes for-
  tunes. 3

Beaumarchais.

Eugénie 23

Boindin et La Motte.

Le Port de mer. 1

Boissy.

Le Babillard 3
Les Dehors trompeurs... 4
L'Époux par supercherie. 6
Le Français à Londres .. 2
Le Sage étourdi. 5

Boursault.

Le Mercure galant 6

Bret.

Les Deux sœurs 1
L'École amoureuse. 2

Brueys.

L'Avocat Patelin 7

Brueys et Palaprat.

Le Muet 1

Cahusac.

Zénéide 2

Campistron.

Le Jaloux désabusé 1

Collé.

Dupuis et Desronais..... 6

Corneille (P.).

Le Cid 4
Héraclius 2
Horace 1
Le Menteur 2

Corneille (T.).

Ariane 4
Le Baron d'Albikrac..... 2
Le Comte d'Essex 5
Le Festin de Pierre 4

Crébillon.

Rhadamiste et Zénobie .. 1

Dancourt.

Les Bourgeoises à la
  mode................ 3
Le Charivari........... 3
Le Chevalier à la mode.. 5
Colin-Maillard 1
L'Été des coquettes 2
La Fête de village 2
Le Galant jardinier...... 7

Dancourt (*Suite*).

Le Mari retrouvé........ 6
Les Trois cousines 3
Le Tuteur 6
Les Vacances 4
Les Vendanges de Su-
  resnes............... 5

Destouches.

L'Ambitieux et l'Indis-
  crète 3
Le Dissipateur.......... 2
La Fausse Agnès........ 4
Le Glorieux............ 4
Le Philosophe marié 2
Le Tambour nocturne... 2
Le Triple mariage....... 2

Du Fresny.

L'Esprit de contradiction 12
Le Mariage fait et rompu 2

Fagan.

L'Étourderie........... 2
Les Originaux 3
La Pupille............. 3
Le Rendez-vous........ 10

Gresset.

Le Méchant........... 5

Guyot de Merville.

Le Consentement forcé.. 2

Hauteroche.

Le Cocher supposé 4
Crispin médecin........ 6
Le Deuil 5

La Chaussée.

L'École des mères 2
La Gouvernante........ 6
Mélanide.............. 6
Le Préjugé à la mode ... 1

La Font (de).

Les Trois frères rivaux.. 7

La Fontaine.

Le Florentin........... 6

**La Fontaine
et Champmeslé.**

La Coupe enchantée 5

La Grange-Chancel.

Ino et Mélicerte 4

La Motte.

Inès de Castro 6

Lefèvre.

Cosroès............... 10

Le Grand (M. A).

L'Amour diable 3

Le Grand (M. A.) (*Suite*).

L'Aveugle clairvoyant... 6
La Famille extravagante. 3
Le Galant coureur...... 5
La Nouveauté.......... 1
L'Usurier gentilhomme.. 2

**Le Grand (M. A.)
et Alain.**

L'Épreuve réciproque ... 5

Lemierre.

Artaxerce.............. 2
Guillaume Tell......... 1
Hypermnestre 1

Le Sage.

Crispin rival de son
  maître.............. 10
Turcaret............... 5

Longepierre.

Médée................. 1

Marivaux.

Le Legs 6
La Seconde Surprise de
  l'Amour............. 5

Molière.

L'Amour médecin 1
L'Avare 8
La Comtesse d'Escarba-
  gnas 3
Le Dépit amoureux 3
L'École des femmes 6
L'École des maris 8
L'Étourdi.............. 1
Les Femmes savantes... 2
Les Fourberies de Scapin. 3
George Dandin 2
Le Malade imaginaire ... 5
Le Mariage forcé....... 3
Le Médecin malgré lui... 6
Le Misanthrope........ 6
M. de Pourceaugnac..... 1
Les Précieuses ridicules. 2
Tartuffe 11

Montfleury.

La Femme juge et partie. 2

Piron.

La Métromanie 8

Poinsinet (A. A. H.).

Le Cercle............. 5

Poisson (Ph.).

L'Impromptu de cam-
  pagne 7

Poisson (Ph.) (*Suite*).

Le Procureur arbitre.... 3

Pont-de-Vesle.

Le Fat puni............. 3
Le Somnambule 2

Racine.

Athalie................ 7
Bérénice.............. 3
Britannicus............ 1
Mithridate............. 3
Phèdre 6
Les Plaideurs.......... 3

Regnard.

Démocrite.............. 8
Le Distrait............. 2
Les Folies amoureuses.. 8

Regnard (*Suite*).

Le Joueur 6
Le Légataire universel... 6
Les Ménechmes........ 8
Le Retour imprévu 2
La Sérénade 7

Rochon de Chabannes.

Heureusement.......... 5
La Manie des arts 6

Saint-Foix.

Les Grâces............. 9
L'Oracle............... 2

Saurin.

Les Mœurs du temps.... 7

Sauvigny.

Hirza................. 14

Sedaine.

Le Philosophe sans le
savoir 11

Voltaire.

Brutus................ 1
L'Écossaise............ 7
L'Enfant prodigue....... 7
Mérope 8
Nanine 7
Œdipe 3
Les Scythes............ 4
Sémiramis 1
Tancrède 4
Zaïre 2

1768

Baron.

La Coquette et la Fausse
Prude................ 4
L'Homme à bonnes for-
tunes................ 6

Barthe.

Les Fausses infidélités 28

Boindin et La Motte.

Le Port de mer......... 1

Boissy.

Le Babillard............ 2
Les Dehors trompeurs... 3
L'Époux par supercherie. 5
Le Français à Londres.. 2
Le Sage étourdi........ 1

Boursault.

Le Mercure galant...... 6

Bret.

L'École amoureuse...... 3

Brueys.

L'Avocat Patelin........ 5

Brueys et Palaprat.

Le Grondeur........... 2
Le Muet............... 2

Cahusac.

Zénéide............... 2

Campistron.

Le Jaloux désabusé..... 1

Collé.

Dupuis et Desronais..... 7

Corneille (P.).

Le Cid................ 2
Le Menteur............ 3

Corneille (T.).

Ariane................ 2
Le Baron d'Albikrac..... 2

Corneille (T.) (*Suite*).

Le Comte d'Essex....... 6
Le Festin de Pierre...... 3

Crébillon.

Rhadamiste et Zénobie.. 1

Dancourt.

Les Bourgeoises à la
mode................ 3
Le Charivari........... 2
Le Chevalier à la mode.. 2
Colin-Maillard 3
L'Été des coquettes...... 3
La Fête de village...... 2
Le Galant jardinier...... 3
Les Trois cousines 1
Le Tuteur.............. 4
Les Vacances.......... 2
Les Vendanges de Su-
resnes 3

Destouches.

Le Dissipateur......... 4
La Fausse Agnès........ 5
Le Glorieux............ 6
L'Irrésolu.............. 1
Le Médisant........... 2
Le Philosophe marié..... 2
Le Tambour nocturne... 4
Le Triple mariage....... 3

Ducis.

Amélise............... 1

Dudoyer de Gastels.

Laurette.............. 1

Du Fresny.

L'Esprit de contradiction. 4

Fagan.

L'Étourderie. 3

Fagan (*Suite*).

Les Originaux...........
La Pupille............. 2
Le Rendez-vous........ 3

Gresset.

Le Méchant............ 4

Guyot de Merville.

Le Consentement forcé.. 7

Hauteroche.

Le Cocher supposé...... 6
Crispin médecin......... 6
L'Esprit follet.......... 5

La Chaussée.

L'École des amis........ 4
L'École des mères....... 4
La Gouvernante........ 3
Mélanide 8
Le Préjugé à la mode.... 2

La Font (de).

Les Trois frères rivaux.. 4

La Fontaine.

Le Florentin........... 1

**La Fontaine
et Champmeslé.**

La Coupe enchantée..... 3

La Harpe.

Le Comte de Warwick... 7

La Motte.

Inès de Castro......... 3

Le Franc de Pompignan.

Didon 1

Le Grand (M. A.).

L'Aveugle clairvoyant... 3
La Famille extravagante. 3
Le Galant coureur...... 7
La Nouveauté.......... 3

Le Grand (M. A.) (Suite).
L'Usurier gentilhomme.. 1
Le Grand (M. A.) et Alain.
L'Épreuve réciproque.... 4
Lemierre.
Hypermnestre.......... 1
Le Sage.
Crispin rival de son maître.............. 6
Turcaret.............. 7
Longepierre.
Médée................ 3
Marivaux.
Le Legs.............. 4
La Seconde Surprise de l'Amour........... 3
Moissy.
Les Deux frères......... 1
Molière.
Amphitryon,........... 3
L'Avare.............. 8
Le Dépit amoureux..... 4
L'École des femmes..... 5
L'École des maris...... 6
Les Femmes savantes... 5
Les Fourberies de Scapin. 5
George Dandin........ 4
Le Malade imaginaire... 4
Le Mariage forcé....... 4
Le Médecin malgré lui... 3
Le Misanthrope........ 4
M. de Pourceaugnac..... 6
Les Précieuses ridicules. 3

Molière (Suite).
Tartuffe.............. 7
Montfleury.
La Femme juge et partie. 5
Piron.
Gustave Wasa.......... 2
La Métromanie......... 3
Poinsinet (A. A. H.).
Le Cercle............. 5
Poisson (Ph.).
L'Impromptu de campagne............... 7
Le Procureur arbitre..... 3
Pont-de-Vesle.
Le Fat puni........... 2
Le Somnambule........ 2
Quinault.
La Mère coquette....... 1
Racine.
Athalie.............. 1
Britannicus........... 2
Iphigénie............. 3
Phèdre............... 7
Les Plaideurs.......... 2
Regnard.
Démocrite............ 5
Le Distrait........... 6
Les Folies amoureuses.. 4
Le Joueur............ 5
Le Légataire universel... 8
Les Ménechmes........ 5
Le Retour imprévu..... 3

Regnard (Suite).
La Sérénade........... 4
Rochon de Chabannes.
Heureusement......... 5
Hylas et Sylvie......... 9
La Manie des arts...... 2
Les Valets maîtres de la maison.............. 11
Saint-Foix.
L'Oracle............. 3
Saurin.
Beverley............. 15
Les Mœurs du temps.... 4
Sauvigny.
Hirza................ 3
Sedaine.
La Gageure imprévue.... 11
Le Philosophe sans le savoir.............. 5
Voltaire.
Adélaïde Du Guesclin.... 4
Alzire............... 3
Brutus.............. 2
L'Écossaise........... 6
L'Enfant prodigue...... 8
L'Indiscret........... 2
Mahomet............. 3
Mérope.............. 8
Nanine.............. 3
Sémiramis............ 1
Tancrède............. 8

1769

Baron.
La Coquette et la Fausse Prude............... 2
L'Homme à bonnes fortunes............... 1
Barthe.
Les Fausses infidélités... 3
Belloy (P. L. de).
Le Siège de Calais...... 10
Boissy.
Le Babillard.......... 6
Les Dehors trompeurs... 2
L'Époux par supercherie................ 4
Le Français à Londres... 6
Le Sage étourdi........ 3
Boursault.
Le Mercure galant...... 5

Bret.
L'École amoureuse...... 1
Brueys.
L'Avocat Patelin....... 6
Brueys et Palaprat.
Le Grondeur.......... 6
Cahusac.
Zénéide.............. 7
Cailhava.
Les Étrennes de l'Amour. 5
Le Mariage interrompu.. 6
Campistron.
Le Jaloux désabusé..... 2
Châteaubrun.
Les Troyennes......... 4
Collé.
Dupuis et Desronais..... 5
Corneille (P.).
Le Cid............... 1

Corneille (P.) (Suite).
Horace............... 1
Le Menteur........... 4
Polyeucte............ 2
Corneille (T.).
Ariane.............. 4
Le Baron d'Albikrac..... 1
Le Comte d'Essex....... 5
Le Festin de Pierre..... 3
Crébillon.
Rhadamiste et Zénobie... 1
Dancourt.
Les Bourgeoises à la mode............... 4
Le Charivari.......... 2
Le Chevalier à la mode.. 6
Colin-Maillard......... 2
Les Curieux de Compiègne 10

Dancourt (*Suite*).
L'Été des coquettes...... 3
La Fête de village....... 5
Le Galant jardinier...... 4
Le Mari retrouvé........ 5
Les Trois cousines...... 1
Le Tuteur.............. 6
Les Vacances........... 2
Les Vendanges de Su-resnes.............. 6
Denon.
Julie.................. 10
Destouches.
Le Dissipateur......... 5
La Fausse Agnès....... 3
Le Glorieux........... 4
L'Irrésolu............. 1
Le Philosophe marié..... 3
Le Tambour nocturne... 3
Le Triple mariage....... 2
Diderot.
Le Père de famille....... 12
Ducis.
Hamlet................ 9
Du Fresny.
Le Dédit.............. 3
L'Esprit de contradiction. 8
Le Mariage fait et rompu. 1
La Réconciliation nor-mande............... 7
Du Vaure.
Le Faux savant......... 5
Fagan.
L'Étourderie........... 3
La Pupille............. 5
Le Rendez-vous........ 5
Gresset.
Le Méchant............ 5
Guymond de La Touche.
Iphigénie en Tauride.... 3
Guyot de Merville.
Le Consentement forcé... 8
Hauteroche.
Le Cocher supposé...... 6
Crispin médecin,........ 5
L'Esprit follet.......... 2
La Chaussée.
L'École des mères....... 3
La Gouvernante........ 2
Mélanide.............. 7
Le Préjugé à la mode.... 4
La Font (de).
Les Trois frères rivaux... 9

La Fontaine.
Le Florentin........... 5
La Fontaine et Champmeslé.
La Coupe enchantée..... 3
La Harpe.
Le Comte de Warwick... 3
La Motte.
Inès de Castro.......... 2
Le Magnifique.......... 3
Le Grand (M.A.).
L'Aveugle clairvoyant,.. 3
La Famille extravagante. 2
Le Galant coureur...... 8
La Nouveauté.......... 2
L'Usurier gentilhomme.. 4
Le Grand (M. A.) et Alain.
L'Épreuve réciproque.... 8
Lemierre.
Guillaume Tell......... 4
Hypermnestre.......... 8
Le Sage.
Crispin rival de son maitre 6
Turcaret.............. 3
Longepierre.
Médée................. 2
Longueil.
L'Orphelin anglais....... 8
Marivaux.
Le Legs............... 4
La Seconde Surprise de l'Amour............. 7
Molière.
Amphitryon........... 2
L'Avare.............. 7
Le Bourgeois gentil-homme.............. 8
La Comtesse d'Escar-bagnas.............. 2
Le Dépit amoureux...... 1
L'École des femmes..... 6
L'École des maris....... 6
L'Étourdi............. 1
Les Femmes savantes... 6
Les Fourberies de Scapin. 5
George Dandin.......... 4
Le Mariage forcé....... 3
Le Médecin malgré lui... 6
Le Misanthrope........ 7
Les Précieuses ridicules. 5
Tartuffe.............. 7

Montfleury.
La Femme juge et partie. 6
Piron.
Gustave Wasa.......... 5
La Métromanie......... 11
Poinsinet (A. A. H.).
Le Cercle.............. 3
Poisson (Ph.).
L'Impromptu de cam-pagne................ 8
Le Procureur arbitre.... 2
Pont-de-Vesle.
Le Fat puni............ 6
Le Somnambule........ 1
Racine.
Britannicus............ 2
Iphigénie............. 2
Mithridate............ 1
Phèdre................ 2
Regnard.
Démocrite............. 4
Le Distrait............. 2
Les Folies amoureuses.. 2
Le Joueur............. 5
Le Légataire universel... 8
Les Ménechmes........ 6
Le Retour imprévu...... 4
La Sérénade........... 6
Rochon de Chabannes.
Heureusement.......... 5
Hylas et Sylvie......... 1
La Manie des arts....... 1
Saint-Foix.
L'Oracle.............. 4
Saurin.
Les Mœurs du temps.... 4
Sedaine.
Le Philosophe sans le savoir............... 5
Voltaire.
Adélaïde Du Guesclin.... 4
Alzire................ 6
Brutus............... 1
L'Écossaise........... 5
L'Enfant prodigue....... 7
Mahomet............. 3
Mérope.............. 5
Nanine.............. 6
OEdipe.............. 4
L'Orphelin de la Chine... 4
Sémiramis............ 4
Tancrède............. 2
Zaïre................ 3

1770

Allainval (d').

L'École des bourgeois... 3

Baron.

La Coquette et la Fausse
Prude............... 2

L'Homme à bonnes for-
tunes............... 5

Barthe.

Les Fausses infidélités .. 4

Beaumarchais.

Les Deux amis.......... 12

Eugénie............... 3

Boissy.

Le Babillard........... 3

Les Dehors trompeurs .. 3

L'Époux par supercherie. 6

Le Français à Londres.. 4

Le Sage étourdi........ 4

Boursault.

Le Mercure galant...... 6

Bret.

L'École amoureuse...... 1

Brueys.

L'Avocat Patelin........ 7

Brueys et Palaprat.

Le Grondeur........... 4

Cahusac.

Zénéide............... 1

Cailhava.

Les Étrennes de l'Amour. 3

Campistron.

Le Jaloux désabusé..... 3

Chamfort.

La Jeune Indienne...... 6

Le Marchand de Smyrne. 13

Collé.

Dupuis et Desronais.... 5

La Veuve............... 1

Corneille (P.).

Le Cid 1

Cinna 4

Héraclius............. 5

Le Menteur............ 5

Rodogune 5

Corneille (T.).

Ariane................. 1

Le Baron d'Albikrac..... 2

Le Comte d'Essex....... 3

Le Festin de Pierre 4

Crébillon.

Électre................ 1

Dancourt.

Les Bourgeoises à la
mode................. 2

Le Charivari........... 2

Le Chevalier à la mode. 4

Colin-Maillard.......... 2

Les Curieux de Com-
piègne............... 4

L'Été des coquettes..... 4

La Fête de village 1

Le Galant jardinier...... 2

Les Trois cousines..... 2

Le Tuteur............. 4

Les Vendanges de Su-
resnes............... 2

Destouches.

Le Dissipateur......... 4

La Fausse Agnès 4

Le Glorieux............ 4

L'Irrésolu 1

Le Philosophe marié.... 4

Le Tambour nocturne... 2

Le Triple mariage....... 1

Diderot.

Le Père de famille 6

Ducis.

Hamlet................ 3

Du Fresny.

Le Double veuvage...... 1

L'Esprit de contradic-
tion 7

Le Mariage fait et rompu. 2

Fagan.

L'Étourderie........... 4

Les Originaux 2

La Pupille............. 3

Le Rendez-vous........ 4

Gresset.

Le Méchant............ 5

Sidney 5

Guymond de La Touche.

Iphigénie en Tauride.... 3

Guyot de Merville.

Le Consentement forcé.. 7

Hauteroche.

Le Cocher supposé...... 5

Crispin médecin 3

L'Esprit follet.......... 5

La Chapelle.

Les Carrosses d'Orléans. 2

La Chaussée.

L'École des amis....... 4

L'École des mères...... 4

La Gouvernante........ 5

Mélanide.............. 5

Le Préjugé à la mode ... 3

La Font (de).

Les Trois frères rivaux.. 5

La Fontaine.

Le Florentin........... 6

**La Fontaine
et Champmeslé.**

La Coupe enchantée..... 2

La Motte.

Inès de Castro......... 3

Le Magnifique......... 5

Lefèvre.

Florinde............... 1

Le Grand (M. A.).

L'Amour diable......... 5

L'Aveugle clairvoyant... 6

La Famille extravagante. 7

Le Galant coureur...... 7

La Métamorphose amou-
reuse................ 5

La Nouveauté.......... 5

L'Usurier gentilhomme.. 3

**Le Grand (M. A.)
et Alain.**

L'Épreuve réciproque... 8

**Le Grand (M. A.)
et Fuzelier.**

Les Amazones modernes. 12

Lemierre.

Hypermnestre 3

La Veuve du Malabar ... 6

Le Sage.

Crispin rival de son
maître............... 6

Turcaret.............. 6

Longepierre.

Médée................ 2

Longueil.

L'Orphelin anglais 4

Marivaux.

Le Legs 5

La Seconde Surprise de
l'Amour.............. 6

Molière.

Amphitryon 2

Molière (Suite).

L'Avare 5
Le Bourgeois gentil-
homme 4
La Comtesse d'Escarba-
gnas 4
Le Dépit amoureux 3
L'École des femmes 5
L'École des maris 4
L'Étourdi 4
Les Femmes savantes... 4
Les Fourberies de Sca-
pin 3
George Dandin 4
Le Malade imaginaire,... 5
Le Mariage forcé 2
Le Médecin malgré lui .. 6
Le Misanthrope 4
M. de Pourceaugnac..... 4
Les Précieuses ridicules. 5
Le Sicilien 6
Tartuffe 8

Montfleury.

La Femme juge et partie. 5

Piron.

Gustave Wasa 1

Piron (Suite).

La Métromanie 5

Poinsinet (A. A. H.).

Le Cercle 4

Poisson (Ph.).

L'Impromptu de campa-
gne 8
Le Procureur arbitre.... 4

Pont-de-Vesle.

Le Fat puni 4
Le Somnambule 2

Racine.

Athalie 4
Iphigénie 6
Mithridate 2
Phèdre 4
Les Plaideurs.......... 2

Regnard.

Démocrite 4
Le Distrait 3
Les Folies amoureuses.. 2
Le Joueur 6
Le Légataire universel... 6
Les Ménechmes......... 3
Le Retour imprévu...... 5
La Sérénade 4

Rochon de Chabannes.

Heureusement 3
Hylas et Sylvie......... 3
La Manie des arts....... 3

Saint-Foix.

L'Oracle 2

Saurin.

Beverley.............. 5
Les Mœurs du temps... 3

Sauvigny.

Hirza 7

Sedaine.

Le Philosophe sans le
savoir 5

Voltaire.

Alzire 5
Brutus............... 2
L'Écossaise 6
L'Enfant prodigue....... 5
L'Indiscret............ 1
Mérope............... 5
Nanine 4
OEdipe 2
L'Orphelin de la Chine.. 1
Les Scythes............ 5
Sémiramis 3
Tancrède 5

1771

Baron.

La Coquette et la Fausse
Prude 2
L'Homme à bonnes for-
tunes 6

Barthe.

Les Fausses infidélités .. 4
La Mère jalouse 4

Beaumarchais.

Eugénie 2

Belloy (P. L. de)

Gaston et Bayard....... 12

Boissy.

Le Babillard 3
Les Dehors trompeurs... 3
L'Époux par supercherie. 6
Le Français à Londres .. 4
Le Sage étourdi 4

Boursault.

Le Mercure galant....... 8

Brueys.

L'Avocat Patelin 3

Brueys et Palaprat.

Le Grondeur........... 3
Le Muet 3

Cahusac.

Zénéide............... 3

Campistron.

Le Jaloux désabusé 3

Chamfort.

La Jeune Indienne....... 2
Le Marchand de Smyrne. 4

Chaumont
et Rozet (Mmes).

L'Heureuse rencontre..... 5

Collé.

Dupuis et Desronais..... 3

Corneille (P.).

Le Cid 3
Cinna................ 4
Horace 3
Le Menteur........... 4
Nicomède............. 4
Polyeucte............. 1
Rodogune............. 4

Corneille (T.).

Le Baron d'Albikrac..... 4
Le Comte d'Essex....... 2
Le Festin de Pierre...... 2

Crébillon.

Rhadamiste et Zénobie .. 7

Dancourt.

Les Bourgeoises à la
mode............... 2
Le Charivari.......... 1
Le Chevalier à la mode.. 2
Colin-Maillard 5
Les Curieux de Com-
piègne.............. 4
L'Été des coquettes 3
La Fête de village....... 3
Le Galant jardinier...... 1
Le Mari retrouvé....... 4
Les Trois cousines 4
Le Tuteur 5
Les Vendanges de Su-
resnes.............. 5

Destouches.

Le Dissipateur 3
La Fausse Agnès........ 5
Le Glorieux........... 5
Le Philosophe marié..... 3
Le Tambour nocturne... 1
Le Triple mariage....... 5

Diderot.

Le Fils naturel......... 1
Le Père de famille 4

Du Fresny.

L'Esprit de contradiction. 10
Le Mariage fait et rompu. 2

Du Vaure.

Le Faux savant........ 2

Fagan.

L'Étourderie............ 1
Les Originaux 2
La Pupille............. 4
Le Rendez-vous........ 6

Fenouillot de Falbaire.

Le Fabricant de Londres. 1

Goldoni.

Le Bourru bienfaisant... 13

Gresset.

Le Méchant............ 4

Guymond de La Touche.

Iphigénie en Tauride.... 5

Guyot de Merville.

Le Consentement forcé... 6

Hauteroche.

Le Cocher supposé...... 6
Crispin médecin......... 7
L'Esprit follet.......... 1

La Chapelle.

Les Carrosses d'Orléans. 1

La Chaussée.

L'École des amis 3
L'École des mères....... 3
La Gouvernante........ 5
Mélanide.............. 4
Le Préjugé à la mode... 2

La Font (de).

Les Trois frères rivaux.. 7

La Fontaine.

Le Florentin........... 5

La Fontaine
et Champmeslé.

La Coupe enchantée..... 1

La Harpe.

Le Comte de Warwick.. 1

La Motte.

Inès de Castro 5
Le Magnifique.......... 2

Le Grand (M. A.).

L'Amour diable 2
L'Aveugle clairvoyant... 4
La Famille extravagante. 5
Le Galant coureur....... 6
La Métamorphose amou-
reuse.............. 2

Le Grand (M. A.) (Suite).

La Nouveauté.......... 3
L'Usurier gentilhomme.. 2

Le Grand (M. A.)
et Alain.

L'Épreuve réciproque... 6

Le Grand (M. A.)
et Fuzelier.

Les Amazones modernes. 4

Lemierre.

Hypermnestre.......... 4

Le Sage.

Crispin rival de son
maître.............. 5
Turcaret.............. 4

Longepierre.

Médée............... 5

Longueil.

L'Orphelin anglais...... 3

Marivaux.

Le Legs 3
La Seconde Surprise de
l'Amour 5

Molière.

Amphitryon 5
L'Avare............... 5
La Comtesse d'Escarba-
gnas 3
Le Dépit amoureux 2
L'École des femmes..... 5
L'École des maris....... 2
L'Étourdi............. 4
Les Femmes savantes... 3
Les Fourberies de Scapin. 3
George Dandin........ 2
Le Mariage forcé....... 1
Le Médecin malgré lui... 5
Le Misanthrope........ 3
M. de Pourceaugnac..... 1
Les Précieuses ridicules. 6
Le Sicilien 1
Tartuffe 7

Montfleury.

La Femme juge et partie. 4

Piron.

Gustave Wasa 1
La Métromanie......... 6

Poinsinet (A. A. H.).

Le Cercle............. 4

Poisson (Ph.).

L'Impromptu de cam-
pagne............... 5

Poisson (Ph.) (Suite).

Le Procureur arbitre 3

Pont-de-Vesle

Le Fat puni............ 3
Le Somnambule........ 4

Racine.

Athalie 3
Britannicus............ 5
Iphigénie 4
Phèdre 4
Les Plaideurs.......... 4

Regnard.

Démocrite 4
Le Distrait............ 3
Les Folies amoureuses.. 5
Le Joueur.... 5
Le Légataire universel.. 6
Les Ménechmes........ 4
Le Retour imprévu...... 3
La Sérénade 5

Rochon de Chabannes.

Heureusement.......... 2
La Manie des arts....... 2

Saint-Chamond (Mme de).

Les Amants sans le savoir. 4

Saint-Foix.

Les Grâces............ 3
L'Oracle.............. 5

Saurin.

Beverley 5
Les Mœurs du temps.... 2

Sauvigny.

Le Persifleur........... 11

Scarron.

Don Japhet d'Arménie... 3
Jodelet 2

Sedaine.

Le Philosophe sans le
savoir............. 6

Voltaire.

Adélaïde Du Guesclin.... 4
Alzire................. 3
L'Écossaise 4
L'Enfant prodigue....... 4
Mahomet.............. 3
Mérope............... 2
Nanine 4
Œdipe 2
L'Orphelin de la Chine .. 2
Sémiramis............. 5
Tancrède 2
Zaïre 3

1772

Baron.
La Coquette et la Fausse Prude 3
L'Homme à bonnes fortunes 5
Barthe.
Les Fausses infidélités .. 3
La Mère jalouse 2
Bauvin.
Les Chérusques 8
Beaumarchais.
Eugénie 4
Belloy (P. L. de).
Gaston et Bayard 8
Pierre le Cruel 1
Boindin et La Motte.
Le Port de mer 5
Boissy.
Le Babillard 1
Les Dehors trompeurs ... 3
L'Époux par supercherie. 5
Le Français à Londres .. 4
Le Sage étourdi 4
Boursault.
Ésope à la Cour 3
Le Mercure galant 4
Brueys.
L'Avocat Patelin 10
Brueys et Palaprat.
Le Grondeur 3
Le Muet 3
Cahusac.
Zénéide 2
Campistron.
Le Jaloux désabusé 3
Chamfort.
La Jeune Indienne 2
Le Marchand de Smyrne. 3
Collé.
Dupuis et Desronais 3
Collet.
L'Ile déserte 1
Corneille (P.).
Le Cid 3
Cinna 2
Héraclius 2
Horace 5
Le Menteur 5
Nicomède 2
Polyeucte 1
Rodogune 2
Sertorius 2

Corneille (T.).
Le Baron d'Albikrac 3
Le Comte d'Essex 2
Le Festin de Pierre 4
Crébillon.
Rhadamiste et Zénobie... 2
Dancourt.
Les Bourgeoises à la mode 3
Le Charivari 2
Le Chevalier à la mode.. 3
Colin-Maillard 2
Les Curieux de Compiègne 4
L'Été des coquettes 4
La Fête de village 3
Le Mari retrouvé 8
Les Trois cousines 5
Le Tuteur 6
Les Vacances 1
Les Vendanges de Suresnes 3
Destouches.
Le Dissipateur 3
La Fausse Agnès 2
Le Glorieux 6
Le Philosophe marié.... 4
Le Tambour nocturne... 1
Le Triple mariage 1
Diderot.
Le Père de famille 1
Ducis.
Roméo et Juliette 19
Du Fresny.
Le Dédit 4
Le Double veuvage 3
L'Esprit de contradiction. 11
Le Jaloux honteux de l'être (1) 4
Le Mariage fait et rompu. 1
Fagan.
L'Étourderie 1
Les Originaux 2
La Pupille 5
Le Rendez-vous 4
Gresset.
Le Méchant 4
Guymond de La Touche.
Iphigénie en Tauride.... 3
Guyot de Merville.
Le Consentement forcé .. 7

Hauteroche.
Le Cocher supposé 4
Crispin médecin 5
L'Esprit follet 2
La Chaussée.
Amour pour amour 2
L'École des mères 5
La Gouvernante 4
Mélanide 4
Le Préjugé à la mode... 3
La Font (de).
Les Trois frères rivaux.. 9
La Fontaine.
Le Florentin 4
La Fontaine et Champmeslé.
La Coupe enchantée.... 3
La Fosse.
Manlius Capitolinus..... 2
La Motte.
Inès de Castro 3
Le Magnifique 1
Leblanc de Guillet.
Les Druides 12
Le Franc de Pompignan.
Didon 3
Le Grand (M. A.).
L'Amour diable 4
L'Aveugle clairvoyant... 5
La Famille extravagante. 9
Le Galant coureur....... 8
La Métamorphose amoureuse. 2
L'Usurier gentilhomme.. 3
Le Grand (M. A.) et Alain.
L'Épreuve réciproque.... 1
Le Grand (M. A.) et Fuzelier.
Les Amazones modernes. 1
Lemierre
Hypermnestre 1
Le Sage.
Crispin rival de son maître 10
Turcaret 6
Longepierre.
Médée. 2
Longueil.
L'Orphelin anglais 1

(1) Retouché par Collé.

3ᵉ PARTIE.

7

Marivaux.

Le Legs 4
Le Préjugé vaincu 5
La Seconde Surprise de
l'Amour 4

Molière.

L'Amour médecin 1
Amphitryon 2
L'Avare 4
La Comtesse d'Escar-
bagnas 1
Le Dépit amoureux 2
L'École des femmes 4
L'École des maris 5
Les Femmes savantes ... 2
Le Médecin malgré lui... 1
Le Misanthrope 3
M. de Pourceaugnac..... 2
Les Précieuses ridicules. 3
Tartuffe 7

Montfleury.

La Femme juge et partie. 3

Piron.

Gustave Wasa.......... 1
La Métromanie......... 10

Poinsinet. (A. A. H)

Le Cercle............. 6

Poisson (Ph.).

L'Impromptu de cam-
pagne 10
Le Procureur arbitre.... 3

Pont-de-Vesle.

Le Fat puni........... 3
Le Somnambule........ 2

Racine.

Andromaque.......... 1
Athalie............... 1
Bajazet............... 2
Britannicus........... 1
Iphigénie 3
Mithridate........... 2
Phèdre 1
Les Plaideurs.......... 6

Regnard.

Démocrite 5
Le Distrait............ 4
Les Folies amoureuses... 5
Le Joueur 7
Le Légataire universel.. 8
Les Ménechmes........ 7
Le Retour imprévu..... 3
La Sérénade 9

Rochon de Chabannes.

Heureusement 4
La Manie des arts....... 1

Saint-Foix.

Deucalion et Pyrrha..... 3
L'Oracle 2

Saurin.

L'Anglomane (1)........ 11
Les Mœurs du temps.... 1

Scarron.

Don Japhet d'Arménie... 2

Sedaine.

Le Philosophe sans le
savoir............... 2

Voltaire.

Adélaïde Du Guesclin.... 2
Alzire 3
Brutus 1
L'Écossaise........... 4
L'Enfant prodigue 4
L'Indiscret 2
Mahomet 1
Mérope 2
Nanine 4
OEdipe.............. 1
Sémiramis........... 5
Tancrède 2
Zaïre 1

1773

Artaud.

La Centenaire de Molière. 12

Baron.

L'Andrienne 3
La Coquette et la Fausse
Prude 1
L'Homme à bonnes for-
tunes................ 3

Barthe.

Les Fausses infidélités.. 2

Bauvin.

Les Chérusques........ 1

Beaumarchais.

Eugénie. 1

Belloy (P. L. de).

Le Siège de Calais..... 3

Blin de Sainmore.

Orphanis 13

Boissy.

Le Babillard........... 1
Les Dehors trompeurs... 4
L'Époux par supercherie. 3
Le Français à Londres.. 4
Le Médecin par occasion. 3

Boissy (Suite).

Le Sage étourdi........ 1

Boursault.

Ésope à la Cour........ 4
Les Fables d'Ésope 1
Le Mercure galant 4

Brueys.

L'Avocat Patelin....... 12

Brueys et Palaprat.

Le Grondeur........... 4
Le Muet. 3

Cahusac.

Zénéide............... 1

Cailhava.

Le Tuteur dupé........ 7

Campistron.

Le Jaloux désabusé..... 4

Chamfort.

La Jeune Indienne...... 3

Chaumont (Mme).

L'Amour à Tempé 1

Collé.

Dupuis et Desronais..... 3

Collet.

L'Ile déserte........... 2

Corneille (P.).

Le Cid 7
Cinna................. 2
Héraclius.............. 4
Horace................ 1
Le Menteur............ 1
Nicomède............. 1
Polyeucte............. 1
Rodogune............. 2

Corneille (T.).

Ariane................ 3
Le Baron d'Albikrac..... 2
Le Comte d'Essex....... 1
Le Festin de Pierre...... 1

Crébillon.

Rhadamiste et Zénobie.. 3

Dancourt.

Les Bourgeoises à la
mode................ 2
Le Chevalier à la mode.. 2
Colin-Maillard.......... 3
Les Curieux de Compiègne 4

(1) Même pièce que l'Orpheline léguée.

Dancourt (*Suite*).

L'Été des coquettes..... 4
Le Mari retrouvé........ 5
Le Moulin de Javelle.... 2
Les Trois cousines 2
Le Tuteur.............. 9
Les Vendanges de Su-
resnes................ 6

Destouches.

La Fausse Agnès........ 4
Le Glorieux............ 4
L'Irrésolu.:............ 2
Le Philosophe marié.... 6
Le Triple mariage....... 3

Diderot.

Le Père de famille...... 2

Dorat.

La Feinte par amour.... 15
Régulus................ 14

Du Fresny.

La Coquette de village... 4
Le Dédit.............. 4
L'Esprit de contradiction. 10
Le Mariage fait et rompu. 1
La Réconciliation nor-
mande................ 4

Fagan.

L'Étourderie........... 6
Les Originaux.......... 1
La Pupille............. 3
Le Rendez-vous........ 8

Gresset.

Le Méchant............ 1

Guymond de La Touche.

Iphigénie en Tauride.... 4

Guyot de Merville.

Le Consentement forcé.. 4

Hauteroche.

Le Cocher supposé 8
Crispin médecin........ 8
L'Esprit follet.......... 2

La Chaussée.

L'École des mères...... 2
La Gouvernante........ 2
Mélanide.............. 3
Le Préjugé à la mode.... 1

La Font (de).

Les Trois frères rivaux.. 9

La Fontaine.

Le Florentin........... 3

**La Fontaine
et Champmeslé.**

La Coupe enchantée.... 2

La Harpe.

Le Comte de Warwick... 1

La Motte.

Inès de Castro......... 2

La Tuillerie.

Crispin précepteur...... 1

Le Beau de Schosne.

L'Assemblée............ 5

Le Franc de Pompignan.

Didon................. 4

Le Grand (M. A.).

L'Aveugle clairvoyant... 5
La Famille extravagante. 1
Le Galant coureur...... 4
La Nouveauté.......... 2
L'Usurier gentilhomme.. 8

Le Grand (M. A.) et Alain.

L'Épreuve réciproque... 4

Lemierre.

Hypermnestre.......... 5

Le Sage.

Crispin rival de son
maitre................ 8
Turcaret.............. 3

Longepierre.

Médée................. 1

Lonvay de la Saussaye.

Alcidonis 5

Marivaux.

Le Legs............... 2
Le Préjugé vaincu...... 4
La Seconde Surprise de
l'Amour.............. 7

Molière.

Amphitryon........... 3
L'Avare............... 3
La Comtesse d'Escarba-
gnas................. 1
Le Dépit amoureux..... 2
L'École des femmes..... 7
L'École des maris....... 2
L'Étourdi.............. 5
Les Femmes savantes... 1
Le Malade imaginaire... 3
Le Médecin malgré lui... 3
Le Misanthrope........ 3
M. de Pourceaugnac.... 2
Les Précieuses ridicules. 4
Tartuffe.............. 7

Montfleury.

La Femme juge et partie. 2

Piron.

Gustave Wasa.......... 2
La Métromanie......... 7

Poinsinet (A. A. H.).

Le Cercle............. 3

Poisson (Ph.).

L'Impromptu de cam-
pagne............... 9
Le Procureur arbitre.... 3

Pont-de-Vesle.

Le Somnambule........ 1

Racine.

Andromaque.......... 3
Bajazet............... 1
Britannicus............ 2
Iphigénie............. 3
Mithridate............ 5
Phèdre............... 1
Les Plaideurs.......... 5

Regnard.

Attendez-moi sous l'orme. 2
Démocrite............. 8
Le Distrait............. 3
Les Folies amoureuses.. 7
Le Joueur............. 9
Le Légataire universel.. 7
Les Ménechmes........ 8
Le Retour imprévu..... 4
La Sérénade........... 13

Renou.

Térée et Philomèle....... 1

Rochon de Chabannes.

Heureusement......... 4
Hylas et Sylvie........ 2
La Manie des arts....... 1

Saint-Foix.

L'Oracle.............. 1

Saurin.

L'Anglomane........... 2

Scarron.

Jodelet................ 3

Sedaine.

Le Philosophe sans le
savoir............... 2

Voltaire.

Adélaïde Du Guesclin ... 2
Alzire................ 5
Brutus............... 1
L'Écossaise............ 3
L'Enfant prodigue....... 7
Mahomet............. 2
Mérope.............. 2
Nanine............... 6
Œdipe............... 2
L'Orphelin de la Chine.. 3
Sémiramis............. 3
Tancrède............. 2

1774

Artaud.
La Centenaire de Molière. 3
Baron.
L'Andrienne............ 1
La Coquette et la Fausse
Prude................ 2
L'Homme à bonnes for-
tunes................ 4
Barthe.
Les Fausses infidélités .. 5
Beaumarchais.
Eugénie.............. 2
Boissy.
Le Babillard. 1
Les Dehors trompeurs... 1
L'Époux par supercherie. 4
Le Français à Londres.. 3
Le Sage étourdi........ 2
Boursault.
Le Mercure galant...... 4
Bret.
La Double extravagance. 4
Brueys.
L'Avocat Patelin........ 8
Brueys et Palaprat.
Le Grondeur........... 4
Brunet.
Les Noms changés...... 3
Cahusac.
Zénéide............... 3
Cailhava.
Les Étrennes de l'Amour. 3
Le Tuteur dupé........ 1
Campistron.
Le Jaloux désabusé..... 4
Chamfort.
Le Marchand de Smyrne. 2
Collé.
La Partie de chasse
de Henri IV........... 20
Corneille (P.).
Cinna................ 1
Héraclius............. 1
Le Menteur........... 1
Polyeucte............ 2
Rodogune............. 3
Corneille (T.).
Le Baron d'Albikrac..... 1
Le Comte d'Essex...... 5
Le Festin de Pierre..... 1
Crébillon.
Électre............... 5
Rhadamiste et Zénobie.. 3

Dancourt.
Le Charivari........... 1
Le Chevalier à la mode.. 2
Colin-Maillard......... 1
Les Curieux de Com-
piègne.............. 2
L'Été des coquettes..... 3
La Fête de village...... 3
Le Mari retrouvé........ 5
Les Trois cousines...... 2
Le Tuteur............. 3
Les Vacances.......... 5
Les Vendanges de Su-
resnes.............. 1
Destouches.
Le Dissipateur......... 2
La Fausse Agnès....... 3
Le Glorieux........... 6
L'Irrésolu............. 1
Le Philosophe marié.... 2
Le Triple mariage...... 1
Diderot.
Le Père de famille...... 2
Dorat.
Adélaïde de Hongrie..... 13
La Feinte par amour.... 2
Dudoyer de Gastels.
Le Vindicatif........... 10
Du Fresny.
La Coquette de village.. 5
Le Dédit.............. 2
L'Esprit de contradiction. 6
Le Mariage fait et rompu. 3
La Réconciliation nor-
mande.............. 1
Du Vaure.
Le Faux savant........ 3
Fagan.
L'Étourderie.......... 2
Les Originaux......... 1
La Pupille............ 6
Le Rendez-vous........ 1
Gresset.
Le Méchant........... 2
Guymond de La Touche.
Iphigénie en Tauride.... 5
Guyot de Merville.
Le Consentement forcé.. 5
Hauteroche.
Le Cocher supposé..... 4
Crispin médecin........ 3
L'Esprit follet.......... 3
La Chaussée.
L'École des mères...... 1

La Chaussée (Suite).
La Gouvernante........ 3
Mélanide............. 8
La Font (de).
Les Trois frères rivaux.. 6
La Fontaine.
Le Florentin........... 3
**La Fontaine
et Champmeslé.**
La Coupe enchantée..... 1
La Fosse.
Manlius Capitolinus..... 1
La Tuillerie.
Crispin précepteur...... 6
Le Franc de Pompignan.
Didon................ 2
Le Grand (M. A.).
L'Amour diable........ 7
L'Aveugle clairvoyant... 2
La Famille extravagante. 4
Le Galant coureur...... 2
La Métamorphose amou-
reuse.............. 1
La Nouveauté.......... 1
L'Usurier gentilhomme.. 4
**Le Grand (M. A.)
et Alain.**
L'Épreuve réciproque... 5
**Le Grand (M. A.)
et Fuzelier.**
Les Amazones modernes. 2
Lemierre.
Hypermnestre......... 5
Le Sage.
Crispin rival de son
maître.............. 7
Turcaret.............. 2
Longepierre.
Médée............... 2
Marivaux.
Le Legs.............. 3
Le Préjugé vaincu...... 1
La Seconde Surprise de
l'Amour............. 2
Molière.
Amphitryon........... 2
L'Avare.............. 4
Le Bourgeois gentil-
homme.............. 6
La Comtesse d'Escarba-
gnas............... 3
Le Dépit amoureux..... 4
L'École des femmes..... 3

Molière (*Suite*).		Pont-de-Vesle (*Suite*).		Rotrou.	
L'École des maris	2	Le Somnambule	3	Venceslas (1)	5
L'Étourdi	2	**Racine.**		**Saint-Foix.**	
Les Femmes savantes	5	Andromaque	1	L'Oracle	2
Les Fourberies de Sca-		Athalie	3	**Saurin.**	
pin	3	Bajazet	1	L'Anglomane	2
Le Malade imaginaire	2	Britannicus	3	Les Mœurs du temps	1
Le Médecin malgré lui	4	Iphigénie	4	**Sedaine.**	
Le Misanthrope	3	Mithridate	2	La Gageure imprévue	9
M. de Pourceaugnac	2	Phèdre	3	Le Philosophe sans le sa-	
Les Précieuses ridicules	5	Les Plaideurs	4	voir	2
Tartuffe	3	**Regnard.**		**Voltaire.**	
Montfleury.		Démocrite	3	Adélaïde Du Guesclin	2
La Femme juge et partie	3	Le Distrait	1	Alzire	5
Piron.		Les Folies amoureuses	1	L'Écossaise	3
La Métromanie	3	Le Joueur	6	L'Enfant prodigue	7
Poinsinet (A. A. H.).		Le Légataire universel	7	L'Indiscret	1
Le Cercle	3	Les Ménechmes	4	Mahomet	3
Poisson (Ph.).		Le Retour imprévu	8	Mérope	5
L'Impromptu de cam-		La Sérénade	6	Nanine	4
pagne	8	**Rochon de Chabannes.**		OEdipe	3
Le Procureur arbitre	3	*Les Amants généreux*	14	L'Orphelin de la Chine	1
Pont-de-Vesle.		Heureusement	7	Sémiramis	6
Le Fat puni	1	Hylas et Sylvie	1	*Sophonisbe*	4
		La Manie des arts	3	Tancrède	3

1775

Baron.		Brueys.		Dancourt.	
La Coquette et la Fausse.		L'Avocat Patelin	9	Les Bourgeoises à la	
Prude	1	**Brueys et Palaprat.**		mode	2
L'Homme à bonnes for-		Le Grondeur	1	Le Charivari	2
tunes	3	**Cahusac.**		Le Chevalier à la mode	2
Barthe.		Zénéide	1	Colin-Maillard	1
Les Fausses infidélités	3	**Campistron.**		Les Curieux de Com-	
Beaumarchais.		Le Jaloux désabusé	2	piègne	4
Le Barbier de Séville	27	**Chamfort**		L'Été des coquettes	5
Eugénie	6	La Jeune Indienne	3	La Fête de village	1
Belloy (P. L. de).		Le Marchand de Smyrne	3	Le Galant jardinier	3
Gaston et Bayard	1	**Collé.**		Le Mari retrouvé	6
Le Siège de Calais	3	Dupuis et Desronais	3	Le Tuteur	10
Boindin et La Motte.		La Partie de chasse		Les Vacances	4
Le Port de mer	5	de Henri IV	6	Les Vendanges de Su-	
Boissy.		**Corneille (P.).**		resnes	6
Le Babillard	3	Le Cid	5	**Desmahis.**	
Les Dehors trompeurs	4	Horace	1	L'Impertinent	2
L'Époux par supercherie	4	Rodogune	4	**Destouches.**	
Le Français à Londres	6	**Corneille (T.).**		Le Dissipateur	3
Le Sage étourdi	1	Le Comte d'Essex	4	La Fausse Agnès	2
Boursault.		Le Festin de Pierre	5	Le Glorieux	5
Ésope à la Cour	1	**Crébillon.**		L'Irrésolu	1
Les Fables d'Ésope	1	Électre	2	Le Philosophe marié	1
Le Mercure galant	1	Rhadamiste et Zénobie	4	Le Tambour nocturne	2
				Le Triple mariage	1

(1) Le 30 août, à la fin du quatrième acte, on a fait cesser le spectacle, en raison de la maladie du roi.

Diderot.
Le Père de famille...... 2

Dorat.
Adélaïde de Hongrie.... 3
Le Célibataire.......... 13
La Feinte par amour.... 3

Du Fresny.
La Coquette de village.. 3
Le Dédit.............. 6
L'Esprit de contradiction. 8
La Réconciliation normande.............. 3

Fagan.
L'Étourderie........... 3
La Pupille............. 2
Le Rendez-vous........ 5

Favart.
L'Anglais à Bordeaux... 1

Gresset.
Le Méchant............ 5
Sidney................ 2

Guymond de La Touche.
Iphigénie en Tauride.... 5

Guyot de Merville.
Le Consentement forcé.. 5

Hauteroche.
Le Cocher supposé...... 7
Crispin médecin........ 9
Le Deuil.............. 5
L'Esprit follet.......... 2

Imbert.
Le Gâteau des rois...... 1

La Chaussée.
L'École des mères...... 2
La Gouvernante........ 1
Mélanide............. 6
Le Préjugé à la mode.... 3

La Font (de).
Les Trois frères rivaux.. 7

La Fontaine.
Le Florentin........... 6

La Fontaine et Champmeslé.
La Coupe enchantée.... 10

La Harpe.
Le Comte de Warwick.. 2

La Noüe.
La Coquette corrigée.... 6

Leblanc de Guillet.
Albert Ier.............. 12

Le Franc de Pompignan.
Didon................. 4

Le Grand (M. A.).
L'Amour diable........ 1
L'Aveugle clairvoyant.. 5
La Famille extravagante. 1
Le Galant coureur...... 2
La Métamorphose amoureuse.............. 4
La Nouveauté.......... 4
L'Usurier gentilhomme.. 5

Le Grand (M. A.) et Alain.
L'Épreuve réciproque... 6

Lemierre.
Hypermnestre.......... 8

Le Monnier.
Le Mariage clandestin... 1

Le Sage.
Crispin rival de son maître.............. 9
Turcaret.............. 4

Longepierre.
Médée................ 1

Marivaux.
Le Legs.............. 1
Le Préjugé vaincu...... 1
La Seconde Surprise de l'Amour............. 6

Molière.
L'Avare.............. 1
La Comtesse d'Escarbagnas................ 2
Le Dépit amoureux..... 4
L'École des femmes..... 5
L'Étourdi............. 1
Les Femmes savantes... 6
Les Fourberies de Scapin. 2
Le Malade imaginaire... 2
Le Médecin malgré lui.. 6
Le Misanthrope........ 5
Les Précieuses ridicules. 3
Tartuffe.............. 7

Montfleury.
La Femme juge et partie. 2

Peyraud de Beaussol.
Les Arsacides.......... 2

Piron.
Gustave Wasa.......... 4
La Métromanie........ 6

Poinsinet (A. A. H.).
Le Cercle.............. 3

Poisson (Ph.).
L'Impromptu de campagne.............. 7
Le Procureur arbitre.... 4

Pont-de-Vesle.
Le Fat puni........... 4
Le Somnambule........ 4

Racine.
Britannicus........... 2
Iphigénie............. 4
Phèdre.............. 3
Les Plaideurs.......... 3

Regnard.
Démocrite............. 4
Le Distrait............ 4
Les Folies amoureuses .. 3
Le Joueur............. 5
Le Légataire universel .. 3
Les Ménechmes........ 2
Le Retour imprévu..... 6
La Sérénade.......... 6

Rochon de Chabannes.
Heureusement......... 7
Hylas et Sylvie........ 1
La Manie des arts...... 2

Rousseau (J. J.).
Pygmalion............. 12

Saint-Foix.
L'Oracle.............. 3

Saurin.
L'Anglomane.......... 1
Beverley.............. 3
Les Mœurs du temps.... 2

Sedaine.
La Gageure imprévue ... 7

Voltaire.
Adélaïde Du Guesclin.... 6
Alzire............... 7
Brutus............... 2
L'Écossaise............ 1
L'Enfant prodigue....... 5
Mahomet.............. 6
Mérope.............. 5
Nanine.............. 2
OEdipe............... 6
L'Orphelin de la Chine .. 2
Sémiramis............ 4
Tancrède............. 5
Zaïre................ 3

1776

Baron.

La Coquette et la Fausse Prude 2
L'Homme à bonnes fortunes 3

Barthe.

Les Fausses infidélités . . 5

Beaumarchais.

Le Barbier de Séville 5
Eugénie 2

Belloy (P. L. de).

Zelmire 4

Blin de Sainmore.

Orphanis 1

Boindin et La Motte.

Le Port de mer 1

Boissy.

Le Babillard 7
Les Dehors trompeurs . . 5
L'Époux par supercherie . 5
Le Français à Londres . . 2
Le Sage étourdi 1

Boursault.

Ésope à la Cour 2
Le Mercure galant 4

Bret.

L'École amoureuse 1

Brueys.

L'Avocat Patelin 11

Brueys et Palaprat.

Le Grondeur 2

Cahusac.

Zénéïde 2

Campistron.

Le Jaloux désabusé 1

Chamfort.

La Jeune Indienne 4

Collé.

Dupuis et Desronais 2

Collet.

Abdolonyme 3

Corneille (P.).

Le Cid 3
Cinna 4
Héraclius 1
Horace 2
Le Menteur 1
Nicomède 2
Polyeucte 2
Rodogune 3

Corneille (P.) (*Suite*).

Sertorius 2

Corneille (T.).

Ariane 3
Le Baron d'Albikrac 1
Le Comte d'Essex 1
Le Festin de Pierre 5

Crébillon.

Électre 3
Rhadamiste et Zénobie . . 3

Dancourt.

Les Bourgeoises à la mode 3
Le Charivari 2
Le Chevalier à la mode . . 5
Colin-Maillard 1
Les Curieux de Compiègne 1
L'Été des coquettes 4
La Fête de village 2
Le Galant jardinier 3
Le Mari retrouvé 4
Les Trois cousines 3
Le Tuteur 5
Les Vacances 4
Les Vendanges de Suresnes 3

Delhorme (Mmes).

La Rupture 1

Desmahis.

L'Impertinent 1

Destouches.

Le Dissipateur 6
La Fausse Agnès 6
Le Glorieux 8
Le Philosophe marié 2
Le Tambour nocturne . . . 1
Le Triple mariage 1

Diderot.

Le Père de famille 4

Dorat.

Le Célibataire 5
La Feinte par amour 4
Le Malheureux imaginaire 9

Dubois-Fontanelle.

Lorédan 1

Ducis.

Roméo et Juliette 9

Du Fresny.

La Coquette de village . . 3

Du Fresny (*Suite*).

Le Dédit 4
Le Double veuvage 3
L'Esprit de contradiction 8
Le Mariage fait et rompu . 1
La Réconciliation normande 2

Fagan.

L'Étourderie 3
La Pupille 4
Le Rendez-vous 4

Fenouillot de Falbaire.

L'École des mœurs 1

Gudin de la Brenellerie.

Caïus Marcius Coriolan . . 7

Gresset.

Le Méchant 3
Sidney 1

Guymond de La Touche.

Iphigénie en Tauride 3

Guyot de Merville.

Le Consentement forcé . . 7

Hauteroche.

Le Cocher supposé 4
Crispin médecin 7
Le Deuil 3
L'Esprit follet 2

La Chaussée.

L'École des mères 2
La Gouvernante 7
Mélanide 6
Le Préjugé à la mode . . . 3

La Font (de).

Le Naufrage 3
Les Trois frères rivaux . . 2

La Fontaine.

Le Florentin 8

La Fontaine et Champmeslé.

La Coupe enchantée 6

La Motte.

Inès de Castro 2

La Noüe.

La Coquette corrigée 2

Le Franc de Pompignan.

Didon 1

Le Grand (M. A.).

L'Amour diable 1

Le Grand (M. A.) *(Suite).*
L'Aveugle clairvoyant... 6
La Famille extravagante. 5
La Métamorphose amou-
reuse 2
La Nouveauté 4
Les Paniers 6
Le Temps passé 4
L'Usurier gentilhomme.. 5
**Le Grand (M. A.)
et Alain.**
L'Épreuve réciproque... 12
Lemierre.
Hypermnestre 3
Le Sage.
Crispin rival de son
maître 6
Turcaret 3
Marivaux.
Le Legs 4
Le Préjugé vaincu....... 1
La Seconde Surprise de
l'Amour 5
Molière.
Amphitryon 2
L'Avare 5
Le Dépit amoureux..... 3
L'École des femmes..... 6
L'École des maris....... 3
L'Étourdi............. 1
Les Femmes savantes... 8
Le Médecin malgré lui... 6
Le Misanthrope........ 8
M. de Pourceaugnac..... 2

Molière *(Suite).*
Les Précieuses ridicules. 5
Tartuffe 6
Montfleury.
La Femme juge et partie. 1
Piron.
Gustave Wasa......... 4
La Métromanie......... 9
Poinsinet (A. A. H.).
Le Cercle 6
Poisson (Ph.).
L'Impromptu de cam-
pagne 9
Le Procureur arbitre.... 7
Pont-de-Vesle.
Le Fat puni........... 2
Le Somnambule........ 6
Racine.
Andromaque........... 1
Athalie 2
Bajazet 3
Britannicus 6
Iphigénie 4
Phèdre 4
Les Plaideurs.......... 3
Regnard.
Démocrite 1
Le Distrait............ 3
Les Folies amoureuses.. 7
Le Joueur............. 8
Le Légataire universel.. 3
Les Ménechmes......... 4
Le Retour imprévu 4
La Sérénade 4

Rochon de Chabannes.
Les Amants généreux... 6
Heureusement 5
Hylas et Sylvie........ 4
La Manie des arts....... 4
Les Valets maîtres de la
maison.............. 3
Rotrou.
Venceslas............. 1
Rousseau (J. J.).
Pygmalion............. 8
Saint-Foix.
L'Oracle.............. 1
Saurin.
Beverley.............. 2
Blanche et Guiscard..... 4
Les Mœurs du temps.... 1
Sedaine.
La Gageure imprévue... 10
Le Philosophe sans le
savoir.............. 1
Voltaire.
Adélaïde Du Guesclin.... 4
Alzire 3
Brutus............... 3
L'Écossaise 3
L'Enfant prodigue...... 5
Mahomet 7
Nanine 4
Œdipe 2
Oreste 2
L'Orphelin de la Chine.. 3
Sémiramis 5
Tancrède 3
Zaïre 4

1777

Baron.
L'Andrienne........... 2
La Coquette et la Fausse
Prude............... 2
L'Homme à bonnes for-
tunes............... 5
Barthe.
Les Fausses infidélités .. 6
Beaumarchais.
Le Barbier de Séville.... 6
Eugénie.............. 3
Belloy (P. L. de).
Gabrielle de Vergy..... 12
Gaston et Bayard....... 5
Le Siège de Calais....... 2
Boindin et La Motte.
Le Port de mer......... 2

Boissy.
Le Babillard........... 4
Les Dehors trompeurs.. 4
L'Époux par superche-
rie 3
Le Français à Londres... 4
Le Sage étourdi........ 1
Boursault.
Ésope à la Cour......... 4
Les Fables d'Ésope 1
Le Mercure galant...... 5
Bret.
L'École amoureuse...... 4
Brueys.
L'Avocat Patelin....... 9
Brueys et Palaprat.
Le Grondeur........... 1

Cailhava.
L'Égoïsme 6
Le Tuteur dupé 3
Chamfort.
La Jeune Indienne...... 2
Le Marchand de Smyrne. 2
Mustapha et Zéangir 7
Collé.
Dupuis et Desronais..... 5
Corneille (P.).
Le Cid............... 4
Cinna................ 4
Horace 2
Nicomède 1
Rodogune............. 1
Corneille (T.).
Le Comte d'Essex 1
Le Festin de Pierre 4

Crébillon.

Électre.................. 1
Rhadamiste et Zénobie.. 3

Dancourt.

Le Charivari............ 1
Le Chevalier à la mode.. 4
Colin-Maillard......... 7
Les Curieux de Com-
  piègne.............. 3
L'Été des coquettes..... 3
La Fête de village....... 2
Le Galant jardinier...... 7
Le Mari retrouvé........ 5
Les Trois cousines...... 1
Le Tuteur............. 8
Les Vacances.......... 5
Les Vendanges de Su-
  resnes.............. 3

Destouches.

Le Dissipateur......... 5
La Fausse Agnès....... 5
Le Glorieux........... 6
Le Philosophe marié.... 3
Le Triple mariage....... 1

Diderot.

Le Père de famille....... 5

Dorat.

Le Célibataire.......... 1
La Feinte par amour.... 5
Le Malheureux imagi-
  naire................ 3

Ducis.

Roméo et Juliette....... 4

Du Fresny.

La Coquette de village.. 3
Le Dédit.............. 3
Le Double veuvage...... 2
L Esprit de contradiction 5
Le Mariage fait et rompu 1
La Réconciliation nor-
  mande.............. 2

Fagan.

L'Étourderie........... 2
La Pupille............. 5
Le Rendez-vous........ 3

Favart.

L'Anglais à Bordeaux... 4

Gresset.

Le Méchant........... 5
Sidney............... 2

**Guymond
de La Touche.**

Iphigénie en Tauride.... 4

Hauteroche.

Le Cocher supposé...... 9
Crispin médecin........ 6
Le Deuil.............. 6
L'Esprit follet.......... 4

La Chaussée.

La Gouvernante........ 2
Mélanide.............. 3
Le Préjugé à la mode... 2

La Font (de).

Le Naufrage........... 1

La Fontaine.

Le Florentin........... 5

**La Fontaine
et Champmeslé.**

La Coupe enchantée..... 7

La Fosse.

Manlius Capitolinus..... 1

La Motte.

Inès de Castro......... 1
Le Magnifique......... 4

La Noüe.

La Coquette corrigée.... 3

La Place.

Le Veuvage trompeur.... 4

Laujon.

L'Inconséquent......... 1

Lefèvre.

Zuma................ 19

Le Grand (M. A.).

L'Amour diable........ 2
L'Aveugle clairvoyant... 3
Le Galant coureur....... 4
La Métamorphose amou-
  reuse............... 5
La Nouveauté.......... 3
Les Paniers........... 4
L'Usurier gentilhomme.. 4

**Le Grand (M. A.)
et Alain.**

L'Épreuve réciproque... 10

Lemierre.

Artaxerce............. 3
Hypermnestre......... 5

Le Sage.

Crispin rival de son maitre 5
Turcaret.............. 4

Marivaux.

Le Legs.............. 6
Le Préjugé vaincu...... 1
La Seconde Surprise de
  l'Amour............. 3

Molière.

L'Amour médecin...... 3
Amphitryon........... 2
L'Avare.............. 7
Le Bourgeois gentil-
  homme.............. 1
La Comtesse d'Escarba-
  gnas................ 2
Le Dépit amoureux..... 2
L'École des femmes..... 6
L'Ecole des maris...... 4
L'Étourdi............. 2
Les Femmes savantes... 8
Les Fourberies de Scapin 2
George Dandin......... 3
Le Médecin malgré lui.. 7
Le Misanthrope........ 5
M. de Pourceaugnac..... 5
Les Précieuses ridicules 6

Molière (Suite).

Le Sicilien............ 3
Tartuffe.............. 5

Montfleury.

La Femme juge et partie 1

Monvel.

L'Amant bourru........ 17

Piron.

La Métromanie........ 7

Poinsinet (A. A. H.).

Le Cercle............. 1

Poisson (Ph.).

L'Impromptu de cam-
  pagne.............. 4
Le Procureur arbitre.... 1

Pont-de-Vesle.

Le Complaisant........ 1
Le Somnambule........ 7

Racine.

Andromaque.......... 1
Athalie.............. 4
Britannicus........... 2
Phèdre.............. 2
Les Plaideurs......... 3

Regnard.

Le Distrait............ 5
Les Folies amoureuses.. 5
Le Joueur............ 6
Le Légataire universel.. 5
Les Ménechmes........ 2
Le Retour imprévu...... 4
La Sérénade.......... 6

Rochon de Chabannes.

Les Amants généreux... 3
Heureusement......... 9
Hylas et Sylvie........ 1
La Manie des arts....... 1

Rotrou.

Venceslas............ 1

Rousseau (J. J.).

Pygmalion............ 3

Saint-Foix.

Deucalion et Pyrrha.... 3
L'Oracle............. 4

Saurin.

Beverley............. 5
Les Mœurs du temps.... 1

Scarron.

Don Japhet d'Arménie... 8

Sedaine.

La Gageure imprévue... 5
Le Philosophe sans le
  savoir.............. 4

Voltaire.

Adélaïde Du Guesclin.... 2
Alzire............... 3
Brutus.............. 2
L'Écossaise........... 5
L'Enfant prodigue...... 6
Mahomet............. 4
Mérope.............. 2

Voltaire (*Suite*).

Nanine................ 8
OEdipe............... 1

Voltaire (*Suite*).

L'Orphelin de la Chine.. 5
Sémiramis............ 1

Voltaire (*Suite*).

Tancrède.............. 4
Zaïre................. 4

1778

Baron.

L'Andrienne........... 1
La Coquette et la Fausse
Prude............... 1
L'Homme à bonnes for-
tunes.............. 2

Barthe.

Les Fausses infidélités... 2
L'Homme personnel...... 8

Beaumarchais.

Le Barbier de Séville.... 4
Eugénie.............. 4

Belloy (P. L. de).

Gabrielle de Vergy...... 5
Gaston et Bayard....... 6
Le Siège de Calais....... 3

Boindin et La Motte.

Le Port de mer......... 1

Boissy.

Le Babillard........... 5
Les Dehors trompeurs.. 3
L'Époux par supercherie 1
Le Français à Londres.. 2

Boursault.

Ésope à la Cour........ 3
Le Mercure galant...... 4

Bret.

L'École amoureuse...... 2

Brueys.

L'Avocat Patelin........ 9

Cahusac.

Zénéïde............... 1

Cailhava.

L'Égoïsme............. 1
Les Étrennes de l'Amour. 2
Le Tuteur dupé......... 3

Campistron.

Le Jaloux désabusé..... 2

Chamfort.

La Jeune Indienne....... 3
Le Marchand de Smyrne. 2
Mustapha et Zéangir.... 8

Collé.

La Partie de chasse
de Henri IV.......... 17

Corneille (P.).

Le Cid................ 5
Cinna................ 3
Le Menteur............ 4
Rodogune............. 3

Corneille (T.).

Le Comte d'Essex....... 2
Le Festin de Pierre...... 1

Crébillon.

Électre............... 2
Rhadamiste et Zénobie.. 2

Dancourt.

Les Bourgeoises à la mode 3
Le Chevalier à la mode.. 3
Les Curieux de Com-
piègne.............. 1
L'Été des coquettes..... 5
La Fête de village....... 1
Le Galant jardinier...... 3
Le Mari retrouvé....... 1
Les Trois cousines...... 2
Le Tuteur............. 8
Les Vacances.......... 4
Les Vendanges de Su-
resnes.............. 1

Desmahis.

L'Impertinent.......... 4

Destouches.

Le Dissipateur......... 3
La Fausse Agnès........ 6
Le Glorieux........... 3
Le Philosophe marié.... 3
Le Tambour nocturne... 4
Le Triple mariage....... 4

Diderot.

Le Père de famille...... 7

Dorat.

Le Célibataire......... 1
*Le Chevalier français à
Londres*............ 10
*Le Chevalier français à
Turin*.............. 8
La Feinte par amour.... 2
Le Malheureux imagi-
naire.............. 3

Ducis.

OEdipe chez Admète...... 9

Du Fresny.

La Coquette de village... 2
Le Dédit............. 3
L'Esprit de contradiction 8
La Réconciliation nor-
mande............. 1

Du Vaure.

Le Faux savant........ 4

Fagan.

L'Étourderie........... 2
La Pupille............. 3
Le Rendez-vous........ 2

Favart.

L'Anglais à Bordeaux... 1

Fournelle.

L'Aveugle par crédulité..

Goldoni.

Le Bourru bienfaisant... 4

Gresset.

Le Méchant............ 2

**Guymond
de La Touche.**

Iphigénie en Tauride.... 1

Guyot de Merville.

Le Consentement forcé.. 6

Hauteroche.

Le Cocher supposé...... 10
Crispin médecin........ 7
Le Deuil.............. 2

La Chapelle.

Les Carrosses d'Orléans. 6

La Chaussée.

L'École des mères...... 3
La Gouvernante........ 4
Mélanide............. 3
Le Préjugé à la mode... 1

La Font (de).

Le Naufrage........... 4
Les Trois frères rivaux.. 2

La Fontaine.

Le Florentin........... 7

**La Fontaine
et Champmeslé.**

La Coupe enchantée..... 3

La Harpe.

Les Barmécides........ 11

La Motte.

Inès de Castro......... 2
Le Magnifique......... 2

La Noüe.

La Coquette corrigée.... 2

Lantier.

L'Impatient............ 1

Le Grand (M. A.).

L'Amour diable......... 2
L'Aveugle clairvoyant... 1
Le Galant coureur....... 5

Le Grand (M. A.) (Suite).

La Métamorphose amou-
reuse................. 4
La Nouveauté.......... 6
Les Paniers............ 1
L'Usurier gentilhomme.. 2

**Le Grand (M. A.)
et Alain.**

L'Épreuve réciproque... 10

Lemierre.

Hypermnestre.......... 4

Le Sage.

Crispin rival de son maître 6
Turcaret.............. 3

Longueil.

L'Orphelin anglais...... 5

Marivaux.

Le Legs............... 3
La Seconde Surprise de
l'Amour.............. 3

Molière.

L'Amour médecin....... 1
Amphitryon........... 2
L'Avare.............. 9
Le Bourgeois gentil-
homme............. 4
La Comtesse d'Escarba-
gnas............... 2
Le Dépit amoureux..... 4
L'École des femmes..... 1
L'École des maris...... 3
Les Femmes savantes... 8
Les Fourberies de Scapin 2
George Dandin........ 11
Le Médecin malgré lui.. 8
Le Misanthrope........ 5

Molière (Suite).

M. de Pourceaugnac.... 4
Les Précieuses ridicules. 5
Le Sicilien............ 2
Tartuffe.............. 4
Monthléury.
La Femme juge et partie 6

Monvel.

L'Amant bourru........ 5

Piron.

La Métromanie......... 5

Poinsinet (A. A. H.).

Le Cercle............. 3

Poisson (Ph.).

L'Impromptu de cam-
pagne............. 6
Le Procureur arbitre.... 2

Pont-de-Vesle.

Le Fat puni........... 2
Le Somnambule........ 3

Quinault.

La Mère coquette....... 6

Racine.

Andromaque.......... 2
Athalie.............. 1
Bajazet.............. 4
Britannicus.......... 1
Iphigénie............ 2
Mithridate........... 3
Phèdre.............. 4
Les Plaideurs,........ 4

Regnard.

Le Distrait........... 2
Les Folies amoureuses.. 4
Le Joueur............ 5
Le Légataire universel.. 9
Les Ménechmes........ 5

Regnard (Suite).

Le Retour imprévu...... 5
La Sérénade........... 4

Rochon de Chabannes.

Les Amants généreux... 2
Heureusement.......... 4
La Manie des arts....... 5

Rousseau (J. J.).

Pygmalion............. 1

Saint-Foix.

Deucalion et Pyrrha..... 1
Les Grâces............ 1
L'Oracle.............. 2

Saurin.

Beverley.............. 2
Blanche et Guiscard.... 2
Les Mœurs du temps.... 2

Sedaine.

La Gageure imprévue... 7
Le Philosophe sans le
savoir.............. 1

Voltaire.

Adélaïde Du Guesclin.... 4
Alzire............... 5
Brutus.............. 3
L'Écossaise........... 5
L'Enfant prodigue...... 7
L'Indiscret........... 1
Irène............... 7
Mahomet............. 3
Mérope.............. 4
Nanine.............. 5
Œdipe.............. 3
L'Orphelin de la Chine.. 2
Sémiramis............ 2
Tancrède............ 4
Zaïre............... 3

1779

Baron.

L'Andrienne........... 2
La Coquette et la Fausse
Prude............... 2
L'Homme à bonnes for-
tunes.............. 2

Barthe.

Les Fausses infidélités ... 3

Beaumarchais.

Le Barbier de Séville.... 4
Eugénie.............. 4

Belloy (P. L. de).

Gabrielle de Vergy...... 5
Gaston et Bayard....... 3
Le Siège de Calais...... 1
Zelmire.............. 3

Boindin et La Motte.

Le Port de mer......... 1

Boissy.

Le Babillard........... 2
Les Dehors trompeurs.. 4
Le Français à Londres... 2
Le Sage étourdi........ 3

Boursault.

Ésope à la Cour........ 3
Le Mercure galant...... 2

Brueys.

L'Avocat Patelin....... 9

Brueys et Palaprat

Le Grondeur........... 2
Le Muet.............. 8

Cahusac.

Zénéide.............. 1

Cailhava.

Le Tuteur dupé........ 1

Chamfort.

La Jeune Indienne...... 4
Le Marchand de Smyrne. 6

Clément.

Médée................ 1

Collé.

Dupuis et Desronais.... 2
La Partie de chasse
de Henri IV.......... 5

Corneille (P.).

Le Cid............... 2
Cinna............... 3

Corneille (P.) (Suite).
Horace... 3
Le Menteur... 4

Corneille (T.).
Ariane... 4
Le Baron d'Albikrac... 1
Le Festin de Pierre... 5

Crébillon.
Rhadamiste et Zénobie... 2

Dancourt.
Les Bourgeoises à la mode 2
Le Charivari... 4
Le Chevalier à la mode... 3
Les Curieux de Compiègne... 5
L'Été des coquettes... 2
La Fête de village... 2
Le Galant jardinier... 5
Le Mari retrouvé... 5
Le Moulin de Javelle... 4
Les Trois cousines... 4
Le Tuteur... 6
Les Vacances... 4
Les Vendanges de Suresnes... 4

Desmahis.
L'Impertinent... 4

Destouches.
Le Dissipateur... 3
La Fausse Agnès... 6
Le Glorieux... 5
Le Médisant... 3
Le Philosophe marié... 4
Le Triple mariage... 1

Diderot.
Le Père de famille... 7

Dorat.
Le Célibataire... 1
Le Chevalier français à Londres... 2
Le Chevalier français à Turin... 2
La Feinte par amour... 2
Pierre le Grand (1)... 6
Roseïde... 7

Ducis.
Œdipe chez Admète... 11

Du Fresny.
Le Dédit... 3
L'Esprit de contradiction... 8
La Réconciliation normande... 5

Du Vaure.
Le Faux savant... 2

Fagan.
La Pupille... 6
Le Rendez-vous... 1

Gresset.
Le Méchant... 2

Guymond de La Touche.
Iphigénie en Tauride... 5

Guyot de Merville.
Le Consentement forcé... 2

Hauteroche.
Le Cocher supposé... 6
Crispin médecin... 1
Le Deuil... 3

La Chapelle.
Les Carrosses d'Orléans... 4

La Chaussée.
L'École des mères... 2
La Gouvernante... 5
Mélanide... 3
Le Préjugé à la mode... 2

La Font (de).
Le Naufrage... 4
Les Trois frères rivaux... 6

La Fontaine.
Le Florentin... 5

La Fontaine et Champmeslé.
La Coupe enchantée... 2

La Harpe.
Le Comte de Warwick... 3
Les Muses rivales... 17

La Motte.
Inès de Castro... 1

La Noüe.
La Coquette corrigée... 2

Lantier.
L'Impatient... 9

Le Franc de Pompignan.
Didon... 3

Le Grand (M. A.).
L'Amour diable... 4
L'Aveugle clairvoyant... 2
Le Galant coureur... 5
La Métamorphose amoureuse... 2
La Nouveauté... 5
Le Temps passé... 1
L'Usurier gentilhomme... 2

Le Grand (M. A.) et Alain.
L'Épreuve réciproque... 8

Lemierre.
Hypermnestre... 3

Le Sage.
Crispin rival de son maître... 5
Turcaret... 5

Longepierre.
Médée... 1

Marivaux.
Le Legs... 2
La Seconde Surprise de l'Amour... 3

Molière.
L'Amour médecin... 2
Amphitryon... 5
L'Avare... 6
Le Bourgeois gentilhomme... 4

Molière (Suite).
La Comtesse d'Escarbagnas... 1
Le Dépit amoureux... 3
L'École des femmes... 3
L'École des maris... 6
Les Femmes savantes... 3
Les Fourberies de Scapin... 3
George Dandin... 4
Le Malade imaginaire... 5
Le Médecin malgré lui... 6
Le Misanthrope... 2
M. de Pourceaugnac... 5
Les Précieuses ridicules... 5
Tartuffe... 4

Montfleury.
La Femme juge et partie... 4

Monvel.
L'Amant bourru... 3

Oisemont (d').
Laurette... 7

Piron.
Gustave Wasa... 2
La Métromanie... 4

Poinsinet (A. A. H.).
Le Cercle... 2

Poisson (Ph.).
L'Impromptu de campagne... 8
Le Procureur arbitre... 2

Pont-de-Vesle.
Le Fat puni... 3

Quinault.
La Mère coquette... 2

Racine.
Athalie... 2
Bajazet... 1
Britannicus... 1
Iphigénie... 1
Mithridate... 2
Phèdre... 3
Les Plaideurs... 2

Regnard.
Attendez-moi sous l'orme... 7
Démocrite... 4
Le Distrait... 4
Les Folies amoureuses... 1
Le Joueur... 9
Le Légataire universel... 9
Les Ménechmes... 3
Le Retour imprévu... 1
La Sérénade... 3

Rochon de Chabannes.
L'Amour français... 13
Heureusement... 4
Hylas et Sylvie... 3

Rousseau (J.J.).
Pygmalion... 5

Saurin.
Beverley... 3

(1) Même pièce que Zulica avec des changements

Saurin (*Suite*).

Blanche et Guiscard.....	1
Les Mœurs du temps....	2

Sedaine.

La Gageure imprévue...	4
Le Philosophe sans le savoir...............	4

Voltaire.

Adélaïde Du Guesclin....	8
Agathocle	4
Alzire...................	4
Le Droit du seigneur (1)..	6
L'Écossaise............	6
L'Enfant prodigue......	3
Mahomet..............	6

Voltaire (*Suite*).

Mérope................	3
Nanine	3
L'Orphelin de la Chine..	5
Rome sauvée..........	3
Sémiramis.............	4
Tancrède..............	8
Zaïre.................	7

1780

Baron.

La Coquette et la Fausse Prude...............	3
L'Homme à bonnes fortunes................	5

Barthe.

Les Fausses infidélités...	1

Beaumarchais.

Le Barbier de Séville....	4
Eugénie...............	3

Belloy (P. L. de).

Gabrielle de Vergy......	5
Gaston et Bayard.......	3
Pierre le Cruel.........	9
Le Siège de Calais.......	2
Zelmire................	2

Blin de Sainmore.

Orphanis..............	4

Boissy.

Le Babillard...........	1
Les Dehors trompeurs...	2
L'Époux par supercherie.	3
Le Français à Londres...	3
Le Sage étourdi........	1

Boursault.

Ésope à la Cour........	2
Le Mercure galant......	4

Brueys.

L'Avocat Patelin........	9

Brueys et Palaprat.

Le Muet...............	4

Campistron.

Le Jaloux désabusé.....	3

Chamfort.

La Jeune Indienne.......	7
Le Marchand de Smyrne.	4

Collé.

Dupuis et Desronais.....	2
La Partie de chasse de Henri IV............	3

Corneille (P.).

Le Cid................	2
Cinna.................	5

Corneille (P.) (*Suite*).

Héraclius..............	3
Le Menteur............	4
La Mort de Pompée.....	3
Rodogune..............	2
Sertorius..............	1

Corneille (T.).

Le Festin de Pierre......	2

Crébillon.

Atrée et Thyeste........	3
Électre................	1
Rhadamiste et Zénobie..	3

Dancourt.

Les Bourgeoises à la mode................	1
Le Charivari...........	2
Le Chevalier à la mode .	2
Colin-Maillard.........	2
Les Curieux de Compiègne................	5
L'Été des coquettes....	3
Le Galant jardinier......	3
Le Mari retrouvé.......	8
Le Retour des officiers..	8
Les Trois cousines......	5
Le Tuteur.............	10
Les Vacances..........	7
Les Vendanges de Suresnes..............	6

Desfontaines de La Vallée.

La Réduction de Paris...	5

Desmahis.

L'Impertinent..........	4

Destouches.

Le Dissipateur.........	4
La Fausse Agnès........	7
Le Glorieux...........	6
L'Homme singulier......	6
Le Médisant...........	3
Le Triple mariage.......	5

Diderot.

Le Père de famille.	5

Dorat.

Le Célibataire.........	3
La Feinte par amour....	2

Dorvigny.

Les Étrennes de l'Amitié, de l'Amour et de la Nature.................	5
Les Noces houzardes.....	3

Dubuisson.

Nadir.................	16

Ducis.

Œdipe chez Admète.....	4

Dudoyer de Gastels.

Adélaïde..............	14

Du Fresny.

Le Dédit..............	3
L'Esprit de contradiction.	8
Le Mariage fait et rompu.	6
La Réconciliation normande..............	2

Dumas d'Aigueberre.

L'Avare amoureux......	3

Du Vaure.

Le Faux savant........	3

Fagan.

L'Étourderie...........	2
La Pupille.............	6

Goldoni.

Le Bourru bienfaisant...	6

Gresset.

Le Méchant............	3

Guymond de La Touche.

Iphigénie en Tauride....	2

Guyot de Merville.

Le Consentement forcé..	5

Hauteroche.

Le Cocher supposé......	9
Crispin médecin........	5

La Chapelle.

Les Carrosses d'Orléans.	5

La Chaussée.

L'École des mères	2
La Gouvernante	2
Mélanide	3

(1) Même pièce que *l'Écueil du Sage.*

La Font (de).

Le Naufrage............ 1
Les Trois frères rivaux.. 8

La Fontaine.

Le Florentin........... 2

**La Fontaine
et Champmeslé.**

La Coupe enchantée..... 5

La Noüe.

La Coquette corrigée.... 1

Lantier.

L'Impatient............ 5

Le Franc de Pompignan.

Didon................. 2

Legrand.

Le Bon ami............ 5

Le Grand (M. A.).

L'Aveugle clairvoyant... 1
La Famille extravagante. 5
Le Galant coureur...... 5
La Métamorphose amou-
reuse................. 1
La Nouveauté.......... 4
L'Usurier gentilhomme.. 2

**Le Grand (M. A.)
et Alain.**

L'Épreuve réciproque... 3

Lemierre.

Hypermnestre.......... 2
La Veuve du Malabar... 32

Le Sage.

Crispin rival de son
maître................ 5
Turcaret.............. 3

Longueil.

L'Orphelin anglais...... 3

Marivaux.

Le Legs............... 2
La Seconde Surprise de
l'Amour.............. 4

Molière.

L'Amour médecin...... 3
Amphitryon........... 3
L'Avare.............. 4

Molière (*Suite*).

Le Bourgeois gentil -
homme............... 1
Le Dépit amoureux..... 3
L'École des femmes..... 3
L'École des maris...... 7
L'Étourdi............. 1
Les Femmes savantes... 3
Les Fourberies de Scapin. 1
George Dandin......... 6
Le Malade imaginaire... 1
Le Médecin malgré lui... 9
Le Misanthrope........ 3
M. de Pourceaugnac..... 2
Les Précieuses ridicules. 8
Tartuffe.............. 5

Montfleury.

La Femme juge et partie. 1

Monvel.

L'Amant bourru....... 1
Clémentine et Desormes... 7

Piron.

Gustave Wasa......... 1
La Métromanie........ 5

Poinsinet (A. A. H.).

Le Cercle............. 1

Poisson (Ph.).

L'Impromptu de cam-
pagne............... 7
Le Procureur arbitre.... 3
Les Ruses d'Amour..... 7

Pont-de-Vesle.

Le Fat puni........... 1
Le Somnambule........ 5

Quinault.

La Mère coquette....... 1

Racine.

Andromaque........... 3
Athalie.............. 2
Britannicus........... 3
Iphigénie............. 1
Mithridate............ 1
Phèdre............... 1

Racine (*Suite*).

Les Plaideurs.......... 5

Regnard.

Attendez-moi sous l'orme. 3
Démocrite............ 3
Le Distrait............ 3
Les Folies amoureuses.. 3
Le Joueur............. 6
Le Légataire universel... 3
Les Ménechmes........ 3
Le Retour imprévu...... 3
La Sérénade........... 1

Rochon de Chabannes.

Les Amants généreux... 4
Heureusement......... 4
Hylas et Sylvie........ 1

Rousseau (J. J.).

Pygmalion............ 4

Saurin.

Beverley.............. 1
Les Mœurs du temps.... 3

Sauvigny.

Hirza................. 1

Scarron.

Jodelet............... 2

Sedaine.

La Gageure imprévue... 4
Le Philosophe sans le
savoir............... 3

Ussieux (d').

Les Héros français...... 6

Voltaire.

Adélaïde Du Guesclin... 2
Alzire................ 3
L'Écossaise........... 3
L'Enfant prodigue...... 4
Mahomet............. 2
Mérope.............. 1
Nanine............... 7
L'Orphelin de la Chine... 4
Rome sauvée......... 1
Sémiramis............ 1
Tancrède............. 5
Zaïre................. 3

1781

Baron.

L'Homme à bonnes for-
tunes (1).............. 3

Beaumarchais.

Le Barbier de Séville.... 7
Eugénie............... 3

Belloy (P. L. de).

Gabrielle de Vergy..... 2
Gaston et Bayard....... 6
Pierre le Cruel......... 4
Le Siège de Calais...... 3
Zelmire............... 5

Blin de Sainmore.

Orphanis............. 1

Boissy.

Le Babillard.......... 1
Les Dehors trompeurs.. 1
L'Époux par supercherie. 4

(1) A la représentation du 14 octobre, on n'a donné que deux actes.

Boissy (*Suite*).
Le Français à Londres...   4
Boursault.
Le Mercure galant......   4
Brueys.
L'Avocat Patelin.......   6
Brueys et Palaprat.
Le Muet...............   1
Chamfort.
La Jeune Indienne......   3
Le Marchand de Smyrne.   5
Colardeau.
Caliste................   3
Collé.
Dupuis et Desronais.....   3
La Partie de chasse de Henri IV.............   10
Corneille (P.).
Le Cid.................   2
Cinna..................   2
Héraclius..............   1
Horace.................   3
Le Menteur.............   1
Nicomède...............   3
Polyeucte..............   2
Rodogune...............   3
Corneille (T.).
Ariane.................   1
Le Festin de Pierre.....   2
Crébillon.
Électre................   2
Pyrrhus................   5
Rhadamiste et Zénobie ..   1
Dancourt.
Le Charivari...........   3
Le Chevalier à la mode.   3
Colin-Maillard.........   4
Les Curieux de Compiègne................   3
L'Été des coquettes.....   2
La Fête de village.......   7
La Maison de campagne.   9
Le Mari retrouvé........   7
Le Moulin de Javelle....   3
Le Retour des officiers...   3
Les Trois cousines......   4
Le Tuteur..............   10
Les Vacances...........   7
Les Vendanges de Suresnes...............   1
Desmahis.
L'Impertinent..........   2
Destouches.
Le Dissipateur.........   2
La Fausse Agnès........   6
Le Glorieux............   2
L'Homme singulier......   1
L'Irrésolu.............   3
Le Philosophe marié.....   2
Le Tambour nocturne...   3
Le Triple mariage.......   8
Diderot.
Le Père de famille......   7

Dorat.
Le Célibataire..........   1
La Feinte par amour....   5
Dudoyer de Gastels.
Adélaïde...............   5
Du Fresny.
Le Dédit...............   4
L'Esprit de contradiction..................   9
Le Mariage fait et rompu.   3
Du Vaure.
Le Faux savant.........   2
Fagan.
L'Étourderie...........   2
La Pupille.............   5
Le Rendez-vous.........   2
Friedel et Moline.
La Discipline militaire du Nord..............   4
Goldoni.
Le Bourru bienfaisant...   6
Gresset.
Le Méchant............   1
Guymond de La Touche.
Iphigénie en Tauride....   3
Guyot de Merville.
Le Consentement forcé..   2
Hauteroche.
Le Cocher supposé......   7
Crispin médecin........   7
Le Deuil...............   2
L'Esprit follet..........   2
Imbert.
Le Jaloux sans amour....   4
La Chapelle.
Les Carrosses d'Orléans.   4
La Chaussée.
L'École des amis........   2
L'École des mères......   1
La Gouvernante........   4
Mélanide..............   2
La Font (de).
Les Trois frères rivaux..   7
La Fontaine.
Le Florentin...........   2
La Fontaine et Champmeslé.
La Coupe enchantée.....   5
La Harpe.
Jeanne Ire, reine de Naples..................   4
Lantier.
L'Impatient............   4
Le Franc de Pompignan.
Didon.................   4
Le Grand (M. A.).
L'Amour diable........   2
Le Galant coureur.......   4
La Métamorphose amoureuse.............   3
Le Roi de Cocagne.....   14
L'Usurier gentilhomme..   3

Le Grand (M. A.) et Alain.
L'Épreuve réciproque...   7
Le Grand (M. A.) et Fuzelier.
Les Amazones modernes.   4
Lemierre.
Hypermnestre..........   7
La Veuve du Malabar...   7
Le Sage.
Crispin rival de son maître..................   4
Turcaret...............   7
Longueil.
L'Orphelin anglais.......   1
Marivaux.
Le Legs................   5
Le Préjugé vaincu.......   9
La Seconde Surprise de l'Amour..............   4
Molé.
Le Quiproquo...........   3
Molière.
L'Amour médecin.......   1
Amphitryon............   2
L'Avare................   5
Le Bourgeois gentilhomme................   1
Le Dépit amoureux.....   1
L'École des femmes.....   5
L'École des maris.......   11
Les Femmes savantes...   4
George Dandin.........   3
Le Malade imaginaire....   1
Le Mariage forcé.......   4
Le Médecin malgré lui...   7
Le Misanthrope........   2
M. de Pourceaugnac.....   4
Les Précieuses ridicules.   6
Le Sicilien..............   2
Tartuffe...............   7
Montfleury.
La Femme juge et partie.   4
Monvel.
L'Amant bourru........   2
Clémentine et Desormes.   9
Murville.
Le Rendez-vous du mari.   5
Piron.
Gustave Wasa..........   1
La Métromanie.........   5
Poinsinet (A. A. H.).
Le Cercle..............   4
Poisson (Ph.).
L'Impromptu de campagne.................   6
Le Procureur arbitre....   3
Les Ruses d'Amour.....   2
Pont-de-Vesle.
Le Fat puni............   2

Pont-de-Vesle (*Suite*).
Le Somnambule........ 5
Quinault.
La Mère coquette....... 1
Racine.
Andromaque........... 1
Athalie............... 2
Britannicus........... 3
Mithridate............ 4
Phèdre.............. 2
Les Plaideurs.......... 4
Regnard.
Démocrite........... 1
Le Distrait............ 2
Les Folies amoureuses.. 1
Le Joueur............. 6
Le Légataire universel . 3
Les Ménechmes........ 1
Le Retour imprévu...... 4

Regnard (*Suite*).
La Sérénade........... 2
Rochon de Chabannes.
Les Amants généreux... 1
Heureusement.......... 4
Rotrou.
Venceslas............. 3
Rousseau (J. J.).
Pygmalion........... 3
Rozoy.
Richard III............ 6
Saurin.
Beverley............. 3
Blanche et Guiscard..... 1
Les Mœurs du temps.... 3
Scarron.
Jodelet................ 1
Sedaine.
La Gageure imprévue... 5

Sedaine (*Suite*).
Le Philosophe sans le sa-
voir................. 3
Simon-Chauvot.
Le Chirurgien de village. 1
Voltaire.
Adélaïde Du Guesclin.... 6
Alzire................. 3
Brutus............... 1
L'Écossaise............ 2
L'Enfant prodigue....... 4
Mahomet.............. 6
Mérope............... 1
Nanine............... 6
Olympie.............. 2
L'Orphelin de la Chine... 6
Sémiramis............. 6
Tancrède............. 7
Zaïre................ 5

1782

Baron.
L'Andrienne........... 3
La Coquette et la Fausse
Prude.............. 2
L'Homme à bonnes for-
tunes.............. 1
Barthe.
Les Fausses infidélités... 1
Beaugeard.
Les Amants espagnols.... 1
Beaumarchais.
Le Barbier de Séville... 7
Eugénie.............. 3
Belloy (P. L. de).
Gabrielle de Vergy...... 4
Gaston et Bayard....... 4
Pierre le Cruel......... 2
Le Siège de Calais...... 2
Zelmire............... 2
Boindin et La Motte.
Le Port de mer......... 1
Boissy.
Le Babillard........... 3
Les Dehors trompeurs... 1
L'Époux par supercherie. 2
Le Français à Londres... 2
Boursault.
Le Mercure galant....... 5
Brueys.
L'Avocat Patelin........ 5
Brueys et Palaprat.
Le Grondeur........... 5
Le Muet.............. 2

Cailhava.
Les Journalistes anglais. 6
Le Tuteur dupé........ 2
Chamfort.
La Jeune Indienne...... 5
Le Marchand de Smyrne. 5
Collé.
Dupuis et Desronais..... 2
La Partie de chasse
de Henri IV.......... 10
Corneille (P.).
Le Cid................ 3
Cinna................ 4
Horace............... 1
Le Menteur............ 4
Nicomède............. 4
Polyeucte............. 2
Rodogune............. 3
Corneille (T.).
Le Comte d'Essex....... 1
Crébillon.
Rhadamiste et Zénobie.. 2
Dancourt.
Le Charivari........... 6
Le Chevalier à la mode.. 2
Colin-Maillard......... 5
Les Curieux de Com-
piègne.............. 6
L'Été des coquettes..... 3
La Fête de village...... 7
Le Galant jardinier...... 2
La Maison de campagne. 2
Le Mari retrouvé...... 5

Dancourt (*Suite*).
Le Retour des officiers.. 3
Les Trois cousines...... 3
Le Tuteur............. 9
Les Vacances.......... 4
Les Vendanges de Su-
resnes.............. 1
Destouches.
Le Dissipateur......... 3
La Fausse Agnès....... 6
Le Glorieux............ 4
Le Philosophe marié.... 2
Le Tambour nocturne... 1
Le Triple mariage....... 4
Diderot.
Le Père de famille...... 7
Dorat.
La Feinte par amour.... 5
Dubuisson.
Le Vieux garçon........ 3
Dudoyer de Gastels.
Adélaïde.............. 2
Du Fresny.
Le Dédit............. 5
L'Esprit de contradiction. 6
Le Mariage fait et rompu. 4
La Réconciliation nor-
mande.............. 2
Fagan.
La Pupille............. 6
Fallet.
Tibère et Sérénus........ 10

Forgeot.
Les Rivaux amis........ 8
Goldoni.
Le Bourru bienfaisant... 6
Guymond de La Touche.
Iphigénie en Tauride.... 3
Guyot de Merville.
Le Consentement forcé.. 5
Hauteroche.
Le Cocher supposé...... 6
Crispin médecin........ 4
L'Esprit follet.......... 3
Imbert.
L'Inauguration du Théâtre-Français 2
La Chapelle.
Les Carrosses d'Orléans. 5
La Chaussée.
L'École des mères 1
La Gouvernante........ 2
Mélanide................ 2
La Font (de).
Les Trois frères rivaux.. 3
La Fontaine.
Le Florentin 1
La Fontaine et Champmeslé.
La Coupe enchantée..... 2
La Harpe.
Le Comte de Warwick... 4
Jeanne Iʳᵉ, reine de Naples................. 4
Molière à la nouvelle salle.................. 15
Laignelot.
Agis................... 12
La Motte.
Inès de Castro 2
Lantier.
Le Flatteur 4
L'Impatient............. 5
Leblanc de Guillet.
Manco Capac, premier Inca du Pérou........ 8
Le Franc de Pompignan.
Didon 1
Le Grand (M. A.).
L'Aveugle clairvoyant... 2
Le Galant coureur...... 2
La Métamorphose amoureuse................ 3
Le Roi de Cocagne...... 8
L'Usurier gentilhomme.. 2

Le Grand (M. A.) et Alain.
L'Épreuve réciproque... 6
Le Grand (M. A.) et Fuzelier.
Les Amazones modernes 3
Lemierre.
Hypermnestre 1
La Veuve du Malabar... 7
Le Sage.
Crispin rival de son maitre 3
Turcaret............... 7
Longueil.
L'Orphelin anglais...... 3
Marignié.
Zoraï.................. 1
Marivaux.
Le Legs................ 5
Le Préjugé vaincu....... 2
La Seconde Surprise de l'Amour 2
Molière.
L'Avare 5
Le Bourgeois gentilhomme............... 3
La Comtesse d'Escarbagnas.................. 4
Le Dépit amoureux...... 4
L'École des femmes..... 5
L'École des maris....... 6
L'Étourdi.............. 1
Les Femmes savantes... 4
Les Fourberies de Scapin 3
George Dandin......... 5
Le Malade imaginaire... 2
Le Mariage forcé....... 4
Le Médecin malgre lui... 10
Le Misanthrope........ 1
M. de Pourceaugnac.... 3
Les Précieuses ridicules. 7
Le Sicilien 1
Tartuffe 7
Montfleury.
La Femme juge et partie. 1
Palissot.
L'Écueil des mœurs..... 10
Les Philosophes........ 9
Le Satirique........... 8
Les Tuteurs 3
Piron.
Gustave Wasa......... 1
La Métromanie......... 3

Poinsinet (A. A. H.).
Le Cercle.............. 5
Poisson (Ph.).
L'Impromptu de campagne.................. 3
Le Procureur arbitre.... 4
Les Ruses d'Amour...... 2
Pont-de-Vesle.
Le Somnambule........ 6
Racine.
Andromaque........... 2
Athalie 3
Bérénice............... 1
Britannicus............ 1
Iphigénie 4
Mithridate............. 4
Phèdre 2
Les Plaideurs.......... 3
Raucourt (Mlle).
Henriette.............. 7
Regnard.
Démocrite............. 2
Les Folies amoureuses.. 4
Le Joueur............. 2
Le Légataire universel.. 3
Le Retour imprévu..... 2
Rochon de Chabannes.
Les Amants généreux... 3
Heureusement 5
Rousseau (J. J.).
Pygmalion............. 4
Saurin.
Beverley.............. 2
Les Mœurs du temps... 1
Scarron.
Jodelet 2
Sedaine.
La Gageure imprévue... 6
Le Philosophe sans le savoir 3
Voltaire.
Adélaïde Du Guesclin.... 6
Alzire 2
L'Écossaise............ 3
L'Enfant prodigue...... 2
Mahomet.............. 6
Mérope................ 5
Nanine................ 3
Œdipe................ 3
Olympie 1
L'Orphelin de la Chine.. 4
Sémiramis 3
Tancrède 6
Zaïre 5

1783

Baron.
L'Homme à bonnes fortunes................ 1
Barthe.
Les Fausses infidélités .. 3
Beaumarchais.
Le Barbier de Séville.... 9
Les Deux amis......... 2
Eugénie 2
Belloy (P. L. de).
Gabrielle de Vergy..... 4
Gaston et Bayard....... 4
Pierre le Cruel 2
Zelmire............... 3
Bièvre.
Le Séducteur 13
Boindin et La Motte.
Le Port de mer......... 1
Boissy.
Les Dehors trompeurs... 2
Le Français à Londres... 3
Le Sage étourdi......... 1
Boursault.
Le Mercure galant 6
Brueys.
L'Avocat Patelin....... 8
Brueys et Palaprat.
Le Grondeur........... 2
Le Muet 3
Cahusac.
Zénéide............... 1
Cailhava.
La Fille supposée....... 10
Le Tuteur dupé......... 1
Chamfort.
La Jeune Indienne...... 8
Le Marchand de Smyrne. 5
Châteaubrun.
Les Troyennes......... 4
Collé.
Dupuis et Desronais. ... 3
La Partie de chasse de Henri IV........... 11
Corneille (P.).
Le Cid................ 3
Cinna 4
Héraclius............. 1
Horace 2
Le Menteur 1
Corneille (T.).
Le Comte d'Essex....... 2
Le Festin de Pierre...... 2

Crébillon.
Électre 2
Rhadamiste et Zénobie .. 4
Dampierre de La Salle.
Le Bienfait rendu 2
Dancourt.
Le Charivari........... 2
Le Chevalier à la mode.. 4
Colin-Maillard......... 4
Les Curieux de Compiègne.............. 2
L'Été des coquettes 1
La Fête de village....... 3
Le Galant jardinier 3
La Maison de campagne. 3
Le Mari retrouvé........ 7
Les Trois cousines 4
Le Tuteur 5
Les Vacances.......... 1
Les Vendanges de Suresnes............... 2
Desforges (P. J. B.).
Les Marins 4
Destouches.
Le Dissipateur......... 1
La Fausse Agnès........ 6
Le Glorieux........... 1
Le Tambour nocturne... 3
Le Triple mariage...... 7
Diderot.
Le Père de famille 8
Dorat.
La Feinte par amour.... 4
Dubuisson.
Le Vieux garçon........ 1
Ducis.
Le Roi Léar.......... 18
Roméo et Juliette....... 3
Du Fresny.
Le Dédit 3
Le Double veuvage 3
L'Esprit de contradiction. 7
Fagan.
La Pupille............ 10
Le Rendez-vous 4
Favart.
L'Anglais à Bordeaux ... 13
Forgeot.
Les Rivaux amis........ 5
Goldoni.
Le Bourru bienfaisant ... 6

Gresset.
Le Méchant............ 1
Guymond de La Touche.
Iphigénie en Tauride.... 5
Guyot de Merville.
Le Consentement forcé .. 1
Hauteroche.
Le Cocher supposé...... 2
Crispin médecin........ 7
L'Esprit follet.......... 1
La Chapelle.
Les Carrosses d'Orléans . 2
La Chaussée.
L'École des mères....... 2
La Gouvernante 4
Mélanide.............. 3
La Font (de).
Les Trois frères rivaux.. 3
La Fontaine.
Le Florentin........... 2
La Fontaine et Champmeslé.
La Coupe enchantée..... 1
La Harpe.
Les Brames 2
Le Comte de Warwick.. 2
Jeanne Ire, reine de Naples............... 3
Philoctète............... 10
Lantier.
L'Impatient............ 2
La Place.
Venise sauvée 2
Larive.
Pyrame et Thisbé........ 5
Le Franc de Pompignan.
Didon 2
Le Grand (M. A.).
L'Aveugle clairvoyant... 5
La Famille extravagante. 6
Le Galant coureur...... 5
La Métamorphose amoureuse............... 3
Le Roi de Cocagne 8
L'Usurier gentilhomme.. 1
Le Grand (M. A.) et Alain.
L'Épreuve réciproque ... 4
Le Grand (M. A.) et Fuzelier.
Les Amazones modernes. 4

Lemierre.
Hypermnestre 4
La Veuve du Malabar . . . 6
Le Sage.
Crispin rival de son maître 2
Turcaret 7
Longueil.
L'Orphelin anglais 1
Marivaux.
Le Legs 2
Le Préjugé vaincu 1
La Seconde Surprise de l'Amour 4
Molière.
Amphitryon 7
L'Avare 6
Le Bourgeois gentil-homme 2
La Comtesse d'Escar-bagnas 2
L'École des femmes 7
L'École des maris 9
Les Femmes savantes . . . 7
Les Fourberies de Scapin . 1
George Dandin 1
Le Médecin malgré lui . . . 10
Le Misanthrope 3
M. de Pourceaugnac 1
Tartuffe 5
Montanclos (Mme de).
Le Déjeuner interrompu . 1
Montfleury.
La Femme juge et partie . 2

Monvel.
L'Amant bourru 7
Palissot.
L'Écueil des mœurs 4
Les Philosophes 1
Le Satirique 1
Pilhes.
Le Bienfait anonyme 1
Piron.
Gustave Wasa 1
La Métromanie 3
Poinsinet (A. A. H.).
Le Cercle 2
Poisson (Ph.).
L'Impromptu de cam-pagne 4
Le Procureur arbitre 2
Racine.
Athalie 4
Bajazet 2
Bérénice 3
Britannicus 5
Iphigénie 2
Mithridate 2
Phèdre 5
Les Plaideurs 8
Regnard.
Attendez-moi sous l'orme 2
Démocrite 4
Le Distrait 2
Les Folies amoureuses . . 3
Le Joueur 6
Le Légataire universel . . 5
Les Ménechmes 1
Le Retour imprévu 5

Rochon de Chabannes.
Les Amants généreux . . . 2
Heureusement . . . . : 3
La Manie des arts 4
Rousseau (J. J.).
Pygmalion 3
Saint-Foix.
L'Oracle 3
Saurin.
Beverley 2
Les Mœurs du temps . . . 4
Spartacus 3
Scarron.
Jodelet 1
Sedaine.
La Gageure imprévue . . . 2
Le Philosophe sans le savoir 4
Vigée.
Les Aveux difficiles 12
Voltaire.
Adélaïde Du Guesclin . . . 5
Alzire 6
L'Écossaise 4
L'Enfant prodigue 1
Mahomet 5
Mérope 3
La Mort de César 6
Nanine 6
L'Orphelin de la Chine . . 4
Sémiramis 4
Tancrède 5
Zaïre 3

1784

Barthe.
Les Fausses infidélités . . 1
Beaumarchais.
Le Barbier de Séville 4
Eugénie 1
La Folle journée 67
Belloy (P. L. de).
Gabrielle de Vergy 3
Gaston et Bayard 1
Pierre le Cruel 2
Le Siège de Calais 3
Zelmire 3
Bièvre.
Le Séducteur 3
Boissy.
Le Babillard 3
Les Dehors trompeurs . . . 1
Le Français à Londres . . 4

Boursault.
Le Mercure galant 6
Brueys.
L'Avocat Patelin 8
Brueys et Palaprat.
Le Grondeur 5
Le Muet 2
Chamfort.
La Jeune Indienne 9
Le Marchand de Smyrne . 7
Collé.
Dupuis et Desronais 1
La Partie de chasse de Henri IV 6
Corneille (P.).
Le Cid 4
Cinna 3

Corneille (P.) (Suite).
Horace 3
Le Menteur 1
Polyeucte 1
Rodogune 5
Corneille (T.).
Ariane 1
Le Comte d'Essex 2
Crébillon.
Rhadamiste et Zénobie . . 3
Dancourt.
Colin-Maillard 1
Les Curieux de Com-piègne 3
L'Été des coquettes 1
La Fête de village 3
Le Galant jardinier 5

Dancourt (*Suite*).

La Maison de campagne.	2
Le Mari retrouvé	5
Les Trois cousines	2
Le Tuteur	2
Les Vacances	4

Desfaucherets.

L'Avare cru bienfaisant	3

Destouches.

Le Dissipateur	1
La Fausse Agnès	4
Le Glorieux	2
Le Triple mariage	6

Diderot.

Le Père de famille	5

Dorat.

La Feinte par amour	4

Ducis.

Macbeth	7
Le Roi Léar	4

Du Fresny.

Le Dédit	1
Le Double veuvage	1
L'Esprit de contradiction	6
Le Mariage fait et rompu.	1

Fagan.

La Pupille	7
Le Rendez-vous	1

Forgeot.

Les Rivaux amis	4

Goldoni.

Le Bourru bienfaisant	3

Guymond de La Touche.

Iphigénie en Tauride	1

Hauteroche.

Le Cocher supposé	1
Crispin médecin	6

La Chapelle.

Les Carrosses d'Orléans.	2

La Chaussée.

L'École des mères	2
La Gouvernante	5
Mélanide	2

La Font (de).

Les Trois frères rivaux.	2

La Harpe.

Coriolan	12
Philoctète	4

La Motte.

Inès de Castro	3

Lantier.

Le Flatteur	2
L'Impatient	1

Leblanc de Guillet.

Les Druides	4

Le Grand (M. A.).

L'Aveugle clairvoyant	3
La Famille extravagante.	1

Le Grand (M. A.) (*Suite*).

Le Galant coureur	2
La Métamorphose amou-	
reuse	1
Le Roi de Cocagne	3

**Le Grand (M. A.)
et Alain.**

L'Épreuve réciproque	1

**Le Grand (M. A.)
et Fuzelier.**

Les Amazones modernes.	1

Lemierre.

Hypermnestre	3
La Veuve du Malabar	4

Le Sage.

Crispin rival de son maître	7
Turcaret	2

Marivaux.

Le Legs	3
La Seconde Surprise de	
l'Amour	3

Marmontel.

Cléopâtre	3

Molière.

Amphitryon	5
L'Avare	4
Le Bourgeois gentilhomme	3
La Comtesse d'Escarba-	
gnas	6
Le Dépit amoureux	3
L'École des femmes	6
L'École des maris	8
L'Étourdi	2
Les Femmes savantes	4
George Dandin	4
Le Mariage forcé	1
Le Médecin malgré lui	9
Le Misanthrope	2
M. de Pourceaugnac	4
Tartuffe	4

Monvel.

L'Amant bourru	3

Palissot.

Les Philosophes	1
Le Satirique	1

Pilhes.

Le Bienfait anonyme	13

Piron.

La Métromanie	6

Poinsinet (A. A. H.).

Le Cercle	1

Poisson (Ph.).

L'Impromptu de cam-	
pagne	5
Le Procureur arbitre	5

Pont-de-Vesle.

Le Somnambule	4

Racine.

Andromaque	1
Athalie	2
Bérénice	1
Britannicus	3
Iphigénie	2
Mithridate	2
Phèdre	3
Les Plaideurs	9

Regnard.

Démocrite	2
Les Folies amoureuses	1
Le Joueur	7
Le Légataire universel	7
Les Ménechmes	3
Le Retour imprévu	2

Riouffe.

Corneille aux Champs-	
Élysées	3

Rochon de Chabannes.

Les Amants généreux	3
Heureusement	1
Le Jaloux	12
La Manie des arts	1

Rotrou.

Venceslas	3

Rousseau (J. J.).

Pygmalion	1

Saint-Foix.

L'Oracle	5

Saurin.

Beverley	3
Les Mœurs du temps	2

Scarron.

Don Japhet d'Arménie	4
Jodelet	3

Sedaine.

La Gageure imprévue	3
Le Philosophe sans le sa-	
voir	1

Vigée.

Les Aveux difficiles	2
La Fausse coquette	8

Voltaire.

Adélaïde Du Guesclin	3
Alzire	5
L'Écossaise	2
L'Enfant prodigue	4
Mahomet	4
Mérope	4
La Mort de César	4
Nanine	6
Œdipe	2
Oreste	2
L'Orphelin de la Chine	4
Sémiramis	1
Tancrède	4
Zaïre	3

1785

Beaumarchais.

Le Barbier de Séville.... 5
Eugénie............... 5
Le Mariage de Figaro (1). 13
Belloy (P. L. de).
Gabrielle de Vergy...... 4
Gaston et Bayard....... 2
Pierre le Cruel.......... 2
Zelmire............... 4
Bièvre.
Le Séducteur.......... 3
Boindin et La Motte.
Le Port de mer........ 1
Boissy.
Le Babillard.......... 2
L'Époux par supercherie, 2
Le Français à Londres.. 1
Boursault.
Le Mercure galant....... 5
Bret.
L'Hôtellerie............ 1
Brueys.
L'Avocat Patelin........ 9
Brueys et Palaprat.
Le Grondeur............ 5
Le Muet............... 1
Cahusac.
Zénéide............... 2
Cailhava.
La Fille supposée....... 4
Chamfort.
La Jeune Indienne...... 6
Le Marchand de Smyrne. 4
Chénier.
Edgard, roi d'Angleterre. 1
Collé.
Dupuis et Desronais..... 2
La Partie de chasse de
Henri IV............. 7
Corneille (P.).
Le Cid................. 4
Cinna.................. 4
Héraclius.............. 3
Horace................ 1
Rodogune.............. 2
Corneille (T.).
Ariane................ 3
Le Comte d'Essex...... 1
Crébillon.
Électre................ 3
Rhadamiste et Zénobie.. 2
Dampierre de La Salle.
Le Bienfait rendu....... 2

Dancourt.
Le Chevalier à la mode.. 1
Colin-Maillard.......... 3
Les Curieux de Compiè-
gne................... 3
La Fête de village,...... 6
Le Galant jardinier...... 6
La Maison de campagne. 2
Le Mari retrouvé........ 4
Les Trois cousines...... 6
Le Tuteur.............. 5
Les Vacances.......... 6
Les Vendanges de Su-
resnes............... 4
Desmahis.
L'Impertinent.......... 2
Destouches.
Le Dissipateur.......... 2
Le Triple mariage....... 10
Diderot.
Le Père de famille...... 2
Dorat.
La Feinte par amour.... 4
Dubuisson.
Albert et Émilie........ 1
Ducis.
Le Roi Léar............ 4
Roméo et Juliette....... 3
Du Fresny.
Le Dédit............... 2
L'Esprit de contradiction. 7
Le Mariage fait et rompu. 1
Fagan.
La Pupille............. 7
Forgeot.
Les Épreuves........... 13
Les Rivaux amis....... 2
Goldoni.
Le Bourru bienfaisant... 6
Gresset.
Le Méchant............ 3
Grouvelle.
L'Épreuve délicate...... 1
Guymond de La Touche.
Iphigénie en Tauride.... 1
Guyot de Merville.
Le Consentement forcé.. 1
Hauteroche.
Crispin médecin........ 8
Imbert.
Le Jaloux sans amour... 10
La Chaussée.
L'École des mères....... 7

La Chaussée (Suite).
La Gouvernante........ 4
Mélanide.............. 4
La Harpe.
Philoctète............. 3
La Noüe.
La Coquette corrigée.... 11
Lantier.
Le Flatteur............ 3
L'Impatient............ 4
La Salle.
L'Oncle et les Tantes..... 8
Leblanc de Guillet.
Les Druides........... 4
Le Franc de Pompignan.
Didon................. 2
Le Grand (M. A.).
L'Aveugle clairvoyant... 6
La Famille extravagante. 2
Le Galant coureur....... 3
La Métamorphose amou-
reuse................. 4
Le Roi de Cocagne...... 2
Le Temps passé........ 4
Le Grand (M. A.) et Alain.
L'Épreuve réciproque... 1
**Le Grand (M. A.)
et Fuzelier.**
Les Amazones modernes. 1
Lemierre.
Céramis............... 1
Hypermnestre.......... 5
La Veuve du Malabar... 8
Le Sage.
Crispin rival de son
maître................ 5
Longueil.
L'Orphelin anglais...... 4
Maisonneuve.
Roxelane et Mustapha... 24
Marivaux.
Le Legs............... 1
La Seconde Surprise de
l'Amour.............. 2
Molière.
Amphitryon........... 7
L'Avare............... 1
Le Bourgeois gentil-
homme............... 4
La Comtesse d'Escarba-
gnas................. 5
Le Dépit amoureux..... 5
L'École des femmes..... 6

(1) Même pièce que : *La Folle journée.*

Molière (*Suite*).
L'École des maris....... 10
L'Étourdi.............. 3
Les Femmes savantes... 1
George Dandin......... 5
Le Médecin malgré lui.. 9
M. de Pourceaugnac..... 5
Tartuffe.............. 7
Montesson (Mme de).
La Comtesse de Chazelles. 1
Monvel.
L'Amant bourru........ 3
Murville.
Melcour et Verseuil...... 8
Palissot.
Les Méprises........... 1
Le Satirique.......... 2
Pilhes.
Le Bienfait anonyme.... 6
Piron.
Gustave Wasa......... 1
La Métromanie......... 10
Poinsinet (A. A. H.).
Le Cercle............. 2
Poisson (Ph.).
L'Impromptu de campagne............. 5
Le Procureur arbitre.... 2
Pont-de-Vesle.
Le Somnambule........ 6

Racine.
Andromaque........... 4
Athalie.............. 2
Bajazet.............. 2
Britannicus........... 4
Iphigénie............. 3
Phèdre.............. 7
Les Plaideurs......... 9
Regnard.
Démocrite............ 2
Le Distrait........... 1
Les Folies amoureuses.. 6
Le Joueur............. 7
Le Légataire universel... 8
Les Ménechmes........ 2
Le Retour imprévu 1
Rochefort.
Les Deux frères......... 1
Rochon de Chabannes.
Le Jaloux............. 3
Rotrou.
Venceslas............. 3
Rousseau (J. J.).
Pygmalion............ 3
Saint-Foix.
L'Oracle............. 4
Saurin.
Beverley............. 2
Les Mœurs du temps.... 1

Saurin (*Suite*).
Spartacus............ 3
Sauvigny.
Abdir............... 4
Scarron.
Don Japhet d'Arménie... 2
Sedaine.
La Gageure imprévue... 5
Le Philosophe sans le savoir.............. 2
Vigée.
Les Aveux difficiles...... 1
La Fausse coquette...... 4
Voltaire.
Adélaïde Du Guesclin ... 3
Alzire.............. 6
Brutus.............. 1
L'Écossaise........... 3
L'Enfant prodigue....... 6
Mahomet............ 3
Mérope............. 3
La Mort de César...... 3
Nanine............. 8
Oreste............. 1
L'Orphelin de la Chine.. 4
Rome sauvée.......... 3
Sémiramis............ 4
Tancrède............. 8
Zaïre............... 4

1786

Baron.
La Coquette et la Fausse Prude.............. 3
Beaumarchais.
Le Barbier de Séville..... 3
Eugénie.............. 5
Le Mariage de Figaro.... 13
Belloy (P. L. de).
Gabrielle de Vergy...... 2
Gaston et Bayard....... 3
Pierre le Cruel......... 3
Zelmire............. 2
Bièvre.
Le Séducteur.......... 2
Boissy.
Le Babillard........... 1
L'Époux par supercherie. 2
Le Français à Londres.. 2
Boursault.
Le Mercure galant....... 1
Brueys.
L'Avocat Patelin....... 9

Brueys et Palaprat.
Le Grondeur........... 4
Cailhava.
L'Égoïsme............ 3
Chamfort.
La Jeune Indienne....... 3
Le Marchand de Smyrne. 7
Chénier.
Azémire............. 1
Collé.
Dupuis et Desronais..... 7
La Partie de chasse de Henri IV............ 4
Collin d'Harleville.
L'Inconstant............ 11
Corneille (P.).
Le Cid.............. 5
Cinna.............. 2
Héraclius............ 1
Horace.............. 1
Polyeucte 2
Sertorius 3

Crébillon.
Électre.............. 1
Rhadamiste et Zénobie.. 1
Dancourt.
Colin-Maillard......... 2
Les Curieux de Compiègne............. 4
La Fête de village...... 2
Le Galant jardinier 4
Le Mari retrouvé........ 4
Les Trois cousines...... 5
Le Tuteur........... 6
Les Vacances......... 5
Les Vendanges de Suresnes.............. 3
Desfaucherets.
Le Mariage secret....... 22
Le Portrait........... 3
Destouches.
La Fausse Agnès........ 1
L'Obstacle imprévu...... 8
Le Triple mariage....... 4

Diderot.
Le Père de famille...... 4
Dorat.
La Feinte par amour.... 4
Dubuisson.
Scanderberg............ 1
Ducis.
Le Roi Léar............ 1
Roméo et Juliette....... 1
Du Fresny.
L'Esprit de contradiction. 5
Le Mariage fait et rompu. 1
Fagan.
L'Étourderie........... 6
La Pupille............. 7
Favart.
L'Anglais à Bordeaux... 1
Goldoni.
Le Bourru bienfaisant... 1
Guymond de La Touche.
Iphigénie en Tauride.... 1
Guyot de Merville.
Le Consentement forcé.. 7
Hauteroche.
Crispin médecin........ 5
L'Esprit follet......... 2
Imbert.
Le Jaloux sans amour.. 4
La Chaussée.
L'École des mères....... 3
Mélanide.............. 1
La Fontaine et Champmeslé.
La Coupe enchantée..... 3
La Harpe.
Philoctète............. 5
Virginie............... 10
La Montagne.
La Physicienne......... 6
La Motte.
Inès de Castro......... 4
La Noüe.
La Coquette corrigée.... 6
Lantier.
Les Coquettes rivales..... 1
Le Flatteur............ 4
L'Impatient............ 3
Le Franc de Pompignan.
Didon................. 3
Le Grand (M. A.).
L'Aveugle clairvoyant... 4
La Famille extravagante. 2
Le Galant coureur....... 1
La Métamorphose amou-
reuse................. 2
La Nouveauté.......... 10
Le Roi de Cocagne...... 4

Le Grand (M. A.) (Suite).
Le Temps passé........ 5
Lemierre.
Céramis............... 4
Guillaume Tell......... 5
Hypermnestre.......... 6
La Veuve du Malabar... 8
Le Sage.
Crispin rival de son
maître............... 4
Turcaret.............. 2
Longepierre.
Médée................. 14
Maisonneuve.
Roxelane et Mustapha.. 7
Marivaux.
Le Legs............... 2
La Seconde Surprise de
l'Amour.............. 2
Molière.
Amphitryon............ 9
L'Avare............... 2
Le Bourgeois gentil-
homme............... 3
La Comtesse d'Escarba-
gnas................. 6
Le Dépit amoureux...... 3
L'École des femmes..... 5
L'École des maris....... 11
L'Étourdi.............. 2
Les Femmes savantes... 2
George Dandin......... 2
Le Médecin malgré lui... 9
Le Misanthrope........ 2
M. de Pourceaugnac..... 7
Tartuffe............... 7
Monvel.
L'Amant bourru........ 6
Le Chevalier sans peur
et sans reproche....... 18
Murville.
Melcour et Verseuil..... 2
Palissot.
Les Méprises.......... 2
Les Tuteurs............ 3
Pilhes.
Le Bienfait anonyme.... 4
Piron.
La Métromanie......... 7
Poinsinet (A. A. H.).
Le Cercle.............. 1
Poisson (Ph.).
L'Impromptu de cam-
pagne............... 6
Le Procureur arbitre.... 2

Pont-de-Vesle.
Le Somnambule........ 6
Racine.
Andromaque........... 3
Athalie............... 2
Bajazet............... 2
Bérénice.............. 1
Britannicus............ 3
Iphigénie............. 3
Mithridate............ 1
Phèdre................ 2
Les Plaideurs.......... 11
Regnard.
Démocrite............. 3
Les Folies amoureuses.. 6
Le Joueur............. 6
Le Légataire universel.. 8
Les Ménechmes........ 2
Le Retour imprévu...... 1
Rotrou.
Venceslas............. 2
Rousseau (J. J.).
Pygmalion............. 3
Rousseau (P.).
Les Méprises.......... 2
Saint-Foix.
L'Oracle............... 6
Saurin.
Beverley.............. 5
Blanche et Guiscard..... 1
Spartacus............. 1
Scarron.
Don Japhet d'Arménie... 2
Jodelet............... 1
Sedaine.
La Gageure imprévue... 1
Le Philosophe sans le sa-
voir................. 1
Vigée.
Les Aveux difficiles..... 3
Voiron.
Apelle et Campaspe...... 1
Voltaire.
Adélaïde Du Guesclin.... 4
Alzire................ 6
Brutus................ 1
L'Enfant prodigue...... 5
Mahomet.............. 4
Mérope............... 1
La Mort de César....... 5
OEdipe............... 2
Oreste................ 4
L'Orphelin de la Chine... 5
Sémiramis............. 3
Tancrède.............. 7
Zaïre................. 9

1787

Allainval (d').
L'École des bourgeois... 13
Barthe.
Les Fausses infidélités... 3
Beauharnais (Mme de).
La Fausse inconstance.... 1
Beaumarchais.
Le Barbier de Séville.... 7
Eugénie 6
Le Mariage de Figaro.... 7
Belloy (P. L. de).
Gabrielle de Vergy...... 1
Gaston et Bayard........ 4
Zelmire................. 4
Bièvre.
Le Séducteur........... 1
Boindin et La Motte.
Le Port de mer......... 1
Boissy.
Les Deux nièces (1)...... 2
Le Français à Londres... 1
Boursault.
Le Mercure galant....... 3
Brueys.
L'Avocat Patelin........ 6
Brueys et Palaprat.
Le Grondeur........... 6
Le Muet............... 1
Chamfort.
La Jeune Indienne....... 7
Le Marchand de Smyrne. 5
Chénier.
Azémire............... 3
Collé.
Dupuis et Desronais..... 5
La Partie de chasse de
Henri IV............. 13
Collin d'Harleville.
L'Inconstant........... 7
Corneille (P.).
Le Cid................. 3
Cinna................. 2
Héraclius.............. 2
Le Menteur............ 3
Polyeucte.............. 1
Rodogune.............. 1
Corneille (T.).
Ariane................ 1
Crébillon.
Atrée et Thyeste........ 5
Électre 2
Rhadamiste et Zénobie.. 3

Dancourt.
Colin-Maillard.......... 3
Les Curieux de Com-
piègne.............. 4
La Fête de village....... 5
Le Galant jardinier..... 8
Le Mari retrouvé........ 5
Les Trois cousines...... 9
Le Tuteur............. 4
Les Vacances.......... 4
Les Vendanges de Su-
resnes.............. 2
Desfaucherets.
Le Mariage secret....... 6
Destouches.
L'Amour usé (2)........ 1
La Fausse Agnès........ 3
L'Obstacle imprévu..... 1
Le Triple mariage....... 8
Diderot.
Le Père de famille....... 8
Doigny du Ponceau.
Antigone 2
Dorat.
La Feinte par amour.... 2
Ducis.
Hamlet................ 6
Du Fresny.
L'Esprit de contradiction. 3
Le Mariage fait et rompu. 3
Du Vaure.
Le Faux savant......... 7
Fabre d'Églantine.
Augusta............... 6
Fagan.
L'Étourderie........... 1
La Pupille............. 5
Forgeot.
Les Épreuves.......... 3
Guymond de La Touche.
Iphigénie en Tauride.... 3
Guyot de Merville.
Le Consentement forcé.. 2
Hauteroche.
Le Cocher supposé...... 3
Crispin médecin........ 4
L'Esprit follet......... 1
Imbert.
Le Jaloux sans amour... 1
Les Rivaux............ 1
La Chaussée.
L'École des mères....... 1

La Chaussée (*Suite*).
Le Préjugé à la mode.... 5
La Harpe.
Le Comte de Warwick... 3
Coriolan............... 3
Philoctète............. 4
La Motte.
Inès de Castro.......... 2
La Noüe.
La Coquette corrigée.... 5
Lantier.
L'Impatient............ 4
Lefèvre.
Hercule au mont Œta.... 7
Zuma................. 4
Le Grand (M. A.).
L'Aveugle clairvoyant... 5
La Famille extravagante. 2
Le Galant coureur...... 2
La Métamorphose amou-
reuse............... 5
La Nouveauté.......... 7
Le Temps passé........ 2
Lemierre.
Guillaume Tell......... 1
Hypermnestre.......... 3
Térée................. 5
La Veuve du Malabar... 2
Le Sage.
Crispin rival de son
maître.............. 2
Longepierre.
Médée 5
Longueil.
L'Orphelin anglais...... 3
Maisonneuve.
Roxelane et Mustapha... 5
Marivaux.
Le Legs............... 4
Mercier.
La Maison de Molière.... 10
Molière.
Amphitryon 7
L'Avare............... 1
La Comtesse d'Escarba-
gnas............... 2
Le Dépit amoureux...... 2
L'École des femmes..... 4
L'École des maris....... 13
L'Étourdi............. 3
Les Femmes savantes... 3
George Dandin......... 12

(1) Comédie retouchée par Monvel.
(2) Comédie retouchée par Hannetaire. Interrompue au 2e acte.

Molière (Suite).
Le Malade imaginaire... 6
Le Médecin malgré lui... 9
M. de Pourceaugnac..... 5
Tartuffe............... 2
Monvel.
L'Amant bourru........ 4
Le Chevalier sans peur et
  sans reproche........ 7
Murville.
Melcour et Verseuil...... 1
Parisau.
Le Prix académique..... 9
Pieyre
Les Amis à l'épreuve..... 8
L'École des pères........ 35
Pilhes.
Le Bienfait anonyme.... 7
Piron.
Gustave Wasa.......... 3
La Métromanie......... 5
Poinsinet de Sivry (L.).
Briséis................ 11
Poisson (Ph.).
L'Impromptu de cam-
  pagne............... 2

Poisson (Ph.) (Suite).
Le Procureur arbitre.... 2
Pont-de-Vesle.
Le Somnambule........ 5
Racine.
Andromaque........... 5
Athalie............... 6
Bajazet............... 2
Britannicus........... 2
Iphigénie............. 3
Phèdre............... 4
Les Plaideurs.......... 5
Regnard.
Démocrite............ 1
Les Folies amoureuses.. 5
Le Joueur............ 8
Le Légataire universel.. 4
Les Ménechmes........ 4
Rochon de Chabannes.
Le Jaloux............. 4
Rotrou.
Venceslas............. 2
Rousseau (J. J.).
Pygmalion............ 1
Saint-Foix.
L'Oracle.............. 2

Saurin.
Beverley,............. 8
Scarron.
Jodelet............... 2
Sedaine.
Le Philosophe sans le
  savoir............... 1
Ségur.
Rosaline et Floricourt.... 5
Vigée.
Les Aveux difficiles..... 1
Voltaire.
Adélaïde Du Guesclin.... 2
Alzire............... 4
L'Enfant prodigue....... 4
Mahomet............. 6
Mérope.............. 4
La Mort de César...... 3
Nanine.............. 4
Œdipe.............. 1
Olympie............. 3
Oreste.............. 2
L'Orphelin de la Chine.. 3
Sémiramis............ 1
Tancrède............. 6
Zaïre................ 6

1788

Allainval (d').
L'École des bourgeois ... 6
Beaumarchais.
Le Barbier de Séville.... 10
Eugénie............... 7
Le Mariage de Figaro ... 5
Belloy (P. L. de.).
Gabrielle de Vergy...... 3
Gaston et Bayard........ 6
Zelmire............... 2
Bièvre.
Les Réputations........ 4
Le Séducteur.......... 4
Blin de Sainmore.
Orphanis.............. 1
Boissy.
Le Babillard........... 3
Les Dehors trompeurs... 5
Le Français à Londres... 1
Boursault.
Le Mercure galant...... 1
Brueys.
L'Avocat Patelin........ 7
Brueys et Palaprat.
Le Grondeur........... 3
Cahusac.
Zénéide............... 2

Chabanon.
Le Faux noble.......... 1
Chamfort.
La Jeune Indienne....... 4
Le Marchand de Smyrne. 4
Collé.
Dupuis et Desronais..... 1
La Partie de chasse de
  Henri IV........... 19
Collet.
L'Ile déserte........... 4
Collin d'Harleville.
L'Inconstant........... 5
L'Optimiste........... 26
Corneille (P.).
Le Cid............... 4
Cinna................ 2
Héraclius............. 3
Le Menteur........... 6
Polyeucte............. 2
Rodogune............. 2
Corneille (T.).
Ariane............... 1
Crébillon.
Rhadamiste et Zénobie.. 1
Cubières Palmezeaux.
La Jeune épouse........ 5

Dancourt.
Le Chevalier à la mode.. 2
Colin-Maillard.......... 4
Les Curieux de Compiè-
  gne................ 2
L'Été des coquettes..... 1
La Fête de village....... 2
Le Galant jardinier...... 5
La Maison de campagne. 4
Le Mari retrouvé........ 5
Les Trois cousines...... 6
Le Tuteur............. 2
Les Vacances........... 1
Desfaucherets.
Le Mariage secret....... 4
Destouches.
Le Dissipateur......... 2
La Fausse Agnès........ 5
Le Triple mariage....... 5
Diderot.
Le Père de famille....... 2
Dorat.
La Feinte par amour.... 3
Ducis.
Hamlet............... 2
Roméo et Juliette 1

Dufrénoy (Mme).
L'Amour exilé des cieux... 4
Du Fresny.
L'Esprit de contradiction. 8
Le Mariage fait et rompu. 3
Du Vaure.
Le Faux savant........ 2
Fabre d'Églantine.
Augusta.............. 1
Fagan.
L'Étourderie........... 2
La Pupille............. 3
Le Rendez-vous........ 3
Fallet.
Alphée et Zarine....... 1
Forgeot.
La Ressemblance........ 9
Les Rivaux amis....... 2
Goldoni.
Le Bourru bienfaisant... 10
Guymond de La Touche.
Iphigénie en Tauride..... 1
Guyot de Merville.
Le Consentement forcé.. 3
Hauteroche.
Le Cocher supposé...... 3
Crispin médecin........ 4
Imbert.
Le Jaloux sans amour... 3
La Chaussée.
L'École des mères...... 4
La Gouvernante........ 4
La Font (de).
Le Naufrage........... 1
La Fontaine et Champmeslé.
La Coupe enchantée..... 1
La Fosse.
Manlius Capitolinus..... 7
La Harpe.
Le Comte de Warwick... 5
Jeanne 1re, reine de Naples 3
Philoctète............. 3
La Motte.
Inès de Castro......... 3
La Noüe.
La Coquette corrigée.... 2
Mahomet second........ 3
Lantier.
L'Impatient........... 2
L'Inconséquent......... 1
Le Grand (M. A.).
L'Aveugle clairvoyant... 1
La Métamorphose amoureuse.............. 3

Le Grand (M. A.) (Suite).
La Nouveauté.......... 6
Le Roi de Cocagne...... 2
Lemercier.
Méléagre.............. 1
Lemierre.
Hypermnestre......... 2
La Veuve du Malabar... 6
Le Sage.
Crispin rival de son maître................ 1
Longepierre.
Médée................ 5
Longueil.
L'Orphelin anglais...... 1
Maisonneuve.
Odmar et Zulma........ 12
Roxelane et Mustapha... 1
Marivaux.
Le Legs.............. 4
La Seconde Surprise de l'Amour............. 3
Mercier.
La Maison de Molière.... 4
Molière.
Amphitryon........... 9
L'Avare.............. 2
La Comtesse d'Escarbagnas.............. 3
L'École des femmes..... 6
L'École des maris...... 12
Les Femmes savantes.. 5
Les Fourberies de Scapin. 3
George Dandin........ 8
Le Malade imaginaire... 2
Le Mariage forcé....... 1
Le Médecin malgré lui... 6
M. de Pourceaugnac..... 6
Tartuffe.............. 4
Monvel.
L'Amant bourru........ 8
Le Chevalier sans peur et sans reproche......... 1
Murville.
Lanval et Viviane....... 10
Pieyre.
L'École des pères....... 12
Pilhes.
Le Bienfait anonyme.... 6
Piron.
Gustave Wasa.......... 1
La Métromanie......... 3
Poisson (Ph.).
L'Impromptu de campagne................ 4

Poisson (Ph.) (Suite).
Le Procureur arbitre.... 4
Pont-de-Vesle.
Le Somnambule........ 3
Racine.
Andromaque........... 5
Athalie............... 4
Bajazet.............. 5
Bérénice............. 3
Britannicus........... 3
Iphigénie............. 4
Mithridate............ 3
Phèdre.............. 3
Les Plaideurs......... 2
Regnard.
Démocrite............ 1
Les Folies amoureuses.. 13
Le Joueur........... 6
Le Légataire universel.. 3
Les Ménechmes........ 1
La Sérénade.......... 4
Rochon de Chabannes.
Les Amants généreux... 3
Heureusement......... 4
Le Jaloux............. 2
Rousseau (J. J.).
Pygmalion............ 1
Saint-Foix.
L'Oracle............. 2
Saurin.
Beverley............. 2
Scarron.
Jodelet.............. 4
Sedaine.
La Gageure imprévue... 7
Ségur.
Rosaline et Floricourt... 3
Vigée.
La Belle-mère......... 6
L'Entrevue........... 5
Voltaire.
Adélaïde Du Guesclin.... 4
Alzire............... 5
L'Écossaise........... 3
L'Enfant prodigue...... 7
Mahomet............. 8
Mérope............. 3
La Mort de César....... 1
Nanine............. 7
Oreste.............. 3
L'Orphelin de la Chine.. 4
Sémiramis............ 4
Tancrède............. 2
Zaïre............... 8

1789

Allainval (d').
L'École des bourgeois... 3
Barthe.
Les Fausses infidélités... 1
Beaumarchais.
Le Barbier de Séville.... 3
Eugénie............... 3
Le Mariage de Figaro... 3
Belloy (P. L. de).
Gabrielle de Vergy...... 1
Gaston et Bayard....... 5
Pierre le Cruel......... 1
Le Siège de Calais...... 9
Zelmire............... 2
Bièvre.
Le Séducteur.......... 1
Boissy.
Le Babillard........... 4
Les Dehors trompeurs.. 1
Le Français à Londres.. 1
Boursault.
Ésope à la Cour........ 7
Le Mercure galant...... 4
Bret.
L'École amoureuse...... 2
Brueys.
L'Avocat Patelin........ 6
Brueys et Palaprat.
Le Grondeur........... 1
**Caux
de Montlebert (G. de).**
Marius................ 10
Chamfort.
La Jeune Indienne...... 4
Le Marchand de Smyrne. 6
Chénier.
Charles IX............. 22
Collé.
La Partie de chasse de
Henri IV.............. 9
Collet.
L'Île déserte.......... 1
Collin d'Harleville.
Les Châteaux en Espagne. 13
L'Inconstant........... 2
L'Optimiste............ 6
Collot d'Herbois.
Le Paysan magistral..... 5
Corneille (P.).
Le Cid................ 1
Cinna................. 2
Héraclius.............. 2
Le Menteur............ 5

Corneille (P.) (Suite).
Polyeucte.............. 2
Rodogune.............. 5
Sertorius.............. 1
Corneille (T.).
Le Comte d'Essex....... 2
Crébillon.
Rhadamiste et Zénobie.. 2
Cubières Palmezeaux.
La Mort de Molière..... 1
Dancourt.
Le Chevalier à la mode... 1
Les Curieux de Compiègne 1
L'Été des coquettes..... 1
La Fête de village....... 3
Le Galant jardinier...... 5
La Maison de campagne. 2
Le Mari retrouvé....... 4
Les Trois cousines...... 3
Le Tuteur............. 3
Les Vacances.......... 10
Les Vendanges de Su-
resnes............... 1
Desfaucherets.
Le Mariage secret....... 4
Destouches.
L'Ambitieux et l'Indis-
crète................ 4
La Fausse Agnès........ 5
Le Glorieux............ 3
Le Tambour nocturne... 3
Le Triple mariage....... 6
Diderot.
Le Père de famille....... 1
Dorat.
La Feinte par amour.... 5
Dubois-Fontanelle
Éricie................. 2
Ducis
Hamlet................ 2
Du Fresny.
L'Esprit de contradiction. 7
Du Vaure.
Le Faux savant......... 4
Fabre d'Églantine.
Le Présomptueux........ 1
Fagan.
L'Étourderie........... 5
Les Originaux.......... 5
La Pupille............. 1
Le Rendez-vous........ 1

Forgeot.
Les Épreuves........... 4
Goldoni.
Le Bourru bienfaisant... 5
Gouges (Mme de).
L'Esclavage des noirs.... 2
Guymond de La Touche.
Iphigénie en Tauride.... 1
Guyot de Merville.
Le Consentement forcé... 8
Hauteroche.
Le Cocher supposé...... 1
Crispin médecin......... 3
Imbert.
La Fausse apparence..... 5
Le Jaloux sans amour... 2
Marie de Brabant, reine
de France........... 6
La Chaussée.
L'École des mères...... 3
La Gouvernante........ 2
La Font (de).
Le Naufrage........... 6
La Fontaine.
Le Florentin........... 1
**La Fontaine
et Champmeslé.**
La Coupe enchantée..... 1
La Fosse.
Manlius Capitolinus..... 3
La Harpe.
Le Comte de Warwick... 1
Philoctète............. 3
La Motte.
Inès de Castro......... 3
La Noüe.
La Coquette corrigée.... 2
Mahomet second....... 2
Lantier.
L'Impatient............ 3
Le Franc de Pompignan.
Didon................ 2
Le Grand (M. A.)
L'Aveugle clairvoyant... 2
La Famille extravagante. 1
Le Galant coureur...... 2
La Métamorphose amou-
reuse............... 3
La Nouveauté.......... 2
Le Roi de Cocagne..... 1
L'Usurier gentilhomme.. 1

Lemierre.
Hypermnestre 1
La Veuve du Malabar . . . 2
Le Sage.
Crispin rival de son
maître 3
Longepierre.
Médée 3
Longueil.
L'Orphelin anglais 1
Maisonneuve.
Roxelane et Mustapha . . . 2
Manteufel.
Auguste et Théodore 29
Marivaux.
Le Legs 6
La Seconde Surprise de
l'Amour 2
Marivaux et Parfaict.
Le Dénouement imprévu. 3
Mercier.
La Maison de Molière 6
Molière.
Amphitryon 5
L'Avare 5
Le Bourgeois gentilhomme 3
La Comtesse d'Escarba-
gnas 5
Le Dépit amoureux 4
L'École des femmes 3
L'École des maris 9
Les Femmes savantes . . . 5
Les Fourberies de Scapin. 1
George Dandin 7
Le Malade imaginaire . . . 1
Le Médecin malgré lui . . 5
Le Misanthrope 6

Molière (Suite).
M. de Pourceaugnac 3
Tartuffe 1
Montfleury.
La Fille Capitaine 4
Monvel.
L'Amant bourru 4
Pieyre.
L'École des pères 3
Pilhes.
Le Bienfait anonyme 3
Piron.
L'École des pères 3
La Métromanie 4
Poinsinet de Sivry (L.).
Briséis 1
Poisson (Ph.).
L'Impromptu de cam-
pagne 2
Pont-de-Vesle.
Le Somnambule 4
Racine.
Andromaque 2
Athalie 5
Bajazet 2
Bérénice 3
Britannicus 1
Iphigénie 5
Mithridate 1
Phèdre 3
Les Plaideurs 6
Regnard.
Démocrite 1
Les Folies amoureuses . . 9
Le Joueur 4
Le Légataire universel . . 10
Les Ménechmes 3

Regnard (Suite).
Le Retour imprévu 1
La Sérénade 4
Richerolles d'Avallon.
Astyanax 1
Robert.
Les Fausses présomptions . 1
Rochon de Chabannes.
Heureusement 3
La Manie des arts 1
Saint-Foix.
L'Oracle 5
Saurin.
Beverley 4
Scarron.
Jodelet 1
Sedaine.
La Gageure imprévue 4
Le Philosophe sans le sa-
voir 4
Raymond V, comte de Tou-
louse 2
Vigée.
L'Entrevue 5
Voltaire.
Adélaïde Du Guesclin 4
Alzire 4
L'Enfant prodigue 4
Mahomet 5
Mérope 4
Nanine 1
OEdipe 3
Oreste 2
L'Orphelin de la Chine . . . 3
Sémiramis 5
Tancrède 3
Zaïre 3

1790

Allainval (d').
L'École des bourgeois . . . 7
Arnaud (d').
Le Comte de Comminges . . 20
Aude.
Le Journaliste des ombres 6
Baron.
L'Homme à bonnes for-
tunes 4
Beaumarchais.
Le Barbier de Séville 10
Eugénie 5
Le Mariage de Figaro . . . 3
Belloy (P. L. de).
Gabrielle de Vergy 3

Belloy (P. L. de) (Suite).
Gaston et Bayard 4
Le Siège de Calais 1
Zelmire 1
Bièvre.
Le Séducteur 2
Boissy.
Le Babillard 2
Le Français à Londres . . 2
Boursault.
Ésope à la Cour 1
Le Mercure galant 6
Brueys.
L'Avocat Patelin 7
Brueys et Palaprat.
Le Grondeur 2

Chamfort.
La Jeune Indienne 5
Le Marchand de Smyrne . 5
Chénier.
Charles IX 14
Collé.
Dupuis et Desronais 3
La Partie de chasse
de Henri IV 14
Collin d'Harleville.
L'Inconstant 2
L'Optimiste 3
Corneille (P.).
Le Cid 4
Le Menteur 2
Rodogune 1

Corneille (T.).
Ariane................... 1
Le Comte d'Essex...... 1
Crébillon.
Électre................. 1
Dancourt.
Le Chevalier à la mode.. 2
Colin-Maillard.......... 2
La Fête de village....... 2
Le Galant jardinier..... 5
La Maison de campagne. 2
Le Mari retrouvé....... 7
Les Trois cousines..... 2
Le Tuteur............... 3
Les Vacances........... 2
Les Vendanges de Su-
resnes............... 2
Desfaucherets.
Le Mariage secret...... 3
Desfontaines de la
Vallée.
Le Tombeau de Desilles.. 5
Destouches.
La Fausse Agnès........ 3
Le Triple mariage....... 6
Dezède.
Les Trois noces.......... 2
Diderot.
Le Père de famille....... 8
Dorat.
La Feinte par amour.... 6
Ducis.
Macbeth................ 5
Du Fresny.
L'Esprit de contradiction 5
Le Mariage fait et rompu 2
Du Vaure.
Le Faux savant......... 5
Fabre d'Églantine.
Le Philinte de Molière.... 9
Le Présomptueux....... 8
Fagan.
L'Étourderie........... 5
Les Originaux.......... 2
La Pupille............. 3
Fenouillot de Falbaire.
L'Honnête criminel...... 13
Flins des Oliviers.
Le Réveil d'Epiménide à
Paris................. 26
Forgeot.
Les Épreuves.......... 1
Goldoni.
Le Bourru bienfaisant... 5
Gouges (Mme de).
L'Esclavage des noirs... 1
Guyot de Merville.
Le Consentement forcé... 8
Hauteroche.
Le Cocher supposé...... 2
Crispin médecin........ 5

Imbert.
Marie de Brabant, reine
de France............. 2
La Chaussée.
L'École des mères....... 2
La Gouvernante........ 3
La Font (de).
Le Naufrage........... 1
La Fontaine
et Champmeslé.
La Coupe enchantée..... 1
La Fosse.
Manlius Capitolinus..... 2
La Harpe.
Philoctète............. 3
La Noüe.
La Coquette corrigée.... 7
Lantier.
L'Impatient............ 2
Laujon.
Le Couvent............. 19
Laya (J. L.).
Les Dangers de l'opinion. 11
Jean Calas............. 3
Le Franc de Pompignan.
Didon................. 2
Le Grand (M. A.).
L'Aveugle clairvoyant... 5
La Famille extravagante. 1
La Nouveauté.......... 2
Le Grand (M. A.) et Alain.
L'Épreuve réciproque... 5
Lemierre.
Barnevelt, grand pensio-
naire de Hollande..... 7
Guillaume Tell......... 4
Hypermnestre......... 2
La Veuve du Malabar... 2
Le Sage.
Crispin rival de son maître 3
Turcaret.............. 5
Longepierre.
Médée................ 5
Manteufel.
Auguste et Théodore.... 11
Marivaux.
Le Legs............... 2
Le Préjugé vaincu...... 4
La Seconde Surprise de
l'Amour............. 2
Mercier.
La Maison de Molière.... 2
Molière.
Amphitryon........... 6
L'Avare............... 8
Le Bourgeois gentil-
homme............... 1
La Comtesse d'Escarba-
gnas................. 6
Le Dépit amoureux...... 4
L'École des femmes..... 6

Molière (*Suite*).
L'École des maris...... 14
L'Étourdi............. 1
Les Femmes savantes... 4
Les Fourberies de Scapin. 4
George Dandin......... 2
Le Médecin malgré lui... 3
Le Misanthrope........ 2
M. de Pourceaugnac.,... 1
Tartuffe.............. 6
Monvel.
L'Amant bourru........ 7
Murville.
Le Souper magique...... 3
Pieyre.
L'École des pères....... 6
Pilhes.
Le Bienfait anonyme.... 1
Piron.
Gustave Wasa......... 1
La Métromanie......... 6
Poisson (Ph.).
Le Procureur arbitre.... 3
Pont-de-Vesle.
Le Somnambule........ 4
Quinault.
Les Coups de l'Amour et
de la Fortune (1)...... 3
Racine.
Andromaque.......... 3
Athalie............... 4
Bajazet............... 2
Bérénice.............. 3
Britannicus........... 2
Iphigénie............. 1
Phèdre............... 2
Les Plaideurs......... 5
Regnard.
Les Folies amoureuses.. 8
Le Joueur............. 2
Le Légataire universel... 6
Les Ménechmes....... 4
Le Retour imprévu...... 1
Rochon de Chabannes.
Les Amants généreux... 2
Heureusement......... 3
Le Jaloux............. 3
La Manie des arts....... 2
Ronsin.
Louis XII, père du peuple. 1
Rotrou.
Venceslas............. 1
Rousseau (J. J.).
Pygmalion............ 3
Saint-Foix.
L'Oracle.............. 6
Saurin.
Beverley.............. 1
Spartacus............. 3
Sedaine.
La Gageure imprévue... 2

(1) Tragi-comédie retouchée par Imbert.

Ségur.

Rosaline et Floricourt... 1

Vigée.

L'Entrevue 1

Voltaire.

Adélaïde Du Guesclin.... 2

Voltaire (*Suite*).

Alzire 9
Brutus................. 11
L'Enfant prodigue....... 3
Mahomet 3
Mérope................ 5
La Mort de César 3

Voltaire (*Suite*).

Nanine 4
OEdipe................. 2
L'Orphelin de la Chine .. 3
Sémiramis.............. 2
Tancrède 4
Zaïre 7

1791

Allainval (d').

L'École des bourgeois... 7

Arnault (A. V.).

Marius à Minturnes...... 13

Baron.

L'Homme à bonnes for-
tunes................. 1

Barthe.

Les Fausses infidélités... 1

Beaumarchais.

Le Barbier de Séville.... 1

Belloy (P. L. de).

Gabrielle de Vergy..... 2
Gaston et Bayard........ 4
Pierre le Cruel.......... 1

Bièvre.

Le Séducteur 4

Boissy.

Le Babillard............ 5
Les Dehors trompeurs... 2

Boursault.

Le Mercure galant....... 4

Brueys.

L'Avocat Patelin........ 7

Brueys et Palaprat.

Le Grondeur........... 3

Cahusac.

Zénéide............... 4

Chamfort.

La Jeune Indienne...... 3
Le Marchand de Smyrne. 2

**Claret
de Fleurieu (Mme).**

Pauline................ 3

Collé.

Dupuis et Desronais..... 2
La Partie de chasse
de Henri IV........... 11

Collin d'Harleville.

L'Inconstant 3
*M. de Crac dans son petit
castel*................. 11
L'Optimiste............. 10

Corneille (P.)

Le Cid................. 3
Cinna 5
Héraclius 2

Corneille (P.) (*Suite*).

Rodogune 2

Corneille (T.).

Le Festin de Pierre..... 2

Crébillon.

Électre 1
Rhadamiste et Zénobie... 1

Dancourt.

Le Chevalier à la mode.. 2
Colin-Maillard.......... 1
La Fête de village...... 3
Le Galant jardinier...... 3
La Maison de campagne. 1
Le Mari retrouvé........ 10
Les Trois cousines...... 2
Le Tuteur............. 3
Les Vacances.......... 6

Demoustier.

Le Conciliateur.......... 15

Desaudras.

Minuit................'. 1

Desfaucherets.

Le Mariage secret....... 8

Destouches.

Le Dissipateur.......... 4
La Fausse Agnès........ 4
Le Glorieux............ 5
Le Triple mariage....... 4

Diderot.

Le Père de famille 2

Doigny du Ponceau.

Virginie............... 4

Dorat.

La Feinte par amour.... 1

Du Fresny.

L'Esprit de contradiction. 8

Du Vaure.

Le Faux savant......... 1

Fabre d'Églantine.

Le Philinte de Molière... 4

Fagan.

L'Étourderie........... 2
La Pupille............. 4

Favart.

L'Anglais à Bordeaux... 6

Fenouillot de Falbaire.

L'Honnête criminel..... 1

Flins des Oliviers.

Le Mari directeur....... 6
Le Réveil d'Épiménide à
Paris................ 6

Forgeot.

Les Épreuves........... 1

Genlis (Mme de).

*Jean Jacques Rousseau
dans l'île de Saint-
Pierre*................ 1

Goldoni.

Le Bourru bienfaisant... 11

Gresset.

Le Méchant............ 3

Guymond de La Touche.

Iphigénie en Tauride.... 1

Guyot de Merville.

Le Consentement forcé... 6

Harny.

La Liberté conquise...... 26

Hauteroche.

Le Cocher supposé...... 1
Crispin médecin......... 5

Imbert.

Le Jaloux sans amour... 6

La Chaussée.

L'École des mères....... 3
La Gouvernante........ 9
Le Préjugé à la mode.... 4

Laignelot.

Rienzi................ 1

La Noüe.

La Coquette corrigée.... 4

Lantier.

L'Impatient 4

Laujon.

Le Couvent............ 2

Laya (J. L.).

Jean Calas............ 4

Le Grand (M. A.).

L'Aveugle clairvoyant... 3

Lemierre.

Guillaume Tell......... 1
Hypermnestre 1
La Veuve du Malabar... 6

Le Sage.
Crispin rival de son maître 2
Turcaret 7
Longepierre.
Médée 4
Longueil.
L'Orphelin anglais 2
Manteufel.
Auguste et Théodore 4
Marivaux.
Le Legs 8
Le Préjugé vaincu 2
La Seconde Surprise de l'Amour 4
Mercier.
La Maison de Molière 3
Molière.
Amphitryon 3
L'Avare 2
La Comtesse d'Escarbagnas 3
Le Dépit amoureux 1
L'École des femmes 10
L'École des maris 11
Les Femmes savantes ....* 3
George Dandin 5
Le Malade imaginaire 3
Le Médecin malgré lui... 6
Le Misanthrope 2
M. de Pourceaugnac 3
Tartuffe 7
Monvel.
L'Amant bourru 4
Le Chevalier sans peur et sans reproche 4

Monvel (*Suite*).
Les Victimes cloîtrées 24
Pieyre.
L'École des pères 2
Pilhes.
Le Bienfait anonyme 8
Piron.
Gustave Wasa 2
La Métromanie 5
Poinsinet (A. A. H.)
Le Cercle 7
Poisson (Ph.).
L'Impromptu de campagne 3
Pont-de-Vesle.
Le Somnambule 2
Racine.
Andromaque 2
Athalie 8
Bajazet 1
Britannicus 1
Iphigénie 3
Phèdre 2
Les Plaideurs 4
Regnard.
Les Folies amoureuses ... 7
Le Joueur 4
Le Légataire universel ... 6
Les Ménechmes 1
Le Retour imprévu 1
Rochon de Chabannes.
Les Amants généreux 1
Heureusement 5
Le Jaloux 2
La Manie des arts 3

Rousseau (J. J.).
Pygmalion 1
Saint-Foix.
L'Oracle 4
Sauvigny.
Hirza 2
Washington 2
Scarron.
Jodelet 2
Sedaine.
La Gageure imprévue 3
Le Philosophe sans le savoir 1
Ségur.
Dorval 5
Vigée.
L'Entrevue 3
Voltaire.
Adélaïde Du Guesclin 3
Brutus 6
L'Enfant prodigue 6
Mahomet 3
Mérope 6
Nanine 6
Œdipe 2
Oreste 1
L'Orphelin de la Chine ... 3
Rome sauvée 2
Sémiramis 3
Tancrède 4
Zaïre 2
Willemain d'Abancourt.
La Bienfaisance de Voltaire 3

1792

Allainval d').
L'École des bourgeois ... 6
Arnaud (d').
Le Comte de Comminges. 2
Arnault (A. V.).
Lucrèce 7
Marius à Minturnes 3
Barthe.
Les Fausses infidélités ... 5
Belloy (P. L. de.).
Gabrielle de Vergy 3
Gaston et Bayard 1
Boissy.
Le Babillard 1
L'Époux par supercherie. 3
Boursault.
Le Mercure galant 1

Brueys.
L'Avocat Patelin 7
Brueys et Palaprat.
Le Grondeur 2
Campistron.
Le Jaloux désabusé 4
Chamfort.
La Jeune Indienne 7
Le Marchand de Smyrne . 3
Collé.
Dupuis et Desronais 1
La partie de chasse de Henri IV 2
Collin d'Harleville.
L'Inconstant 3
M. de Crac dans son petit castel 13

Collin d'Harleville (*Suite*).
L'Optimiste 4
Le Vieux célibataire 24
Corneille (P.).
Le Cid 6
Cinna 1
Le Menteur 1
Rodogune 3
Corneille (T.).
Le Festin de Pierre 1
Crébillon.
Rhadamiste et Zénobie... 2
Dancourt.
Colin-Maillard 2
La Fête de village 4
Le Galant jardinier 5
Le Mari retrouvé 1

Dancourt (*Suite*).
Les Trois cousines 6
Le Tuteur 2
Demoustier.
Le Conciliateur 10
Desaudras.
Minuit 10
Desfaucherets.
Le Mariage secret 5
Destouches.
Le Dissipateur 4
La Fausse Agnès 7
Le Glorieux 1
Le Triple mariage 2
Dezède.
Paulin et Clairette 8
Diderot.
Le Père de famille 3
Dorat.
La Feinte par amour 4
Ducis.
Roméo et Juliette 1
Du Fresny.
Le Double veuvage 4
L'Esprit de contradiction. 9
Fagan.
La Pupille 3
Forgeot.
Les Épreuves 3
Goldoni.
Le Bourru bienfaisant ... 3
Guymond de La Touche.
Iphigénie en Tauride 2
Guyot de Merville.
Le Consentement forcé... 2
Harny.
La Liberté conquise 5
Hauteroche.
Crispin médecin 3
L'Esprit follet 2
Imbert.
Le Jaloux sans amour ... 5
La Chaussée.
L'École des mères 1
La Gouvernante 1
Le Préjugé à la mode.... 1
La Font (de).
Les Trois frères rivaux.. 2
La Fosse.
Manlius Capitolinus 3
La Harpe.
Philoctète 2
La Noüe.
La Coquette corrigée 4
Lantier.
L'Impatient 3
Laujon.
Le Couvent 5

Le Franc de Pompignan.
Didon 2
Legouvé (G.).
La Mort d'Abel 24
Le Grand (M. A.).
L'Aveugle clairvoyant... 2
La Famille extravagante. 3
La Nouveauté 8
Lemercier.
Lovelace 5
Lemierre.
Guillaume Tell 4
Hypermnestre 1
La Veuve du Malabar... 4
Le Sage.
Crispin rival de son maître 1
Turcaret 1
Lesur.
*L'Apothéose de Beaure-
paire* 9
Longepierre.
Médée 4
Longueil.
L'Orphelin anglais 1
Maisonneuve.
Le Faux insouciant 4
Manteufel.
Auguste et Théodore.... 11
Marivaux.
Le Legs 7
La Seconde Surprise de
l'Amour 5
Mercier.
La Maison de Molière.... 2
Molière.
Amphitryon 5
L'Avare 1
Le Bourgeois gentil-
homme 4
La Comtesse d'Escarba-
gnas 3
Le Dépit amoureux 1
L'École des femmes 6
L'École des maris 7
L'Étourdi 1
Les Femmes savantes... 2
George Dandin 4
Le Malade imaginaire... 2
Le Médecin malgré lui... 3
Le Misanthrope 2
M. de Pourceaugnac..... 3
Tartuffe 5
Monvel.
L'Amant bourru 4
Le Chevalier sans peur et
sans reproche 6
Les Victimes cloîtrées... 11
Pieyre.
L'École des pères 3

Pilhes.
Le Bienfait anonyme.... 2
Piron.
La Métromanie 4
Poinsinet (A. A. H.).
Le Cercle 12
Poisson (Ph.).
L'Impromptu de cam-
pagne 1
Pont-de-Vesle.
Le Somnambule 7
Racine.
Andromaque 1
Bajazet 5
Britannicus 3
Iphigénie 4
Phèdre 5
Les Plaideurs 3
Regnard.
Le Distrait 3
Les Folies amoureuses.. 8
Le Joueur 2
Le Légataire universel.. 7
Rochon de Chabannes.
Le Jaloux 2
La Manie des arts ....
Rousseau (J. J.).
Pygmalion 2
Saint-Foix.
L'Oracle 4
Saurin.
Spartacus 5
Sedaine.
La Gageure imprévue... 6
Le Philosophe sans le
savoir 4
Ségur.
Le Retour du mari 10
Vigée.
L'Entrevue 4
*La Matinée d'une jolie
femme* 2
Voltaire.
Alzire 3
Brutus 2
L'Écossaise 4
L'Enfant prodigue 7
Mahomet 6
Mérope 3
La Mort de César 1
Nanine 3
OEdipe 1
L'Orphelin de la Chine.. 1
Sémiramis 2
Tancrède 4
Zaïre 6

1793 (¹)

Allainval (d').
L'École des bourgeois... 4

Arnaud (d').
Le Comte de Comminges. 6

Arnault (A. V.).
Marius à Minturnes..... 6

Baron.
La Coquette et la Fausse Prude............... 3
L'Homme à bonnes fortunes................ 6

Boissy.
Le Babillard........... 3
Les Dehors trompeurs.. 2

Boursault.
Le Mercure galant...... 4

Brueys.
L'Avocat Patelin........ 3

Brueys et Palaprat.
Le Grondeur........... 2

Cahusac.
Zénéide............... 1

Chamfort.
La Jeune Indienne...... 2
Le Marchand de Smyrne. 1

Collé.
Dupuis et Desronais.... 2

Collin d'Harleville.
Les Châteaux en Espagne 5
M. de Crac dans son petit castel............... 3
L'Optimiste........... 6
Le Vieux célibataire.... 6

Corneille (P.).
Le Cid................ 3
Héraclius............. 4
Horace............... 3
Rodogune............. 1

Dancourt.
Le Chevalier à la mode.. 1
La Fête de village...... 2
Le Galant jardinier...... 3
Le Mari retrouvé....... 2
Le Tuteur............. 1
Les Vacances.......... 1

Demoustier.
Le Conciliateur........ 8
Les Femmes............ 15

Dercy.
Adèle de Crécy......... 6

Desaudras.
Minuit................ 8

Desfaucherets.
Le Mariage secret...... 1

Destouches.
Le Dissipateur......... 1
La Fausse Agnès....... 4
Le Glorieux........... 4
Le Triple mariage...... 1

Diderot.
Le Père de famille...... 4

Dorat.
La Feinte par amour.... 2

Du Fresny.
Le Double veuvage...... 3
L'Esprit de contradiction. 5

Fabre d'Églantine.
Le Philinte de Molière... 8

Fagan.
La Pupille............. 2
Le Rendez-vous........ 3

François de Neufchâteau.
Paméla............... 9

Goldoni.
Le Bourru bienfaisant... 8

Gresset.
Le Méchant........... 2

Guymond de La Touche.
Iphigénie en Tauride.... 2

Guyot de Merville.
Le Consentement forcé.. 4

Harny.
La Liberté conquise..... 2

Hauteroche.
Crispin médecin........ 3

Imbert.
Le Jaloux sans amour... 2

La Chaussée.
La Gouvernante........ 3

La Font (de).
Les Trois frères rivaux.. 1

La Fosse.
Manlius Capitolinus..... 1

La Harpe.
Philoctète............. 4

La Noüe.
La Coquette corrigée.... 2

Laus de Boissy.
Le Maire de village..... 1

Laya (J. L.).
L'Ami des lois.......... 5
Les Dangers de l'opinion. 3

Lefèvre.
Zuma................. 5

Le Franc de Pompignan.
Didon................ 1

Legouvé (G.).
La Mort d'Abel......... 13

Le Grand (M. A.).
La Famille extravagante. 1
La Nouveauté......... 6

Lemierre.
Guillaume Tell......... 5
Hypermnestre.......... 3
La Veuve du Malabar... 2

Lesur.
L'Apothéose de Beaurepaire................ 3

Longepierre.
Médée................ 4

Lourdet de Santerre.
Les Quatre sœurs........ 2
La Soirée d'une vieille femme................ 1

Maisonneuve.
Roxelane et Mustapha... 4

Marivaux.
L'Épreuve............. 6
Les Fausses confidences... 7
Le Legs............... 2
Le Préjugé vaincu...... 1
La Seconde Surprise de l'Amour............. 1

Mercier.
La Maison de Molière... 4

Molière.
Amphitryon........... 2
L'Avare.............. 2
La Comtesse d'Escarbagnas............... 3
L'École des femmes..... 3
L'École des maris....... 5
Les Femmes savantes... 1
George Dandin......... 4
Le Médecin malgré lui... 2
Le Misanthrope........ 3
M. de Pourceaugnac..... 4
Tartuffe.............. 2

Monvel.
L'Amant bourru........ 2
Les Victimes cloîtrées... 11

Picard.
Le Conteur............ 22

Pieyre.
L'École des pères 1
Pilhes.
Le Bienfait anonyme.... 4
Piron.
La Métromanie......... 2
Poinsinet (A. A. H.).
Le Cercle.............. 2
Pont-de-Vesle.
Le Somnambule........ 3
Racine.
Andromaque........... 1
Bajazet................ 1
Britannicus............ 1
Iphigénie.............. 2
Mithridate............. 1
Phèdre................ 1

Racine (*Suite*).
Les Plaideurs.......... 1
Regnard.
Le Distrait 3
Les Folies amoureuses.. 2
Le Joueur 2
Le Légataire universel .. 3
Rochon de Chabannes.
Le Jaloux 2
La Manie des arts....... 2
Sedaine.
La Gageure imprévue... 2
Le Philosophe sans le
savoir............... 2
Ségur.
Le Retour du mari..... 1

Vigée.
L'Entrevue............ 2
La Matinée d'une jolie
femme................ 11
La Vivacité à l'épreuve.. 3
Voltaire.
Alzire................. 4
Brutus 4
L'Écossaise 2
L'Enfant prodigue 3
Mahomet 3
Mérope 1
La Mort de César 1
Sémiramis 4
Tancrède 7
Zaïre 4

1799 (I)

Allainval (d').
L'École des bourgeois ... 1
Andrieux.
Les Étourdis............ 9
Arnault (A. V.).
Blanche et Montcassin... 5
Marius à Minturnes..... 2
Barthe.
Les Fausses infidélités... 6
Beaumarchais.
L'Autre Tartuffe........ 3
Le Barbier de Séville.... 2
Eugénie............... 4
Belloy (P. L. de).
Gabrielle de Vergy...... 3
Boissy.
Le Babillard........... 2
Bouilly.
L'Abbé de l'Épée....... 8
Boursault.
Le Mercure galant....... 3
Brueys.
L'Avocat Patelin........ 6
Brueys et Palaprat.
Le Grondeur........... 6
Chamfort.
Le Marchand de Smyrne. 9
Chénier.
Charles IX............. 6
Fénelon............... 2
Collin d'Harleville.
Les Châteaux en Espagne. 4
L'Optimiste 5
Corneille (P.).
Le Cid................. 8

Demoustier.
Le Conciliateur........ 1
Desaudras.
Minuit................ 6
Destouches.
Le Dissipateur......... 2
La Fausse Agnès........ 8
Le Glorieux............ 3
Diderot.
Le Père de famille....... 4
Dorat.
La Feinte par amour.... 5
Ducis.
Abufar 1
Du Fresny.
Le Dédit 6
Duval.
Les Héritiers........... 11
Les Projets de mariage.. 11
Les Tuteurs vengés....... 7
Duval et Monvel.
La Jeunesse du duc de Richelieu............... 5
Fabre d'Églantine.
L'Intrigue épistolaire.... 8
Le Philinte de Molière... 7
Les Précepteurs.......... 24
Fagan.
L'Étourderie........... 4
La Pupille............. 6
Fenouillot de Falbaire.
L'Honnête criminel...... 2
Flins des Oliviers.
La Jeune hôtesse........ 7

Goldoni.
Le Bourru bienfaisant... 5
Gresset.
Le Méchant............ 3
Guymond de La Touche.
Iphigénie en Tauride.... 4
Guyot de Merville.
Le Consentement forcé.. 3
Hauteroche.
Crispin médecin......... 3
Lantier.
L'Impatient............ 3
Legouvé (G.).
Épicharis et Néron...... 4
Étéocle et Polynice....... 10
Le Grand (M. A.).
L'Aveugle clairvoyant... 5
La Nouveauté.......... 1
Lemercier.
Agamemnon 2
Le Sage.
Crispin rival de son
maitre................ 9
Turcaret.............. 4
Marivaux.
Le Legs............... 4
Marsollier.
Céphise 4
Molière.
Amphitryon 2
L'Avare............... 4
L'École des femmes 2

(1) *Voy. Appendice B.*

Molière (*Suite*).
L'École des maris....... 7
L'Étourdi.............. 4
Les Fourberies de Scapin. 3
Le Médecin malgré lui... 6
Le Misanthrope......... 4
Tartuffe............... 2
Monvel.
L'Amant bourru........ 2
Clémentine et Desormes. 5
Mathilde.............. 15
Les Victimes cloitrées... 1
Monvel (N. B.).
Le Deuil prématuré..... 3
Picard.
Les Amis de collège..... 2
Le Conteur............ 4
Pieyre.
L'École des pères....... 1

Pigault-Lebrun.
L'Amour et la Raison..... 4
Les Rivaux d'eux-mêmes. 5
Poinsinet de Sivry (L.).
Briséis................. 4
Poisson (Ph.).
L'Impromptu de campagne................ 5
Pont-de-Vesle.
Le Somnambule......... 2
Racine.
Britannicus............ 2
Iphigénie.............. 2
Les Plaideurs.......... 1
Regnard.
Le Distrait............ 2
Le Légataire universel.. 1
Rigaud.
Les Statuaires d'Athènes.. 2

Rochon de Chabannes.
Heureusement.......... 4
Roger
La Dupe de soi-même.... 2
L'Épreuve délicate...... 2
Ségur.
Le Retour du mari...... 1
Simons-Candeille (Mme).
Catherine............. 5
Vigée.
L'Entrevue............. 3
Voltaire.
Alzire................. 5
Brutus................ 3
Mahomet.............. 1
Sémiramis............. 1
Tancrède.............. 3
Weiss, Jauffret et Patrat.
Les Deux frères.......... 15

1800

Allainval (d').
L'École des bourgeois... 7
Andrieux.
Les Étourdis........... 14
Arnault (A. V.).
Blanche et Montcassin... 2
Marius à Minturnes..... 2
Oscar, fils d'Ossian....... 4
Baron.
L'Homme à bonnes fortunes................ 1
Barthe.
Les Fausses infidélités.. 4
Beaumarchais.
Le Barbier de Séville.... 7
Eugénie............... 3
Le Mariage de Figaro... 5
La Mère coupable (1).... 5
Belloy (P. L. de).
Gabrielle de Vergy...... 3
Gaston et Bayard...... 2
Bièvre.
Le Séducteur.......... 3
Boissy.
Le Babillard........... 5
Les Dehors trompeurs... 1
L'Époux par supercherie. 3
Bouilly.
L'Abbé de l'Épée........ 32
René Descartes........ 1

Boursault.
Le Mercure galant...... 2
Brueys.
L'Avocat Patelin........ 11
Brueys et Palaprat.
Le Grondeur........... 4
Bursay et Mme Molé.
Misanthropie et Repentir. 13
Carrion-Nisas.
Montmorenci........... 7
Chamfort.
Le Marchand de Smyrne. 5
Chénier.
Charles IX............. 2
Fénelon............... 5
Collé.
Dupuis et Desronais..... 1
Collin d'Harleville.
Les Châteaux en Espagne. 6
L'Inconstant........... 3
Les Mœurs du jour....... 16
M. de Crac dans son petit castel............... 9
L'Optimiste........... 4
Le Vieux célibataire..... 8
Corneille (P.).
Le Cid................. 5
Horace (2)............. 1
Rodogune............. 1
Corneille (T.).
Le Festin de Pierre..... 3

Demoustier.
Le Conciliateur......... 6
Les Femmes........... 4
Desaudras.
Minuit................. 3
Desfaucherets.
Le Mariage secret....... 5
Desforges (P. J. B.).
La Femme jalouse...... 2
Destouches.
Le Dissipateur......... 1
La Fausse Agnès........ 14
Le Glorieux........... 7
Le Philosophe marié.... 3
Le Triple mariage...... 3
Diderot.
Le Père de famille....... 4
Dorat.
La Feinte par amour.... 5
Ducis.
Othello............... 3
Le Roi Léar........... 4
Du Fresny.
Le Dédit............. 5
Dupaty et Chazet.
Le Buste de Préville..... 2
Duval.
Les Héritiers.......... 10
Les Projets de mariage.. 8
Les Tuteurs vengés.....

(1) Même pièce que : *l'Autre Tartuffe*.
(2) En 4 actes.

Fabre d'Églantine.
L'Intrigue épistolaire....   9
Le Philinte de Molière...   8
Les Précepteurs.........   6
Fagan.
La Pupille..............   2
Fenouillot de Falbaire.
L'Honnête criminel......   1
Flins des Oliviers.
La Jeune hôtesse........ 13
Forgeot.
Les Épreuves...........   3
**François
de Neufchâteau.**
Paméla................   9
Goldoni.
Le Bourru bienfaisant...   9
Gresset.
Le Méchant............   4
Guyot de Merville.
Le Consentement forcé..   6
Hoffman.
L'Original.............   2
Imbert.
Le Jaloux sans amour...   3
La Harpe.
Philoctète.............   1
La Noüe.
La Coquette corrigée....   4
Lantier.
L'Impatient............   3
Le Franc de Pompignan.
Didon.................   2
Le Grand (M. A.).
L'Aveugle clairvoyant...   4
La Nouveauté..........   4
Lemercier.
Agamemnon...........   1
Ophis.................   3
Pinto.................   7
Le Sage.
Crispin rival de son
maître..............   8
Turcaret..............   3
Longepierre.
Médée................   1
Lourdet de Santerre.
Le Mariage supposé.....   1

Luce de Lancival.
Le Lord Impromptu.....   1
Manteufel.
Auguste et Théodore.... 11
Marivaux.
Les Fausses confidences.   2
Le Legs...............   5
La Seconde Surprise de
l'Amour.............   1
Marsollier.
Céphise...............   1
Mazoïer.
Thésée................   5
Mercier.
La Maison de Molière...   4
Molière.
Amphitryon...........   5
L'Avare...............   6
L'École des femmes.....   3
L'École des maris.......   8
L'Étourdi..............   2
Les Femmes savantes...   8
Les Fourberies de Scapin.   4
Le Médecin malgré lui.. 10
Le Misanthrope........   3
Tartuffe...............   3
Monvel.
L'Amant bourru........   2
Clémentine et Desormes.   3
Monvel (N. B.).
Le Deuil prématuré.....   1
Patrat.
L'Heureuse erreur.......   4
Picard.
Les Amis de collège.....   2
Le Conteur............ 11
Pieyre.
L'École des pères.......   3
Pigault-Lebrun.
Les Rivaux d'eux-mêmes.   6
**Pigault-Lebrun
et Dumaniant.**
Les Calvinistes.........   2
Pilhes.
Le Bienfait anonyme....   5
Pipelet (Mme).
Camille................   1

Piron.
La Métromanie.........   5
Poinsinet (A. A. H.).
Le Cercle..............   6
Poinsinet de Sivry (L.).
Briséis................   3
Poisson (Ph.).
L'Impromptu de cam-
pagne..............   5
Pont-de-Vesle.
Le Somnambule........   5
Racine.
Andromaque...........   9
Britannicus............   4
Iphigénie..............   9
Phèdre...............   4
Regnard.
Le Distrait.............   6
Les Folies amoureuses..   2
Le Joueur.............   3
Le Légataire universel..   4
Le Retour imprévu......   3
Rigaud.
Les Deux poètes........   6
Rochon de Chabannes.
Heureusement.........   3
Le Jaloux.............   2
Roger.
Caroline............... 11
Sedaine.
La Gageure imprévue...   4
Le Philosophe sans le
savoir..............   1
Ségur.
Le Retour du mari......   2
Simons-Candeille (Mme).
Catherine.............   6
Vigée.
L'Entrevue............   5
Voltaire.
Adélaïde Du Guesclin...   2
Alzire................   1
Mahomet.............   3
Mérope...............   2
OEdipe...............   3
Sémiramis.............   8
Tancrède..............   4
Zaïre.................   6
Weiss, Jauffret et Patrat.
Les Deux frères........   6

1801

Allainval (d').
L'École des bourgeois...   2

Andrieux.
Les Étourdis........... 11

Arnault (A. V.)
Blanche et Montcassin...   1

Arnault (A. V.) (Suite).
Marius à Minturnes..... 4
Oscar, fils d'Ossian...... 1
Barthe.
Les Fausses infidélités .. 6
Beaumarchais.
Le Barbier de Séville.... 2
Eugénie 2
La Mère coupable...... 3
Belloy (P. L. de)
Gabrielle de Vergy...... 3
Gaston et Bayard........ 4
Boissy.
Le Babillard........... 3
Les Dehors trompeurs... 2
Bouilly.
L'Abbé de l'Épée........ 7
Brueys.
L'Avocat Patelin........ 12
Brueys et Palaprat.
Le Grondeur........... 6
Bursay et Mme Molé.
Misanthropie et Repentir. 1
Chamfort.
Le Marchand de Smyrne. 6
Chénier.
Charles IX............ 3
Henri VIII............. 3
Collin d'Harleville.
Les Châteaux en Es-
pagne.............. 4
Les Mœurs du jour...... 3
M. de Crac dans son petit
castel 5
L'Optimiste........... 8
Le Vieux célibataire.... 7
Corneille (P.).
Le Cid................ 10
Horace (1)............. 2
Rodogune............. 4
Corneille (T.).
Le Festin de Pierre...... 5
Crébillon.
Rhadamiste et Zénobie.. 3
Demoustier.
Le Conciliateur........ 2
Les Femmes........... 1
Depuntis.
Alhamar.............. 1
Desaudras.
Minuit................ 1
Desfaucherets.
Le Mariage secret...... 3
Destouches.
Le Dissipateur......... 2
La Fausse Agnès....... 14
Le Glorieux........... 7
Le Philosophe marié.... 4
Diderot.
Le Père de famille...... 8

Dieulafoy.
Défiance et malice....... 20
Dorat.
Le Célibataire.......... 1
La Feinte par amour.... 8
Ducis.
Abufar 2
Fœdor et Wladamir..... 3
Othello............... 1
Du Fresny.
Le Dédit.............. 4
Duval.
Les Héritiers........... 11
La Maison donnée....... 1
Les Projets de mariage.. 5
Duval et Monvel.
La Jeunesse du duc de
Richelieu........... 2
Du Vaure.
Le Faux savant........ 3
Fabre d'Églantine.
Le Collatéral.......... 3
L'Intrigue épistolaire.... 14
Le Philinte de Molière... 7
Les Précepteurs........ 5
Fagan.
La Pupille............ 9
Faur.
Le Confident par hasard. 9
Favart.
L'Anglais à Bordeaux.... 5
**Favières
et Creuzé de Lesser.**
L'Aimable vieillard...... 1
Fenouillot de Falbaire.
L'Honnête criminel...... 1
Flins des Oliviers.
La Jeune hôtesse........ 11
Goldoni.
Le Bourru bienfaisant... 13
Gresset.
Le Méchant........... 8
Guymond de La Touche.
Iphigénie en Tauride.... 1
Guyot de Merville.
Le Consentement forcé.. 12
Hauteroche.
Crispin médecin........ 1
Imbert.
Le Jaloux sans amour... 3
La Harpe.
Mélanie.............. 3
Philoctète............. 4
La Martelière.
L'Amour et l'intrigue 1
La Motte.
Inès de Castro......... 2
La Noüe.
La Coquette corrigée.... 5

Lantier.
L'Impatient........... 1
Le Franc de Pompignan.
Didon 5
Legouvé (G.).
Épicharis et Néron...... 1
La Mort d'Abel.......... 12
Le Grand (M. A.).
L'Aveugle clairvoyant... 4
La Nouveauté.......... 2
Lemierre.
Hypermnestre......... 2
Le Sage.
Turcaret.............. 6
Manteufel.
Auguste et Théodore.... 4
Marivaux.
Les Fausses confidences. 3
Le Legs.............. 4
La Seconde Surprise de
l'Amour............. 1
Marsollier.
Céphise.............. 2
Mazoïer.
Thésée............... 2
Molière.
Amphitryon........... 5
L'Avare.............. 10
Le Bourgeois gentil-
homme............. 9
L'École des femmes..... 8
L'École des maris....... 15
Les Femmes savantes... 4
Les Fourberies de Scapin. 2
Le Médecin malgré lui... 10
Le Misanthrope........ 8
Tartuffe.............. 7
Monvel.
L'Amant bourru........ 4
Picard.
Les Amis de collège..... 6
Le Conteur............ 13
Pieyre.
L'École des pères....... 10
Pigault-Lebrun.
L'Amour et la Raison... 3
Les Rivaux d'eux-mêmes. 9
**Pigault-Lebrun
et Dumaniant.**
Les Calvinistes......... 3
Pilhes.
Le Bienfait anonyme.... 6
Piron.
La Métromanie......... 10
Poinsinet (A. A. H.).
Le Cercle............. 1
Poinsinet de Sivry (L.)
Briséis...............

(1) En 4 actes.

Poisson (Ph.).
L'Impromptu de campagne 3
Pont-de-Vesle.
Le Somnambule 3
Racine.
Andromaque 8
Britannicus 5
Iphigénie. 4
Mithridate. 6
Les Plaideurs 8
Regnard.
Le Distrait. 9
Les Folies amoureuses. . 1
Le Joueur 5
Le Légataire universel. . 8

Richaud-Martelly.
L'Intrigant dupé par lui-même 6
Rochon de Chabannes.
Heureusement 1
Roger.
Caroline 1
Rousseau (J. J.).
Pygmalion 2
Saurin.
Spartacus 1
Sedaine.
La Gageure imprévue ... 5
Simons-Candeille (Mme).
Catherine 1

Vigée.
L'Entrevue 3
Voltaire.
Adélaïde Du Guesclin ... 3
Alzire 4
Mahomet 7
Mérope 3
La Mort de César 1
Nanine 4
Œdipe 3
L'Orphelin de la Chine . . 3
Sémiramis 5
Tancrède 7
Zaïre 14
Weiss, Jauffret et Patrat.
Les Deux frères 9

1802

Allainval (d').
L'École des bourgeois ... 7
Andrieux.
Les Étourdis 15
Arnault (A. V.).
Blanche et Montcassin ... 3
Marius à Minturnes 3
Le Roi et le laboureur 1
Barthe.
Les Fausses infidélités . . 5
Beaumarchais.
Le Barbier de Séville 9
Eugénie 4
Le Mariage de Figaro 3
La Mère coupable 5
Belloy (P. L. de).
Gabrielle de Vergy 4
Gaston et Bayard 6
Bièvre.
Le Séducteur 1
Boissy.
Le Babillard 2
Bouilly.
L'Abbé de l'Épée 13
Boursault.
Ésope à la Cour 1
Brueys.
L'Avocat Patelin 10
Brueys et Palaprat.
Le Grondeur 1
Chamfort.
Le Marchand de Smyrne . 4
Chénier.
Fénelon 3
Collin d'Harleville.
Les Châteaux en Espagne 3
L'Inconstant 1

Collin d'Harleville (Suite).
Les Mœurs du jour 3
M. de Crac dans son petit castel 8
Le Vieux célibataire 4
Corneille (P.).
Le Cid 11
Cinna 11
Horace 1
Le Menteur 5
Rodogune 5
Demoustier.
Le Conciliateur 6
Les Femmes 3
Desaudras.
Minuit 4
Desfaucherets.
Le Mariage secret 1
Desforges (P. J. B.).
La Femme jalouse 3
Destouches.
Le Dissipateur 5
La Fausse Agnès 16
Le Glorieux 9
L'Homme singulier 2
Dieulafoy.
Défiance et malice 17
Dorat.
La Feinte par amour 5
Duval.
Édouard en Écosse 2
Les Héritiers 10
Les Projets de mariage .. 10
Fabre d'Églantine.
L'Intrigue épistolaire 12
Les Précepteurs 4

Fagan.
Les Originaux 5
La Pupille 13
Faur.
Le Confident par hasard . 2
Favart.
L'Anglais à Bordeaux ... 1
Fenouillot de Falbaire.
L'Honnête criminel 2
Flins des Oliviers.
La Jeune hôtesse 6
François de Neufchâteau.
Paméla 7
Goldoni.
Le Bourru bienfaisant ... 5
Gresset.
Le Méchant 1
Guymond de La Touche.
Iphigénie en Tauride 3
Guyot de Merville.
Le Consentement forcé .. 8
Hauteroche.
Crispin médecin 5
Hoffman.
L'Original 1
Imbert.
Le Jaloux sans amour ... 1
La Fontaine.
Le Florentin 9
La Harpe.
Mélanie 3
Philoctète 9
La Noüe.
La Coquette corrigée 2

Le Franc de Pompignan.
Didon................ 5
Legouvé (G.).
La Mort d'Abel........ 9
Le Grand (M. A.).
L'Aveugle clairvoyant... 1
Le Galant coureur...... 3
Lemercier.
Isule et Orovèse......... 1
Lemierre.
Hypermnestre......... 1
Le Sage.
Turcaret............. 5
Lombard de Langres.
Juliette et Belcourt....... 2
Manteufel.
Auguste et Théodore.... 5
Marivaux.
L'Épreuve............. 2
Les Fausses confidences. 3
Le Jeu de l'Amour et du
Hasard.............. 6
Le Legs.............. 5
Molière.
Amphitryon........... 4
L'Avare.............. 2
Le Bourgeois gentil-
homme............. 6
L'École des femmes..... 7
L'École des maris....... 11
L'Étourdi............. 3
Les Femmes savantes... 7

Molière (Suite).
Les Fourberies de Scapin 3
Le Médecin malgré lui... 21
Le Misanthrope........ 5
Sganarelle............. 7
Tartuffe.............. 9
Monvel.
L'Amant bourru......... 3
Picard.
Les Amis de collège..... 9
Le Conteur............ 8
Pieyre.
L'École des pères...... 9
Pigault-Lebrun.
Les Rivaux d'eux-mêmes. 10
Piron.
La Métromanie........ 4
Poinsinet (A. A. H.).
Le Cercle............. 3
Poinsinet de Sivry (L.).
Briséis............... 3
Poisson (Ph.).
L'Impromptu de cam-
pagne.............. 1
Pont-de-Vesle.
Le Somnambule....... 1
Racine.
Andromaque.......... 12
Bajazet.............. 8
Britannicus........... 1
Iphigénie............. 6
Mithridate............ 6
Phèdre.............. 9

Racine (Suite).
Les Plaideurs.......... 3
Regnard.
Le Distrait............ 1
Les Folies amoureuses.. 8
Le Joueur............. 1
Le Légataire universel.. 4
Roger.
Caroline............... 8
Rotrou.
Venceslas............. 5
Rousseau (J. J.).
Pygmalion............ 1
Sedaine.
La Gageure imprévue... 2
Le Philosophe sans le
savoir............. 4
Voltaire.
Adélaïde Du Guesclin.... 8
Alzire................ 6
Mahomet............. 4
Mérope.............. 1
Nanine.............. 1
OEdipe.............. 4
Oreste............... 2
L'Orphelin de la Chine.. 2
Sémiramis............ 5
Tancrède............. 11
Zaïre................ 9
Weiss, Jauffret et Patrat.
Les Deux frères........ 27
Anonyme.
L'Ami vrai........... 1

1803

Allainval (d').
L'École des bourgeois... 10
Andrieux.
Les Étourdis........... 15
Baron.
L'Homme à bonnes for-
tunes.............. 5
Barthe.
Les Fausses infidélités.. 12
Beaumarchais.
Le Barbier de Séville.... 5
Eugénie.............. 1
La Mère coupable...... 2
Belloy (P. L. de).
Gabrielle de Vergy..... 4
Blin de Sainmore.
Orphanis............. 1
Boissy.
Le Babillard........... 10
Les Dehors trompeurs.. 3

Bouilly.
L'Abbé de l'Épée....... 4
Boursault.
Ésope à la Cour........ 2
Le Mercure galant...... 3
Brueys.
L'Avocat Patelin........ 5
Brueys et Palaprat.
Le Muet.............. 8
Bursay et Mme Molé.
Misanthropie et Repentir. 6
Chamfort.
Le Marchand de Smyrne. 3
Chazet et Dubois.
Melpomène et Thalie..... 5
Chénier.
Fénelon.............. 4
Cicile.
Le Tasse............. 6
Collé.
Dupuis et Desronais..... 2

Collin d'Harleville.
Les Châteaux en Espa-
gne................ 2
L'Inconstant........... 1
Les Mœurs du jour...... 2
M. de Crac dans son petit
castel............. 6
Le Veuf amoureux....... 1
Corneille (P.).
Le Cid................ 1
Cinna................ 12
Le Menteur............ 6
La Mort de Pompée..... 3
Polyeucte............. 7
Rodogune............. 1
Corneille (T.).
Ariane................ 13
Le Festin de Pierre..... 1
Crébillon.
Rhadamiste et Zénobie.. 2

Demoustier.
Le Conciliateur........ 5
Les Femmes............ 3
Desaudras.
Minuit................. 8
Desfaucherets.
Le Mariage secret....... 2
Desforges (P. J. B.).
La Femme jalouse...... 3
Destouches.
Le Dissipateur.......... 7
La Fausse Agnès........ 11
Le Glorieux............ 4
L'Homme singulier..... 2
Le Philosophe marié.... 4
Dieulafoy.
Défiance et malice....... 12
Dorat.
La Feinte par amour.... 6
Ducis.
Hamlet................. 3
Du Fresny.
Le Dédit............... 2
Duret.
La Dédaigneuse........ 4
Duval.
Les Héritiers.......... 6
Les Projets de mariage.. 13
Fabre d'Églantine.
L'Intrigue épistolaire.... 3
Le Philinte de Molière.. 3
Les Précepteurs........ 1
Fagan.
Les Originaux.......... 5
La Pupille............. 11
Favart.
Les Trois sultanes....... 9
Favières.
Herman et Verner....... 2
Fenouillot de Falbaire.
L'Honnête criminel...... 3
Flins des Oliviers.
La Jeune hôtesse........ 7
Forgeot.
Les Épreuves.......... 1
Les Rivaux amis........ 1
Gresset.
Le Méchant............ 6
Guymond de La Touche.
Iphigénie en Tauride.... 2
Guyot de Merville.
Le Consentement forcé.. 7
Hauteroche.
Le Cocher supposé...... 2
Crispin médecin (1)...... 8

Hoffman.
L'Original............. 1
Le Roman d'une heure... 1
La Chaussée.
La Gouvernante........ 4
La Fontaine.
Le Florentin (2)......... 15
La Harpe.
Mélanie............... 3
Philoctète............. 3
La Noüe.
La Coquette corrigée.... 3
Lantier.
L'Impatient............ 6
Laujon.
Le Couvent............ 4
Le Franc de Pompignan.
Didon................. 9
Le Grand (M. A.).
L'Aveugle clairvoyant... 4
Lemercier.
Agamemnon............ 9
Le Sage.
Turcaret.............. 4
Longchamps.
La Boîte volée.......... 1
Le Séducteur amoureux.. 24
Longepierre.
Médée................. 1
Manteufel.
Auguste et Théodore.... 3
Marivaux.
L'Épreuve............. 4
Les Fausses confidences. 4
Le Jeu de l'Amour et du
Hasard............... 2
Le Legs............... 4
Marsollier.
Céphise............... 1
Molière.
Amphitryon........... 6
L'Avare.............. 7
L'École des femmes..... 5
L'École des maris...... 6
Les Femmes savantes... 8
Le Malade imaginaire... 8
Le Médecin malgré lui... 4
Le Misanthrope........ 5
Sganarelle............ 9
Tartuffe............. 7
Monvel.
L'Amant bourru....... 4

Patrat.
L'Heureuse erreur...... 3
Picard.
Les Amis de collège..... 1
Pieyre.
L'École des pères....... 3
Pigault-Lebrun.
L'Amour et la Raison.... 1
Les Rivaux d'eux-mêmes 11
Piron.
La Métromanie......... 1
Poinsinet (A. A. H.).
Le Cercle............. 3
Pont-de-Vesle.
Le Somnambule........ 1
Racine.
Andromaque........... 14
Bajazet............... 12
Britannicus........... 1
Iphigénie............. 13
Mithridate............ 5
Phèdre.............. 13
Regnard.
Le Distrait............ 7
Les Ménechmes........ 2
Rochon de Chabannes.
Heureusement......... 1
Roger.
Caroline.............. 3
Rotrou.
Venceslas............. 2
Sedaine.
La Gageure imprévue... 1
Le Philosophe sans le
savoir............... 2
Simons-Candeille (Mme).
Catherine............. 6
Thüring.
Siri Brahé............ 3
Vigée.
L'Entrevue............ 3
Voltaire.
Adélaïde Du Guesclin.... 5
Alzire............... 1
Mahomet............. 3
Nanine............... 3
OEdipe............... 1
L'Orphelin de la Chine.. 5
Sémiramis............ 11
Tancrède............ 9
Zaïre................ 5
Weiss, Jauffret et Patrat.
Les Deux frères........ 17

(1) A la représentation du 19 février, on a interrompu la pièce dès la 1re scène.
(2) Le 1er décembre, on a interrompu la pièce au milieu de la 1re scène.

1804

Aignan.
Polyxène............... 4
Allainval (d').
L'École des bourgeois... 6
Andrieux.
Les Étourdis............ 5
Molière avec ses amis.... 13
Baron.
L'Homme à bonnes fortunes................ 7
Barthe.
Les Fausses infidélités .. 6
Beaumarchais.
Le Barbier de Séville.... 8
Belloy (P. L. de).
Gabrielle de Vergy...... 4
Bièvre.
Le Séducteur.......... 4
Boissy.
Le Babillard............ 7
Les Dehors trompeurs... 3
Bouilly.
L'Abbé de l'Épée 4
Brueys.
L'Avocat Patelin........ 1
Brueys et Palaprat.
Le Grondeur........... 2
Le Muet............... 2
Bursay et Mme Molé.
Misanthropie et Repentir. 7
Campistron.
Le Jaloux désabusé..... 4
Carrion-Nisas.
Pierre le Grand........ 2
Chamfort.
Le Marchand de Smyrne. 5
Chénier.
Cyrus 1
Collé.
Dupuis et Desronais..... 2
Collin d'Harleville.
L'Inconstant........... 2
M. de Crac dans son petit castel 7
L'Optimiste............ 3
Le Vieux célibataire..... 9
Corneille (P.).
Le Cid................. 11
Cinna 7
Horace 6
Le Menteur............ 2
La Mort de Pompée..... 2

Corneille (P.) (Suite).
Rodogune.............. 5
Sertorius.............. 3
Corneille (T.).
Ariane................. 7
Le Festin de Pierre...... 3
Crébillon.
Rhadamiste et Zénobie .. 1
Demoustier.
Le Conciliateur 2
Les Femmes............ 5
Desaudras.
Minuit................. 4
Desfaucherets.
Le Mariage secret....... 3
Desforges (P. J. B.).
La Femme jalouse 1
Destouches.
Le Dissipateur.......... 6
La Fausse Agnès........ 10
Le Glorieux............ 5
L'Homme singulier...... 2
Le Philosophe marié.... 4
Dieulafoy.
Défiance et malice....... 11
Dorat.
La Feinte par amour.... 6
Ducis.
Macbeth............... 3
Du Fresny.
Le Dédit............... 1
Le Mariage fait et rompu. 6
Duval.
Guillaume le Conquérant. 1
Les Héritiers.......... 4
Les Projets de mariage.. 6
Shakespeare amoureux... 10
Fabre d'Églantine.
L'Intrigue épistolaire.... 4
Le Philinte de Molière ... 4
Fagan.
Les Originaux 2
La Pupille 1
Favart.
Les Trois sultanes...... 11
Fenouillot de Falbaire.
L'Honnête criminel 2
Flins des Oliviers.
La Jeune hôtesse 5
Forgeot.
Les Épreuves.......... 1
Les Rivaux amis 1

Gresset.
Le Méchant........... 3
Guymond de La Touche.
Iphigénie en Tauride.... 2
Guyot de Merville.
Le Consentement forcé.. 7
Hauteroche.
Crispin médecin........ 1
Hoffman.
L'Original 2
Imbert.
Le Jaloux sans amour... 2
La Chaussée.
La Gouvernante........ 4
Mélanide 7
Le Préjugé à la mode ... 3
La Font (de).
Les Trois frères rivaux.. 2
La Fontaine.
Le Florentin............ 12
La Harpe.
Mélanie................ 2
La Noüe.
La Coquette corrigée.... 4
Lantier.
L'Impatient............. 6
Le Franc de Pompignan.
Didon................. 8
Le Grand (M. A.).
L'Aveugle clairvoyant... 8
Lemercier.
Agamemnon............ 7
Le Sage.
Turcaret.............. 1
Longchamps
La Fausse honte........ 3
Le Séducteur amoureux . 3
Longepierre.
Médée................ 4
Manteufel.
Auguste et Théodore.... 5
Marivaux.
L'Épreuve............. 6
Les Fausses confidences. 3
Le Jeu de l'Amour et du Hasard............... 1
Le Legs............... 3
La Seconde Surprise de l'Amour............. 2
Mercier.
La Maison de Molière.... 9

Molière.
Amphitryon 4
L'Avare 3
L'École des femmes 2
L'École des maris 4
L'Étourdi 1
Les Femmes savantes ... 3
Les Fourberies de Scapin. 1
Le Malade imaginaire... 5
Le Médecin malgré lui... 7
Le Misanthrope 3
Sganarelle 9
Tartuffe 9
Montfleury.
La Femme juge et partie. 7
Monvel.
L'Amant bourru........'. 7
Pigault-Lebrun.
Les Rivaux d'eux-mêmes. 12
Pilhes.
Le Bienfait anonyme 6
Piron.
La Métromanie......... 5

Poinsinet (A. A. H.).
Le Cercle.............. 2
Poinsinet de Sivry (L.).
Briséis............... 1
Pujoulx.
Les Dangers de l'absence . 12
Racine.
Andromaque........... 10
Bajazet 4
Britannicus........... 2
Iphigénie............. 16
Mithridate........... 4
Phèdre 15
Regnard.
Le Distrait............ 8
Le Joueur 3
Le Retour imprévu 1
Richaud-Martelly.
Les Deux Figaro......... 7
Roger.
Caroline.............. 3

Rousseau (J. J.).
Pygmalion............ 2
Sedaine.
La Gageure imprévue ... 5
Sewrin et Chazet.
La Leçon conjugale...... 11
Simons-Candeille (Mme).
Catherine............. 6
Vigée.
L'Entrevue 3
Voltaire.
Adélaïde Du Guesclin.... 4
Alzire 2
L'Enfant prodigue....... 5
Mahomet............. 1
Nanine 6
OEdipe 7
L'Orphelin de la Chine... 3
Sémiramis............. 3
Tancrède............. 4
Zaïre................. 4
Weiss, Jauffret et Patrat.
Les Deux frères......... 11

1805

Allainval (d').
L'École des bourgeois... 7
Andrieux.
Anaximandre 7
Les Étourdis........... 4
Molière avec ses amis... 2
Baron.
L'Homme à bonnes fortunes............... 3
Barthe.
Les Fausses infidélités .. 7
La Mère jalouse........ 12
Beaumarchais.
Le Barbier de Séville.... 8
Le Mariage de Figaro.... 8
Bellin de la Liborlière.
Amélie Mansfield....... 2
Bièvre.
Le Séducteur 1
Boissy.
Le Babillard........... 8
Les Dehors trompeurs... 1
Bouilly.
Mme de Sévigné........ 11
Brueys. -
L'Avocat Patelin........ 5
Brueys et Palaprat.
Le Muet............... 3
Bursay et Mme Molé.
Misanthropie et Repentir. 2

Campistron.
Le Jaloux désabusé...... 2
Chamfort.
Le Marchand de Smyrne. 2
Chénier.
Henri VIII............ 1
Chéron.
L'Homme à sentiments... 18
Collé.
Dupuis et Desronais..... 6
Collin d'Harleville.
L'Inconstant 2
M. de Crac dans son petit
    castel 4
L'Optimiste............ 2
Le Vieux célibataire..... 6
Corneille (P.).
Le Cid 8
Cinna................. 8
Horace 15
Le Menteur............ 2
La Mort de Pompée..... 8
Nicomède............. 9
Rodogune............. 5
Sertorius.............. 2
Corneille (T.).
Ariane................ 5
Le Festin de Pierre..... 4
Crébillon.
Atrée et Thyeste........ 3

Crébillon (*Suite*).
Rhadamiste et Zénobie... 1
Dancourt.
La Fête de village....... 2
Demoustier.
Le Conciliateur......... 3
Les Femmes........... 3
Desaudras.
Minuit................ 7
Desfaucherets
Le Mariage secret....... 1
Desforges (P. J. B.).
La Femme jalouse....... 3
Destouches.
Le Dissipateur......... 3
La Fausse Agnès........ 10
Le Glorieux........... 2
L'Homme singulier..... 1
Le Philosophe marié..... 1
Dieulafoy.
Défiance et malice....... 8
Dorat.
La Feinte par amour.... 6
Ducis.
Macbeth............... 1
Du Fresny.
Le Mariage fait et rompu. 2
Duval.
Les Héritiers........... 2
Les Projets de mariage... 2

Duval (*Suite*).
Le Tyran domestique..... 20
Fabre d'Églantine.
L'Intrigue épistolaire.... 3
Fagan.
Les Originaux........... 6
La Pupille............. 7
Faur.
Le Confident par hasard. 11
Favart.
Les Trois sultanes....... 7
Fenouillot de Falbaire.
L'Honnête criminel...... 1
Flins des Oliviers.
La Jeune hôtesse........ 3
Gresset.
Le Méchant............. 2
Guyot de Merville.
Le Consentement forcé... 4
Halma.
Astyanax............... 1
Hauteroche.
Crispin médecin........ 3
La Chaussée.
La Gouvernante........ 5
Mélanide.............. 2
La Font (de).
Les Trois frères rivaux.. 2
La Fontaine.
Le Florentin 11
La Harpe.
Mélanie.............. 5
La Noüe.
La Coquette corrigée.... 4
Lantier.
L'Impatient............ 2
Le Franc de Pompignan.
Didon................ 2
Le Grand (M. A.).
L'Aveugle clairvoyant... 6
Le Sage.
Turcaret.............. 5
Longepierre.
Médée 1

Manteufel.
Auguste et Théodore.... 8
Marivaux.
L'Épreuve............. 1
Les Fausses confidences.. 1
Le Legs............... 2
Mercier.
La Maison de Molière.... 1
Molière.
Amphitryon........... 4
L'Avare............... 2
Le Bourgeois gentil-
homme............... 8
L'École des femmes...... 3
L'École des maris........ 7
L'Étourdi.............. 1
Les Femmes savantes... 5
Les Fourberies de Scapin 3
Le Médecin malgré lui... 8
Le Misanthrope........ 2
Sganarelle............. 4
Tartuffe............... 9
Montfleury.
La Femme juge et partie. 5
Monvel.
L'Amant bourru........ 4
Patrat.
L'Heureuse erreur....... 2
Pigault-Lebrun.
L'Amour et la Raison.... 2
Les Rivaux d'eux-mêmes. 8
Pilhes.
Le Bienfait anonyme.... 4
Piron.
La Métromanie......... 5
Poinsinet (A. A. H.)
Le Cercle 3
Poinsinet de Sivry (L.).
Briséis................ 1
Poisson (Ph.).
Le Procureur arbitre..... 3
Pujoulx.
Les Dangers de l'absence 4

Racine.
Andromaque........... 2
Bajazet............... 5
Britannicus........... 4
Esther............... 15
Iphigénie............. 7
Mithridate............ 5
Phèdre............... 12
Les Plaideurs.......... 9
Raynouard.
Les Templiers.......... 33
Regnard.
Le Distrait............. 7
Les Folies amoureuses.... 8
Le Joueur............. 4
Le Légataire universel... 8
Rochon de Chabannes.
Heureusement 5
Roger.
Caroline 3
Rousseau (J. J.).
Pygmalion............ 1
Saurin.
Les Mœurs du temps..... 1
Sedaine.
La Gageure imprévue.... 2
Le Philosophe sans le
savoir 3
Sewrin et Chazet.
La Leçon conjugale...... 10
Simons-Candeille (Mme).
Catherine............. 5
Vigée.
L'Entrevue............. 2
Voltaire.
Mahomet 3
Nanine 7
OEdipe............... 3
L'Orphelin de la Chine... 3
Sémiramis............. 2
Tancrède............. 3
Zaïre 7
Weiss, Jauffret et Patrat.
Les Deux frères......... 11

1806

Allainval (d').
L'École des bourgeois... 3
Andrieux.
Anaximandre.......... 5
Les Étourdis.......... 15
Molière avec ses amis... 1
Arnault (A. V.).
Marius à Minturnes..... 1

Baour-Lormian.
Omasis 21
Baron.
L'Homme à bonnes for-
tunes................ 4
Barthe.
Les Fausses infidélités.. 8
La Mère jalouse......... 4

Beaumarchais.
Le Barbier de Séville.... 7
Le Mariage de Figaro.... 2
Belloy (P. L. de).
Gaston et Bayard....... 11
Boissy.
Le Babillard 2
Les Dehors trompeurs... 3
Le Sage étourdi........ 4

Bouilly.
Les Français dans le Tyrol 3
Mme de Sévigné....... 5
Boursault.
Le Mercure galant...... 6
Brueys.
L'Avocat Patelin........ 6
Brueys et Palaprat.
Le Muet.............. 2
Campistron.
Le Jaloux désabusé..... 3
Chamfort.
Le Marchand de Smyrne. 8
Chéron.
Le Tartuffe de mœurs (1). 6
Chevalier.
Antiochus Epiphanes.... 1
Collin d'Harleville.
L'Inconstant............ 1
M. de Crac dans son petit
castel.............. 3
Le Vieux célibataire..... 3
Corneille (P.).
Le Cid................ 8
Cinna................. 5
Horace............... 9
Le Menteur............ 2
La Mort de Pompée..... 1
Nicomède (2)........... 8
Polyeucte............. 4
Rodogune............. 1
Corneille (T.).
Ariane................ 4
Le Festin de Pierre...... 1
Crébillon.
Atrée et Thyeste....... 1
Dancourt.
Le Chevalier à la mode.. 9
Demoustier.
Le Conciliateur........ 1
Les Femmes........... 1
Desaudras.
Minuit................ 7
Desforges (P. J. B.).
La Femme jalouse...... 3
Destouches.
La Fausse Agnès....... 8
Le Glorieux............ 4
Le Philosophe marié..... 1
Diderot.
Le Père de famille....... 1
Dieulafoy.
Défiance et malice,...... 6
Dorat.
La Feinte par amour.... 5
Du Fresny.
L'Esprit de contradiction. 2
Le Mariage fait et rompu. 1
Duval.
Les Héritiers.......... 17

Duval (Suite).
La Jeunesse de Henri V.. 19
Les Projets de mariage.. 5
Shakespeare amoureux.. 1
Le Tyran domestique... 6
Fabre d'Églantine.
L'Intrigue épistolaire.... 5
Le Philinte de Molière... 2
Fagan.
Les Originaux.......... 7
La Pupille............. 8
Faur.
Le Confident par hasard. 2
Favart.
Les Trois sultanes...... 4
Fenouillot de Falbaire.
L'Honnête criminel...... 1
Flins des Oliviers.
La Jeune hôtesse....... 4
Goldoni.
Le Bourru bienfaisant... 5
Guyot de Merville.
Le Consentement forcé.. 6
Hauteroche.
Le Cocher supposé..... 1
Crispin médecin......... 6
Hoffman.
La Capricieuse.......... 2
La Chaussée.
La Gouvernante........ 4
Mélanide............. 1
La Font (de).
Les Trois frères rivaux.. 1
La Fontaine.
Le Florentin............ 8
La Fosse.
Manlius Capitolinus..... 17
La Harpe.
Coriolan............... 4
La Noüe.
La Coquette corrigée.... 1
Lantier.
Le Flatteur............. 3
L'Impatient............ 2
Legouvé (G.).
La Mort de Henri IV, roi
de France............ 20
Le Grand (M. A.)
L'Aveugle clairvoyant... 4
Le Sage.
Turcaret.............. 3
Manteufel.
Auguste et Théodore.... 5
Marivaux.
L'Épreuve............. 6
Les Fausses confidences. 1
Le Legs............... 3
Mercier.
La Maison de Molière... 1

Molière.
Amphitryon............ 2
L'Avare............... 6
Le Bourgeois gentil-
homme............. 6
L'École des femmes..... 9
L'École des maris....... 9
L'Étourdi.............. 1
Les Femmes savantes... 5
Les Fourberies de Scapin. 3
Le Malade imaginaire... 4
Le Médecin malgré lui.. 6
Le Misanthrope........ 6
Sganarelle............. 6
Tartuffe.............. 9
Montfleury.
La Femme juge et partie. 1
Monvel.
L'Amant bourru........ 1
Pigault-Lebrun.
L'Amour et la Raison... 2
Les Rivaux d'eux-mêmes. 7
Piron.
La Métromanie........ 5
Poisson (Ph.).
Le Procureur arbitre.... 1
Pujoulx.
Les Dangers de l'absence. 2
Racine.
Andromaque........... 5
Athalie............... 14
Bajazet............... 5
Britannicus........... 1
Esther................ 10
Iphigénie............. 6
Mithridate............ 3
Phèdre............... 9
Les Plaideurs.......... 15
Raynouard.
Les Templiers.......... 6
Regnard.
Le Distrait............ 5
Les Folies amoureuses.. 4
Le Joueur............. 4
Le Légataire universel... 7
Les Ménechmes........ 7
Révérony de Saint-Cyr.
Les Faux somnambules.. 1
Rochon de Chabannes.
Heureusement......... 6
Roger.
L'Avocat.............. 18
Caroline.............. 2
Rotrou.
Venceslas............. 2
Rousseau (J. J.).
Pygmalion............. 2
Scarron.
Jodelet............... 2

(1) Même pièce que : l'Homme à sentiments.
(2) A la représentation du 17 février, on a interrompu la pièce.

Sedaine.
La Gageure imprévue... 4
Le Philosophe sans le
savoir... 3
Sewrin et Chazet.
Le Politique en défaut... 4
Simons-Candeille (Mme).
Catherine... 6

Souriguères de Saint-Marc.
Octavie ... 1
Voltaire.
Adélaïde Du Guesclin... 2
Mahomet... 1
Mérope... 1
La Mort de César... 1

Voltaire *(Suite).*
Nanine... 2
L'Orphelin de la Chine.. 2
Sémiramis... 4
Tancrède... 3
Zaïre... 3
Weiss, Jauffret et Patrat.
Les Deux frères... 6

1807

Allainval (d').
L'École des bourgeois... 7
Andrieux.
Anaximandre... 7
Les Étourdis... 19
Arnault (A. V.).
Blanche et Montcassin... 2
Baour-Lormian.
Omasis... 1
Baron.
L'Homme à bonnes for-
tunes... 7
Barthe.
Les Fausses infidélités.. 1
Beaumarchais.
Le Barbier de Séville.... 7
Le Mariage de Figaro.... 2
Belloy (P. L. de).
Gaston et Bayard... 10
Boissy.
Les Dehors trompeurs... 6
Bouilly.
Mme de Sévigné... 4
Boursault.
Ésope à la Cour... 2
Le Mercure galant... 4
Campistron.
Le Jaloux désabusé... 2
Chéron.
Le Tartuffe de mœurs.... 5
Collé.
Dupuis et Desronais... 2
Collin d'Harleville.
Les Châteaux en Es-
pagne... 5
L'Optimiste... 2
Corneille (P.).
Le Cid... 7
Cinna... 7
Héraclius... 9
Horace... 6
Le Menteur... 4
La Mort de Pompée... 4
Nicomède... 8
Rodogune... 2

Corneille (T.).
Ariane... 4
Le Comte d'Essex... 2
Le Festin de Pierre... 1
Dancourt.
Le Chevalier à la mode.. 4
La Fête de village... 2
Les Vendanges de Su-
resnes... 3
Demoustier.
Les Femmes... 4
Desaudras.
Minuit... 11
Destouches.
Le Dissipateur... 6
La Fausse Agnès... 10
Le Glorieux... 3
Le Philosophe marié.... 4
Dorat.
La Feinte par amour.... 1
Dorvo.
La Mort de Du Guesclin.. 1
Ducis.
Hamlet... 6
Du Fresny.
L'Esprit de contradiction. 14
Le Mariage fait et rompu. 2
Duval.
Les Héritiers... 8
La Jeunesse de Henri V. 18
Les Projets de mariage.. 1
Shakespeare amoureux.. 2
Le Souper imprévu... 5
Étienne.
Brueys et Palaprat... 9
Fabre d'Églantine.
L'Intrigue épistolaire.... 7
Le Philinte de Molière .. 1
Les Précepteurs... 1
Fagan.
Les Originaux... 7
La Pupille... 11
Favart.
Les Trois sultanes... 1
Flins des Oliviers.
La Jeune hôtesse... 8

Goldoni.
Le Bourru bienfaisant.. 4
Guymond de La Touche.
Iphigénie en Tauride.... 1
Hauteroche.
Crispin médecin... 1
La Chaussée.
L'École des mères,... 5
La Gouvernante... 7
La Fontaine.
Le Florentin... 8
La Fosse.
Manlius Capitolinus... 10
La Harpe.
Coriolan... 3
La Noüe.
La Coquette corrigée.... 5
Lantier.
L'Impatient... 1
Launay (J. de).
Le Parleur contrarié.... 16
Le Franc de Pompignan.
Didon... 4
Le Grand (M. A.).
L'Aveugle clairvoyant... 1
Le Hoc.
Pyrrhus... 7
Lemercier.
Agamemnon... 3
Lemierre.
La Veuve du Malabar... 2
Le Sage.
Turcaret... 1
Manteufel.
Auguste et Théodore.... 4
Marivaux.
L'Épreuve... 12
Le Jeu de l'Amour et du
Hasard... 6
Le Legs... 3
Molière.
L'Avare... 7
L'École des femmes... 10
L'École des maris... 12
Les Femmes savantes... 4

Molière (*Suite*).
Les Fourberies de Scapin. 5
Le Malade imaginaire... 8
Le Médecin malgré lui... 1
Le Misanthrope........ 3
Sganarelle............. 11
Tartuffe 6

Montfleury.
La Femme juge et partie. 4

Monvel.
L'Amant bourru........ 10

Murville.
Abdélazis et Zuléïma.... 7

Patrat.
L'Heureuse erreur..... 3

Pein.
Les Projets d'enlèvement. 1

Pigault-Lebrun.
L'Amour et la Raison... 3
Les Rivaux d'eux-mêmes. 3

Piron.
La Métromanie........ 5

Planard.
Le Paravent........... 5

Poinsinet (A. A. H.).
Le Cercle............. 6

Poisson (Ph.).
Le Procureur arbitre.... 1

Racine.
Andromaque........... 6
Athalie............... 7
Bajazet............... 5
Bérénice.............. 1
Esther............... 2
Iphigénie............. 9
Mithridate............ 9
Phèdre................ 14
Les Plaideurs......... 6

Regnard.
Le Distrait............ 5
Les Folies amoureuses.. 10
Le Joueur............. 2
Le Légataire universel. 7
Les Ménechmes........ 1

Rochon de Chabannes.
Heureusement........ 7

Roger.
L'Avocat 6
Caroline.............. 3

Rotrou.
Venceslas............. 7

Sedaine.
Le Philosophe sans le
savoir............... 3

Simons-Candeille (Mme).
Catherine............. 10

Voltaire.
Adélaïde Du Guesclin.... 3
L'Enfant prodigue....... 2
OEdipe 4
L'Orphelin de la Chine.. 3
Sémiramis............. 4
Tancrède 8
Zaïre................. 5

Weiss, Jauffret et Patrat.
Les Deux frères........ 9

1808

Allainval (d').
L'École des bourgeois... 6

Andrieux.
Anaximandre.......... 3
Les Étourdis........... 5
Molière avec ses amis... 3

Arnault (A. V.).
Blanche et Montcassin... 2

Baron.
L'Homme à bonnes for-
tunes 2

Barthe.
Les Fausses infidélités... 6
La Mère jalouse........ 6

Beaumarchais.
Le Barbier de Séville.... 7
La Mère coupable....... 4

Belloy (P. L. de).
Gaston et Bayard....... 3

Boissy.
Les Dehors trompeurs... 6

Bouilly.
Mme de Sévigné........ 4

Boursault.
Le Mercure galant....... 6

Brueys.
L'Avocat Patelin........ 11

Brueys et Palaprat.
Le Muet 5

Collin d'Harleville.
Les Châteaux en Espagne 1
L'Optimiste............ 1
Le Vieux célibataire 5

Corneille (P.).
Le Cid................ 10
Cinna 2
Héraclius............. 4
Horace 5
Nicomède............. 4
Polyeucte............. 1
Rodogune............. 3
La Suite du Menteur..... 6

Corneille (T.).
Ariane................ 2
Le Comte d'Essex....... 2
Le Festin de Pierre...... 2

Crébillon.
Électre 2
Rhadamiste et Zénobie.. 3

Dancourt.
Le Chevalier à la mode.. 4

Delrieu.
Artaxerce............. 22

Demoustier.
Les Femmes........... 1

Desaudras.
Minuit................ 4

Desfaucherets.
Le Mariage secret...... 2

Desforges (P. J. B.).
La Femme jalouse...... 7

Destouches.
Le Dissipateur 3
La Fausse Agnès........ 13
Le Glorieux........... 1
Le Philosophe marié..... 7

Dieulafoy.
Défiance et malice...... 2

Dorat.
La Feinte par amour.... 3

Du Fresny.
L'Esprit de contradiction 4

Duval.
Les Héritiers.......... 5
La Jeunesse de Henri V.. 13
Les Projets de mariage.. 2
Le Tyran domestique... 7

Étienne.
Brueys et Palaprat...... 6

Fabre d'Églantine.
L'Intrigue épistolaire.... 4

Fagan.
Les Originaux......... 6
La Pupille............ 3

Faur.
Le Confident par hasard.. 3

Favart.
Les Trois sultanes 8

Flins des Oliviers.
La Jeune hôtesse....... 3
Goldoni.
Le Bourru bienfaisant... 11
Guymond de La Touche.
Iphigénie en Tauride.... 3
Jouy.
L'Homme aux convenances 2
La Chaussée.
L'École des mères...... 1
La Gouvernante........ 5
Mélanide............... 2
La Fontaine.
Le Florentin............ 4
La Fosse.
Manlius Capitolinus..... 8
La Harpe.
Philoctète............. 4
La Noüe.
La Coquette corrigée.... 6
Lantier.
L'Impatient............ 2
Launay (J. de).
Le Parleur contrarié..... 3
Le Grand (M. A.).
L'Aveugle clairvoyant... 4
Lemercier.
Plaute................. 8
Le Sage.
Crispin rival de son
maitre.............. 12
Turcaret.............. 6
Longepierre.
Médée................. 2
Manteufel.
Auguste et Théodore.... 4

Marivaux.
L'Épreuve............. 7
Les Fausses confidences. 10
Le Jeu de l'Amour et du
Hasard.............. 13
Le Legs............... 13
Molière.
Amphitryon........... 8
L'Avare............... 7
L'École des femmes..... 6
L'École des maris....... 13
L'Étourdi.............. 4
Les Femmes savantes... 4
Les Fourberies de Scapin 5
Le Malade imaginaire... 4
Le Médecin malgré lui... 14
Le Misanthrope........ 5
Sganarelle............. 4
Tartuffe............... 12
Montfleury.
La Femme juge et partie. 2
Monvel.
L'Amant bourru....... 3
Pieyre.
L'École des pères...... 3
Pigault-Lebrun.
Les Rivaux d'eux-mêmes 7
Piron.
La Métromanie......... 4
Planard.
Le Paravent........... 2
Poinsinet (A. A. H.).
Le Cercle............. 1
Poisson (Ph.).
Le Procureur arbitre.... 2
Racine.
Andromaque........... 10

Racine *(Suite)*.
Athalie................ 2
Bajazet............... 5
Britannicus............ 4
Esther................ 4
Iphigénie.............. 7
Mithridate............. 3
Phèdre................ 6
Les Plaideurs.......... 10
Regnard.
Le Distrait............. 5
Les Folies amoureuses.. 15
Le Joueur............. 1
Le Légataire universel.. 16
Les Ménechmes........ 6
Le Retour imprévu..... 1
Riboutté.
L'Assemblée de famille.. 35
Rochon de Chabannes.
Heureusement......... 1
Roger.
L'Avocat............. 6
Caroline.............. 2
Sedaine.
La Gageure imprévue... 2
Simons-Candeille (Mme).
Catherine............. 5
Louise............... 1
Voltaire.
Alzire................ 2
Nanine............... 3
OEdipe............... 3
L'Orphelin de la Chine.. 2
Tancrède.............. 6
Zaïre................. 4
Weiss, Jauffret et Patrat.
Les Deux frères........ 2

1809

Allainval (d').
L'École des bourgeois... 4
Andrieux.
Anaximandre.......... 3
Les Étourdis.......... 2
Baron.
L'Homme à bonnes for-
tunes.............. 6
Barthe.
Les Fausses infidélités... 4
Beaumarchais.
Le Barbier de Séville.... 14
La Mère coupable...... 1
Belloy (P. L. de).
Gaston et Bayard....... 6

Boissy.
Les Dehors trompeurs... 8
Le Sage étourdi....... 1
Boursault.
Le Mercure galant...... 3
Brueys.
L'Avocat Patelin....... 8
Brueys et Palaprat.
Le Muet.............. 1
Chéron.
Le Tartuffe de mœurs... 6
Collé.
Dupuis et Desronais..... 1
Collin d'Harleville.
Les Châteaux en Espagne 8

Collin d'Harleville *(Suite)*.
M. de Crac dans son petit
castel.............. 1
L'Optimiste........... 6
Le Vieux célibataire 8
Corneille (P.).
Le Cid............... 4
Cinna............... 4
Héraclius............. 3
Horace.............. 6
Nicomède............. 3
Rodogune............ 6
La Suite du Menteur.... 1
Corneille (T.).
Le Festin de Pierre...... 3

Crébillon.
Rhadamiste et Zénobie. 4
Creuzé de Lesser.
Le Secret du ménage.... 17
Dancourt.
Les Vendanges de Suresnes............... 2
Delrieu.
Artaxerce.............. 5
Demoustier.
Le Conciliateur,........ 2
Desaudras.
Minuit................. 3
Desfaucherets.
Le Mariage secret....... 10
Desforges (P. J. B.).
La Femme jalouse....... 10
Destouches.
Le Dissipateur......... 13
La Fausse Agnès....... 5
Le Philosophe marié.... 10
Dieulafoy.
Défiance et malice....... 2
Dorat.
La Feinte par amour.... 6
Ducis.
Hamlet................ 7
Macbeth............... 2
Othello................ 1
Du Fresny.
Le Dédit............... 2
L'Esprit de contradiction. 1
Dumolard.
La Fontaine chez Fouquet. 1
Duval.
Le Chevalier d'industrie.. 9
Les Héritiers........... 5
La Jeunesse de Henri V.. 17
Les Projets de mariage.. 1
Le Tyran domestique... 2
Étienne.
Brueys et Palaprat...... 3
Fabre d'Églantine.
L'Intrigue épistolaire.... 1
Le Philinte de Molière... 4
Fagan.
Les Originaux.......... 1
Faur.
Le Confident par hasard. 1
Favart.
Les Trois sultanes...... 17
Forgeot.
Les Épreuves.......... 1
Goldoni.
Le Bourru bienfaisant.. 6

Guymond de La Touche.
Iphigénie en Tauride.... 2
Hauteroche.
Crispin médecin........ 5
L'Esprit follet.......... 3
La Fontaine.
Le Florentin......... 4
La Fosse.
Manlius Capitolinus..... 4
La Harpe.
Le Comte de Warwick... 3
Lantier.
L'Impatient............ 1
Launay (J. de).
Le Parleur contrarié..... 4
Le Grand (M. A.).
L'Aveugle clairvoyant... 1
Le Sage.
Crispin rival de son maître............... 12
Luce de Lancival.
Hector................ 25
Manteufel.
Auguste et Théodore.... 7
Marivaux.
L'École des mères....... 2
L'Épreuve............. 4
Les Fausses confidences. 14
Le Jeu de l'Amour et du Hasard............. 10
Le Legs.............. 5
Molière.
Amphitryon........... 2
L'Avare.............. 5
Le Bourgeois gentilhomme.............. 4
L'École des femmes..... 4
L'École des maris..... 7
Les Fourberies de Scapin. 9
George Dandin......... 13
Le Malade imaginaire... 4
Le Médecin malgré lui... 5
Le Misanthrope........ 6
M. de Pourceaugnac..... 5
Tartuffe.............. 13
Montfleury.
La Femme juge et partie. 1
Picard.
Les Capitulations de conscience.............. 1
Le Conteur........... 8
Médiocre et rampant..... 6
M. Musard........... 4
Pieyre.
L'École des pères....... 5

Pigault-Lebrun.
Les Rivaux d'eux-mêmes. 5
Piron.
La Métromanie......... 8
Poinsinet (A. A. H.).
Le Cercle............. 3
Poisson (Ph.).
Le Procureur arbitre.... 1
Racine.
Andromaque........... 5
Athalie............... 5
Bajazet............... 6
Britannicus........... 5
Esther............... 3
Iphigénie............. 8
Mithridate............ 2
Phèdre............... 6
Lès Plaideurs.......... 6
Regnard.
Le Distrait............ 9
Les Folies amoureuses.. 19
Le Joueur............ 8
Le Légataire universel.. 5
Les Ménechmes........ 9
Le Retour imprévu...... 1
Riboutté.
L'Assemblée de famille.. 10
Rochon de Chabannes.
Heureusement......... 1
Roger.
L'Avocat............. 6
Caroline............. 1
Roger et Creuzé de Lesser.
La Revanche........... 20
Sedaine.
La Gageure imprévue... 6
Le Philosophe sans le savoir.............. 6
Selve.
Vitellie.............. 1
Simons-Candeille (Mme).
Catherine............. 2
Valmalette.
L'Enthousiaste......... 1
Voltaire.
Adélaïde Du Guesclin... 2
Alzire............... 1
Mahomet............. 4
Nanine.............. 6
OEdipe.............. 3
Sémiramis............ 1
Tancrède............ 1
Zaïre............... 1
Weiss, Jauffret et Patrat.
Les Deux frères........ 9

1810

Aignan.
Brunehaut 11
Allainval (d').
L'École des bourgeois... 7
Andrieux.
Les Étourdis........... 4
Molière avec ses amis... 2
Le Vieux fat 6
Baour-Lormian.
Omasis................ 8
Baron.
L'Homme à bonnes for-
tunes............... 3
Barthe.
Les Fausses infidélités.. 6
Beaumarchais.
Le Barbier de Séville.... 9
Eugénie. 4
Le Mariage de Figaro... 15
La Mère coupable...... 1
Belloy (P. L. de).
Gaston et Bayard....... 2
Boissy.
Le Babillard........... 4
Les Dehors trompeurs... 3
Bouilly.
Mme de Sévigné....... 1
Boursault.
Le Mercure galant...... 1
Brueys.
L'Avocat Patelin........ 14
Brueys et Palaprat.
Le Grondeur........... 4
Chéron.
Le Tartuffe de mœurs... 4
Collin d'Harleville.
Les Châteaux en Es-
pagne 2
M. de Crac dans son petit
castel 2
L'Optimiste........... 4
Le Vieux célibataire..... 15
Corneille (P.).
Le Cid................ 7
Cinna 5
Héraclius.............. 2
Horace 5
Nicomède............. 5
Polyeucte............. 2
Rodogune............. 2
Corneille (T.).
Ariane................ 1
Le Festin de Pierre..... 1

Crébillon.
Rhadamiste et Zénobie.. 3
Creuzé de Lesser.
Le Secret du ménage.... 5
Dancourt.
Les Vendanges de Su-
resnes............... 2
Delrieu.
Artaxerce............. 5
Desaudras.
Minuit................ 3
Desfaucherets.
Le Mariage secret....... 4
Desforges (P. J. B.).
La Femme jalouse....... 5
Destouches.
Le Dissipateur......... 7
La Fausse Agnès........ 11
Le Philosophe marié.... 7
Dieulafoy.
Défiance et malice....... 2
Dorat.
La Feinte par amour... 1
Du Fresny.
L'Esprit de contradiction. 2
Duval.
Le Chevalier d'industrie. 2
Les Héritiers........... 4
La Jeunesse de Henri V.. 4
Le Tyran domestique... 2
Étienne.
Brueys et Palaprat...... 3
Les Deux gendres 17
Fabre d'Églantine.
L'Intrigue épistolaire.... 10
Le Philinte de Molière... 1
Faur.
Le Confident par hasard. 2
Favart.
Les Trois sultanes 14
Goldoni.
Le Bourru bienfaisant... 6
Guymond de La Touche.
Iphigénie en Tauride.... 2
Hauteroche.
Crispin médecin......... 4
La Fontaine.
Le Florentin........... 5
La Fosse.
Manlius Capitolinus..... 4
La Noüe.
La Coquette corrigée.... 10

Launay (J. de).
Le Parleur contrarié.... 3
Le Prisonnier en voyage. 1
Le Grand (M. A.).
L'Aveugle clairvoyant... 2
Lemercier.
Agamemnon........... 2
Le Sage.
Crispin rival de son
maître............... 10
Luce de Lancival.
Hector................ 4
Manteufel.
Auguste et Théodore.... 6
Marivaux.
L'Épreuve............. 7
Les Fausses confidences. 12
Le Jeu de l'Amour et du
Hasard.............. 10
Le Legs............... 9
La Mère confidente...... 2
Molière.
Amphitryon........... 2
L'Avare............... 8
L'École des femmes..... 7
L'École des maris....... 13
Les Femmes savantes... 12
Les Fourberies de Scapin. 10
George Dandin.......... 10
Le Malade imaginaire... 8
Le Médecin malgré lui... 10
Le Misanthrope......... 4
M. de Pourceaugnac..... 4
Tartuffe 13
Picard.
Les Amis de collège..... 2
Le Conteur............ 15
Médiocre et rampant.... 1
Pieyre.
L'École des pères....... 4
Pigault-Lebrun.
L'Amour et la Raison... 1
Les Rivaux d'eux-mêmes. 4
Piron.
La Métromanie......... 7
Poinsinet (A. A. H.).
Le Cercle............. 2
Pont-de-Vesle.
Le Somnambule........ 2
Racine.
Andromaque........... 4'
Athalie............... 4
Bajazet............... 1

Racine (*Suite*).

Iphigénie 3
Mithridate 1
Phèdre 6
Les Plaideurs 6

Raynouard.

Les Templiers 3

Regnard.

Le Distrait 5
Les Folies amoureuses .. 16
Le Joueur 6
Le Légataire universel.. 13
Les Ménechmes 9

Riboutté.

L'Assemblée de famille.. 3

Rochon de Chabannes.

Heureusement 6

Roger.

L'Avocat 4
Caroline 2

Roger.
et Creuzé de Lesser.

La Revanche 5

Rotrou.

Venceslas 1

Sedaine.

La Gageure imprévue ... 7

Sedaine (*Suite*).

Le Philosophe sans le
   savoir 9

Voltaire.

Adélaïde Du Guesclin ... 2
Alzire 3
Mahomet 2
Nanine 5
OEdipe 2
Sémiramis 4
Tancrède 2
Zaïre 6

Weiss, Jauffret et Patrat.

Les Deux frères 5

1811

Aignan.

Brunehaut 4

Allainval (d').

L'École des bourgeois ... 2

Andrieux.

Anaximandre 2
Les Étourdis 8

Baour-Lormian.

Mahomet II 7
Omasis 1

Baron.

L'Homme à bonnes for-
  tunes 1

Barthe.

Les Fausses infidélités .. 5

Beaumarchais.

Le Barbier de Séville.... 8
Eugénie 5
Le Mariage de Figaro... 5

Belloy (P. L. de).

Gaston et Bayard 4

Boissy.

Le Babillard 1
Les Dehors trompeurs... 2

Bouilly.

L'Abbé de l'Épée 10

Boursault.

Le Mercure galant 2

Brueys.

L'Avocat Patelin 4

Chéron.

L'Auteur et le critique ... 1
Le Tartuffe de mœurs.. 6

Collin d'Harleville.

L'Optimiste 4
Le Vieux célibataire 6

Corneille (P.).

Le Cid 6
Cinna 3

Corneille (P.) (*Suite*).

Héraclius 3
Horace 4
Le Menteur 7
La Mort de Pompée 2
Nicomède 5
Polyeucte 1
Rodogune 3

Corneille (T.).

Ariane 1
Le Festin de Pierre 2

Crébillon.

Rhadamiste et Zénobie.. 5

Creuzé de Lesser.

La Manie de l'indépen-
  dance 1
Le Secret du ménage.... 4

Dancourt.

La Fête de village 9
Le Mari retrouvé 9
Les Vendanges de Su-
  resnes 1

Delrieu.

Artaxerce 1

Denormandie.

Annibal 1

Desaudras.

Minuit 2

Désaugiers.

L'Heureuse gageure 4

Desfaucherets.

Le Mariage secret 4

Desforges (P. J. B.).

La Femme jalouse 4

Destouches.

Le Dissipateur 4
La Fausse Agnès 8
Le Philosophe marié ... 7
Le Triple mariage 3

Diderot.

Le Père de famille 6

Dieulafoy.

Défiance et malice 1

Dorat.

La Feinte par amour.... 2

Ducis.

Hamlet 5

Duval.

La Femme misanthrope.. 1
Les Héritiers 8
La Jeunesse de Henri V. 2
Les Projets de mariage.. 2
Le Tyran domestique... 1

Étienne.

Brueys et Palaprat 1
Les Deux gendres 10

Fabre d'Églantine.

L'Intrigue épistolaire.... 9

Faur.

Le Confident par hasard. 1

Favart.

Les Trois sultanes 18

Goldoni.

Le Bourru bienfaisant... 8

Gresset.

Le Méchant 3

Guymond de La Touche.

Iphigénie en Tauride.... 3

Guyot de Merville.

Le Consentement forcé.. 1

Hauteroche.

Crispin médecin 2

La Chaussée.

La Gouvernante 2

La Fontaine.

Le Florentin 6

La Fosse.
Manlius Capitolinus...... 6
La Harpe.
Coriolan............... 3
La Noüe.
La Coquette corrigée.... 3
Le Franc de Pompignan.
Didon................. 1
Le Grand (M. A.).
L'Aveugle clairvoyant... 1
Lemercier.
Agamemnon............ 1
Le Sage.
Crispin rival de son
maitre 15
Turcaret 11
Longepierre.
Médée................. 2
Luce de Lancival.
Hector................. 2
Manteufel.
Auguste et Théodore.... 1
Marivaux.
L'Épreuve............. 6
Les Fausses confidences. 8
Le Jeu de l'Amour et du
Hasard.............. 7
Le Legs.............. ˜8
Molière.
Amphitryon 5
L'Avare............... 6
L'École des femmes..... 10
L'École des maris....... 12
Les Femmes savantes... 8
Les Fourberies de Scapin. 10
George Dandin......... 12
Le Malade imaginaire... 6
Le Médecin malgré lui... 14
Le Misanthrope........ 3

Molière (*Suite*).
M. de Pourceaugnac..... 5
Tartuffe 8
Montfleury.
La Femme juge et partie. 8
Monvel.
L'Amant bourru........ 4
Picard.
Le Conteur 15
Un Lendemain de fortune. 4
Piéyre.
L'École des pères....... 3
Pigault-Lebrun.
L'Amour et la Raison... 1
Les Rivaux d'eux-mêmes. 3
Pilhes.
Le Bienfait anonyme.... 1
Piron.
La Métromanie......... 6
Planard.
Les Pères créanciers..... 1
Poinsinet (A. A. H.).
Le Cercle............. 3
Pont-de-Vesle.
Le Somnambule........ 4
Racine.
Andromaque........... 3
Athalie............... 8
Bajazet............... 2
Britannicus........... 10
Esther............... 1
Iphigénie 10
Phèdre 8
Les Plaideurs.......... 6
Raynouard.
Les Templiers......... 2
Regnard.
Le Distrait............ 4
Les Folies amoureuses.. 14

Regnard (*Suite*).
Le Joueur............. 7
Le Légataire universel.: 13
Les Ménechmes........ 3
Le Retour imprévu...... 2
Rochon de Chabannes.
L'Amour français....... 2
Heureusement.......... 5
Roger.
L'Avocat.............. 4
Caroline............... 2
**Roger
et Creuzé de Lesser.**
La Revanche........... 1
Rotrou.
Venceslas............. 5
Rousseau (J. J.).
Pygmalion............. 1
Sedaine.
La Gageure imprévue... 8
Le Philosophe sans le
savoir.............. 7
Simons-Candeille (Mme).
Catherine............. 19
Souques.
Les Jeunes amis 1
Voltaire.
Adélaïde Du Guesclin.... 4
Alzire................ 5
L'Enfant prodigue...... 2
Mahomet............. 2
Nanine............... 6
OEdipe 2
L'Orphelin de la Chine.. 1
Sémiramis............ 4
Tancrède.............. 7
Zaïre................ 5
Weiss, Jauffret et Patrat.
Les Deux frères........ 6

1812

Allainval (d').
L'École des bourgeois ... 5
Andrieux.
Anaximandre 4
Les Étourdis........... 5
Baour-Lormian.
Omasis................ 3
Baron.
L'Homme à bonnes for-
tunes................ 4
Barthe.
Les Fausses infidélités .. 5
Beaumarchais.
Le Barbier de Séville.... 8

Beaumarchais (*Suite*).
Eugénie............... 5
Le Mariage de Figaro ... 7
Belloy (P. L. de).
Gaston et Bayard 7
Boissy.
Le Babillard 4
Les Dehors trompeurs... 2
Bouilly.
L'Abbé de l'Épée........ 2
Boursault.
Le Mercure galant....... 7
Brueys.
L'Avocat Patelin........ 8

Charbonnières.
L'Indécis............... 4
Chéron.
Le Tartuffe de mœurs .. 4
Collin d'Harleville.
Les Châteaux en Espagne. 8
L'Optimiste........... 3
Le Vieux célibataire 4
Corneille (P.).
Le Cid................ 3
Cinna 3
Héraclius............. 3
Horace 7
Le Menteur........... 7

Corneille (P.) (Suite).
Nicomède.............. 3
Polyeucte.............. 1
Rodogune.............. 4
Corneille (T.).
Ariane................. 1
Le Comte d'Essex...... 3
Le Festin de Pierre..... 7
Crébillon.
Rhadamiste et Zénobie.. 6
Creuzé de Lesser.
Le Secret du ménage.... 2
Dancourt.
Les Bourgeoises à la mode................ 5
La Fête de village....... 7
Le Mari retrouvé....... 9
Delrieu.
Artaxerce.............. 3
Demoustier.
Les Femmes............ 2
Desaudras.
Minuit................. 1
Desfaucherets.
Le Mariage secret....... 6
Desforges (P. J. B.).
La Femme jalouse...... 4
Destouches.
Le Dissipateur.......... 4
La Fausse Agnès........ 15
Le Philosophe marié.... 4
Le Tambour nocturne... 11
Diderot.
Le Père de famille....... 1
Dorat.
La Feinte par amour.... 2
Ducis.
Hamlet................. 1
OEdipe chez Admète..... 4
Duval.
Les Héritiers.......... 8
La Jeunesse de Henri V. 10
Les Projets de mariage.. 1
Le Tyran domestique... 2
Étienne.
Brueys et Palaprat...... 1
Les Deux gendres....... 13
Fabre d'Églantine.
L'Intrigue épistolaire.... 8
Le Philinte de Molière... 2
Faur.
Le Confident par hasard. 1
Favart.
Les Trois sultanes...... 9
Goldoni.
Le Bourru bienfaisant... 9
Gresset.
Le Méchant............. 1
Guymond de La Touche.
Iphigénie en Tauride.... 4

Hauteroche.
Crispin médecin........ 2
La Chaussée.
La Gouvernante......... 5
La Fontaine.
Le Florentin............ 5
La Fosse.
Manlius Capitolinus..... 3
La Harpe.
Philoctète.............. 4
La Noüe.
La Coquette corrigée.... 5
La Salle.
L'Officieux............. 5
Launay (J. de).
Le Parleur contrarié.... 1
Le Grand (M. A.).
L'Aveugle clairvoyant... 1
Le Sage.
Crispin rival de son maître................ 10
Turcaret............... 9
Luce de Lancival.
Hector................. 3
Manteufel.
Auguste et Théodore.... 3
Marivaux.
L'Épreuve.............. 3
Les Fausses confidences. 9
Le Jeu de l'Amour et du Hasard.............. 7
Le Legs............... 4
Maurice.
Mascarille.............. 1
Mercier.
La Maison de Molière.... 1
Molière.
Amphitryon............ 5
L'Avare................ 12
Le Bourgeois gentilhomme.............. 10
L'École des femmes..... 4
L'École des maris....... 9
Les Femmes savantes... 7
Les Fourberies de Scapin. 11
George Dandin......... 12
Le Médecin malgré lui... 13
Le Misanthrope......... 7
M. de Pourceaugnac..... 7
Tartuffe............... 7
Montfleury.
La Femme juge et partie. 9
Monvel.
L'Amant bourru........ 3
Patrat.
Les Déguisements amoureux................ 3
Picard.
Le Conteur............. 16

Pieyre.
L'École des pères....... 2
Pigault-Lebrun.
Les Rivaux d'eux-mêmes. 3
Piron.
La Métromanie......... 3
Poinsinet (A. A. H.).
Le Cercle.............. 2
Pont-de-Vesle.
Le Somnambule........ 4
Racine.
Andromaque........... 5
Athalie................ 6
Britannicus............ 5
Esther................. 1
Iphigénie............. 9
Mithridate............. 3
Phèdre................ 5
Les Plaideurs.......... 9
Regnard.
Le Distrait............. 7
Les Folies amoureuses.. 15
Le Joueur............. 9
Le Légataire universel.. 4
Les Ménechmes......... 5
Le Retour imprévu...... 1
Riboutté.
L'Assemblée de famille.. 1
Le Ministre anglais...... 5
Rochon de Chabannes.
Heureusement.......... 1
Roger.
L'Avocat.............. 6
Caroline............... 1
La Lecture de Clarisse... 1
Roger. et Creuzé de Lesser.
La Revanche........... 4
Rotrou.
Venceslas............. 3
Sedaine.
La Gageure imprévue... 8
Le Philosophe sans le savoir.................. 6
Simons-Candeille (Mme).
Catherine............. 9
Vigée.
L'Entrevue............ 1
Voltaire.
Adélaïde Du Guesclin... 7
Alzire................. 2
L'Enfant prodigue...... 2
Mahomet.............. 2
Nanine................ 3
OEdipe................ 4
L'Orphelin de la Chine.. 4
Sémiramis............. 4
Tancrède.............. 9
Zaïre.................. 4
Weiss, Jauffret et Patrat.
Les Deux frères........ 6

1813

Allainval (d').
L'École des bourgeois... 3
Andrieux.
Les Étourdis........... 2
Molière avec ses amis... 3
Barthe.
Les Fausses infidélités .. 4
Bawr (Mme de).
La Suite d'un bal masqué. 16
Beaumarchais.
Le Barbier de Séville.... 8
Eugénie 3
Le Mariage de Figaro... 12
Belloy (P. L. de).
Gabrielle de Vergy...... 6
Gaston et Bayard....... 2
Boissy.
Le Babillard 2
Les Dehors trompeurs... 2
Boursault.
Le Mercure galant...... 4
Brifaut.
Ninus II............... 10
Brueys.
L'Avocat Patelin........ 5
Chéron.
Le Tartuffe de mœurs... 2
Collin d'Harleville.
Les Châteaux en Es-
pagne............... 1
L'Optimiste........... 3
Le Vieux célibataire..... 4
Corneille (P.).
Le Cid................. 5
Cinna................. 3
Héraclius............. 3
Horace 8
Le Menteur........... 8
Nicomède............. 2
Rodogune............. 6
Corneille (T.).
Ariane................ 1
Le Festin de Pierre....... 1
Crébillon.
Rhadamiste et Zénobie .. 2
Creuzé de Lesser.
Le Secret du ménage.... 2
Dancourt.
Le Mari retrouvé....... 5
Delrieu.
Artaxerce.............. 3
Desfaucherets.
Le Mariage secret...... 3

Desforges (P. J. B.).
La Femme jalouse....... 4
Tom Jones à Londres.... 4
Destouches.
Le Dissipateur.......... 10
La Fausse Agnès........ 14
Le Glorieux............ 8
L'Obstacle imprévu..... 10
Le Philosophe marié 5
Le Tambour nocturne... 4
Diderot.
Le Père de famille....... 1
Ducis.
Hamlet................ 4
Du Fresny.
L'Esprit de contradiction. 10
Dupaty.
Avis aux mères......... 9
Duval.
Les Héritiers 7
La Jeunesse de Henri V. 4
Le Tyran domestique.... 1
Étienne.
Brueys et Palaprat...... 3
Les Deux gendres 3
L'Intrigante............ 9
Fabre d'Églantine.
L'Intrigue épistolaire... 9
Fagan.
La Pupille............. 2
Favart.
Les Trois sultanes 6
Goldoni.
Le Bourru bienfaisant... 7
Gresset.
Le Méchant............. 1
Guymond de La Touche.
Iphigénie en Tauride.... 1
Hauteroche.
Crispin médecin........ 5
Imbert.
Le Jaloux sans amour... 5
Jouy.
Tippo-Saëb 14
La Chaussée.
La Gouvernante 4
La Fontaine.
Le Florentin........... 6
La Fosse.
Manlius Capitolinus..... 4
La Harpe.
Philoctète............. 1

La Noüe.
La Coquette corrigée.... 3
Le Franc de Pompignan.
Didou 3
Le Sage.
Crispin rival de son
maître................ 7
Turcaret.............. 6
Longepierre.
Médée................. 1
Luce de Lancival.
Hector................. 4
Manteufel.
Auguste et Théodore.... 1
Marivaux.
L'Épreuve............. 11
Les Fausses confidences. 9
Le Jeu de l'Amour et du
Hasard............... 7
Le Legs 10
La Seconde Surprise de
l'Amour 3
Molière.
Amphitryon 2
L'Avare............... 6
Le Bourgeois gentil-
homme............... 5
L'École des femmes 11
L'École des maris....... 10
L'Étourdi.............. 2
Les Femmes savantes... 5
Les Fourberies de Scapin. 12
George Dandin......... 7
Le Malade imaginaire... 6
Le Médecin malgré lui... 15
Le Misanthrope........ 9
M. de Pourceaugnac..... 3
Tartuffe.............. 14
Montfleury.
La Femme juge et partie. 3
Monvel.
L'Amant bourru 4
Picard.
Le Conteur 11
Pigault-Lebrun.
L'Amour et la Raison.... 7
Les Rivaux d'eux-mêmes. 4
Piron.
La Métromanie......... 1
Planard.
La Nièce supposée....... 9

Racine.

Andromaque 7
Athalie 7
Bajazet 5
Britannicus 6
Iphigénie 14
Mithridate 2
Phèdre 7
Les Plaideurs 9

Regnard.

Démocrite 5
Le Distrait 4
Les Folies amoureuses . . 18
Le Joueur 3
Le Légataire universel . . 9
Les Ménechmes 3

Riboutté.

L'Assemblée de famille . . 1

Rochon de Chabannes.

Heureusement 8

Roger.

L'Avocat 5
Caroline 1

**Roger
et Creuzé de Lesser.**

La Revanche 2

Rotrou.

Venceslas 1

Sedaine.

La Gageure imprévue . . . 7
Le Philosophe sans le
savoir 2

Simons-Candeille (Mme).

Catherine 4

Vigée.

L'Entrevue 2

Voltaire.

Adélaïde Du Guesclin . . . 2
Alzire 2
Mahomet 1
Nanine 4
Œdipe 4
L'Orphelin de la Chine . . 2
Sémiramis 4
Tancrède 2
Zaïre 7

Weiss, Jauffret et Patrat.

Les Deux frères 7

1814

Allainval (d').

L'École des bourgeois . . . 5

Andrieux.

Les Étourdis 7
Molière avec ses amis . . . 1

Arnault (A. V.).

La Rançon de Du Guesclin. 1

Baron.

L'Homme à bonnes for-
tunes 3

Barthe.

Les Fausses infidélités . . 1

Bawr (Mme de).

La Suite d'un bal masqué . 8

Beaumarchais.

Le Barbier de Séville 15
Eugénie 6
Le Mariage de Figaro . . . 8

Belloy (P. L. de).

Gabrielle de Vergy 7
Gaston et Bayard 5
Le Siège de Calais 2

Boissy.

Le Babillard 3
Les Dehors trompeurs . . . 5
L'Époux par supercherie . 2

Bouilly.

L'Abbé de l'Épée 2

Boursault.

Ésope à la Cour 2
Le Mercure galant 5

Brifaut.

Ninus II 7

Brueys.

L'Avocat Patelin 2

Chéron.

Le Tartuffe de mœurs . . . 2

Collé.

La Partie de chasse de
Henri IV 17

Collin d'Harleville.

Les Châteaux en Espa-
gne 5
L'Optimiste 1
Le Vieux célibataire 4

Corneille (P.).

Le Cid 3
Cinna 3
Héraclius 4
Horace 8
Le Menteur 4
Nicomède 1
Polyeucte 3
Rodogune 1

Corneille (T.).

Ariane 1
Le Festin de Pierre 2

Crébillon.

Rhadamiste et Zénobie . . . 7

Creuzé de Lesser.

Le Secret du ménage · . . . 3

Dancourt.

Le Mari retrouvé 1

Desaudras.

Minuit 1

Désaugiers et Gentil.

L'Hôtel garni 14

Desfaucherets.

Le Mariage secret 7

Desforges (P. J. B.).

La Femme jalouse 4
Tom Jones à Londres . . . 6

Destouches.

Le Dissipateur 6
La Fausse Agnès 11
Le Glorieux 1
L'Obstacle imprévu 4
Le Philosophe marié 4
Le Tambour nocturne . . . 4

Ducis.

Hamlet 2

Du Fresny.

L'Esprit de contradiction . 11

Duval.

Édouard en Écosse 13
Les Héritiers 8
La Jeunesse de Henri V . . 8
Le Tyran domestique 3

Étienne.

Brueys et Palaprat 1
Les Deux gendres 5

Fabre d'Églantine.

L'Intrigue épistolaire . . . 7
Le Philinte de Molière . . . 1

Faur.

Le Confident par hasard . 2

Favart.

Les Trois sultanes 11

Flins des Oliviers.

La Jeune hôtesse 2

Gain de Montaignac.

Fouquet 1

Goldoni.

Le Bourru bienfaisant . . . 5

Guymond de La Touche.
Iphigénie en Tauride.... 3
Hauteroche.
Crispin médecin........ 2
Imbert.
Le Jaloux sans amour... 4
La Chaussée.
La Gouvernante........ 2
La Fontaine.
Le Florentin........... 6
La Fosse.
Manlius Capitolinus..... 7
La Harpe.
Coriolan.............. 3
Philoctète............. 3
La Noüe.
La Coquette corrigée.... 3
Lebrun.
Ulysse................ 6
Le Sage.
Crispin rival de son
maître............... 9
Turcaret.............. 6
Manteufel.
Auguste et Théodore.... 4
Marivaux.
L'Épreuve............. 6
Les Fausses confidences. 11
Le Jeu de l'Amour et du
Hasard.............. 11
Le Legs.............. 9
Molière.
Amphitryon........... 3
L'Avare.............. 8
Le Bourgeois gentil-
homme............... 2
L'École des femmes..... 5
L'École des maris...... 8

Molière (Suite).
L'Étourdi............. 1
Les Femmes savantes... 6
Les Fourberies de Sca-
pin................. 9
George Dandin......... 6
Le Malade imaginaire... 10
Le Médecin malgré lui.. 10
Le Misanthrope........ 7
Tartuffe............. 9
Montfleury.
La Femme juge et partie. 3
Monvel.
L'Amant bourru........ 5
Picard.
Le Conteur........... 17
Pigault-Lebrun.
L'Amour et la Raison... 2
Les Rivaux d'eux-mêmes. 3
Piron.
La Métromanie........ 3
Planard.
La Nièce supposée...... 7
Poisson (Ph.).
L'Impromptu de campa-
gne................ 4
Pont-de-Vesle.
Le Somnambule........ 4
Racine.
Andromaque.......... 7
Athalie............. 8
Bajazet............. 5
Britannicus.......... 4
Esther............. 6
Iphigénie........... 10
Phèdre............. 6
Les Plaideurs........ 7

Raynouard.
Les États de Blois...... 8
Regnard.
Le Distrait.......... 2
Les Folies amoureuses.. 6
Le Joueur........... 3
Le Légataire universel.. 10
Les Ménechmes....... 3
Le Retour imprévu..... 2
Riboutté.
L'Assemblée de famille.. 1
Rochon de Chabannes.
Les Amants généreux... 1
Heureusement........ 2
Roger.
L'Avocat............ 2
Caroline............ 3
**Roger
et Creuzé de Lesser.**
La Revanche......... 6
Sedaine.
La Gageure imprévue... 5
Le Philosophe sans le
savoir............. 4
Simons-Candeille (Mme).
Catherine........... 3
Voltaire.
Alzire............. 3
Mérope............ 6
Nanine............ 4
OEdipe............ 7
L'Orphelin de la Chine.. 2
Sémiramis.......... 4
Tancrède........... 6
Zaïre............. 4
Weiss, Jauffret et Patrat.
Les Deux frères....... 2

1815

Allainval (d').
L'École des bourgeois... 4
Andrieux.
Anaximandre..........., 1
Les Étourdis.......... 4
Molière avec ses amis... 2
Arnault (A. V.).
Marius à Minturnes..... 7
Audibert.
Un Retour de jeunesse.... 1
Baour-Lormian.
Omasis.............. 3
Baron.
L'Homme à bonnes for-
tunes.............. 3

Bawr (Mme de).
La Méprise............. 4
La Suite d'un bal masqué 6
Beaumarchais.
Le Barbier de Séville.... 12
Eugénie............. 3
Le Mariage de Figaro... 11
La Mère coupable....... 4
Belloy (P. L. de).
Gabrielle de Vergy...... 1
Gaston et Bayard....... 1
Boissy.
Les Dehors trompeurs... 4
Bouilly.
Mme de Sévigné........ 2

Boursault.
Le Mercure galant...... 6
Brifaut.
Jeanne Gray.......... 1
Ninus II............ 3
Brueys.
L'Avocat Patelin....... 6
Brueys et Palaprat.
Le Grondeur.......... 9
Chéron.
Le Tartuffe de mœurs... 2
Collé.
La Partie de chasse de
Henri IV............ 14

Collin d'Harleville.
Les Châteaux en Espagne 1
Le Vieux célibataire 4

Corneille (P.).
Le Cid 4
Cinna 4
Horace 5
Le Menteur 3
Nicomède 1
Polyeucte 1

Corneille (T.).
Ariane 2
Le Festin de Pierre 3

Crébillon.
Rhadamisté et Zénobie .. 4

Creuzé de Lesser.
Le Secret du ménage 3

Delrieu.
Artaxerce 3
Démétrius 6

Desaudras.
Minuit 3

Désaugiers et Gentil.
Les Deux voisines 8
L'Hôtel garni 3

Desfaucherets.
Le Mariage secret 2

Desforges (P. J. B).
La Femme jalouse 5
Tom Jones à Londres 3

Destouches.
Le Dissipateur 6
La Fausse Agnès 9
Le Glorieux 2
L'Obstacle imprévu 4
Le Philosophe marié 8
Le Tambour nocturne ... 1

Diderot.
Le Père de famille 4

Ducis.
Hamlet 5
Macbeth 4

Du Fresny.
L'Esprit de contradiction. 10

Duval.
Édouard en Écosse 2
Les Héritiers 6
La Jeunesse de Henri V. 9
Les Projets de mariage.. 2
Le Tyran domestique ... 3

Étienne.
Brueys et Palaprat 2
Les Deux gendres 6
Racine et Cavois 1

Fabre d'Églantine.
L'Intrigue épistolaire.... 9

Fabre d'Églantine (*Suite*).
Le Philinte de Molière... 1

Favart.
Les Trois sultanes 8

Goldoni.
Le Bourru bienfaisant... 3

Gresset.
Le Méchant 2

Guymond de La Touche.
Iphigénie en Tauride.... 3

Hauteroche.
Crispin médecin 4

Imbert.
Le Jaloux sans amour... 3

La Chaussée.
La Gouvernante 1
Mélanide 2

La Fontaine.
Le Florentin 5

La Fosse.
Manlius Capitolinus 4

La Harpe.
Coriolan 4
Philoctète 3

La Noüe.
La Coquette corrigée.... 6

Lebrun.
Ulysse 2

Le Sage.
Crispin rival de son maître 6
Turcaret 7

Luce de Lancival.
Hector 2

Manteufel.
Auguste et Théodore 3

Marivaux.
L'Épreuve 11
Les Fausses confidences. 6
Le Jeu de l'Amour et du Hasard 7
Le Legs 7

Molière.
Amphitryon 2
L'Avare 4
Le Bourgeois gentil-homme 3
L'École des femmes 6
L'École des maris 9
L'Étourdi 4
Les Femmes savantes ... 8
Les Fourberies de Scapin 7
George Dandin 8
Le Malade imaginaire ... 4
Le Médecin malgré lui .. 8
Le Misanthrope 9
Tartuffe 11

Montfleury.
La Femme juge et partie. 1

Monvel.
L'Amant bourru 4

Picard.
Le Conteur 11

Pigault-Lebrun.
Les Rivaux d'eux-mêmes. 8

Piron.
La Métromanie 3

Planard.
La Nièce supposée 4

Poinsinet (A. A. H.).
Le Cercle 2

Racine.
Andromaque 7
Athalie 6
Bajazet 2
Britannicus 7
Esther 3
Iphigénie 8
Phèdre 8
Les Plaideurs 9

Raynouard.
Les Templiers 17

Regnard.
Le Distrait 3
Les Folies amoureuses .. 9
Le Joueur 5
Le Légataire universel .. 11
Les Ménechmes 9
Le Retour imprévu 1

Rochon de Chabannes.
Heureusement 3

Roger.
L'Avocat 3
Caroline 2

Roger et Creuzé de Lesser.
La Revanche 7

Sedaine.
La Gageure imprévue ... 8
Le Philosophe sans le savoir 8

Simons-Candeille (Mme).
Catherine 7

Voltaire.
Adélaïde Du Guesclin.... 1
Alzire 1
Mérope 6
Nanine 4
OEdipe 4
L'Orphelin de la Chine... 2
Sémiramis 4
Tancrède 4
Zaïre 6

Weiss, Jauffret et Patrat.
Les Deux frères 6

1816

Aignan.
Arthur de Bretagne...... 1
Allainval (d').
L'École des bourgeois.... 6
Andrieux.
La Comédienne......... 19
Les Étourdis............ 5
Molière avec ses amis.... 1
Baron.
L'Homme à bonnes fortunes................. 4
Barrau.
L'Artisan politique (1)... 1
Barthe.
Les Fausses infidélités.. 1
La Mère jalouse......... 2
Bawr (Mme de).
La Suite d'un bal masqué. 4
Beaumarchais.
Le Barbier de Séville.... 10
Eugénie............... 6
Le Mariage de Figaro... 8
La Mère coupable....... 2
Belloy (P. L. de).
Gabrielle de Vergy...... 6
Gaston et Bayard....... 4
Boissy.
Les Dehors trompeurs... 4
L'Époux par supercherie. 1
Bouilly.
Mme de Sévigné........ 2
Boursault.
Le Mercure galant....... 3
Brueys.
L'Avocat Patelin........ 7
Brueys et Palaprat.
Le Grondeur........... 11
Chéron.
Le Tartuffe de mœurs... 3
Collé.
La Partie de chasse de Henri IV............. 7
Collin d'Harleville.
Les Châteaux en Espagne............... 5
L'Optimiste............ 3
Le Vieux célibataire..... 3
Corneille (P.).
Le Cid................ 5
Cinna.................. 5
Héraclius.............. 4
Horace................ 4

Corneille (P.) (Suite.)
Le Menteur............ 1
La Mort de Pompée..... 6
Nicomède.............. 2
Polyeucte.............. 2
Crébillon.
Rhadamiste et Zénobie.. 3
Creuzé de Lesser.
Le Secret du ménage.... 2
Dancourt.
Le Chevalier à la mode.. 6
La Fête de village....... 2
Le Mari retrouvé........ 5
Delrieu.
Artaxerce.............. 2
Desaudras.
Minuit................. 4
Désaugiers et Gentil.
L'Hôtel garni........... 3
Desfaucherets.
Le Mariage secret....... 2
Desforges (P. J. B.).
La Femme jalouse....... 5
Tom Jones à Londres ... 4
Destouches.
Le Dissipateur.......... 8
La Fausse Agnès........ 7
Le Glorieux............ 4
L'Obstacle imprévu...... 6
Le Philosophe marié..... 7
Dubois.
La Pensée d'un bon roi... 4
Ducis.
Hamlet................ 5
Macbeth............... 2
Œdipe chez Admète..... 5
Du Fresny.
L'Esprit de contradiction. 3
Duval.
Les Héritiers........... 7
La Jeunesse de Henri V.. 6
Les Projets de mariage.. 1
Le Tyran domestique.... 5
Étienne.
Brueys et Palaprat...... 2
Les Deux gendres....... 3
Fabre d'Églantine.
L'Intrigue épistolaire.... 9
Le Philinte de Molière... 5
Fagan.
Les Originaux.......... 4

Faur.
Le Confident par hasard. 2
Favart.
Les Trois sultanes....... 6
Goldoni.
Le Bourru bienfaisant... 3
Gosse.
Le Médisant............ 17
Gresset.
Le Méchant............ 3
Guymond de La Touche.
Iphigénie en Tauride.... 3
Hauteroche.
Crispin médecin......... 3
Imbert.
Le Jaloux sans amour... 4
La Chaussée.
La Gouvernante......... 7
La Fontaine.
Le Florentin............ 2
La Fosse.
Manlius Capitolinus..... 7
La Harpe.
Coriolan.............. 2
Philoctète.............. 3
La Noüe.
La Coquette corrigée.... 6
La Ville de Mirmont.
Alexandre et Apelle...... 7
Le Grand (M. A.).
L'Aveugle clairvoyant... 2
Lemercier.
Agamemnon 3
Charlemagne 6
Le Sage.
Crispin rival de son maître............... 11
Turcaret.............. 4
Manteufel.
Auguste et Théodore.... 2
Marivaux.
L'Épreuve............. 12
Les Fausses confidences. 6
Le Jeu de l'Amour et du Hasard............. 6
Le Legs............... 2
Molière.
L'Avare............... 11
L'École des femmes..... 6
L'École des maris....... 11
L'Étourdi............. 3
Les Femmes savantes... 9

(1) La pièce fut interrompue au 2e acte.

Molière (*Suite*).

Les Fourberies de Scapin.	6
George Dandin	3
Le Malade imaginaire...	9
Le Médecin malgré lui..	6
Le Misanthrope	5
M. de Pourceaugnac	7
Tartuffe	11

Monvel.

L'Amant bourru	3

Picard.

Le Conteur	8

Pigault-Lebrun.

Les Rivaux d'eux-mêmes.	7

Piron.

La Métromanie	3

Planard.

La Nièce supposée	4

Planard et Proisy.

Les Deux seigneurs.	1

Racine.

Andromaque	6
Athalie	3
Britannicus	5
Esther	4

Racine (*Suite*).

Iphigénie	7
Phèdre	3
Les Plaideurs	7

Rancé et Théaulon.

L'Anniversaire	4
Henri IV et Mayenne	1

Raynouard.

Les Templiers	5

Regnard.

Les Folies amoureuses..	15
Le Joueur	3
Le Légataire universel...	13
Les Ménechmes	6
Le Retour imprévu	1

Rochon de Chabannes.

Heureusement	2

Roger.

L'Avocat	2
Caroline	1

Roger et Creuzé de Lesser.

La Revanche.	6

Rotrou.

Venceslas	3

Rougemont.

La Fête de Henri IV	9

Rousseau (J. J.).

Pygmalion	1

Sedaine.

La Gageure imprévue...	3
Le Philosophe sans le savoir	6

Simons-Candeille (Mme).

Catherine	7

Talma (Mme).

Laquelle des trois?	1

Vieillard.

Le Mariage de Robert de France	1

Voltaire.

Alzire	2
L'Enfant prodigue	2
Mahomet	4
Mérope	7
OEdipe	5
Sémiramis	2
Tancrède	6
Zaïre	5

Weiss, Jauffret et Patrat.

Les Deux frères	4

1817

Allainval (d').

L'École des bourgeois ...	4

Andrieux.

La Comédienne	6
Les Étourdis	9
Le Trésor	12

Arnault (A. V.).

Germanicus	1

Baron.

L'Homme à bonnes fortunes	1

Barthe.

Les Fausses infidélités...	2

Bawr (Mme de).

La Suite d'un bal masqué.	8

Beaumarchais.

Le Barbier de Séville....	6
Eugénie	7
Le Mariage de Figaro....	9
La Mère coupable	3

Belloy (P. L. de.)

Gabrielle de Vergy	5
Gaston et Bayard	5
Zelmire	2

Bièvre.

Le Séducteur	3

Boissy.

Les Dehors trompeurs ..	4

Bouilly.

L'Abbé de l'Épée	5
Mme de Sévigné	3

Boursault.

Ésope à la Cour	2
Le Mercure galant	7

Brueys.

L'Avocat Patelin	4

Brueys et Palaprat.

Le Grondeur	8
Le Muet	4

Charlemagne.

Adrienne Lecouvreur	1

Chéron.

Le Tartuffe de mœurs...	1

Collé.

La Partie de chasse de Henri IV	3

Collin d'Harleville.

Les Châteaux en Espagne.	2
Le Vieux célibataire	4

Corneille (P.)

Le Cid	3
Cinna	3
Héraclius	1
Horace	7
Le Menteur	2
La Mort de Pompée	1

Corneille (P.) (*Suite*).

Nicomède	1
Polyeucte	3
Rodogune	3

Corneille (T.).

Ariane	3
Le Festin de Pierre	1

Crébillon.

Rhadamiste et Zénobie ..	3

Creuzé de Lesser.

Le Secret du ménage....	3

Dancourt.

Le Chevalier à la mode..	7
La Fête de village	9
Le Mari retrouvé	1
Les Vendanges de Suresnes	5

Desaudras.

Minuit	1

Désaugiers et Gentil.

L'Hôtel garni	1

Desfaucherets.

Le Mariage secret	3

Desforges (P. J. B.).

La Femme jalouse	3
Tom Jones à Londres ...	2

Destouches.

Le Dissipateur	3

Destouches (Suite).
La Fausse Agnès 8
Le Glorieux 1
L'Obstacle imprévu 5
Le Philosophe marié 4
Diderot.
Le Père de famille 1
Dorat.
La Feinte par amour 2
Ducis.
Hamlet 5
Du Fresny.
L'Esprit de contradiction 7
Duval.
Les Héritiers 5
La Jeunesse de Henri V . 7
La Manie des grandeurs . 19
Les Projets de mariage . . 6
Le Tyran domestique . . . 6
Étienne.
Brueys et Palaprat 1
Les Deux gendres 3
Fabre d'Églantine.
L'Intrigue épistolaire . . . 9
Le Philinte de Molière . . . 2
Fagan.
Les Originaux 8
Faur.
Le Confident par hasard . 3
Favart.
Les Trois sultanes 12
Gosse.
Le Médisant 17
Gresset.
Le Méchant 1
Guymond de La Touche.
Iphigénie en Tauride 1
Hauteroche.
Crispin médecin 4
Imbert.
Le Jaloux sans amour . . 3
La Fontaine.
Le Florentin 4
La Fosse.
Manlius Capitolinus 5
La Harpe.
Coriolan 1
Philoctète 6
La Noüe.
La Coquette corrigée 3

Le Franc de Pompignan.
Didon 2
Legouvé (G.).
La Mort d'Abel 1
Le Grand (M. A.).
L'Aveugle clairvoyant . . . 2
Lemercier.
Agamemnon 3
Le Faux bonhomme 1
Le Sage.
Crispin rival de son
maître 3
Turcaret 5
Luce de Lancival.
Hector 5
Manteufel.
Auguste et Théodore 3
Marivaux.
L'Épreuve 12
Les Fausses confidences . 7
Le Jeu de l'Amour et du
Hasard 5
Le Legs 4
Molière.
L'Avare 9
Le Bourgeois gentil-
homme 2
L'École des maris 9
L'Etourdi 4
Les Femmes savantes . . . 6
Les Fourberies de Scapin. 8
George Dandin 4
Le Malade imaginaire . . . 3
Le Médecin malgré lui . . . 10
Le Misanthrope 5
M. de Pourceaugnac 6
Tartuffe 8
Montfleury.
La Femme juge et partie. 3
Monvel.
L'Amant bourru 4
Patrat.
L'Heureuse erreur 3
Picard.
Le Conteur 12
Pieyre.
L'École des pères 5
Pigault-Lebrun.
Les Rivaux d'eux-mêmes 2

Planard.
La Nièce supposée 4
Pont-de-Vesle.
Le Somnambule 3
Racine.
Andromaque 7
Athalie 5
Britannicus 2
Esther 4
Iphigénie 8
Mithridate 2
Phèdre 7
Les Plaideurs 5
Regnard.
Le Distrait 2
Les Folies amoureuses . . 12
Le Joueur 6
Le Légataire universel . . 9
Les Ménechmes 7
Riboutté.
L'Assemblée de famille . . 9
Roger.
L'Avocat 4
**Roger
et Creuzé de Lesser.**
La Revanche 5
Rotrou.
Venceslas 1
Rougemont.
La Fête de Henri IV 2
Royou.
Phocion 4
Sedaine.
La Gageure imprévue . . . 6
Le Philosophe sans le
savoir 4
Simons-Candeille (Mme).
Catherine 7
Voltaire.
Alzire 2
Hérode et Mariamne 3
Mahomet 2
Mérope 6
Nanine 3
OEdipe 5
L'Orphelin de la Chine . . 1
Sémiramis 3
Tancrède 5
Zaïre 8
Weiss, Jauffret et Patrat.
Les Deux frères 5

1818

Allainval (d').
L'École des bourgeois . . . 2

Andrieux.
La Comédienne 3

Andrieux (Suite).
Les Étourdis 10

Andrieux (*Suite*).
Molière avec ses amis.... 3
Le Rêve du mari........ 3
Le Trésor.............. 1
Barthe.
Les Fausses infidélités... 4
Bawr (Mme de).
La Suite d'un bal masqué. 4
Beaumarchais.
Le Barbier de Séville 10
Eugénie 5
Le Mariage de Figaro.... 9
La Mère coupable....... 2
Belloy (P. L. de).
Gabrielle de Vergy 3
Gaston et Bayard 1
Bièvre.
Le Séducteur 2
Boissy.
Les Dehors trompeurs... 3
Bouilly.
L'Abbé de l'Épée 5
Mme de Sévigné........ 1
Boursault.
Le Mercure galant 6
Brueys.
L'Avocat Patelin........ 6
Brueys et Palaprat.
Le Grondeur........... 9
Le Muet.............. 5
Collé.
La Partie de chasse de
Henri IV............. 1
Collin d'Harleville.
Les Châteaux en Espagne. 1
Le Vieux célibataire.... 2
Corneille (P.).
Le Cid................ 5
Cinna................. 1
Héraclius............. 4
Horace 5
Le Menteur........... 3
Nicomède............. 4
Polyeucte............. 2
Rodogune............. 4
Corneille (T.).
Le Festin de Pierre 1
Crébillon.
Électre 5
Rhadamiste et Zénobie... 2
Creuzé de Lesser.
Le Secret du ménage 2
Dancourt.
Le Chevalier à la mode.. 3
La Fête de village 9
Les Vendanges de Su-
resnes............. 5
Desfaucherets.
Le Mariage secret....... 2
Desforges (P. J. B.).
La Femme jalouse 2
Tom Jones à Londres.... 4

Destouches.
Le Dissipateur......... 4
La Fausse Agnès 6
Le Glorieux............ 1
L'Obstacle imprévu...... 5
Le Philosophe marié..... 8
Ducis.
Abufar................ 2
Hamlet 4
Duval.
Le Chevalier d'industrie. 9
Édouard en Écosse 10
La Fille d'honneur....... 1
Les Héritiers 8
La Jeunesse de Henri V. 5
La Manie des grandeurs. 11
Les Projets de mariage.. 2
Le Tyran domestique.... 2
Étienne.
Les Deux gendres....... 1
Fabre d'Églantine.
L'Intrigue épistolaire.... 3
Le Philinte de Molière... 1
Fagan.
Les Originaux 6
Faur.
Le Confident par hasard. 4
Favart.
Les Trois sultanes...... 14
Gosse.
Le Médisant 8
*Le Susceptible par hon-
neur* 1
Guymond de La Touche.
Iphigénie en Tauride 2
Hauteroche.
Crispin médecin........ 6
Imbert.
Le Jaloux sans amour... 3
La Chaussée.
La Gouvernante........ 1
La Fontaine.
Le Florentin 6
La Fosse.
Manlius Capitolinus..... 6
La Harpe.
Le Comte de Warwick... 9
Coriolan.............. 7
Philoctète............. 1
La Noüe.
La Coquette corrigée.... 4
Lebrun.
Ulysse................ 2
Le Franc de Pompignan.
Didon................. 2
Le Grand (M. A.).
L'Aveugle clairvoyant,.. 5
Lemercier.
Agamemnon 2
Le Sage.
Crispin rival de son
maître 8
Turcaret.............. 3

Luce de Lancival.
Hector................ 2
Maisonneuve.
Roxelane et Mustapha... 6
Manteufel.
Auguste et Théodore.... 1
Marivaux.
L'Épreuve 8
Les Fausses confidences.. 7
Le Jeu de l'Amour et du
Hasard.............. 7
Le Legs............... 3
Marsollier.
L'Ami Clermont......... 5
Molière.
Amphitryon 5
L'Avare............... 4
Le Bourgeois gentil-
homme 2
L'École des femmes..... 4
L'École des maris....... 8
L'Étourdi............. 2
Les Femmes savantes... 9
Les Fourberies de Scapin. 9
Le Malade imaginaire ... 6
Le Médecin malgré lui... 5
Le Misanthrope......... 6
M. de Pourceaugnac..... 4
Tartuffe.............. 10
Montfleury.
La Femme juge et partie. 11
Monvel.
L'Amant bourru 1
Patrat.
L'Heureuse erreur....... 4
Picard.
Le Conteur 10
Pieyre.
L'École des pères 1
Pigault-Lebrun.
L'Amour et la Raison.... 7
Les Rivaux d'eux-mêmes. 5
Piron.
La Métromanie......... 3
Planard.
La Nièce supposée....... 4
Racine.
Andromaque........... 4
Bajazet 2
Britannicus 13
Esther............... 4
Iphigénie 9
Phèdre 11
Les Plaideurs.......... 13
Rancé.
Partie et revanche 4
Regnard.
Démocrite 2
Le Distrait 5
Les Folies amoureuses .. 16
Le Joueur 3
Le Légataire universel.. 8

Regnard (*Suite*).

Le Retour imprévu...... 2

Riboutté.

La Réconciliation par ruse............ 1

Richaud-Martelly.

Les Deux Figaro....... 4

Roger.

L'Avocat............... 2

Roger et Creuzé de Lesser.

La Revanche........... 3

Rougemont.

La Fête de Henri IV..... 1

Saurin.

Spartacus.............. 3

Sedaine.

La Gageure imprévue ... 4

Le Philosophe sans le savoir............... 4

Simons-Candeille (Mme).

Catherine.............. 9

Voltaire.

Alzire................. 2

L'Enfant prodigue....... 6

Mahomet.............. 3

Mérope................ 8

Nanine................ 4

OEdipe 5

Sémiramis.............. 1

Tancrède.............. 7

Zaïre.................. 2

Weiss, Jauffret et Patrat.

Les Deux frères 6

1819

Allainval (d').

L'École des bourgeois... 7

Ancelot.

Louis IX.............. 15

Andrieux.

Les Étourdis........... 5

Avrigni (d').

Jeanne d'Arc à Rouen ... 24

Baron.

L'Homme à bonnes fortunes................ 5

Barthe.

Les Fausses infidélités .. 6

Bawr (Mme de).

La Suite d'un bal masqué. 6

Beaumarchais.

Le Barbier de Séville.... 6

Eugénie 5

Le Mariage de Figaro ... 12

La Mère coupable....... 3

Boissy.

Les Dehors trompeurs... 2

Bouilly.

L'Abbé de l'Épée........ 7

Mme de Sévigné 3

Boursault.

Le Mercure galant 4

Brueys.

L'Avocat Patelin........ 7

Brueys et Palaprat.

Le Grondeur........... 7

Le Muet............... 1

Collin d'Harleville.

Les Châteaux en Espagne 2

Le Vieux célibataire..... 2

Corneille (P.).

Le Cid................. 6

Cinna 10

Horace 2

Corneille (P.) (*Suite*).

Le Menteur............. 3

Nicomède.............. 1

Rodogune 3

Corneille (T.).

Ariane................. 1

Creuzé de Lesser.

Le Secret du ménage.... 1

Dancourt.

Le Chevalier à la mode.. 2

La Fête de village 10

Les Trois cousines...... 1

Delrieu.

Artaxerce.............. 3

Desaudras.

Minuit................. 2

Desfaucherets.

Le Mariage secret....... 2

Desforges (P. J. B.).

La Femme jalouse 1

Tom Jones à Londres... 4

Destouches.

Le Dissipateur.......... 5

La Fausse Agnès 8

L'Obstacle imprévu 5

Le Philosophe marié 2

Ducis.

Hamlet................. 5

Duval.

Le Chevalier d'industrie . 1

Édouard en Écosse 5

La Fille d'honneur...... 33

Les Héritiers........... 8

La Jeunesse de Henri V. 7

La Manie des grandeurs. 2

Les Projets de mariage.. 5

Étienne.

Brueys et Palaprat...... 2

Fabre d'Églantine.

L'Intrigue épistolaire.... 11

Fagan.

Les Originaux 4

Faur.

Le Confident par hasard. 2

Favart.

Les Trois sultanes...... 9

Gay (Mme).

Le Marquis de Pomenars. 5

Goldoni.

Le Bourru bienfaisant... 2

Gosse.

Les Femmes politiques... 3

Le Médisant........... 3

Hauteroche.

Crispin médecin 2

Herbigny (d').

Hécube et Polyxène 1

Imbert.

Le Jaloux sans amour... 1

La Font (de).

Les Trois frères rivaux.. 3

La Fontaine.

Le Florentin........... 8

La Fosse.

Manlius Capitolinus..... 5

La Harpe.

Coriolan............... 1

Philoctète 1

La Noüe.

La Coquette corrigée.... 7

Lebrun.

Ulysse 1

Le Grand (M. A.).

L'Aveugle clairvoyant... 1

Lemercier.

Agamemnon........... 1

Leroy.

L'Irrésolu.............. 15

Le Sage.
Crispin rival de son maître 9
Turcaret 5

Marivaux.
L'Épreuve 7
Les Fausses confidences. 5
Le Jeu de l'Amour et du Hasard 6
Le Legs 4

Molière.
L'Avare 8
L'École des femmes 7
L'École des maris 13
L'Étourdi 3
Les Femmes savantes (1). 8
Les Fourberies de Scapin 3
George Dandin 9
Le Malade imaginaire ... 5
Le Médecin malgré lui .. 16
Le Misanthrope 6
M. de Pourceaugnac 3
Les Précieuses ridicules. 6
Tartuffe 8

Montfleury.
La Femme juge et partie. 5

Patrat.
L'Heureuse erreur 4

Picard.
Le Conteur 7
Pigault-Lebrun.
L'Amour et la Raison ... 6
Les Rivaux d'eux-mêmes. 3
Planard.
La Nièce supposée 5
Pont-de-Vesle.
Le Somnambule 3
Racine.
Andromaque 5
Bajazet 1
Britannicus 10
Esther 3
Iphigénie 9
Phèdre 11
Les Plaideurs 13
Rancé.
Partie et revanche 3
Regnard.
Démocrite 3
Le Distrait 1
Les Folies amoureuses .. 11
Le Joueur 4
Le Légataire universel .. 5
Les Ménechmes 5
Richaud-Martelly.
Les Deux Figaro 2
Roger.
L'Avocat 1

Roger et Creuzé de Lesser.
La Revanche 2
Royou.
Le Frondeur 2
Saurin.
Beverley 2
Sedaine.
La Gageure imprévue ... 5
Le Philosophe sans le savoir 3
Simons-Candeille (Mme).
Catherine 6
Souques.
Orgueil et vanité 13
Talma (Mme).
Les Deux Méricour 3
Voltaire.
Adélaïde Du Guesclin 2
Alzire 2
L'Enfant prodigue 3
Mahomet 1
Mérope 8
Nanine 2
OEdipe 3
L'Orphelin de la Chine .. 2
Sémiramis 5
Tancrède 4
Zaïre 2
Weiss, Jauffret et Patrat.
Les Deux frères 3

1820

Allainval (d').
L'École des bourgeois ... 8
Ancelot.
Louis IX 14
Andrieux.
Les Étourdis 7
Molière avec ses amis ... 3
Avrigni (d').
Jeanne d'Arc à Rouen ... 11
Baron.
L'Homme à bonnes fortunes 4
Barthe.
Les Fausses infidélités ... 5
Bawr (Mme de).
La Suite d'un bal masqué. 1
Beaumarchais.
Le Barbier de Séville 7
Eugénie 3
Le Mariage de Figaro ... 10
La Mère coupable 4

Boissy.
Les Dehors trompeurs .. 2
Bouilly.
L'Abbé de L'Épée 2
Mme de Sévigné 2
Boursault.
Le Mercure galant 7
Brueys.
L'Avocat Patelin 2
Brueys et Palaprat.
Le Grondeur 3
Le Muet 1
Chéron.
Le Tartuffe de mœurs ... 4
Collin d'Harleville.
Les Châteaux en Espagne. 2
Le Vieux célibataire 4
Corneille (P.).
Le Cid 8
Cinna 4

Corneille (P.) (Suite).
Horace 5
Le Menteur 1
Corneille (T.).
Le Festin de Pierre 1
Dancourt.
Le Chevalier à la mode .. 3
La Fête de village 8
Delrieu.
Démétrius 7
Desaudras.
Minuit 6
Desfaucherets.
Le Mariage secret 2
Desforges (P. J. B.).
La Femme jalouse 3
Tom Jones à Londres ... 4
Destouches.
Le Dissipateur 5
La Fausse Agnès 10

(1) À la représentation du 25 juillet, on a interrompu la pièce au 1er acte, à cause d'indisposition.

Destouches (*Suite*).
L'Obstacle imprévu 5
Le Philosophe marié 4
Ducis.
Hamlet 2
Duval.
Édouard en Ecosse 3
La Fille d'honneur 7
Les Héritiers 6
La Jeunesse de Henri V.. 4
La Manie des grandeurs . 1
Les Projets de mariage .. 4
Le Tyran domestique ... 2
Étienne.
Brueys et Palaprat 9
Fabre d'Églantine.
L'Intrigue épistolaire.... 15
Le Philinte de Molière... 2
Fagan.
Les Originaux 4
Faur.
Le Confident par hasard. 7
Favart.
Les Trois sultanes 9
Gaugiran-Nanteuil.
L'Amour et le procès 3
Gay (Mme.).
Le Marquis de Pomenars. 1
Gosse.
Le Flatteur 6
Le Médisant............ 4
Guilleau de Formont.
Jean de Bourgogne 4
Imbert.
Le Jaloux sans amour... 1
La Font (de).
Les Trois frères rivaux.. 4
La Fontaine.
Le Florentin 13
La Harpe.
Coriolan............... 7
La Noüe.
La Coquette corrigée..... 2
La Ville de Mirmont.
Alexandre et Apelle..... 1
Le Folliculaire.......... 18

Lebrun.
Marie Stuart 36
Leroy.
L'Irrésolu.............. 2
Le Sage.
Crispin rival de son maître 10
Turcaret................ 4
Marignié.
Le Paresseux........... 3
Marivaux.
L'Épreuve 8
Les Fausses confidences. 5
Le Jeu de l'Amour et du
Hasard 2
Le Legs................ 4
Molière.
L'Avare............... 11
L'École des femmes 5
L'École des maris........ 16
L'Étourdi.............. 2
Les Femmes savantes.... 4
Les Fourberies de Scapin. 6
George Dandin.......... 9
Le Malade imaginaire ... 4
Le Médecin malgré lui .. 12
Le Misanthrope......... 3
M. de Pourceaugnac..... 4
Les Précieuses ridicules. 2
Tartuffe............... 11
Montfleury.
La Femme juge et partie. 5
Monvel.
L'Amant bourru......... 2
Patrat.
L'Heureuse erreur 2
Picard.
Le Conteur 3
Pigault-Lebrun.
L'Amour et la Raison.... 5
Les Rivaux d'eux-mêmes. 2
Piron.
La Métromanie.......... 1
Planard.
La Nièce supposée...... 2
Poisson (Ph.).
L'Impromptu de cam-
pagne 3

Pont-de-Vesle.
Le Somnambule........ 1
Racine.
Andromaque........... 4
Athalie 9
Britannicus 7
Esther................. 8
Iphigénie 4
Phèdre 5
Les Plaideurs........... 12
Raynouard.
Les Templiers 10
Regnard.
Le Distrait............. 1
Les Folies amoureuses... 18
Le Joueur 3
Le Légataire universel .. 7
Les Ménechmes......... 6
Rochon de Chabannes.
Heureusement 1
Roger.
L'Avocat 3
**Roger
et Creuzé de Lesser.**
La Revanche 5
Sedaine.
La Gageure imprévue ... 4
Le Philosophe sans le
savoir 2
Simons-Candeille (Mme).
Catherine.............. 6
Souques.
Orgueil et vanité........ 4
Viennet.
Clovis................. 5
Voltaire.
Adélaïde Du Guesclin.... 1
Alzire................. 1
Mérope 4
Œdipe................. 2
Sémiramis............. 2
Tancrède.............. 2
Zaïre................. 3
Weiss, Jauffret et Patrat.
Les Deux frères........ 4

1821

Allainval (d').
L'École des bourgeois... 5
Ancelot.
Louis IX............... 1
Andrieux.
Les Étourdis........... 3
Molière avec ses amis... 1

Avrigni (d').
Jeanne d'Arc à Rouen... 5
Baron.
L'Homme à bonnes for-
tunes................ 1
Barthe.
Les Fausses infidélités.. 5

Bawr (Mme de).
La Suite d'un bal mas-
qué 5
Beaumarchais.
Le Barbier de Séville.... 6
Eugénie 3
Le Mariage de Figaro.... 1

Beaumarchais (*Suite*).
La Mère coupable....... 2
Belloy (P. L. de).
Gaston et Bayard....... 2
Boissy.
Le Babillard............ 2
Les Dehors trompeurs... 1
Bonjour.
La Mère rivale.......... 18
Bouilly.
L'Abbé de l'Épée........ 9
Boursault.
Le Mercure galant...... 5
Brueys.
L'Avocat Patelin........ 3
Brueys et Palaprat.
Le Grondeur............ 8
Collé.
La Partie de chasse de
Henri IV............. 1
Collin d'Harleville.
M. de Crac dans son petit
castel.............. 5
Corneille (P.)
Le Cid................. 9
Cinna.................. 7
Horace................ 3
Le Menteur............. 3
Nicomède.............. 2
Creuzé de Lesser.
Le Secret du ménage.... 1
Dancourt.
Le Chevalier à la mode.. 1
La Fête de village....... 9
Desaudras.
Minuit................. 4
Desforges (P. J. B.).
La Femme jalouse...... 3
Tom Jones à Londres... 5
Destouches.
Le Dissipateur......... 5
L'Obstacle imprévu..... 2
Le Philosophe marié.... 3
Ducis.
Abufar................ 2
Hamlet................ 4
Duval.
Édouard en Écosse...... 5
Le Faux bonhomme.... 7
La Fille d'honneur...... 12
Les Héritiers........... 1
La Jeunesse de Henri V. 11
La Manie des grandeurs. 4
Les Projets de mariage. 1
Le Tyran domestique... 10
Étienne.
Brueys et Palaprat...... 3
Les Deux gendres....... 4
La Jeune femme colère.. 9
Les Plaideurs sans procès. 11

Fabre d'Églantine.
L'Intrigue épistolaire... 15
Le Philinte de Molière... 1
Fagan.
Les Originaux.......... 3
Favart..
Les Trois sultanes...... 9
Gaugiran-Nanteuil.
L'Amour et le procès.... 1
Gay (Mme).
Le Marquis de Pomenars. 2
Gosse.
Faliéro............... 1
Le Médisant........... 4
Guilleau de Formont.
Jean de Bourgogne...... 4
Guymond de La Touche.
Iphigénie en Tauride.... 3
Imbert.
Le Jaloux sans amour... 1
Jouy.
Sylla.................. 2
La Font (de).
Les Trois frères rivaux.. 1
La Fontaine.
Le Florentin........... 5
La Fosse.
Manlius Capitolinus..... 4
La Harpe.
Coriolan............... 9
La Noüe.
La Coquette corrigée.... 5
La Ville de Mirmont.
Alexandre et Apelle..... 1
Le Folliculaire......... 2
Laya (J. L.).
Falkland.............. 12
Lebrun.
Marie Stuart........... 12
Le Grand (M. A.).
L'Aveugle clairvoyant... 2
Lemercier.
Agamemnon............ 4
Leroy.
L'Irrésolu.............. 2
Le Sage.
Crispin rival de son maitre 9
Turcaret.............. 4
Marivaux.
L'Épreuve.............. 1
Les Fausses confidences. 6
Le Jeu de l'Amour et du
Hasard............. 4
Le Legs................ 5
Molière.
Amphitryon............ 1
L'Avare............... 5
Le Bourgeois gentil-
homme.............. 1

Molière (*Suite*).
Le Dépit amoureux (1).. 4
L'École des femmes..... 10
L'École des maris....... 20
L'Étourdi.............. 2
Les Femmes savantes... 10
Les Fourberies de Scapin. 2
George Dandin......... 9
Le Malade imaginaire... 5
Le Médecin malgré lui... 14
Le Misanthrope......... 5
Les Précieuses ridicules. 4
Tartuffe............... 8
Montfleury.
La Femme juge et par-
tie (2)................ 17
Monvel.
L'Amant bourru........ 2
Naudet.
*La Fontaine chez Mme de
la Sablière*............ 4
Picard.
Le Conteur............. 2
Pigault-Lebrun.
L'Amour et la Raison.... 1
Les Rivaux d'eux-mêmes. 1
Piron.
La Métromanie......... 2
Planard.
L'Heureuse rencontre.... 7
La Nièce supposée...... 3
Racine.
Andromaque........... 7
Athalie................ 4
Britannicus............ 9
Esther................ 10
Iphigénie.............. 10
Mithridate............. 1
Phèdre................ 9
Les Plaideurs........... 6
Rancé.
Le Retour............. 3
Regnard.
Le Distrait............ 2
Les Folies amoureuses.. 17
Le Joueur............. 5
Le Légataire universel.. 7
Les Ménechmes........ 4
Richaud-Martelly.
Les Deux Figaro........ 4
Roger.
L'Avocat.............. 1
Roger
et Creuzé de Lesser.
La Revanche.......... 2
Royou.
Zénobie.............. 5
Sedaine.
La Gageure imprévue... 3

(1) Réduit en deux actes par Valville, le 4 janvier.
(2) Réduit en trois actes par Leroy, le 8 mars.

Sedaine (*Suite*).
Le Philosophe sans le
savoir 6
Simons-Candeille (Mme).
Catherine 2
**Théaulon, Carmouche
et Rochefort**.
Jeanne d'Albret 3

Vial.
Le Mari et l'amant 15
Viennet.
Clovis 2
Voltaire.
Adélaïde Du Guesclin 5
Mérope 5

Voltaire (*Suite*).
Nanine 1
OEdipe 8
Sémiramis 8
Tancrède 11
Zaïre 2
Weiss, Jauffret et Patrat.
Les Deux frères 4

1822

Allainval (d').
L'École des bourgeois ... 7
Ancelot.
Louis IX 3
Andrieux.
Les Étourdis 4
Arnault (L.).
Régulus 30
Avrigni (d').
Jeanne d'Arc à Rouen ... 4
Barthe.
Les Fausses infidélités ... 4
Bawr (Mme de).
La Suite d'un bal mas-
qué 5
Beaumarchais.
Le Barbier de Séville 12
La Mère coupable 3
Belloy (P. L. de).
Gaston et Bayard 1
Boissy.
Le Babillard 2
Les Dehors trompeurs .. 2
Bonjour.
La Mère rivale 13
Bouilly.
L'Abbé de l'Épée 3
Boursault.
Le Mercure galant 7
Brueys.
L'Avocat Patelin 1
Brueys et Palaprat.
Le Grondeur 2
Bursay et Mme Molé.
Misanthropie et Repentir 13
Collé.
Dupuis et Desronais 3
La Partie de chasse de
Henri IV 1
Collin d'Harleville.
Le Vieux célibataire 4
Corneille (P.).
Le Cid 3
Cinna 2
Horace 4
Rodogune 1

Crébillon.
Rhadamiste et Zénobie .. 1
Dancourt.
La Fête de village 9
Desaudras.
Minuit 2
Desfaucherets
Le Mariage secret 1
Desforges (P. J. B.).
La Femme jalouse 1
Le Sourd 4
Tom Jones à Londres 3
Destouches.
Le Dissipateur 3
La Fausse Agnès 5
Le Glorieux 1
Le Philosophe marié 7
Ducis.
Hamlet 2
Duval.
Édouard en Écosse 4
La Fille d'honneur 6
Les Héritiers 4
La Jeunesse de Henri V .. 5
Le Tyran domestique ... 3
Étienne.
Brueys et Palaprat 3
Les Deux gendres 5
La Jeune femme colère .. 3
Les Plaideurs sans procès 1
Fabre d'Églantine.
L'Intrigue épistolaire 2
Le Philinte de Molière ... 1
Fagan.
Les Originaux 2
Faur.
Le Confident par hasard . 1
Favart.
Les Trois sultanes 4
Gay (Mme).
*Une Aventure du cheva-
lier de Grammont* 1
Gensoul et Naudet.
Le Ménage de Molière 7
Gosse.
Le Médisant 8

Imbert.
Le Jaloux sans amour ... 2
Jouy.
Sylla 55
La Fontaine.
Le Florentin 1
La Harpe.
Coriolan 10
La Noüe.
La Coquette corrigée 4
La Ville de Mirmont.
Le Folliculaire 4
Laya (J. L.).
Falkland 1
Lebrun.
Marie Stuart 2
Le Sage.
Crispin rival de son
maître 3
Turcaret 3
Marivaux.
L'Épreuve 3
Les Fausses confidences . 4
Le Jeu de l'Amour et du
Hasard 2
Le Legs 7
Merville.
Les Quatre âges 11
Molière.
Amphitryon 8
L'Avare 2
Le Dépit amoureux 25
L'École des femmes 2
L'École des maris 17
L'Étourdi 1
Les Femmes savantes ... 9
George Dandin 4
Le Malade imaginaire ... 5
Le Médecin malgré lui ... 5
Le Misanthrope 8
Les Précieuses ridicules . 5
Tartuffe 11
Montfleury.
La Femme juge et partie. 9

Monvel.
L'Amant bourru 1
Picard.
Le Conteur 9
Pigault-Lebrun.
L'Amour et la Raison ... 5
Les Rivaux d'eux-mêmes. 3
Piron.
La Métromanie 3
Planard.
La Nièce supposée 3
Racine.
Andromaque 4
Britannicus 5
Esther 5
Iphigénie 7
Phèdre 4
Les Plaideurs 3

Regnard.
Le Distrait 5
Les Folies amoureuses.. 17
Le Joueur 2
Le Légataire universel.. 10
Riboutté.
L'Amour et l'ambition ... 5
Roger.
L'Avocat 5
**Roger
et Creuzé de Lesser.**
La Revanche 4
Scribe et Mélesville.
Valérie 5
Sedaine.
La Gageure imprévue... 6
Le Philosophe sans le
savoir 3

Simons-Candeille (Mme).
Catherine 7
Soumet.
Clytemnestre 12
Vial.
Le Mari et l'amant 10
Voltaire.
Adélaïde Du Guesclin ... 6
Alzire 7
Mahomet 1
Nanine 3
Œdipe 7
Sémiramis 2
Tancrède 9
Zaïre 5
Weiss, Jauffret et Patrat.
Les Deux frères 7

1823

Allainval (d').
L'École des bourgeois... 9
Ancelot.
Louis IX 1
Le Maire du palais 5
Andrieux.
Les Étourdis 3
Molière avec ses amis... 2
Arnault (L.).
Pierre de Portugal 19
Régulus 9
Avrigni (d').
Jeanne d'Arc à Rouen ... 3
Baron.
L'Homme à bonnes for-
tunes 10
Barthe.
Les Fausses infidélités.. 7
Bawr (Mme de).
La Suite d'un bal masqué. 2
Beaumarchais.
Le Barbier de Séville.... 9
Eugénie 3
La Mère coupable 2
Belloy (P. L. de).
Gabrielle de Vergy 1
Boissy.
Les Dehors trompeurs... 1
Bonjour.
L'Éducation 24
La Mère rivale 7
Bouilly.
L'Abbé de l'Épée 4

Boursault.
Le Mercure galant 6
Brueys.
L'Avocat Patelin 3
Brueys et Palaprat.
Le Grondeur 5
Bursay et Mme Molé.
Misanthropie et Repentir. 2
Chéron.
Le Tartuffe de mœurs (1). 4
Collé.
La Partie de chasse de
Henri IV 1
Collin d'Harleville.
Le Vieux célibataire 2
Corneille (P.).
Le Cid 4
Cinna 4
Horace 3
Le Menteur 4
Rodogune 1
Dancourt.
Le Chevalier à la mode.. 1
La Fête de village 1
Delavigne.
L'École des vieillards 10
Desaudras.
Minuit 2
**Désaugiers, Gentil
et Gersin.**
La Route de Bordeaux 3
Desforges (P. J. B.).
La Femme jalouse 2
Tom Jones à Londres... 2

Destouches.
Le Dissipateur 5
La Fausse Agnès........ 12
Le Glorieux 2
Le Philosophe marié 3
Ducis.
Hamlet 5
Duval.
Le Chevalier d'industrie . 1
Édouard en Écosse...... 5
La Fille d'honneur 4
Les Héritiers 6
La Jeunesse de Henri V... 2
Les Projets de mariage.. 1
Étienne.
Brueys et Palaprat 1
Les Deux gendres 3
La Jeune femme colère.. 1
Fabre d'Églantine.
L'Intrigue épistolaire 5
Le Philinte de Molière... 1
Fagan.
Les Originaux 4
Favart.
Les Trois sultanes 7
Gensoul et Naudet.
Le Ménage de Molière... 1
Gosse.
Le Médisant 3
Guymond de La Touche.
Iphigénie en Tauride.... 1
Jouy.
Sylla 15

(1) A la représentation du 31 octobre, on a interrompu la pièce au 3ᵉ acte.

La Fosse.
Manlius Capitolinus 1
La Harpe.
Coriolan: 7
La Noüe.
La Coquette corrigée 5
Lebrun.
Marie Stuart 4
Le Grand (M. A.) et Alain.
L'Épreuve réciproque ... 1
Lemercier.
Agamemnon 2
Leroy.
L'Irrésolu 2
Le Sage.
Crispin rival de son
maître 4
Turcaret 3
Marivaux.
L'Épreuve 3
Les Fausses confidences. 5
Le Jeu de l'Amour et du
Hasard 2
Le Legs 7
Mennechet.
Fielding 5
Merville.
Les Quatre âges 1
Molière.
Amphitryon 3
L'Avare 11
Le Dépit amoureux 20
L'École des femmes 7
L'École des maris 19

Molière (*Suite*).
L'Étourdi 1
Les Femmes savantes ... 9
Les Fourberies de Scapin. 6
Le Malade imaginaire 6
Le Médecin malgré lui ... 12
Le Misanthrope 6
Tartuffe 14
Montfleury.
La Femme juge et partie. 6
Picard.
Le Conteur 6
Pigault-Lebrun.
L'Amour et la Raison 3
Les Rivaux d'eux-mêmes. 2
Piron.
La Métromanie 3
Racine.
Andromaque 6
Athalie 4
Britannicus 8
Esther 4
Iphigénie 6
Phèdre 5
Les Plaideurs 1
Raynouard.
Les Templiers 5
Regnard.
Le Distrait 3
Les Folies amoureuses ... 15
Le Joueur 1
Le Légataire universel .. 17
Les Ménechmes 1

Richard.
L'Homme aux scrupules .. 1
Richaud-Martelly.
Les Deux Figaro 2
Roger.
L'Avocat 1
Saint-Rémy.
L'Auteur malgré lui 8
Scribe et Mélesville.
Valérie 48
Sedaine.
La Gageure imprévue ... 7
Le Philosophe sans le
savoir 2
Simons-Candeille (Mme).
Catherine 10
Soumet.
Clytemnestre 9
**Théaulon, A. Dartois
et Rancé.**
Le Laboureur 6
Vial.
Le Mari et l'amant 7
Voltaire.
Adélaïde Du Guesclin 8
Alzire 4
Mérope 10
Nanine 3
OEdipe 4
L'Orphelin de la Chine ... 2
Tancrède 6
Zaïre 3
Weiss, Jauffret et Patrat.
Les Deux frères 3

1824

Allainval (d').
L'École des bourgeois ... 10
Ancelot.
Louis IX 1
Andrieux.
Les Étourdis 3
Arnault (A. V.).
Germanicus 6
Arnault (L.).
Pierre de Portugal 8
Régulus 5
Avrigni (d').
Jeanne d'Arc à Rouen ... 3
Baron.
L'Homme à bonnes for-
tunes 4
Barthe.
Les Fausses infidélités .. 1
Bawr (Mme de).
La Suite d'un bal masqué. 4

Beaumarchais.
Le Barbier de Séville 7
Eugénie 2
La Mère coupable 3
Boissy.
Le Babillard 1
Les Dehors trompeurs ... 2
Bonjour.
L'Éducation 13
Le Mari à bonnes fortunes. 26
La Mère rivale 8
Boursault.
Le Mercure galant 1
Brueys.
L'Avocat Patelin 2
Brueys et Palaprat.
Le Grondeur 7
Bursay et Mme Molé.
Misanthropie et Repentir. 3

Collin d'Harleville.
Les Châteaux en Espagne. 5
Corneille (P.).
Le Cid 9
Cinna 3
Horace 7
Rodogune 1
Corneille (T.).
Ariane 2
Le Festin de Pierre 2
Delavigne.
L'École des vieillards ... 48
Delrieu.
Le Jaloux malgré lui 11
Desaudras.
Minuit 1
Desforges (P. J. B.).
La Femme jalouse 2
Tom Jones à Londres ... 2

Destouches.

Le Dissipateur......... 4
La Fausse Agnès....... 13
L'Obstacle imprévu..... 2
Le Philosophe marié.... 5

Ducis.

Hamlet............... 3

Dumersan.

Le Méchant malgré lui... 5

**Duport (N. P.)
et F. A. Duport.**

Une Journée de Charles V. 3

Duval.

Édouard en Ecosse...... 2
La Fille d'honneur...... 3
Les Héritiers........... 4
La Jeunesse de Henri V.. 2
Les Projets de mariage.. 6
La Tapisserie........... 4

Empis.

Bothwell............... 2

Étienne.

Brueys et Palaprat...... 6
Les Deux gendres....... 4
La Jeune femme colère.. 2
Les Plaideurs sans procès 8

Fabre d'Églantine.

L'Intrigue épistolaire.... 3
Le Philinte de Molière... 2

Fagan.

Les Originaux.......... 1

Faur.

Le Confident par hasard. 5

Favart.

Les Trois sultanes...... 2

Gary.

Eudore et Cymodocée.... 10

Gay (Mme).

Marie................. 3

Gensoul.

Le Tardif.............. 6

Gosse.

Le Médisant........... 5

Hauteroche.

Crispin médecin........ 13

Jouy.

Sylla................. 9

Lafitte.

La Saint-Louis à Sainte-
Pélagie.............. 5

La Fosse.

Manlius Capitolinus..... 4

La Harpe.

Coriolan.............. 5

La Noüe.

La Coquette corrigée.... 2

Lebrun.

Marie Stuart........... 1

Lemercier.

Richard III et Jeanne
Shore................ 10

Le Sage.

Crispin rival de son
maître.............. 7
Turcaret............. 3

Manteuïel.

Auguste et Théodore.... 6

Marivaux.

L'Épreuve............. 10
Les Fausses confidences. 4
Le Jeu de l'Amour et du
Hasard.............. 2
Le Legs.............. 3

Molière.

Amphitryon........... 5
L'Avare.............. 9
Le Dépit amoureux..... 10
L'École des femmes..... 4
L'École des maris....... 18
L'Étourdi............. 3
Les Femmes savantes... 8
Les Fourberies de Scapin. 7
Le Malade imaginaire... 4
Le Médecin malgré lui... 8
Le Misanthrope........ 6
M. de Pourceaugnac..... 4
Tartuffe.............. 11

Montleury.

La Femme juge et partie. 4

Picard.

Le Conteur............ 9

Pigault-Lebrun.

L'Amour et la Raison.... 1
Les Rivaux d'eux-mêmes. 8

Piron.

La Métromanie......... 2

Pont-de-Vesle.

Le Somnambule........ 1

Racine.

Andromaque........... 5
Britannicus............ 3
Esther............... 7
Iphigénie............. 8
Phèdre.............. 2

Raynouard.

Les Templiers.......... 1

Regnard.

Le Distrait............ 3
Les Folies amoureuses.. 10
Le Joueur............. 1
Le Légataire universel.. 11
Les Ménechmes........ 5

Richaud-Martelly.

Les Deux Figaro........ 2

Roger.

L'Avocat.............. 2

**Roger
et Creuzé de Lesser.**

La Revanche.......... 4

Scribe et Mélesville.

Valérie............... 12

Sedaine.

La Gageure imprévue... 6
Le Philosophe sans le
savoir.............. 2

Simons-Candeille (Mme).

Catherine............. 6

Vial.

Le Mari et l'amant...... 9

Voltaire.

Adélaïde Du Guesclin.... 9
Alzire............... 3
Mérope.............. 5
Nanine.............. 3
OEdipe.............. 4
L'Orphelin de la Chine.. 1
Tancrède............. 6
Zaïre................ 2

Weiss, Jauffret et Patrat.

Les Deux frères........ 8

1825

Allainval (d').

L'École des bourgeois... 4

Ancelot.

Louis IX.............. 2

Andrieux.

La Comédienne........ 3
Les Étourdis........... 6

Arnault (A. V.).

Germanicus........... 14

Arnault (L.).

Pierre de Portugal...... 4
Régulus............. 1

Avrigni (d').

Jeanne d'Arc à Rouen... 4

Baron.

L'Homme à bonnes for-
tunes.............. 2

Barthe.

Les Fausses infidélités.. 1

Bawr (Mme de).

La Correspondance...... 1

Bawr (Mme de) *(Suite)*.
La Suite d'un bal masqué.   5
Bayard.
Le Veuvage interrompu..   2
Beaumarchais.
Le Barbier de Séville....   10
Eugénie...............   4
La Mère coupable.......   2
Belloy (P. L. de).
Gaston et Bayard.......   1
Boissy.
Les Dehors trompeurs...   1
Bonjour.
L'Éducation...........   9
Le Mari à bonnes for-
tunes................   11
La Mère rivale.........   10
Bouilly.
L'Abbé de l'Épée........   2
Boursault.
Le Mercure galant......   1
Brueys.
L'Avocat Patelin........   3
Brueys et Palaprat.
Le Grondeur............   10
Bursay et Mme Molé.
Misanthropie et Repentir   2
Chéron.
Le Tartuffe de mœurs...   5
Collin d'Harleville.
Les Châteaux en Es-
pagne..............   3
Comberousse.
Judith................   6
Corneille (P.).
Le Cid................   7
Cinna.................   4
Horace...............   3
Le Menteur............   2
Corneille (T.).
Le Festin de Pierre.....   2
Crébillon.
Rhadamiste et Zénobie..   1
Creuzé de Lesser.
Le Secret du ménage...   1
Dancourt.
La Fête de village......   6
Delavigne.
L'École des vieillards....   7
Delrieu.
Le Jaloux malgré lui....   4
Desaudras.
Minuit................   3
Desfaucherets.
Le Mariage secret.......   2
Desforges (P. J. B.).
La Femme jalouse......   3
Tom Jones à Londres...   3
Destouches.
Le Dissipateur..........   4
La Fausse Agnès.......   9
Le Glorieux............   1

Destouches *(Suite)*.
L'Obstacle imprévu.....   4
Le Philosophe marié....   5
Dieulafoy.
Défiance et malice......   4
Drap-Arnaud.
La Clémence de David ...   2
Ducis.
Hamlet................   3
Dumaniant.
Guerre ouverte.........   8
Duport (N. P.).
L'Auteur et l'avocat.....   4
Duval.
Le Chevalier d'industrie.   2
Édouard en Écosse......   7
La Fille d'honneur......   6
Les Héritiers..........   5
La Jeunesse de Henri V..   10
La Princesse des Ursins..   3
Les Projets de mariage..   1
Étienne.
Brueys et Palaprat......   5
La Jeune femme colère .   3
Les Plaideurs sans pro-
cès..................   5
Fabre d'Églantine.
L'Intrigue épistolaire....   5
Fagan.
Les Originaux.........   3
Faur.
Le Confident par hasard.   3
Favart.
Les Trois sultanes......   4
Gary.
Eudore et Cymodocée...   2
Gensoul.
Le Tardif..............   1
Gosse.
Le Médisant...........   1
Guymond de La Touche.
Iphigénie en Tauride....   1
Hauteroche.
Crispin médecin........   4
Imbert.
Le Jaloux sans amour..   2
Jouy.
Bélisaire...............   13
Sylla..................   6
La Fosse.
Manlius Capitolinus.....   2
La Harpe.
Philoctète.............   1
La Noüe.
La Coquette corrigée....   2
La Ville de Mirmont.
Le Roman..............   26
Lebrun.
Le Cid d'Andalousie.....   4
Marie Stuart...........   2
Leroy.
La Fantasque..........   1

Le Sage.
Crispin rival de son
maitre...............   6
Turcaret..............   6
Manteufel.
Auguste et Théodore....   7
Marivaux.
L'Épreuve.............   3
Les Fausses confidences.   7
Le Jeu de l'Amour et du
Hasard..............   8
Le Legs...............   4
Mennechet.
L'Héritage..............   4
Molière.
Amphitryon...........   3
L'Avare...............   8
Le Dépit amoureux.....   7
L'École des femmes.....   5
L'École des maris.......   8
L'Étourdi..............   1
Les Femmes savantes...   9
Les Fourberies de Sca-
pin..................   6
Le Malade imaginaire...   4
Le Médecin malgré lui...   7
Le Misanthrope........   7
M. de Pourceaugnac....   5
Tartuffe...............   13
Montfleury.
La Femme juge et partie.   5
Monvel.
L'Amant bourru........   3
Patrat.
L'Heureuse erreur......   5
Picard.
Le Conteur............   6
Pichat.
Léonidas...............   16
Pigault-Lebrun.
L'Amour et la Raison...   3
Les Rivaux d'eux-mêmes.   2
Piron.
La Métromanie.........   5
Planard.
La Nièce supposée......   5
Racine.
Andromaque...........   4
Athalie...............   5
Britannicus...........   5
Esther................   2
Iphigénie..............   9
Phèdre...............   5
Les Plaideurs..........   2
**Ramond de la Croisette,
Ledoux et Fulgence.**
Le Béarnais............   3
Regnard.
Démocrite.............   2
Les Folies amoureuses..   6
Le Joueur.............   1
Le Légataire universel..   3
Les Ménechmes........   4

Richaud-Martelly.
Les Deux Figaro........ 2
Roger.
L'Avocat.............. 3
Roger.
et Creuzé de Lesser.
La Revanche.......... 1
Scribe et Mélesville.
Valérie................ 14
Sedaine.
La Gageure imprévue... 4
Le Philosophe sans le sa-
voir................. 5

Simons-Candeille (Mme).
Catherine.............. 4
Soumet.
Clytemnestre.......... 3
Théaulon, Gersin
et N. P. Duport.
Le Château et la ferme... 1
Vial.
Le Mari et l'amant...... 10
Vial, Gensoul
et Milcent.
Lord Davenant.......... 15

Viennet.
Sigismond de Bourgogne.
Voltaire.
Adélaïde Du Guesclin.... 2
Alzire................. 6
Mérope................ 4
Nanine................ 7
Œdipe................ 1
Sémiramis.............. 1
Tancrède.............. 6
Zaïre.................. 5
Weiss, Jauffret et Patrat.
Les Deux frères........ 6

1826

Allainval (d').
L'École des bourgeois... 2
Ancelot.
Fiesque................ 5
Andrieux.
La Comédienne........ 6
Les Étourdis.......... 10
Molière avec ses amis... 6
Le Rêve du mari........ 8
Arlincourt (d').
Le Siège de Paris........ 10
Arnault (A. V.).
Germanicus............ 2
Arnault (L.).
Pierre de Portugal...... 3
Avrigni (d').
Jeanne d'Arc à Rouen... 3
Baron.
L'Homme à bonnes for-
tunes................ 3
Barthe.
Les Fausses infidélités... 1
Bawr (Mme de).
La Suite d'un bal masqué 5
Beaumarchais.
Le Barbier de Séville.... 6
La Mère coupable....... 3
Belloy (P. L. de).
Gabrielle de Vergy...... 3
Gaston et Bayard........ 4
Boissy.
Les Dehors trompeurs... 2
Bonjour.
L'Argent.............. 10
L'Éducation........... 4
Le Mari à bonnes for-
tunes................ 10
La Mère rivale......... 8
Bonnechose.
Rosemonde............. 9

Boursault.
Le Mercure galant...... 3
Brueys.
L'Avocat Patelin........ 2
Brueys et Palaprat.
Le Grondeur........... 4
Bursay et Mme Molé.
Misanthropie et Repentir. 4
Chéron.
Le Tartuffe de mœurs... 1
Collé.
La Partie de chasse de
Henri IV............. 1
Collin d'Harleville.
Les Châteaux en Espagne. 1
Corneille (P.).
Le Cid................ 5
Cinna................. 1
Horace................ 4
Le Menteur............ 2
Nicomède............. 6
Corneille (T.).
Ariane................ 1
Le Festin de Pierre..... 3
Crébillon.
Rhadamiste et Zénobie... 1
Dancourt.
La Fête de village....... 4
Delavigne.
L'École des vieillards.... 1
Delrieu.
Le Jaloux malgré lui.... 2
Desaudras.
Minuit................ 1
Désaugiers et Gentil.
L'Hôtel garni........... 3
Desclozeaux.
Le Portrait d'un ami..... 2
Desfaucherets.
Le Mariage secret....... 2

Desforges (P. J. B.).
La Femme jalouse....... 3
Tom Jones à Londres... 1
Destouches.
Le Dissipateur.......... 1
La Fausse Agnès....... 6
Le Glorieux........... 4
Le Philosophe marié.... 2
Ducis.
Abufar................ 8
Hamlet................ 3
Macbeth............... 9
Othello............... 4
Dumaniant.
Guerre ouverte......... 2
Dumersan.
Pauline............... 4
Duval.
Le Chevalier d'industrie. 1
Édouard en Écosse...... 6
La Fille d'honneur....... 9
Les Héritiers.......... 4
La Jeunesse de Henri V.. 8
Le Tasse.............. 3
La Princesse des Ursins. 17
Les Projets de mariage... 1
Le Tyran domestique.... 2
Étienne.
Brueys et Palaprat...... 1
Les Deux gendres....... 3
La Jeune femme colère.. 2
Les Plaideurs sans procès 3
Favart.
Les Trois sultanes...... 4
Goldoni.
Le Bourru bienfaisant... 3
Gosse.
Le Médisant.......... 1
Guymond de La Touche.
Iphigénie en Tauride.... 2

Halévy (Léon).
Le Duel.................. 9
Hauteroche.
Crispin médecin......... 4
Imbert.
Le Jaloux sans amour.... 3
Jouy.
Sylla.................. 3
Lafitte.
Une Aventure de Charles V 6
La Fosse.
Manlius Capitolinus..... 1
La Harpe.
Coriolan................ 2
Philoctète.............. 1
La Noüe.
La Coquette corrigée.... 3
La Ville de Mirmont.
Charles VI.............. 12
L'Intrigue et l'amour.... 14
Le Roman............... 7
Laya (J. L.).
Falkland................ 1
Lebrun.
Marie Stuart............ 7
Le Sage.
Crispin rival de son maître 7
Turcaret............... 4
Manteufel.
Auguste et Théodore.... 3
Marivaux.
L'Épreuve.............. 2
Les Fausses confidences. 6
Le Jeu de l'Amour et du
Hasard............... 3
Le Legs................ 6
Mazères.
Le Jeune mari.......... 14
Mélesville.
La Petite maison........ 14

Molière.
Amphitryon............ 3
Le Bourgeois gentil-
homme............... 3
Le Dépit amoureux...... 7
L'École des femmes..... 2
L'École des maris....... 5
L'Étourdi.............. 1
Les Femmes savantes... 7
Les Fourberies de Scapin. 5
Le Malade imaginaire... 4
Le Médecin malgré lui... 3
Le Misanthrope......... 8
M. de Pourceaugnac..... 4
Les Précieuses ridicules. 3
Tartuffe................ 17
Monier de la Sizeranne.
L'Amitié de deux âges.... 7
Montfleury.
La Femme juge et partie. 7
Monvel.
L'Amant bourru......... 3
Picard
Le Conteur............. 7
Picard et Empis.
L'Agiotage............. 20
Pichat.
Léonidas.............. 10
Pigault-Lebrun.
L'Amour et la Raison.... 3
Les Rivaux d'eux-mêmes 2
Piron.
La Métromanie......... 1
Planard.
La Nièce supposée....... 1
Racine.
Andromaque.......... 4
Athalie................ 2
Bajazet............... 1
Britannicus........... 5
Esther................ 4

Racine (Suite).
Iphigénie:............. 8
Phèdre................ 6
Les Plaideurs.......... 5
Regnard.
Le Joueur............. 2
Riboutté.
Le Spéculateur......... 14
Richaud-Martelly.
Les Deux Figaro........ 1
Roger.
L'Avocat............... 4
**Roger
et Creuzé de Lesser.**
La Revanche........... 3
Rougemont.
Marcel................ 5
Scribe et Mélesville.
Valérie................ 13
Sedaine.
La Gageure imprévue... 1
Le Philosophe sans le
savoir............... 4
Simons-Candeille (Mme).
Catherine............. 5
Vial.
Le Mari et l'amant...... 6
Voltaire
Adélaïde Du Guesclin.... 1
Alzire................. 8
Mahomet.............. 8
Mérope............... 4
Nanine............... 4
Œdipe................ 4
L'Orphelin de la Chine... 4
Sémiramis............. 2
Tancrède.............. 3
Zaïre................. 4
Weiss, Jauffret et Patrat.
Les Deux frères........ 7

1827

Allainval (d').
L'École des bourgeois... 4
Ancelot.
Fiesque................ 2
Andrieux.
La Comédienne......... 5
Les Étourdis........... 5
Le Rêve du mari........ 5
Arnault (A. V.).
Germanicus............ 3

Arnault (A. V.) (Suite).
Le Proscrit............. 5
Arnault (L.).
Pierre de Portugal...... 2
Régulus.............. 3
Avrigni (d').
Jeanne d'Arc à Rouen... 2
Baron.
L'Homme à bonnes for-
tunes................ 2

Bawr (Mme de).
L'Ami de tout le monde.. 2
La Suite d'un bal masqué 4
Beaumarchais.
Le Barbier de Séville.... 4
Eugénie............... 2
Le Mariage de Figaro (1). 1
La Mère coupable....... 1
Belloy (P. L. de).
Gabrielle de Vergy...... 2

(1) 2e acte.

Bis.
Blanche d'Aquitaine..... 15
Bonjour.
L'Argent............... 7
L'Éducation............ 5
Le Mari à bonnes for-
tunes................. 5
La Mère rivale.......... 7
Bonnechose.
Rosemonde............. 3
Boursault.
Le Mercure galant...... 3
Brizeux et Busoni.
Racine................. 2
Brueys et Palaprat.
Le Grondeur........... 2
Bursay et Mme Molé.
Misanthropie et Repentir. 5
Collé.
La Partie de chasse de
Henri IV.............. 1
Corneille (P.).
Le Cid................. 5
Horace 1
Le Menteur............. 1
Nicomède.............. 4
Rodogune.............. 2
Corneille (T.).
Le Festin de Pierre...... 1
Crébillon.
Rhadamiste et Zénobie... 1
Dancourt.
Le Chevalier à la mode.. 3
La Fête de village...... 2
Delavigne.
L'École des vieillards.... 8
Delrieu.
Artaxerce.............. 7
Le Jaloux malgré lui.... 1
Desaudras.
Minuit................. 2
Désaugiers et Gentil.
L'Hôtel garni.......... 7
Desfaucherets.
Le Mariage secret...... 2
Desforges (P. J. B.).
Tom Jones à Londres... 3
Destouches.
Le Dissipateur......... 2
La Fausse Agnès....... 3
Le Philosophe marié.... 1
Ducis.
Abufar 3
Macbeth............... 1
Othello............... 5
Roméo et Juliette....... 3
Dumaniant.
Guerre ouverte........ 5
Duval.
Édouard en Écosse...... 3
La Fille d'honneur...... 5
Les Héritiers 8
La Jeunesse de Henri V. 6

Duval (*Suite*).
Le Tasse.............. 25
Le Tyran domestique... 5
Étienne.
Brueys et Palaprat..... 2
Les Deux gendres....... 4
La Jeune femme colère.. 5
Fabre d'Églantine.
L'Intrigue épistolaire.... 1
Fagan.
Les Originaux.......... 1
Favart.
Les Trois sultanes...... 1
Gosse.
Le Médisant............ 2
Guiraud.
Virginie................ 10
Guymond de La Touche.
Iphigénie en Tauride.... 2
Hauteroche.
Crispin médecin........ 4
Jouy.
Julien dans les Gaules... 7
Lafitte.
Une Aventure de Charles V 1
La Fosse.
Manlius Capitolinus..... 2
La Noüe.
La Coquette corrigée.... 1
La Ville de Mirmont.
Le Roman 5
Lebrun.
Marie Stuart........... 5
Le Sage.
Crispin rival de son maître 2
Turcaret............... 4
Manteufel.
Auguste et Théodore.... 4
Marivaux.
Les Fausses confidences. 4
Le Jeu de l'Amour et du
Hasard 3
Le Legs 6
Mazères.
Le Jeune mari.......... 60
Mély-Janin.
Louis XI à Péronne..... 38
Molière.
Amphitryon 6
Le Bourgeois gentil-
homme............... 3
Le Dépit amoureux...... 5
L'École des femmes..... 1
L'École des maris....... 7
L'Étourdi 2
Les Femmes savantes... 5
Les Fourberies de Scapin 5
Le Malade imaginaire.... 4
Le Médecin malgré lui... 6
Le Misanthrope........ 6
M. de Pourceaugnac..... 4
Les Précieuses ridicules. 5
Tartuffe............... 12

Montfleury.
La Femme juge et partie 5
Monvel.
L'Amant bourru........ 5
Patrat.
L'Heureuse erreur...... 3
Picard.
Le Conteur............. 6
Picard et Empis.
L'Agiotage............. 4
Lambert Simnel......... 2
Picard et Mazères.
Les Trois quartiers...... 60
Pichat.
Léonidas............... 10
Pigault-Lebrun.
L'Amour et la Raison... 1
Les Rivaux d'eux-mêmes. 2
Racine.
Andromaque........... 4
Athalie 9
Britannicus 4
Esther................ 3
Iphigénie.............. 3
Phèdre 3
Regnard.
Démocrite 2
Le Joueur 2
Le Légataire universel... 2
Richaud-Martelly.
Les Deux Figaro........ 4
**Roger
et Creuzé de Lesser.**
La Revanche........... 3
Scribe.
Le Mariage d'argent..... 8
Scribe et Mélesville.
Valérie 9
Sedaine.
La Gageure imprévue... 2
Le Philosophe sans le
savoir 1
Simons-Candeille (Mme).
Catherine 2
Soumet.
Clytemnestre 6
Émilia 19
Vial.
Le Mari et l'amant...... 3
Le Premier venu........ 4
Voltaire..
Alzire 2
Mahomet 4
Mérope............... 2
Nanine 2
OEdipe............... 2
L'Orphelin de la Chine.. 2
Sémiramis............. 1
Tancrède.............. 5
Zaïre 5
Weiss, Jauffret et Patrat.
Les Deux frères........ 3

1828

Allainval (d').
L'École des bourgeois... 1
Ancelot.
Fiesque................. 1
Olga.................... 18
Ancelot et Mazères.
L'Espion............... 7
Andrieux.
La Comédienne......... 1
Les Étourdis........... 5
Le Rêve du mari........ 4
Arnault (A. V.).
Germanicus............. 1
Marius à Minturnes..... 6
Arnault (L.).
Le Dernier jour de Tibère. 14
Pierre de Portugal...... 3
Avrigni (d').
Jeanne d'Arc à Rouen... 2
Bawr (Mme de).
La Suite d'un bal masqué 4
Beaumarchais.
Le Barbier de Séville.... 12
Le Mariage de Figaro... 27
Belloy (P. L. de).
Gabrielle de Vergy...... 1
Béraud.
La Duchesse et le page.... 6
Bis.
Blanche d'Aquitaine..... 3
Boissy.
Les Dehors trompeurs... 1
Bonjour.
L'Argent............... 4
L'Éducation............ 9
Le Mari à bonnes for-
tunes................ 2
La Mère rivale......... 13
Brueys et Palaprat.
Le Grondeur........... 1
Bursay et Mme Molé.
Misanthropie et Repentir. 3
Chéron.
Le Tartuffe de mœurs... 1
Collé.
La Partie de chasse de
Henri IV.............. 4
Corneille (P.).
Le Cid................. 4
Nicomède.............. 5
Corneille (T.).
Le Festin de Pierre...... 1

Crébillon.
Rhadamiste et Zénobie.. 4
Dancourt.
La Fête de village...... 3
Delavigne.
L'École des vieillards.... 8
La Princesse Aurélie..... 14
Delrieu.
Artaxerce.............. 1
Dercy.
Molière................. 2
Désaugiers et Gentil.
L'Hôtel garni.......... 4
Desforges (P. J. B.).
La Femme jalouse...... 5
Destouches.
Le Dissipateur......... 4
La Fausse Agnès........ 4
Le Glorieux............ 7
L'Obstacle imprévu..... 4
Le Philosophe marié..... 4
Dieulafoy.
Défiance et malice...... 1
Drap-Arnaud.
L'École de la jeunesse.... 2
Ducis.
Abufar................ 1
Hamlet................ 7
Othello................ 2
Dumaniant.
Guerre ouverte......... 2
Duval.
Édouard en Écosse..... 2
La Fille d'honneur...... 4
Les Héritiers........... 5
La Jeunesse de Henri V.. 8
Le Tyran domestique... 2
Étienne.
Brueys et Palaprat...... 5
Les Deux gendres....... 1
La Jeune femme colère.. 2
Fagan.
Les Originaux.......... 3
Guymond de La Touche.
Iphigénie en Tauride.... 5
Hauteroche.
Crispin médecin........ 5
Jouy.
Les Intrigues de Cour.... 1
Sylla.................. 6
La Fosse.
Manlius Capitolinus..... 1

La Ville de Mirmont.
Le Folliculaire......... 1
Le Roman.............. 1
Lebrun.
Marie Stuart........... 5
Le Sage.
Crispin rival de son maître 1
Turcaret............... 6
Liadières.
Walstein................ 15
Manteufel.
Auguste et Théodore.... 7
Marivaux.
Les Fausses confidences. 7
Le Jeu de l'Amour et du
Hasard............... 6
Le Legs................ 6
Mazères.
Chacun de son côté....... 28
Le Jeune mari.......... 31
Mély-Janin.
Louis XI à Péronne..... 4
Molière.
Amphitryon............ 3
L'Avare............... 3
Le Bourgeois gentil-
homme.............. 3
Le Dépit amoureux...... 7
L'École des femmes..... 2
L'École des maris....... 4
L'Étourdi.............. 2
Les Femmes savantes... 2
Les Fourberies de Scapin 2
Le Malade imaginaire... 6
Le Médecin malgré lui.. 5
Le Misanthrope......... 9
M. de Pourceaugnac..... 5
Les Précieuses ridicules. 3
Tartuffe............... 16
Montfleury.
La Femme juge et partie. 6
Monvel.
L'Amant bourru........ 4
Picard.
Le Conteur............ 7
Picard et Empis.
L'Agiotage............. 2
Jamais à propos........ 1
Picard et Mazères.
Les Trois quartiers..... 25
Pichat.
Léonidas............... 3

(1829) TABLE CHRONOLOGIQUE DES PIÈCES

Pigault-Lebrun.
Les Rivaux d'eux-mêmes 6
Planard.
La Nièce supposée...... 1
Racine.
Andromaque........... 6
Athalie (1)............. 2
Britannicus............ 3
Esther................ 1
Iphigénie.............. 8
Phèdre............... 6
Regnard.
Les Folies amoureuses.. 6
Le Joueur............. 3

Regnard *(Suite).*
Le Légataire universel.. 3
Scribe.
Le Mariage d'argent..... 17
Scribe et Mélesville.
Valérie................ 7
Sedaine.
La Gageure imprévue... 6
Le Philosophe sans le savoir.............. 1
Simons-Candeille (Mme).
Catherine.............. 6
Soumet.
Clytemnestre.......... 4

Soumet *(Suite).*
Élisabeth de France...... 19
Vial.
Le Mari et l'amant...... 8
Voltaire.
Alzire................ 7
Mahomet.............. 6
Mérope................ 3
Nanine................ 3
OEdipe............... 1
L'Orphelin de la Chine.. 3
Sémiramis............. 1
Zaïre................. 4
Weiss, Jauffret et Patrat.
Les Deux frères........ 1

1829

Allainval (d').
L'École des bourgeois.... 5
Ancelot.
Élisabeth d'Angleterre... 12
Olga.................. 1
Ancelot et Mazères.
L'Espion.............. 9
Andrieux.
La Comédienne......... 3
Les Étourdis........... 8
Le Rêve du mari....... 5
Arnault (A. V.)
Marius à Minturnes..... 1
Pertinax.............. 2
Avrigni (d').
Jeanne d'Arc à Rouen... 4
Baron.
L'Homme à bonnes fortunes............... 5
Barthe.
Les Fausses infidélités.. 1
Bawr (Mme de).
La Suite d'un bal masqué. 9
Beaumarchais.
Le Barbier de Séville (2). 9
Le Mariage de Figaro... 12
La Mère coupable....... 7
Belloy (P. L. de).
Gabrielle de Vergy...... 1
Béraud.
La Duchesse et le page.. 2
Bis.
Blanche d'Aquitaine..... 1
Bonjour.
L'Éducation........... 2
Le Mari à bonnes fortunes 1

Bonjour *(Suite).*
La Mère rivale......... 1
Le Protecteur et le mari.. 16
Bouilly.
Mme de Sévigné........ 3
Boursault.
Le Mercure galant...... 1
Brault.
Christine de Suède...... 20
Bursay et Mme Molé.
Misanthropie et Repentir. 9
Chéron.
Le Tartuffe de mœurs... 1
Collé.
La Partie de chasse de Henri IV............. 1
Collin d'Harleville.
Le Vieux célibataire..... 4
Corneille (P.).
Le Cid................ 3
Cinna................. 6
Le Menteur............ 2
Rodogune............. 2
Corneille (T.).
Le Festin de Pierre...... 2
Cournol.
Le Majorat............ 7
Crébillon.
Rhadamiste et Zénobie.. 1
Dancourt.
Le Chevalier à la mode.. 5
La Fête de village....... 2
Delavigne.
L'École des vieillards.... 9
Desaudras.
Minuit................ 3

Désaugiers et Gentil.
L'Hôtel garni.......... 5
Desforges (P. J. B.).
La Femme jalouse...... 3
Tom Jones à Londres.... 3
Destouches.
Le Dissipateur......... 4
La Fausse Agnès........ 4
Le Glorieux............ 1
Le Philosophe marié.... 2
Ducis.
Hamlet................ 5
Othello............... 2
Dumaniant.
Guerre ouverte......... 9
Dumas (Al.).
Henri III et sa Cour..... 43
Duval.
Le Complot de famille... 10
Édouard en Écosse...... 1
La Fille d'honneur...... 7
Les Héritiers 9
La Jeunesse de Henri V. 6
Le Menuisier de Livonie. 9
Le Tyran domestique... 4
Étienne.
Brueys et Palaprat...... 1
Les Deux gendres....... 2
La Jeune femme colère.. 6
Fabre d'Églantine.
L'Intrigue épistolaire.... 5
Fagan.
Les Originaux 1
Gosse.
Le Médisant............ 8

(1) À la représentation du 13 décembre, on n'a donné que le 2e acte.
(2) À la représentation du 18 octobre, on n'a donné que le 2e acte.

TABLE CHRONOLOGIQUE DES PIÈCES (1830)

Halévy (Léon).
Le Czar Démétrius...... 16
Hauteroche.
Crispin médecin........ 2
Imbert.
Le Jaloux sans amour... 1
La Fosse.
Manlius Capitolinus..... 1
Lamotte-Langon.
Isabelle de Bavière....... 3
La Noüe.
La Coquette corrigée.... 1
La Ville de Mirmont.
Une Journée d'élection... 26
Le Roman.............. 5
Lebrun.
Marie Stuart........... 3
Leroy.
L'Irrésolu.............. 3
Le Sage.
Crispin rival de son maître 4
Turcaret............... 3
Manteufel.
Auguste et Théodore.... 4
Marivaux.
L'Épreuve............. 1
Les Fausses confidences 4
Le Jeu de l'Amour et du Hasard.............. 5
Le Legs.............. 4
Mazères.
Chacun de son côté...... 7
Le Jeune mari.......... 12

Molière.
Amphitryon........... 2
L'Avare.............. 5
Le Bourgeois gentilhomme.............. 2
Le Dépit amoureux..... 3
L'École des femmes..... 6
L'École des maris....... 5
L'Étourdi............. 3
Les Femmes savantes... 6
Les Fourberies de Scapin 3
Le Malade imaginaire... 6
Le Médecin malgré lui.. 3
Le Misanthrope......... 6
M. de Pourceaugnac.... 5
Les Précieuses ridicules. 4
Tartuffe.............. 13
Montfleury.
La Femme juge et partie 4
Monvel.
L'Amant bourru........ 2
Picard.
Le Conteur............ 9
La Petite ville.......... 2
Picard et Empis.
L'Agiotage............ 5
Picard et Mazères.
Le Bon garçon......... 6
Les Trois quartiers...... 11
Pichat.
Léonidas............. 1
Pigault-Lebrun.
Les Rivaux d'eux-mêmes. 5

Racine.
Andromaque.......... 4
Athalie.............. 4
Britannicus........... 8
Iphigénie............. 5
Phèdre.............. 3
Regnard.
Les Folies amoureuses.. 1
Le Joueur............. 3
Le Légataire universel.. 4
Les Ménechmes........ 1
Scribe.
Les Inconsolables....... 3
Le Mariage d'argent..... 2
Scribe et Mélesville.
Valérie.............. 8
Sedaine.
La Gageure imprévue ... 2
Simons-Candeille (Mme).
Catherine............. 3
Vial.
Le Mari et l'amant...... 2
Vigny.
Le More de Venise....... 13
Voltaire.
Alzire.............. 2
Mahomet............. 6
Mérope.............. 3
Nanine.............. 1
OEdipe.............. 3
L'Orphelin de la Chine.. 2
Tancrède............. 5
Zaïre.............. 5
Weiss, Jauffret et Patrat.
Les Deux frères........ 8

1830

Allainval (d').
L'École des bourgeois... 1
Ancelot.
Un An................ 16
Élisabeth d'Angleterre... 15
Andrieux.
La Comédienne........ 1
Les Étourdis.......... 9
Lucius Junius Brutus.... 21
Le Rêve du mari........ 7
Arnault (L.).
Gustave Adolphe........ 11
Régulus.............. 2
Avrigni (d').
Jeanne d'Arc à Rouen... 2
Baron.
L'Homme à bonnes fortunes................ 1

Bawr (Mme de).
La Suite d'un bal masqué. 5
Beaumarchais.
Le Barbier de Séville.... 13
Le Mariage de Figaro.... 12
La Mère coupable....... 3
Boissy.
Les Dehors trompeurs... 1
Bonjour.
L'Éducation 3
Le Mari à bonnes fortunes.............. 7
La Mère rivale......... 4
Le Protecteur et le mari. 2
Boursault.
Le Mercure galant...... 3
Brueys.
L'Avocat Patelin....... 1

Brueys et Palaprat.
Le Grondeur........... 4
Bursay et Mme Molé.
Misanthropie et Repentir 6
Chénier.
Charles IX............. 5
Collin d'Harleville.
Le Vieux célibataire..... 2
Corneille (P.).
Le Cid.............. 3
Horace.............. 3
Le Menteur........... 2
Corneille (T.).
Le Festin de Pierre...... 1
Cournol.
Le Majorat............ 2
Dancourt.
La Fête de village...... 2

Delavigne.
L'École des vieillards.... 4
Delrieu.
Le Jaloux malgré lui.... 6
Desaudras.
Minuit................ 5
Désaugiers et Gentil.
L'Hôtel garni.......... 6
Desfaucherets.
Le Mariage secret....... 1
Desforges (P. J. B.).
La Femme jalouse...... 2
Tom Jones à Londres... 2
Destouches.
Le Dissipateur......... 2
La Fausse Agnès....... 6
Le Glorieux........... 1
L'Obstacle imprévu..... 1
Dorvo.
L'Envieux............. 3
Drouineau.
Françoise de Rimini..... 10
Ducis.
Hamlet............... 6
Othello.............. 2
Dumaniant.
Guerre ouverte......... 8
Dumas (Al.).
Henri III et sa Cour..... 6
Duval.
Édouard en Écosse...... 2
La Fille d'honneur...... 3
Les Héritiers........... 10
La Jeunesse de Henri V. 5
Le Menuisier de Livonie. 3
Shakespeare amoureux.. 2
Le Tyran domestique... 2
Empis et Mazères.
La Dame et la demoiselle. 17
Étienne.
Brueys et Palaprat..... 3
La Jeune femme colère.. 2
Fabre d'Églantine.
L'Intrigue épistolaire.... 4
Fagan.
Les Originaux......... 5
Gosse.
Le Médisant........... 1
Halévy (Léon).
Le Czar Démétrius...... 1
Hauteroche.
Crispin médecin........ 1
Hugo.
Hernani............... 39
Jouy.
Sylla................. 3

La Fosse.
Manlius Capitolinus..... 4
La Ville de Mirmont.
Une Journée d'élection.. 4
Le Roman............. 5
Lemercier.
Clovis................. 4
Le Sage.
Crispin rival de son
maitre.............. 5
Turcaret.............. 4
Longpré.
1760.................. 15
Manteufel.
Auguste et Théodore.... 4
Marivaux.
Les Fausses confidences. 5
Le Jeu de l'Amour et du
Hasard.............. 8
Le Legs.............. 3
Mazères.
Chacun de son côté..... 6
Le Jeune mari......... 15
Mély-Janin.
Louis XI à Péronne..... 5
Merville.
Les Deux Anglais....... 13
Molière.
Amphitryon........... 2
L'Avare.............. 10
Le Bourgeois gentil-
homme............. 3
Le Dépit amoureux...... 3
L'École des femmes..... 3
L'École des maris....... 7
L'Étourdi............. 2
Les Femmes savantes... 3
Les Fourberies de Scapin. 3
Le Malade imaginaire... 5
Le Médecin malgré lui... 3
Le Misanthrope........ 4
M. de Pourceaugnac.... 8
Les Précieuses ridicules. 4
Tartuffe.............. 15
Monier de la Sizeranne.
Corinne............... 4
Montfleury.
La Femme juge et partie. 1
Nouguier.
Trois jours d'un grand
peuple.............. 1
Ozaneaux.
Le Nègre.............. 6

Patrat.
L'Heureuse erreur....... 2
Picard.
Le Collatéral........... 22
Le Conteur............ 5
La Petite ville.......... 28
Picard et Empis.
L'Agiotage............ 2
Picard et Mazères.
Les Trois quartiers...... 3
Pichat.
Léonidas.............. 3
Pigault-Lebrun.
L'Amour et la Raison.... 12
Les Rivaux d'eux-mêmes. 5
Racine.
Andromaque........... 2
Athalie............... 1
Britannicus........... 5
Esther............... 3
Iphigénie............. 2
Phèdre............... 4
Les Plaideurs.......... 3
Regnard.
Le Distrait............ 2
Les Folies amoureuses.. 5
Le Joueur............. 4
Le Légataire universel.. 6
Les Ménechmes........ 2
Samson.
La Belle mère et le gen-
dre................. 18
Scribe.
Le Mariage d'argent..... 1
Scribe et Mélesville.
Valérie............... 7
Sedaine.
La Gageure imprévue... 3
Simons-Candeille (Mme).
Catherine............. 8
Talabot.
Don Carlos............ 1
Vial.
Le Mari et l'amant...... 8
Vigny.
Le More de Venise...... 4
Voltaire.
Alzire................ 1
Mérope.............. 3
OEdipe............... 2
Tancrède............. 1
Zaïre................. 1
Weiss, Jauffret et Patrat.
Les Deux frères........ 6

1831

Andrieux.
Les Étourdis........... 6
Lucius Junius Brutus... 4
Le Rêve du mari........ 2
Avrigni (d').
Jeanne d'Arc à Rouen... 1
Barrault.
La Crainte de l'opinion.. 6
Beaumarchais.
Le Barbier de Séville.... 15
Le Mariage de Figaro... 10
La Mère coupable....... 4
Beauvallet.
La Prédiction........... 5
Belloy (P. L. de).
Gabrielle de Vergy...... 1
Blanchard et Mallian.
Camille Desmoulins...... 25
Bonjour.
Le Mari à bonnes fortunes 7
La Mère rivale.......... 3
Naissance, fortune et mérite................. 24
Bouilly.
L'Abbé de l'Épée........ 15
Brault.
Christine de Suède...... 4
Bursay et Mme Molé.
Misanthropie et Repentir 12
Collin d'Harleville.
Les Châteaux en Espagne. 2
Le Vieux célibataire..... 6
Comberousse et Fulgence.
L'Espion du mari....... 5
Corneille (P.).
Le Cid............. ... 5
Horace................. 3
Le Menteur............. 1
Corneille (T.).
Le Festin de Pierre..... 1
Cournol.
Le Majorat............. 5
Creuzé de Lesser.
Le Secret du ménage.... 7
Delavigne.
L'École des vieillards... 13
Delrieu.
Le Jaloux malgré lui.... 6
Désaugiers et Gentil.
L'Hôtel garni.......... 4
Desforges (P. J. B.).
La Femme jalouse...... 3

Destouches.
Le Dissipateur......... 2
La Fausse Agnès........ 3
L'Obstacle imprévu..... 2
Le Philosophe marié.... 1
Drouineau.
Françoise de Rimini.... 3
Ducis.
Abufar................. 3
Hamlet................. 9
Othello................ 2
Dumaniant.
Guerre ouverte........ 3
Dumas (Al.).
Henri III et sa Cour..... 5
Duval.
La Fille d'honneur...... 8
Les Héritiers.......... 5
La Jeunesse de Henri V.. 6
Les Projets de mariage.. 7
Le Tyran domestique... 3
Empis et Mazères.
La Dame et la demoiselle. 3
Epagny (d').
Jacques Clément........ 21
Joscelin et Guillemette... 15
Epagny (d') et Dupin.
Dominique............. 59
Les Préventions......... 22
Escousse.
Pierre III............. 5
Étienne.
Brueys et Palaprat...... 4
Les Deux gendres....... 3
La Jeune femme colère.. 10
Fabre d'Églantine.
L'Intrigue épistolaire.... 2
Fagan.
Les Originaux.......... 3
Faur.
Le Confident par hasard. 5
Gosse.
Le Médisant............ 3
Guymond de La Touche.
Iphigénie en Tauride.... 1
Halévy (Léon).
Le Czar Démétrius...... 1
Jouy.
Sylla.................. 2
Lafitte.
L'Amitié des femmes..... 18

La Fosse.
Manlius Capitolinus..... 3
La Noüe.
La Coquette corrigée.... 2
Latouche.
La Reine d'Espagne..... 1
La Ville de Mirmont.
Les Intrigants........... 14
Le Roman.............. 2
Le Sage.
Crispin rival de son maître............... 1
Turcaret.............. 1
Longpré.
1760................... 24
Les Rendez-vous......... 16
Manteuïel.
Auguste et Théodore.... 3
Marivaux.
Les Fausses confidences. 5
Le Jeu de l'Amour et du Hasard.............. 10
Le Legs.............. 6
Mazères.
Chacun de son côté..... 2
Le Jeune mari.......... 4
Mennechet.
Law.................. 4
Merville.
Les Deux Anglais....... 4
Molière.
L'Avare............... 6
Le Bourgeois gentilhomme.............. 2
Le Dépit amoureux...... 5
L'École des femmes...... 1
L'École des maris....... 2
L'Étourdi............. 1
Les Femmes savantes... 5
Les Fourberies de Scapin. 2
Le Malade imaginaire... 8
Le Médecin malgré lui.. 1
Le Misanthrope......... 6
M. de Pourceaugnac... 3
Les Précieuses ridicules. 3
Tartuffe............... 17
Montfleury.
La Femme juge et partie. 4
Pain.
Allez voir Dominique.... 1
Picard.
Le Collatéral.......... 4
Le Conteur............ 3

Picard (Suite.)
Les Deux Philibert....... 6
Un Jeu de la fortune..... 13
La Petite ville.......... 17
Picard et Mazères.
Les Trois quartiers...... 1
Pigault-Lebrun.
L'Amour et la Raison... 8
Les Rivaux d'eux-mêmes. 8
Racine.
Andromaque.......... 6
Britannicus........... 7
Esther............... 1
Iphigénie............. 1
Phèdre 1
Les Plaideurs.......... 5

Regnard.
Démocrite............ 1
Le Distrait........... 2
Les Folies amoureuses.. 2
Le Légataire universel.. 2
Les Ménechmes....... 1
Régnier-Destourbet.
Charlotte Corday....... 21
Richaud-Martelly.
Les Deux Figaro........ 8
Samson.
La Belle-mère et le gendre............ 1
Scribe et Mélesville.
Valérie............... 17

Sedaine.
Le Philosophe sans le savoir.............. 4
Simons-Candeille (Mme).
Catherine............ 3
Soulié et Bossange.
La Famille de Lusigny... 26
Vial.
Le Mari et l'amant...... 3
Voltaire.
Mahomet............. 2
Mérope............. 2
OEdipe.............. 1
Zaïre............... 1
Weiss, Jauffret et Patrat.
Les Deux frères........ 7

1832

Andrieux.
La Comédienne........ 5
Les Étourdis.......... 3
Le Rêve du mari....... 3
Bawr (Mme de).
La Suite d'un bal masqué................ 6
Bayard et G. de Wailly.
Ma place et ma femme... 10
Beaumarchais.
Le Barbier de Séville,... 12
Le Mariage de Figaro.... 6
La Mère coupable....... 9
Beauvallet.
La Prédiction.......... 2
Boissy.
Le Babillard........... 1
Bonjour.
Le Mari à bonnes fortunes............... 11
La Mère rivale......... 2
Bouilly.
L'Abbé de l'Épée....... 7
Brueys et Palaprat.
Le Muet.............. 7
Bursay et Mme Molé.
Misanthropie et Repentir. 8
Chaumont.
Henriette et Raymond.... 1
Collin d'Harleville.
Les Châteaux en Espagne. 3
Le Vieux célibataire.... 3
Corneille (P.).
Le Cid (1)............. 9
Cinna 6
Horace 2

Corneille (P.) (Suite).
Le Menteur........... 1
Nicomède............. 1
Corneille (T.).
Le Festin de Pierre...... 3
Creuzé de Lesser.
Le Prince et la grisette... 2
Le Secret du ménage.... 1
Dancourt.
La Fête de village....... 3
Delavigne.
Les Comédiens.......... 9
L'École des vieillards.... 5
Louis XI.............. 53
Les Vêpres siciliennes.... 13
Delrieu.
Le Jaloux malgré lui.... 1
Désaugiers et Gentil.
L'Hôtel garni.......... 9
Desforges (P. J. B.).
La Femme jalouse...... 1
Tom Jones à Londres... 4
Destouches.
Le Philosophe marié.... 2
Ducis.
Hamlet............... 7
Othello 6
Dumaniant.
Guerre ouverte........ 4
Dumas (Al.).
Henri III et sa Cour..... 5
Dumas (Al.), Durieu et A. Bourgeois.
Le Mari de la veuve..... 9

Duval.
Le Chevalier d'industrie. 4
La Fille d'honneur...... 6
Les Héritiers.......... 4
Les Projets de mariage.. 6
Le Tyran domestique... 9
Épagny (d').
L'Anniversaire......... 1
Joscelin et Guillemette.. 9
Épagny (d') et Dupin.
Dominique............ 10
Les Préventions........ 15
Étienne.
Brueys et Palaprat...... 4
La Jeune femme colère.. 3
Les Plaideurs sans procès................ 12
Faur.
Le Confident par hasard. 2
Favart.
Les Rêveries renouvelées des Grecs............ 1
Hugo.
Le Roi s'amuse......... 1
Lafitte et Desnoyer.
Voltaire et Mme de Pompadour............. 7
La Noüe.
La Coquette corrigée.... 1
Lebrun.
Marie Stuart........... 4
Le Sage.
Crispin rival de son maître............... 3

(1) Le 19 juin, on n'a donné que des scènes.

Le Sage (*Suite.*).

Turcaret............... 5

Longpré.

Le Duelliste........... 3

1760.................. 15

Les Rendez-vous....... 2

Manteufel.

Auguste et Théodore.... 2

Marivaux.

Les Fausses confidences. 6

Le Jeu de l'Amour et du Hasard............... 8

Le Legs............... 3

Mazères.

Chacun de son côté...... 4

Merville.

Les Deux Anglais....... 4

Molière.

Amphitryon........... 1

L'Avare.............. 5

Le Bourgeois gentilhomme.............. 1

Le Dépit amoureux...... 3

L'École des maris...... 4

L'Étourdi.............. 1

Les Femmes savantes... 8

Les Fourberies de Scapin. 6

Le Malade imaginaire... 3

Le Médecin malgré lui.. 3

Le Misanthrope........ 7

M. de Pourceaugnac..... 3

Molière (*Suite*).

Les Précieuses ridicules. 4

Tartuffe............... 16

Montfleury.

La Femme juge et partie. 5

Monvel.

L'Amant bourru....... 1

Picard.

L'Alcade de Molorido.... 9

Le Collatéral........... 1

Le Conteur............ 1

Les Deux Philibert...... 2

Un Jeu de la fortune..... 1

La Petite ville......... 2

Les Ricochets........... 2

Le Voyage interrompu... 10

Picard et Empis.

L'Agiotage............ 3

Picard et Mazères.

Les Trois quartiers..... 1

Pigault-Lebrun.

Les Rivaux d'eux-mêmes. 11

Piron.

La Métromanie......... 4

Racine.

Andromaque (1)........ 4

Britannicus............ 10

Iphigénie............. 3

Les Plaideurs.......... 4

Regnard.

Les Folies amoureuses.. 7

Regnard (*Suite*).

Le Légataire universel.. 4

Richaud-Martelly.

Les Deux Figaro........ 2

Samson.

La Belle-mère et le gendre............. 10

Scribe.

Le Mariage d'argent..... 10

Scribe et Mélesville.

Valérie............... 10

Sedaine.

La Gageure imprévue... 3

Le Philosophe sans le savoir............... 3

Soulié.

Roméo et Juliette........ 1

Soulié et Bossange.

Clotilde................ 35

La Famille de Lusigny.. 10

Soumet et Belmontet.

Une Fête de Néron....... 8

Vial.

Le Mari et l'amant...... 8

Voltaire.

Mahomet.............. 7

Mérope............... 3

OEdipe............... 5

Zaïre................. 4

Weiss, Jauffret et Patrat.

Les Deux frères........ 3

1833

Allainval (d').

L'École des bourgeois... 3

Andrieux.

La Comédienne........ 1

Les Étourdis........... 4

Molière avec ses amis... 5

Le Rêve du mari........ 6

Arnault (L.).

Régulus.............. 2

Auger.

Plus de peur que de mal.. 7

Baron.

L'Homme à bonnes fortunes................ 2

Bawr (Mme de).

La Suite d'un bal masqué. 8

Bayard et G. de Wailly.

Ma place et ma femme.. 3

Beaumarchais.

Le Barbier de Séville.... 8

Le Mariage de Figaro (2). 5

La Mère coupable...... 7

Béraud.

Guido Reni............ 13

Bonjour.

Le Mari à bonnes fortunes. 4

La Mère rivale......... 5

Le Presbytère........... 17

Brueys.

L'Avocat Patelin....... 2

Brueys et Palaprat.

Le Grondeur........... 3

Bursay et Mme Molé.

Misanthropie et Repentir. 3

Chéron.

Le Tartuffe de mœurs... 2

Collin d'Harleville.

Le Vieux célibataire..... 1

Corneille (P.).

Le Cid................ 3

Cinna................. 5

Don Sanche d'Aragon... 14

Horace............... 2

Le Menteur............ 1

Dancourt.

La Fête de village...... 3

Dartois (T.).

Caïus Gracchus......... 9

Delavigne.

L'École des vieillards... 6

Les Enfants d'Édouard... 47

Louis XI (3)........... 9

Les Vêpres siciliennes... 10

(1) Le 3 juillet, on n'a donné que les 3e et 4e actes.

(2) A la représentation du 9 février, on n'a donné que le 2e acte.

(3) A la représentation du 15 avril, on n'a donné que les 3e et 4e actes.

Delrieu.
Artaxerce.............. 5
Désaugiers et Gentil.
L'Hôtel garni.......... 1
Desforges (P. J. B.).
La Femme jalouse...... 2
Tom Jones à Londres... 3
Destouches.
La Fausse Agnès....... 2
Le Philosophe marié.... 1
Dinaux.
Clarisse Harlowe........ 11
Ducis.
Hamlet................ 4
Othello............... 1
Dumas (Al.).
Henri III et sa Cour..... 1
**Dumas (Al.), Durieu
et A. Bourgeois.**
Le Mari de la veuve..... 3
Duval.
La Fille d'honneur...... 5
Les Héritiers........... 1
La Jeunesse de Henri V.. 7
Le Tasse.............. 2
Les Projets de mariage.. 1
Le Tyran domestique.... 4
Épagny (d').
Joscelin et Guillemette.. 3
Luxe et indigence........ 11
Épagny (d') et Dupin.
Dominique............. 9
Le Marquis de Rieux.... 2
Les Préventions........ 5
**Épagny (d'),
Saint-Esteben
et Vatout.**
*La Conspiration de Cel-
lamare*............... 7
Étienne.
Brueys et Palaprat...... 1
Les Deux gendres....... 4
La Jeune femme colère.. 4
Les Plaideurs sans pro-
cès.................. 1
Fabre d'Églantine.
Le Philinte de Molière... 2
Jouy.
Sylla.................. 2

Lafitte et Desnoyer.
Voltaire et Mme de Pom-
padour 2
La Fosse.
Manlius Capitolinus..... 6
Laverpillière.
Le Sophiste............ 5
La Ville de Mirmont.
Le Roman............. 4
Lebrun.
Marie Stuart (1).......... 3
Longpré.
L'Alibi................. 18
1760.................. 3
Manteufel.
Auguste et Théodore.... 1
Marivaux.
Les Fausses confidences. 6
Le Jeu de l'Amour et du
Hasard 4
Le Legs............... 1
Mazères.
Le Jeune mari.......... 11
Merville.
Les Deux Anglais....... 2
Molière.
Amphitryon 3
L'Avare 8
Le Bourgeois gentil-
homme (2)........... 1
Le Dépit amoureux...... 4
L'École des maris....... 4
L'Étourdi............. 2
Les Femmes savantes... 1
La Jalousie du Barbouillé. 2
Le Malade imaginaire... 6
Le Médecin volant....... 1
Le Misanthrope........ 5
M. de Pourceaugnac..... 7
Les Précieuses ridicules. 1
Sganarelle............. 2
Tartuffe.............. 5
Montfleury.
La Femme juge et partie. 2
Monvel.
L'Amant bourru........ 1
Picard.
L'Acte de naissance...... 8
Le Collatéral........... 2

Picard (Suite).
La Petite ville.......... 4
Le Voyage interrompu.. 7
Picard et Mazères.
L'Enfant trouvé........ 6
Les Trois quartiers...... 2
Pigault-Lebrun.
Les Rivaux d'eux-mêmes. 5
Racine.
Britannicus............ 4
Iphigénie.............. 4
Phèdre 1
Les Plaideurs.......... 3
Regnard.
Les Folies amoureuses.. 5
Roger.
L'Avocat 5
Rosier.
Le Mari de ma femme.... 13
La Mort de Figaro...... 7
Samson.
La Belle-mère et le gen-
dre.................. 3
La Fête de Molière....... 2
Scribe.
Bertrand et Raton....... 24
Le Mariage d'argent..... 2
Scribe et Mélesville.
Valérie 6
Sedaine.
La Gageure imprévue... 2
Le Philosophe sans le sa-
voir................. 4
Simons-Candeille (Mme).
Catherine............. 4
Soulié et Bossange.
Clotilde............... 13
La Famille de Lusigny.. 5
Soumet et Belmontet.
Une Fête de Néron...... 7
Vial.
Le Mari et l'amant...... 4
Voltaire.
Adélaïde Du Guesclin.... 4
Mahomet.............. 2
L'Orphelin de la Chine.. 2
Weiss, Jauffret et Patrat.
Les Deux frères........ 7

(1) A la représentation du 9 février, on n'a donné que le 3e acte.
(2) Deux actes.

1834

Allainval (d').
L'École des bourgeois... 1
Ancelot.
Lord Byron à Venise.... 6
Ancelot et Laborie.
Heureuse comme une princesse............. 21
Andrieux.
Les Étourdis........... 2
Le Rêve du mari........ 4
Auger.
Un Dévouement........ 1
Bawr (Mme de).
La Suite d'un bal masqué. 14
Bayard et G. de Wailly.
Ma place et ma femme.. 5
Beaumarchais.
Le Barbier de Séville.... 17
Le Mariage de Figaro.... 3
La Mère coupable....... 3
Bonjour.
L'Éducation............ 5
Le Mari à bonnes fortunes............... 1
Bouilly.
L'Abbé de l'Épée........ 5
Boursault.
Le Mercure galant...... 2
Bursay et Mme Molé.
Misanthropie et Repentir. 15
Collin d'Harleville.
Les Châteaux en Espagne. 2
Corneille (P.).
Le Cid................ 6
Cinna 10
Don Sanche d'Aragon.... 1
Corneille (T.).
Le Festin de Pierre..... 1
Delavigne.
L'École des vieillards.... 3
Les Enfants d'Édouard.. 22
Louis XI.............. 10
Les Vêpres siciliennes... 11
Delrieu.
Le Jaloux malgré lui..... 3
Désaugiers et Gentil.
L'Hôtel garni......... 14
Destouches.
Le Dissipateur.......... 2
La Fausse Agnès........ 3

Diderot.
Le Père de famille....... 4
Ducis.
Hamlet (1)............. 10
Othello............... 13
Dumas (Al.).
Henri III et sa Cour..... 8
Dumas (Al.), Durieu et A. Bourgeois.
Le Mari de la veuve..... 4
Duval.
Édouard en Écosse...... 18
La Fille d'honneur...... 13
Les Héritiers.......... 4
La Jeunesse de Henri V. 8
Les Projets de mariage.. 13
Le Tyran domestique... 7
Empis et Mazères.
La Dame et la demoiselle. 3
Une Liaison........... 15
La Mère et la fille....... 15
Épagny (d') et Dupin.
Dominique............. 9
Les Préventions......... 5
Étienne.
Brueys et Palaprat...... 8
La Jeune femme colère.. 4
Les Plaideurs sans procès.................. 2
Fabre d'Églantine.
L'Intrigue épistolaire.... 1
Goldoni.
Le Bourru bienfaisant... 20
Le Sage.
Crispin rival de son maître.............. 1
Longpré.
1760.................. 10
Mallian.
Dernières scènes de la Fronde 7
Marivaux.
L'Épreuve............. 4
Les Fausses confidences. 8
Le Jeu de l'Amour et du Hasard............... 8
Mazères.
Chacun de son côté..... 2
Le Jeune mari......... 10
Merville.
Les Deux Anglais....... 4

Molière.
Amphitryon........... 3
L'Avare............... 3
Le Dépit amoureux 6
L'École des femmes..... 6
L'École des maris....... 9
Les Femmes savantes... 8
Les Fourberies de Scapin. 1
Le Malade imaginaire... 4
Le Misanthrope........ 3
M. de Pourceaugnac..... 1
Les Précieuses ridicules. 5
Tartuffe.............. 13
Picard.
L'Acte de naissance..... 9
Un Jeu de la fortune.... 3
La Petite ville......... 4
Picard et Dercy.
Les Éphémères......... 2
Picard et Empis.
L'Agiotage............. 3
Picard et Mazères.
L'Enfant trouvé........ 2
Pigault-Lebrun.
Les Rivaux d'eux-mêmes. 3
Racine.
Britannicus........... 3
Iphigénie 4
Les Plaideurs......... 4
Regnard.
Les Folies amoureuses.. 6
Roger.
L'Avocat............. 1
Rosier.
Charles IX............. 15
Mlle de Montmorency.... 8
Le Mari de ma femme... 4
Samson.
La Belle-mère et le gendre............... 2
Scribe.
L'Ambitieux........... 18
Bertrand et Raton...... 74
Le Mariage d'argent..... 4
La Passion secrète....... 31
Scribe et Mélesville.
Valérie............... 8
Sedaine.
La Gageure imprévue... 2
Le Philosophe sans le savoir............... 2

(1) A la représentation du 23 novembre, on n'a pu terminer la pièce.

3ᵉ PARTIE.

12

Simons-Candeille (Mme).
Catherine 2

Soulié et Badon.
Une Aventure sous Charles IX 17

Soulié et Bossange.
La Famille de Lusigny .. 2
Vial.
Le Mari et l'amant 4
Voltaire.
Mahomet 1

Voltaire (Suite).
OEdipe 1
Sémiramis 1
Zaïre 3
Weiss, Jauffret et Patrat.
Les Deux frères 6

1835

Ancelot (Mme).
Un Mariage raisonnable. 13
Ancelot et Laborie.
Heureuse comme une princesse 2
Andrieux.
Le Rêve du mari 4
Bawr (Mme de).
Charlotte Brown 6
La Suite d'un bal masqué. 6
Bayard et G. de Wailly.
Ma place et ma femme ... 2
Beaumarchais.
Le Barbier de Séville 5
Eugénie 10
Le Mariage de Figaro ... 6
La Mère coupable 1
Bouilly.
L'Abbé de l'Épée 1
Boursault.
Le Mercure galant 1
Bursay et Mme Molé.
Misanthropie et Repentir. 6
Collin d'Harleville.
Le Vieux célibataire 2
Corneille (P.).
Le Cid 4
Cinna 10
Le Menteur 3
Corneille (T.).
Le Festin de Pierre 6
Dancourt.
Le Chevalier à la mode .. 9
Le Mari retrouvé 3
Delavigne.
Les Comédiens 10
Don Juan d'Autriche 39
L'École des vieillards ... 2
Les Enfants d'Édouard .. 12
Louis XI (1) 9
Les Vêpres siciliennes ... 11
Delrieu.
Le Jaloux malgré lui 1
Désaugiers et Gentil.
L'Hôtel garni 5

Desforges (P. J. B.).
La Femme jalouse 2
Tom Jones à Londres ... 4
Destouches.
Le Dissipateur 2
La Fausse Agnès 3
L'Obstacle imprévu 5
Le Philosophe marié 3
Diderot.
Le Père de famille 5
Ducis.
Hamlet 5
Othello 5
Duval.
Édouard en Écosse 4
La Fille d'honneur 4
Les Héritiers 3
La Jeunesse de Henri V. 3
Les Projets de mariage ... 2
Le Tyran domestique 5
Empis et Mazères.
La Mère et la fille 3
Epagny (d') et Dupin.
Dominique 5
Les Préventions 6
Étienne.
Brueys et Palaprat 5
La Jeune femme colère .. 2
Les Plaideurs sans procès 1
Fabre d'Églantine.
L'Intrigue épistolaire 2
François et N. Fournier.
Une Présentation 6
Goldoni.
Le Bourru bienfaisant ... 6
Gresset.
Le Méchant 8
Guyot de Merville.
Le Consentement forcé .. 10
Hauteroche.
Crispin médecin 5
Hugo.
Angélo, tyran de Padouc. 36
La Fosse.
Manlius Capitolinus 4

Laverpillière.
Les Deux mahométans 2
Lebrun.
Marie Stuart 2
Lemercier.
Richelieu 3
Le Sage.
Crispin rival de son maître 4
Turcaret 10
Longpré.
1760 6
Marivaux.
L'Épreuve 1
Les Fausses confidences . 6
Le Jeu de l'Amour et du Hasard 1
Mazères.
Chacun de son côté 1
Le Jeune mari 7
Merville.
Les Deux Anglais 3
Molière.
L'Amour médecin 7
Amphitryon 4
L'Avare 13
Le Bourgeois gentilhomme 7
La Critique de l'École des femmes 5
Le Dépit amoureux 11
L'École des femmes 8
L'École des maris 5
L'Étourdi 2
Les Femmes savantes ... 11
Les Fourberies de Scapin. 10
George Dandin 8
Le Malade imaginaire ... 6
Le Mariage forcé 14
Le Médecin malgré lui .. 4
Le Misanthrope 8
M. de Pourceaugnac 8
Les Précieuses ridicules . 2
Tartuffe 15

(1) À la représentation du 1er avril, on a interrompu la pièce.

Monvel.

L'Amant bourru......... 2

Picard.

L'Acte de naissance..... 2
La Petite ville.......... 4

Pigault-Lebrun.

Les Rivaux d'eux-mêmes. 1

Racine.

Andromaque........... 2
Britannicus........... 7
Iphigénie............. 3
Les Plaideurs.......... 7

Regnard.

Les Folies amoureuses... 1
Le Joueur............. 9
Le Légataire universel... 5
Les Ménechmes........ 17
Le Retour imprévu..... 6

**Rochefort, Brisset
et Naigeon.**

Lavater................ 3

Rosier.

Le Mari de ma femme... 2

Scribe.

L'Ambitieux........... 8
Bertrand et Raton...... 3
Le Mariage d'argent..... 3
La Passion secrète...... 2

Scribe et Mélesville.

Valérie................ 6

Sedaine.

Le Philosophe sans le
savoir............... 2

Simons-Candeille (Mme).

Catherine............. 1

Soumet et Belmontet.

Une Fête de Néron...... 4

Vanderburch.

Jacques II............. 10

Vial.

Le Mari et l'amant...... 2

Vigny.

Chatterton........... 37

Voltaire.

Mahomet............. 3
Mérope.............. 3
Nanine.............. 5
OEdipe............. 1
Zaïre................ 1

Wafflard et Fulgence.

Un Moment d'imprudence 4
Le Voyage à Dieppe...... 6

Weiss, Jauffret et Patrat.

Les Deux frères........ 6

1836

Ancelot (Mme).

Un Mariage raisonnable.. 19
Marie................ 33

Andrieux.

Le Rêve du mari........ 2

Baron.

L'Homme à bonnes for-
tunes................ 3

Bawr (Mme de).

Charlotte Brown........ 4
La Suite d'un bal masqué 5

Bayard et G. de Wailly.

Ma place et ma femme.. 11

Beaumarchais.

Le Barbier de Séville.... 8
Le Mariage de Figaro... 5

Belloy (P. L. de).

Gabrielle de Vergy...... 6

Boissy.

Les Dehors trompeurs... 4

Bursay et Mme Molé.

Misanthropie et Repentir. 4

Corneille (P.).

Le Cid................ 7
Cinna................ 11
Le Menteur........... 3
Nicomède............ 5

Dancourt.

Le Chevalier à la mode.. 1

Delavigne.

Don Juan d'Autriche.... 49
L'École des vieillards... 4
Les Enfants d'Édouard.. 12
Une Famille au temps de
Luther.............. 13

Delavigne (Suite).

Louis XI.............. 2
Marino Faliero......... 15
Les Vêpres siciliennes... 3

Delrieu.

Léonie............... 8

Désaugiers et Gentil.

L'Hôtel garni.......... 1

Desfaucherets.

Le Mariage secret....... 4

Destouches.

La Fausse Agnès........ 1
L'Obstacle imprévu...... 1
Le Philosophe marié..... 1

Diderot.

Le Père de famille....... 4

Ducis.

Abufar............... 6
Hamlet.............. 2
Othello.............. 7

**Dumas (Al.), Durieu
et A. Bourgeois.**

Le Mari de la veuve..... 4

Duval.

Édouard en Écosse...... 5
La Fille d'honneur...... 1
Les Héritiers........... 9
La Jeunesse de Henri V. 4
Les Projets de mariage.. 11
Le Testament.......... 19
Le Tyran domestique... 1

Empis.

Lord Novart........... 25

Épagny (d') et Dupin.

Dominique............ 10

Épagny (d') et Dupin (Suite).

Les Préventions........ 2

Étienne.

Brueys et Palaprat...... 7
Les Plaideurs sans procès. 1

Fabre d'Églantine.

Le Philinte de Molière... 3

Fagan.

Les Originaux.......... 4

Goldoni.

Le Bourru bienfaisant... 5

Guyot de Merville.

Le Consentement forcé.. 6

Hugo.

Angelo, tyran de Padoue. 10

La Fosse.

Manlius Capitolinus..... 2

La Harpe.

Mélanie.............. 2

La Noüe.

La Coquette corrigée.... 3

Le Sage.

Crispin rival de son maître 5
Turcaret............. 8

Longpré.

1760................. 7

Lurine et Solar.

Le Boudoir........... 6

Marivaux.

Les Fausses confidences. 6
Le Jeu de l'Amour et du
Hasard............. 2
Le Legs.............. 2

Mazères.

Le Jeune mari......... 4

Merville.

Les Deux Anglais....... 2
Le Maréchal de l'Empire. 1
La Première affaire...... 9

Molière.

L'Amour médecin....... 16
Amphitryon............ 3
L'Avare............... 18
Le Bourgeois gentil-
homme............... 1
La Comtesse d'Escarba-
gnas................ 1
La Critique de l'École des
femmes.............. 12
Le Dépit amoureux..... 16
L'École des femmes..... 16
L'École des maris....... 8
Les Femmes savantes... 7
Les Fourberies de Scapin 11
George Dandin......... 8
Le Malade imaginaire... 7
Le Mariage forcé....... 7

Molière (Suite).

Le Médecin malgré lui.. 13
Le Misanthrope......... 3
M. de Pourceaugnac..... 3
Les Précieuses ridicules. 7
Sganarelle............. 6
Tartuffe............... 14

Montfleury.

La Femme juge et partie. 3

Picard.

Le Conteur............ 6

Racine.

Britannicus............ 4
Iphigénie.............. 1
Les Plaideurs.......... 4

Regnard.

Le Légataire universel.. 1
Le Retour imprévu...... 3

Rosier.

Le Mari de ma femme... 4

Rosier (Suite).

Un Procès criminel......

Samson.

La Belle-mère et le gendre. 3

Scribe.

Bertrand et Raton....... 14
Le Mariage d'argent..... 1

Scribe et Mélesville.

Valérie................ 2

Sedaine.

La Gageure imprévue... 3
Le Philosophe sans le
savoir............... 4

Soulié et Bossange.

La Famille de Lusigny.. 5

Vigny.

Chatterton............. 7

Voltaire.

Mahomet.............. 4
Tancrède.............. 4

Weiss, Jauffret et Patrat.

Les Deux frères........ 2

1837

Allainval (d').

L'École des bourgeois.... 5

Ancelot (Mme).

Le Château de ma nièce... 32
Un Mariage raisonnable. 12
Marie................. 28

Andrieux.

La Comédienne......... 1
Les Étourdis........... 6
Le Rêve du mari....... 4

Barthe.

Les Fausses infidélités... 7

Bawr (Mme de).

La Suite d'un bal masqué 8

Bayard et G. de Wailly.

Ma place et ma femme... 4

Beaumarchais.

Le Barbier de Séville.... 6
Le Mariage de Figaro... 7

Belloy (P. L. de).

Gabrielle de Vergy...... 3

Boissy.

Les Dehors trompeurs... 1

Brueys.

L'Avocat Patelin........ 1

Bursay et Mme Molé.

Misanthropie et Repentir. 1

Collin d'Harleville.

Les Châteaux en Espagne. 2

Corneille (P.).

Le Cid................. 3
Cinna................. 8

Corneille (P.) (Suite).

Don Sanche d'Aragon... 3
Horace................ 4
Le Menteur............ 2
Nicomède............. 3

Delavigne.

Don Juan d'Autriche.... 7
L'École des vieillards... 5
Les Enfants d'Édouard.. 9
Une Famille au temps de
Luther.............. 11
Louis XI.............. 6
Les Vêpres siciliennes... 5

Delrieu.

Le Jaloux malgré lui.... 3

Désaugiers et Gentil.

L'Hôtel garni.......... 4

Desnoyer.

Le Bouquet de bal....... 16

Destouches.

La Fausse Agnès........ 3

Ducis.

Abufar................ 1
Hamlet............... 9
Othello............... 1

Dumas (Al.).

Caligula.............. 3
Charles VII chez ses grands
vassaux............ 17

**Dumas (Al.), Durieu
et A. Bourgeois.**

Le Mari de la veuve..... 2

Duval.

Édouard en Écosse...... 1
La Fille d'honneur...... 1
Les Héritiers........... 4
La Jeunesse de Henri V. 3
Les Projets de mariage.. 8
Le Tyran domestique... 2

Duval et Monvel.

La Jeunesse du duc de Ri-
chelieu.............. 6

Empis.

Julie.................. 25
Lord Novart........... 1

Empis et Mazères.

La Mère et la fille...... 6

Épagny (d').

Joscelin et Guillemette... 5

Épagny (d') et Dupin.

Les Préventions......... 5

Étienne.

Brueys et Palaprat...... 9
Les Deux gendres....... 7

Goldoni.

Le Bourru bienfaisant.... 11

Hugo.

Angelo, tyran de Padoue. 6

Lafont.

Le Chef-d'œuvre inconnu. 17

La Fosse.

Manlius Capitolinus..... 8

La Harpe.

Mélanie............... 1

Le Sage.
Crispin rival de son maître............... 3
Turcaret............... 6
Lockroy et Arnould.
La Vieillesse d'un grand roi.................. 15
Longpré.
1760.................. 10
Lurine et Solar.
Le Boudoir............. 2
Marivaux.
Les Fausses confidences. 4
Le Jeu de l'Amour et du Hasard.............. 5
Le Legs............... 2
Mélesville et Duveyrier.
La Marquise de Senneterre 27
Merville.
Les Deux Anglais....... 6
Le Maréchal de l'Empire. 5
Molière.
L'Amour médecin....... 10
L'Avare 15
La Critique de l'École des femmes.............. 6
Le Dépit amoureux...... 15

Molière (*Suite*). .
L'École des femmes 6
L'École des maris....... 12
Les Femmes savantes... 5
Les Fourberies de Scapin 6
Le Malade imaginaire... 4
Le Mariage forcé....... 2
Le Médecin malgré lui... 3
Le Misanthrope......... 5
M. de Pourceaugnac..... 4
Les Précieuses ridicules. 1
Sganarelle............. 2
Tartuffe............... 13
Montfleury.
La Femme juge et partie. 5
Muret.
Les Droits de la femme.... 28
Picard.
L'Acte de naissance...... 6
La Petite ville.......... 3
Picard et Empis.
L'Agiotage.............. 5
Pigault-Lebrun.
L'Amour et la Raison... 8
Les Rivaux d'eux-mêmes. 3
Racine.
Andromaque........... 4
Britannicus............ 5

Racine (*Suite*).
Les Plaideurs.......... 8
Regnard.
Le Distrait............. 4
Les Folies amoureuses.. 5
Le Joueur.............. 3
Rosier.
Claire................. 13
Le Mari de ma femme... 13
Un Procès criminel...... 3
Samson.
La Belle-mère et le gendre. 3
Scribe.
Bertrand et Raton....... 6
La Camaraderie........ 58
Les Indépendants....... 12
Scribe et Mélesville.
Valérie................ 7
Sedaine.
La Gageure imprévue.... 4
Vial.
Le Mari et l'amant...... 14
Voltaire.
Mahomet.............. 1
OEdipe 3
Zaïre.................. 1
Weiss, Jauffret et Patrat.
Les Deux frères........ 3

1838

Ancelot (Mme).
Isabelle................ 12
Un Mariage raisonnable. 8
Marie.................. 2
Ancelot.
Maria Padilla........... 11
Andraud.
Philippe III............ 10
Andrieux.
Les Étourdis........... 1
Barthe.
Les Fausses infidélités... 7
Bawr (Mme de).
Charlotte Brown 5
La Suite d'un bal masqué. 3
Beaumarchais.
Le Barbier de Séville.... 7
Eugénie 1
Le Mariage de Figaro.... 6
La Mère coupable....... 1
Bernay.
Le Ménestrel.......... 14
Bonjour.
L'Éducation............ 7
Bouilly.
L'Abbé de l'Épée 4

Bursay et Mme Molé.
Misanthropie et Repentir. 3
Corneille (P.).
Le Cid................. 2
Cinna.................. 11
Horace 8
Le Menteur............. 2
Dancourt.
La Fête de village....... 5
Delavigne.
Les Comédiens 12
Don Juan d'Autriche 5
L'École des vieillards ... 2
Les Enfants d'Édouard.. 10
Une Famille au temps de Luther............... 2
Louis XI 6
Marino Faliero......... 2
La Popularité.......... 14
Les Vêpres siciliennes... 5
Delrieu.
Le Jaloux malgré lui 3
Désaugiers et Gentil.
L'Hôtel garni........... 5
Desnoyer et Labat.
Richard Savage......... 4

Destouches.
La Fausse Agnès........ 2
L'Obstacle imprévu 4
Le Philosophe marié 1
Diderot.
Le Père de famille....... 2
Dinaux et E. Legouvé.
Louise de Lignerolles..... 33
Ducis.
Abufar 1
Hamlet................ 1
Dumas (Al.).
Caligula............... 17
Charles VII chez ses grands vassaux....... 3
Duval.
Les Héritiers 2
La Jeunesse de Henri V. 6
Les Projets de mariage.. 5
Le Tyran domestique ... 3
Duval et Monvel.
La Jeunesse du duc de Richelieu............... 1
Duveyrier.
Faute de s'entendre...... 19

Empis.
Un Jeune ménage........ 12
Julie................... 2
Lord Novart........... 3
Empis et Mazères.
La Dame et la demoiselle 18
La Mère et la fille....... 5
**Épagny (d')
et d'Aubigny.**
Les Adieux au pouvoir... 1
Épagny (d') et Dupin.
Dominique............. 4
Les Préventions........ 3
Étienne.
Brueys et Palaprat...... 3
Les Deux gendres....... 2
Fagan.
Les Originaux.......... 1
Goldoni.
Le Bourru bienfaisant... 9
Hugo.
Angelo, tyran de Padoue. 6
Hernani............... 13
Marion de Lorme....... 19
Lafont.
Le Chef-d'œuvre inconnu. 1
Le Sage.
Crispin rival de son maître 3
Turcaret.............. 3
Lockroy et Arnould.
La Vieillesse d'un grand
roi.................. 2
Longpré.
1760.................. 7
Une Saint-Hubert....... 13
Marivaux.
Les Fausses confidences. 3

Marivaux (Suite).
Le Jeu de l'Amour et du
Hasard.............. 2
Le Legs............... 3
Mélesville et Duveyrier.
La Marquise de Senne-
terre................. 14
Merville.
Les Deux Anglais....... 7
Molière.
Amphitryon............ 3
L'Avare............... 13
Le Bourgeois gentil-
homme (1)............ 6
La Critique de l'École des
femmes.............. 1
Le Dépit amoureux..... 11
L'École des femmes.... 1
L'École des maris....... 10
L'Étourdi.............. 1
Les Fâcheux........... 6
Les Femmes savantes... 5
Les Fourberies de Scapin 3
L'Impromptu de Ver-
sailles............... 3
Le Malade imaginaire... 4
Le Médecin malgré lui... 2
M. de Pourceaugnac..... 1
Les Précieuses ridicules. 2
Sganarelle............. 2
Le Sicilien............. 5
Tartuffe.............. 10
Muret.
Les Droits de la femme.. 8
Picard.
L'Acte de naissance..... 2
La Petite ville......... 7

Pigault-Lebrun.
Les Rivaux d'eux-mêmes. 2
Piron.
La Métromanie......... 3
Racine.
Andromaque........... 17
Athalie................ 5
Bajazet............... 6
Britannicus............ 1
Iphigénie............. 1
Mithridate............ 4
Les Plaideurs.......... 2
Regnard.
Le Distrait............ 2
Les Folies amoureuses.. 4
Le Joueur............. 6
Le Légataire universel.. 4
Rosier.
Le Mari de ma femme... 4
Samson.
La Belle-mère et le gendre. 2
Scribe.
Bertrand et Raton....... 5
La Camaraderie........ 11
Les Indépendants...... 8
Scribe et Mélesville.
Valérie................ 3
Senan (Mme).
L'Attente............. 5
Vial.
Le Mari et l'amant...... 1
Voltaire.
Nanine............... 1
Tancrède.............. 8
Weiss, Jauffret et Patrat.
Les Deux frères........ 9

1839

Ancelot (Mme).
Un Mariage raisonnable.. 1
Andrieux.
Les Étourdis........... 6
Arvers.
La Course au clocher..... 14
Barthe.
Les Fausses infidélités... 3
Bawr (Mme de).
Charlotte Brown........ 6
La Suite d'un bal masqué 3
Bayard et G. de Wailly.
Ma place et ma femme.. 8

Beaumarchais.
Le Barbier de Séville.... 15
Le Mariage de Figaro... 2
Beauplan (Am. de).
Le Susceptible.......... 2
Bertrand.
Laurent de Médicis...... 9
Boissy.
Les Dehors trompeurs... 6
Bonjour.
L'Éducation............ 1
Le Mari à bonnes fortunes. 5
Bouilly.
L'Abbé de l'Épée........ 3

Brueys.
L'Avocat Patelin........ 3
Brueys et Palaprat.
Le Grondeur........... 2
Bursay et Mme Molé.
Misanthropie et Repentir. 4
Collin d'Harleville.
Le Vieux célibataire.... 8
Cordier.
L'Ami de la maison...... 2
Corneille (P.).
Le Cid................ 5
Cinna................. 11

(1) Le 10 mai, on n'a donné que le 3e acte, et le 22 septembre, les quatre premiers actes.

Corneille (P.) (Suite).
Horace 9
Le Menteur 4
Nicomède 4
Corneille (T.).
Le Festin de Pierre 6
Delavigne.
Les Comédiens 2
Don Juan d'Autriche 5
L'École des vieillards... 2
Les Enfants d'Édouard.. 7
Une Famille au temps de
Luther 3
Louis XI 6
Marino Faliero 3
La Popularité.......... 14
Les Vêpres siciliennes... 2
Delrieu.
Le Jaloux malgré lui.... 1
Désaugiers et Gentil.
L'Hôtel garni.......... 2
Desforges (P. J. B.).
La Femme jalouse...... 5
Destouches.
La Fausse Agnès........ 5
Diderot.
Le Père de famille....... 1
Dinaux et E. Legouvé.
Louise de Lignerolles.... 4
Ducis.
Abufar 2
Hamlet................ 10
Othello................ 1
Dumas (Al.).
Charles VII chez ses
grands vassaux....... 7
Mademoiselle de Belle-Isle 56
**Dumas (Al.), Durieu
et A. Bourgeois.**
Le Mari de la veuve..... 4
Duval.
Édouard en Écosse...... 1
Les Héritiers........... 3
La Jeunesse de Henri V. 9
Les Projets de mariage.. 7
Le Tyran domestique... 1
Duveyrier.
Faute de s'entendre..... 9
Empis.
Lord Novart............ 4
Empis et Mazères.
La Dame et la demoiselle. 9
La Mère et la fille....... 5
Épagny (d') et Dupin.
Les Préventions........ 4

Étienne.
Brueys et Palaprat..... 9
Fabre d'Églantine.
L'Intrigue épistolaire.... 2
Fagan.
Les Originaux.......... 1
Goldoni.
Le Bourru bienfaisant... 10
Hugo.
Angelo, tyran de Padoue. 4
Marion de Lorme....... 6
Lafont.
Un Cas de conscience.... 11
Le Chef-d'œuvre inconnu 5
La Fosse.
Manlius Capitolinus..... 4
La Harpe.
Coriolan............... 2
Le Sage.
Crispin rival de son
maître............... 2
Turcaret.............. 2
Longpré.
1760................. 7
Marivaux.
L'Épreuve............. 6
Les Fausses confidences. 4
Le Legs............... 2
Mazères.
Le Jeune mari......... 4
Merville.
Les Deux Anglais...... 7
Molière.
L'Amour médecin....... 4
L'Avare 7
Le Bourgeois gentil-
homme (1)........... 3
Le Dépit amoureux..... 14
L'École des femmes...... 6
L'École des maris....... 14
L'Étourdi............. 2
Les Femmes savantes... 8
Les Fourberies de Scapin 8
George Dandin........ 3
Le Malade imaginaire... 4
Le Mariage forcé....... 2
Le Médecin malgré lui... 6
Le Misanthrope........ 6
M. de Pourceaugnac.... 4
Les Précieuses ridicules. 7
Sganarelle............ 3
Tartuffe.............. 9
Monvel.
L'Amant bourru........ 4
Muret.
Les Droits de la femme.. 3

Picard.
L'Acte de naissance..... 3
La Petite ville.......... 1
Pigault-Lebrun.
L'Amour et la Raison.... 1
Piron.
La Métromanie......... 2
Racine.
Andromaque........... 13
Bajazet............... 18
Britannicus........... 7
Esther................ 3
Iphigénie 4
Mithridate............ 6
Phèdre 1
Les Plaideurs.......... 8
Regnard.
Le Distrait............ 5
Les Folies amoureuses.. 10
Le Joueur............. 3
Le Légataire universel.. 9
Rosier.
Le Mari de ma femme... 6
Rougemont.
Il faut que jeunesse se passe 4
Samson.
La Belle-mère et le gendre. 1
Scribe.
Bertrand et Raton....... 8
La Camaraderie........ 10
Les Indépendants...... 5
Scribe et Mélesville.
Valérie................ 1
Sedaine.
La Gageure imprévue... 3
Le Philosophe sans le
savoir............... 4
Simons-Candeille (Mme).
Catherine............. 7
Soulié.
Roméo et Juliette....... 2
Vial.
Le Mari et l'amant...... 6
Viennet.
Les Serments.......... 11
Voltaire.
Mahomet.............. 1
Œdipe 6
Tancrède 3
Zaïre................. 3
**Wailly (J. de)
et Duveyrier.**
Le Comité de bienfaisance. 17
Weiss, Jauffret et Patrat.
Les Deux frères........ 8

(1) À la représentation du 20 janvier, on n'a donné que les 4 premiers actes.

1840

Ancelot (Mme).
Un Mariage raisonnable. 4
Andrieux.
Les Étourdis........... 3
Le Rêve du mari....... 1
Barthe.
Les Fausses infidélités .. 1
Bawr (Mme de).
La Suite d'un bal masqué. 5
Bayard et G. de Wailly.
Ma place et ma femme.. 4
Beaumarchais.
Le Barbier de Séville.... 7
Le Mariage de Figaro.... 4
Boissy.
Les Dehors trompeurs... 2
Bonjour.
Le Mari à bonnes for-
tunes................ 6
Bouilly.
L'Abbé de l'Épée........ 2
Boursault.
Le Mercure galant...... 3
Bursay et Mme Molé.
Misanthropie et Repentir. 3
Collin d'Harleville.
Le Vieux célibataire..... 2
Corneille (P.).
Le Cid................ 4
Cinna 8
Horace 7
Polyeucte 10
Corneille (T.).
Le Festin de Pierre...... 1
Creuzé de Lesser.
Le Secret du ménage.... 3
Delavigne.
Don Juan d'Autriche..... 4
L'École des vieillards ... 3
Les Enfants d'Édouard .. 9
Louis XI............... 7
Marino Faliero.......... 4
La Popularité.......... 5
Désaugiers et Gentil.
L'Hôtel garni 3
Desforges (P. J. B.).
La Femme jalouse 4
Destouches.
La Fausse Agnès 5
Le Philosophe marié..... 2
Dinaux et Sue.
Latréaumont........... 14

Ducis.
Abufar 1
Hamlet 8
Othello 4
Dumas (Al.).
Charles VII chez ses
grands vassaux....... 4
Henri III et sa Cour..... 5
Mlle de Belle-Isle........ 9
**Dumas (Al.), Durieu
et A. Bourgeois.**
Le Mari de la veuve..... 3
Duval.
Les Héritiers 4
La Jeunesse de Henri V. 3
Les Projets de mariage .. 8
Duveyrier.
Faute de s'entendre 7
Empis.
Julie 3
Lord Novart............ 2
Empis et Mazères.
La Dame et la demoiselle. 5
Épagny (d') et Dupin.
Les Préventions........ 4
Étienne.
Brueys et Palaprat 4
Les Deux gendres....... 2
Fournier (N.) et Arnould.
*Les Souvenirs de la mar-
quise de V******........ 14
Goldoni.
Le Bourru bienfaisant... 5
Hugo.
Hernani 6
Marion de Lorme 3
Lafont.
Un Cas de conscience ... 4
Le Chef-d'œuvre inconnu. 1
La Fosse.
Manlius Capitolinus..... 2
Lebrun.
Marie Stuart........... 2
Le Sage.
Crispin rival de son
maître............... 3
Turcaret............... 3
Longpré.
1760................... 10
Marivaux.
L'Épreuve............. 2
Les Fausses confidences. 2

Marivaux (Suite).
Le Legs 4
Mazères.
Chacun de son côté..... 2
Le Jeune mari 5
Mélesville et Duveyrier.
La Marquise de Senne-
terre................ 7
Merville.
Les Deux Anglais....... 6
Molière.
L'Amour médecin....... 5
L'Avare 4
Le Bourgeois gentil-
homme............... 1
Le Dépit amoureux....... 10
L'École des femmes..... 6
L'École des maris....... 13
Les Femmes savantes... 5
Les Fourberies de Sca-
pin.................. 1
George Dandin.......... 1
Le Malade imaginaire ... 6
Le Mariage forcé....... 4
Le Médecin malgré lui... 3
Le Misanthrope......... 3
M. de Pourceaugnac..... 6
Les Précieuses ridicules. 10
Sganarelle 2
Tartuffe............... 8
Montfleury.
La Femme juge et partie. 4
Monvel.
L'Amant bourru 2
Picard.
L'Acte de naissance 4
Pigault-Lebrun.
Les Rivaux d'eux-mêmes. 4
Poinsinet (A. A. H.).
Le Cercle.............. 2
Racine.
Andromaque........... 7
Athalie 2
Bajazet............... 9
Britannicus............ 4
Esther................ 1
Iphigénie 3
Mithridate............. 8
Les Plaideurs 2
Regnard.
Le Distrait............. 3
Les Folies amoureuses .. 10

Regnard (*Suite*).
Le Légataire universel .. 3
Les Ménechmes......... 4
Rosier.
Le Mari de ma femme... 3
Samson.
La Belle-mère et le
gendre.............. 5
Sand (Mme).
Cosima................ 7
Scribe.
Bertrand et Raton....... 3
La Calomnie........... 31
La Camaraderie......... 7
Le Verre d'eau......... 20

Scribe et Mélesville.
Valérie................ 13
Scribe et Vanderburch.
Japhet................ 16
Sedaine.
La Gageure imprévue... 1
Le Philosophe sans le
savoir.............. 3
Théaulon.
Eudoxie.............. 8
Vial.
Le Mari et l'amant...... 9
Vigny.
Chatterton............. 10

Vigny (*Suite*).
La Maréchale d'Ancre.... 8
Voltaire.
Mahomet.............. 1
OEdipe............... 3
Tancrède............. 1
Zaïre................ 1
**Wailly (J. de)
et Duveyrier.**
Le Comité de bienfai-
sance............... 5
Walewsky.
L'École du monde....... 8
Weiss, Jauffret et Patrat.
Les Deux frères........ 5

1841

Ancelot (Mme).
Le Château de ma nièce. 3
Andrieux.
Les Étourdis........... 3
Le Rêve du mari....... 6
Arvers.
Le Second mari......... 11
Barthe.
Les Fausses infidélités.. 1
Bawr (Mme de).
La Suite d'un bal masqué. 3
Beaumarchais.
Le Barbier de Séville.... 8
Le Mariage de Figaro... 8
Boissy.
Les Dehors trompeurs... 1
Bonjour.
Le Mari à bonnes for-
tunes............... 2
Boursault.
Le Mercure galant...... 2
Brueys.
L'Avocat Patelin........ 4
Brueys et Palaprat.
Le Grondeur........... 6
Corneille (P.).
Le Cid................ 1
Cinna................ 12
Horace............... 8
Le Menteur........... 3
Nicomède............. 2
Polyeucte............. 5
Corneille (T.).
Le Festin de Pierre..... 2
Creuzé de Lesser.
Le Secret du ménage.... 1
Delavigne.
Le Conseiller rapporteur. 24

Delavigne (*Suite*).
Don Juan d'Autriche.... 4
L'École des vieillards... 2
Les Enfants d'Édouard.. 8
La Fille du Cid......... 8
Désaugiers et Gentil.
L'Hôtel garni.......... 5
Desforges (P. J. B.).
La Femme jalouse...... 1
Destouches.
La Fausse Agnès....... 1
Le Philosophe marié.... 2
Dinaux et E. Legouvé.
Louise de Lignerolles... 3
Dinaux et Sue.
La Prétendante.......... 11
Ducis.
Hamlet............... 4
Othello............... 3
Dumas (Al.).
Charles VII chez ses
grands vassaux....... 1
Henri III et sa Cour..... 1
Mlle de Belle-Isle....... 5
Un Mariage sous Louis XV 33
**Dumas (Al.), Durieu
et A. Bourgeois.**
Le Mari de la veuve.... 2
Duval.
Édouard en Écosse...... 1
Les Héritiers........... 9
La Jeunesse de Henri V. 5
Les Projets de mariage.. 2
Duveyrier.
Faute de s'entendre..... 3
Empis.
Lord Novart........... 1

Empis et Mazères.
La Dame et la demoiselle. 3
La Mère et la fille....... 8
Épagny (d') et Dupin.
Les Préventions......... 6
Étienne.
Brueys et Palaprat...... 8
Les Deux gendres...... 1
Fournier (N.) et Arnould.
Les Souvenirs de la mar-
quise de V***........ 8
Goldoni.
Le Bourru bienfaisant... 2
Hugo.
Angelo, tyran de Padoue. 1
Hernani.............. 8
La Fosse.
Manlius Capitolinus..... 2
Latour de Saint-Ybars.
Vallia................ 8
Lebrun.
Marie Stuart........... 13
Le Sage.
Crispin rival de son
maître.............. 8
Longpré.
1760................. 7
Marivaux.
L'Épreuve............. 4
Les Fausses confidences. 4
Le Jeu de l'Amour et du
Hasard.............. 10
Le Legs.............. 1
Mazères.
Le Jeune mari......... 4
Mélesville et Duveyrier.
La Marquise de Senne-
terre................ 2

Merville.
Les Deux Anglais 8

Molière.
L'Amour médecin 11
Amphitryon 8
L'Avare 7
Le Dépit amoureux 8
L'École des femmes 5
L'École des maris 6
L'Étourdi 1
Les Femmes savantes... 6
Les Fourberies de Scapin. 6
George Dandin 12
Le Malade imaginaire... 4
Le Mariage forcé 8
Le Médecin malgré lui.. 4
Le Misanthrope 4
M. de Pourceaugnac..... 1
Les Précieuses ridicules. 6
Sganarelle 7
Tartuffe 15

Montfleury.
La Femme juge et partie. 1

Picard.
L'Acte de naissance..... 2
La Petite ville 7

Pigault-Lebrun.
L'Amour et la Raison ... 7

Pigault-Lebrun (*Suite*).
Les Rivaux d'eux-mêmes. 6

Racine.
Andromaque 6
Bajazet 3
Britannicus 3
Esther 1
Iphigénie 7
Mithridate 5
Phèdre 16
Les Plaideurs 9

Regnard.
Le Distrait 4
Les Folies amoureuses .. 5
Le Joueur 2
Le Légataire universel... 5
Les Ménechmes 1

Romand.
Le Bourgeois de Gand... 10

Rosier.
Le Mari de ma femme... 5

Samson.
La Belle-mère et le gendre 7

Scribe.
Bertrand et Raton 2
La Camaraderie 3
Une Chaîne 14
Le Verre d'eau 61

Scribe et Mélesville.
Valérie 6

Scribe et Vanderburch.
Japhet 7

Sedaine.
La Gageure imprévue... 2

Soumet.
Le Chêne du roi 9

Soumet et Mme d'Altenheym.
Le Gladiateur 15

Souvestre et Mme Brune.
La Protectrice 8

Vial.
Le Mari et l'amant 7

Viennet.
Arbogaste 1

Voltaire.
Mahomet 3
OEdipe 3
Tancrède 4
Zaïre 3

Wailly (J. de) et Duveyrier.
Le Comité de bienfaisance 3

Weiss, Jauffret et Patrat.
Les Deux frères 4

1842

Ancelot (Mme).
Un Mariage raisonnable. 4

Andrieux.
Les Étourdis 2
Le Rêve du mari 3

Bawr (Mme de).
La Suite d'un bal masqué. 2

Bayard et G. de Wailly.
Ma place et ma femme.. 5

Beaumarchais.
Le Barbier de Séville.... 8
Le Mariage de Figaro... 8

Belloy (P. L. de).
Gabrielle de Vergy...... 3

Bonjour.
Le Mari à bonnes fortunes. 1

Boursault.
Le Mercure galant...... 1

Brueys.
L'Avocat Patelin 1

Brueys et Palaprat.
Le Grondeur 1

Bursay et Mme Molé.
Misanthropie et Repentir. 4

Corneille (P.).
Le Cid 14
Cinna 7
Horace 4
Le Menteur 3
Polyeucte 5

Corneille (T.).
Ariane 9
Le Festin de Pierre..... 2

Creuzé de Lesser.
Le Secret du ménage.... 4

Delavigne.
Don Juan d'Autriche.... 2
L'École des vieillards... 4
Les Enfants d'Édouard.. 10
Louis XI 8
Marino Faliero 3
La Popularité 4

Désaugiers et Gentil.
L'Hôtel garni 6

Destouches.
La Fausse Agnès 4

Ducis.
Hamlet 4
Othello 2

Dumas (Al.).
Charles VII chez ses grands vassaux 3
Henri III et sa Cour..... 1
Lorenzino 7
Mlle de Belle-Isle....... 14
Un Mariage sous Louis XV 15

Dumas (Al.), Durieu et A. Bourgeois.
Le Mari de la veuve..... 8

Duval.
La Fille d'honneur...... 3
Les Héritiers 7
La Jeunesse de Henri V. 7
Les Projets de mariage.. 6
Le Tyran domestique... 4

Duveyrier.
Faute de s'entendre..... 2

Empis et Mazères.
La Dame et la demoiselle. 2

Épagny (d') et Dupin.

Les Préventions........ 3

Étienne.

Brueys et Palaprat...... 6
La Jeune femme colère . 2

Fournier (N.) et Arnould.

Les Souvenirs de la mar-
quise de V***.......... 5

Goldoni.

Le Bourru bienfaisant... 7

Hugo.

Hernani............. 5

La Fosse.

Manlius Capitolinus..... 5

Lebrun.

Marie Stuart........... 7

Lemercier.

Frédégonde et Brunehaut. 6

Le Sage.

Crispin rival de son maître 4

Longpré.

1760................. 3

Marivaux.

Le Jeu de l'Amour et du
Hasard............. 6
Le Legs............... 1

Mazères.

Le Jeune mari.......... 9

Mélesville et L. Laya.

Le Portrait vivant....... 14

Merville.

Les Deux Anglais....... 5

Molière.

L'Amour médecin....... 2
Amphitryon............ 3
L'Avare.............. 6
Le Bourgeois gentil-
homme.............. 1
Le Dépit amoureux...... 9

Molière (Suite).

L'École des femmes.... 6
L'École des maris....... 12
Les Femmes savantes... 9
Les Fourberies de Scapin. 7
George Dandin.......... 9
Le Malade imaginaire... 4
Le Mariage forcé........ 6
Le Médecin malgré lui... 7
Le Misanthrope......... 3
Les Précieuses ridicules. 4
Sganarelle............. 4
Tartuffe.............. 9

Montfleury.

La Femme juge et partie. 6

Monvel.

L'Amant bourru........ 3

Pigault-Lebrun.

Les Rivaux d'eux-mêmes. 4

Racine.

Andromaque........... 7
Bajazet............... 5
Britannicus........... 2
Iphigénie............. 7
Mithridate............ 4
Phèdre............... 6
Les Plaideurs.......... 5

Regnard.

Le Distrait............. 5
Les Folies amoureuses.. 3
Le Joueur............. 5
Le Légataire universel.. 2

Romand.

Le Bourgeois de Gand... 5
Le Dernier marquis...... 11

Rosier.

Le Mari de ma femme... 1
Un Procès criminel..... 10

Rosier et Arnould.

Monsieur de Maugaillard. 6

Samson.

La Belle-mère et le gendre. 3
Un Veuvage............ 32

Scribe.

Bertrand et Raton....... 2
Une Chaîne............ 53
Le Fils de Cromwell..... 12
Le Verre d'eau.......... 21

Scribe et Duveyrier.

Oscar................ 37

Scribe et Mélesville.

Valérie.............. 6

Scribe et Vanderburch.

Japhet............... 1

Sedaine.

La Gageure imprévue... 1
Le Philosophe sans le
savoir.............. 6

Souvestre et Mme Brune.

La Protectrice......... 2

Vial.

Le Mari et l'amant...... 3

Voltaire.

Adélaïde Du Guesclin.... 2
Mérope.............. 1
OEdipe.............. 4
Tancrède.............. 3
Zaïre.............. 5

Wafflard et Fulgence.

Le Célibataire et l'homme
marié.............. 6

**Wailly (J. de)
et Duveyrier.**

Le Comité de bienfai-
sance.............. 4

Weiss, Jauffret et Patrat.

Les Deux frères........ 2

1843

Andrieux.

Les Étourdis.......... 4
Le Rêve du mari........ 1

Bawr (Mme de).

La Suite d'un bal masqué. 10

Bayard et G. de Wailly.

Ma place et ma femme... 4

Beaumarchais.

Le Barbier de Séville.... 10
Le Mariage de Figaro.... 6

Bursay et Mme Molé.

Misanthropie et Repentir. 1

Chénier.

Tibère.............. 6

Corneille (P.).

Le Cid................ 3
Cinna................ 5
Horace.............. 2
Le Menteur........... 7
Polyeucte............. 5

Creuzé de Lesser.

Le Secret du ménage.... 3

Dancourt.

Le Chevalier à la mode.. 10

Delavigne.

Don Juan d'Autriche 4
L'École des vieillards ... 12

Delavigne (Suite).

Les Enfants d'Édouard.. 11
Louis XI.............. 9
Les Vêpres siciliennes... 1

Désaugiers et Gentil.

L'Hôtel garni.......... 3

Destouches.

La Fausse Agnès........ 1

Dinaux et Sue.

Latréaumont.......... 9

Ducis.

Hamlet.............. 2
Othello.............. 2

Dumas (Al.).
Charles VII chez ses grands vassaux 3
Les Demoiselles de Saint-Cyr 36
Mlle de Belle-Isle 14
Un Mariage sous Louis XV 1
Dumas (Al.), Durieu et A. Bourgeois.
Le Mari de la veuve 7
Duval.
La Fille d'honneur 2
Les Héritiers 5
La Jeunesse de Henri V. 1
Le Tyran domestique 3
Duveyrier.
Faute de s'entendre 2
Empis et Mazères.
La Dame et la demoiselle. 1
La Mère et la fille 10
Épagny (d') et Dupin.
Les Préventions 2
Étienne.
Brueys et Palaprat 5
Faur.
Le Confident par hasard . 2
Fournier (N.) et Arnould.
Les Souvenirs de la marquise de V*** 4
Girardin (Mme de).
Judith 7
Goldoni.
Le Bourru bienfaisant ... 6
Gozlan.
Ève 17
Harel.
Les Grands et les petits ... 3
Hoffman.
Le Roman d'une heure ... 8
Hugo.
Les Burgraves 33
Hernani 2
La Fosse.
Manlius Capitolinus 1
Lebrun.
Marie Stuart 4
Lemercier.
Frédégonde et Brunehaut. 1

Le Sage.
Crispin rival de son maitre 5
Turcaret 6
Longpré.
1760 1
Marivaux.
L'Épreuve 4
Le Jeu de l'Amour et du Hasard 8
Masselin et Veyrat.
L'Art et le métier 14
Mazères.
Le Jeune mari 4
Mélesville et L. Laya.
Le Portrait vivant 9
Merville.
Les Deux Anglais 7
Molière.
L'Amour médecin 3
Amphitryon 1
L'Avare 8
Le Bourgeois gentilhomme (1) 1
La Critique de l'École des femmes 3
Le Dépit amoureux 6
L'École des femmes 5
L'École des maris 6
Les Femmes savantes ... 4
Les Fourberies de Scapin. 6
Georges Dandin 7
Le Malade imaginaire ... 6
Le Mariage forcé 6
Le Médecin malgré lui ... 4
M. de Pourceaugnac 2
Les Précieuses ridicules . 4
Sganarelle 6
Tartuffe 9
Montfleury.
La Femme juge et partie. 3
Picard et Mazères.
L'Enfant trouvé 17
Picard, Wafflard et Fulgence.
Les Deux ménages 5
Pigault-Lebrun.
Les Rivaux d'eux-mêmes. 3

Racine.
Andromaque 5
Bajazet 2
Britannicus 1
Iphigénie 7
Mithridate 5
Phèdre 24
Regnard.
Le Distrait 7
Les Folies amoureuses .. 4
Le Joueur 3
Le Légataire universel .. 4
Romand.
Le Bourgeois de Gand... 2
Rosier.
Le Mari de ma femme ... 3
Samson.
La Belle-mère et le gendre. 6
Un Veuvage 10
Scribe.
Bertrand et Raton 6
Une Chaîne 12
Le Fils de Cromwell..... 1
Le Verre d'eau 13
Scribe et N. P. Duport.
La Tutrice 9
Scribe et Duveyrier.
Oscar.................. 10
Scribe et Mélesville.
Valérie 8
Sedaine.
Le Philosophe sans le savoir 3
Le Mari et l'amant 7
Voltaire.
Mahomet 2
Mérope 5
OEdipe 1
Tancrède 3
Zaïre 4
Wafflard et Fulgence.
Le Célibataire et l'homme marié 6
Wailly (J. de) et Duveyrier.
Le Comité de bienfaisance. 7
Weiss, Jauffret et Patrat.
Les Deux frères 3

1844

Ancelot (Mme).
Marie 12

Andrieux.
Les Étourdis 1

Andrieux (Suite).
Le Rêve du mari 2

(1) A la représentation du 2 avril, on n'a donné que 4 actes.

Bawr (Mme de).
La Suite d'un bal masqué. 2
Bayard.
Un Ménage parisien..... 35
Bayard et G. de Wailly.
Ma place et ma femme... 6
Bayard et J. de Wailly.
Le Mari à la campagne.. 54
Beaumarchais.
Le Barbier de Séville.... 12
Le Mariage de Figaro... 7
Chénier.
Tibère................. 3
Colet (Mme).
Le Monument de Mo-
lière (1).............. 3
Corneille (P.).
Le Cid................. 3
Cinna................. 5
Don Sanche d'Aragon... 4
Horace............... 5
Le Menteur........... 7
Polyeucte............ 5
Creuzé de Lesser.
Le Secret du ménage.... 2
Delavigne.
L'École des vieillards.... 5
Les Enfants d'Édouard... 13
Louis XI.............. 8
Marino Faliero......... 2
Les Vêpres siciliennes... 3
Désaugiers et Gentil.
L'Hôtel garni.......... 3
Dinaux et E. Legouvé.
Louise de Lignerolles.... 16
Ducis.
Hamlet............... 5
Othello.............. 1
Dugué.
Le Béarnais........... 9
Dumas (Al.).
Charles VII chez ses
grands vassaux....... 4
Les Demoiselles de Saint-
Cyr................ 4
Mlle de Belle-Isle....... 12
**Dumas (Al.), Durieu
et A. Bourgeois.**
Le Mari de la veuve..... 2
Duval.
Les Héritiers.......... 4
La Jeunesse de Henri V. 11
Duveyrier.
Faute de s'entendre..... 2
Empis.
L'Héritière............ 24
Empis et Mazères.
La Dame et la demoiselle. 3
La Mère et la fille....... 5
Épagny (d').
Joscelin et Guillemette... 5

Épagny (d') et Dupin.
Les Préventions........ 6
Étienne.
La Jeune femme colère.. 3
Fournier (N.) et Arnould.
Les Souvenirs de la mar-
quise de V***......... 6
Galoppe d'Onquaire.
Une Femme de quarante
ans................. 19
Girardin (Mme de).
Judith................ 2
Goldoni.
Le Bourru bienfaisant... 6
Gozlan.
Ève.................. 1
Hoffman.
Le Roman d'une heure.. 8
Hugo.
Hernani.............. 4
La Fosse.
Manlius Capitolinus..... 2
Lebrun.
Marie Stuart........... 2
Le Sage.
Crispin rival de son maî-
tre................. 4
Turcaret............. 2
Longpré.
1760................. 8
Lucas.
Le Tisserand de Ségovie.. 18
Marivaux.
L'Épreuve............. 3
Le Jeu de l'Amour et du
Hasard............. 3
Le Legs.............. 12
Mazères.
Le Jeune mari......... 2
Merville.
Les Deux Anglais....... 5
Molière.
L'Avare.............. 6
Le Bourgeois gentil-
homme............. 1
Le Dépit amoureux...... 10
L'École des femmes..... 5
L'École des maris....... 7
L'Étourdi............. 4
Les Femmes savantes... 3
Les Fourberies de Scapin. 9
George Dandin......... 5
Le Malade imaginaire.... 11
Le Mariage forcé........ 2
Le Médecin malgré lui... 4
Le Misanthrope......... 11
M. de Pourceaugnac..... 7
Les Précieuses ridicules. 15
Sganarelle............ 3
Tartuffe.............. 17

Montfleury.
La Femme juge et partie. 2
Picard et Empis.
L'Agiotage............. 3
Picard et Mazères.
L'Enfant trouvé......... 4
**Picard, Wafflard
et Fulgence.**
Les Deux ménages...... 2
Pigault-Lebrun.
Les Rivaux d'eux-mêmes. 4
Racine.
Andromaque.......... 9
Bajazet.............. 4
Bérénice............. 5
Britannicus........... 1
Iphigénie............ 3
Mithridate........... 2
Phèdre.............. 7
Les Plaideurs......... 1
Regnard.
Les Folies amoureuses.. 5
Le Légataire universel... 4
Romand.
Catherine II........... 12
Samson.
La Belle-mère et le gendre. 10
Un Veuvage..........; 5
Scribe.
Bertrand et Raton...... 3
La Camaraderie........ 9
Une Chaîne.......... 3
Le Verre d'eau....... 12
Scribe et N. P. Duport.
La Tutrice............ 2
Scribe et Duveyrier.
Oscar............... 12
Scribe et Mélesville.
Valérie.............. 12
Sedaine.
Le Philosophe sans le
savoir.............. 1
Séjour.
Diégarias............. 11
Soulié.
Roméo et Juliette....... 1
Vial.
Le Mari et l'amant...... 6
Voltaire.
Mahomet............. 2
Œdipe............... 6
Tancrède............ 1
Wafflard et Fulgence.
Le Célibataire et l'homme
marié.............. 8
Le Voyage à Dieppe..... 14
**Wailly (J. de)
et Duveyrier.**
Le Comité de bienfaisance. 7
Weiss, Jauffret et Patrat.
Les Deux frères........ 1

(1) Poésie.

1845

Andrieux.
Le Rêve du mari........ 3
Arnould.
Une Bonne réputation... 7
Augier.
La Cigüe.............. 2
Un Homme de bien...... 15
Bawr (Mme de).
La Suite d'un bal masqué. 8
Bayard.
Un Ménage parisien..... 4
Bayard et J. de Wailly
Le Mari à la campagne.. 40
Beaumarchais.
Le Barbier de Séville,... 15
Le Mariage de Figaro... 5
Bis.
Jeanne de Flandre....... 1
Bonjour.
Le Mari à bonnes fortunes. 6
Bruant.
La Tour de Babel....... 5
Comte (Mme).
Madame de Lucenne...... 16
Corneille (P).
Le Cid................ 1
Cinna................. 5
Don Sanche d'Aragon.... 1
Horace............... 4
Le Menteur............ 6
Polyeucte 3
Creuzé de Lesser.
Le Secret du ménage.... 2
Decourcelle.
Une Soirée à la Bastille.. 26
Delavigne.
Discours sur Corneille (1). 1
Don Juan d'Autriche.... 4
L'École des vieillards.... 9
Les Enfants d'Édouard.. 9
Louis XI.............. 6
Les Vêpres siciliennes... 2
Désaugiers et Gentil.
L'Hôtel garni.......... 4
Desnoyer et Nus.
L'Enseignement mutuel... 14
Dinaux et E. Legouvé.
Louise de Lignerolles.... 4
Dumas (Al.).
Charles VII chez ses
grands vassaux....... 4

Dumas (Al.) (Suite).
Les Demoiselles de Saint-
Cyr................. 7
Mlle de Belle-Isle........ 1
**Dumas (Al.), Durieu
et A. Bourgeois.**
Le Mari de la veuve..... 2
Duval.
Les Héritiers........... 5
La Jeunesse de Henri V. 4
Le Tyran domestique.... 1
Duveyrier.
Faute de s'entendre...... 2
Empis et Mazères.
La Dame et la demoiselle. 1
La Mère et la fille........ 5
Épagny (d').
Joscelin et Guillemette... 2
Épagny (d') et Dupin.
Les Préventions........ 2
Galoppe d'Onquaire.
Une Femme de quarante
ans................. 64
Goldoni.
Le Bourru bienfaisant... 2
Hoffman.
Le Roman d'une heure.. 7
Hugo.
Hernani 5
La Boullaye et Cormon.
Corneille et Rotrou...... 10
Latour de St-Ybars.
Virginie 35
Lebrun.
Marie Stuart........... 4
Legouvé (E.).
Guerrero 8
Léonce et Moléri.
Le Gendre d'un million-
naire............... 12
Le Sage.
Crispin rival de son
maître.............. 5
Longpré.
1760.................. 8
Le Tisserand de Ségovie. 20
Marivaux.
Le Jeu de l'Amour et du
Hasard 12

Marivaux (Suite).
Le Legs............... 3
Mazères.
Le Jeune mari.......... 5
Merville.
Les Deux Anglais....... 2
Molière.
L'Avare 8
Le Dépit amoureux..... 11
L'École des femmes..... 3
L'École des maris....... 15
Les Femmes savantes... 4
Les Fourberies de Scapin. 7
George Dandin......... 8
Le Malade imaginaire.... 4
Le Mariage forcé........ 4
Le Médecin malgré lui... 14
Le Misanthrope........ 2
M. de Pourceaugnac..... 3
Les Précieuses ridicules . 7
Sganarelle 3
Tartuffe 15
Montfleury.
La Femme juge et partie. 4
Picard et Empis.
L'Agiotage............ 2
Picard et Mazères.
L'Enfant trouvé........ 5
Pigault-Lebrun.
Les Rivaux d'eux-mêmes. 4
Potron.
Une Confidence......... 25
Racine.
Andromaque........... 4
Bajazet............... 2
Iphigénie............. 1
Mithridate............ 5
Phèdre 5
Les Plaideurs.......... 3
Regnard.
Les Folies amoureuses.. 2
Le Joueur............. 2
Le Légataire universel.. 5
Romand.
Catherine II........... 2
Rosier.
Le Mari de ma femme... 2
Samson.
La Belle-mère et le gendre. 3

(1) Poésie.

Samson (Suite).

Discours (1) 2
La Famille Poisson 8
Un Veuvage 4
Scribe.
La Camaraderie 10
Une Chaîne 10
Le Verre d'eau 10
Scribe et Duveyrier.
Oscar 6

Scribe et Mélesville.
Valérie 7
Vial.
Le Mari et l'amant 8
Voltaire.
Mahomet 5
Mérope 7
Oreste 5
Tancrède 7
Zaïre 3

Wafflard et Fulgence.
Le Célibataire et l'homme
marié 3
Le Voyage à Dieppe 2
**Wailly (J. de)
et Duveyrier.**
Le Comité de bienfai-
sance 2
Weiss, Jauffret et Patrat.
Les Deux frères 2

1846

Ancelot (Mme).
Marie 6
Andrieux.
Le Rêve du mari 2
Augier.
La Cigüe 47
Bawr (Mme de).
La Suite d'un bal mas-
qué 6
Bayard et J. de Wailly.
Le Mari à la campagne .. 17
Beaumarchais.
Le Barbier de Séville 11
Le Mariage de Figaro 6
Bonjour.
Le Mari à bonnes for-
tunes 3
Casamajor (Mme de).
Le Nœud gordien 13
Collin d'Harleville.
Le Vieux célibataire 5
Corneille (P).
Le Cid 6
Cinna 5
Don Sanche d'Aragon ... 2
Horace 3
Le Menteur 5
Nicomède 4
Polyeucte 7
Corneille (T.)
Le Festin de Pierre 3
Dancourt.
Le Chevalier à la mode . 4
Decourcelle.
Don Gusman 17
Une Soirée à la Bastille .. 8
Delavigne.
L'École des vieillards 8
Les Enfants d'Édouard .. 7
Louis XI 8
Les Vêpres siciliennes ... 1

Désaugiers et Gentil.
L'Hôtel garni 1
Destouches.
Le Dissipateur 5
Doucet.
La Chasse aux fripons ... 11
Ducis.
Abufar 6
Hamlet 4
Dumas (Al.).
Charles VII chez ses
grands vassaux 1
Les Demoiselles de Saint-
Cyr 1
Une Fille du Régent 16
Durantin et Fontaine.
Les Spéculateurs 11
Duval.
La Fille d'honneur 2
Les Héritiers 3
Le Tyran domestique ... 1
Duveyrier.
Faute de s'entendre 3
Empis et Mazères.
La Mère et la fille 3
Épagny (d') et Dupin.
Les Préventions 5
**Fournier (M.)
et Mirecourt.**
Madame de Tencin 25
Galoppe d'Onquaire.
Une Femme de quarante
ans 21
**Galoppe d'Onquaire
et Pitre-Chevalier.**
Jean de Bourgogne 10
Hoffman.
Le Roman d'une heure .. 4
Hugo.
Hernani 8
La Boullaye et Cormon.
Corneille et Rotrou 2

Lafont.
Le Chef-d'œuvre inconnu. 11
Latour de Saint-Ybars.
Virginie 10
Lebrun.
Marie Stuart 3
Le Sage.
Crispin rival de son
maître 1
Longpré.
1760 10
Lucas.
Le Tisserand de Ségovie. 5
Marivaux.
Le Jeu de l'Amour et du
Hasard 5
Le Legs 8
Mélesville et Duveyrier.
La Marquise de Senne-
terre 13
Molière.
L'Avare 8
Le Bourgeois gentil-
homme 1
Le Dépit amoureux 11
L'École des femmes 2
L'École des maris 13
Les Femmes savantes ... 8
Les Fourberies de Scapin . 5
George Dandin 5
Le Malade imaginaire ... 4
Le Mariage forcé 8
Le Médecin malgré lui .. 10
Le Misanthrope 8
M. de Pourceaugnac 5
Les Précieuses ridicules . 11
Sganarelle 3
Tartuffe 11
Montfleury.
La Femme juge et partie . 2
Picard et Mazères.
L'Enfant trouvé 4

(1) Poésie.

Pigault-Lebrun.
Les Rivaux d'eux-mêmes.   1
Potron.
Une Confidence (1).......   9
Racine.
Andromaque   6
Bajazet................   3
Iphigénie..............   3
Mithridate.............   2
Phèdre.................   5
Les Plaideurs..........   7
Regnard.
Les Folies amoureuses..   5
Le Joueur.............   2
Le Légataire universel..   3
Rotrou.
Venceslas..............   3

Samson.
La Belle-mère et le
gendre...............   7
La Famille Poisson.....   67
Un Veuvage...........   3
Sauvage et Duhomme.
La Vestale.............   11
Scribe.
La Camaraderie........   7
Une Chaîne...........   4
Le Verre d'eau   15
Scribe et Duveyrier.
Oscar.................   4
Scribe et Mélesville.
Valérie................   5
Soumet.
Jeanne d'Arc (2)........   19

Vanderburch.
Une Nuit au Louvre.....   6
Vial.
Le Mari et l'amant......   1
Voltaire.
Adélaïde Du Guesclin ...   3
Mahomet   1
Mérope................   6
OEdipe   2
Oreste   2
Tancrède..............   3
Wafflard et Fulgence.
Le Voyage à Dieppe   3
**Wailly (J. de)
et Duveyrier.**
Le Comité de bienfai-
sance   2

1847

Arago.
Les Aristocraties........   28
Augier.
La Cigüe..............   13
Barbier (J.).
L'Ombre de Molière......   7
Un Poète..............   8
Barthe.
Les Fausses infidélités...   3
Bawr (Mme de).
La Suite d'un bal masqué.   4
Bayard.
Un Château de cartes....   6
Bayard et G. de Wailly.
Ma place et ma femme...   2
Bayard et J. de Wailly.
Le Mari à la campagne..   6
Beaumarchais.
Le Barbier de Séville.....   13
Le Mariage de Figaro...   1
Beauvallet.
Robert Bruce...........   11
Bonjour.
Le Mari à bonnes fortunes.   3
Carré.
Scaramouche et Pascariel.   12
Collin d'Harleville.
Le Vieux célibataire   2
Corneille (P.).
Le Cid.................   2
Cinna.................   2
Don Sanche d'Aragon....   2

Corneille (P.) (Suite).
Horace   3
Le Menteur............   3
Polyeucte   2
Decourcelle.
Don Gusman...........   1
Une Soirée à la Bastille..   1
Delavigne.
Don Juan d'Autriche....   2
L'École des vieillards....   3
Les Enfants d'Édouard...   5
Louis XI..............   4
Les Vêpres siciliennes...   2
Désaugiers et Gentil.
L'Hôtel garni...........   3
Destouches.
La Fausse Agnès........   3
Ducis.
Abufar................   1
Hamlet...............   2
Duval.
La Fille d'honneur......   2
Les Héritiers...........   3
Duveyrier.
Faute de s'entendre.....   4
Épagny (d') et Dupin.
Les Préventions.........   3
Galoppe d'Onquaire.
Une Femme de quarante
ans.................   2
Girardin (Mme de).
Cléopâtre   8
Gozlan.
Notre fille est princesse...   13

Hoffman.
Le Roman d'une heure...   3
Hugo.
Hernani................   4
Marion de Lorme........   13
La Boullaye et Cormon.
Corneille et Rotrou......   1
Lafont.
Le Chef-d'œuvre inconnu.   9
Latour de Saint-Ybars.
Le Vieux de la montagne.   7
Virginie................   1
Laya (L.).
Un Coup de lansquenet...   24
Lebrun.
Marie Stuart...........   3
Le Sage.
Crispin rival de son
maître..............   7
Turcaret..............   4
Longpré.
1760   4
Lucas.
Le Tisserand de Ségovie.   1
Marivaux.
Le Jeu de l'Amour et du
Hasard..............   4
Le Legs...............   4
Mazères.
Le Jeune mari..........   7
Mélesville et Duveyrier.
La Marquise de Senne-
terre.................   3

(1) Le 30 avril, la pièce n'a pas été achevée.
(2) Le 12 avril cette pièce a été interrompue vers la fin du 5e acte.

Molière.

Amphitryon	6
L'Avare	10
Le Bourgeois gentil-homme	2
La Critique de l'École des femmes	3
Le Dépit amoureux	13
Don Juan	18
L'École des femmes	7
L'École des maris	8
Les Femmes savantes	5
Les Fourberies de Scapin	5
George Dandin	4
Le Malade imaginaire	6
Le Mariage forcé	3
Le Médecin malgré lui	12
Le Misanthrope	5
M. de Pourceaugnac	3
Les Précieuses ridicules	5
Sganarelle	4
Tartuffe	9

Montfleury.

La Femme juge et partie	1

Musset.

Un Caprice	15

Picard et Mazères.

L'Enfant trouvé	1

Pigault-Lebrun.

Les Rivaux d'eux-mêmes	1

Racine.

Andromaque	5
Athalie (1)	19
Mithridate	1
Phèdre	6
Les Plaideurs	3

Regnard.

Le Distrait	4
Les Folies amoureuses	4
Le Légataire universel	6

Samson.

La Belle-mère et le gendre	1
La Famille Poisson	10
Un Veuvage	1

Scribe.

Bertrand et Raton	12
Une Chaîne	8
Le Mariage d'argent	10
Le Verre d'eau	11

Scribe et Duveyrier.

Oscar	1

Scribe et Mélesville.

Valérie	8

Soumet.

Jeanne d'Arc	2

Souvestre.

Pour arriver	9

Vial.

Le Mari et l'amant	2

Voltaire.

Mahomet	1
Mérope	3
OEdipe	1

Wailly (J. de) et Duveyrier.

Le Comité de bienfaisance	1

1848

Ancelot.

La Rue Quincampoix	8

Arago.

Les Aristocraties	18

Augier.

L'Aventurière	22
La Ciguë	18

Bawr (Mme de).

La Suite d'un bal masqué	2

Bayard.

Un Château de cartes	14

Bayard et G. de Wailly.

Ma place et ma femme	2

Bayard et J. de Wailly.

Le Mari à la campagne	7

Beaumarchais.

Le Barbier de Séville	4
Le Mariage de Figaro	8

Bonjour.

Le Bachelier	6

Corneille (P.).

Le Cid	6
Horace	4
Le Menteur	5
Polyeucte	4

Costa.

Blaise Pascal	7

Decourcelle.

La Marinette	16
Une Soirée à la Bastille	2

Decourcelle et Barrière.

Les Portraits	28

Delavigne.

Don Juan d'Autriche	7
L'École des vieillards	4
Les Enfants d'Édouard	4
Louis XI	2
Les Vêpres siciliennes	1

Ducis.

Othello	2

Duval.

La Fille d'honneur	1

Duveyrier.

Faute de s'entendre	3

Empis et Mazères.

La Dame et la demoiselle	3
La Mère et la fille	6

Épagny (d') et Dupin.

Dominique	4
Les Préventions	4

Feuillet et Bocage.

La Vieillesse de Richelieu	18

Girardin (Mme de).

Cléopâtre	3

Guillard.

Les Frais de la guerre	30

Hoffman.

Le Roman d'une heure	4

Hugo.

Hernani	4
Marion de Lorme	7

Lafont.

Le Chef-d'œuvre inconnu	5
Daniel	3
La Marquise d'Aubray	6

La Fosse.

Manlius Capitolinus	1

Lebrun.

Marie Stuart	2

Le Sage.

Turcaret	1

Longpré.

1760	3

Marivaux.

Les Fausses confidences	5
Le Jeu de l'Amour et du Hasard	7

Mazères.

Le Jeune mari	5

Mélesville et Duveyrier.

La Marquise de Senneterre	4

(1) À la représentation du 6 novembre, on n'a donné que le 2e acte.

Méry.
Le Vrai club des femmes. 12
Molière.
L'Avare 5
La Critique de l'École
des femmes.......... 1
Le Dépit amoureux 6
Don Juan.............. 3
L'École des femmes 2
L'École des maris....... 10
Les Femmes savantes... 4
George Dandin......... 5
Le Malade imaginaire ... 4
Le Mariage forcé....... 1
Le Médecin malgré lui... 7
Le Misanthrope 3
Les Précieuses ridicules . 2
Tartuffe 10
Montfleury.
La Femme juge et par-
tie.................. 2
Musset.
André del Sarto 5
Un Caprice 46
Il faut qu'une porte soit
ouverte ou fermée...... 52
Il ne faut jurer de rien .. 40

Picard et Mazères.
L'Enfant trouvé........ 5
Pigault-Lebrun.
Les Rivaux d'eux-mêmes. 2
Ponsard.
Lucrèce 14
Racine.
Andromaque........... 3
Athalie............... 1
Bajazet............... 1
Britannicus........... 1
Iphigénie 1
Mithridate 2
Phèdre 11
Les Plaideurs.......... 6
Regnard.
Le Distrait............. 3
Les Folies amoureuses .. 3
Samson.
La Belle-mère et le gen-
dre.................. 2
La Famille Poisson 9
Sand (Mme).
Le Roi attend........... 6
Scribe.
Bertrand et Raton....... 6

Scribe (Suite).
La Camaraderie........ 11
Une Chaine 3
Le Puff................ 22
Le Mariage d'argent..... 1
Le Verre d'eau......... 6
Scribe et Duveyrier.
Oscar.................. 1
Scribe et Mélesville.
Valérie................ 5
Sedaine.
La Gageure imprévue... 4
Soumet.
Jeanne d'Arc.......... 2
Souvestre.
Le Dernier des Kermor... 4
Vial.
Le Mari et l'amant...... 2
Villarceaux.
Thersite 6
Voltaire.
Mahomet 3
Tancrède 1
**Wailly (J. de)
et Duveyrier.**
Le Comité de bienfaisance. 8

1849

Andrieux.
Les Étourdis........... 4
Le Rêve du mari....... 3
Augier.
L'Aventurière.......... 10
La Cigüe 16
Gabrielle.............. 9
Barbier (J.).
Bon gré mal gré........ 11
Barthet.
Le Moineau de Lesbie.... 10
Bawr (Mme de).
La Suite d'un bal mas-
qué.................. 1
Bayard.
Un Château de cartes... 3
Bayard et J. de Wailly.
Le Mari à la campagne.. 8
Beaumarchais.
Le Barbier de Séville.... 6
Le Mariage de Figaro... 7
La Mère coupable...... 16

Bonjour.
Le Mari à bonnes for-
tunes................ 4
Brohan (Mlle).
Compter sans son hôte... 1
Collin d'Harleville.
Le Vieux célibataire..... 2
Corneille (P.).
Le Cid................ 1
Cinna 1
Don Sanche d'Aragon... 1
Horace 4
Le Menteur............ 3
Nicomède............. 2
Polyeucte............. 1
Decourcelle et Barrière.
Les Portraits........... 2
Delavigne.
Don Juan d'Autriche (1). 6
L'École des vieillards... 1
Les Enfants d'Édouard.. 7
Louis XI.............. 8

Destouches.
Le Dissipateur......... 5
La Fausse Agnès....... 3
Dinaux et Sue.
Latréaumont 3
Ducis.
Abufar 1
Hamlet................ 2
Othello................ 1
Dumas (Al.).
Les Demoiselles de Saint-
Cyr 6
Dumas (Ad.).
Deux hommes 6
Duveyrier.
Faute de s'entendre 2
Empis et Mazères.
La Mère et la fille...... 1
Épagny (d').
La Double leçon........ 18
Épagny (d') et Dupin.
Dominique............ 1

(1) A la représentation du 22 mars on n'a donné que le 3ᵉ acte, et à celle du 28 décembre on n'a donné que le 1ᵉʳ.

Essarts (des).
La Ligue des amants.... 15
Étienne.
Brueys et Palaprat...... 6
Feuillet et Bocage.
La Vieillesse de Richelieu 2
Girardin (Mme de).
Cléopâtre............. 2
Goldoni.
Le Bourru bienfaisant... 1
Guillard.
Les Frais de la guerre... 3
Hugo.
Hernani 4
Marion de Lorme....... 4
Lacroix (J.).
Le Testament de César... 18
Lafont.
Le Chef-d'œuvre inconnu 2
Daniel................ 2
La Fontaine et Champmeslé.
La Coupe enchantée..... 10
La Fosse.
Manlius Capitolinus..... 1
Latour de Saint-Ybars.
Virginie 1
Lebrun.
Marie Stuart........... 3
Lefebvre (A.).
La Corruption.......... 15
Le Sage.
Crispin rival de son maître.............. 7
Longpré.
1760.................. 5
Le Tisserand de Ségovie. 4
Marivaux.
Les Fausses confidences 5
Le Jeu de l'Amour et du Hasard 15

Marivaux (Suite).
Le Legs............... 8
Mazères.
L'Amitié des femmes.... 24
Le Jeune mari......... 7
Mélesville et Duveyrier.
La Marquise de Senneterre 3
Molière.
L'Avare 10
La Critique de l'École des femmes 2
Le Dépit amoureux...... 2
Don Juan.............. 2
L'École des femmes.... 1
L'École des maris....... 10
Les Femmes savantes... 6
Les Fourberies de Scapin. 7
George Dandin......... 5
Le Malade imaginaire... 3
Le Mariage forcé....... 3
Le Médecin malgré lui.. 3
Le Misanthrope........ 9
M. de Pourceaugnac.... 4
Les Précieuses ridicules. 10
Sganarelle............ 6
Tartuffe 10
Montfleury.
La Femme juge et partie. 2
Montheau.
Passe-temps de duchesse.. 12
Musset.
Un Caprice............ 22
Il faut qu'une porte soit ouverte ou fermée.... 25
Il ne faut jurer de rien... 15
Louison 23
On ne saurait penser à tout 14
Picard et Mazères.
L'Enfant trouvé........ 3
Les Trois quartiers...... 10
Pigault-Lebrun.
Les Rivaux d'eux-mêmes. 6

Ponsard.
Lucrèce 1
Racine.
Andromaque........... 4
Athalie 5
Bajazet............... 3
Iphigénie............. 1
Mithridate............ 3
Phèdre 5
Les Plaideurs.......... 4
Regnard.
Le Distrait............ 2
Les Folies amoureuses.. 3
Le Joueur............. 4
Le Légataire universel.. 5
Samson.
La Belle-mère et le gendre................. 2
La Famille Poisson..... 3
Scribe.
Bertrand et Raton....... 4
La Camaraderie........ 8
Une Chaîne........... 4
Le Verre d'eau......... 9
Scribe et E. Legouvé.
Adrienne Lecouvreur.... 27
Scribe et Mélesville.
Valérie 6
Séjour.
La Chute de Séjan...... 9
Serret.
La Paix à tout prix...... 22
Soumet.
Jeanne d'Arc.......... 1
Vial.
Le Mari et l'amant...... 7
Voltaire.
Mahomet.............. 1
Tancrède............. 1
Zaïre 2
Wailly (J. de) et Duveyrier.
Le Comité de bienfaisance................ 3

1850

Andrieux.
Le Rêve du mari........ 2
Augier.
L'Aventurière 3
La Ciguë.............. 12
Gabrielle.............. 60
Le Joueur de flûte....... 5

Barbier (J).
Bon gré mal gré 3
Barbier (J.) et Carré.
Les Amoureux sans le savoir 11
Barthe.
Les Fausses infidélités... 4

Barthet.
Le Moineau de Lesbie ... 10
Bawr (Mme de).
La Suite d'un bal masqué. 3
Bayard et J. de Wailly
Le Mari à la campagne..
Beaumarchais.
Le Barbier de Séville....

Beaumarchais (*Suite*).
Le Mariage de Figaro... 8
La Mère coupable....... 5
Bonjour.
Le Mari à bonnes for-
tunes................ 2
Corneille (P.)
Cinna................. 4
Horace............... 3
Polyeucte 7
Cottinet.
L'Avoué par amour..... 1
Delavigne.
Don Juan d'Autriche 1
Les Enfants d'Édouard... 3
Louis XI............... 2
Destouches.
Le Dissipateur......... 1
Dumas (Al.).
Mlle de Belle-Isle....... 15
*Trois entr'actes pour « l'A-
mour médecin »*........ 3
Empis et Mazères.
La Dame et la demoiselle. 2
La Mère et la fille....... 1
Essarts (des).
La Ligue des amants ... 5
Foussier.
Héraclite et Démocrite... 18
Girardin (Mme de).
Cléopâtre.............. 2
Gozlan.
*La Queue du chien d'Al-
cibiade*............... 27
Guillard.
*Un Mariage sous la Ré-
gence*................ 18
Hoffman.
Le Roman d'une heure.. 2
Hugo.
Angelo, tyran de Padoue. 14
Lacroix (J).
Le Testament de César.. 5
**La Fontaine
et Champmeslé.**
La Coupe enchantée..... 25
Latour de Saint-Ybars.
Virginie............... 2
Lebrun.
Marie Stuart........... 2

Le Sage.
Crispin rival de son
maître............... 7
Lesguillon et Monrose.
Figaro en prison........ 9
Longpré.
1760.................. 2
Lucas.
Le Tisserand de Ségovie. 1
Marivaux.
L'Épreuve 12
Les Fausses confidences. 1
Le Jeu de l'Amour et du
Hasard.............. 7
Le Legs............... 5
Mazères.
Le Jeune mari......... 5
Mérimée.
Le Carrosse........... 6
Molière.
L'Amour médecin 3
L'Avare............... 5
Le Dépit amoureux..... 11
L'École des maris....... 3
Les Femmes savantes ... 6
Les Fourberies de Sca-
pin.................. 1
George Dandin......... 5
Le Malade imaginaire... 3
Le Mariage forcé....... 1
Le Médecin malgré lui... 5
Le Misanthrope........ 7
M. de Pourceaugnac..... 3
Les Précieuses ridicules . 4
Sganarelle............. 6
Tartuffe 8
Montfleury.
La Femme juge et partie. 1
Musset.
Un Caprice............ 12
Le Chandelier.......... 41
Il faut qu'une porte soit
ouverte ou fermée.... 15
Il ne faut jurer de rien... 8
Louison 3
**Picard, Wafflard
et Fulgence.**
Les Deux ménages...... 3

Pigault-Lebrun.
Les Rivaux d'eux-mêmes. 3
Plouvier.
Une Discrétion.......... 25
Ponsard.
Charlotte Corday........ 38
Horace et Lydie......... 5
Lucrèce............... 5
Racine.
Andromaque........... 6
Athalie............... 2
Bajazet............... 2
Iphigénie 2
Mithridate............. 1
Phèdre ....
Les Plaideurs.......... 4
Regnard.
Le Distrait 2
Les Folies amoureuses.. 7
Le Légataire universel... 2
Samson.
La Belle-mère et le gendre. 3
La Famille Poisson...... 5
Scribe.
Bertrand et Raton....... 5
La Camaraderie......... 6
Le Verre d'eau......... 2
Scribe et E. Legouvé.
Adrienne Lecouvreur.... 15
*Les Contes de la reine de
Navarre* 31
Scribe et Mélesville.
Valérie................ 7
Sedaine.
La Gageure imprévue... 8
Vial.
Le Mari et l'amant....... 5
Viennet.
La Migraine........... 12
Voltaire.
Mahomet 2
**Wailly (J. de)
et Duveyrier.**
Le Comité de bien-
faisance.............. 3
**Wailly (J. de)
et Overnay.**
Les Deux célibats 6

1851

Allainval (d').
L'École des bourgeois... 5
Augier.
La Cigüe.............. 7
Augier (*Suite*).
Gabrielle.............. 12

Augier (*Suite*).
Le Joueur de flûte....... 10
Barbier (J.) et Carré.
Les Amoureux sans le
savoir............... 4
Les Derniers adieux...... 9
Barthet.
Le Moineau de Lesbie... 3
Bawr (Mme de).
La Suite d'un bal masqué 3
Beaumarchais.
Le Barbier de Séville... 3
Le Mariage de Figaro... 11
Beauvallet.
Le Dernier Abencerage... 10
Hommage à Corneille (1). 1
Bonjour.
Le Mari à bonnes for-
tunes................ 2
Brueys.
L'Avocat Patelin........ 11
Collin d'Harleville.
Le Vieux célibataire..... 2
Corneille (P.).
Le Cid.................. 3
Cinna 4
Horace 2
Polyeucte.............. 5
Delavigne.
Don Juan d'Autriche.... 1
Les Enfants d'Édouard.. 1
Doucet.
Le Baron de Lafleur..... 17
Ducis.
Hamlet................. 1
Dugué.
Mathurin Régnier....... 9
Dumas (Al.).
Les Demoiselles de Saint-
Cyr.................. 30
Mlle de Belle-Isle........ 3
Étienne.
Brueys et Palaprat...... 6
Foussier.
Héraclite et Démocrite.. 5
Girardin (Mme de).
C'est la faute du mari.. 23
Gozlan.
La Fin du roman........ 41

Gozlan (*Suite*).
La Queue du chien d'Alci-
biade................ 2
Guillard.
Un Mariage sous la Ré-
gence (2).............. 5
Hoffman.
Le Roman d'une heure.. 5
Hugo
Angelo, tyran de Padoue 5
Marion de Lorme........ 3
Lacroix (J.).
Le Testament de César (3) 2
**La Fontaine
et Champmeslé.**
La Coupe enchantée..... 7
Lebrun.
Marie Stuart (4)........ 2
Le Sage.
Crispin rival de son maî-
tre.................. 1
Liadières.
Les Bâtons flottants...... 17
Lucas.
Le Tisserand de Ségovie. 2
Maquet et J. Lacroix.
Valéria................ 27
Marivaux.
L'Épreuve............. 12
Le Jeu de l'Amour et du
Hasard.............. 17
Le Legs............... 6
Mazères.
Chacun de son côté...... 5
Le Jeune mari.......... 6
Mélesville et Duveyrier.
La Marquise de Senne-
terre................ 11
Mercier et É. Fournier.
Christian et Marguerite. 11
Molière.
L'Avare............... 8
Le Dépit amoureux...... 6
L'École des femmes..... 8
L'École des maris....... 10
Les Femmes savantes... 10
Les Fourberies de Scapin 3
George Dandin......... 1
Le Malade imaginaire... 3

Molière (*Suite*).
Le Médecin malgré lui... 7
Le Misanthrope......... 13
M. de Pourceaugnac..... 2
Les Précieuses ridicules. 6
Sganarelle............. 4
Tartuffe............... 9
Musset.
Un Caprice............ 10
Les Caprices de Marianne 21
Il faut qu'une porte soit
ouverte ou fermée.... 9
Il ne faut jurer de rien.. 4
Pigault-Lebrun.
Les Rivaux d'eux-mêmes 1
Plouvier.
Une Discrétion.......... 2
Ponsard.
Horace et Lydie......... 4
Lucrèce 1
Racine.
Andromaque........... 4
Bajazet................ 1
Mithridate............. 5
Phèdre 5
Les Plaideurs........... 1
Regnard.
Le Distrait............. 4
Les Folies amoureuses.. 4
Le Légataire universel... 6
Samson.
La Famille Poisson..... 4
Sandeau.
Mlle de la Seiglière...... 24
Scribe.
Bertrand et Raton....... 1
La Camaraderie........ 2
Le Verre d'eau......... 4
Scribe et E. Legouvé.
Adrienne Lecouvreur.... 5
Bataille de dames....... 52
Les Contes de la reine de
Navarre.............. 33
Scribe et Mélesville.
Valérie................ 3
Sedaine.
La Gageure imprévue... 4
Le Philosophe sans le
savoir................ 2
Soumet.
Jeanne d'Arc.......... 1

(1) Poésie.
(2) A la représentation du 21 janvier, on n'a donné que le 1er acte sous le titre de *Sous la Régence*.
(3) Aux représentations des 4 et 12 janvier, on n'a donné que le 1er acte sous le titre de *César chez Cythéris*.
(4) A la représentation du 8 mai, on n'a donné que le 3e acte.

1852

Allainval (d').
L'École des bourgeois... 9
Ancelot (Mme).
Marie................ 11
Augier.
La Cigüe.............. 9
Diane................. 31
Gabrielle............. 2
Bawr (Mme de).
La Suite d'un bal masqué. 5
Bayard et J. de Wailly.
Le Mari à la campagne.. 4
Beaumarchais.
Le Barbier de Séville..... 5
Le Mariage de Figaro.... 2
Beauvoir (Mme de).
L'Un et l'autre.......... 9
Berton (Mme).
La Diplomatie du ménage. 17
Corneille (P.).
Le Cid................. 4
Cinna................. 8
Horace................. 1
Le Menteur............ 9
Polyeucte.............. 6
Delavigne.
Don Juan d'Autriche.... 4
L'École des vieillards.... 5
Les Enfants d'Édouard... 2
Dinaux et E. Legouvé.
Louise de Lignerolles.... 5
Doucet.
Le Baron de Lafleur..... 14
Dumas (Al.).
Charles VII chez ses
grands vassaux....... 6
Les Demoiselles de Saint-
Cyr................. 12
Mlle de Belle-Isle........ 2
Foussier.
Héraclite et Démocrite... 6
Gozlan.
La Fin du roman........ 16
Hoffman.
Le Roman d'une heure... 2
Hugo.
Marion de Lorme........ 4
Lafitte et Nyon.
Le Pour et le contre..... 16

**La Fontaine
et Champmeslé.**
La Coupe enchantée..... 11
Latour de Saint-Ybars.
Virginie................ 3
Lebrun.
Marie Stuart........... 4
Le Sage.
Crispin rival de son
maitre............... 3
Lucas.
Le Tisserand de Ségovie. 1
Mallefille.
Le Cœur et la dot........ 4
Marivaux.
L'Épreuve 5
Le Jeu de l'Amour et du
Hasard 8
Le Legs................ 4
La Seconde Surprise de
l'Amour.............. 9
Mélesville.
Sullivan................ 21
Mélesville et Duveyrier.
La Marquise de Senne-
terre................ 2
Méry et Lopez.
Le Sage et le fou......... 19
Molière.
L'Avare................ 11
Le Bourgeois gentil-
homme.............. 1
Le Dépit amoureux...... 6
L'École des femmes...... 5
L'École des maris....... 7
Les Femmes savantes... 6
Les Fourberies de Scapin. 4
George Dandin.......... 3
Le Malade imaginaire... 6
Le Médecin malgré lui... 16
Le Misanthrope......... 12
M. de Pourceaugnac..... 3
Les Précieuses ridicules. 3
Sganarelle............. 1
Tartuffe 15
Murger.
Le Bonhomme Jadis...... 38
Musset.
Un Caprice............. 4

Musset (Suite).
Il faut qu'une porte soit
ouverte ou fermée..... 13
Il ne faut jurer de rien... 9
Pigault-Lebrun.
Les Rivaux d'eux-mêmes. 2
Ponsard.
Horace et Lydie......... 7
Ulysse................. 26
Prémaray.
Les Droits de l'homme.... 12
Racine.
Andromaque............ 3
Athalie 1
Bajazet................ 3
Mithridate 4
Phèdre 3
Les Plaideurs 5
Regnard.
Les Folies amoureuses.. 5
Le Légataire universel... 7
Royer et Vaëz.
Le Voyage à Pontoise.... 15
Samson.
La Famille Poisson...... 2
Sandeau.
Mlle de la Seiglière...... 66
Scribe.
Le Verre d'eau.......... 2
Scribe et E. Legouvé.
Adrienne Lecouvreur.... 6
Bataille de dames....... 10
Les Contes de la reine
de Navarre.......... 16
Scribe et Mélesville.
Valérie 2
Sedaine.
La Gageure imprévue... 2
Le Philosophe sans le
savoir............... 7
Tailhand.
Les Trois amours de Ti-
bulle................ 6
Voltaire.
Mahomet.............. 1
OEdipe................ 3
Wey.
Stella................. 6

1853

Achard.
Souvenirs de voyage...... 29
Allainval (d').
L'École des bourgeois... 3
Allart et Gozlan.
Les Lundis de madame... 15
Ancelot (Mme).
Marie.................. 1
Augier.
La Ciguë.............. 3
Gabrielle.............. 6
Augier et Sandeau.
La Pierre de touche...... 6
Aylic-Langlé.
Murillo................. 8
**Barrière
et Art. de Beauplan.**
Le Lys dans la vallée..... 11
Barthet.
Le Moineau de Lesbie ... 2
Bawr (Mme de).
La Suite d'un bal masqué.................. 2
Bayard et J. de Wailly.
Le Mari à la campagne... 6
Beaumarchais.
Le Barbier de Séville.... 8
Le Mariage de Figaro ... 11
Belloy (A. de).
La Mal'aria............. 10
Pythias et Damon....... 24
Bonjour.
Le Mari à bonnes fortunes................ 2
Corneille (P.).
Le Cid................. 2
Cinna................. 3
Horace................. 1
Le Menteur............. 4
Polyeucte............. 3
Rodogune.............. 1
Dancourt.
Le Chevalier à la mode.. 11
Delavigne.
Don Juan d'Autriche 5
L'École des vieillards ... 5
Les Enfants d'Édouard .. 9
Louis XI................ 4
Dinaux et E. Legouvé.
Louise de Lignerolles ... 8
Doucet.
Le Baron de Lafleur..... 4

Dumas (Al.).
Charles VII chez ses grands vassaux....... 2
Les Demoiselles de Saint-Cyr.................. 15
Mlle de Belle-Isle........ 11
**Dumas (Al.), Durieu
et A. Bourgeois.**
Le Mari de la veuve 17
Foussier.
Héraclite et Démocrite .. 2
Une Journée d'Agrippa d'Aubigné............. 10
Girardin (Mme de).
Lady Tartuffe........... 32
Gozlan.
La Fin du roman........ 13
Hoffman.
Le Roman d'une heure .. 4
Lafitte et Nyon.
Le Pour et le contre..... 2
Lafont.
Le Chef-d'œuvre inconnu. 6
**La Fontaine
et Champmeslé.**
La Coupe enchantée..... 11
Latour de Saint-Ybars.
Virginie................ 1
Lebrun.
Marie Stuart............ 1
Lucas.
Le Tisserand de Ségovie. 1
Mallefille.
Le Cœur et la dot....... 34
Marivaux.
L'Épreuve............. 4
Les Fausses confidences. 1
Le Jeu de l'Amour et du Hasard...........ℛ.. 11
Le Legs............... 8
Mélesville.
Sullivan............... 19
Méry et Lopez.
Le Sage et le fou........ 14
Molière.
L'Avare............... 15
Le Dépit amoureux 7
Don Juan.............. 4
L'École des femmes..... 7
L'École des maris....... 7
L'Étourdi............. 2

Molière (Suite).
Les Femmes savantes... 12
George Dandin.......... 6
Le Malade imaginaire ... 6
Le Mariage forcé........ 8
Le Médecin malgré lui... 11
Le Misanthrope......... 10
M. de Pourceaugnac..... 4
Les Précieuses ridicules. 2
Sganarelle............. 5
Tartuffe............... 11
Murger.
Le Bonhomme Jadis..... 16
Musset.
Un Caprice...:......... 7
Les Caprices de Marianne. 4
Il faut qu'une porte soit ouverte ou fermée 12
Il ne faut jurer de rien... 4
Ponsard.
Horace et Lydie......... 4
Prémaray.
Les Droits de l'homme .. 6
Racine.
Andromaque........... 2
Athalie............... 2
Bajazet............... 1
Britannicus........... 4
Mithridate............ 3
Phèdre 2
Les Plaideurs 2
Regnard.
Les Folies amoureuses... 5
Le Légataire universel... 1
Royer et Vaëz.
Le Voyage à Pontoise... 3
Samson.
La Famille Poisson...... 4
Sandeau.
Mlle de la Seiglière...... 24
Scribe.
Bertrand et Raton....... 6
La Camaraderie......... 20
Le Verre d'eau 10
Scribe et E. Legouvé.
Adrienne Lecouvreur.... 1
Bataille de dames 8
Les Contes de la reine de Navarre............. 10
Sedaine.
Le Philosophe sans le savoir............... 3

1854

Achard.
Souvenirs de voyage.... 11
Allainval (d').
L'École des bourgeois... 2
Augier.
La Cigüe............. 3
Gabrielle.............. 4
Augier et Sandeau.
La Pierre de touche..... 21
Banville.
La Muse héroïque (1)..... 1
Bawr (Mme de).
La Suite d'un bal masqué. 1
Beaumarchais.
Le Barbier de Séville.... 2
Le Mariage de Figaro... 9
Belloy (A. de).
Pythias et Damon....... 2
Corneille (P.).
Le Cid................. 4
Cinna 3
Horace 2
Le Menteur............ 2
Polyeucte.............. 7
Dancourt.
Le Chevalier à la mode.. 1
Delavigne.
L'École des vieillards.... 3
Les Enfants d'Édouard.. 5
Louis XI............... 4
Doucet.
Le Baron de Lafleur..... 2
Les Ennemis de la maison. 15
Du Fresny.
Le Double veuvage (2).. 21
Dumas (Al.).
Charles VII chez ses
grands vassaux....... 2
Les Demoiselles de Saint-
Cyr............... 4
Mlle de Belle-Isle........ 17
**Dumas (Al.), Durieu
et A. Bourgeois.**
Le Mari de la veuve..... 9
**Dumas (Al.), Feuillet
et Bocage.**
Romulus............... 51
Étienne.
La Jeune femme colère.. 7

Foucher et Lavergne.
Mlle Aïssé.............. 10
Foussier.
Héraclite et Démocrite... 1
Une Journée d'Agrippa
d'Aubigné 1
Girardin (Mme de).
La Joie fait peur........ 56
Gozlan.
La Fin du roman........ 8
Une Tempête dans un verre
d'eau................. 14
Hoffman.
Le Roman d'une heure.. 5
Juillerat.
La Reine de Lesbos....... 7
Lafont.
Le Chef-d'œuvre inconnu. 1
**La Fontaine
et Champmeslé.**
La Coupe enchantée..... 10
Latour de Saint-Ybars.
Rosemonde............. 7
Lebrun.
Marie Stuart........... 2
Lurine et Second.
La Comédie à Ferney.... 23
Mallefille.
Le Cœur et la dot....... 7
Marivaux.
L'Épreuve............. 7
Le Jeu de l'Amour et du
Hasard............. 6
Le Legs............... 5
Mazères.
Chacun de son côté..... 5
La Niaise.............. 8
Mélesville.
Sullivan.............. 3
Mélesville et Duveyrier.
La Marquise de Senne-
terre............... 8
Molière.
L'Avare 12
Le Dépit amoureux...... 7
L'École des femmes 4
L'École des maris 6
Les Femmes savantes... 21
Les Fourberies de Scapin. 1

Molière (Suite).
George Dandin.......... 4
Le Malade imaginaire... 3
Le Mariage forcé........ 4
Le Médecin malgré lui... 14
Le Misanthrope......... 4
M. de Pourceaugnac..... 1
Les Précieuses ridicules. 6
Sganarelle.............. 3
Tartuffe............... 13
Murger.
Le Bonhomme Jadis..... 20
Musset.
Un Caprice............. 11
Il faut qu'une porte soit
ouverte ou fermée..... 3
Il ne faut jurer de rien.. 1
Plouvier.
Le Songe d'une nuit d'hiver. 26
Ponsard.
Horace et Lydie......... 1
Ulysse 3
Racine.
Andromaque........... 3
Bajazet................ 1
Mithridate 5
Phèdre 10
Les Plaideurs........... 3
Regnard.
Le Légataire universel... 2
Samson.
La Belle-mère et le gendre. 6
La Dot de ma fille........ 8
La Famille Poisson...... 8
Sandeau.
Mlle de la Seiglière...... 14
Scribe.
Bertrand et Raton...... 6
La Camaraderie......... 10
Mon étoile............. 28
Le Verre d'eau......... 25
Scribe et E. Legouvé.
Adrienne Lecouvreur... 13
Bataille de dames....... 7
Les Contes de la reine de
Navarre 3
Scribe et Mélesville.
Valérie................ 4

(1) Poésie.
(2) Comédie retouchée par Guillard.

1855

Achard.
Souvenirs de voyage.... 3
Allainval (d').
L'École des bourgeois... 16
Barthet.
Le Moineau de Lesbie... 3
Beaumarchais.
Le Barbier de Séville.... 3
Le Mariage de Figaro.... 6
Belloy (A. de).
Pythias et Damon....... 7
Boyer (P.).
Hommage à Corneille (1). 1
Corneille (P.).
Cinna................. 1
Horace............... 3
Le Menteur............ 5
Polyeucte............. 3
Delavigne.
Les Enfants d'Édouard.. 1
Louis XI.............. 4
Doucet.
Les Ennemis de la maison................. 25
Dumas (Al.).
Les Demoiselles de Saint-Cyr.................. 14
Mlle de Belle-Isle........ 8
Dumas (Al.), Durieu et A. Bourgeois.
Le Mari de la veuve.... 1
Dumas (Al.), Feuillet et Bocage.
Romulus.............. 7
Étienne.
La Jeune femme colère.. 2
Feuillet.
Péril en la demeure..... 41
Foucher et Régnier.
La Joconde............ 18

Girardin (Mme de).
La Joie fait peur........ 40
Gozlan.
La Fin du roman....... 8
Le Gâteau des reines..... 27
Une Tempête dans un verre d'eau........... 20
Hoffman.
Le Roman d'une heure.. 9
Lacroix (O.).
L'Amour et son train.... 17
La Fontaine et Champmeslé.
La Coupe enchantée..... 11
Laya (L.).
Les Jeunes gens......... 67
Lebrun.
Marie Stuart.......... 1
Legouvé (E.).
Par droit de conquête.... 31
Lurine et Second.
La Comédie à Ferney... 23
Mallefille.
Le Cœur et la dot....... 1
Marivaux.
Les Fausses confidences. 16
Le Jeu de l'Amour et du Hasard.............. 3
Le Legs.............. 4
Méry.
L'Essai du mariage...... 30
Molière.
L'Avare.............. 10
Les Femmes savantes... 4
George Dandin......... 3
Le Malade imaginaire... 8
Le Mariage forcé....... 3
Le Médecin malgré lui... 10
Le Misanthrope........ 2
M. de Pourceaugnac..... 6
Les Précieuses ridicules. 6

Molière (*Suite*).
Tartuffe.............. 15
Monnier.
La Ligne droite........ 19
Murger.
Le Bonhomme Jadis..... 3
Musset.
Un Caprice............ 19
Les Caprices de Marianne 11
Il ne faut jurer de rien... 4
Nerval.
Misanthropie et Repentir. 10
Plouvier.
Le Songe d'une nuit d'hiver.............. 14
Racine.
Andromaque........... 3
Mithridate............ 3
Phèdre............... 3
Les Plaideurs.......... 1
Samson.
La Dot de ma fille....... 24
La Famille Poisson..... 3
Sandeau.
Mlle de la Seiglière...... 23
Scribe.
Bertrand et Raton....... 1
La Camaraderie......... 4
La Czarine........... 18
Mon étoile............ 8
Le Verre d'eau......... 5
Scribe et E. Legouvé.
Adrienne Lecouvreur.... 1
Bataille de dames...... 1
Les Contes de la reine de Navarre........... 10
Sedaine.
Le Philosophe sans le savoir.............. 7
Voltaire.
Tancrède............. 1

1856

About.
Guillery............... 2
Achard.
Souvenirs de voyage.... 2

Allainval (d').
L'École des bourgeois... 1
Augier.
La Ciguë.............. 6

Augier (*Suite*).
Gabrielle............. 22
Barbier (J.) et Carré.
Le Berceau............ 6

(1) Poésie.

Bawr (Mme de).
La Suite d'un bal mas-
qué.................. 9
Beaumarchais.
Le Mariage de Figaro... 19
Beauplan (Art. de).
Les Pièges dorés........ 39
Belloy (A. de).
Pythias et Damon....... 5
Berton (Mme).
La Diplomatie du mé-
nage 15
Bourgeois (E.).
Le Pied d'argile........ 1
Boyer (P.).
Les Muses de Molière (1). 3
Brueys.
L'Avocat Patelin....... 9
Caraguel.
Le Bougeoir............ 17
Corneille (P.).
Le Cid................. 3
Le Menteur............ 1
Polyeucte,............. 2
**Decourcelle
et Lacretelle.**
Fais ce que dois........ 5
Delavigne.
Don Juan d'Autriche.... 5
Les Enfants d'Édouard.. 2
Louis XI.............. 3
Dinaux et E. Legouvé.
Louise de Lignerolles... 6
Doucet.
Les Ennemis de la mai-
son 3
Dumas (Al.).
Les Demoiselles de Saint-
Cyr 7
Mlle de Belle-Isle....... 15
**Dumas (Al.), Durieu
et A. Bourgeois.**
Le Mari de la veuve..... 4
**Dumas (Al.), Feuillet
et Bocage.**
Romulus 5

Duval.
Les Héritiers........... 7
Étienne.
Brueys et Palaprat....... 3
Feuillet.
Péril en la demeure..... 1
Le Village............. 29
Foucher et Régnier.
La Joconde............. 19
Girardin (Mme de).
La Joie fait peur........ 31
Gozlan.
La Fin du roman....... 4
Le Gâteau des reines.... 1
Une Tempête dans un
verre d'eau........... 12
Guillard et Bézier.
*La Statuette d'un grand
homme* 18
Lacroix (O.).
L'Amour et son train.... 9
**La Fontaine
et Champmeslé.**
La Coupe enchantée.... 5
Laya (L.).
Les Jeunes gens........ 14
Les Pauvres d'esprit.... 11
Legouvé (E.).
Par droit de conquête... 16
Le Sage.
Crispin rival de son maître 5
Lurine et Second.
La Comédie à Ferney... 9
Marivaux.
L'Épreuve............. 9
Les Fausses confidences 20
Le Jeu de l'Amour et du
Hasard 16
Le Legs 17
Méry.
L'Essai du mariage...... 3
Molière.
Amphitryon 18
L'Avare............... 19
La Critique de l'École des
femmes 2

Molière (*Suite*).
Le Dépit amoureux...... 3
L'École des femmes..... 4
Les Femmes savantes... 16
George Dandin.......... 3
Le Malade imaginaire... 21
Le Mariage forcé....... 7
Le Médecin malgré lui... 2
Le Misanthrope......... 13
Les Précieuses ridicules 3
Sganarelle............. 2
Tartuffe............... 16
Monnier.
La Ligne droite........ 7
Murger.
Le Bonhomme Jadis..... 6
Musset.
Un Caprice 12
Les Caprices de Marianne. 4
Il ne faut jurer de rien.. 8
Racine.
Britannicus............ 5
Les Plaideurs.......... 16
Regnard.
Le Joueur 15
Le Légataire universel.. 4
Samson.
La Belle-mère et le gendre 2
La Dot de ma fille....... 5
La Famille Poisson...... 4
Sand (Mme).
Comme il vous plaira.... 10
Sandeau.
Mlle de la Seiglière...... 17
Scribe.
Bertrand et Raton....... 6
La Camaraderie........ 7
Une Chaîne............ 36
Mon étoile............ 5
Le Verre d'eau......... 13
Sedaine.
La Gageure imprévue.... 6
Le Philosophe sans le
savoir 5
Voltaire.
Zaïre................. 6

1857

Allainval (d').
L'École des bourgeois... 2
Augier.
La Cigüe.............. 3
Gabrielle 7
Philiberte............. 13

Barbier (J.) et Carré.
Le Berceau............. 2
Bawr (Mme de).
La Suite d'un bal masqué 3
Bayard et J. de Wailly.
Le Mari à la campagne.. 16

Beaumarchais.
Le Barbier de Séville.... 20
Le Mariage de Figaro... 13
Beauplan (Art. de).
Les Pièges dorés........ 3

(1) Poésie.

Beauvallet.
Molière (1)............ 1
Berton (Mme).
La Diplomatie du ménage. 1
Brueys.
L'Avocat Patelin....... 11
Caraguel.
Le Bougeoir............ 6
Corneille (P.).
Le Menteur............ 2
Polyeucte.............. 1
Delavigne.
Les Comédiens......... 10
Don Juan d'Autriche.... 2
Les Enfants d'Édouard.. 5
Dinaux et E. Legouvé.
Louise de Lignerolles.... 12
Doucet.
Les Ennemis de la maison. 2
Le Fruit défendu........ 18
Dubois.
Marton et Frontin....... 7
Dumas (Al.).
Les Demoiselles de Saint-
Cyr 7
Mlle de Belle-Isle........ 16
**Dumas (Al.), Feuillet
et Bocage.**
Romulus 2
Duval.
Les Héritiers........... 9
La Jeunesse de Henri V. 12
Étienne.
Brueys et Palaprat...... 4
Feuillet.
Le Village............. 7
Girardin (Mme de).
La Joie fait peur........ 17
Lady Tartuffe.......... 6
Gozlan.
La Fin du roman....... 4
Une Tempête dans un
verre d'eau........... 8

Guillard et Bézier.
La Statuette d'un grand
homme.............. 2
Hoffman.
Le Roman d'une heure.. 3
**La Fontaine
et Champmeslé.**
La Coupe enchantée..... 5
Laya (L.)
Les Jeunes gens....... 3
Lebrun.
Marie Stuart........... 2
Legouvé (E.).
Le Pamphlet........... 16
Par droit de conquête... 2
Le Sage.
Crispin rival de son
maître............... 2
Turcaret.............. 20
Lurine et Second.
La Comédie à Ferney... 1
Marivaux.
L'Épreuve............. 4
Les Fausses confidences. 9
Le Jeu de l'Amour et du
Hasard.............. 14
Le Legs.............. 6
Mazères.
Le Jeune mari......... 21
Mélesville.
Un Vers de Virgile...... 11
Molière.
Amphitryon........... 4
L'Avare.............. 17
Le Dépit amoureux...... 2
L'École des femmes..... 1
Les Femmes savantes... 12
George Dandin......... 2
Le Malade imaginaire.... 17
Le Mariage forcé....... 6
Le Médecin malgré lui... 3
Le Misanthrope........ 10

Molière (Suite).
Les Précieuses ridicules. 3
Tartuffe.............. 15
Montfleury.
La Femme juge et partie. 7
Murger.
Le Bonhomme Jadis..... 6
Musset.
Un Caprice 9
Picard.
La Petite ville.......... 22
Racine.
Britannicus 1
Les Plaideurs.......... 11
Regnard.
Le Joueur............ 4
Le Légataire universel... 7
Rotrou.
Venceslas............ 2
Samson.
La Famille Poisson...... 2
Sandeau.
Mlle de la Seiglière....... 6
Scribe.
Bertrand et Raton....... 5
La Calomnie.......... 19
Une Chaîne........... 14
Mon étoile........... 1
Le Verre d'eau......... 7
Scribe et E. Legouvé.
Bataille de dames....... 8
Scribe et Mélesville.
Valérie 8
Sedaine.
La Gageure imprévue.... 6
Le Philosophe sans le
savoir............... 3
Uchard.
La Fiammina 72
Vigny.
Chatterton............ 9
Wafflard et Fulgence.
Le Voyage à Dieppe..... 17

1858

Augier.
La Ciguë.............. 1
Bayard et J. de Wailly.
Le Mari à la campagne.. 1
Beaumarchais.
Le Barbier de Séville.... 10
Le Mariage de Figaro... 11
Berton (Mme).
La Diplomatie du ménage 4

Brueys.
L'Avocat Patelin........ 1
Caraguel.
Le Bougeoir........... 1
Clément (R.).
L'Oncle de Sicyone 2
Corneille (P.).
Le Cid................ 2
Le Menteur............ 2

Corneille (P.) (Suite).
Polyeucte............. 3
Delavigne.
Don Juan d'Autriche.... 6
L'École des vieillards... 10
Les Enfants d'Édouard.. 1
Louis XI.............. 2
Dinaux et E. Legouvé.
Louise de Lignerolles... 6

(1) Poésie.

Doucet.
Le Baron de Lafleur.... 9
Le Fruit défendu....... 27
Dubois.
Marton et Frontin...... 2
Dumas (Al.).
Les Demoiselles de Saint-
Cyr.................. 7
Mlle de Belle-Isle....... 6
Duval.
Les Héritiers.......... 3
La Jeunesse de Henri V. 7
Étienne.
Brueys et Palaprat..... 1
Feuillet.
Le Village............. 2
Girardin (Mme de).
La Joie fait peur........ 17
Gozlan.
La Fin du roman....... 5
Une Tempête dans un
verre d'eau........... 3
Lacroix (J.).
Œdipe roi............. 16
Lafont.
L'Arioste............. 7
Lecomte.
Le Luxe................ 23
Legouvé (E.).
Le Pamphlet........... 1
Par droit de conquête... 8
Marivaux.
L'Épreuve............. 1
Les Fausses confidences. 10

Marivaux (*Suite*).
Le Jeu de l'Amour et du
Hasard.............. 15
Le Legs............... 8
Mazères.
Le Jeune mari......... 11
Méry et Siraudin.
Les Deux Frontins...... 9
Molière.
Amphitryon............ 5
L'Avare.............. 11
Le Bourgeois gentil-
homme.............. 31
Le Dépit amoureux..... 2
Don Juan............. 22
Les Femmes savantes... 15
George Dandin......... 2
Le Malade imaginaire.. 14
Le Médecin malgré lui.. 2
Le Misanthrope........ 8
Tartuffe.............. 18
Murger.
Le Bonhomme Jadis..... 5
Musset.
Un Caprice............ 17
Les Caprices de Marianne 7
Il faut qu'une porte soit
ouverte ou fermée..... 11
**Picard, Wafflard
et Fulgence.**
Les Deux ménages...... 3
Racine.
Britannicus............ 2
Les Plaideurs.......... 8

Ratisbonne.
Héro et Léandre........ 6
Regnard.
Les Folies amoureuses.. 5
Le Légataire universel.. 4
Samson.
La Dot de ma fille...... 2
Sandeau.
Mlle de la Seiglière..... 10
Scribe.
Bertrand et Raton...... 1
La Calomnie........... 7
Une Chaîne............ 8
Le Verre d'eau........ 9
Scribe et Duveyrier.
Oscar................. 9
Scribe et E. Legouvé.
Bataille de dames...... 12
Les Doigts de fée........ 55
Scribe et Mélesville.
Valérie................ 12
Scribe et Potron.
Feu Lionel............. 30
Sedaine.
Le Philosophe sans le
savoir............... 3
Uchard.
La Fiammina.......... 12
Le Retour du mari...... 8
Vigny.
Chatterton............. 6
Wafflard et Fulgence.
Le Voyage à Dieppe.... 10

1859

Augier.
La Ciguë.............. 1
Gabrielle............. 6
Philiberte............ 7
Bawr (Mme de).
La Suite d'un bal masqué 3
Bayard et J. de Wailly.
Le Mari à la campagne.. 5
Beaumarchais.
Le Barbier de Séville.... 5
Le Mariage de Figaro... 16
Beauplan (Art. de).
Les Pièges dorés........ 9
Beauvallet.
Vers à Corneille........ 1
Berton (Mme).
La Diplomatie du ménage 4
Brohan (Mlle).
Qui femme a, guerre a... 8

Brueys.
L'Avocat Patelin....... 2
Caraguel.
Le Bougeoir........... 7
Clément (R.).
L'Oncle de Sicyone..... 2
Collin d'Harleville.
Le Vieux célibataire..... 6
Corneille (P.).
Le Cid................ 3
Le Menteur............ 1
Polyeucte,............ 3
Rodogune............. 5
Delavigne.
Don Juan d'Autriche.... 2
L'École des vieillards... 4
Les Enfants d'Édouard.. 3
Louis XI.............. 5
Destouches.
Le Philosophe marié.... 11

Dinaux et E. Legouvé.
Louise de Lignerolles... 5
Doucet.
Le Baron de Lafleur..... 2
Le Fruit défendu....... 9
Dumas (Al.).
Les Demoiselles de Saint-
Cyr................. 6
Mlle de Belle-Isle....... 13
**Dumas (Al.), Durieu
et A. Bourgeois.**
Le Mari de la veuve..... 5
Duval.
Les Héritiers.......... 3
La Jeunesse de Henri V. 2
Fabre d'Églantine.
Le Philinte de Molière... 5
Feuillet.
Le Village............. 7

Girardin (Mme de).
La Joie fait peur 14
Lady Tartuffe 3
Gozlan.
La Fin du roman 2
Une Tempête dans un
   verre d'eau 8
Hoffman.
Le Roman d'une heure .. 1
Lacroix (J.).
OEdipe roi 1
Laya (L.).
Le Duc Job 34
Lecomte.
Le Luxe 19
Legouvé (E.).
Par droit de conquête ... 13
Marivaux.
Les Fausses confidences 2
Le Jeu de l'Amour et du
   Hasard 22
Le Legs 8
Mazères.
Le Jeune mari 13
Molière.
Amphitryon 4
L'Avare 7
Le Bourgeois gentil-
   homme 11
Le Dépit amoureux 2
Don Juan 2
L'École des femmes 3

Molière (*Suite*).
L'École des maris 4
Les Femmes savantes .. 12
George Dandin 2
Le Malade imaginaire ... 14
Le Misanthrope 9
Les Précieuses ridicules . 2
Tartuffe 14
Monvel.
L'Amant bourru 3
Murger.
Le Bonhomme Jadis 1
Musset.
Un Caprice 19
Les Caprices de Marianne 18
Il faut qu'une porte soit
   ouverte ou fermée 23
Nicolle.
Les Projets de ma tante ... 28
Picard.
Le Collatéral 6
La Petite ville 2
**Picard, Wafflard
et Fulgence.**
Les Deux ménages 21
Racine.
Athalie 16
Britannicus 4
Iphigénie 5
Les Plaideurs 6
Ratisbonne.
Héro et Léandre 4

Regnard.
Le Joueur 4
Samson.
La Belle-mère et le gendre 6
La Famille Poisson 9
Sandeau.
Mlle de la Seiglière 13
Scribe.
Bertrand et Raton 2
La Camaraderie 7
Une Chaîne 14
Le Verre d'eau 13
Scribe et Biéville.
Rêves d'amour 23
Scribe et Duveyrier.
Oscar 16
Scribe et E. Legouvé.
Adrienne Lecouvreur.... 25
Bataille de dames 26
Les Doigts de fée 10
Scribe et Mélesville.
Valérie 1
Sedaine.
La Gageure imprévue ... 4
Le Philosophe sans le
   savoir 6
Uchard.
La Fiammina 12
Vacquerie.
Souvent homme varie 26
Wafflard et Fulgence.
Le Voyage à Dieppe 8

1860

Augier.
L'Aventurière 22
Gabrielle 11
Le Joueur de flûte 2
Barrière.
Le Feu au couvent 45
Bawr (Mme de).
La Suite d'un bal masqué. 5
Bayard et J. de Wailly.
Le Mari à la campagne .. 2
Beaumarchais.
Le Barbier de Séville 5
Le Mariage de Figaro ... 7
Berton (Mme).
La Diplomatie du ménage 1
Bornier.
Le Quinze janvier 2
Brohan (Mlle).
Qui femme a, guerre a... 18

Charles Edmond.
L'Africain 23
Corneille (P.).
Cinna 4
Le Menteur 1
La Mort de Pompée 4
Polyeucte (1) 4
Delavigne.
Don Juan d'Autriche 2
L'École des vieillards 5
Les Enfants d'Édouard .. 1
Louis XI 1
Destouches.
Le Philosophe marié 1
Dinaux et E. Legouvé.
Louise de Lignerolles ... 3
Doucet.
Le Baron de Lafleur 1
La Considération 29
Le Fruit défendu, ... 1

Dumas (Al.).
Les Demoiselles de Saint-
   Cyr 11
Mlle de Belle-Isle 4
Feuillet.
Péril en la demeure 15
Le Village 1
Girardin (Mme de).
La Joie fait pour 13
Gozlan.
Une Tempête dans un
   verre d'eau 6
Hoffman.
Le Roman d'une heure .. 10
Laya (L.).
Le Duc Job 87
Les Jeunes gens 23
Lecomte.
Le Luxe 5

(1) À la représentation du 1er mars, on n'a donné que des fragments des 4e et 5e actes.

Legouvé (E.).
Stances à Racine (1)...... 1
Le Sage.
Crispin rival de son maître 2
Mallefille.
Le Cœur et la dot....... 13
Les Deux veuves......... 39
Marivaux.
L'Épreuve.............. 3
Les Fausses confidences. 2
Le Jeu de l'Amour et du Hasard.............. 12
Le Legs............... 9
Mazères.
Le Jeune mari......... 9
Molière.
Amphitryon........... 1
L'Avare.............. 6
Le Bourgeois gentilhomme.............. 3
Le Dépit amoureux.... 12
Don Juan............. 1
L'École des maris...... 2
Les Femmes savantes... 4
George Dandin........ 1
Le Malade imaginaire... 11
Le Mariage forcé....... 1
Le Médecin malgré lui.. 2
Le Misanthrope........ 7
Les Précieuses ridicules. 3

Molière (Suite).
Tartuffe............... 15
Monvel.
L'Amant bourru........ 1
Murger.
Le Bonhomme Jadis..... 13
Musset.
Un Caprice........... 12
Les Caprices de Marianne.............. 8
Il faut qu'une porte soit ouverte ou fermée..... 19
Nicolle.
Les Projets de ma tante. 23
Picard, Wafflard et Fulgence.
Les Deux ménages...... 4
Pigault-Lebrun.
Les Rivaux d'eux-mêmes 1
Ponsard.
Horace et Lydie........ 18
Racine.
Andromaque.......... 3
Athalie.............. 2
Britannicus........... 3
Iphigénie............ 2
Phèdre.............. 2
Les Plaideurs.......... 11
Regnard.
Les Folies amoureuses.. 4

Regnard (Suite).
Le Légataire universel.. 1
Rolland.
Hommage à Racine (2).... 1
Samson.
La Belle-mère et le gendre 8
La Famille Poisson...... 3
Sandeau.
Mlle de la Seiglière...... 16
Scribe.
Bertrand et Raton....... 4
La Calomnie........... 1
La Camaraderie........ 4
Une Chaîne........... 3
Le Verre d'eau........ 11
Scribe et Duveyrier.
Oscar............... 1
Scribe et E. Legouvé.
Adrienne Lecouvreur.... 7
Bataille de dames....... 6
Scribe et Mélesville.
Valérie.............. 10
Sedaine.
La Gageure imprévue... 2
Uchard.
La Fiammina.......... 3
Vacquerie.
Souvent homme varie... 6
Wafflard et Fulgence.
Le Voyage à Dieppe..... 5

1861

Augier.
L'Aventurière.......... 2
Les Effrontés........... 90
Gabrielle.............. 10
Barrière.
Le Feu au couvent...... 9
Bawr (Mme de).
La Suite d'un bal masqué................ 5
Bayard et J. de Wailly.
Le Mari à la campagne.. 5
Beaumarchais.
Le Barbier de Séville.... 6
Le Mariage de Figaro.... 8
Belloy (A. de).
Pythias et Damon....... 6
Caraguel.
Le Bougeoir........... 3
Corneille (P.).
Le Cid................ 5
Cinna............... 2

Corneille (P.) (Suite)
L'Illusion comique...... 8
Le Menteur........... 1
Nicomède............ 4
Polyeucte............ 1
Delavigne.
Les Comédiens......... 4
Don Juan d'Autriche.... 5
L'École des vieillards... 1
Les Enfants d'Édouard.. 3
Louis XI............. 2
Dinaux et E. Legouvé.
Louise de Lignerolles... 2
Doucet.
La Considération....... 10
Le Fruit défendu....... 2
Du Fresny.
L'Esprit de contradiction. 4
Dumas (Al.).
Les Demoiselles de Saint-Cyr.............. 4

Dumas (Al.) (Suite).
Mlle de Belle-Isle....... 8
Un Mariage sous Louis XV 23
Feuillet.
Le Village........... 8
Girardin (Mme de).
La Joie fait peur....... 9
Gozlan.
La Pluie et le beau temps. 31
Une Tempête dans un verre d'eau.......... 4
Hoffman.
Le Roman d'une heure... 5
Lacroix (J.).
Œdipe roi............ 9
Laya (L.).
Le Duc Job........... 31
Les Jeunes gens....... 3
Legouvé (E.).
Un Jeune homme qui ne fait rien.............. 48

(1) Récitées par Mme Ristori.
(2) Poésie dialoguée.

Lurine et Second.
La Comédie à Ferney... 10

Mallefille.
Le Cœur et la dot....... 6
Les Deux veuves....... 14

Marivaux.
Les Fausses confidences. 1
Le Jeu de l'Amour et du Hasard........... 9
Le Legs............... 4

Mazères.
Le Jeune mari.......... 6

Molière.
L'Amour médecin....... 8
Amphitryon........... 2
L'Avare.............. 7
Le Bourgeois gentilhomme............. 3
La Critique de l'École des femmes............. 2
Le Dépit amoureux..... 7
Don Juan............. 2
L'École des femmes..... 5
L'École des maris...... 2
Les Femmes savantes... 8
Les Fourberies de Scapin. 4
Le Malade imaginaire... 14
Le Mariage forcé....... 1
Le Médecin malgré lui.. 9
Le Misanthrope........ 7
M. de Pourceaugnac 2

Molière (*Suite*).
Les Précieuses ridicules. 4
Le Sicilien............. 9
Tartuffe............... 11

Murger.
Le Bonhomme Jadis..... 18

Musset.
Un Caprice........... 13
Les Caprices de Marianne............... 3
Il faut qu'une porte soit ouverte ou fermée.... 11
On ne badine pas avec l'Amour........... 19

Nicolle.
Les Projets de ma tante. 14

Picard, Wafflard et Fulgence.
Les Deux ménages...... 14

Ponsard.
Horace et Lydie........ 4

Racine.
Andromaque........... 1
Athalie (1)............. 5
Bajazet.............. 2
Britannicus........... 2
L'éloge de Corneille...... 1
Iphigénie............. 1
Phèdre............... 5
Les Plaideurs......... 15

Regnard.
Les Folies amoureuses.. 4
Le Joueur............. 2
Le Légataire universel.. 2

Samson.
La Belle-mère et le gendre 2
La Famille Poisson..... 1

Sandeau.
Mlle de la Seiglière...... 6

Scribe.
Bertrand et Raton 2
La Camaraderie......... 5
Une Chaine............ 2
Le Verre d'eau........ 7

Scribe et Duveyrier.
Oscar................. 1

Scribe et E. Legouvé.
Adrienne Lecouvreur.... 9
Bataille de dames....... 5

Scribe et Mélesville.
Valérie................ 14

Sedaine.
La Gageure imprévue... 3
Le Philosophe sans le savoir............. 2

Uchard.
La Fiammina.......... 6

Vacquerie.
Souvent homme varie.... 1

Wafflard et Fulgence.
Le Voyage à Dieppe.... 1

1862

Augier.
L'Aventurière.......... 4
Les Effrontés.......... 16
Le Fils de Giboyer....... 18
Gabrielle.............. 4

Barrière.
Le Feu au couvent...... 9

Bayard et J. de Wailly.
Le Mari à la campagne.. 1

Beaumarchais.
Le Barbier de Séville.... 8
Le Mariage de Figaro... 7

Belloy (A. de).
Pythias et Damon....... 3

Bouilhet.
Dolorès............... 14

Caraguel.
Le Bougeoir........... 8

Corneille (P.).
Le Cid................ 2

Corneille (P.) (*Suite*).
Cinna................. 1
Horace............... 4
L'Illusion comique...... 2
Le Menteur........... 1

Delavigne.
Don Juan d'Autriche.... 2
Les Enfants d'Édouard.. 3

Dinaux et E. Legouvé.
Louise de Lignerolles... 4

Doucet.
Le Fruit défendu........ 2

Du Fresny.
L'Esprit de contradiction 2

Dumas (Al.).
Mlle de Belle-Isle....... 3
Un Mariage sous Louis XV 10

Dumas (Al.), Durieu et A. Bourgeois.
Le Mari de la veuve..... 14

Dumas (Al.), Feuillet et Bocage.
Romulus.............. 4

Feuillet.
Péril en la demeure..... 3
Le Village............ 6

Fournier (É.).
Corneille à la butte Saint-Roch............... 25

Girardin (Mme de).
La Joie fait peur....... 11

Gozlan.
La Pluie et le beau temps. 18
Une Tempête dans un verre d'eau.......... 2

Hoffman.
Le Roman d'une heure.. 4

La Fontaine et Champmeslé.
La Coupe enchantée..... 5,

(1) Aux représentations des 21 et 26 décembre, on n'a donné que les 2e et 3e actes.

Laya (L.).
Le Duc Job........... 11
La Loi du cœur 40
Lecomte.
Le Luxe............... 2
Legouvé (E.).
Un Jeune homme qui ne
fait rien............. 14
Le Sage.
Crispin rival de son maître 4
Turcaret.............. 3
Lurine et Second.
La Comédie à Ferney... 6
Mallefille.
Le Cœur et la dot....... 9
Les Deux veuves....... 8
Marivaux.
L'Épreuve............. 4
Les Fausses confidences 2
Le Jeu de l'Amour et du
Hasard.............. 13
Le Legs.............. 7
Mazères.
Le Jeune mari......... 5
Molière.
L'Amour médecin....... 3
L'Avare............... 17
Le Bourgeois gentil-
homme.............. 15
Le Dépit amoureux..... 9
Don Juan............. 3
L'École des femmes..... 1
L'École des maris....... 1

Molière (*Suite*).
Les Femmes savantes.. 15
Les Fourberies de Scapin 2
George Dandin......... 2
Le Malade imaginaire... 14
Le Médecin malgré lui.. 11
Le Misanthrope........ 12
Les Précieuses ridicules. 4
Le Sicilien............. 2
Tartuffe............... 23
**Molière, P. Corneille
et Quinault.**
Psyché............... 22
Murger.
Le Bonhomme Jadis..... 12
Musset.
Un Caprice........... 17
Les Caprices de Marianne. 11
Il faut qu'une porte soit
ouverte ou fermée.... 16
On ne badine pas avec
l'Amour.............. 21
Nicolle.
Les Projets de ma tante 13
**Picard, Wafflard
et Fulgence.**
Les Deux ménages..... 18
Ponsard.
L'Honneur et l'argent.... 45
Horace et Lydie........ 3
Racine.
Andromaque........... 1
Athalie (1)............. 1

Racine (*Suite*).
Britannicus (2)......... 3
Iphigénie............. 3
Mithridate............. 1
Phèdre............... 4
Les Plaideurs.......... 9
Regnard.
Les Folies amoureuses.. 4
Le Légataire universel.. 4
Samson.
La Belle-mère et le gendre 1
La Famille Poisson..... 1
Sandeau.
Mlle de la Seiglière..... 11
Sardou.
La Papillonne 23
Scribe.
La Calomnie.......... 4
La Camaraderie........ 3
Une Chaîne.......... 4
Scribe et E. Legouvé.
Adrienne Lecouvreur.... 5
Bataille de dames....... 6
Scribe et Mélesville.
Valérie................ 10
Sedaine.
La Gageure imprévue... 1
Le Philosophe sans le
savoir............... 5
Uchard.
La Fiammina.......... 8
Vacquerie.
Souvent homme varie... 6

1863

Allainval (d').
L'École des bourgeois... 4
Augier.
Le Fils de Giboyer..... 92
Gabrielle............. 7
La Jeunesse........... 21
Bayard et J. de Wailly.
Le Mari à la campagne.. 5
Beaumarchais.
Le Barbier de Séville.... 7
Eugénie.............. 4
Le Mariage de Figaro... 12
Collin d'Harleville.
Le Vieux célibataire..... 1
Corneille (P.).
Cinna................. 4

Corneille (P.) (*Suite*).
Horace................ 3
L'Illusion comique...... 1
Le Menteur............ 2
Rodogune............. 3
Delavigne.
L'École des vieillards... 2
Les Enfants d'Édouard.. 6
Louis XI............. 12
Derville.
*Les Embarras de la
Comédie* (3)........... 1
**Dumas (Al.), Durieu
et A. Bourgeois.**
Le Mari de la veuve.... 10
Feuillet.
Le Village............. 1

Fournier (É.).
Corneille à la butte Saint-
Roch................ 5
Girardin (Mme de).
La Joie fait peur....... 18
Gondinet.
Trop curieux........... 17
Gozlan.
La Pluie et le beau
temps............... 3
Une Tempête dans un
verre d'eau.......... 3
Hoffman.
Le Roman d'une heure .. 7
**La Fontaine
et Champmeslé.**
La Coupe enchantée.... 1

(1) 2e acte.
(2) A la représentation du 22 décembre, on n'a donné que le 4e acte.
(3) Poésie.

Laya (L.).
Le Duc Job............. 5

Lecomte.
Une Loge d'opéra....... 34

Legouvé (E.).
Un Jeune homme qui ne fait rien............. 3
Par droit de conquête ... 5

Le Sage.
Crispin rival de son maître............... 3

Lurine et Second.
La Comédie à Ferney... 5

Mallefille.
Le Cœur et la dot...... 9
Les Deux veuves....... 9

Marivaux.
L'Épreuve.............. 5
Les Fausses confidences. 1
Le Jeu de l'Amour et du Hasard.............. 10
Le Legs............... 11
La Mère confidente..... 11

Mazères.
Le Jeune mari.......... 3

Molière.
L'Amour médecin....... 1
Amphitryon............ 1
L'Avare............... 14
Le Bourgeois gentilhomme (1)........... 3
Le Dépit amoureux..... 9
Don Juan.............. 1
L'École des femmes..... 5

Molière (Suite).
L'École des maris....... 1
L'Étourdi.............. 1
Les Femmes savantes... 16
Les Fourberies de Scapin 6
George Dandin......... 4
Le Malade imaginaire.. 15
Le Mariage forcé........ 5
Le Médecin malgré lui... 11
Le Misanthrope......... 12
Les Précieuses ridicules. 10
Sganarelle............. 1
Le Sicilien............. 1
Tartuffe............... 24

Montfleury.
La Femme juge et partie. 1

Murger.
Le Bonhomme Jadis.... 11

Musset.
Un Caprice............ 11
Les Caprices de Marianne 6
Il faut qu'une porte soit ouverte ou fermée.... 5

Nicolle.
Les Projets de ma tante. 10

Pailleron.
Le Dernier quartier..... 15

Ponsard.
L'Honneur et l'argent... 13
Horace et Lydie........ 12

Racine.
Andromaque........... 6
Athalie................ 7
Bajazet................ 1

Racine (Suite).
Britannicus............ 1
Esther................. 1
Iphigénie.............. 1
Mithridate............. 2
Phèdre (2)............. 5
Les Plaideurs.......... 17

Regnard.
Attendez-moi sous l'orme 7
Les Folies amoureuses.. 8
Le Joueur............. 1

Samson.
La Belle-mère et le gendre 2
La Famille Poisson..... 7

Sandeau.
Mlle de la Seiglière..... 2
La Maison de Pénarvan.. 9

Scribe.
Bertrand et Raton...... 1
La Camaraderie........ 1
Une Chaîne............ 3

Scribe et Mélesville.
Valérie................ 4

Sedaine.
La Gageure imprévue... 8
Le Philosophe sans le savoir............... 2

Uchard.
La Fiammina........... 6

Vacquerie.
Jean Baudry........... 39
Souvent homme varie... 5

Voltaire.
Mérope................ 3

1864

Augier.
Le Fils de Giboyer...... 6
Gabrielle.............. 4
La Jeunesse........... 2
Maître Guérin.......... 43

Augier et Sandeau.
Le Gendre de M. Poirier. 35

Barrière.
Le Feu au couvent...... 8

Bayard et J. de Wailly.
Le Mari à la campagne.. 4

Beaumarchais.
Le Barbier de Séville.... 8
Le Mariage de Figaro... 8

Caraguel.
Le Bougeoir........... 7

Corneille (P.).
Le Cid................. 3
Cinna................. 2
Héraclius.............. 3
Horace................ 1
Rodogune 1

Delavigne.
Don Juan d'Autriche.... 2
Les Enfants d'Édouard.. 2
Louis XI............... 2

Duboys.
La Volonté............. 12

Dumas (Al.), Durieu et A. Bourgeois.
Le Mari de la veuve..... 13

Duveyrier.
Faute de s'entendre..... 21

Feuillet.
Le Cheveu blanc 4
Le Village............. 12

Fournier (É.).
Corneille à la butte Saint-Roch 2

Girardin (Mme de).
La Joie fait peur....... 18

Gozlan.
La Pluie et le beau temps 11

(1) Le 14 avril, on n'a donné que les 3e et 4e actes.
(2) Le 12 mai, on n'a pas donné le 5e acte.

Gozlan (*Suite*).
Une Tempête dans un
  verre d'eau 3
Hoffman.
Le Roman d'une heure . . 3
Labiche et Martin.
Moi 42
**La Fontaine
et Champmeslé.**
La Coupe enchantée 7
Launay (A. de).
Adieu paniers! 11
Laya (L.).
Le Duc Job 3
Lecomte.
Une Loge d'opéra 11
Legouvé (E.).
Un Jeune homme qui ne
  fait rien 7
Le Sage.
Crispin rival de son maitre 2
Lurine et Second.
La Comédie à Ferney . . . 4
Mallefille.
Le Cœur et la dot 2
Les Deux veuves 11
Marivaux.
L'Épreuve 4
Les Fausses confidences . 4
Le Jeu de l'Amour et du
  Hasard 11
Le Legs 14
Mazères.
Le Jeune mari 5
Molière.
L'Amour médecin 2

Molière (*Suite*).
L'Avare 7
La Comtesse d'Escar-
  bagnas 3
Le Dépit amoureux 14
L'École des femmes 21
L'Ecole des maris 1
Les Femmes savantes . . . 14
Les Fourberies de Scapin 23
George Dandin 8
Le Malade imaginaire . . . 12
Le Mariage forcé 1
Le Médecin malgré lui . . 16
Mélicerte 3
Le Misanthrope 13
M. de Pourceaugnac 4
Les Précieuses ridicules . 18
Le Sicilien 1
Tartuffe 15
**Molière, P. Corneille
et Quinault.**
Psyché 2
Murger.
Le Bonhomme Jadis 16
Musset.
Un Caprice 7
Les Caprices de Marianne . 9
Il faut qu'une porte soit
  ouverte ou fermée 10
Il ne faut jurer de rien . . 25
On ne badine pas avec
  l'Amour 16
Nicolle.
Les Projets de ma tante . 7
Pailleron.
Le Dernier quartier 37

Ponsard.
L'Honneur et l'argent . . . 8
Horace et Lydie 20
Racine.
Andromaque 1
Athalie 1
Britannicus 2
Esther 17
Iphigénie 1
Phèdre 3
Les Plaideurs 12
La Thébaïde (1) 2
Regnard.
Les Folies amoureuses . . 4
Le Légataire universel . . 6
Rolland.
Voltaire au foyer 2
Samson.
La Famille Poisson 1
Sandeau.
La Maison de Pénarvan . 3
Scribe.
Une Chaîne 3
Le Verre d'eau 21
Scribe et Mélesville.
Valérie 15
Sedaine.
La Gageure imprévue . . . 8
Le Philosophe sans le
  savoir 2
Uchard.
La Fiammina 5
Vacquerie.
Jean Baudry 9
Souvent homme varie . . . 2

1865

Augier.
Maitre Guérin 58
Augier et Sandeau.
Le Gendre de M. Poirier . 14
Banville.
La Pomme 44
Barrière.
Le Feu au couvent 7
Bayard et J. de Wailly.
Le Mari à la campagne . . 1
Beaumarchais.
Le Barbier de Séville 11
Le Mariage de Figaro 8

Bergerat.
Une Amie 20
Bornier.
Stances à Racine 1
Caraguel.
Le Bougeoir 12
Corneille (P.).
Le Cid 1
Cinna 1
Horace 1
Le Menteur 1
Rodogune 3
Daudet et Manuell.
L'Œillet blanc 37

Delavigne.
Don Juan d'Autriche 1
L'École des vieillards 3
Les Enfants d'Édouard . . 5
Louis XI (2) 2
Doucet.
Le Fruit défendu 22
Dumas (Al.).
Un Mariage sous Louis XV 21
**Dumas (Al.), Durieu
et A. Bourgeois.**
Le Mari de la veuve 12

(1) 4e et 5e actes.
(2) A la représentation du 18 février, on n'a donné que les 3e et 4e actes.

Dumas fils et Girardin.
Le Supplice d'une femme. 83
Duveyrier.
Faute de s'entendre..... 1
Feuillet.
Le Cheveu blanc 15
Le Village............. 11
Fournier (É.).
Corneille à la butte Saint-
Roch 2
Gautier.
Prologue d'Henriette Ma-
réchal 6
Girardin (Mme de).
La Joie fait peur........ 8
Goncourt (E. et J. de).
Henriette Maréchal...... 6
Gozlan.
La Pluie et le beau temps 16
Une Tempête dans un
verre d'eau........... 8
**La Fontaine
et Champmeslé.**
La Coupe enchantée..... 4
Laluyé.
Au printemps 26
Lecomte.
Une Loge d'opéra...... 10
Legouvé (E.).
Un Jeune homme qui ne
fait rien............. 6
Le Sage.
Crispin rival de son maitre 1
Lurine et Second.
La Comédie à Ferney... 1
Marivaux.
L'Épreuve............. 2

Marivaux (Suite).
Le Jeu de l'Amour et du
Hasard.............. 6
Le Legs.............. 16
Mazères.
Le Jeune mari......... 9
Molière.
Amphitryon 6
L'Avare 9
Le Bourgeois gentil-
homme.............. 9
Le Dépit amoureux...... 4
L'École des femmes..... 4
L'École des maris....... 1
Les Femmes savantes... 12
Les Fourberies de Scapin 12
George Dandin........ 2
Le Malade imaginaire... 10
Le Mariage forcé....... 1
Le Médecin malgré lui... 10
Le Misanthrope........ 7
Les Précieuses ridicules. 9
Tartuffe.............. 23
Murger.
Le Bonhomme Jadis..... 5
Musset.
Un Caprice........... 8
Les Caprices de Marianne 15
Il faut qu'une porte soit
ouverte ou fermée.... 5
Il ne faut jurer de rien... 14
On ne badine pas avec
l'Amour 6
Nicolle.
Les Projets de ma tante. 13
Pailleron.
Le Dernier quartier..... 26

Piron.
La Métromanie......... 8
Ponsard.
L'Honneur et l'argent ... 13
Horace et Lydie........ 16
Racine.
Andromaque........... 1
Athalie 12
Iphigénie............. 1
Mithridate............ 2
Phèdre 2
Les Plaideurs 13
Regnard.
Les Folies amoureuses .. 5
Le Légataire universel .. 6
Samson.
La Famille Poisson...... 2
Scribe.
Le Verre d'eau......... 17
Scribe et Mélesville.
Valérie 6
Scribe et Potron.
Feu Lionel............ 13
Sedaine.
La Gageure imprévue ... 2
Le Philosophe sans le
savoir.............. 10
Uchard.
La Fiammina.......... 1
Vacquerie.
Souvent homme varie ... 3
Voltaire.
Mérope............... 2
Wafflard et Fulgence.
Le Voyage à Dieppe 12

1866

Augier.
Gabrielle 12
Banville.
Gringoire............. 52
La Pomme............ 10
Beaumarchais.
Le Barbier de Séville.... 5
Le Mariage de Figaro (1). 7
Caraguel.
Le Bougeoir........... 6
Collin d'Harleville.
Le Vieux célibataire..... 3
Corneille (P.).
Le Cid................ 1

Corneille (P.) (Suite).
Cinna................ 3
Horace............... 2
Le Menteur 6
Polyeucte............ 2
Rodogune............ 1
Crébillon.
Atrée et Thyeste....... 6
Delavigne.
Don Juan d'Autriche.... 6
L'École des vieillards... 1
Les Enfants d'Édouard.. 3
Dumas (Al.).
Un Mariage sous Louis XV 10

**Dumas (Al.), Durieu
et A. Bourgeois.**
Le Mari de la veuve.... 4
Dumas fils et Girardin.
Le Supplice d'une femme 22
Duveyrier.
Faute de s'entendre 3
Feuillet.
Le Cheveu blanc........ 4
Péril en la demeure..... 17
Le Village............. 9
Girardin (Mme de).
La Joie fait peur........ 2

(1) Le 19 avril, on n'a donné que le 2e acte.

Gozlan.

La Pluie et le beau temps ... 3
Une Tempête dans un verre d'eau ... 13

Labiche et Martin.

Moi ... 2

La Fontaine et Champmeslé.

La Coupe enchantée ... 7

Laluyé.

Au printemps ... 11

Lecomte.

Une Loge d'opéra ... 2

Legouvé (E.).

Un Jeune homme qui ne fait rien ... 3
Par droit de conquête ... 10

Lurine et Second.

La Comédie à Ferney ... 13

Mallefille.

Le Cœur et la dot ... 2
Les Deux veuves ... 4

Marivaux.

L'Épreuve ... 3
Les Fausses confidences ... 3
Le Jeu de l'Amour et du Hasard ... 7
Le Legs ... 9

Mazères.

Le Jeune mari ... 5

Molière.

Amphitryon ... 2
L'Avare ... 13
Le Bourgeois gentilhomme ... 5
Le Dépit amoureux ... 5

Molière (Suite).

L'École des femmes ... 3
L'École des maris ... 4
Les Femmes savantes ... 12
Les Fourberies de Scapin ... 4
George Dandin ... 5
Le Malade imaginaire ... 9
Le Mariage forcé ... 1
Le Médecin malgré lui ... 8
Le Misanthrope ... 4
M. de Pourceaugnac ... 3
Les Précieuses ridicules ... 11
Sganarelle ... 4
Tartuffe ... 18

Molière, P. Corneille et Quinault.

Psyché ... 1

Murger.

Le Bonhomme Jadis ... 4

Musset.

Un Caprice ... 5
Les Caprices de Marianne ... 3
Fantasio ... 30
Il faut qu'une porte soit ouverte ou fermée ... 5
On ne badine pas avec l'Amour ... 21

Pailleron.

Le Dernier quartier ... 12

Picard, Wafflard et Fulgence.

Les Deux ménages ... 11

Piron.

La Métromanie ... 3

Ponsard.

Horace et Lydie ... 10
Le Lion amoureux ... 100

Racine.

Alexandre le Grand (1) ... 1
Andromaque ... 1
Athalie ... 2
Britannicus ... 3
Esther ... 6
Iphigénie ... 1
Mithridate ... 1
Phèdre ... 2
Les Plaideurs ... 12

Regnard.

Les Folies amoureuses ... 5
Le Joueur ... 4
Le Légataire universel ... 5

Sandeau.

Mlle de la Seiglière ... 10

Scribe.

Le Verre d'eau ... 2

Scribe et Duveyrier.

Oscar ... 23

Scribe et Mélesville.

Valérie ... 3

Scribe et Potron.

Feu Lionel ... 3

Sedaine.

La Gageure imprévue ... 1
Le Philosophe sans le savoir ... 5

Thierry et Bornier.

Prologue pour Atrée et Thyeste ... 5

Vacquerie.

Le Fils ... 27

Voltaire.

Mérope ... 1

Wafflard et Fulgence.

Le Voyage à Dieppe ... 7

1867

Augier.

L'Aventurière ... 46
La Ciguë ... 10

Banville.

Gringoire ... 21
La Pomme ... 6

Bayard et J. de Wailly.

Le Mari à la campagne ... 10

Beaumarchais.

Le Barbier de Séville ... 2
Le Mariage de Figaro ... 8

Bergerat.

Hommage à Molière (2) ... 1

Caraguel.

Le Bougeoir ... 1

Corneille (P.).

Cinna ... 1
Horace ... 1
Le Menteur ... 1
Polyeucte ... 1
Rodogune ... 1

Delavigne.

Les Enfants d'Édouard ... 1

Dumas (Al.).

Mlle de Belle-Isle ... 31
Un Mariage sous Louis XV ... 4

Dumas fils et Girardin.

Le Supplice d'une femme ... 3

Feuillet.

Le Cas de conscience ... 25
Le Cheveu blanc ... 1
Péril en la demeure ... 1
Le Village ... 1

Fournier (É.).

Corneille et le monde (3) ... 1

Goudall.

Ode à Racine ... 1

Gozlan.

La Pluie et le beau temps ... 1

(1) 1er, 2e et 5e actes.
(2) Poésie.
(3) Poésie.

Gozlan (*Suite*).
Une Tempête dans un verre d'eau 7
Hugo.
Hernani 71
Karr.
Les Roses jaunes 11
Laluyé.
Au printemps 5
Laya (L.).
Le Duc Job 45
Madame Desroches 7
Lecomte.
Une Loge d'opéra 1
Legouvé (E.).
Par droit de conquête... 11
Le Sage.
Crispin rival de son maître. 1
Mallefille.
Les Deux veuves 1
Marivaux.
L'Épreuve 2
Le Jeu de l'Amour et du Hasard 10
Le Legs 9
Mazères.
Le Jeune mari 1
Molière.
L'Avare 16

Molière (*Suite*).
La Critique de l'Ecole des femmes 2
Le Dépit amoureux 5
L'École des femmes 4
L'École des maris 2
Les Femmes savantes... 10
Les Fourberies de Scapin, 9
George Dandin 2
Le Malade imaginaire.... 9
Le Médecin malgré lui... 8
Le Misanthrope 7
M. de Pourceaugnac 11
Les Précieuses ridicules.. 8
Sganarelle 1
Tartuffe 16
Murger.
Le Bonhomme Jadis...... 4
Musset.
Un Caprice 1
Les Caprices de Marianne. 4
Il faut qu'une porte soit ouverte ou fermée..... 3
Il ne faut jurer de rien... 4
Nicolle.
Les Projets de ma tante. 5
Pailleron.
Le Dernier quartier...... 11

Ponsard.
Galilée 24
L'Honneur et l'argent.... 6
Horace et Lydie......... 9
Racine.
Andromaque 2
Athalie 1
Bajazet 2
Britannicus 1
Iphigénie 1
Phèdre 1
Les Plaideurs 16
Regnard.
Les Folies amoureuses... 3
Le Joueur 5
Le Légataire universel... 7
Sandeau.
Mlle de la Seiglière...... 31
Scribe.
Le Verre d'eau 10
Scribe et Mélesville.
Valérie................. 6
Sedaine.
La Gageure imprévue.... 14
Voltaire.
Mérope 3
Wafflard et Fulgence.
Le Voyage à Dieppe....: 13

1868

About et Najac.
Histoire ancienne........ 16
Augier.
Gabrielle............... 4
Paul Forestier 70
Balzac.
Mercadet (1)............ 32
Banville.
Gringoire 6
Barrière.
Le Feu au couvent...... 4
Bawr (Mme de).
La Suite d'un bal masqué. 5
Bayard et J. de Wailly.
Le Mari à la campagne... 8
Bayeux.
A Molière (2)........... 1
Beaumarchais.
Le Barbier de Séville.... 7
Le Mariage de Figaro ... 8

Bornier.
Agamemnon 10
Le Monument de Ponsard(3) 5
Stances à Musset........ 2
Corneille (P.).
Cinna................... 2
Horace 1
Médée (4)............... 2
Le Menteur............. 3
Delavigne.
L'École des vieillards.... 2
Les Enfants d'Édouard... 3
Dumas (Al.).
Mlle de Belle-Isle........ 7
Un Mariage sous Louis XV 12
Dumas fils et Girardin.
Le Supplice d'une femme 11
Duveyrier.
Faute de s'entendre...... 1

Ferrier.
La Revanche d'Iris....... 40
Feuillet.
Le Cas de conscience.... 4
Le Cheveu blanc 2
Le Village 3
Fournier (É.).
La Valise de Molière...... 2
Girardin (Mme de).
La Joie fait peur......... 16
Gozlan.
La Pluie et le beau temps 2
Une Tempête dans un verre d'eau........... 6
Hugo.
Hernani 8
La Fontaine et Champmeslé.
La Coupe enchantée..... 6

(1) Retouchée par d'Ennery.
(2) Poésie.
(3) Poésie.
(4) Fragments réunis des 1er et 2e actes.

Laluyé.
Au printemps........... 1

Laya (L.).
Le Duc Job............. 9
Mme Desroches........ 9

Legouvé (E.).
A deux de jeu............ 24
Un Jeune homme qui ne
fait rien............. 3
Par droit de conquête... 9

Marivaux.
L'Épreuve............... 2
Le Jeu de l'Amour et du
Hasard.............. 5
Le Legs................ 3
Le Préjugé vaincu...... 6

Mazères.
Le Jeune mari......... 2

Molière.
L'Avare................ 5
Le Dépit amoureux..... 4
Don Juan.............. 7
L'École des femmes..... 8
L'École des maris....... 2
Les Fâcheux........... 11
Les Femmes savantes... 10
Les Fourberies de Scapin 5
George Dandin......... 4
Le Malade imaginaire... 8

Molière (*Suite*).
Le Médecin malgré lui... 4
Le Misanthrope......... 12
Les Précieuses ridicules. 8
Sganarelle............. 2
Tartuffe 7

Murger.
Le Bonhomme Jadis..... 9

Musset.
Un Caprice 8
Les Caprices de Marianne. 3
Il faut qu'une porte soit
ouverte ou fermée.... 5
Il ne faut jurer de rien... 9
La Nuit d'octobre........ 15
On ne badine pas avec
l'Amour 12

Nicolle.
Les Projets de ma tante. 15

Nyon et Trianon.
Le Coq de Micylle....... 18

Pailleron.
Le Dernier quartier..... 10

Ponsard.
L'Honneur et l'argent ... 13
Horace et Lydie......... 1
Le Lion amoureux...... 17

Racine.
Andromaque............ 2

Racine (*Suite*).
Athalie................ 3
Mithridate............. 1
Phèdre................ 1
Les Plaideurs.......... 11

Regnard.
Les Folies amoureuses... 3
Le Légataire universel.. 2

Sainte-Beuve
Les Larmes de Racine (1). 1

Sandeau.
Mlle de la Seiglière...... 9

Scribe.
Une Chaîne............ 8
Le Verre d'eau......... 1

Scribe et Duveyrier.
Oscar 8

Scribe et E. Legouvé.
Bataille de dames....... 28

Scribe et Mélesville.
Valérie................ 5

Second et Blerzy.
Un Baiser anonyme...... 32

Sedaine.
La Gageure imprévue... 2

Voltaire.
Mérope................ 1

Wafflard et Fulgence.
Le Voyage à Dieppe.... 8

1869

About et Najac.
Histoire ancienne....... 4

Augier.
L'Aventurière.......... 15
Gabrielle.............. 1
Lions et renards....... 15
Paul Forestier.......... 3
Le Post-scriptum....... 38

Balzac.
Mercadet.............. 19

Banville.
Gringoire.............. 4

Bawr (Mme de).
La Suite d'un bal masqué 1

Bayard et J. de Wailly.
Le Mari à la campagne.. 12

Beaumarchais.
Le Barbier de Séville.... 3
Le Mariage de Figaro... 9

Bornier.
Le Monument de Ponsard 1

Caraguel.
Le Bougeoir............ 1

Carcassonne.
Vers en l'honneur de Ra-
cine 1

Corneille (P.).
Cinna................. 6
Horace 5
L'Illusion comique...... 1
Médée (2)............. 2
Le Menteur............ 5

Delavigne.
Les Enfants d'Édouard.. 5

Déroulède.
Juan Strenner......... 18

Dumas (Al.).
Mlle de Belle-Isle........ 8

Dumas fils et Girardin.
Le Supplice d'une femme 2

Duveyrier.
Faute de s'entendre..... 3

Ferrier.
Hommage à Molière (3)... 1
La Revanche d'Iris...... 16

Feuillet.
Le Cas de conscience.... 5
Le Cheveu blanc 34
Julie 60
Le Pour et le contre...... 20
Le Village 8

Girardin (Mme de).
La Joie fait peur........ 9

Gozlan.
La Pluie et le beau temps 2
Une Tempête dans un
verre d'eau.......... 6

Hugo.
Hernani 4

**La Fontaine
et Champmeslé.**
La Coupe enchantée..... 8

(1) Poésie.
(2) Fragments disposés en un acte
(3) Poésie.

Laluyé.
Au printemps............ 18
Laya (L.).
Le Duc Job............. 6
Legouvé (E.).
A deux de jeu........... 4
Un Jeune homme qui ne
fait rien.............. 3
Par droit de conquête... 2
Mallefille.
Le Cœur et la dot....... 4
Les Deux veuves........ 12
Marivaux.
Les Fausses confidences. 2
Le Jeu de l'Amour et du
Hasard............... 5
Le Legs............... 4
Le Préjugé vaincu...... 8
Mazères.
Le Jeune mari......... 3
Molière.
Amphitryon............ 2
L'Avare............... 7
Le Dépit amoureux..... 5
L'École des femmes..... 2
L'École des maris....... 2
Les Fâcheux........... 2
Les Femmes savantes... 8
Les Fourberies de Scapin 9
George Dandin......... 3

Molière (Suite).
Le Malade imaginaire... 13
Le Médecin malgré lui... 7
Le Misanthrope........ 13
Les Précieuses ridicules. 6
Sganarelle............ 7
Tartuffe.............. 17
Murger.
Le Bonhomme Jadis.... 8
Musset.
Un Caprice............ 3
Il faut qu'une porte soit
ouverte ou fermée..... 2
Il ne faut jurer de rien.. 13
La Nuit d'octobre....... 8
Nicolle.
Les Projets de ma tante.. 2
Nyon et Trianon.
Le Coq de Micylle....... 3
Pailleron.
Le Dernier quartier..... 21
Les Faux ménages...... 78
**Picard, Wafflard
et Fulgence.**
Les Deux ménages...... 6
Ponsard.
L'Honneur et l'argent.... 8
Horace et Lydie........ 8
Le Lion amoureux...... 3

Prével.
Un Mari qui pleure...... 26
Racine.
Andromaque........... 4
Athalie................ 3
Bajazet............... 2
Mithridate............. 1
Phèdre................ 7
Les Plaideurs.......... 11
Regnard.
Les Folies amoureuses.. 4
Le Joueur............. 3
Le Légataire universel... 2
Rivière.
La Parvenue........... 23
Sandeau.
Mlle de la Seiglière...... 8
Scribe et Duveyrier.
Oscar................. 6
Scribe et E. Legouvé.
Bataille de dames....... 12
Scribe et Mélesville.
Valérie................ 6
Second et Blerzy.
Un Baiser anonyme..... 5
Voltaire.
Mérope................ 3
Wafflard et Fulgence.
Le Voyage à Dieppe..... 3

1870

About et Najac.
Histoire ancienne....... 10
Allainval (d').
L'École des bourgeois.... 4
Amigues et Desboutin.
Maurice de Saxe........ 22
Augier.
L'Aventurière.......... 7
Gabrielle.............. 6
Lions et renards........ 14
Paul Forestier......... 2
Le Post-scriptum....... 14
Balzac.
Mercadet.............. 5
Banville.
Gringoire.............. 6
Bayard et J. de Wailly.
Le Mari à la campagne.. 2

Beaumarchais.
Le Barbier de Séville.... 3
Le Mariage de Figaro (1) 6
Caraguel.
Le Bougeoir........... 3
Carcassonne.
Molière (2)............ 1
Chasles.
*Conférence sur les œuvres
de Ponsard*........... 1
Coppée.
Deux douleurs......... 14
Corneille.
Le Cid (3)............. 1
Cinna................ 1
Horace (4)............ 3
Le Menteur........... 9
Polyeucte............. 2

Delavigne.
Les Enfants d'Édouard.. 2
Dumas (Al.).
Mlle de Belle-Isle....... 9
Dumas fils et Girardin.
Le Supplice d'une femme 8
Duveyrier.
Faute de s'entendre..... 2
Ferrier.
La Revanche d'Iris...... 4
Feuillet.
Le Cas de conscience.... 4
Le Cheveu blanc........ 6
Dalila................ 30
Julie................. 4
Le Pour et le contre..... 5
Le Village............. 1

(1) Aux représentations des 6 et 27 novembre, on n'a donné que le 2e acte, et à celle du 17 novembre, que le 5e.
(2) Poésie.
(3) 1er et 2e actes.
(4) Le 6 août, on n'a donné que les 2e, 3e et 4e actes, et le 25 octobre, on n'a donné que des fragments.

Girardin (Mme de).

La Joie fait peur 7

Gozlan.

La Pluie et le beau temps 4

Une Tempête dans un
verre d'eau 5

Hugo.

Hernani (1) 4

**La Fontaine
et Champmeslé.**

La Coupe enchantée 2

Laluyé.

Au printemps 7

Laya (L.).

Le Duc Job 4

Legouvé (E.).

Un Jeune homme qui ne
fait rien 2

Par droit de conquête ... 1

Mallefille.

Les Deux veuves 9

Manuel.

Les Ouvriers 62

Marivaux.

Les Fausses confidences . 3

Le Jeu de l'Amour et du
Hasard (2) 6

Le Legs 5

Mazères.

Le Jeune mari 6

Molière.

L'Avare (3) 7

Le Dépit amoureux 3

Molière (*Suite*).

Don Juan 2

L'École des femmes (4). 4

L'École des maris 1

Les Femmes savantes (5) 11

Les Fourberies de Scapin 6

George Dandin 1

Le Malade imaginaire (6). 8

Le Médecin malgré lui ... 6

Le Misanthrope (7) 11

M. de Pourceaugnac 4

Les Précieuses ridicules. 5

Sganarelle 4

Tartuffe (8) 12

Murger.

Le Bonhomme Jadis 6

Musset.

Un Caprice 8

Il faut qu'une porte soit
ouverte ou fermée 7

Il ne faut jurer de rien .. 5

La Nuit d'octobre 2

Pailleron.

Le Dernier quartier 9

**Picard, Wafflard
et Fulgence.**

Les Deux ménages 4

Ponsard.

L'Honneur et l'argent 4

Horace et Lydie 1

Le Lion amoureux (9) ... 19

Prével.

Un Mari qui pleure 18

Racine.

Andromaque 2

Athalie (10) 2

Britannicus 1

Esther (11) 3

Phèdre 2

Les Plaideurs (12) 6

Ratisbonne.

Au pays des âmes 2

Regnard.

Les Folies amoureuses .. 2

Le Légataire universel .. 3

Rivière.

La Parvenue 1

Sandeau.

Mlle de la Seiglière 2

Scribe.

Le Verre d'eau 8

Scribe et Duveyrier.

Oscar 4

Scribe et E. Legouvé.

Bataille de dames 7

Scribe et Mélesville.

Valérie 2

Second et Blerzy.

Un Baiser anonyme 3

Soumet et Belmontet.

Une Fête de Néron 9

Voltaire.

Zaïre (13) 1

Wafflard et Fulgence.

Le Voyage à Dieppe 4

1871

About et Najac.

Histoire ancienne 14

Aubryet.

Hommage à Racine (14) .. 1

Augier.

L'Aventurière 23

Gabrielle 2

Augier (*Suite*).

Le Post-scriptum 2

Augier et Sandeau.

Le Gendre de M. Poi-
rier 24

Balzac.

Mercadet 8

Bayard et J. de Wailly.

Le Mari à la campagne ... 1

Beaumarchais.

Le Barbier de Séville 1

Le Mariage de Figaro ... 13

Bornier.

Hommage à Corneille (15) 5

(1) A la représentation du 25 novembre, on n'a donné que le 5ᵉ acte.

(2) A la représentation du 15 décembre, on n'a donné que les 1ᵉʳ et 2ᵉ actes.

(3) A la représentation du 13 novembre, on n'a donné que les 3ᵉ, 4ᵉ et 5ᵉ actes.

(4) A la représentation du 17 novembre, on n'a donné que le 2ᵉ acte.

(5) A la représentation du 20 novembre, on n'a donné que les 3ᵉ et 4ᵉ actes.

(6) A la représentation du 15 décembre, on n'a donné que le 2ᵉ acte.

(7) A la représentation du 17 novembre, on n'a donné que les 3ᵉ et 4ᵉ actes.

(8) A la représentation du 6 novembre, on n'a donné que le 2ᵉ acte, et à celle du 20 novembre, les 3ᵉ et 4ᵉ.

(9) A la représentation du 6 août, on n'a donné que les 1ᵉʳ et 2ᵉ actes.

(10) A la représentation du 18 décembre, on n'a donné que le 2ᵉ acte.

(11) A la représentation du 17 novembre, on n'a donné que le 2ᵉ acte, et à celle du 27 novembre, le 1ᵉʳ.

(12) A la représentation du 6 novembre, on n'a donné que le 3ᵉ acte.

(13) 2ᵉ acte.

(14) Poésie.

(15) Poésie.

Boursault.
Le Mercure galant (1)... 3
Caraguel.
Le Bougeoir............ 3
Corneille (P.).
Cinna................. 3
Médée (2).............. 2
Le Menteur............ 12
Delair.
Hommage à Alexandre Dumas (3)............ 2
Delavigne.
Les Enfants d'Édouard.. 8
Dumas (Al.).
Mlle de Belle-Isle........ 14
Un Mariage sous LouisXV 6
Dumas (Al.), Durieu et A. Bourgeois.
Le Mari de la veuve..... 10
Dumas fils et Girardin.
Le Supplice d'une femme 1
Duveyrier.
Faute de s'entendre...... 4
Feuillet.
Le Cas de conscience.... 2
Le Cheveu blanc......... 7
Le Pour et le contre..... 2
Girardin (Mme de).
La Joie fait peur........ 1
Gondinet.
A Molière (4)............ 2
Christiane.............. 7
Gozlan.
La Pluie et le beau temps 1
Une Tempête dans un verre d'eau........... 8
La Fontaine et Champmeslé.
La Coupe enchantée..... 4

Laluyé.
Au printemps........... 10
Laya (L.).
Le Duc Job............. 3
Mallefille.
Les Deux veuves....... 10
Manuel.
Les Ouvriers........... 16
Marivaux.
Le Jeu de l'Amour et du Hasard.............. 9
Le Legs............... 12
Mazères.
Le Jeune mari.......... 1
Molière.
Amphitryon........... 2
L'Avare.............. 5
Le Dépit amoureux (5).. 19
Don Garcie de Navarre (6) 2
L'École des femmes..... 6
L'École des maris....... 4
L'Etourdi.............. 24
Les Femmes savantes... 16
Les Fourberies de Scapin 1
Le Malade imaginaire... 13
Le Médecin malgré lui... 9
Le Misanthrope........ 8
Les Précieuses ridicules. 3
Sganarelle............. 5
Tartuffe (7)............ 23
Molière, P. Corneille et Quinault.
Psyché (8)............. 7
Murger.
Le Bonhomme Jadis..... 20
Musset.
Un Caprice............. 9
Les Caprices de Marianne 10

Musset (*Suite*).
Il faut qu'une porte soit ouverte ou fermée.... 10
Il ne faut jurer de rien... 15
La Nuit d'octobre....... 3
On ne badine pas avec l'Amour............. 7
Nicolle.
Les Projets de ma tante. 20
Pailleron.
Le Dernier quartier..... 9
Picard, Wafflard et Fulgence.
Les Deux ménages...... 15
Ponsard.
L'Honneur et l'argent ... 3
Horace et Lydie........ 3
Le Lion amoureux...... 1
Racine.
Andromaque........... 4
Athalie (9)............ 3
Mithridate............. 1
Phèdre 4
Les Plaideurs.......... 5
Regnard.
Démocrite 2
Les Folies amoureuses.. 3
Le Légataire universel.. 3
Scribe.
Le Verre d'eau......... 9
Scribe et Duveyrier.
Oscar................. 9
Scribe et E. Legouvé.
Adrienne Lecouvreur.... 39
Bataille de dames....... 8
Scribe et Mélesville.
Valérie................ 7
Wafflard et Fulgence.
Le Voyage à Dieppe..... 2

1872

About et Najac.
Histoire ancienne....... 13
Aubryet.
Hommage à Racine...... 1
Augier.
L'Aventurière.......... 21

Augier (*Suite*).
Le Post-scriptum....... 3
Augier et Sandeau.
Le Gendre de M. Poirier.................. 39

Balzac.
Mercadet.............. 1
Banville.
Gringoire............. 10
Beaumarchais.
Le Mariage de Figaro ... 8

(1) Scène des Bavardes.
(2) 1er acte.
(3) Poésie.
(4) Poésie.
(5) Aux représentations des 29 avril, 18 juin, 1er et 25 septembre, 15 et 18 octobre, on ne donna que le 2e acte.
(6) 2e acte.
(7) A la représentation du 13 juillet, on n'a donné que le 2e acte.
(8) 3e acte.
(9) A la représentation du 28 avril, on n'a donné que le 2e acte.

Bornier.
Le Réveil tragique (1) 2
Corneille (P.).
Le Cid................. 16
Cinna 2
Le Menteur............. 2
Delavigne.
Les Enfants d'Édouard .. 2
Déroulède.
Corneille (2)............. 1
Doucet.
Les Ennemis de la maison 17
Dumas (Al.).
Mlle de Belle-Isle........ 19
Un Mariage sous Louis XV 2
Dumas (Al.), Durieu et A. Bourgeois.
Le Mari de la veuve.... 1
Dumas fils et Girardin.
Le Supplice d'une femme. 11
Ferrier.
La Revanche d'Iris...... 19
Feuillet.
Le Cas de conscience.... 3
Le Cheveu blanc......... 13
Le Pour et le contre..... 15
Fournier (É.).
La Vraie farce de maître Pathelin................. 16
Girardin (Mme de).
La Joie fait peur........ 1
Gondinet.
Christiane.............. 47
Gozlan.
Une Tempête dans un verre d'eau.......... 2
Laluyé.
Au printemps.......... 9

Laya (L.).
Le Duc Job............. 14
Le Sage.
Turcaret............... 9
Mallefille.
Les Deux veuves........ 5
Manuel.
Les Ouvriers........... 18
Marivaux.
Le Jeu de l'Amour et du Hasard............... 4
Le Legs............... 1
Meilhac et Najac.
Nany.................. 12
Mendès.
La Part du roi.......... 17
Molière.
L'Avare............... 3
Le Dépit amoureux..... 15
L'École des maris....... 2
L'Étourdi.............. 24
Les Femmes savantes... 7
Le Malade imaginaire... 16
Le Mariage forcé........ 11
Le Médecin malgré lui... 5
Le Misanthrope........ 14
Les Précieuses ridicules. 16
Sganarelle............. 1
Tartuffe............... 10
Murger.
Le Bonhomme Jadis.... 9
Musset.
Un Caprice 9
Les Caprices de Marianne 4
Le Chandelier.......... 35
Il faut qu'une porte soit ouverte ou fermée..... 5
Il ne faut jurer de rien... 20

Musset (Suite).
On ne badine pas avec l'Amour.............. 18
Nicolle.
Les Projets de ma tante. 17
Pailleron.
L'Autre motif.......... 42
Le Dernier quartier..... 5
Hélène................. 10
Picard, Wafflard et Fulgence.
Les Deux ménages...... 8
Ponsard.
L'Honneur et l'argent.... 4
Horace et Lydie......... 4
Prével.
Un Mari qui pleure...... 21
Racine.
Andromaque........... 25
Athalie................ 2
Britannicus............ 8
Esther................. 3
Les Plaideurs.......... 6
Regnard.
Les Folies amoureuses .. 2
Richard.
Les Enfants........... 27
Sandeau et Decourcelle.
Marcel................. 41
Scribe et Duveyrier.
Oscar................. 7
Scribe et E. Legouvé.
Adrienne Lecouvreur.... 13
Bataille de dames....... 3
Scribe et Mélesville.
Valérie................ 5

1873

About et Najac.
Histoire ancienne....... 9
Aicard.
Mascarille............. 1
Augier.
L'Aventurière.......... 13
Augier et Sandeau.
Le Gendre de M. Poirier. 25
Jean de Thommeray..... 2
Balzac.
Mercadet............. 6
Banville.
Gringoire............. 3

Beaumarchais.
Le Mariage de Figaro... 11
Belot et Villetard.
Le Testament de César Girodot.............. 40
Bornier.
Stances sur Esther....... 1
Caraguel.
Le Bougeoir 4
Corneille (P.).
Le Cid 10
Le Menteur............ 4

Doucet.
Les Ennemis de la maison 7
Dumas (Al.).
Mlle de Belle-Isle........ 9
Dumas fils et Girardin.
Le Supplice d'une femme. 17
Ferrier.
Chez l'avocat........... 42
La Revanche d'Iris...... 12
Feuillet.
L'Acrobate............. 29
Le Cas de conscience.... 3

(1) Poésie.
(2) Poésie.

Feuillet (*Suite*).
Le Cheveu blanc 6
Dalila 10
Le Pour et le contre 13
Le Village 12
Fournier (É.).
La Vraie farce de maître
Pathelin 16
Gozlan.
La Pluie et le beau temps 4
Une Tempête dans un
verre d'eau 3
Hugo.
Marion de Lorme 59
Laluyé.
Au printemps 7
Laya (L.).
Le Duc Job 9
Legouvé (E.).
Par droit de conquête . . . 14
Manuel.
L'Absent 40
Les Ouvriers 8
Marivaux.
Le Jeu de l'Amour et du
Hasard 6
Le Legs 1
Meilhac et Lud. Halévy.
L'Été de la Saint-Martin. 31

Molière.
L'Avare 11
La Critique de l'École des
femmes 20
Le Dépit amoureux 6
L'École des femmes 24
L'École des maris 2
L'Étourdi 11
Les Femmes savantes . . . 11
Les Fourberies de Scapin. 6
Le Malade imaginaire . . . 10
Le Mariage forcé 1
Le Médecin malgré lui . . . 7
Le Misanthrope 10
Les Précieuses ridicules. 11
Sganarelle 8
Tartuffe 10
Murger.
Le Bonhomme Jadis 8
Musset.
Un Caprice 11
Les Caprices de Marianne 1
Le Chandelier 7
Il faut qu'une porte soit
ouverte ou fermée 2
Il ne faut jurer de rien . . 13
La Nuit d'octobre 11
On ne badine pas avec
l'Amour 14
Nicolle.
Les Projets de ma tante. 10

Pailleron.
L'Autre motif 11
Le Dernier quartier 1
**Picard, Wafflard
et Fulgence.**
Les Deux ménages 2
Ponsard.
L'Honneur et l'argent. . . . 11
Horace et Lydie 3
Prével.
Un Mari qui pleure 17
Racine.
Andromaque 6
Britannicus 17
Esther 1
Phèdre 12
Les Plaideurs 14
Regnard.
Les Folies amoureuses . . 4
Richard.
Les Enfants 5
Sandeau.
Mlle de la Seiglière 26
Sandeau et Decourcelle.
Marcel 13
Scribe et E. Legouvé.
Bataille de dames 15
Scribe et Mélesville.
Valérie 3

1874

About et Najac.
Histoire ancienne 4
Aicard.
Mascarille 1
Augier.
L'Aventurière 8
La Cigüe 12
Philiberte 3
Le Post-scriptum 5
Augier et Sandeau.
Le Gendre de M. Poirier. 13
Jean de Thommeray 42
Balzac.
Mercadet 6
Banville.
Gringoire 1
**Bayard
et J. de Wailly.**
Le Mari à la campagne . . 11
Beaumarchais.
Le Barbier de Séville 4

Belot et Villetard.
Le Testament de César
Girodot 13
Caraguel.
Le Bougeoir 1
Corneille (P.).
Le Cid 6
Le Menteur 5
Polyeucte 8
Denayrouze.
La Belle Paule 10
Doucet.
Les Ennemis de la mai-
son 10
Dumas (Al.).
Mlle de Belle-Isle 2
Un Mariage sous Louis XV 2
Dumas fils.
Le Demi-monde 34
Dumas fils et Girardin.
Le Supplice d'une femme 11

Duveyrier.
Faute de s'entendre 5
Ferrier.
Chez l'avocat 7
La Revanche d'Iris 2
Tabarin 36
Feuillet.
Le Cheveu blanc 4
Péril en la demeure 9
Le Pour et le contre 27
Le Sphinx 52
Le Village 33
Fournier (É.).
La Vraie farce de maître
Pathelin 2
Gozlan.
Une Tempête dans un
verre d'eau 2
Hugo.
Marion de Lorme 1
Laluyé.
Au printemps 2

Laya (L.).
Le Duc Job............. 11
Legouvé (E.).
Un Jeune homme qui ne
fait rien............. 16
Le Sage.
Crispin rival de son
maître............'... 3
Mallefille.
Les Deux veuves........ 5
Manuel.
L'Absent.............. 4
Les Ouvriers.......... 5
Marivaux.
L'Épreuve............. 15
Les Fausses confidences. 10
Le Legs............... 2
Mazères.
Le Jeune mari.......... 3
Meilhac et Lud. Halévy.
L'Été de la Saint-Martin. 12
Molière.
L'Avare.............. 15
La Critique de l'École des
femmes.............. 2
Le Dépit amoureux (1).. 5
L'École des femmes..... 5

Molière (*Suite*).
L'Étourdi.............. 5
Les Femmes savantes.. 10
Les Fourberies de Scapin 4
George Dandin.......... 5
Le Malade imaginaire... 12
Le Mariage forcé....... 2
Le Médecin malgré lui.. 3
Le Misanthrope......... 11
Les Précieuses ridicules. 5
Sganarelle............. 3
Tartuffe.............. 15
Murger.
Le Bonhomme Jadis.... 5
Musset.
Le Chandelier.......... 2
Il ne faut jurer de rien... 11
Nicolle.
Les Projets de ma tante. 7
Pailleron.
L'Autre motif.......... 6
Ponsard.
L'Honneur et l'argent ... 10
Horace et Lydie......... 5
Prével.
Un Mari qui pleure...... 7

Racine.
Andromaque.......... 3
Britannicus............ 1
Esther................ 2
Phèdre............... 3
Les Plaideurs.......... 8
Regnard.
Les Folies amoureuses .. 1
Le Légataire universel.. 2
Sandeau.
Mlle de la Seiglière..... 13
Sandeau et Decourcelle.
Marcel................. 3
Scribe.
Une Chaîne............. 26
Scribe et E. Legouvé.
Adrienne Lecouvreur.... 6
Bataille de dames....... 11
Scribe et Mélesville.
Valérie................ 6
Sedaine.
La Gageure imprévue ... 8
Voltaire.
Zaïre.................. 22
Wafflard et Fulgence.
Le Voyage à Dieppe..... 7

1875

About et Najac.
Histoire ancienne...... 3
Augier.
L'Aventurière.......... 6
Gabrielle............. 22
Philiberte............. 27
Le Post-scriptum...... 1
Augier et Sandeau.
Le Gendre de M. Poirier. 13
Balzac.
Mercadet............. 2
Banville.
Gringoire............. 8
Bayard et J. de Wailly.
Le Mari à la campagne.. 2
Belot et Villetard.
Le Testament de César
Girodot............. 3
Bornier.
La Fille de Roland....... 89
Cadol.
La Grand'maman 17

Caraguel.
Le Bougeoir........... 2
Corneille (P.).
Cinna................. 3
Le Menteur............ 2
Polyeucte 1
Delpit.
Le Voyage de Scapin..... 1
Doucet.
Le Baron de Lafleur..... 18
Les Ennemis de la maison 5
Dumas (Al.).
Mlle de Belle-Isle........ 8
Dumas fils.
Le Demi-monde........ 47
Dumas fils et Girardin.
Le Supplice d'une femme 7
Ferrier.
Chez l'avocat.......... 13
Tabarin 8
Feuillet.
Le Cas de conscience.... 2

Feuillet (*Suite*).
Julie.................. 16
Le Pour et le contre..... 18
Le Village............. 10
Fournier (É.).
La Vraie farce de maître
Pathelin............. 4
Laluyé.
Au printemps.......... 2
Laya (L.).
Le Duc Job............. 13
Legouvé (E.).
Un Jeune homme qui ne
fait rien............. 1
Mallefille.
Les Deux veuves........ 3
Manuel.
Les Ouvriers.......... 8
Marivaux.
L'Épreuve............. 4
Les Fausses confidences. 4
Le Jeu de l'Amour et du
Hasard 2
Le Legs 2

(1) A la représentation du 6 août, on n'a donné que le 2e acte.

Meilhac et Lud. Halévy.

L'Été de la Saint-Martin. 3

Molière.

L'Avare 8
Le Dépit amoureux 5
L'École des femmes 2
L'Étourdi 3
Les Femmes savantes . . . 11
Les Fourberies de Sca-
pin 6
Le Malade imaginaire . . . 11
Le Mariage forcé 5
Le Médecin malgré lui . . . 7
Le Misanthrope 7
Les Précieuses ridicules . 7
Tartuffe 15

Monselet et Arène.

L'Ilote 16

Murger.

Le Bonhomme Jadis 2

Musset.

Un Caprice 1

Musset (Suite).

Il faut qu'une porte soit
ouverte ou fermée 2
Il ne faut jurer de rien . . . 14
La Nuit d'octobre 3
On ne badine pas avec
l'Amour 13

Nicolle.

Les Projets de ma tante. 9

Pailleron.

L'Autre motif 6
Petite pluie 13

**Picard, Wafflard
et Fulgence.**

Les Deux ménages 21

Ponsard.

L'Honneur et l'argent . . . 1
Horace et Lydie 1

Prével.

Un Mari qui pleure 10

Racine.

Esther 1
Phèdre (1) 13

Racine (Suite).

Les Plaideurs 5

Regnard.

Les Folies amoureuses . . 1

Sandeau.

Mlle de la Seiglière 12

Sandeau et Decourcelle.

Marcel 13

Scribe.

Une Chaine 2
Le Verre d'eau 5

Scribe et Duveyrier.

Oscar 10

Scribe et E. Legouvé.

Adrienne Lecouvreur 14
Bataille de dames 11

Sedaine.

La Gageure imprévue . . . 3
Le Philosophe sans le
savoir 21

Voltaire.

Zaïre 4

Wafflard et Fulgence.

Le Voyage à Dieppe 2

1876

About et Najac.

Histoire ancienne 1

Augier.

L'Aventurière (2) 3
Gabrielle 8
Paul Forestier 17
Philiberte 22
Le Post-scriptum 2

Augier et Sandeau.

Le Gendre de M. Poirier. 16

Balzac.

Mercadet 3

Banville.

Gringoire 3

Belot et Villetard.

Le Testament de César
Girodot 4

Bornier.

La Fille de Roland 11
Hommage à Racine (3) . . . 1

Coppée.

Le Luthier de Crémone . . . 13

Corneille (P.).

Le Menteur 3
Polyeucte 1

Doucet.

Le Baron de Lafleur 3
Les Ennemis de la maison. 6

Dumas (Al.).

Mlle de Belle-Isle 18

Dumas fils.

Le Demi-monde 6
L'Étrangère 83

Dumas fils et Girardin.

Le Supplice d'une femme. 5

Erckmann et Chatrian.

L'Ami Fritz 15

Ferrier.

Chez l'avocat 1
La Revanche d'Iris 14

Feuillet.

Julie 9
Le Pour et le contre 27
Le Village 14

Fournier (É.).

La Vraie farce de maitre
Pathelin 2

Girardin (Mme de).

La Joie fait peur 39

Gozlan.

La Pluie et le beau temps. 12

Laluyé.

Au printemps 5

Laya (L.).

Le Duc Job 10

Legouvé (E.) et Labiche.

La Cigale chez les fourmis. 32

Manuel.

Les Ouvriers 11

Marivaux.

L'Épreuve 4
Les Fausses confidences . 3
Le Legs 1

Mazères.

Le Jeune mari 7

Meilhac et Lud. Halévy.

L'Été de la Saint-Martin. 1

Molière.

L'Avare 7
La Critique de l'École des
femmes 2
Le Dépit amoureux 4
Don Juan (4) 2

(1) A la représentation du 19 septembre, on ne donna que les 1er et 2e actes.
(2) A la représentation du 8 mai, on ne donna que les 1er, 2e et 3e actes.
(3) Poésie.
(4) 2e acte.

Molière (*Suite*).
L'École des femmes..... 3
Les Femmes savantes (1). 15
Les Fourberies de Scapin. 11
Le Malade imaginaire.... 14
Le Mariage forcé....... 4
Le Médecin malgré lui... 4
Le Misanthrope (2)...... 6
Les Précieuses ridicules. 8
Tartuffe............... 13
Murger.
Le Bonhomme Jadis..... 4
Musset.
Un Caprice............ 3
Il faut qu'une porte soit
  ouverte ou fermée..... 4
Il ne faut jurer de rien.. 9
La Nuit de mai.......... 3
On ne badine pas avec
  l'Amour.............. 2

Nicolle.
Les Projets de ma tante. 9
Pailleron.
L'Autre motif.......... 3
Petite pluie............ 18
Parodi.
Rome vaincue.......... 34
Paté.
A Corneille (3)......... 1
A Molière (4)........... 1
**Picard, Wafflard
et Fulgence.**
Les Deux ménages...... 10
Ponsard.
L'Honneur et l'argent... 9
Horace et Lydie........ 1
Prével.
Un Mari qui pleure...... 7
Racine.
Athalie................ 4

Racine (*Suite*).
Esther................ 2
Phèdre................ 3
Les Plaideurs.......... 4
Sand (Mme).
Le Mariage de Victorine. 28
Sandeau.
Mlle de la Seiglière...... 2
Sandeau et Decourcelle.
Marcel................ 5
Scribe.
Une Chaine............ 7
Scribe et Duveyrier.
Oscar 8
Scribe et E. Legouvé
Adrienne Lecouvreur ... 9
Bataille de dames....... 7
Sedaine.
Le Philosophe sans le
  savoir............... 5

1877

Augier.
Gabrielle.............. 5
Paul Forestier 2
Philiberte............. 6
Augier et Sandeau.
Le Gendre de M. Poirier. 9
Banville.
Gringoire............. 4
Beaumarchais.
Le Barbier de Séville.... 18
Belot et Villetard.
Le Testament de César
  Girodot.............. 3
Bornier.
La Fille de Roland...... 5
Coppée.
Le Luthier de Crémone.. 14
Corneille (P.).
Horace................ 4
Le Menteur............ 4
Delpit.
*La Vieillesse de Cor-
neille* (5).............. 1
Doucet.
Les Ennemis de la maison. 4
Dumas (Al.).
Mlle de Belle-Isle....... 8
Dumas fils.
Le Demi-monde........ 17

Dumas fils (*Suite*).
L'Étrangère............ 15
Dumas fils et Girardin.
Le Supplice d'une femme. 2
Erckmann et Chatrian.
L'Ami Fritz............ 75
Ferrier.
Chez l'avocat.......... 24
Feuillet.
Le Cas de conscience.... 6
Julie.................. 4
Le Pour et le contre..... 11
Le Village............. 5
Girardin (Mme de).
La Joie fait peur........ 19
Gozlan.
La Pluie et le beau temps. 1
Guiard.
Volte-face............ 15
Hervilly (d').
Le Magister............ 7
Hugo.
Hernani............... 21
Laluyé.
Au printemps.,......... 1
Laya (L.).
Le Duc Job............ 6
Legouvé (E.) et Labiche.
La Cigale chez les fourmis. 9

Lomon.
Jean Dacier............. 30
Manuel.
Les Ouvriers.......... 12
Marivaux.
L'Épreuve............. 7
Le Jeu de l'Amour et du
  Hasard.............. 21
Meilhac et Lud. Halévy.
L'Été de la Saint-Mar-
  tin.................. 26
Molière.
Amphitryon........... 23
L'Avare............... 10
Le Dépit amoureux...... 3
L'École des femmes..... 2
L'Étourdi.............. 2
Les Femmes savantes... 2
Les Fourberies de Sca-
  pin................. 7
George Dandin......... 2
Le Malade imaginaire.... 4
Le Mariage forcé....... 3
Le Médecin malgré lui... 2
Les Précieuses ridicules. 6
Tartuffe............... 7
Moreau.
Parthénice............. 3

(1) A la représentation du 1er avril, on ne donna que le 3e acte.
(2) A la représentation du 8 mai, on ne donna que les 2e et 3e actes.
(3) Poésie.
(4) Poésie.
(5) Poésie.

Murger.
Le Bonhomme Jadis..... 8
Musset.
Un Caprice............. 4
Le Chandelier.......... 17
Il ne faut jurer de rien... 7
La Nuit d'octobre....... 2
On ne badine pas avec
l'Amour............. 3
Nicolle.
Les Projets de ma tante.. 7
Pailleron.
Le Dernier quartier..... 13
Parodi.
Rome vaincue.......... 1

**Picard, Wafflard
et Fulgence.**
Les Deux ménages....... 7
Prével.
Un Mari qui pleure...... 11
Racine.
Andromaque........... 10
Athalie................ 2
Esther................. 2
Phèdre................ 2
Les Plaideurs.......... 4
Regnard.
Le Joueur............. 4
Sand (Mme).
Le Mariage de Victorine. 3
Le Marquis de Villemer .. 46

Sandeau.
Mlle de la Seiglière...... 15
Sandeau et Decourcelle.
Marcel................. 5
Scribe.
Une Chaine............. 2
Scribe et Duveyrier.
Oscar................. 6
Scribe et E. Legouvé.
Adrienne Lecouvreur.... 2
Bataille de dames....... 4
Sedaine.
Le Philosophe sans le sa-
voir................. 2
Vigny.
Chatterton............. 11

1878

Aicard.
A Corneille (1).......... 1
Othello (2).............. 3
Augier.
Les Fourchambault...... 114
Philiberte............. 5
Augier et Sandeau.
Le Gendre de M. Poirier. 4
Banville.
Gringoire.............. 1
Beaumarchais.
Le Barbier de Séville.... 6
Belot et Villetard.
Le Testament de César
Girodot.............. 4
Bornier.
A Molière (3)............ 1
La Fille de Roland...... 6
Coppée.
Le Luthier de Crémone.. 2
Corneille (P.).
Cinna................. 5
Horace................ 2
Le Menteur............ 5
Polyeucte.............. 2
Dumas (Al.).
Mlle de Belle-Isle........ 7
Dumas fils.
Le Demi-monde........ 7
L'Étrangère............ 8
Le Fils naturel.......... 16
Erckmann et Chatrian.
L'Ami Fritz............ 15

Ferrier.
Chez l'avocat.......... 3
Feuillet.
Le Cas de conscience.... 2
Julie.................. 3
Le Pour et le contre..... 7
Le Sphinx............. 19
Le Village............. 18
Girardin (Mme de).
La Joie fait peur........ 14
Gozlan.
La Pluie et le beau temps. 1
Guiard.
Volte-face............. 7
Hugo.
Hernani............... 90
Laluyé.
Au printemps.......... 3
Laya (L.).
Le Duc Job............. 2
Legouvé (E.) et Labiche.
La Cigale chez les fourmis. 4
Manuel.
Les Ouvriers.......... 1
Marivaux.
L'Épreuve............. 7
Le Jeu de l'Amour et du
Hasard.............. 8
Meilhac et Lud. Halévy.
L'Été de la Saint-Martin. 14
Molière.
Amphitryon........... 4
L'Avare 4
Le Dépit amoureux...... 2
L'Étourdi.............. 4

Molière (*Suite*).
Les Femmes savantes... 4
Les Fourberies de Scapin. 6
Le Malade imaginaire... 8
Le Mariage forcé....... 4
Le Médecin malgré lui... 7
Le Misanthrope........ 14
M. de Pourceaugnac..... 5
Les Précieuses ridicules. 10
Tartuffe............... 5
Musset.
Les Caprices de Marianne. 5
Le Chandelier.......... 3
Il ne faut jurer de rien... 4
La Nuit d'octobre...... 1
On ne badine pas avec
l'Amour............. 6
Nicolle.
Les Projets de ma tante. 1
Pailleron.
Petite pluie............ 5
**Picard, Wafflard
et Fulgence.**
Les Deux ménages...... 2
Prével.
Un Mari qui pleure...... 5
Racine.
Andromaque........... 5
Athalie................ 1
Britannicus............ 4
Phèdre................ 7
Les Plaideurs.......... 7
Regnard.
Le Joueur............. 3

(1) Poésie.
(2) Fragments des 4e et 5e actes.
(3) Poésie.

Sand (Mme.)
Le Mariage de Victo-
rine 2
Le Marquis de Villemer . 13

Sandeau.
Mlle de la Seiglière 5
Scribe et Duveyrier.
Oscar 2

Truffier.
Petit Jean 2
Voltaire.
Zaïre 4

1879

Augier.
Les Fourchambault .:... 17
Philiberte 1
Le Post-scriptum 13
Augier et Sandeau.
Le Gendre de M. Poirier. 21
Balzac.
Mercadet .:............. 12
Beaumarchais.
Le Barbier de Séville 2
Le Mariage de Figaro 14
Belot et Villetard.
Le Testament de César
Girodot 5
Bornier.
La Fille de Roland 1
Coppée.
Le Luthier de Crémone .. 2
Corneille (P.).
Cinna. 1
Horace 6
Le Menteur 1
Polyeucte 2
Dumas (Al.).
Mlle de Belle-Isle 7
Dumas fils.
Le Demi-monde 7
L'Étrangère 20
Le Fils naturel 31
Dumas fils et Girardin.
Le Supplice d'une femme. 3
Erckmann et Chatrian.
L'Ami Fritz 12
Ferrier.
Chez l'avocat 16

Feuillet.
Le Cas de conscience 8
Julie. 3
Le Sphinx 3
Le Village 2
Girardin (Mme de).
La Joie fait peur 12
Hugo.
Hernani 39
Ruy Blas 35
Joliet.
Molière (1) 1
Legouvé (E.).
Anne de Kerviler 9
Manuel.
Les Ouvriers 1
Marivaux.
L'Épreuve 9
Le Jeu de l'Amour et du
Hasard 11
Le Legs 6
Meilhac et Lud. Halévy.
L'Été de la Saint-Martin. 4
Le Petit hôtel 19
Molière.
L'Avare 3
Le Dépit amoureux 7
L'École des femmes 5
L'École des maris 6
L'Étourdi 1
Les Femmes savantes ... 9
Les Fourberies de Scapin. 11
Le Malade imaginaire 3
Le Mariage forcé 9
Le Médecin malgré lui ... 11

Molière (*Suite*).
Le Misanthrope 7
M. de Pourceaugnac 2
Les Précieuses ridicules. 8
Tartuffe 4
Musset.
Les Caprices de Marianne. 5
Le Chandelier 2
Il faut qu'une porte soit
ouverte ou fermée 4
Il ne faut jurer de rien ... 8
La Nuit d'octobre 1
On ne badine pas avec
l'Amour 4
Pailleron.
L'Autre motif 5
L'Étincelle 14
Petite pluie 3
**Picard, Wafflard
et Fulgence.**
Les Deux ménages 7
Prével.
Un Mari qui pleure 6
Racine.
Andromaque 4
Britannicus 1
Mithridate 6
Les Plaideurs 3
Sand (Mme).
Le Mariage de Victorine. 11
Le Marquis de Villemer .. 8
Sandeau.
Mlle de la Seiglière 8
Sedaine.
Le Philosophe sans le
savoir 6

1880

Adenis.
Diogène et Scapin 1

Augier.
L'Aventurière 49

Augier (*Suite*).
Les Fourchambault 3

(1) Poésie.

Augier (*Suite*).

Philiberte	1
Le Post-scriptum	25

Augier et Sandeau.

Le Gendre de M. Poirier	32

Balzac.

Mercadet	2

Banville.

Gringoire	10

Beaumarchais.

Le Mariage de Figaro	6

Belot et Villetard.

Le Testament de César Girodot	6

Coppée.

La Bataille d'Hernani (1)	1
Le Luthier de Crémone	1
La Maison de Molière (2)	5

Corneille (P.).

Le Cid	10
Cinna	1
Horace	4
Le Menteur	2
Polyeucte	1

Delair.

Garin	16

Dumas fils.

Le Demi-monde	5
L'Étrangère	3

Erckmann et Chatrian.

L'Ami Fritz	14

Ferrier.

Chez l'avocat	26

Feuillet.

Le Village	5

Girardin (Mme de).

La Joie fait peur	11

Guiard.

Volte-face	21

Hugo.

Hernani	14
Ruy Blas	29

Laluyé.

Au printemps	5

Legouvé (E.).

Anne de Kerviler	3

Legouvé (E.) et Labiche.

La Cigale chez les fourmis	24

Manuel.

Les Ouvriers	11

Marivaux.

L'Épreuve	3
Le Jeu de l'Amour et du Hasard	5

Meilhac et Lud. Halévy.

L'Été de la Saint-Martin	16
Le Petit hôtel	21

Molière.

Amphitryon	17
L'Avare (3)	13
Le Bourgeois gentilhomme	15
Le Dépit amoureux	9
L'École des femmes	2
L'Étourdi	2
Les Femmes savantes	8
Les Fourberies de Scapin	15
L'Impromptu de Versailles	9
Le Malade imaginaire	4
Le Médecin malgré lui	4
Le Misanthrope	6
Les Précieuses ridicules	8
Sganarelle	1
Tartuffe	16

Murger.

Le Bonhomme Jadis	1

Musset.

A quoi rêvent les jeunes filles	1
Il faut qu'une porte soit ouverte ou fermée	28
Il ne faut jurer de rien	10

Nicolle.

Les Projets de ma tante	25

Pailleron.

L'Autre motif	19
L'Étincelle	26

Picard, Wafflard et Fulgence.

Les Deux ménages	8

Racine.

Andromaque	1
Athalie	4
Britannicus	8
Iphigénie	8
Phèdre	1
Les Plaideurs	5

Sand (Mme).

Le Mariage de Victorine	4

Sandeau.

Mlle de la Seiglière	16

Sardou.

Daniel Rochat	58

Scribe et Duveyrier.

Oscar	2

Sedaine.

Le Philosophe sans le savoir	2

Vacquerie.

Jean Baudry	16

Voltaire.

Zaïre	2

1881

Augier.

L'Aventurière	13
Philiberte	2
Le Post-scriptum	18

Augier et Sandeau.

Le Gendre de M. Poirier	13

Banville.

Gringoire	18

Barrière.

Le Feu au couvent	21

Beaumarchais.

Le Barbier de Séville	2
Le Mariage de Figaro	13

Belot et Villetard.

Le Testament de César Girodot	7

Coppée.

Le Luthier de Crémone	7

Corneille (P.).

Le Cid	1
Cinna	2
Horace	2
Le Menteur	2

Delair.

Le Fils de Corneille	5

Dumas (Al.).

Mlle de Belle-Isle	11

Dumas fils.

La Princesse de Bagdad	44

Erckmann et Chatrian.

L'Ami Fritz	10

Ferrier.

Chez l'avocat	17

Feuillet.

Le Village	49

Fournier (É.).

La Vraie farce de maître Pathelin	7

(1) Poésie.
(2) Poésie.
(3) A la représentation du 29 novembre, on ne donna que les 3e et 4e actes.

(1882) TABLE CHRONOLOGIQUE DES PIÈCES

Hugo.
Hernani 5
Lacroix (J.).
OEdipe roi 23
Legouvé (E.) et Labiche.
La Cigale chez les fourmis 7
Manuel.
Les Ouvriers 2
Marivaux.
L'Épreuve 11
Les Fausses confidences. 11
Meilhac et Lud. Halévy.
L'Été de la Saint-Martin. 9
Molière.
Amphitryon 6
L'Avare 9
Le Bourgeois gentil-homme............. 4
Le Dépit amoureux..... 16
L'École des femmes 2
L'École des maris 2

Molière (*Suite*).
Les Femmes savantes... 5
Les Fourberies de Scapin. 8
Le Malade imaginaire ... 3
Le Médecin malgré lui... 3
Le Misanthrope 3
Les Précieuses ridicules. 2
Tartuffe 8
Musset.
Le Chandelier........... 2
Il faut qu'une porte soit ouverte ou fermée 4
Il ne faut jurer de rien... 7
On ne badine pas avec l'Amour 11
Nicolle.
Les Projets de ma tante.. 3
Pailleron.
L'Autre motif.......... 1
Le Dernier quartier 113
L'Étincelle............. 8
Le Monde où l'on s'ennuie. 123

Pailleron (*Suite*).
Pendant le bal 7
Picard, Wafflard et Fulgence.
Les Deux ménages...... 4
Racine.
Andromaque........... 2
Britannicus............ 9
Phèdre................ 3
Les Plaideurs.......... 2
Sand (Mme).
Le Mariage de Victorine. 11
Le Marquis de Villemer . 4
Sandeau.
Mlle de la Seiglière...... 11
Scribe et Duveyrier.
Oscar................. 2
Scribe et E. Legouvé.
Bataille de dames 19
Vacquerie.
Jean Baudry........... 40

1882

Augier.
L'Aventurière.......... 9
Philiberte............. 14
Le Post-scriptum....... 17
Augier et Sandeau.
Le Gendre de M. Poirier. 9
Banville.
Gringoire............. 1
Barrière.
Le Feu au couvent...... 29
Beaumarchais.
Le Mariage de Figaro.... 8
Becque.
Les Corbeaux........... 18
Belot et Villetard.
Le Testament de César Girodot............... 4
Coppée.
L'Anniversaire (1)...... 1
Le Luthier de Crémone.. 1
Corneille (P.).
Le Cid................ 4
Cinna................. 2
Horace............... 1
Le Menteur........... 1
Dumas (Al.).
Mlle de Belle-Isle........ 8
Dumas fils.
Le Demi-monde........ 28

Dumas fils et Girardin.
Le Supplice d'une femme. 10
Erckmann et Chatrian.
L'Ami Fritz............ 3
Les Rantzau........... 74
Ferrier.
Chez l'avocat.......... 13
Feuillet.
Les Portraits de la marquise 6
Le Village............. 8
Fournier (É.).
La Vraie farce de maître Pathelin............. 1
Guiard.
Volte-face............. 26
Hugo.
Hernani 3
Le Roi s'amuse........ 19
Ruy Blas............. 22
Lacroix (J.).
OEdipe roi............ 1
Legouvé (E.) et Labiche.
La Cigale chez les fourmis. 8
Marivaux.
Le Jeu de l'Amour et du Hasard................ 9
Massa.
Service en campagne...... 11

Meilhac et Lud. Halévy.
L'Été de la Saint-Martin. 8
Le Petit hôtel.......... 25
Molière.
Amphitryon........... 2
L'Avare 5
Le Bourgeois gentil-homme.............. 3
Le Dépit amoureux...... 5
L'Étourdi............. 2
Les Femmes savantes... 8
Les Fourberies de Scapin. 4
Le Malade imaginaire... 4
Le Mariage forcé........ 25
Le Médecin malgré lui... 6
Le Misanthrope........ 6
Les Précieuses ridicules. 2
Tartuffe 3
Musset.
Barberine.............. 12
Le Chandelier.......... 9
Il faut qu'une porte ouverte ou fermée.... 5
Il ne faut jurer de rien.... 8
On ne badine pas avec l'Amour.............. 7
Nicolle.
Les Projets de ma tante. 11
Pailleron.
Le Dernier quartier.... 29

(1) Poésie.

Pailleron (*Suite*).
L'Étincelle.............. 4
Le Monde où l'on s'ennuie. 80
**Picard, Wafflard
et Fulgence.**
Les Deux ménages...... 2
Racine.
Mithridate.............. 6

Racine (*Suite*).
Phèdre................. 2
Les Plaideurs.......... 1
Samson.
La Famille Poisson...... 22
Sand (Mme).
Le Mariage de Victorine. 7
Le Marquis de Villemer. 19

Sandeau.
Mlle de la Seiglière...... 2
Scribe et E. Legouvé.
Bataille de dames....... 9
Tiercelin.
A *Corneille* (1).......... 1
Vacquerie.
Jean Baudry............ 3

1883

Aicard.
*Hommage à Alexandre
Dumas* (2)............. 1
Arnaud (Mlle).
Mademoiselle du Vigean. 15
Augier.
L'Aventurière.......... 12
Les Effrontés.......... 41
Philiberte............. 6
Augier et Sandeau.
Le Gendre de M. Poirier. 11
Banville.
Gringoire.............. 1
Barrière.
Le Feu au couvent...... 25
Beaumarchais.
Le Mariage de Figaro... 3
Belot et Villetard.
Le Testament de César
Girodot.............. 9
Caraguel.
Le Bougeoir........... 17
Corneille (P.).
Cinna................. 1
Horace................ 2
Le Menteur (3)......... 11
Courcy.
Toujours............... 42
Delpit.
Les Maucroix........... 25
Desvallières.
Une Matinée de contrat... 7
Dumas (Al.).
Les Demoiselles de Saint-
Cyr................. 42
Mlle de Belle-Isle..... 6
Dumas fils.
Le Demi-monde........ 9

Dumas fils et Girardin.
Le Supplice d'une femme. 12
Erckmann et Chatrian.
L'Ami Fritz............ 9
Les Rantzau........... 13
Ferrier.
Chez l'avocat.......... 12
Feuillet.
Le Village............. 9
Guiard.
Volte-face............. 16
Hugo.
Le Roi s'amuse (4)...... 29
Ruy Blas.............. 21
Lacroix (J.).
OEdipe roi (5).......... 10
Legouvé (E.) et Labiche.
La Cigale chez les four-
mis................. 1
Marivaux.
L'Épreuve............. 38
Le Jeu de l'Amour et du
Hasard.............. 13
Massa.
Service en campagne... 6
Meilhac et Lud. Halévy.
L'Été de la Saint-Martin. 14
Le Petit hôtel.......... 10
Molière.
Amphitryon........... 6
L'Avare............... 7
Le Dépit amoureux..... 4
L'École des femmes.... 2
L'École des maris...... 3
L'Étourdi.............. 2
Les Femmes savantes... 5

Molière (*Suite*).
Les Fourberies de Scapin. 9
Le Malade imaginaire... 3
Le Mariage forcé....... 16
Le Médecin malgré lui... 7
Le Misanthrope........ 7
Les Précieuses ridicules. 11
Tartuffe............... 6
Moreau.
Corneille et Richelieu 7
Musset.
Le Chandelier.......... 3
Il ne faut jurer de rien .. 12
La Nuit d'octobre....... 5
On ne badine pas avec
l'Amour.............. 10
Nicolle.
Les Projets de ma tante . 9
Pailleron.
Le Dernier quartier..... 16
L'Étincelle............. 30
Le Monde où l'on s'ennuie. 27
Racine.
Athalie................ 4
Britannicus............ 1
Phèdre................ 6
Les Plaideurs.......... 4
Sand (Mme).
Le Mariage de Victorine. 2
Le Marquis de Villemer . 9
Sandeau.
Mademoiselle de la Sei-
glière............... 23
Scribe.
Bertrand et Raton...... 5
Scribe et E. Legouvé.
Bataille de dames....... 7

(1) Poésie.
(2) Poésie.
(3) A la représentation du 15 juillet, on n'a donné que le 1er acte.
(4) A la représentation du 15 juillet, on n'a donné que le 2e acte.
(5) A la représentation du 15 juillet, on n'a donné que les 1er, 2e et 3e actes.

1884

Aicard.
Smilis.................. 10

Arnaud (Mlle).
Mlle du Vigean.......... 10

Augé de Lassus.
Racine à Port-Royal..... 3

Augier.
L'Aventurière........... 1
Les Effrontés........... 6
Les Fourchambault..... 16
Le Post-scriptum....... 10

Augier et Sandeau.
Le Gendre de M. Poirier. 18

Barrière.
Le Feu au couvent...... 16

Beaumarchais.
Le Mariage de Figaro.... 18

Belot et Villetard.
Le Testament de César
Girodot............... 11

Bertol-Graivil.
Maître et valets......... 2

Bisson.
Le Député de Bombignac.. 57

Caraguel.
Le Bougeoir............ 43

Corneille (P.).
Le Cid................. 10
Horace................ 1
Le Menteur (1)......... 10
Polyeucte.............. 8

Courcy.
Toujours.............. 4

Delair.
Le Centenaire de Figaro.. 2

Delpit.
Les Maucroix........... 4

Desvallières.
Une Matinée de contrat.. 6

Dumas (Al.).
Les Demoiselles de St-Cyr. 4
Mlle de Belle-Isle........ 10

Dumas fils.
L'Étrangère............ 34

Dumas fils et Girardin.
Le Supplice d'une femme. 11

Erckmann et Chatrian.
L'Ami Fritz............ 13
Les Rantzau........... 1

Ferrier.
Chez l'avocat.......... 13

Girardin (Mme de).
La Joie fait peur........ 15

Guiard.
Volte-face............. 11

Hugo.
Hernani............... 17
Ruy Blas.............. 3

Lacroix (J.).
Œdipe roi............. 2

Marivaux.
L'Épreuve............. 8
Le Jeu de l'Amour et du
Hasard............. 16

Meilhac.
La Duchesse Martin..... 52

Meilhac et Lud. Halévy.
L'Été de la Saint-Martin.. 17

Molière.
Amphitryon............ 4
L'Avare............... 9
Le Dépit amoureux...... 29
L'École des femmes..... 7
L'Étourdi.............. 3
Les Femmes savantes... 5
Les Fourberies de Sca-
pin................. 1

Molière (Suite).
Le Malade imaginaire... 6
Le Mariage forcé........ 11
Le Médecin malgré lui... 9
Le Misanthrope........ 5
Les Précieuses ridicules. 2
Tartuffe.............. 2

Moreau.
Corneille et Richelieu.... 6

Musset.
Les Caprices de Marianne. 11
Le Chandelier.......... 4
Il ne faut jurer de rien.. 8
On ne badine pas avec
l'Amour.............. 17

Nicolle.
Les Projets de ma tante. 3

Pailleron.
Le Dernier quartier...... 10
L'Étincelle............ 12
Le Monde où l'on s'en-
nuie................ 20

Racine.
Britannicus............ 5
Éloge de Corneille....... 1
Iphigénie.............. 3
Phèdre............... 3
Les Plaideurs.......... 1

Sand (Mme).
Le Marquis de Villemer. 7

Sandeau.
Mlle de la Seiglière...... 3

Sardou.
Les Pattes de mouche..... 32

Scribe.
Bertrand et Raton...... 19

Scribe et E. Legouvé.
Bataille de dames....... 17

1885

Augé de Lassus.
Racine à Port-Royal..... 5

Augier.
Les Fourchambault..... 5

Augier (Suite).
Philiberte............. 2

(1) À la représentation du 1er octobre, on ne donna que les 1er, 2e et 3e actes.

Augier (*Suite*).
Le Post-scriptum 1
Augier et Sandeau.
Le Gendre de M. Poirier. 7
Banville.
Gringoire 8
Socrate et sa femme 12
Barrière.
Le Feu au couvent 16
Beaumarchais.
Le Mariage de Figaro ... 3
Belot et Villetard.
Le Testament de César
Girodot 12
Caraguel.
Le Bougeoir 4
Corneille (P.).
Le Cid 9
Cinna 2
Horace 5
Le Menteur 1
Polyeucte 4
Delair.
Apothéose 2
Delavigne.
Don Juan d'Autriche 6
Deslandes.
Antoinette Rigaud 40
Dreyfus.
Une Rupture 47
Dumas (Al.).
Mlle de Belle-Isle 3
Dumas fils.
Le Demi-monde 5
Denise 107
Dumas fils et Girardin.
Le Supplice d'une femme 14
Erckmann et Chatrian.
L'Ami Fritz 8

Fabié.
A Corneille (1) 1
Ferrier.
Chez l'avocat 5
Feuillet.
Le Pour et le contre 6
Girardin (Mme de).
La Joie fait peur 12
Gozlan.
La Pluie et le beau temps. 14
Guiard.
Volte-face 5
Hugo.
Hernani 15
Marion de Lorme (2) 2
Le Roi s'amuse (3) 2
Ruy Blas 17
Marivaux.
L'Épreuve 11
Le Jeu de l'Amour et du
Hasard 8
Meilhac et Lud. Halévy.
L'Été de la Saint-Martin . 17
Molière.
Amphitryon 1
L'Avare 14
Le Bourgeois gentil-
homme 10
Le Dépit amoureux 8
L'École des femmes 2
Les Femmes savantes ... 7
Les Fourberies de Scapin. 8
Le Malade imaginaire 8
Le Mariage forcé 15
Le Médecin malgré lui... 1
Le Misanthrope 6
Les Précieuses ridicules . 14
Sganarelle 8
Tartuffe 19

Morand (E.).
L'Héritière 12
Moreau.
Corneille et Richelieu.... 9
Musset.
Un Caprice 2
Les Caprices de Marianne. 3
Il faut qu'une porte soit
ouverte ou fermée 14
Il ne faut jurer de rien... 11
On ne badine pas avec
l'Amour 6
Pailleron.
Le Dernier quartier 4
L'Étincelle 5
Le Monde où l'on s'ennuie. 5
Picard, Wafflard
et Fulgence.
Les Deux ménages 7
Racine.
Britannicus 1
Phèdre 4
Les Plaideurs 3
Regnard.
Les Folies amoureuses .. 4
Le Légataire universel... 13
Sand (Mme).
Le Mariage de Victorine. 11
Sandeau.
Mlle de la Seiglière 5
Sardou.
Les Pattes de mouche ... 8
Scribe.
Bertrand et Raton 3
Scribe et E. Legouvé.
Bataille de dames 8
Truffier.
La Phèdre de Pradon 1
Vacquerie.
Jean Baudry 9

1886

Augier.
L'Aventurière 15
Les Fourchambault 4
Le Post-scriptum 13
Augier et Sandeau.
Le Gendre de M. Poirier. 8
Banville.
Gringoire 5
Socrate et sa femme 32

Barrière.
Le Feu au couvent 1
Bayard et J. de Wailly.
Le Mari à la campagne.. 10
Beaumarchais.
Le Mariage de Figaro ... 2
Becque.
Les Honnêtes femmes 20

Belot et Villetard.
Le Testament de César
Girodot 4
Blémont.
Visite à Corneille (4) 1
Caraguel.
Le Bougeoir 3
Coppée.
Le Luthier de Crémone .. 6

(1) Poésie.
(2) Aux représentations des 15 et 17 juin, on n'a donné que le 1er acte et un fragment du 4e.
(3) 2e acte.
(4) Poésie.

Coppée (*Suite*).
Résurrection (1) 1
Corneille (P.).
Le Cid 3
Cinna., ... 1
Horace 4
Le Menteur 3
Polyeucte 3
Deslandes.
Antoinette Rigaud 23
Doucet.
Le Fruit défendu 15
Dreyfus.
Une Rupture 14
Dumas (Al.).
Mlle de Belle-Isle 3
Dumas (Al.) et Meurice.
Hamlet 42
Dumas fils.
Le Demi-monde 4
Denise 13
Dumas fils et Girardin.
Le Supplice d'une femme. 6
Erckmann et Chatrian.
L'Ami Fritz 5
Fabié.
A Racine (2) 2
Ferrier.
Chez l'avocat 4
Feuillet.
Chamillac 51
Le Pour et le contre 3
Le Village 3
Girardin (Mme de).
La Joie fait peur 2
Gondinet.
Un Parisien 60
Gozlan.
La Pluie et le beau temps. 3
Guiard.
Volte-face 4

Hervilly (d').
Au prisonnier du Châte-
let (3) 1
Molière en prison 5
Hugo.
Hernani (4) 7
Le Roi s'amuse (5) 1
Ruy Blas (6) 9
La Fontaine
et Champmeslé.
La Coupe enchantée 7
Laluyé.
Au printemps 11
Legouvé (E.) et Labiche.
La Cigale chez les four-
mis 7
Manuel.
Les Ouvriers 10
Marivaux.
Le Jeu de l'Amour et du
Hasard 9
Meilhac et Lud. Halévy.
L'Été de la Saint-Martin. 4
Molière.
L'Avare 11
Le Dépit amoureux 9
L'École des femmes 9
Les Fâcheux 5
Les Femmes savantes ... 3
Le Malade imaginaire ... 9
Le Mariage forcé 8
Le Misanthrope 4
Les Précieuses ridicules. 10
Sganarelle 3
Tartuffe 7
Molière, P. Corneille
et Quinault.
Psyché (7) 1
Morand (E.).
L'Héritière 25
Moreau.
Corneille et Richelieu ... 1

Musset.
Les Caprices de Ma-
riann 3
Le Chandelier 4
Il faut qu'une porte soit
ouverte ou fermée..... 21
Il ne faut jurer de rien... 12
On ne badine pas avec
l'Amour 1
Pailleron.
Le Dernier quartier 13
L'Étincelle 2
Le Monde où l'on s'ennuie. 20
Picard, Wafflard
et Fulgence.
Les Deux ménages 9
Prével.
Un Mari qui pleure 3
Racine.
Andromaque 10
Britannicus 1
Phèdre 2
Les Plaideurs 10
Regnard.
Le Légataire universel... 6
Renan.
1802 4
Richepin.
Monsieur Scapin 18
Sainte-Beuve.
Les Larmes de Racine... 2
Sand (Mme).
Le Mariage de Victorine. 6
Sandeau.
Mlle de la Seiglière 10
Scribe et E. Legouvé.
Bataille de dames 5
Vacquerie.
Jean Baudry 2
Verconsin.
La Sortie de Saint-Cyr... 16
Voltaire.
Zaïre 6

1887

Augier.
L'Aventurière 2
Les Fourchambault 16
Le Post-scriptum 2

Augier et Sandeau
Le Gendre de M. Poirier.. 13
Balzac.
Mercadet 1

Banville.
Socrate et sa femme 8
Barbier (P.).
Vincenette 17

(1) Poésie.
(2) Poésie.
(3) Poésie.
(4) A la représentation du 26 février, on ne donna que le 3e acte.
(5) 2e acte.
(6) A la représentation du 26 février, on ne donna que les 4e et 5e actes.
(7) 3e acte.

Bayard et J. de Wailly.
Le Mari à la campagne... 5
Beaumarchais.
Le Barbier de Séville 5
Le Mariage de Figaro 3
Becque.
Les Honnêtes femmes.... 18
Belot et Villetard.
Le Testament de César
Girodot.............. 13
Coppée.
Le Luthier de Crémone.. 3
Corneille (P.).
Le Cid................. 11
Horace 2
Le Menteur (1)......... 2
Deslandes.
Antoinette Rigaud....... 1
Dorchain.
A Racine (2)............ 1
Doucet.
Le Fruit défendu........ 2
Dreyfus.
Une Rupture............ 11
Dumas (Al.).
L'Invitation à la valse ... 96
Dumas (Al.) et Meurice.
Hamlet (3)............. 34
Dumas fils.
Francillon............. 107
Essarts (E. des).
La France à Corneille (4). 1
Ferrier.
Chez l'avocat.......... 3
Feuillet.
Le Village............. 8
Gondinet.
Un Parisien............ 5
Guiard.
Volte-face 8

Hugo.
Hernani 14
Ruy Blas (5)........... 4
**La Fontaine
et Champmeslé.**
La Coupe enchantée..... 3
Laluyé.
Au printemps.......... 3
Le Corbeiller.
La Nuit de juin......... 4
Manuel.
Les Ouvriers........... 2
Marivaux.
Le Jeu de l'Amour et du
Hasard.............. 10
Le Legs 3
Molière.
L'Avare 7
Le Bourgeois gentil-
homme............. 5
Le Dépit amoureux (6)... 13
L'École des femmes..... 6
Les Fâcheux........... 3
Les Fourberies de Scapin. 3
Le Malade imaginaire.... 10
Le Mariage forcé........ 11
Le Misanthrope (7)...... 1
Les Précieuses ridicules . 7
Tartuffe 6
Moreau.
Protestation........... 1
Murger.
Le Bonhomme Jadis..... 5
Musset.
Un Caprice 4
Le Chandelier (8)....... 1
Il faut qu'une porte soit
ouverte ou fermée.... 9
Il ne faut jurer de rien .. 5
La Nuit d'octobre 6

Musset (Suite).
On ne badine pas avec
l'Amour (9)......... 14
Le Dernier quartier...... 5
Le Monde où l'on s'ennuie. 8
Petite pluie............ 8
La Souris.............. 25
Patrat.
L'Anglais.............. 13
**Picard, Wafflard
et Fulgence.**
Les Deux Ménages...... 4
Poinsinet (A. A. H.).
Le Cercle.............. 4
Prével.
Un Mari qui pleure 6
Racine.
Andromaque........... 4
Bajazet............... 10
Phèdre 1
Les Plaideurs.......... 4
Regnard.
Le Légataire universel... 3
Sand (Mme).
Le Mariage de Victorine.. 1
Le Marquis de Villemer.. 13
Sandeau.
Mlle de la Seiglière 7
Scribe et E. Legouvé.
Bataille de dames 3
Theuriet et E. Morand.
Raymonde 11
Vacquerie.
Souvent homme varie... 18
Verconsin.
La Sortie de Saint-Cyr... 1
Wafflard et Fulgence.
Le Voyage à Dieppe..... 2

1888

Augier.
L'Aventurière.......... 14
Les Effrontés.......... 12
Les Fourchambault..... 1
Le Post-scriptum 4

Balzac.
Mercadet 2
Banville.
Le Baiser.............. 34
Socrate et sa femme..... 2

Barbier (P.).
Vincenette............. 10
Bayard et J. de Wailly.
Le Mari à la campagne.. 1

(1) A la représentation du 16 mai, on ne donna que le 1er acte.
(2) Poésie.
(3) A la représentation du 3 janvier, on ne donna que le 1er acte.
(4) Poésie.
(5) A la représentation du 3 janvier, on ne donna que le 3e acte.
(6) A la représentation du 16 mai, on ne donna que le 2e acte.
(7) 1er acte.
(8) 3e acte.
(9) A la représentation du 11 décembre, on ne donna que le 2e acte.

Beaumarchais.
Le Barbier de Séville.... 4
Becque.
Les Honnêtes femmes... 8
Belot et Villetard.
Le Testament de César
Girodot.............. 8
Boursault.
Le Mercure galant....... 5
Coppée.
Le Luthier de Crémone.. 7
Le Passant............. 8
Corneille (P.).
Le Cid................. 9
Horace 4
Le Menteur............. 1
Delavigne.
Une Famille au temps de
Luther 6
Doucet.
Le Fruit défendu....... 3
Dreyfus.
Une Rupture........... 4
Dumas (Al.).
L'Invitation à la valse... 11
Mlle de Belle-Isle....... 8
Dumas (Al.) et Meurice.
Hamlet 5
Dumas fils.
Denise................ 5
Francillon............. 13
La Princesse Georges..... 15
Erckmann et Chatrian.
L'Ami Fritz............ 4
Ferrier.
Chez l'avocat.......... 3
Feuillet.
Le Cas de conscience.... 5
Chamillac............. 16
Le Village............ 1
Gautier.
Le Soulier de Corneille (1) 1

Gondinet.
Un Parisien............ 5
Guiard.
Volte-face 1
Hugo.
Hernani 6
Ruy Blas 7
Lacour.
A Racine.............. 1
Lacroix (J.).
OEdipe roi 19
Laluyé.
Au printemps.......... 2
Legouvé (E.) et Labiche.
La Cigale chez les fourmis. 4
Marivaux.
Le Jeu de l'Amour et du
Hasard.............. 7
Le Legs............... 6
Meilhac et Ganderax.
Pépa 33
Meilhac et Lud. Halévy.
Les Brebis de Panurge... 36
Molière.
Amphitryon 3
L'Avare 5
Le Dépit amoureux..... 8
L'École des femmes..... 4
Les Femmes savantes... 11
Les Fourberies de Scapin. 4
Le Malade imaginaire.... 15
Le Mariage forcé....... 32
Le Médecin malgré lui... 7
Le Médecin volant...... 11
Le Misanthrope........ 4
M. de Pourceaugnac.... 8
Les Précieuses ridicules. 12
Tartuffe.............. 5
Murger.
Le Bonhomme Jadis..... 6
Musset.
Il faut qu'une porte soit
ouverte ou fermée..... 6

Musset (Suite).
Il ne faut jurer de rien.. 9
On ne badine pas avec
l'Amour............. 2
Pailleron.
L'Autre motif.......... 4
Le Dernier quartier..... 19
Le Monde où l'on s'ennuie. 17
Pendant le bal......... 41
Petite pluie........... 1
La Souris............. 48
Patrat.
L'Anglais 1
Picard, Wafilard et Fulgence.
Les Deux ménages...... 3
Prével.
Un Mari qui pleure..... 5
Racine.
Andromaque.......... 9
Bajazet............... 1
Mithridate............ 3
Phèdre 1
Les Plaideurs.......... 4
Regnard.
Les Folies amoureuses.. 4
Le Légataire universel... 4
Richepin.
Le Flibustier........... 31
Monsieur Scapin 2
Sand (Mme).
François le Champi...... 16
Le Marquis de Villemer. 5
Scribe et E. Legouvé.
Adrienne Lecouvreur.... 43
Tiercelin.
Le Rire de Molière....... 3
Vacquerie.
Souvent homme varie... 3
Voltaire.
Zaïre................. 3
Wafilard et Fulgence.
Le Voyage à Dieppe..... 3

1889

Augé de Lassus.
Le Vieux Corneille....... 3
Augier.
L'Aventurière.......... 9
Maître Guérin.......... 40
Philiberte............. 5
Augier et Sandeau.
Le Gendre de M. Poirier. 8

Banville.
Le Baiser.............. 4
Gringoire............. 8
Barbier (P.).
Vincenette............ 7
Barrière.
Le Feu au couvent...... 5

Beaumarchais.
Le Barbier de Séville.... 1
Le Mariage de Figaro ... 6
Becque.
Les Honnêtes femmes... 10
Belot et Villetard.
Le Testament de César
Girodot.............. 9

(1) Poésie.

Bergerat.
Le Premier baiser 9
Blémont.
Le Chant du siècle 1
Borrelli.
Alain Chartier 10
Boursault.
Le Mercure galant 3
Charles-Edmond.
La Bûcheronne 6
Claretie.
A Molière (1) 2
Coppée.
Le Luthier de Crémone.. 2
Le Passant 13
Corneille (P.).
Le Cid 5
Cinna 1
Horace 7
Le Menteur 2
Deslandes.
Antoinette Rigaud 2
Doucet.
Le Fruit défendu 6
Dreyfus.
Le Klephte 15
Une Rupture 3
Dumas (Al.).
Henri III et sa Cour 71
L'Invitation à la valse... 2
Mlle de Belle-Isle 3
Dumas (Al.) et Meurice.
Hamlet 28
Dumas fils.
Denise 10
L'Étrangère 22
Francillon 5
Erckmann et Chatrian.
L'Ami Fritz 7
Ferrier.
Chez l'avocat 1
La Revanche d'Iris 5

Feuillet.
Le Cas de conscience... 10
Chamillac 7
Le Village 4
Gaulot.
A Racine 1
Girardin (Mme de).
La Joie fait peur 7
Hugo.
Hernani 3
Ruy Blas 17
La Fontaine et Champmeslé.
La Coupe enchantée..... 1
Laluyé.
Au printemps 5
Manuel.
Les Ouvriers 4
Marivaux.
Le Jeu de l'Amour et du Hasard 4
Le Legs 2
Meilhac et Ganderax.
Pépa 9
Meilhac et Lud. Halévy.
Les Brebis de Panurge.. 8
L'Été de la Saint-Martin. 8
Molière.
L'Avare 5
Le Dépit amoureux (2).. 12
L'École des maris 8
L'Étourdi (3) 4
Les Femmes savantes... 3
Les Fourberies de Scapin 1
Le Malade imaginaire... 6
Le Mariage forcé 4
Le Médecin malgré lui.. 6
Le Misanthrope 5
M. de Pourceaugnac....: 6
Les Précieuses ridicules. 8
Tartuffe (4) 5

Murger.
Le Bonhomme Jadis 1
Musset.
Il ne faut jurer de rien.. 2
On ne badine pas avec l'Amour 5
Pailleron.
L'Autre motif 2
Le Dernier quartier 7
Le Monde où l'on s'ennuie 30
Pendant le bal 24
La Souris 1
Prével.
Un Mari qui pleure..... 2
Racine.
Andromaque 4
Bajazet 2
Mithridate 4
Phèdre 3
Les Plaideurs 3
Regnard.
Les Folies amoureuses.. 3
Le Légataire universel (5) 3
Richepin.
A Émile Augier (6)...... 1
Le Flibustier 12
Monsieur Scapin 7
Sand (Mme).
François le Champi 3
Le Marquis de Villemer. 5
Sandeau.
Mlle de la Seiglière 9
Scribe et Duveyrier.
Oscar 5
Scribe et E. Legouvé.
Adrienne Lecouvreur.... 13
Vacquerie.
Jean Baudry 14
Souvent homme varie... 3
Voltaire.
Zaïre 6

1890

Augé de Lassus.
Le Vieux Corneille 1
Augier.
L'Aventurière 16
Gabrielle 11
Maître Guérin 5

Augier et Sandeau.
Le Gendre de M. Poirier. 5
Balzac.
Mercadet 10
Banville.
Le Baiser 15

Banville (Suite).
Gringoire 13
Barbier (P.).
Vincenette 3
Barrière.
Le Feu au couvent 2

(1) Poésie.
(2) A la représentation du 15 mai, on ne donna que le 2ᵉ acte.
(3) A la représentation du 15 mai, on ne donna que le 5ᵉ acte.
(4) A la représentation du 15 mai, on ne donna que le 3ᵉ acte.
(5) A la représentation du 15 mai, on ne donna que le 4ᵉ acte.
(6) Poésie.

Beaumarchais.
Le Mariage de Figaro... 4

Becque.
Les Honnêtes femmes... 17
La Parisienne 17

Belot et Villetard.
Le Testament de César
Girodot.............. 10

Berton.
Les Jurons de Cadillac... 7

Borrelli.
Alain Chartier......... 4

Bornier.
La Fille de Roland...... 37

Coppée.
Le Luthier de Crémone.. 12
Le Passant............. 11

Corneille (P.).
Le Cid................. 3
Cinna 2
Le Menteur............ 1
Polyeucte 5

Courcy.
Une Conversion........ 2

Dancourt.
La Maison de campagne. 2

Delavigne.
Don Juan d'Autriche (1) . 1

Dreyfus.
Le Klephte............. 5

Dumas (Al.).
Henri III et sa Cour..... 1
Mlle de Belle-Isle........ 1

Dumas (Al.) et Meurice.
Hamlet................ 1

Dumas fils.
Le Demi-monde......... 38
Denise................. 6
Francillon 1

Erckmann et Chatrian.
L'Ami Fritz............ 4

Fagan.
Les Originaux......... 15

Ferrier.
Chez l'avocat.......... 3
La Revanche d'Iris...... 9

Feuillet.
Le Cas de conscience.... 10
Le Village............. 6

Fournier (É.).
La Vraie farce de maître
Pathelin.............. 7

Gille.
Camille................ 19

Girardin (Mme de).
La Joie fait peur........ 7

Grangeneuve.
A Racine 1

Hugo.
Hernani (2)............ 10
Ruy Blas.............. 19

Labiche et Delacour.
Les Petits oiseaux 26

Lacroix (J.).
OEdipe roi............. 5

Laluyé.
Au printemps.......... 6

Lavedan.
Une Famille........... 21

Laya (L.).
Le Duc Job............ 16

Manuel.
Les Ouvriers.......... 3

Marivaux.
Le Jeu de l'Amour et du
Hasard 1
La Seconde Surprise de
l'Amour 3

Meilhac.
L'Autographe.......... 41
Margot 40

Meilhac et Lud. Halévy.
Les Brebis de Panurge.. 3
L'Été de la Saint-Martin. 2

Molière.
L'Avare 5
Le Bourgeois gentil-
homme.............. 10
Le Dépit amoureux 20
L'École des femmes..... 6
L'Étourdi............. 3
Les Fâcheux........... 3
Les Femmes savantes... 2
Les Fourberies de Sca-
pin................. 2
George Dandin......... 6
Le Malade imaginaire... 8

Molière (*Suite*).
Le Mariage forcé........ 15
Le Médecin malgré lui... 7
Le Médecin volant...... 1
Le Misanthrope........ 11
Les Précieuses ridicules. 5
Tartuffe 6

Murger.
Le Bonhomme Jadis.... 5

Musset.
Il ne faut jurer de rien... 9
On ne badine pas avec
l'Amour.............. 3

Pailleron.
Le Dernier quartier..... 1
L'Étincelle............ 11
Le Monde où l'on s'ennuie 12
Pendant le bal......... 2

**Picard, Wafflard
et Fulgence.**
Les Deux ménages...... 3

Racine.
Andromaque........... 2
Britannicus............ 5
Iphigénie.............. 7
Mithridate............ 2
Phèdre 3
Les Plaideurs.......... 3

Regnard.
Attendez-moi sous l'orme. 9
Les Folies amoureuses.. 7
Le Légataire universel.. 3

Richepin.
Le Flibustier.......... 12

Sand (Mme).
François le Champi..... 6

Sandeau.
Mlle de la Seiglière..... 7

Scribe et Duveyrier.
Oscar 2

Scribe et E. Legouvé.
Adrienne Lecouvreur... 1
Bataille de dames....... 4

Souza.
Toinette à Molière (3).... 1

Vacquerie.
Jean Baudry........... 8

Voltaire.
Zaïre................. 5

1891

Augier.
L'Aventurière.......... 11

Augier (*Suite*).
La Ciguë.............. 6

Augier (*Suite*).
Gabrielle 1

(1) 3e acte.
(2) A la représentation du 15 mars, on n'a donné que le 3e acte.
(3) Poésie.

Augier (*Suite*).

Maître Guérin	3
Le Post-scriptum	3

Augier et Sandeau.

Le Gendre de M. Poirier.	12

Banville.

Le Baiser	5
Gringoire	17

Barbier (P.).

Vincenette	5

Bayard et J. de Wailly.

Le Mari à la campagne...	2

Beaumarchais.

Le Barbier de Séville....	4

Becque.

Les Honnêtes femmes....	5

Belot et Villetard.

Le Testament de César Girodot	10

Berr de Turique.

Le Rez-de-chaussée	19

Berton.

Les Jurons de Cadillac..	1

Bornier.

La Fille de Roland	8

Bouchor.

Hommage de la Muse tragique à Jean Racine....	1

Caraguel.

Le Bougeoir	1

Coppée.

Le Luthier de Crémone..	3
Le Passant	14

Corneille (P.).

Le Cid	10
Cinna	2
Horace	4
Le Menteur	2

Courcy.

Une Conversion	21

Dancourt.

La Maison de campagne.	2

Delair.

La Mégère apprivoisée ...	24

Dreyfus.

Le Klephte	9

Dumas (Al.).

Henri III et sa Cour	6

Dumas fils.

Le Demi-monde	5
Denise	2
L'Étrangère	7
Une Visite de noces	20

Erckmann et Chatrian.

L'Ami Fritz	11

Ferrier.

L'Article 231	25

Ferrier (*Suite*).

Chez l'avocat	7
La Revanche d'Iris	24

Feuillet.

Le Cas de conscience	3

Fournier (É.).

La Vraie farce de maître Pathelin	4

Gaulot.

A Corneille (1)	1

Gille.

Camille	9

Girardin (Mme de).

La Joie fait peur	7

Hugo.

Hernani (2)	16
Ruy Blas	17

Labiche et Delacour.

Les Petits oiseaux	4

Lacroix (J.).

OEdipe roi	24

Laluyé.

Au printemps	4

Lavedan.

Une Famille	3

Laya (L.).

Le Duc Job	6

Legouvé (E.) et Labiche.

La Cigale chez les fourmis	8

Lemaitre.

Mariage blanc	27

Manuel.

Les Ouvriers	2

Marivaux.

Le Jeu de l'Amour et du Hasard	6
Le Legs	4
La Seconde Surprise de l'Amour	5

Meilhac.

L'Autographe (3)	9

Meilhac et Lud. Halévy.

Les Brebis de Panurge...	4
L'Été de la Saint-Martin.	6
Le Petit hôtel	3

Molière.

L'Amour médecin	5
L'Avare	4
Le Dépit amoureux (4)...	15
L'École des femmes	6
L'Étourdi	2
Les Femmes savantes...	1
Les Fourberies de Scapin.	18
George Dandin	3
Le Malade imaginaire....	14
Le Mariage forcé	8

Molière (*Suite*).

Le Médecin malgré lui...	8
Le Misanthrope	7
M. de Pourceaugnac	4
Les Précieuses ridicules..	9
Sganarelle	2
Tartuffe	9

Murger.

Le Bonhomme Jadis	2

Musset.

Il ne faut jurer de rien..	7
On ne badine pas avec l'Amour	11

Pailleron.

L'Étincelle	6
Le Monde où l'on s'ennuie	25

Ponsard.

Horace et Lydie	12

Porto-Riche.

La Chance de Françoise..	8

Racine.

Andromaque	5
Britannicus	7
Iphigénie	1
Mithridate	1
Phèdre	4
Les Plaideurs	3

Raymond et Boucheron.

L'Ami de la maison	3

Regnard.

Attendez-moi sous l'orme.	14
Les Folies amoureuses...	7
Le Joueur	6

Richepin.

Le Flibustier	7
Monsieur Scapin	8

Roger-Milès.

Alceste converti	1

Sand (Mme).

François le Champi	6

Sardou.

Thermidor	2

Scribe et E. Legouvé.

Adrienne Lecouvreur....	7
Bataille de dames	3

Sedaine.

La Gageure imprévue....	1

Silvestre et E. Morand.

Grisélidis	51

Thiboust et Scholl.

Rosalinde	26

Vacquerie.

Jean Baudry	1
Souvent homme varie...	24

Voltaire.

Zaïre	2

(1) Poésie.
(2) A la représentation du 15 décembre, on n'a donné que le 5e acte.
(3) A la représentation du 29 janvier, la pièce ne fut pas achevée.
(4) A la représentation du 27 janvier, la pièce fut interrompue dès la 1re scène du 1er acte.

1892

Augier.
L'Aventurière.......... 7
Augier et Sandeau.
Le Gendre de M. Poirier.. 11
Banville.
Le Baiser.............. 4
Barbier (P.).
Vincenette............. 4
Beaumarchais.
Le Barbier de Séville.... 2
Le Mariage de Figaro.... 5
Becque.
Les Honnêtes femmes... 13
Belot et Villetard.
Le Testament de César
Girodot.............. 11
Berr de Turique.
Le Rez-de-chaussée...... 4
Bertal.
Molière (1)............. 1
Bornier.
La Fille de Roland...... 5
Boursault.
Le Mercure galant...... 9
Caraguel.
Le Bougeoir............ 5
Coppée.
Le Luthier de Crémone.. 3
Le Passant............. 2
Corneille (P.).
Le Cid................. 1
Horace................. 2
Le Menteur............ 1
Polyeucte.............. 2
Courcy.
Une Conversion........ 3
Dancourt.
La Maison de campagne. 4
Delair.
La Mégère apprivoisée... 32
Demeny.
L'Ame de Racine........ 1
Doucet.
Le Fruit défendu....... 7
Dreyfus.
Le Klephte............. 7
Dumas (Al.).
Les Demoiselles de Saint-
Cyr................. 9

Dumas (Al.) (Suite).
Henri III et sa Cour..... 4
Mlle de Belle-Isle........ 5
Dumas fils.
Le Demi-monde........ 7
Denise................. 9
Francillon............. 11
Une Visite de noces...... 3
Duveyrier.
Faute de s'entendre..... 6
Erckmann et Chatrian.
L'Ami Fritz............. 7
Le Juif polonais........ 20
Favart.
Les Trois sultanes....... 19
Ferrier.
La Revanche d'Iris...... 13
Feuillet.
Le Village........... 3
Gille.
Camille................ 4
Hugo.
Hernani............... 10
Ruy Blas.............. 10
Labiche et Delacour.
Les Petits oiseaux....... 3
Lacroix (J.).
Œdipe roi.............. 4
**La Fontaine.
et Champmeslé.**
La Coupe enchantée..... 8
Laluyé.
Au printemps.......... 4
Laya (L.).
Le Duc Job............ 5
Legendre.
Jean Darlot............ 16
Legouvé (E.) et Labiche.
La Cigale chez les four-
mis................. 5
Manuel.
Les Ouvriers........... 5
Marivaux.
Arlequin poli par l'amour. 4
Les Fausses confidences. 4
Le Jeu de l'Amour et du
Hasard............. 3
Le Legs............... 7

Meilhac et Lud. Halévy.
L'Été de la Saint-Mar-
tin................. 5
Froufrou............. 40
Molière.
L'Amour médecin....... 1
L'Avare................ 9
Le Dépit amoureux...... 8
L'École des femmes..... 1
L'École des maris....... 1
L'Étourdi............. 2
Les Femmes savantes... 1
George Dandin......... 2
Le Malade imaginaire.... 8
Le Mariage forcé...... 11
Le Médecin malgré lui... 5
M. de Pourceaugnac..... 2
Les Précieuses ridicules. 4
Le Sicilien............. 4
Tartuffe.............. 2
Murger.
Le Bonhomme Jadis..... 9
Musset.
Il ne faut jurer de rien... 7
On ne badine pas avec
l'Amour............. 2
Pailleron.
L'Étincelle............. 1
Le Monde où l'on s'amuse. 9
Le Monde où l'on s'en-
nuie................. 20
Picot.
A Corneille............ 1
Piron.
La Métromanie........ 4
Ponsard.
Horace et Lydie........ 7
Porto-Riche.
La Chance de Françoise. 27
Racine.
Andromaque........... 1
Athalie................ 16
Bajazet............... 1
Britannicus........... 5
Les Plaideurs (2)....... 1
Regnard.
Attendez-moi sous l'orme. 6
Les Folies amoureuses.. 5

(1) Poésie.
(2) 3ᵉ acte.

TABLE CHRONOLOGIQUE DES PIÈCES (1893)

Richepin.		Scribe et E. Legouvé.		Thiboust et Scholl.	
Le Flibustier	2	Bataille de dames	5	Rosalinde	8
Par le Glaive	68	**Sedaine.**		**Vacquerie.**	
Sand (Mme).		La Gageure imprévue	8	Souvent homme varie	12
François le Champi	7	**Silvestre et E. Morand.**		**Voltaire.**	
Sandeau.		Grisélidis	6	La Mort de César	3
Mlle de la Seiglière	20			Zaïre	1

1893

Augier.		Dumas (Al.).		Legendre.	
L'Aventurière	6	Les Demoiselles de Saint-		Jean Darlot	2
Les Effrontés	43	Cyr	2	**Manuel.**	
Augier et Sandeau.		**Dumas fils.**		Les Ouvriers	2
Le Gendre de M. Poirier.	10	Denise	4	**Marivaux.**	
Banville.		L'Étrangère (4)	1	Arlequin poli par l'amour	5
Gringoire	16	Francillon	7	Le Jeu de l'Amour et du	
Barbier (P.).		Un Père prodigue	42	Hasard	2
Vincenette	5	**Duveyrier.**		**Maupassant.**	
Beaumarchais.		Faute de s'entendre	3	La Paix du ménage	13
Le Barbier de Séville (1).	1	**Erckmann et Chatrian.**		**Meilhac.**	
Becque.		L'Ami Fritz (5)	1	L'Autographe	8
Les Honnêtes femmes	2	**Essarts (E. des).**		**Meilhac et Lud. Halévy.**	
Belot et Villetard.		Le Rire français	1	L'Été de la Saint-Martin.	1
Le Testament de César		**Favart.**		Froufrou	8
Girodot	9	Les Trois sultanes	7	**Meurice et Vacquerie.**	
Berr de Turique.		**Ferrier.**		Antigone	28
Le Rez-de-chaussée	2	La Revanche d'Iris	11	**Millanvoye.**	
Borrelli.		**Feuillet.**		Le Dîner de Pierrot	12
Alain Chartier	2	Le Pour et le contre	10	**Molière.**	
Caraguel.		Le Village	3	Amphitryon (7)	1
Le Bougeoir	3	**Fiorentino.**		L'Avare	8
Coppée.		Corneille, (4 décembre		Le Dépit amoureux	7
Le Luthier de Crémone	10	1642)	1	Don Juan (8)	1
Corneille (P.).		**Gille.**		L'École des femmes	3
Le Cid	2	Camille	3	Les Femmes savantes	8
Horace	1	**Girardin (Mme de).**		Les Fourberies de Scapin.	6
Le Menteur (2)	1	La Joie fait peur	7	George Dandin	2
Curel.		**Hauteroche.**		Le Malade imaginaire	5
L'Amour brode	3	Crispin médecin	5	Le Mariage forcé	16
Delair.		**Hervilly (d').**		Le Médecin malgré lui	3
La Mégère apprivoisée (3)	3	La Belle Saïnara	5	Le Misanthrope	2
Delavigne.		**Hugo.**		Les Précieuses ridicules.	4
Une Famille au temps de		Hernani	12	Le Sicilien	2
Luther	2	Ruy Blas (6)	15	Tartuffe (9)	6
Dreyfus.		**Labiche et Delacour.**		**Moreau.**	
Le Klephte	2	Les Petits oiseaux	6	Corneille et Richelieu	1

(1) Fragments du 2ᵉ acte.
(2) 1ᵉʳ et 2ᵉ actes.
(3) A la représentation du 24 mai, on n'a donné que le 2ᵉ acte.
(4) 5ᵉ acte.
(5) 3ᵉ acte.
(6) A la représentation du 24 mai, on n'a donné que des fragments du 3ᵉ acte.
(7) Fragment.
(8) 4ᵉ acte.
(9) A la représentation du 12 avril, on n'a donné que le 3ᵉ acte.

Murger.
Le Bonhomme Jadis..... 1
Musset.
Il ne faut jurer de rien... 3
On ne badine pas avec
l'Amour.............. 2
Noël et Paté.
Prologue à Bérénice..... 3
Pailleron.
Le Monde où l'on s'amuse 6
Le Monde où l'on s'ennuie 20
Parodi.
La Reine Juana.......... 28
Piron.
La Métromanie.......... 2
Porto-Riche.
La Chance de Françoise. 4

Racine.
Andromaque............ 1
Athalie................ 5
Bérénice.............. 3
Britannicus............ 4
Les Plaideurs.......... 2
Regnard.
Attendez - moi sous
l'orme............... 1
Les Folies amoureuses... 4
Le Légataire universel.. 3
Richepin.
Le Flibustier........... 11
Par le glaive........... 11
Sand (Mme).
François le Champi..... 1
Le Mariage de Victorine. 7

Sandeau.
Mlle de la Seiglière...... 16
Scarron.
Don Japhet d'Arménie (1) 6
Scribe et E. Legouvé.
Bataille de dames....... 3
Silvestre.
Sapho.................. 13
Silvestre et E. Morand.
Grisélidis.............. 12
Thiboust et Scholl.
Rosalinde.............. 3
Vacquerie.
Souvent homme varie... 29
Voltaire.
La Mort de César....... 1

1894

Augier.
L'Aventurière.......... 11
Les Effrontés.......... 8
Le Fils de Giboyer...... 19
Le Post-scriptum....... 1
Augier et Sandeau.
Le Gendre de M. Poirier. 4
Banville.
Le Baiser.............. 1
Gringoire.............. 6
Barbier (P.).
Vincenette............. 3
Beaumarchais.
Le Barbier de Séville... 6
Belot et Villetard.
Le Testament de César
Girodot.............. 7
Bergerat.
Une Amie.............. 8
Berr de Turique.
Le Rez-de-chaussée..... 2
Bertal.
Une Séparation.......... 3
Bilhaud.
Qui?................... 6
Boursault.
Le Mercure galant....... 4
Coppée.
Le Luthier de Crémone.. 2
Severo Torelli.......... 24
Corneille (P.).
Le Cid................ 4

Corneille (P.) (*Suite*).
Horace (2).............. 3
Le Menteur (3)......... 1
Dumas (Al.).
Henri III et sa Cour..... 3
Un Mariage sous Louis XV 15
Dumas fils.
Denise................ 9
Francillon............. 7
Une Visite de noces..... 3
Dumas fils et Girardin.
Le Supplice d'une femme. 9
Duveyrier.
Faute de s'entendre..... 3
Erckmann et Chatrian.
L'Ami Fritz............ 6
Favart.
Les Trois sultanes...... 1
Ferrier.
Chez l'avocat.......... 4
La Revanche d'Iris...... 5
Feuillet.
Le Pour et le contre.... 2
Gille.
Camille................ 3
Girardin (Mme de).
La Joie fait peur........ 4
Hauteroche.
Crispin médecin (4)..... 4
Hervilly (d').
La Belle Saïnara........ 14

Hugo.
Hernani............... 8
Ruy Blas.............. 11
Labiche et Delacour.
Les Petits oiseaux...... 2
Lacroix (J.).
Œdipe roi............. 12
Legouvé (E.) et Labiche.
La Cigale chez les four-
mis................. 3
Manuel.
Les Ouvriers........... 1
Marsolleau.
Le Bandeau de Psyché.... 18
Maupassant.
La Paix du ménage..... 2
Meilhac et Lud. Halévy.
Froufrou.............. 3
Le Petit hôtel.......... 6
Mendès.
La Femme de Tabarin... 25
Meurice et Vacquerie.
Antigone.............. 20
Millanvoye.
Le Dîner de Pierrot...... 11
Molière.
L'Avare............... 10
Le Dépit amoureux..... 5
L'École des femmes..... 6
Les Femmes savantes... 4
Les Fourberies de Scapin. 6

(1) Pièce retouchée par J. Truffier.
(2) A la représentation du 10 juin, on n'a donné que les quatre premiers actes.
(3) 1er et 2e actes.
(4) Pièce retouchée par J. Truffier.

Molière (*Suite*).

George Dandin	1
Le Malade imaginaire	9
Le Mariage forcé	3
Le Médecin malgré lui	1
M. de Pourceaugnac	4
Les Précieuses ridicules	10
Tartuffe	1

Murger.

Le Bonhomme Jadis	4

Musset.

Il ne faut jurer de rien	8
On ne badine pas avec l'Amour	2

Nittis.

Les Deux Cid	1

Noël et Paté.

Prologue à Bérénice	10

Pailleron.

Cabotins!	102
L'Étincelle	5
Le Monde où l'on s'ennuie.	6

Parodi.

La Reine Juana	4

Patrat.

L'Anglais	3

Porto-Riche.

La Chance de Françoise	4

Racine.

Andromaque	6
Bérénice	11
Britannicus	4
Iphigénie	3
Les Plaideurs	5

Regnard.

Attendez-moi sous l'orme	5
Les Folies amoureuses	1
Le Légataire universel	3

Richepin.

Le Flibustier	2
Vers la joie	15

Rivet.

Le Cimetière Saint-Joseph	3

Rodenbach.

Le Voile	18

Rostand.

Les Romanesques	19

Sand (Mme).

François le Champi	3
Le Mariage de Victorine	1
Le Marquis de Villemer	14

Sandeau.

Mlle de la Seiglière	10

Scribe et Duveyrier.

Oscar	5

Scribe et E. Legouvé.

Adrienne Lecouvreur	4
Bataille de dames	8

Silvestre et E. Morand.

Grisélidis	6

Thiboust et Scholl.

Rosalinde	2

Vacquerie.

Souvent homme varie	19

1895

Augier.

L'Aventurière	8
Le Fils de Giboyer (1)	24
Le Post-scriptum	1

Banville.

Le Baiser	1
Gringoire	22
La Pomme	2
Socrate et sa femme	13

Barbier (P.).

Vincenette	3

Barrière et Capendu.

Les Faux bonshommes	23

Bayard et J. de Wailly.

Le Mari à la campagne	2

Beaumarchais.

Le Barbier de Séville	4
Le Mariage de Figaro (2)	1

Belot et Villetard.

Le Testament de César Girodot	11

Bergerat.

Une Amie	5

Berr de Turique.

Le Rez-de-chaussée	1

Bertal.

Une Séparation	4

Bilhaud.

Qui?	7

Boniface.

Les Petites marques	20

Bornier.

La Fille de Roland	11
Le Fils de l'Arétin	18

Bouchor.

Conte de Noël	13

Boursault.

Le Mercure galant	2

Coppée.

Le Luthier de Crémone	3
Severo Torelli	10

Corneille (P.).

Le Cid (3)	6
Horace	2
Le Menteur	2

Dreyfus.

Le Klephte	3

Dumas (Al.).

Henri III et sa Cour	5

Dumas fils.

L'Ami des femmes	77

Dumas fils (*Suite*).

Une Visite de noces	4

Dumas fils et Girardin.

Le Supplice d'une femme	8

Duval.

Les Héritiers	12

Duveyrier.

Faute de s'entendre	2

Erckmann et Chatrian.

L'Ami Fritz	6
Le Juif polonais	11

Ferrier.

Chez l'avocat	4
La Revanche d'Iris	1

Gruyer.

Fantôme	2

Hauteroche.

Crispin médecin	2

Hervieu.

Les Tenailles	45

Hervilly (d').

La Belle Saïnara	3

Hugo.

Hernani	13
Le Roi s'amuse (4)	1

(1) A la représentation du 17 novembre, on n'a donné que le 1er acte.
(2) 4e acte.
(3) A la représentation du 25 octobre, on n'a donné que les 1er, 2e et 3e actes.
(4) 2e acte.

Hugo (Suite).
Ruy Blas 7
Sur la lisière d'un bois ... 4

Lacroix (J.).
Œdipe roi 6

Lambert.
Vieux camarades 3

Lefèvre (G.).
Le Faune 28

Lemaître.
Le Pardon 22

Manuel.
Les Ouvriers 2

Marivaux.
Le Jeu de l'Amour et du Hasard 3

Meilhac et Lud. Halévy.
L'Été de la Saint-Martin. 11
Le Petit hôtel 3

Mendès.
La Femme de Tabarin ... 20

Millanvoye.
Le Diner de Pierrot 9

Molière.
L'Avare 6
Le Bourgeois gentilhomme 8
Le Dépit amoureux (1).. 13
L'École des femmes (2).. 4
L'École des maris 3
L'Étourdi. 6

Molière (Suite).
Les Femmes savantes (3). 5
Les Fourberies de Scapin. 3
Le Malade imaginaire... 9
Le Mariage forcé 3
Le Médecin malgré lui.. 11
Le Misanthrope 1
Les Précieuses ridicules. 7
Tartuffe 3

Murger.
Le Bonhomme Jadis..... 6

Musset.
Il ne faut jurer de rien.. 1
On ne badine pas avec l'Amour............. 2

Normand.
L'Amiral 14

Pailleron.
Cabotins ! 8
L'Étincelle............. 8
Le Monde où l'on s'ennuie................ 8

Parodi.
La Reine Juana 2

Patrat.
L'Anglais.............. 4

Porto-Riche.
La Chance de Françoise. 4

Racine.
Andromaque........... 7
Bajazet................ 4
Britannicus 3

Racine (Suite).
Iphigénie.............. 6
Mithridate............. 6
Les Plaideurs........... 4

Regnard.
Les Folies amoureuses.. 7

Richepin.
A Émile Augier......... 1
.Le Flibustier........... 4

Rodenbach.
Le Voile............... 5

Rostand.
Les Romanesques....... 5

Sand (Mme).
François le Champi..... 3
Le Marquis de Villemer. 7

Sandeau.
Mlle de la Seiglière..... 12

Scribe et Duveyrier.
Oscar 3

Scribe et E. Legouvé.
Adrienne Lecouvreur ... 2

Silvestre et E. Morand.
Grisélidis.............. 6

Thiboust et Scholl.
Rosalinde.............. 3

Tiercelin.
L'Abbé Corneille........ 7

Vigny.
Chatterton (4).......... 1

Wolff.
Fidèle................. 9

1896

Augier.
L'Aventurière.......... 12

Augier et Sandeau.
Le Gendre de M. Poirier................. 20

Banville.
Gringoire.............. 8
Socrate et sa femme.... 1

Barbier (P.).
Vincenette............. 4

Barrière et Capendu.
Les Faux bonshommes.. 11

Belot et Villetard.
Le Testament de César Girodot............... 10

Bergerat.
Une Amie.............. 3

Bergerat et Sainte-Croix.
Manon Roland 18

Bilhaud.
Qui? 3

Bisson.
Le Député de Bombignac. 16

Bornier.
Le Fils de l'Arétin....... 21

Bouchor.
Conte de Noël.......... 5

Boursault.
Le Mercure galant....... 1

Brieux.
L'Évasion.............. 13

Claretie.
Compliment............ 1

Coppée.
Le Luthier de Crémone.. 5
Le Passant............. 6
Severo Torelli.......... 3

Corneille (P.).
Le Cid (5)............. 2

(1) A la représentation du 22 mai, on n'a donné que le 2e acte.
(2) A la représentation du 25 octobre, on n'a donné que le 2e acte.
(3) A la représentation du 25 octobre, on n'a donné que les quatre premiers actes.
(4) 3e acte.
(5) A la représentation du 7 octobre, on ne donna que des fragments.

Corneille (P.) (*Suite*).
Horace 4
Le Menteur 1
Delair.
La Mégère apprivoisée.. 10
Dreyfus.
Le Klephte 1
Dumas (Al.).
Charles VII chez ses
grands vassaux 12
Dumas (Al.) et Meurice.
Hamlet 43
Dumas fils.
L'Ami des femmes 14
Dumas fils et Girardin.
Le Supplice d'une femme. 3
Duval.
Les Héritiers 1
Duveyrier.
Faute de s'entendre..... 1
Erckmann et Chatrian.
L'Ami Fritz 10
Le Juif polonais 1
Les Rantzau 11
Ferrier.
La Revanche d'Iris 8
Feuillet.
Montjoye 28
Gille.
Camille 2
Girardin (Mme de).
La Joie fait peur 8
Hauteroche.
Crispin médecin 2
Hervieu.
Les Tenailles 11
Hervilly (d').
A l'auteur des Plaideurs.. 1
La Belle Saïnara 1
Hommage de Flipote 1

Hugo.
Hernani 14
Ruy Blas 14
Lacroix (J.).
Œdipe roi 12
Lefebvre-Henri.
A Pierre Corneille....... 1
Lefèvre (G.).
Le Faune 4
Legouvé (E.) et Labiche.
La Cigale chez les four-
mis 4
Lemaître.
Le Pardon 2
Manuel.
Les Ouvriers 2
Marivaux.
Le Jeu de l'Amour et du
Hasard 5
Meilhac.
Grosse fortune.......... 23
Meilhac et Lud. Halévy.
L'Été de la Saint-Martin. 6
Le Petit hôtel 2
Mendès.
La Femme de Tabarin... 3
Millanvoye.
Le Dîner de Pierrot 13
Molière.
L'Avare 8
Le Dépit amoureux 19
L'École des femmes 2
L'Étourdi 1
Les Femmes savantes (1). 8
Les Fourberies de Sca-
pin 13
George Dandin 3
Le Malade imaginaire... 14
Le Mariage forcé 10
Le Médecin malgré lui... 4
Le Misanthrope 3
M. de Pourceaugnac..... 4

Molière (*Suite*).
Les Précieuses ridicules. 7
Tartuffe 9
Murger.
Le Bonhomme Jadis.... 3
Musset.
Un Caprice 1
Il ne faut jurer de rien... 7
La Nuit d'octobre 1
On ne badine pas avec
l'Amour 5
Normand.
L'Amiral 6
Pailleron.
Cabotins !............. 14
Le Monde où l'on s'en-
nuie 26
Parodi.
La Reine Juana 2
Patrat.
L'Anglais 10
Porto-Riche.
La Chance de Françoise. 4
Racine.
Andromaque 2
Britannicus 5
Les Plaideurs 1
Richepin.
Le Flibustier 15
Rodenbach.
Le Voile 2
Rostand.
Les Romanesques 1
Sand (Mme).
Le Marquis de Villemer.. 8
Sandeau.
Mlle de la Seiglière..... 9
Silvestre et E. Morand.
Grisélidis 4
Vacquerie.
Souvent homme varie... 5

1897

Augier.
L'Aventurière 11
Les Effrontés 10
Le Post-scriptum 1
Augier et Sandeau.
Le Gendre de M. Poirier. 13
Banville.
Gringoire 14

Barbier (P.).
Vincenette 2
Barrière et Murger.
La Vie de bohème 40
Beaumarchais.
Le Barbier de Séville.... 6

Belot et Villetard.
Le Testament de César
Girodot 7
Bergerat.
Une Amie 1
Bergerat et Ste-Croix. ,
Manon Roland 3

(1) A la représentation du 7 octobre, on ne donna que le 3e acte.

3e PARTIE.

Bertheroy.
Aristophane et Molière.. 3

Bisson.
Le Député de Bombignac. 11

Bornier.
La Fille de Roland...... 1

Bouchor.
Conte de Noël........... 3

Brieux.
L'Évasion.............. 38

Case.
La Vassale............. 17

Coppée.
La Grève des forgerons... 21
Le Luthier de Crémone.. 8
Le Passant............ 13

Corneille (P.).
Le Cid................ 7
Horace................ 1
Le Menteur (1)......... 1

Déroulède.
*La Plus belle fille du
monde*............... 5

Dreyfus.
Le Klephte............ 3

Dubout.
Frédégonde............ 10

Dumas (Al.).
Charles VII chez ses
grands vassaux....... 2
Les Demoiselles de Saint-
Cyr................ 4

Dumas (Al.) et Meurice.
Hamlet............... 3

Dumas fils.
L'Ami des femmes...... 10
L'Étrangère........... 19

Dumas fils et Girardin.
Le Supplice d'une femme.. 4

Duveyrier.
Faute de s'entendre..... 2

Erckmann et Chatrian.
L'Ami Fritz........... 6
Les Rantzau.......... 7

Ferrier.
Chez l'avocat.......... 5
La Revanche d'Iris..... 15

Feuillet.
Montjoye.............. 3
Le Village............ 5

Gille.
Camille............... 3

Girardin (Mme de).
La Joie fait peur....... 7

Hervieu.
La Loi de l'homme..... 59
Les Tenailles.......... 3

Hervilly (d').
La Belle Saïnara....... 3
Notre ami Drolichon.... 2

Hugo.
Hernani.............. 11
Ruy Blas............. 8

Lacroix (J.).
Œdipe roi............ 11

Lefèvre (G.).
Le Faune............. 3

Legouvé (E.) et Labiche.
La Cigale chez les four-
mis................ 4

Meilhac.
L'Autographe.......... 11

Meilhac et Lud. Halévy.
L'Été de la Saint-Martin. 6

Mendès.
La Femme de Tabarin.. 6

Meurice et Vacquerie.
Antigone.............. 1

Millanvoye.
Le Diner de Pierrot..... 14

Molière.
L'Avare.............. 11
Le Dépit amoureux..... 34
L'École des femmes.... 5
L'Étourdi............. 3
Les Femmes savantes... 7
Les Fourberies de Sca-
pin................ 6
Le Malade imaginaire... 12
Le Mariage forcé...... 8
Le Médecin malgré lui... 4
Le Misanthrope........ 7
M. de Pourceaugnac.... 2
Les Précieuses ridicules. 3

Molière (*Suite*).
Tartuffe.............. 10

Murger.
Le Bonhomme Jadis.... 5

Musset.
Il ne faut jurer de rien.. 5

Noël.
Plus qu'un homme (2).... 1

Normand.
L'Amiral............. 1

Pailleron.
L'Étincelle........... 7
Mieux vaut douceur...... 53
Mieux vaut violence..... 63
Le Monde où l'on s'en-
nuie................ 18

Patrat.
L'Anglais............. 11

Porto-Riche.
La Chance de Françoise. 1

Racine.
Andromaque.......... 2
Athalie.............. 4
Britannicus.......... 1
Mithridate........... 3
Les Plaideurs (3)....... 5

Richepin.
Le Flibustier.......... 6
Monsieur Scapin....... 5

Rodenbach.
Le Voile............. 1

Sand (Mme).
Le Marquis de Villemer. 4

Sandeau.
Mlle de la Seiglière...... 13

Scribe et E. Legouvé.
Bataille de dames....... 9

Silvestre.
Tristan de Léonois...... 18

Silvestre et E. Morand.
Grisélidis............. 2

Sully Prudhomme.
A Alfred de Vigny (4).... 1

Truffier.
Les Deux Palémon....... 9

Vigny.
Quitte pour la peur...... 5

1898

Alexis.
Celle qu'on n'épouse pas.. 8

Augier.
L'Aventurière.......... 6

Augier (*Suite*).
Les Effrontés.......... 8

(1) 1er et 2e actes.
(2) Poésie.
(3) Aux représentations du 21 et du 23 décembre, on ne donna que le 3e acte.
(4) Poésie.

Augier et Sandeau.
Le Gendre de M. Poirier. 20

Banville.
Gringoire 10

Barbier (P.).
Vincenette 4

Barrière et Murger.
La Vie de bohème 13

Belot et Villetard.
Le Testament de César
Girodot 6

Berr de Turique.
Le Rez-de-chaussée 5

Bisson.
Le Député de Bombignac. 8

Blémont et Valade.
Le Barbier de Pézenas... 4

Bornier.
La Fille de Roland....... 10

Brieux.
Le Berceau.............. 6
L'Évasion.............. 5

Caraguel.
Le Bougeoir............ 2

Case.
La Vassale............. 4

Coppée.
La Grève des forgerons.. 11
Le Luthier de Crémone.. 6
Le Passant 3

Corneille (P.).
Le Cid................. 3
Cinna................. 5
Horace 4

Delair.
La Mégère apprivoisée.. 4

Delavigne.
Louis XI.............. 19

Déroulède.
La Plus belle fille du
monde.............. 3

Dreyfus.
Le Klephte............ 1

Dumas (Al.).
Les Demoiselles de Saint-
Cyr 7

Dumas fils.
L'Ami des femmes...... 4
Denise................ 15
L'Étrangère........... 9

Duveyrier.
Faute de s'entendre 4

Erckmann et Chatrian.
L'Ami Fritz (1)......... 2
Les Rantzau........... 1

Ferrier.
La Revanche d'Iris...... 3

Feuillet.
Le Village............. 5

Gautier et Siraudin.
Le Tricorne enchanté.... 8

Girardin (Mme de).
La Joie fait peur....... 9

Hervieu.
Les Tenailles........... 2

Hugo.
Hernani 17
Ruy Blas 11

Labiche et Delacour.
Célimare le bien-aimé.... 18

Lacroix (J.).
OEdipe roi............. 12

Lavedan.
Catherine 58

Lavigerie.
La Confidence.......... 2

Legouvé (E.) et Labiche.
La Cigale chez les four-
mis................. 14

Lemaître.
Le Pardon............. 5

Manuel.
Les Ouvriers........... 4

Marivaux.
Le Jeu de l'Amour et du
Hasard 5

Marsolleau.
Le Dernier madrigal..... 6

Meilhac et Lud. Halévy.
L'Été de la Saint-Martin. 4

Meurice.
Struensée 29

Millanvoye.
Le Dîner de Pierrot...... 6

Molière.
L'Avare 10
Le Bourgeois gentil-
homme.............. 5
Le Dépit amoureux...... 14
L'École des femmes (2).. 3

Molière (Suite).
Les Femmes savantes (3). 3
Les Fourberies de Scapin. 1
Le Malade imaginaire.... 7
Le Mariage forcé....... 20
Le Médecin malgré lui... 5
Le Misanthrope......... 1
Les Précieuses ridicules. 9
Tartuffe 8

**Molière, P. Corneille
et Quinault.**
Psyché (4)............. 2

Murger.
Le Bonhomme Jadis..... 2

Musset.
Il ne faut jurer de rien... 5

Normand.
L'Amiral 2

Pailleron.
Mieux vaut douceur..... 2
Le Monde où l'on s'en-
nuie (5)............. 20

Patrat.
L'Anglais.............. 2

Porto-Riche.
La Chance de Françoise. 5

Racine.
Athalie 3
Bajazet 3
Britannicus............ 2
Phèdre 2
Les Plaideurs.......... 1

Regnard.
Les Folies amoureuses.. 6
Le Légataire universel.. 2
Les Ménechmes........ 3

Richepin.
Le Flibustier........... 6
La Martyre............ 18

Rostand.
Les Romanesques (6).... 1

Sand (Mme).
Le Marquis de Villemer.. 2

Sandeau.
Mlle de la Seiglière...... 11

Scribe et E. Legouvé.
Adrienne Lecouvreur.... 28
Bataille de dames....... 2

Silvestre et E. Morand.
Grisélidis 9

(1) A la représentation du 7 mars, on ne donna que le 2e acte.
(2) A la représentation du 7 mars, on ne donna que le 2e acte.
(3) A la représentation du 15 janvier, on ne donna que les 3e, 4e et 5e actes.
(4) 3e acte.
(5) A la représentation du 7 mars, on ne donna que le 2e acte.
(6) 1er acte..

1899

Aicard.
Othello................. 25
Alexis.
Celle qu'on n'épouse pas. 7
Augier.
L'Aventurière.......... 8
Maitre Guérin.......... 15
Augier et Sandeau.
Le Gendre de M. Poirier. 14
Balzac.
Mercadet.............. 15
Balzac et Pommier.
Orgon (1).............. 1
Banville.
Le Baiser.............. 4
Gringoire.............. 4
Barbier (P.).
Vincenette............. 1
Beaumarchais.
Le Barbier de Séville.... 5
Le Mariage de Figaro... 8
Belot et Villetard.
Le Testament de César
Girodot.............. 2
Berr de Turique.
Le Rez-de-chaussée..... 7
Bisson.
Le Député de Bombignac. 3
Boileau-Despréaux.
Épitre à Racine (2)...... 1
Bornier.
La Fille de Roland...... 8
Brieux.
Le Berceau............. 15
Christophe.
Le Soleil des Morts (3)... 1
Claretie et Monval.
Compliment au public.... 1
Coppée.
Le Luthier de Crémone,.. 1
Le Passant............. 3
Corneille (P.).
Le Cid................. 10
Le Menteur (4)......... 1
Polyeucte.............. 6
Delavigne.
Louis XI.............. 14

Déroulède.
La Plus belle fille du
monde............... 2
Devore.
La Conscience de l'enfant. 12
Donnay.
Le Torrent............. 36
Dumas (Al.).
Les Demoiselles de Saint-
Cyr................. 6
Dumas fils.
L'Ami des femmes...... 5
Le Demi-monde........ 22
Denise................ 6
Francillon............. 13
Duveyrier.
Faute de s'entendre..... 6
Ferrier.
La Revanche d'Iris...... 4
Feuillet.
Le Village............. 7
Gautier et Siraudin.
Le Tricorne enchanté... 4
Geffroy.
Salut à Molière (5)....... 1
Girardin (Mme de).
La Joie fait peur........ 8
Hervieu.
Les Tenailles........... 1
Hugo.
Hernani.............. 18
Ruy Blas............. 13
Lacroix (J.).
OEdipe roi............. 8
Lavedan.
Catherine.............. 3
Lavigerie.
La Confidence.......... 1
Legouvé (E.) et Labiche.
La Cigale chez les four-
mis................. 12
Lintilhac.
Causerie sur Beaumar-
chais 1
Manuel.
Les Ouvriers........... 6

Martel (T.).
Deux amis............. 3
Maupassant.
Histoire du vieux temps.. 5
Meilhac et Lud. Halévy.
L'Été de la Saint-Martin. 2
Froufrou.............. 30
Mendès.
La Femme de Tabarin... 2
Meurice
Struensée.............. 5
Millanvoye.
Le Diner de Pierrot..... 6
Molière.
L'Avare............... 11
Le Dépit amoureux...... 19
L'École des femmes..... 1
L'École des maris....... 1
L'Étourdi.............. 6
Les Femmes savantes... 5
Les Fourberies de Sca-
pin................. 1
Le Malade imaginaire.... 14
Le Mariage forcé........ 9
Le Médecin malgré lui... 14
M. de Pourceaugnac..... 7
Les Précieuses ridicules. 6
Tartuffe.............. 8
Murger.
Le Bonhomme Jadis..... 7
Musset.
Il ne faut jurer de rien... 1
Normand.
La Douceur de croire..... 9
Pailleron.
L'Étincelle............. 2
Le Monde où l'on s'en-
nuie................. 21
Patrat.
L'Anglais.............. 1
Porto-Riche.
La Chance de Françoise . 1
Racine.
Andromaque........... 2

(1) 1er acte.
(2) Poésie.
(3) Hommage en prose.
(4) 1er et 2e actes.
(5) Hommage en prose.

Racine (*Suite*).

Bérénice	3
Britannicus	6
Phèdre	3
Les Plaideurs	4

Regnard.

Les Folies amoureuses	3
Le Légataire universel	3
Les Ménechmes	1

Richepin.

Le Flibustier	6

Rostand.

Les Romanesques	10

Sand (Mme).

Le Marquis de Villemer	1

Sandeau.

Mlle de la Seiglière	10

Scribe et E. Legouvé.

Adrienne Lecouvreur	14
Bataille de dames	5

Silvestre et E. Morand.

Grisélidis	7

Valincourt.

Discours	1

Veyrin.

Frêle et forte	9

1900

Augier.

L'Aventurière	16
Maître Guérin	4

Augier et Sandeau.

Le Gendre de M. Poirier	24

Banville.

Le Baiser	2
Gringoire	14

Barrière et Murger.

La Vie de bohème	8

Beaumarchais.

Le Barbier de Séville (1)	4
Le Mariage de Figaro (2)	5

Belot et Villetard.

Le Testament de César Girodot	7

Berr de Turique.

Le Rez-de-chaussée	5

Bisson.

Le Député de Bombignac	12

Bornier.

La Fille de Roland	2

Chénier.

Le Chant du départ (3)	3
Charles IX (4)	2

Chevalier (O.).

Pour l'avenir	2

Claretie.

Compliment au public	2

Coppée.

Le Luthier de Crémone	6
Le Passant	3

Corneille (P.).

Le Cid (5)	2
Cinna (6)	1
Horace	6
Le Menteur (7)	1
Polyeucte (8)	14

Croze.

Babonnette	1

Curel.

Les Fossiles	16

Delavigne.

Louis XI	2

Devore.

La Conscience de l'enfant	24

Donnay.

Le Torrent	2

Dorvigny.

La Parfaite égalité (9)	2

Dumas fils.

L'Ami des femmes	15
Le Demi-monde	8
Denise	12
Diane de Lys	28
Francillon	1

Duveyrier.

Faute de s'entendre	4

Erckmann et Chatrian.

L'Ami Fritz	9

Essarts (E. des).

Victor Hugo (10)	1

Fabre d'Églantine.

L'Intrigue épistolaire (11)	2

Favart.

Les Trois sultanes (12)	1

Ferrier.

La Revanche d'Iris	2

Feuillet.

Le Village	3

Fournier (É.).

La Vraie farce de Maître Pathelin (13)	1

Girardin (Mme de).

La Joie fait peur	10

Henriquet.

La Voix du rêve	1

Hugo.

Hernani	10
Ruy Blas	20

Lacroix (J.).

OEdipe roi (14)	21

La Fontaine.

Le Florentin (15)	2

(1) Le 18 août, on n'a donné que le 2e acte. (Au palais du Trocadéro.)
(2) Le 15 juin, on n'a donné que le 2e acte.
(3) 30 août et 22 septembre. (Au palais du Trocadéro.) 9 septembre. (A la Comédie-Française.)
(4) Fragment du 2e acte. (Au palais du Trocadéro.)
(5) 4e acte.
(6) Scène du 5e acte. (Au palais du Trocadéro.)
(7) 1er et 2e actes.
(8) Le 28 juillet, on n'a donné que des scènes du 4e acte. (Au palais du Trocadéro.)
(9) Fragments. (Au palais du Trocadéro.)
(10) Poésie.
(11) Fragment du 1er acte. (Au palais du Trocadéro.)
(12) Scènes. (Au palais du Trocadéro.)
(13) 2e acte. (Au palais du Trocadéro.)
(14) 6 et 25 octobre. (Au palais du Trocadéro.)
(15) Fragment. (Au palais du Trocadéro.)

La Fontaine et Champmeslé.

La Coupe enchantée..... 2

Legouvé (E.) et Labiche.

La Cigale chez les fourmis................... 16

Manuel.

Les Ouvriers........... 7

Marivaux.

Le Jeu de l'Amour et du Hasard (1)........... 6

Maupassant.

Histoire du vieux temps. 2

Meilhac et Lud. Halévy.

L'Été de la Saint-Martin. 1

Froufrou.............. 18

Millanvoye.

Le Dîner de Pierrot..... 14

Molière.

L'Avare............... 10

Le Bourgeois gentilhomme.............. 3

Le Dépit amoureux (2).. 42

Don Juan (3)........... 1

L'École des femmes..... 2

Les Femmes savantes (4).. 15

Le Malade imaginaire.... 18

Molière (Suite).

Le Mariage forcé....... 16

Le Médecin malgré lui... 8

Le Misanthrope (5)...... 2

M. de Pourceaugnac (6).. 3

Les Précieuses ridicules. 1

Tartuffe............... 4

Molière, P. Corneille et Quinault.

Psyché (7)............. 1

Murger.

Le Bonhomme Jadis..... 8

Musset.

Il ne faut jurer de rien .. 8

La Nuit de mai......... 1

La Nuit d'octobre....... 8

On ne badine pas avec l'Amour (8)........... 8

Pailleron.

Cabotins !............. 11

L'Étincelle............ 10

Le Monde où l'on s'ennuie. 36

Patrat.

L'Anglais............. 1

Ponsard.

Charlotte Corday 19

Racine.

Andromaque (9)........ 8

Racine (Suite).

Bajazet................ 1

Bérénice (10)........... 1

Mithridate............. 5

Phèdre ....:. 3

Les Plaideurs (11)....... 4

Regnard.

Démocrite (12)......... 1

Les Folies amoureuses .. 3

Richepin.

Le Flibustier 3

Monsieur Scapin........ 5

Prologue pour la réouverture de la Comédie-Française................. 2

Rivollet.

Alkestis............... 13

Rostand.

Les Romanesques....... 2

Sandeau.

Mlle de la Seiglière...... 9

Scribe et E. Legouvé

Adrienne Lecouvreur.... 20

Vigny.

Chatterton (13)......... 1

Voltaire.

Zaïre (14).............. 1

(1) Le 18 août, on n'a donné que le 1er acte. (Au palais du Trocadéro.)

(2) Le 15 juin , on n'a donné que le 2e acte. (A la Comédie-Française.) Le 2 août, les 6 et 25 octobre, on n'a donné que le 2e acte. (Au palais du Trocadéro.)

(3) Scènes du 4e acte. (Au palais du Trocadéro.)

(4) Le 29 et le 30 décembre, on n'a donné que le 3e acte.

(5) Le 15 juin, on n'a donné que le 1er acte. (A la Comédie-Française.) Le 2 août, on n'a donné que le 1er acte. Au palais du Trocadéro.)

(6) Le 2 août, on n'a donné que le 1er acte. (Au palais du Trocadéro.)

(7) Fragments du 3e acte. (Au palais du Trocadéro.)

(8) Le 5 septembre, on n'a donné que des fragments du 2e acte. (Au palais du Trocadéro.)

(9) Le 28 juillet, on n'a donné qu'une scène. (Au palais du Trocadéro.)

(10) 4e acte. (Au palais du Trocadéro.)

(11) Le 28 juillet, on n'a donné que le 3e acte. (Au palais du Trocadéro.)

(12) Scène du 4e acte. (Au palais du Trocadéro.)

(13) Fragment. (Au palais du Trocadéro.)

(14) 2e acte. (Au palais du Trocadéro)

APPENDICES

APPENDICE *A*

Comme nous l'avons dit, à la note 1 de l'année 1739 et à la note 5 de l'année 1740 (*Table chronologique des pièces*), le registre allant du mois d'avril 1739 au mois de mars 1740 manque à la collection de la Comédie-Française. M. G. Monval, l'érudit bibliothécaire-archiviste de la Comédie-Française, et M. J. Coüet, le si distingué sous-bibliothécaire, ont eu l'extrème obligeance de nous communiquer les renseignements qu'ils ont pu réunir sur quelques représentations données pendant cette période et qui ne sont pas comprises dans le tableau de l'année 1739.

     7 avril...... Mahomet II. (Pour l'ouverture du théâtre.)
     7   —   ..... Le Triple mariage.
         —   ..... Les Trois cousines.
         —   ..... Le Fat puni.
         —   ..... Le Port de mer.
    26   —   ..... Le Muet.
    29   —   ..... Les Vendanges de Suresnes.
         —   ..,.. Ariane.
    mai ...... Gustave.
    27   —   ..... Basile et Quitterie.
     5 juin ...... M. de Pourceaugnac.
     5   —   ..... Les Trois cousines.
    18 juillet..... Inès de Castro.
    19 août...... Andromaque. (Débuts de Mlle Dumont de Lavoy.)
         —   ..... Bajazet.
    16 septembre. Rhadamiste et Zénobie. ⎫ Débuts
    23   —   .. Le Français à Londres. ⎬ de
    23   —   .. Le Comte d'Essex...... ⎭ Prin.
    26   —   .. Atrée et Thyeste. (Débuts de Mlle Dumont de Lavoy.)
    28 novembre. OEdipe (de Voltaire)... ⎱ Débuts de Prin.
     6 décembre. Le Festin de Pierre.... ⎰
         —   ... Polyeucte.

APPENDICE *A*

11 décembre. Le Joueur........................... } Débuts de Dugazon.
11   —   ... Le Médecin malgré lui.................

13   —   ... Les Trois cousines.....................
    —   ... Démocrite......................... Débuts
    —   ... Le Retour imprévu.................... de
    —   ... Le Festin de Pierre.................. Dugazon.
16   —   ... Athalie (inachevée).

Date et mois inconnus.

Le Chevalier à la mode.
Le Galant coureur.

APPENDICE *B*

Pour la période allant de la fermeture de la Comédie-Française (3 septembre 1793) jusqu'à sa réouverture (30 mai 1799), consulter notamment les ouvrages suivants :

Histoire du Théâtre-Français depuis le commencement de la révolution jusqu'à la réunion générale, par C. G. Étienne et A. Martainville. Paris, Barba, an X-1802, 4 vol. in-12.

L'Odéon, histoire administrative, anecdotique et littéraire du second Théâtre-Français, par P. Porel et G. Monval. 1ᵉʳ vol. (1782-1818), Paris, Lemerre, 1876-1882, 2 vol. in-8°.

Bibliographie de l'Histoire de Paris pendant la révolution française, par M. Tourneux. Paris, Imp. nouvelle, 1900, grand in-8°. T. III.

APPENDICE *C*

FRAGMENTS DE PIÈCES QUI ONT ÉTÉ JOUÉS PAR LES ARTISTES DE LA COMÉDIE-FRANÇAISE
A DES REPRÉSENTATIONS DE RETRAITE, ET QUI N'APPARTENAIENT PAS AU RÉPERTOIRE.

REPRÉSENTATION DE RETRAITE DE M. LAROCHE.

12 avril 1893.   La **Dame aux camélias**, comédie en cinq actes, en prose, par DUMAS fils. (On n'a donné que le quatrième acte.)

REPRÉSENTATION DE RETRAITE DE M. GOT.

20 avril 1895.   **L'Amour médecin**, opéra-comique en trois actes et un prologue, d'après MOLIÈRE, par CH. MONSELET. (On n'a donné qu'un fragment du deuxième acte.)
Falstaff, par VACQUERIE et MEURICE. (Tableau de la taverne.)

REPRÉSENTATION DE RETRAITE DE MADEMOISELLE BROISAT.

22 mai 1895.   La **Vie de Bohême**, pièce en cinq actes, en prose, par BARRIÈRE et MURGER. (On n'a donné que le cinquième acte.)

APPENDICE *D*

REPRÉSENTATIONS DONNÉES PAR LA COMÉDIE-FRANÇAISE AU THÉATRE DE L'ODÉON.

1832

(25 octobre-31 décembre.)

Beaumarchais.
Le Barbier de Séville.... 1
La Mère coupable....... 1
Bonjour.
Le Mari à bonnes for-
tunes............... 1
Bouilly.
L'Abbé de l'Épée........ 1
Brueys et Palaprat.
Le Muet............... 1
Bursay et Mme Molé.
Misanthropie et repentir. 1
Delavigne.
Louis XI............... 3
Desaudras.
Minuit................. 1
Désaugiers et Gentil.
L'Hôtel garni.......... 1
Ducis.
Hamlet................ 1
Duval.
La Fille d'honneur...... 1
Les Héritiers.......... 1
Le Tyran domestique... 1

Épagny (d') et Dupin.
Dominique............ 1
Étienne.
Les Plaideurs sans pro-
cès.................. 1
Jouy.
Sylla................. 1
Lafitte et Desnoyer.
Voltaire et Mme de Pom-
padour.............. 1
Lebrun.
Marie Stuart.......... 1
Longpré.
1760................. 1
Manteufel.
Auguste et Théodore.... 1
Marivaux.
Les Fausses confidences. 1
Martine.
L'Odéon et le Temps (1).. 3
Molière.
L'Avare.............. 1
Le Dépit amoureux..... 1
L'Étourdi............. 1

Molière (*Suite*).
Les Fourberies de Scapin. 1
Le Malade imaginaire... 1
Le Misanthrope........ 1
Tartuffe.............. 1
Pigault-Lebrun.
L'Amour et la raison.!.. 1
Les Rivaux d'eux-mêmes. 1
Racine.
Les Plaideurs.......... 1
Regnard.
Les Folies amoureuses.. 1
Le Joueur............. 1
Le Légataire universel.. 1
Scribe et Mélesville.
Valérie............... 1
Soulié et Bossange.
Clotilde.............. 1
Vial.
Le Mari et l'amant...... 1
Voltaire.
Œdipe............... 1
Weiss, Jauffret et Patrat.
Les Deux frères........ 1

(1) Prologue en vers.

1833

(1ᵉʳ janvier-29 avril.)

Arnault (L.).
Régulus 1
Bawr (Mme de).
La Suite d'un bal masqué. 1
Beaumarchais.
Le Barbier de Séville. . . . 1
Le Mariage de Figaro. . . 2
Bonjour.
Le Presbytère 1
Bouilly.
L'Abbé de l'Épée 1
Brueys.
L'Avocat Patelin 1
Brueys et Palaprat.
Le Grondeur 1
Collin d'Harleville.
Le Vieux célibataire 1
Corneille (P.).
Le Cid 1
Cinna 1
Don Sanche d'Aragon . . . 1
Creuzé de Lesser.
Le Secret du ménage 1
Delavigne.
L'École des vieillards . . . 1
Les Vêpres siciliennes . . . 1
Desforges (P. J. B.).
Tom Jones à Londres . . . 1

Ducis.
Abufar 1
Hamlet 1
Othello: 3
Dumas (Al.).
Henri III et sa cour 1
Épagny (d').
Joscelin et Guillemette . . 1
Épagny (d') et Dupin.
Dominique 1
Étienne.
Brueys et Palaprat 2
La Jeune femme colère . . 1
La Fosse.
Manlius Capitolinus 1
Longpré.
1760 1
Marivaux.
Le Jeu de l'amour et du
hasard 1
Molière.
L'Avare 1
Le Dépit amoureux 1
Les Femmes savantes . . . 1
La Jalousie du Barbouillé. 2
M. de Pourceaugnac 2

Molière *(Suite).*
Les Précieuses ridicules . 1
Tartuffe 2
Montfleury.
La Femme juge et partie. 1
Picard.
Un Jeu de la fortune 2
La Petite ville 2
Le Voyage interrompu . . 1
Racine.
Andromaque 2
Britannicus 1
Scribe.
Le Mariage d'argent 1
Scribe et Mélesville.
Valérie 1
Sedaine.
La Gageure imprévue . . . 1
Soulié et Bossange.
Clotilde 1
La Famille de Lusigny . . 1
Voltaire.
Mahomet 1
Zaïre 1
Weiss, Jauffret et Patrat.
Les Deux frères 1

1834

(7 janvier-31 décembre.)

Ancelot et Laborie.
Heureuse comme une
princesse 1
Andrieux.
Les Étourdis 3
Bawr (Mme de).
La Suite d'un bal masqué. 2
Beaumarchais.
Le Barbier de Séville 8
Le Mariage de Figaro . . . 2
La Mère coupable 4

Bonjour.
L'Éducation 1
Le Mari à bonnes for-
tunes 1
La Mère rivale 1
Bouilly.
L'Abbé de l'Épée 4
Brueys.
L'Avocat Patelin 1
Bursay et Mme Molé.
Misanthropie et repentir. 9

Chénier.
Charles IX 1
Collin d'Harleville.
Les Châteaux en Espagne. 1
Corneille (P.).
Le Cid 2
Cinna 6
Corneille (T.).
Le Festin de Pierre 1
Creuzé de Lesser.
Le Secret du ménage 1

Dancourt.
La Fête de village....... 1
Delavigne.
Les Enfants d'Édouard.. 3
L'École des vieillards.... 2
Louis XI.............. 2
Les Vêpres siciliennes... 4
Désaugiers et Gentil.
L'Hôtel garni.......... 3
Ducis.
Hamlet................ 5
Othello............... 5
Dumas (Al.).
Henri III et sa cour..... 6
Dumas (Al.), Durieu et A. Bourgeois.
Le Mari de la veuve..... 4
Duval.
Édouard en Écosse...... 2
La Fille d'honneur...... 6
Les Héritiers.......... 2
La Jeunesse de Henri V. 3
Les Projets de mariage.. 2
Le Tyran domestique... 5
Empis et Mazères.
Une Liaison............ 2
La Mère et la fille....... 3
Épagny (d') et Dupin.
Les Préventions........ 1
Étienne.
Brueys et Palaprat...... 3
La Jeune femme colère.. 1
Les Plaideurs sans procès. 1

Fabre d'Églantine.
L'Intrigue épistolaire.... 2
Goldoni.
Le Bourru bienfaisant... 6
Le Sage.
Crispin rival de son maître.............. 2
Turcaret................ 1
Longpré.
1760.................... 3
Mallian.
Dernières scènes de la Fronde.............. 1
Marivaux.
L'Épreuve............. 1
Les Fausses confidences. 1
Le Jeu de l'amour et du hasard.............. 4
Mazères.
Le Jeune mari......... 2
Molière.
Le Dépit amoureux..... 6
L'École des femmes..... 3
L'École des maris....... 4
L'Étourdi.............. 1
Les Femmes savantes... 4
Les Fourberies de Scapin. 1
Le Malade imaginaire... 2
Le Médecin malgré lui... 2
M. de Pourceaugnac..... 1
Les Précieuses ridicules. 4
Tartuffe.............. 6
Montfleury.
La Femme juge et partie. 1

Picard.
La Petite ville.......... 2
Pigault-Lebrun.
Les Rivaux d'eux-mêmes. 5
Racine.
Iphigénie.............. 2
Les Plaideurs.......... 1
Regnard.
Les Folies amoureuses.. 7
Rosier.
Mlle de Montmorency... 1
Le Mari de ma femme.?. 1
Scribe.
Bertrand et Raton....... 11
La Passion secrète...... , 6
Scribe et Mélesville.
Valérie................ 3
Sedaine.
Le Philosophe sans le savoir.............. 1
Soulié et Badon.
Une Aventure sous Charles IX.......... 1
Soulié et Bossange.
La Famille de Lusigny.. 1
Vial.
Le Mari et l'amant...... 5
Voltaire.
Adélaïde Du Guesclin.... 1
OEdipe................ 1
L'Orphelin de la Chine... 1
Zaïre................. 1
Weiss, Jauffret et Patrat.
Les Deux frères......... 9

1835

(1er janvier-26 mars.)

Andrieux.
Le Rêve du mari....... 1
Bawr (Mme de).
La Suite d'un bal masqué. 2
Beaumarchais.
Le Mariage de Figaro... 1
Corneille (P.).
Cinna................ 2
Corneille (T.).
Le Festin de Pierre...... 1
Delrieu.
Le Jaloux malgré lui.... 1
Désaugiers et Gentil.
L'Hôtel garni.......... 1
Desforges (P. J. B.).
La Femme jalouse..... 1

Ducis.
Othello................ 1
Dumas (Al.).
Henri III et sa cour..... 1
Duval.
Les Projets de mariage.. 1
Le Tyran domestique... 1
Étienne.
Brueys et Palaprat...... 1
Goldoni.
Le Bourru bienfaisant... 2
Gresset.
Le Méchant............ 1
Longpré.
1760.................... 1
Molière.
L'Avare............... 1

Molière (*Suite*).
Le Dépit amoureux...... 3
Les Femmes savantes... 1
Les Fourberies de Scapin. 1
Le Malade imaginaire... 1
M. de Pourceaugnac..... 3
Tartuffe............. 2
Racine.
Iphigénie.............. 1
Les Plaideurs.......... 1
Regnard.
Les Folies amoureuses.. 2
Rosier.
Le Mari de ma femme... 1
Scribe.
L'Ambitieux........... 1

Scribe et Mélesville.	Vial.	Vigny.
Valérie.............. 2	Le Mari et l'amant...... 1	Chatterton............. 3

1837

(1er-31 décembre.)

Andrieux.
Les Étourdis.......... 1
Beaumarchais.
Le Barbier de Séville.... 2
Eugénie.............. 2
Le Mariage de Figaro.... 1
Belloy (P. L. de).
Gabrielle de Vergy..... 1
Bursay et Mme Molé.
Misanthropie et repentir. 1
Collin d'Harleville.
Les Châteaux en Espagne. 1
Corneille (P.).
Le Cid................ 2
Cinna................ 2
Le Menteur........... 1
Delavigne.
Les Enfants d'Édouard.. 1
Louis XI............. 1
Les Vêpres siciliennes... 1
Delrieu.
Le Jaloux malgré lui.... 1
Ducis.
Hamlet............... 1
Othello............... 1
Dumas (Al.).
Charles VII chez ses
grands vassaux...... 1

Duval.
Les Héritiers.......... 1
La Jeunesse de Henri V. 2
Les Projets de mariage.. 1
Le Tyran domestique. 2
Empis et Mazères.
La Mère et la fille...... 1
Étienne.
Brueys et Palaprat.... 2
Les Deux gendres...... 1
Goldoni.
Le Bourru bienfaisant... 1
La Fosse.
Manlius Capitolinus..... 1
Le Sage.
Crispin rival de son
maître.............. 1
Longpré.
1760.................. 2
Molière.
L'Avare.............. 2
Le Dépit amoureux...... 1
L'École des femmes. 3
L'École des maris....... 2
Les Femmes savantes... 1
Les Fourberies de Scapin. 1
Tartuffe.............. 2

Montfleury.
La Femme juge et partie. 2
Muret.
Les Droits de la femme.. 1
Picard.
La Petite ville.......... 1
Pigault-Lebrun
Les Rivaux d'eux-mêmes. 1
Racine.
Andromaque........... 1
Britannicus............ 1
Regnard.
Le Distrait............. 1
Le Joueur............. 1
Rosier.
Le Mari de ma femme... 2
Scribe.
La Camaraderie........ 1
Soulié.
Roméo et Juliette...... 3
Vial.
Le Mari et l'amant...... 1
Voltaire.
Mahomet.............. 1
Mérope............... 1
Weiss, Jauffret et Patrat.
Les Deux frères........ 2

1838

(1er janvier-30 juin.)

Ancelot et Vaulabelle.
Une Veuve à marier (1).. 6
Ancelot (Mme).
Le Château de ma nièce. 1
Isabelle.............. 1
Marie................ 1

Andrieux.
Les Étourdis........... 3
Barthe.
Les Fausses infidélités... 2
Beaumarchais.
Le Barbier de Séville.... 6

Beaumarchais (*Suite*).
Eugénie............... 4
Le Mariage de Figaro.... 1
La Mère coupable....... 2
Belloy (P. L. de).
Gabrielle de Vergy..... 1

(1) Comédie en deux actes, en prose. Première représentation au théâtre de l'Odéon, par les artistes de la Comédie-Française, le 27 avril 1838.

Bonjour.
L'Éducation........... 1
Bouilly.
L'Abbé de l'Épée....... 1
Bursay et Mme Molé.
Misanthropie et repentir. 6
Corneille (P.).
Le Cid................. 6
Cinna................ 5
Don Sanche d'Aragon... 2
Horace................ 4
Le Menteur............ 5
Nicomède.............. 1
Delavigne.
Les Comédiens......... 2
Les Enfants d'Édouard.. 3
Une Famille au temps de Luther................ 1
Louis XI............. 2
Delrieu.
Le Jaloux malgré lui.... 3
Désaugiers et Gentil.
L'Hôtel garni........... 2
Destouches.
La Fausse Agnès........ 2
Le Philosophe marié..... 1
Diderot.
Le Père de famille...... 4
Ducis.
Abufar................ 1
Hamlet................ 3
Othello................ 4
Dumas (Al.).
Charles VII chez ses grands vassaux....... 1
· Dumas (Al.) et A. Bourgeois.
Angèle (1)............. 4
Dumas (Al.), Durieu et A. Bourgeois.
Le Mari de la veuve..... 1
Dumas (Ad.).
Le Camp des croisés (2)... 7
Duval.
La Fille d'honneur...... 8
Les Héritiers........ 1
La Jeunesse de Henri V. 4
Les Projets de mariage.. 2
Le Tyran domestique.... 3

Duval et Monvel.
La Jeunesse du duc de Richelieu.............. 3
Duval (G.).
Une Journée à Versailles, ou le Discret malgré lui (3)............... 6
Empis.
Julie.................. 1
Empis et Mazères.
La Dame et la demoiselle. 2
La Mère et la fille....... 1
Épagny (d') et Dupin.
Les Préventions........ 1
Étienne.
Brueys et Palaprat...... 4
Fagan.
Les Originaux......... 2
Fournier (N.) et Arnould.
Les Suites d'une faute (4). 14
Vieille fille et jeune veuve (5).............. 5
Goldoni.
Le Bourru bienfaisant... 5
Hugo.
Angelo............... 2
Lafont.
Le Chef-d'œuvre inconnu. 1
La Fosse.
Manlius Capitolinus..... 3
Le Sage.
Crispin rival de son maître 1
Turcaret.............. 4
Longpré.
1760.................. 1
Marivaux
Le Legs............... 1
Mélesville et Duveyrier.
La Marquise de Senneterre................ 2
Merville.
Les Deux Anglais....... 4
Molière.
L'Avare.............. 3
La Critique de l'École des femmes................ 2
Le Dépit amoureux...... 6
L'École des femmes..... 7
L'École des maris....... 8
Les Femmes savantes... 6
Le Malade imaginaire... 3

Molière (*Suite*).
Le Médecin malgré lui... 1
Le Misanthrope......... 1
M. de Pourceaugnac..... 4
Les Précieuses ridicules. 3
Le Sicilien............. 1
Tartuffe............... 7
Montfleury.
La Femme juge et partie. 3
Muret.
Les Droits de la femme.. 4
Picard.
Le Collatéral........... 2
Les Deux Philibert...... 6
La Petite ville......... 4
Pigault-Lebrun.
L'Amour et la raison.... 4
Les Rivaux d'eux-mêmes. 6
Piron.
La Métromanie........ 1
Racine.
Andromaque........... 5
Athalie................ 4
Britannicus............ 3
Iphigénie.............. 2
Les Plaideurs.......... 3
Regnard.
Le Distrait............. 6
Les Folies amoureuses.. 8
Le Joueur............. 2
Le Légataire universel... 2
Romand.
Le Bourgeois de Gand... 20
Rosier.
Le Mari de ma femme... 4
Scribe.
La Camaraderie........ 1
Les Indépendants...... 5
Sedaine.
La Gageure imprévue... 1
Soulié.
Roméo et Juliette....... 5
Vial.
Le Mari et l'amant...... 10
Voltaire.
Mahomet.............. 3
OEdipe................ 1
Wafflard et Fulgence.
Le Voyage à Dieppe. ... 5
Weiss, Jauffret et Patrat.
Les Deux frères........ 5

(1) Drame en cinq actes, en prose. Première représentation au théâtre de la Porte-Saint-Martin, le 28 décembre 1833. Au théâtre de l'Odéon, par les artistes de la Comédie-Française, le 14 janvier 1838.

(2) Drame en cinq actes, en vers. Première représentation au théâtre de l'Odéon, par les artistes de la Comédie-Française, le 3 février 1838.

(3) Comédie en trois actes, en prose. Première représentation au théâtre de l'Odéon, le 20 décembre 1814. Au même théâtre, par les artistes de la Comédie-Française, le 25 février 1838.

(4) Drame en cinq actes, en prose. Première représentation au théâtre de l'Odéon, par les artistes de la Comédie-Française, le 17 avril 1838.

(5) Comédie en un acte, en vers. Première représentation au théâtre de l'Odéon, le 24 février 1829. Au même théâtre, par les artistes de la Comédie-Française, le 6 avril 1838.

APPENDICE *E*

PIÈCES DONNÉES PAR LA COMÉDIE-FRANÇAISE EN PROVINCE ET A LONDRES.

1868

PIÈCES DONNÉES A DIJON.
(16 et 17 juillet.)

Augier.
Paul Forestier.......... 1
Molière.
Les Fourberies de Scapin. 1
Le Misanthrope......... 1
Musset.
La Nuit d'octobre....... 1
Pailleron.
Le Dernier quartier..... 1
Piron.
La Métromanie (1)....... 1

PIÈCES DONNÉES A LYON.
(18-22 juillet.)

Augier.
Paul Forestier.......... 1
Gozlan.
Une Tempête dans un
verre d'eau........... 1
Laya (L.).
Le Duc Job............. 1
Molière.
L'Avare............... 1

Molière (*Suite*).
Le Dépit amoureux..... 1
Les Fourberies de Scapin. 1
Le Misanthrope......... 1
Musset.
Il ne faut jurer de rien... 1
La Nuit d'octobre....... 1
Pailleron.
Le Dernier quartier..... 1
Racine.
Les Plaideurs.......... 1

PIÈCES DONNÉES A TOULON.
(24 et 25 juillet.)

Laya (L.).
Le Duc Job............. 1
Molière.
Les Fourberies de Scapin. 1
Le Misanthrope......... 1

PIÈCES DONNÉES A NICE.
(27 et 28 juillet.)

Gozlan.
Une Tempête dans un
verre d'eau.......... 1

Laya (L.).
Le Duc Job............ 1
Molière.
Les Fourberies de Scapin. 1
Le Misanthrope........ 1

PIÈCES DONNÉES A MARSEILLE.
(30 juillet-10 août.)

Augier.
Paul Forestier......... 3
Corneille (P.).
Le Menteur............ 1
Ferrier.
La Revanche d'Iris..... 1
Feuillet.
Le Pour et le contre (2).. 1
Gozlan.
Une Tempête dans un
verre d'eau.......... 1
Laya (L.).
Le Duc Job (3)......... 3
Molière.
L'Avare............... 1
Le Dépit amoureux..... 1
L'École des femmes..... 1
Les Fourberies de Sca-
pin (4)............... 2

---

(1) Fragments.
(2) Première représentation. (Voy. Table alphabétique des pièces.)
(3) Le 10 août, on ne donna que le 2ᵉ acte.
(4) Le 5 août, on ne donna que le 2ᵉ acte.

Molière (*Suite*).
Le Misanthrope (1)...... 2
**Molière, P. Corneille
et Quinault.**
Psyché (2)............. 1
Musset.
Il ne faut jurer de rien.. 1

Musset (*Suite*).
La Nuit d'octobre....... 1
Pailleron.
Le Dernier quartier..... 1
Ponsard.
L'Honneur et l'argent (3). 2

Racine.
Les Plaideurs (4)........ 2
Scribe et Mélesville.
Valérie................ 1
Thierry.
Adieux à Marseille (5)... 1

1871

PIÈCES DONNÉES A LONDRES.
(1ᵉʳ mai-8 juillet.)
Augier.
L'Aventurière.......... 3
Augier et Sandeau.
Le Gendre de M. Poirier. 6
Balzac.
Mercadet.............. 8
Beaumarchais.
Le Barbier de Séville.... 3
Corneille (P.).
Le Menteur............ 3
Dumas (Al.).
Mlle de Belle-Isle....... 8
Feuillet.
Le Cas de conscience.... 8
Gozlan.
Une Tempête dans un
verre d'eau.......... 5

Laluyé.
Au printemps.......... 4
Laya (L.).
Le Duc Job............ 4
Manuel.
La Robe (6)............ 1
Marivaux.
Le Jeu de l'amour et du
hasard............. 2
Mazères.
Le Jeune mari......... 3
Molière.
L'Avare............... 4
Le Dépit amoureux..... 2
L'École des maris....... 1
Les Fourberies de Scapin. 3
Le Malade imaginaire.... 2
Le Médecin malgré lui... 4
Le Misanthrope........ 4
Tartuffe.............. 9

urger.
Le Bonhomme Jadis..... 4
Musset.
Un Caprice............ 1
Les Caprices de Marianne. 2
Il faut qu'une porte soit
ouverte ou fermée..... 6
Il ne faut jurer de rien... 4
La Nuit d'octobre....... 5
On ne badine pas avec
l'amour........... 2
Pailleron.
Le Dernier quartier..... 4
Ponsard.
L'Honneur et l'argent.... 1
Racine.
Les Plaideurs.......... 2
Regnard.
Les Folies amoureuses .. 1
Scribe et Mélesville.
Valérie.............. 3

1879

PIÈCES DONNÉES A LONDRES.
(2 juin-12 juillet.)
Aicard.
Davenant (7)..........
Molière à Shakespeare (8). 1

Augier.
Les Fourchambault 2
Philiberte.............. 1
Le Post-scriptum....... 1
Augier et Sandeau.
Le Gendre de M. Poirier. 1

Balzac.
Mercadet 1
Banville.
Gringoire 2
Beaumarchais.
Le Barbier de Séville.... 1

(1) Le 10 août, on ne donna que le 1ᵉʳ acte.
(2) 3ᵉ acte.
(3) Le 10 août, on ne donna que le 1ᵉʳ acte.
(4) Le 10 a ût, on ne donna que le 3ᵉ acte.
(5) Poésie.
(6) Poésie.
(7) Comédie en un acte, en prose. Première représentation le 12 juillet 1879.
(8) Poésie.

Coppée.

Le Luthier de Crémone.. 1

Corneille (P.).

Le Menteur............ 1

Dumas (Al.).

Mlle de Belle-Isle....... 1

Dumas fils.

L'Étrangère............ 2

Le Demi-monde........ 2

Le Fils naturel......... 1

Erckmann et Chatrian.

L'Ami Fritz........... 2

Ferrier.

Chez l'avocat.......... 1

Feuillet.

Le Sphinx............. 3

Girardin (Mme de).

La Joie fait peur....... 3

Hugo.

Hernani (1)............. 5

Ruy Blas............. 3

Marivaux.

Le Jeu de l'amour et du hasard.............. 1

Meilhac et Lud. Halévy.

L'Été de la Saint-Martin. 1

Le Petit hôtel.......... 1

Molière.

L'Avare............... 1

Le Dépit amoureux...... 1

L'Étourdi............. 1

Les Femmes savantes... 1

Les Fourberies de Scapin. 1

Le Médecin malgré lui... 1

Le Misanthrope........ 2

Les Précieuses ridicules. 2

Tartuffe.............. 2

Musset.

Les Caprices de Marianne. 1

Il faut qu'une porte soit ouverte ou fermée..... 3

Il ne faut jurer de rien... 1

On ne badine pas avec l'amour............. 1

Pailleron.

L'Étincelle............. 3

Racine.

Andromaque........... 1

Phèdre (2)............ 3

Les Plaideurs.......... 2

Sand (Mme).

Le Mariage de Victorine. 1

Le Marquis de Villemer.. 2

Sandeau.

Mlle de la Seiglière...... 1

Voltaire.

Zaïre................. 1

1893

PIÈCES DONNÉES A LONDRES.

(12 juin-12 juillet.)

Augier.

Les Effrontés.......... 5

Augier et Sandeau.

Le Gendre de M. Poirier.. 2

Banville.

Gringoire............. 1

Claretie.

Salut à Londres (3)...... 1

Coppée.

Le Luthier de Crémone.. 1

Dumas (Al.).

Henri III et sa cour..... 1

Dumas (Al.) et Meurice

Hamlet............... 1

Dumas fils.

Le Demi-monde........ 1

Denise............... 3

Francillon............ 2

Un Père prodigue...... 1

Girardin (Mme de).

La Joie fait peur....... 1

Hugo.

Hernani.............. 1

Ruy Blas............. 1

Lacroix (J.).

OEdipe roi............ 1

Marivaux.

Arlequin poli par l'amour. 1

Meilhac.

L'Autographe.......... 1

Meilhac et Lud. Halévy.

L'Été de la Saint-Martin. 1

Froufrou............. 1

Molière.

Le Dépit amoureux...... 1

Les Femmes savantes... 1

Le Malade imaginaire... 1

Les Précieuses ridicules.. 1

Pailleron.

L'Étincelle............. 1

Le Monde où l'on s'ennuie................. 2

Parodi.

La Reine Juana........ 1

Racine.

Les Plaideurs.......... 1

Richepin.

Le Flibustier.......... 1

Par le glaive!......... 1

Sandeau.

Mlle de la Seiglière...... 2

Scribe et E. Legouvé.

Adrienne Lecouvreur.... 1

Bataille de dames....... 1

Vacquerie.

Souvent homme varie... 1

PIÈCES DONNÉES EN PROVINCE

LA ROCHELLE. (19 juillet.)

Boursault.

Le Mercure galant....... 1

Molière.

Les Femmes savantes.... 1

Truffier.

La Comédie en voyage (4). 1

ROUEN. (19 et 20 juillet.)

Bornier.

La Fille de Roland...... 1

Corneille (P.).

Le Cid............... 1

Molière.

Le Dépit amoureux..... 1

(1) Le 12 juillet, on ne donna que le 5ᵉ acte.
(2) Le 2 juin, on ne donna que des fragments du 2ᵉ acte.
(3) Poésie.
(4) Première représentation, prologue en vers. (Récité dans la plupart des villes.)

APPENDICE *E*

BORDEAUX. (20, 21, 22, 24, 25 et 26 juillet.)
Boursault.
Le Mercure galant....... 1
Bornier.
La Fille de Roland....... 1
Corneille (P.).
Horace................ 1
Dumas fils.
Denise....·........... 1
Francillon............. 1
Girardin (Mme de).
La Joie fait peur........ 1
Molière.
Le Dépit amoureux...... 1
Les Précieuses ridicules. 1
Tartuffe............... 1
Racine.
Andromaque........... 1

LILLE. (21 et 22 juillet.)
Corneille (P.).
Le Cid................. 1
Horace............... 1
Molière.
Le Dépit amoureux...... 1

BAYONNE. (23, 24 et 27 juillet.)
Corneille (P.).
Le Cid................. 1
Dumas fils.
Denise................ 1
Molière.
L'Avare............... 1
Le Dépit amoureux...... 1
Le Médecin malgré lui... 1

PAU. (23 juillet.)
Molière.
L'Avare............... 1
Le Médecin malgré lui... 1

TOULOUSE. (24 et 28 juillet.)
Augier.
Le Post-scriptum....... 1
Corneille (P.).
Le Cid................. 1
Molièrc.
Le Dépit amoureux...... 1
Silvestre.
A *Toulouse* (1)......... 1
Silvestre et E. Morand.
Grisélidis............. 1

PERPIGNAN. (25 et 29 juillet.)
Corneille (P.).
Le Cid................. 1
Dumas fils.
Denise................ 1
Molière.
Le Dépit amoureux...... 1

NIMES. (26 et 31 juillet.)
Bornier.
La Fille de Roland...... 1
Dumas fils.
Denise................ 1

MARSEILLE. (27, 28, 29 juillet, 1er, 2 et 4 août.)
Augier et Sandeau.
Le Gendre de M. Poirier. 1
Bornier.
La Fille de Roland...... 1
Corneille (P.).
Le Cid................. 1
Horace............... 1
Dumas fils.
Denise................ 1
Francillon............. 1
Girardin (Mme de).
La Joie fait peur........ 1
Molière.
Le Dépit amoureux...... 1
Le Médecin malgré lui... 1
Murger.
Le Bonhomme Jadis..... 1

PÉZENAS. (30 juillet.)
Molière.
Le Malade imaginaire.... 1

AVIGNON. (30 juillet.)
Meilhac et Lud. Halévy.
L'Été de la Saint-Martin. 1
Richepin.
Le Flibustier........... 1

BÉZIERS. (30 juillet.)
Corneille (P.).
Le Cid................. 1

LYON. (31 juillet, 1er, 2, 3, 7 et 8 août.)
Augier.
Le Post-scriptum....... 1
Augier et Sandeau.
Le Gendre de M. Poirier. 1
Bornier.
La Fille de Roland...... 1
Corneille (P.).
Le Cid................. 1
Dumas fils.
Denise................ 1
Francillon............. 1
Girardin (Mme de).
La Joie fait peur........ 1
Meilhac et Lud. Halévy.
L'Été de la Saint-Martin. 1
Molière.
Le Médecin malgré lui... 1

Richepin.
Le Flibustier.......... 1

LE PUY. (1er août.)
Marivaux.
Le Jeu de l'amour et du hasard.............. 1
Molière.
Le Médecin malgré lui.. 1

NICE. (3 août.)
Corneille (P.).
Le Cid................. 1

VALENCE. (4 août.)
Augier.
Le Post-scriptum....... 1
Augier et Sandeau.
Le Gendre de M. Poirier. 1

GRENOBLE. (5 et 6 août.)
Augier.
Le Post-scriptum...... 1
Augier et Sandeau.
Le Gendre de M. Poirier. 1
Corneille (P.).
Le Cid................. 1

SAINT-ÉTIENNE. (5 et 6 août.)
Corneille (P.).
Le Cid................. 1
Molière.
Le Dépit amoureux,..... 1
Le Malade imaginaire... 1
Tartuffe.............. 1

DIJON. (7 août.)
Molière.
Le Malade imaginaire... 1
Racine.
Les Plaideurs.......... 1

BESANÇON. (8 et 9 août.)
Bornier.
La Fille de Roland...... 1
Molière.
L'Avare............... 1
Le Malade imaginaire... 1

NANCY. (10 août.)
Corneille (P.).
Le Cid................ 1
Molière.
Le Médecin malgré lui.. 1

REIMS. (11 août.)
Corneille (P.).
Horace................ 1
Molière.
Le Médecin malgré lui... 1

(1) Poésie.

APPENDICE *F*

POÉSIES ET PIÈCES DIVERSES RÉCITÉES A LA COMÉDIE-FRANÇAISE
ET QUI NE FIGURENT PAS AU RÉPERTOIRE.

1823, 10 décembre.	**Jacquelin.** — Cantate.
1829, 17 octobre.	Représentation au bénéfice de la souscription pour la statue de P. Corneille :
	Delavigne. — Adieux à Rome.
1830, 10 août.	**Drouineau.** — Le Soleil de la Liberté.
— 24 août.	**Villenave.** — Les Trois jours.
1848, du 27 février au 25 mai.	**Rouget de l'Isle.** — La Marseillaise. (Récitée quarante-deux fois.)
1852, 22 octobre.	Représentation en l'honneur du prince Louis-Napoléon Bonaparte :
	Houssaye. — L'Empire, c'est la paix.
1855, 13 septembre.	Représentation en l'honneur de la prise de Sébastopol :
	Houssaye. — La Muse de l'histoire.
— 29 décembre.	Représentation à l'occasion de la rentrée des troupes de Crimée :
	Belmontet. — L'Armée d'Orient.
1856, 16 et 17 mars.	**Méry.** — Le Prince impérial.
— 14 et 15 juin.	**Méry.** — La Paix et le baptême.
1857, 15 août.	**Derville.** Paris-Nouveau.
1859, 6 juin.	**Méry.** — Magenta.
1860, 14 juin.	**Barthélemy.** — L'Annexion.
1863, 23 juillet.	**Bornier.** — La France dans l'Extrême-Orient.
1866, 15 août.	**Banville.** — La Fête de la France.
1867, 15 août.	**Fournier (É.).** — La Fête de la France.
1869, 15 août.	**Baour-Lormian.** — Chant de victoire.
— —	**Guillemet.** — Le Centenaire de Napoléon Ier.
— 17 novembre.	Représentation en l'honneur de l'inauguration de l'isthme de Suez :
	Bornier. — L'Isthme de Suez.

1870

Banville. — La Soirée, 6 novembre.

Barbier (A.). — La Lyre d'airain, 6 novembre.

Bergerat. — Les Cuirassiers de Reichshoffen, 25 octobre, 4, 6 et 17 novembre ; — Le Maître d'école, 27 novembre, 15, 18, 25 et 29 décembre.

Bornier. — Châteaudun, 4 et 6 novembre ; — Une Petite bourgeoise, 15 et 29 décembre.

Coppée. — La Lettre d'un mobile, 17, 20 novembre et 15 décembre.

Delavigne. — Première Messénienne, 13 et 20 novembre.

Delpit. — Une Petite ville (*Phalsbourg*), 13 novembre.

Desmarets. — Conférence sur les sœurs de France ou infirmières civiles, 20 novembre.

Fournier (É.). — Orléans, 20 novembre.

Hugo. — Booz endormi, 25 novembre ; — Chose vue un jour de printemps, 25 novembre ; — La Coccinelle, 25 novembre ; — Le Crapaud, 25 et 29 décembre ; — Paroles d'un conservateur à propos d'un perturbateur, 20 et 25 novembre ; — Les Pauvres gens, 25 novembre ; — Le Revenant, 25, 27 novembre, 15 et 25 décembre ; — Stella, 17 novembre.

Legouvé (E.). — Conférence sur l'alimentation morale pendant l'état de siège, 25 octobre.

Manuel. — L'École, 17 et 27 novembre ; — Les Pigeons de la République, 6, 20 et 27 novembre ; — Pour les blessés, 6 août et 25 octobre.

Musset. — Le Rhin allemand, 6 août.

Pailleron. — Le Départ, 6 août.

Rouget de l'Isle. — La Marseillaise. (Récitée 34 fois du 28 juillet au 25 octobre.)

Thierry. — Discours, 25 octobre.

1871

Bergerat. — Les Cuirassiers de Reichshoffen, 18 juin ; — Le Maître d'école, 25 juin ; — Strasbourg, 5 mars.

Bornier. — A nos fleuves, 2 et 8 janvier.

Coppée. — L'Attente, 5 et 12 février.

Corneille (P.). — Récit de Rodrigue (*Le Cid*), 3 février.

Hugo. — Le Crapaud, 2 janvier; — Le Revenant, 5 février et 5 mars; — Stella, 8 janvier et 3 février.

Legouvé (E.). — Conférence sur les épaves du naufrage, 16 juillet.

Manuel. — A Henri Régnault, 3 et 5 février; — Bonjour bon an, 1ᵉʳ, 2 et 8 janvier; — La Buvette, 9 mars; — L'École, 8 janvier; — Histoire d'une âme, 5 et 9 mars; — La Mère et l'enfant, 3 et 16 février; — Les Pigeons de la République, 2 janvier; — La Robe, 5, 12 février et 16 juillet.

Mendès. — La Colère d'un franc-tireur, 2 et 8 janvier.

Pailleron. — Prière pour la France, 16 et 28 juillet.

Renaud. — A un prophète allemand, 5 et 9 mars.

Voltaire. — Le Souper des rois (fragment de *Candide*), 8 janvier.

***. — Les Enfants de la France, 18 juin.

1875, 29 juin.	Représentation au bénéfice des inondés du Midi : **Bornier.** — Les Deux villes.
1876, 8 mai.	Représentation de retraite de Mme Arnould-Plessy : **Sully-Prudhomme.** — Adieux.
1878, 27 février.	Représentation de retraite de M. Bressant : **Aicard.** — Lettre d'adieu.
1880, 29 novembre.	Représentation de retraite de M. Talbot : **Delair.** — La Transfiguration de Raphaël. **Guiard.** — La Mouche. **Normand.** — On dansera. **Sivry.** — Indécision.
1883, 15 juillet.	Représentation offerte aux écrivains et artistes hongrois : **Bornier.** — Les Hongrois à Paris.
1885, 15 et 17 juin.	Représentations en l'honneur de Victor Hugo : **Hugo.** — A la mère de l'enfant mort; — Après la bataille; — La Conscience; — Le Crapaud; — L'Enfant; — La Fiancée du timbalier; — Idylle; — Jean Chouan; — La Pauvre fleur; — Les Pauvres gens; — Stella; — La Tristesse d'Olympio; — La Vache; — Vieille chanson du jeune temps.
1886, 22 mai.	Représentation en l'honneur de Victor Hugo : **Hugo.** — L'Ange liberté; — Les Armes de Caïn; — Le Baiser de Judas; — Barrabas; — La Bastille; — Le Cantique de Bethphagé; — La Chanson des oiseaux; — La Chute de Satan; — L'Entrée à Jérusalem; — Lilith-Isis; — La Plainte de Satan; — La Plume de Satan; — La Poutre; — Le Rêve de Satan; — Satan pardonné.
1887, 3 janvier.	Représentation au bénéfice des inondés du Midi : **Richepin.** — Strophes.
— 16 mai.	Représentation de retraite de M. Delaunay : **Hugo.** — *Laissez venir à moi;* — Oceano-nox; — Le Triomphe. **Musset.** — Mimi Pinson; — Sur trois marches de marbre rose; — *Va dire, amour (Carmosine).*
1889, 15 janvier.	Représentation pour l'anniversaire de la naissance de Molière : **Molière.** — Remerciement au roi.
— 15 mai.	Représentation de retraite de M. C. Coquelin : **Mortier.** — Le Chirurgien du *Roi s'amuse.* **Gille.** — L'Amateur de peinture.

1889, 14 juillet.	**Hervilly (d').** — Le Centenaire.
— **9 août.**	**Claretie.** — Aux Étudiants.
1890, 15 mars.	Représentation de retraite de M. Maubant :
	Fabié. — Le Sabotier.
	La Fontaine. — L'Alouette et ses petits avec le maître d'un champ.
	Murger. — La Ballade du désespéré.
	Musset. — Souvenir.
	Nane. — Le Progrès.
	Voltaire. — Épître.
— **9 octobre.**	Représentation au bénéfice des victimes de Fort-de-France et de Saint-Étienne :
	Bornier. — Pour les victimes de Fort-de-France.
1891, 15 décembre.	Représentation au bénéfice des familles des mineurs victimes de la catastrophe de Saint-Étienne :
	Legendre. — Merci !
1892, 14 juillet.	**Rouget de l'Isle.** — La Marseillaise.
— **22 septembre.**	Représentation à l'occasion du Centenaire de la République :
	Claretie. — Valmy.
	Rouget de l'Isle. — La Marseillaise.
1893, 24 mai.	Représentation de retraite de M. Febvre :
	Silvestre. — Adieu.
1895, 20 avril.	Représentation de retraite de M. Got :
	Bornier. — Sonnet.
	Mendès. — Sonnet.
	Mortier. — Le Chirurgien du *Roi s'amuse*.
	Richepin. — Sonnet.
	Silvestre. — Sonnet.
	Sully-Prudhomme. — Sonnet.
— **14 juillet.**	**Rouget de l'Isle.** — La Marseillaise.
— **25 octobre.**	Représentation de gala à l'occasion du Centenaire de l'Institut de France :
	Sully-Prudhomme. — L'Institut de France.
1896, 14 juillet.	**Rouget de l'Isle.** — La Marseillaise.
1897, 28 mars.	Représentation en l'honneur du centième anniversaire de la naissance d'Alfred de Vigny :
	Vigny. — La Bouteille à la mer; — Dolorida; — La Maison du berger; — Moïse; — Le Mont des Oliviers; — La Mort du loup.
— **14 juillet.**	**Rouget de l'Isle.** — La Marseillaise.
1898, 7 mars.	Représentation de retraite de Mlle Reichenberg :
	Gautier. — Imagination (le Cavalier poursuivi).
	La Fontaine. — Les Deux pigeons.
	Truffier. — A Mademoiselle Reichenberg.
— **14 juillet.**	Représentation en l'honneur de Michelet :
	Blémont. — Sonnet à Michelet.
	Dorchain. — Ode à Michelet.
	Lecture de pages choisies de **Michelet** :
	L'Alouette; — Les Fourmis; — Jeanne d'Arc; — La Patrie en danger; — Le Paysan de France.
	Rouget de l'Isle. — La Marseillaise.
1899, 14 juillet.	**Rouget de l'Isle.** — La Marseillaise.

1900

1900, 14 juillet. **Rouget de l'Isle.** — La Marseillaise.

MATINÉES LITTÉRAIRES ET DRAMATIQUES DONNÉES AU PALAIS DU TROCADÉRO
PAR LA COMÉDIE-FRANÇAISE.

— 5 juillet. **Andrieux.** — Le Meunier de Sans-Souci.
Barbier (A.). — La Curée.
Béranger. — Le Grenier.
Boursault. — La Marchandise de mauvais débit.
Corneille (P.). — *Marquise si mon visage.*
Florian. — Le Jeune homme et le vieillard ; — Le Lapin et la sar-
celle.
Hugo. — La Conscience ; — La Fiancée du timbalier ; — Monologue
de Saint-Vallier (*Le Roi s'amuse*) ; — Stella.
Lamartine. — Le Tombeau d'une mère.
Marot. — Au roi, pour avoir été dérobé ; — Le Lion et le rat.
Musset. — Une Soirée perdue ; — Sur trois marches de marbre
rose.
Panard. — La Ressemblance et la différence.
Ronsard. — L'Amour mouillé ; — *Comme on voit sur la branche au
mois de May la rose: — Quand vous serez bien vieille, au soir, à la
chandelle.*
Rouget de l'Isle. — La Marseillaise.

— 19 juillet. **Arvers.** — *Mon âme a son secret, ma vie a son mystère.*
Béranger. — Mon habit ; — Le Vieux vagabond.
Chénier (A.). — Élégie.
Corneille (P.). — Monologue d'Auguste (*Cinna*).
Florian. — La Coquette et l'abeille ; — L'Habit d'Arlequin.
Gautier. — Le Soulier de Corneille.
Malherbe. — Consolation à M. du Périer.
Marot. — A un créancier ; — Au roi de Navarre ; — Chant de May
et de Vertu.
Moreau (H.). — La Fauvette du Calvaire ; — La Fermière.
Parny. — A Chloé.
Ronsard. — *Je veux chanter en ces vers ma tristesse; — Quand vous
serez bien vieille, au soir, à la chandelle.*
Saint-Amant. — *Assis sur un fagot.*
Villon. — Ballade des dames du temps jadis ; — Ballade pour lui
et ses compagnons s'attendant à être pendus.
Anonyme. — Pindare (transcrit et mis en lumière par **Truffier**).
*** — *Tout se détruit, tout passe et le cœur le plus tendre.*

1900, 28 juillet. **Corneille (P.).** — Mélite; — Épitaphe d'Élisabeth Ranquet; — Les Stances du Cid; — Stances de l'Infante (*Le Cid*).

Racine. — Cantique (*Athalie*); — Stances à Parthénice.

— 2 août. **Molière.** — Remerciement au Roi.

— 10 — **La Fontaine.** — L'Alouette et ses petits avec le maître d'un champ; — L'Amour et la folie; — L'Ane portant des reliques; — Les animaux malades de la peste; — La Besace; — Le Chat, la belette et le petit lapin; — Le Chêne et le roseau; — La Cigale et la fourmi; — Le Coche et la mouche; — Conseil tenu par les rats; — Le Corbeau et le renard; — Les Deux amis; — Les Deux pigeons; — La Femme noyée; — La Fille; — La Grenouille et le rat; — Les Grenouilles qui demandent un roi; — Le Héron; — L'Homme entre deux âges et ses deux maîtresses; — L'Huître et les plaideurs; — La Jeune veuve; — La Laitière et le pot au lait; — Le Lion amoureux; — Le Lion devenu vieux; — Le Loup et l'agneau; — Le Loup, la chèvre et le chevreau; — Le Loup et le chien; — Le Meunier, son fils et l'âne; — La Mort et le bûcheron; — La Mouche et la fourmi; — Le Paysan du Danube; — Le Savetier et le financier; — Le Vieillard et les trois jeunes hommes.

Musset. — Éloge de La Fontaine (Fragment de *Silvia*, inséré dans une allocution de **Claretie**).

— 18 août. **Beaumarchais.** — Monologue de Figaro (*Le Mariage de Figaro*)

Diderot. — Le Neveu de Rameau (fragment).

Florian. — Le Laboureur de Castille; — Le Singe qui montre la lanterne magique.

Gentil Bernard. — La Rose.

Gilbert. — Ode imitée de plusieurs psaumes.

Le Franc de Pompignan. — Ode sur la mort de Jean-Baptiste Rousseau.

Malfilâtre. — Imitation du psaume : *Super flumina Babylonis*.

Voltaire. — Poème sur la loi naturelle (fragment); — A Madame du Châtelet.

— 30 août. **Carnot.** — Histoire des chapeaux.

Chamfort. — La Querelle du riche et du pauvre.

Chénier (A.). — A Fanny; — A Mlle de Coigny; — La Jeune captive; — Le Jeune malade; — La Jeune Tarentine; — Néère; — Le Rat de ville et le rat des champs; — Sur la mort d'un enfant; — Versailles.

Cousin Jacques (le). — Colinette.

Desforges (P. J. B.). — L'Autel de la patrie.

Ducroisy. — Le Mois de Février aux mois de Janvier et de Mars.

Fabre d'Églantine. — L'Hospitalité.

Ourry. — Vaudeville.

Rivarol (attribué à). — *Lorsqu'il vous plaît d'aiguiser*

Rouget de l'Isle. — La Marseillaise.

Saint-Just. — *Certain ministre avait la pierre.*

Vergniaud. — Discours patriotique (16 septembre 1792).

— 5 septembre. **Arvers.** — *Mon âme a son secret, ma vie a son mystère.*

Desbordes-Valmore (Mme). — Les Hirondelles de l'Arc de Triomphe.

Gautier. — Imagination (le Cavalier poursuivi).

Lamartine. — A Némésis; — Les Adieux à la mère; — Le Chien (*Joceleyn*); — Épitaphe d'un homme heureux; — Hymne d'un enfant à son réveil; — L'Isolement; — Le Lac; — Monologue de *Toussaint Louverture*; — Sapho.

Musset. — A Ninon; — Adieu. — Adieu, Suzon! — Chanson de *Frédéric et Bernerette*; — La Complainte de Minuccio (*Carmosine*); — Jamais; — Lucie; — Mimi Pinson; — Namouna (fragment); — Le Rideau de ma voisine; — Rolla (fragment); — Une Soirée perdue; — A la Malibran.

Vigny. — Le Cor.

1900, 13 septembre. **Hugo.** — A la mère de l'enfant mort; — A un rat; — Les Adieux de l'hôtesse arabe; — Après la bataille; — Barrabas; — Bivar; — Bonté; — Ce que dit le public; — *Ce siècle avait deux ans!* — La Chanson d'Eviradnus; — Choses écrites à Créteil; — La Conscience; — Le Crapaud; — Deux différentes manières d'aimer; — Le Doigt de la femme; — L'Entrée à Jérusalem, le triomphe; — La Fiancée du timbalier; — Giboulées; — Hymne; — *J'ai cueilli cette fleur pour toi; — Jeanne était au pain sec;* — Lise; — Lœtitia rerum; — *Lorsque l'enfant paraît;* — — Le Nid; — *O mes lettres d'amour;* — *Oh! n'insultez jamais une femme qui tombe!* — Le Parricide; — Les Pauvres gens; — Pour les pauvres; — Le Printemps; — Le Revenant; — Monologue de Saint-Vallier (*Le Roi s'amuse*); — Saison des semailles, le soir; — Souvenir des vieilles guerres; — Stella; — La Tristesse d'Olympio; — La Vache; — Vieille chanson du jeune temps; — *Vous rappelez-vous?*

— 22 septembre. **Carnot.** — Histoire des chapeaux.

Chénier (A.). — A Fanny; — La Jeune captive; — Le Jeune malade; — Versailles.

Cousin Jacques (le). — Colinette.

Desforges (P. J. B.). — L'Autel de la patrie.

Desorgues. — Hymne sur le culte qu'il faut rendre à l'Être Suprême.

Fabre d'Églantine. — L'Hospitalité.

Florian. — Le Perroquet confiant.

Le Brun (P. D. Ecouchard). — Le Vaisseau « le Vengeur ».

Lemercier. — Paris (fragment de *la Panhypocrisiade*).

Parny. — *Que le bonheur arrive lentement.* — Sur la mort d'une jeune fille.

Rouget de l'Isle. — La Marseillaise.

Sedaine. — A mon habit.

Vergniaud. — Discours patriotique (16 septembre 1792).

— 29 septembre. **La Fontaine.** — L'Aigle et le hibou; — L'Alouette et ses petits avec le maître d'un champ; — L'Amour et la folie; — L'Ane portant des reliques; — Les Animaux malades de la peste; — La Besace; — Le Chat, la belette et le petit lapin; — Le Chat et le vieux rat; — Le Chêne et le roseau; — La Cigale et la fourmi; — Le Coche et la mouche; — Conseil tenu par les rats; — Le Corbeau et le renard; — Les Deux amis; — Les Deux pigeons; — La Femme noyée; — La Fille; — La Grenouille et le rat; — Les

Grenouilles qui demandent un roi; — Le Héron; — L'Homme
entre deux âges et ses deux maîtresses; — L'Homme et la cou-
leuvre; — L'Huître et les plaideurs; — La Jeune veuve; — La
Laitière et le pot au lait; — Le Lion amoureux; — Le Lion devenu
vieux; — Le Loup et l'agneau; — Le Loup et le chien; — Le
Meunier, son fils et l'âne; — La Mort et le bûcheron; — La Mouche et la fourmi; — Le Paysan du Danube; — Le Vieillard et
les trois jeunes hommes.

Musset. — Éloge de La Fontaine (Fragment de *Silvia* inséré dans
une allocution de **Claretie**).

PARIS. — TYPOGRAPHIE PLON-NOURRIT ET Cⁱᵉ, RUE GARANCIÈRE, 8. — 1706.

ADDITIONS ET CORRECTIONS

TABLE ALPHABÉTIQUE DES PIÈCES

Fille médecin (la), *ajoutez la note suivante :* Comédie attribuée à Biancolelli [Philippe?].
Pierre le Grand, par Carrion-Nisas. *Au lieu de :* 19 ma, *lisez :* 19 mai.

TABLE ALPHABÉTIQUE DES AUTEURS

Molé (G. L. Gé, dite), *lisez :* Molé (G. L. Gé, dite J.).
Saint-Chamond. *Au lieu de :* Mazarell, *lisez :* Mazarelli.

TABLE CHRONOLOGIQUE DES PIÈCES

1691. — Rotrou. Venceslas, *ajoutez* . 3.
1694. — Montfleury. La Femme juge et partie, *ajoutez :* 8.
1703. — Quinault. La Mère coquette, *ajoutez :* 4.
1720. — Regnard. Les Folies amoureuses, *ajoutez :* 4.
1722. — Regnard. Les Ménechmes, *ajoutez :* 8.
1724. — Boursault. Les Fables d'Ésope, *ajoutez :* 2.
1730. — Molière. La Comtesse d'Escarbagnas, *au lieu de :* 2, *lisez :* 8.
1730. — Voltaire. Brutus, *ajoutez :* 8.
1735. — Montfleury. La Femme juge et partie, *ajoutez :* 4.
1736. — Scarron. Don Japhet d'Arménie, *ajoutez :* 5.
1736. — Voltaire. Zaïre, *ajoutez :* 5.
1737. — La Motte. *Au lieu de :* nès de Castro. *lisez,* Inès de Castro.
1737. — Voltaire. Alzire, *ajoutez :* 7.
1740. — Voltaire. Zaïre, *ajoutez :* 4.
1740. — Voltaire. Zulime, *ajoutez :* 8.
1745. — Scarron. Don Japhet d'Arménie, *ajoutez :* 1.
1750. — Molière. Le Sicilien, *ajoutez :* 4.
1751. — Saint-Foix. Julie, *ajoutez :* 2.
1754. — Destouches. Le Philosophe marié, *ajoutez :* 3.
1756. — Poisson (Ph.). L'Impromptu de campagne, *ajoutez :* 8.
1765. — Dancourt. Les Trois cousines, *au lieu de :* 5, *lisez :* 2.
1766. — Poisson (Ph.). L'Impromptu de campagne, *ajoutez :* 9.
1768. — Fagan. Les Originaux, *ajoutez :* 1.

ADDITIONS ET CORRECTIONS.

1772. — Le Grand et Alain. L'Épreuve réciproque, *au lieu de :* 1, *lisez :* 9.

1778. — Fournelle. L'Aveugle par crédulité, *ajoutez :* 4.

1779. — *Ajoutez :* Alembert (d'). Discours... 1.

1825. — Viennet. Sigismond de Bourgogne, *ajoutez :* 9.

1829. — *Ajoutez :* Busoni. Stances pour l'anniversaire de la naissance de P. Corneille... 1.

1829. — *Au lieu de :* Lamotte-Langon, *lisez :* Lamothe-Langon.

1836. — Rosier. Un Procès criminel, *ajoutez :* 21.

1839. — Hugo. Marion de Lorme, *au lieu de* 6, *lisez :* 5.

1850. — Racine. Phèdre, *ajoutez :* 4.

APPENDICE E

1871. — *Au lieu de :* urger, *lisez :* Murger.

1879. — Aicard. Davenant, *ajoutez :* 1.

REGISTRE
POUR
LA TROUPE
DV ROY.

Commencé aprés Pasques le mardy 30ᵉ auril 1680:

Et finy le Samedy 29ᵉ mars 1681

A PARIS,

De l'Imprimerie de GVILLAVME ADAM, au milieu du Quay des Augustins, à l'Olivier.

M. DC. LXXX.

Aujourdhuy ſa jonction deſdeux Troupes ſeſt faite
et nous de lhoſtel de Bourgougne ont repreſenté auec nous

Aujourd'huy dimanche 25 jour d'Aoust 1680

A Theatre et les caroſſes d'Orléans.

Theatre cent cinquante billets a 3ᵗᵗ	450ᵗᵗ
Premieres Loges cinquante cinq billets	165ᵗᵗ
Amphitheatre	
Secondes Loges deux cens quinze billets	322ᵗᵗ 10
Troiſiémes Loges ſoixante et douze billets	72ᵗᵗ
Parterre cinq cens cinquante trois billets	414ᵗᵗ 15
Receu en tout	1424ᵗᵗ 5
Frais ordinaires	70ᵗᵗ 2
Penſions	13ᵗᵗ 10
Frais extraordinaires de la petite piece	6ᵗᵗ 15
Menus Frais	1ᵗᵗ 11
Defalques	3ᵗᵗ 11
Retiré et mis és mains de Mʳ de la Grange	
Douze cens quatre vingtz dix huit liures ſeize ſolz cy	1298ᵗᵗ 16

PART Néant en ſe quatre

Reſte és mains de Monſieur de la grange Trente
Liures pour les termes cy — 30ᵗᵗ

Deſpence — 1424ᵗᵗ 5

2

REPERTOIRE POUR L'ANNÉE 1687.

TRAGEDIES.	COMEDIES.	PETITES PIECES.
Phedre.	Tartuffe.	Le Cocu imaginaire.
Bajazet.	L'Avare.	Le Mariage forcé.
Britanicus.	Le Misantrope.	Les Medecins
Mitridate.	L'Escolle des Femmes & la Critique	Scarbagnas.
Andromaque.	Trissotin.	Le Medecin malgré-luy.
Iphigenie.	L'Estourdy.	Les Precieufes
Beronice.	Le Dépit Amoureux.	Le Deuil
La Thebaïde.	Amphitrion.	Les Carrosses d'Orleans.
Alexandre.	L'école des Maris & George Dandin.	Le Mariage de rien.
Cinna.	Les Fafcheux & Scapin.	Crispin Medecin.
Heraclius.	Le Sicilien & le Pourceaugnac.	Le Soupe mal-apresté.
Le Cid.	Le Bourgeois Gentilhomme.	La Soirée des Auberges.
Sertorius.	Le Malade Imaginaire.	Le Semblable à foy-même,
Rodogune.	Le Festin de Pierre.	Le Baron de la Crasse.
Polieucte.	Le Crispin Musicien.	L'Avocat fans Estude.
Oedype.	Les Foux divertissans.	Le Fou de Qualité.
Les Horaces.	Le Commedien Poëte.	La Nopce de Village.
Nicomede.	La Mere Coquette.	Crispin Bel-Esprit.
Mort de Pompée.	Le Menteur.	Les Plaideurs.
Venceflas.	Les Visionnaires.	Le Nottaire obligeant
Marianne.	L'Heritier Ridicule.	L'Ombre de Moliere.
Soliman.	Dom Japhet.	Les Entenemens
Agamemnon.	Les Coquettes, ou Fructus-Belli.	D. Palquin d'Avalos.
Zaïde.	Le Jodelet Maistre-Valet.	Les Nicandres.
Ariane.	Le Jaloufe d'elle-même.	Le Grand Turc.
Pirame.	L'Inconnu.	La Mere Ridicule.
Scevole.	Le Dom Bertrand.	Le Cocher luppofé.
Hercule.	La Devinereffe.	Crispin Chevalier.
Cleopatre.	Le Geoflier de foy-même.	Le Medecin Volant.
Zelonide.	Albicrak.	Le florentin
Othon.	Le Parifien.	angelique et Medor
Telephonte.	L'Homme a bonne fortune	Le Dragon
Marie Stuart.	La Coquete	Renau et armide
Penelope.	Le Rendez-vous	Brutal de fang froid
Arminius.	La Comedie fans Titre,	les Nouvellistes
Virginie.	L'Esprit follet.	La femme Testue
Bellerophon,	Ragotin.	Le Niais de Sologne.
Ajax.	Le Chevalier a la Mode	Les Joueufes
Andronic	Les Joüeurs.	Le petit homme
D. Sanche d'ar	La Fille Capitaine	
Le C. d'Essex	La Femme Juge.	
Stilicon attila	Le Chevalier a la mode	
alcibiade,	Le Jaloux	
Peta Regulus		

3

Premiere Representation
Sur le Theatre Nouueau Quartier S.t Germain

Aujourd'huy *Lundy* 18.me jour d'*Auril* 1689

A *Phedre* & *le Medecin malgré luy*.   135

4 loges a 3 louis dor cy .   36:
3 loges a 12.tt chacune cy   801

267 Billets à 3.tt   309

206 Billets à 30.f   79

79 Billets à 20.f   510:

680 Billets à 15.f

Reçeû en tout *dix huit cent soixante et dix liures* 1870:

Frais ordinaires,	59	17
Pensions, Loyers & Iettons,	66	
Feu & Chandelle des Acteurs,	2	
Frais extraordinaires, *en Chandelle*	7	
Retiré pour l'Etablissement, *Entre les mains de m.*	66	

de la grange jusques au dernier juin 1689 /
Défalque, *sur la recepte* 16

Cinq gardes d'augmentation a 1.tt 10.f chacun . 7 10
gratiffication a nos gardes ordinaires 3:

PART *Soixante et douze liures. En tout cy* 1656:
Reste és mains de M.e *Caurot* 1: 17:
Preuve, ————————————————— 1870:

RECETTE JOURNALIERE.

Du Lundi 23 avril. 1770

1ere Représentation

Pour L'ouverture

Andre Tragie de Racine et l'École des maris

		liv.	f.
3 Premieres Loges à 48		144	
3 Premieres Loges à 36		108	
Premieres Loges à			
Premieres Loges à			
4 Secondes Loges à 30		120	
5 Secondes Loges à 22 10		112	10
6 Secondes Loges à 15		90	
6 Troisiemes Loges à 10		60	
Petites Loges à			
306 Premieres Places à 6		1836	
37 Secondes Places à 3		111	
94 Troisiemes Places à 2		188	
663 Places de Parterre à 1		663	
Total...		3432	10

Arrêté par nous Semainiers la Recette de ce jour vingt trois
avril mil sept cent soixante-Dix montant à la somme
de Trois mille quatre cent trente deux livres dix Sols

Daubeval Rebonneval

LES COMEDIENS
ORDINAIRES DU ROI,

DONNERONT aujourd'hui Dimanche 31 Janvier 1779,

L'AVARE, Comédie en 5 Actes, de MOLIERE, suivie de la

METAMORPHOSE AMOUREUSE

Comédie en un Acte, avec un Divertissem. On prendra six liv. &c.

Demain, la dix-neuvieme Représentation

D'ŒDIPE CHEZ ADMETE,

Tragédie nouvelle, suivie

DE L'AMANT BOURRU.

En att. LES MUSES RIVALES, Piece nouv. en un Acte, en Vers.

COMÉDIE FRANÇAISE.
RECETTE JOURNALIERE.

. Du Mardy 9 avril 1782

1ere Représentation

La 1ere Repnn de L'Jnauguration du Theatre françai
pièce nouvelle en un acte de Mr Imbert suivie
d'Iphigenie en Aulide

		liv.	s.
12	Premieres Loges à 6 places,	432.	
6	Premieres Loges à 5 places,	180.	
12	Secondes Loges à 4 places,	180.	
4	Secondes Loges à 3 places,	45	
1	Seconde Loge à 2 places	7	10.
8	Troisiemes Loges à 6 places,	120.	
	Troisiemes Loges à 4 places,		
1	Troisiemes Loges de	9.	
1	Petites Loges à 3 places	7	10.
1	Petites Loges à 2 place	5.	
2	Rez de chaussée à 4 places	48.	
427	Premieres Places à 6 liv.	2562.	
102	Galleries a 4 liv.	408	
	Secondes Places à 3 liv.		
	Troisiemes Places à 2 liv.		
477	Parterre assis à 2 liv. 8 s.	1144	16.
224	Paradis à . . . . 1 liv. 10	336.	
	Supplement	308	8.
	Total....	5793.	4

Arrêté par nous Semainiers la Recette de ce jour 9 avril
mil sept cent quatre-vingt Deux montant à la somme
de Cinq mille sept cent quatre vingt treize livres Quatre sols.

Dorival

COMÉDIE FRANÇAISE.
RECETTE JOURNALIÈRE.

ANNÉE
1784 à 1785.

N°. 9

Du *Mardy 27 Avril 1784.*

9ᵉ *Représentation*

La 1ʳᵉ Reprise de la folle journée ou le mariage de figaro, Comédie en 5 actes de M. De Beaumarchais

		liv.	f.
17	Premières Loges à 6 places,	612	
6	Premières Loges à 5 places,	180	
28	Secondes Loges à 4 places,	420	
11	Secondes Loges à 3 places,	123	15
6	Troisièmes Loges à 6 places,	90	
4	Troisièmes Loges à 4 places,	40	
2	Troisièmes Loges à 8 places,	40	
2	Petites Loges à 24	48	
2	Petites Loges à 7.10	15	
83	Galeries à . . . . . 4 liv.	332	
377	Premières Places à 6 liv.	2262	
11	Secondes Places à 3 liv.	33	
438	Parterre assis à 2 liv. 8 f.	1051	4
1	Troisièmes Places à 2 liv.	2	
300	Paradis à . . . . 1 liv. 10	450	
	Total	5698	19

Arrêté par nous Semainiers la Recette de ce jour 27 avril mil sept cent quatre-vingt-quatre montant à la somme de Cinq mille six cent quatre-vingt-dix-huit livres dix-neuf sols,

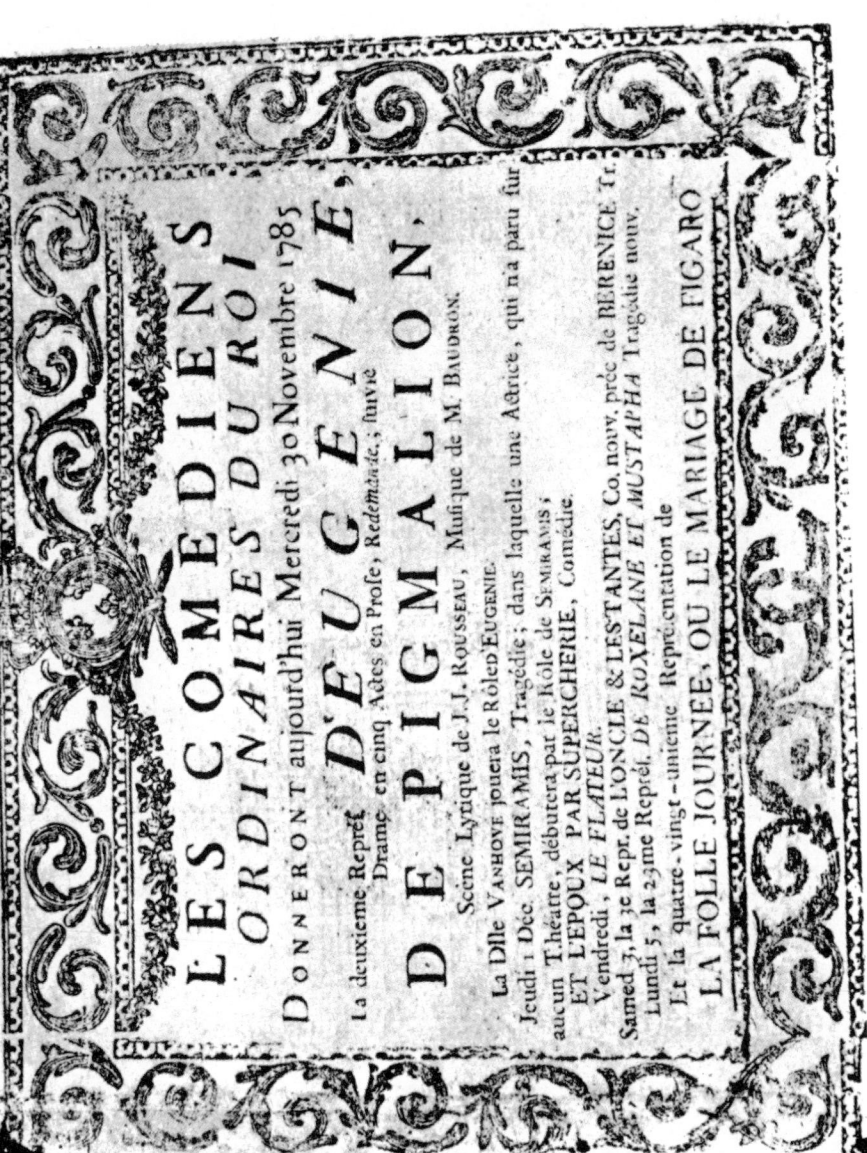

LES COMEDIENS
ORDINAIRES DU ROI

DONNERONT aujourd'hui Mercredi 30 Novembre 1785

La deuxieme Reprèt. **D'EUGENIE,** Drame en cinq Actes en Prose, Redemade; suivé

DE PIGMALION.

Scene Lyrique de J. J. Rousseau, Musique de M. Baudron.

La Dlle Vanhove jouera le Rôle d'Eugenie.

Jeudi 1 Déc. SEMIRAMIS, Tragédie; dans laquelle une Aêtrice, qui n'a paru sur aucun Théatre, débutera par le Rôle de Semiramis; ET L'EPOUX PAR SUPERCHERIE, Comédie.
Vendredi, LE FLATEUR.
Samed 3, la 3e Repr. de L'ONCLE & LESTANTES, Co. nouv, préc de BERENICE Tr. Lundi 5, la 23me Reprêl. DE ROXELANE ET MUSTAPHA Tragédie nouv,

Et la quatre-vingt-unieme Repréentation de
LA FOLLE JOURNEE OU LE MARIAGE DE FIGARO

Le Cid

Vendredi

Les C^{rs}

		Les C^{es}
D. Fernand		Dupont
D. Diegue		vanhove
D. Rodrigue		talma
D. Gormas		la Cave
D. arias		florence
D. alonze		Belville
D. Sanche		armand.

		Les C^{nes}
Chimene		fleury.
Elvire		Suin.

L'École Des Maris

Sganarelle		Granmenil
ariste		La Cave
valere		Dupont.
ergaste		Dugazon.
Le Commissaire		Belmon
Le notaire		marchand

Isabelle		Mezerai
Léonore		mars C.
Lisette		Devienne.

THEATRE FRANÇAIS
DE LA REPUBLIQUE.

LES COMÉDIENS FRANÇAIS SOCIÉTAIRES
Donneront aujourd'hui 2 Nivose, an neuvième de la Republique Française.

LE DISTRAIT,
Comédie en cinq actes, en vers, de *Regnard*; suivie

DU CONTEUR,
OU LES DEUX POSTES,
Comédie en trois actes, en prose, du citoyen *Picard*.

...eurs dans *le Distrait*, les Citoyens Dugazon, Baptiste aîné, Arnuanel, Lacave, ...archand; M.mes Lachassaigne, Emilie-Guiat, Mars cadette, Baptiste.

...*le Conteur*, les C.ens Cattmont, Larochelle, Champville, Arnuand, Bellemont, ...prés, Lacave, Dublin, Marchand; Mesdames Lachassaigne, Mézeray, Emilie-...tat, Mars cadette, Deshroses.

Honnête Criminel et les *Deux Frères*.   Le 4, la cinquième représentation
...sée, Tragédie nouv. en 5 actes, du cit. *Frédério Mazoïer*; suivie de la 2.me
...du *Mariage Supposé*, Comédie nouvelle.   Fait historique
...premiere reprs. des *Calvinistes* ou *Villars à Nismes*, Fait historique
...en un acte, en prose.

...*er jour*, la premiere représent. de *L'AMOUR ET L'INTRIGUE*,
...Dram. nouveau en cinq actes, en prose.
...dant la 1.re repres. des *Mœurs du Jour*, la sixième de la reprise de *L'Abbé*
...épée, la douzième de *Caroline* ou le *Tableau*. *Pentécôtas* L*Spartacus*.

THEATRE FRANCAIS.

LES COMEDIENS FRANÇAIS ORDINAIRES DU ROI

Donneront aujourd'hui mercredi 4 mai 1814, LA 3e. REPRESENTATION

D'ULYSSE,

Tragédie nouvelle, de *M. Lebrun* ; suivie de

L'ECOLE DES MARIS,

Comédie en trois actes et en vers, de *Molière.*

Acteurs dans *Ulysse*; Mrs. Talma, St.-Fal, Dumilâtre, Desmonceaux; Mmes. Duchesnois, Georges, Régnier.

Dans *l'Ecole des Maris*: Mrs. Lacave, Devigny, Michelot, Faure, Dumilâtre, Valmore; Mmes. Volnais, Michelot, Dupont.

Demain; les *deux Gendres*, Comédie en cinq actes et en vers, de *M. Etienne*; suivie de *la Belle Fermiere*, Comédie en trois actes et en prose, de *Mlle. Candeille.*

Acteurs dans les *deux Gendres*; Mrs. Fleury, St.-Fal, Michot, Damas, Michelot, Cartigny, Faure; Mmes. Volnais, Leverd.

Dans *la Belle Fermiere*: Mrs. Michot, Damas, Michelot, Cartigny; Mmes. Thénard, Bourgoin, Leverd, Michelot.

Vendredi, *Héraclius* et *Nanine.*

Samedi la 10e. représent. de la reprise de *la Partie de Chasse de Henri IV*; précédée des *Femmes savantes.*

En attendant la 17e. représentation de *Vénus II*, la 1re. de *la Nièce supposée.*

De l'Imprimerie de BALLARD, rue J.-J. Rousseau, N°. 8.

Les Billets ont seul prix, on ne les reçoit plus la veille.

THEATRE FRANÇAIS.

AVIS. Les Personnes qui ont retenu des Loges ou des Stalles pour cette Représentation, sont priées d'en faire retirer les coupons demain, avant midi, autrement on en disposerait.

LES COMÉDIENS FRANÇAIS ORDINAIRES DU ROI DONNERONT,

Aujourd'hui Lundi 1er Juillet 1844,

REPRÉSENTATION EXTRAORDINAIRE

ENTRÉES ET BILLETS DE FAVEUR GÉNÉRALEMENT SUSPENDUS.

Mlle Rachel

Jouera, pour cette fois seulement, DEUX RÔLES (Tragédie et COMÉDIE.)

PHEDRE

Tragédie en 5 actes, de **RACINE.**

Mlle **RACHEL** jouera le rôle de **PHEDRE;**

M. **GUYON** celui de **THÉSÉE;**

M. **RAPHAEL FELIX,** *HIPPOLYTE;* Mlle **REBECCA FELIX,** *ARICIE.*

Les autres rôles seront joués par Mmes **MAINVIELLE, ROBERT,** Mmes **DENAIN, MIRECOUR.**

LE DEPIT AMOUREUX

Comédie en 2 actes, en vers, de **MOLIÈRE.**

Mlle **RACHEL** pour cette fois seulem' jouera le rôle de **MARINETTE.**

M. **SAMSON,** GROS-RENÉ; Mlle **ANAIS,** LUCILE.

Les autres rôles seront joués par Mmes **MIRECOUR, RICHÉ, P. LABA.**

LE LEGS

Comédie en un acte, en prose, de **MARIVAUX.**

M. **PERIER** jouera le MARQUIS; Mlle **PLESSY,** la COMTESSE.

Les autres rôles seront joués par Mmes **RICHÉ, LEROUX,** Mmes **DENAIN, AVENEL.**

Ordre du Spectacle: 1re Phèdre; 2e Le Legs; 3e Le Dépit Amoureux.

PRIX DES PLACES POUR CETTE REPRÉSENTATION.

Balcon, 1er rang, 20 f.; Loges de la Galerie, Grandes 1re de face, Balcon, 2e rang, Orchestre, 15 f.; 1re Galerie, 12 f.; 1er Balcon, 10 s.; 2e de face, 7 fr.; id. de côté, 6 fr.; Galerie des 2e Loges, 1er rang, 8 fr.; 2e rang, 8 fr.; 3e rang, 5 fr.; 3e Loges de face et Parterre, 4 f.; 3e de côté et Loges du Cintre, 3 f.; 2e Galerie, 2 f. 50 c.; Amphithéâtre, 1 fr. 50 c. — Orchestre des Musiciens, 10 f.

Le Bureau de Location et d'ABONNEMENTS PERSONNELS est ouvert au Théâtre, tous les jours, de 11 à 5 heures.

COMEDIE FRANÇAISE

THÉATRE DE LA RÉPUBLIQUE.

DEMAIN JEUDI 8 MAI 1851.

Représentation de Retraite de **Mlle ANAIS** Dans laquelle elle jouera pour la DERNIÈRE FOIS 5me acte de

MARIE STUART

Tragédie de M. LEBRUN.

Mlle RACHEL jouera pour la Dernière fois avant son départ *Marie Stuart*

M. BEAUVALLET *Leicester.* **Mlle J. RIMBLOT** *Elisabeth.*

Mr MAUBANT *Melvil.* **FONTA** *Paulet.* **Mme MIRECOUR** *Anna.*

INTERMEDE MUSICAL

DUO DU MAITRE DE CHAPELLE chanté par
Mme UGALDE et **M. BUSSINE**

LA TYROLIENNE DE BETTLY de *DONIZETTI,* chanté par **Mme UGALDE**	PRIÈRE ET BOLÉRO Pour le Violoncelle, composé et exécutés par **M. J. OFFENBACH**

PREMIÈRE REPRÉSENTATION (reprise)

LE PHILOSOPHE
SANS LE SAVOIR

Comédie en CINQ actes, en prose, de SEDAINE.

Mlle ANAIS jouera pour la Dernière fois le rôle de *Victorine.*

Mr GEFFROY *Vanderck père.* **MAILLART** *Vanderck fils.* **CHERY**

d'Esparville fils. **MICHEAU** *d'Esparville père.* **L. MONROSE** *Antoine.*

MATHIEN *Champagne.* **METREME** *le Président.* **Mme THENARD**

ALLAN-DESPREAUX *la Marquise.* **FAVART** *Sophie.*

Mme Vanderck,

LA GAGEURE IMPREVUE

Comédie en un acte, en prose, de SEDAINE.

M. MENJAUD | **Mlle MADELEINE BROHAN**

jouera pour cette fois seulement le rôle de Beticuleya. continuera ses débuts par le rôle de *Mme de Clainville.*

Mr PROVOST *M. de Clainville.* **GOT** *Lafleur.* **MATHIEN** *Dubois.*

Mlles BONVAL *Julie.* **FAVART** *Adelaïde.*

Les bureaux ouvriront à 7 heures 1|4, On commencera à 7 heures 3|4

Aujourd'hui VENDREDI 22 Octobre.

REPRÉSENTATION SOLENNELLE

en présence de

SON ALTESSE IMPERIALE

CINNA

ou

LA CLEMENCE D'AUGUSTE

Tragédie en CINQ actes, de CORNEILLE.

Mlle RACHEL, jouera ÉMILIE.

Acteurs : MM. BEAUVALLET, MAUBANT, FONTA, CHÉRY, TRONCHET, Mme MIRECOUR. Suivie de

L'EMPIRE C'EST LA PAIX

Strophes dites par Mlle RACHEL.

Toute la Comédie paraitra.

On finira par

IL NE FAUT
JURER DE RIEN

Comédie en TROIS actes, en prose, de M. ALFRED DE MUSSET.

Acteurs : MM. PROVOST, BRINDEAU, GOT, MATHIEN, BERTIN, TRONCHET.
Mmes MOREAU-SAINTI, THÉRIC.

PRIX DES PLACES.

Imprimerie DONDEY-DUPRÉ

46

1680. COMEDIE FRANÇAISE 1855.

AUJOURD'HUI JEUDI 13 SEPTEMBRE 1855.

Les Portes ouvriront à UNE heure 3/4.　　　On commencera à DEUX heures.

A L'OCCASION de la PRISE DE SEBASTOPOL

SPECTACLE GRATIS

LES COMÉDIENS ORDINAIRES DE L'EMPEREUR DONNERONT :

LES DEMOISELLES DE
SAINT-CYR

Comédie en QUATRE actes, en prose, de M. *Alex.*-DUMAS.

Acteurs : MM. RÉGNIER, LEROUX, DELAUNAY, FONTA, MONTET, CASTEL, TRONCHET, MASQUILLIER ;
M** BROHAN, MADELEINE-BROHAN.

LE MEDECIN
MALGRÉ LUI

Comédie en TROIS actes, en prose, de *MOLIÈRE.*

Acteurs : MM. GOT, FONTA, ANSELME, CASTEL, CANDEILH, MATHIEN ;
M** BROHAN, SAVARY, VALÉRIE,

LA MUSE DE L'HISTOIRE

Strophes sur la prise de Sébastopol,

Dites par M** FAVART.

ORDRE. La Muse de l'Histoire. | Les Demoiselles de St-Cyr. | Le Médecin malgré lui.

Demain, Septième Représentation.

LE GATEAU DES REINES

Comédie en CINQ actes, en prose, de M. *Léon Gozlan.*

SAMEDI, Première Représentation,

L'AMOUR ET SON TRAIN

Comédie en un acte, en vers.

PRIX DES PLACES EN LOCATION. — Avant-Scène du Rez-de-Chaussée (avec Salon), 12 fr. 50 — Id. sans Salon, 10 fr. — Loge du Rez-de-Chaussée, Les 2, 9 fr. — Autres Loges de Rez-de-Chaussée, 8 fr. Loges de la Galerie, 9 fr. — Grandes Premières de face (3me rang de Loges), 8 fr. — Premières élémentaires (même rang), 7 fr. — Secondes Loges, 6 fr. — Id. découvertes, 5 fr. — Troisièmes Loges, 3 fr. — STALLES : Balcon (1er) 5 fr. — Orchestre (Stalles), 7 fr. — Orchestre (de des Musiciens), 7 fr. — Première Galerie, 3 fr. — Balcon du Premier (Amphithéatre), 5 fr. — Galerie, en deuxièmes Loges 4 fr.

Id. LITS DE FACE AUX RIDEAUX, (1er Bureau) Orchestre, 5fr. — Id. det des Musiciens, 5 fr. — Avant-Scène du Rez-de-Chaussée, 5 fr. — Loges du Rez-de-Chaussée, id. de la Galerie et Balcon, 6 fr. 50. — Premières Loges de face (2me rang de Loges), 6 fr. — Premières découvertes et Première Galerie, 5 fr. — Deuxième Balcon, 4 fr. — Deuxièmes Loges, 3 fr. 50. — Galerie des Deuxièmes Loges, 3 fr. 50. — Troisièmes Loges, 3 fr. — (2me Bureau) Parterre, 2 fr. 50. — Première Galerie, 3 fr. 50. — Amphithéatre, 4 fr.

Paris. — Typographie de MORRIS et Comp. rue Amelot, 64.

17

18

Samedi 29 Décembre

Réouverture de la
Comédie Française

Soirée de Gala

à 1h pratique et Cérémonie

à 2h le Cid (4e acte)

à 2h ½ les femmes savantes (3 actes)

à 9 heures

Compliment au public
Mr Coquelin Cadet

Le Cid (4e acte)

Don Rodrigue	M Sully
Don Diègue	Silvain
Le Roi	P. Mounet
Don Sanche	Leitner
Don Arias	Hamel
Don Alonse	Fenoux
Chimène	M Dudlay
l'Infante	Moréno
Elvire	Dehais
Léonor	Faylis

Les femmes Savantes (3 actes)

Trissotin	Coquelin Cadet
Clitandre	Baillet
Vadius	De Féraudy
Chrysale	Leloir
Épine	Falconnier
Ariste	Hamel
Philaminte	M Pierson
Henriette	Müller
Armande	Du Minil
Bélise	Amel

Prologue pour l'Ouverture
de la Comédie Française

le Versan de la Comédie	M Sully
La Comédie	M Barrett
La Tragédie	Bartet
Cérémonie	

1re Représentation
dans la Nouvelle Salle de la
Comédie Française

les sociétaires de théâtre assistent
à la Cérémonie

Report	217 15/55
Recette	
À Reporter	217 15/55

19